政府工作报告

汇 编

2024

ZHENGFU GONGZUO
BAOGAO HUIBIAN

国务院研究室 编

中国言实出版社
CHINA YANSHI PRESS

图书在版编目（CIP）数据

政府工作报告汇编 . 2024 / 国务院研究室编 . —— 北京 : 中国言实出版社, 2024.3

ISBN 978-7-5171-4783-1

Ⅰ . ①政… Ⅱ . ①国… Ⅲ . ①政府工作报告－汇编－中国－2024 Ⅳ . ①D623

中国国家版本馆 CIP 数据核字 (2024) 第 059556 号

政府工作报告汇编2024

责任编辑：张　朕
责任校对：佟贵兆

出版发行：中国言实出版社

地　　址：北京市朝阳区北苑路180号加利大厦5号楼105室
邮　　编：100101
编辑部：北京市海淀区花园路6号院B座6层
邮　　编：100088
电　　话：010-64924853（总编室）　　010-64924716（发行部）
网　　址：www.zgyscbs.cn　　电子邮箱：zgyscbs@263.net

经　　销：新华书店
印　　刷：北京温林源印刷有限公司
版　　次：2024年5月第1版　　2024年5月第1次印刷
规　　格：710毫米×1000毫米　　1/16　　66印张
字　　数：765千字

定　　价：298.00元
书　　号：ISBN 978-7-5171-4783-1

《政府工作报告汇编 2024》
编 委 会

主　任：黄守宏

副主任：康旭平　　肖炎舜　　陈昌盛

编　委：

国务院研究室（按姓氏笔画排序）

王汉章　　王胜谦　　牛发亮　　冯文礼　　朱艳华　　乔尚奎

刘日红　　李攀辉　　宋　立　　姜秀谦　　秦青山

各地政府研究室（排名不分先后）

林恩全　　北京市人民政府副秘书长，研究室党组书记、主任

杜　威　　天津市人民政府研究室党组书记、主任

李各青　　河北省人民政府研究室党组书记、主任

任　锐　　山西省人民政府研究室党组成员、副主任

张英存　　内蒙古自治区人民政府副秘书长

任长海　　辽宁省人民政府研究室党组书记、主任

邵静野　吉林省人民政府研究室党组书记、主任

于学胜　黑龙江省人民政府研究室党组书记、主任

董建华　上海市人民政府研究室党组书记、主任

刘世虎　江苏省人民政府副秘书长，研究室党组书记、主任

王文滋　浙江省人民政府副秘书长，研究室党组书记、主任

叶晓明　安徽省人民政府副秘书长，政策研究室党组书记、主任

戴清泉　福建省人民政府副秘书长、办公厅党组成员

宁　全　江西省人民政府副秘书长、办公厅党组成员、研究室主任

苏庆伟　山东省人民政府副秘书长，研究室党组书记、主任

范　磊　河南省人民政府研究室党组书记、主任

杜成会　湖北省人民政府副秘书长，研究室党组书记、主任

杨通远　湖南省人民政府研究室副主任

段建平　广东省人民政府副秘书长、研究室主任

钟得志　广西壮族自治区人民政府党组成员、秘书长，办公厅党组书记、主任

霍沛军　海南省人民政府研究室党组书记、主任

刘　力　重庆市人民政府副秘书长，研究室党组书记、主任

陈　竹　四川省人民政府研究室主任

马　凯　贵州省人民政府副秘书长、办公厅党组成员

杨建林　云南省人民政府研究室党组书记、主任

陈黎明　西藏自治区人民政府副秘书长、研究室主任

赵晓宁　陕西省人民政府研究室主任

杨定涛　甘肃省人民政府研究室党组书记、主任

甘顺庆　青海省人民政府研究室副主任

李　鹏　宁夏回族自治区人民政府研究室（发展研究中心）党组书记、主任

徐宏云　新疆维吾尔自治区人民政府研究室、参事室（文史研究馆）党组书记、主任

夏连德　大连市人民政府研究室党组书记、主任，一级巡视员

王冠宜　青岛市人民政府副秘书长，研究室党组书记、主任

张　健　宁波市人民政府研究室党组书记、主任

林海平　厦门市人民政府副秘书长

胡火明　深圳市人民政府原机关党组成员、办公厅副主任，现任共青团深圳市委书记

出版说明

　　每年，全国和各地的两会都要审议通过《政府工作报告》。各级人民政府的《政府工作报告》全面贯彻习近平新时代中国特色社会主义思想，全面贯彻党中央的决策部署，系统总结上一年度的政府工作，全面部署新一年的政府工作，是当年政府施政的纲领性文件。为便于各省、自治区、直辖市和计划单列市相互交流政府工作经验和做法，并为各级领导干部和专家学者、研究人员提供全国性政策研究素材，我们组织编辑了《政府工作报告汇编 2024》。

　　本书开篇为国务院总理李强在第十四届全国人民代表大会第二次会议上所作的《政府工作报告》，其后内容分上、下两篇，分别收录各省、自治区、直辖市和计划单列市 2024 年的《政府工作报告》全文。

　　本书的编辑出版得到各省、自治区、直辖市和计划单列市政府办公厅或研究室的大力支持，在此表示衷心感谢！

编　者

2024 年 5 月

目　录

下篇　计划单列市

政府工作报告

——2024年3月5日在第十四届 全国人民代表大会第二次会议上

国务院总理　李　强

各位代表：

现在，我代表国务院，向大会报告政府工作，请予审议，并请全国政协委员提出意见。

一、2023年工作回顾

过去一年，是全面贯彻党的二十大精神的开局之年，是本届政府依法履职的第一年。面对异常复杂的国际环境和艰巨繁重的改革发展稳定任务，以习近平同志为核心的党中央团结带领全国各族人民，顶住外部压力、克服内部困难，付出艰辛努力，新冠疫情防控实现平稳转段、取得重大决定性胜利，全年经济社会发展主要目标任务圆满完成，高质量发展扎实推进，社会大局保持稳定，全面建设社会主义现代化国家迈出坚实步伐。

——经济总体回升向好。国内生产总值超过 126 万亿元，增长 5.2%，增速居世界主要经济体前列。城镇新增就业 1244 万人，城镇调查失业率平均为 5.2%。居民消费价格上涨 0.2%。国际收支基本平衡。

——现代化产业体系建设取得重要进展。传统产业加快转型升级，战略性新兴产业蓬勃发展，未来产业有序布局，先进制造业和现代服务业深度融合，一批重大产业创新成果达到国际先进水平。国产大飞机 C919 投入商业运营，国产大型邮轮成功建造，新能源汽车产销量占全球比重超过 60%。

——科技创新实现新的突破。国家实验室体系建设有力推进。关键核心技术攻关成果丰硕，航空发动机、燃气轮机、第四代核电机组等高端装备研制取得长足进展，人工智能、量子技术等前沿领域创新成果不断涌现。技术合同成交额增长 28.6%。创新驱动发展能力持续提升。

——改革开放向纵深推进。新一轮机构改革中央层面基本完成，地方层面有序展开。加强全国统一大市场建设。实施国有企业改革深化提升行动，出台促进民营经济发展壮大政策。自贸试验区建设布局进一步完善。出口占国际市场份额保持稳定，实际使用外资结构优化，共建"一带一路"的国际影响力、感召力更为彰显。

——安全发展基础巩固夯实。粮食产量 1.39 万亿斤，再创历史新高。能源资源供应稳定。重要产业链供应链自主可控能力提升。经济金融重点领域风险稳步化解。现代化基础设施建设不断加强。

——生态环境质量稳中改善。污染防治攻坚战深入开展，主要污染物排放量继续下降，地表水和近岸海域水质持续好转。"三北"工程攻坚战全面启动。可再生能源发电装机规模历史性超过火电，全年新增装机超过全球一半。

——民生保障有力有效。居民人均可支配收入增长 6.1%，城乡居民收入差距继续缩小。脱贫攻坚成果巩固拓展，脱贫地区农村居民收入增长 8.4%。加大义务教育、基本养老、基本医疗等财政补助力度，扩大救助保障对象范围。提高"一老一小"个人所得税专项附加扣除标准，6600 多万纳税人受益。加强城镇老旧小区改造和保障性住房供给，惠及上千万家庭。

回顾过去一年，多重困难挑战交织叠加，我国经济波浪式发展、曲折式前进，成绩来之不易。从国际看，世界经济复苏乏力，地缘政治冲突加剧，保护主义、单边主义上升，外部环境对我国发展的不利影响持续加大。从国内看，经历三年新冠疫情冲击，经济恢复发展本身有不少难题，长期积累的深层次矛盾加速显现，很多新情况新问题又接踵而至。外需下滑和内需不足碰头，周期性和结构性问题并存，一些地方的房地产、地方债务、中小金融机构等风险隐患凸显，部分地区遭受洪涝、台风、地震等严重自然灾害。在这种情况下，政策抉择和工作推进面临的两难多难问题明显增加。经过全国上下共同努力，不仅实现了全年预期发展目标，许多方面还出现积极向好变化。特别是我们深化了新时代做好经济工作的规律性认识，积累了克服重大困难的宝贵经验。实践充分表明，在以习近平同志为核心的党中央坚强领导下，中国人民有勇气、有智慧、有能力战胜任何艰难险阻，中国发展必将长风破浪、未来可期！

一年来，我们深入学习贯彻党的二十大和二十届二中全会精神，按照党中央决策部署，主要做了以下工作。

一是加大宏观调控力度，推动经济运行持续好转。针对严峻挑战和疫后经济恢复特点，我们统筹稳增长和增后劲，突出固本培元，注重精准施策，把握宏观调控时、度、效，加强逆周期调节，不搞"大水漫灌"和短期强刺激，更多在推动高质量发展上用力，全年经济运行呈现前低中高后稳态势。围绕扩大内需、优化结构、提振信心、防范化解风险，延续优化一批阶段性政策，及时推出一批新政策，打出有力有效的政策组合拳。财政政策加力提效，加强重点领域支出保障，全年新增税费优惠超过2.2万亿元，增发1万亿元国债支持灾后恢复重建、提升防灾减灾救灾能力。货币政策精准有力，两次降低存款准备金率、两次下调政策利率，科技创新、先进制造、普惠小微、绿色发展等贷款大幅增长。出台支持汽车、家居、电子产品、旅游等消费政策，大宗消费稳步回升，生活服务消费加快恢复。发挥政府投资撬动作用，制定促进民间投资政策，能源、水利等基础设施和制造业投资较快增长。因城施策优化房地产调控，推动降低房贷成本，积极推进保交楼工作。制定实施一揽子化解地方债务方案，分类处置金融风险，守住了不发生系统性风险的底线。

二是依靠创新引领产业升级，增强城乡区域发展新动能。强化国家战略科技力量，加快实施重大科技项目。全面部署推进新型工业化。出台稳定工业经济运行、支持先进制造业举措，提高重点行业企业研发费用加计扣除比例，推动重点产业链高质量发展，工业企业利润由降转升。数字经济加快发展，5G用户普及率超过50%。深入实施新型城镇化战略，进一步放宽放开城市落户条件，增强县城综合承载能力，常住人口城镇化率提高到66.2%。强化农业发展支持政策，有力开展抗灾夺丰收，实施新一轮千亿斤粮食产能提升行动，乡村振兴扎实推进。完善区域协调发展体制机制，在落实区域重大战略方面推出一批新举措，实施一批重大项目，区域发展协调性、平衡性不断增强。

三是深化改革扩大开放，持续改善营商环境。出台建设全国统一大市场总体工作方案，清理一批妨碍公平竞争的政策规定。分别推出支持国有企业、民营企业、外资企业发展政策，建立政企常态化沟通交流机制，开展清理拖欠企业账款专项行动，加强违规收费整治。深化财税金融、农业农村、生态环保等领域改革。推动外贸稳规模、优结构，电动汽车、锂电池、光伏产品"新三样"出口增长近30%。完善吸引外资政策，拓展制度型开放。扎实推进共建"一带一路"高质量发展，与共建国家贸易投资较快增长。

四是强化生态环境保护治理，加快发展方式绿色转型。 深入推进美丽中国建设。持续打好蓝天、碧水、净土保卫战。加快实施重要生态系统保护和修复重大工程。抓好水土流失、荒漠化综合防治。加强生态环保督察。制定支持绿色低碳产业发展政策。推进重点行业超低排放改造。启动首批碳达峰试点城市和园区建设。积极参与和推动全球气候治理。

五是着力抓好民生保障，推进社会事业发展。 聚焦群众关切，办好民生实事。高度重视稳就业，出台支持企业稳岗拓岗政策，加强高校毕业生等重点群体就业促进服务，脱贫人口务工规模超过 3300 万。强化义务教育薄弱环节建设，做好"双减"工作，国家助学贷款提标降息惠及 1100 多万学生。落实新冠病毒感染"乙类乙管"措施，扎实做好流感、支原体肺炎等传染病防治。实施职工医保普通门诊统筹。加强社区综合服务设施建设，大力发展老年助餐服务。提高优抚标准。强化困难群众兜底保障。有效应对海河等流域特大洪涝灾害，做好甘肃积石山地震等抢险救援，加强灾后恢复重建。推动文化传承发展，旅游市场全面恢复。群众体育蓬勃开展，成都大运会、杭州亚运会和亚残运会成功举办，我国体育健儿勇创佳绩。

六是全面加强政府建设，大力提升治理效能。坚定维护以习近平同志为核心的党中央权威和集中统一领导，当好贯彻党中央决策部署的执行者、行动派、实干家。深入开展学习贯彻习近平新时代中国特色社会主义思想主题教育。坚持把政治建设摆在首位，全面提高政府履职能力。深入推进法治政府建设。提请全国人大常委会审议法律议案 10 件，制定修订行政法规 25 部，实施提升行政执法质量三年行动。自觉依法接受监督。认真办理人大代表建议和政协委员提案。注重调查研究，努力使政策和工作符合实际、贴近群众。优化督查工作机制。加强党风廉政建设和反腐败斗争。严格落实中央八项规定精神，持续纠治"四风"，有力推进金融单位、国有企业等巡视整改工作。创新和完善城乡基层治理。扎实做好信访工作。狠抓安全生产和应急管理，开展重大事故隐患专项排查整治。推动完善国家安全体系。加强社会治安综合治理，有效打击电信网络诈骗等违法犯罪活动，平安中国建设取得新进展。

一年来，中国特色大国外交全面推进。习近平主席等党和国家领导人出访多国，出席金砖国家领导人会晤、亚太经合组织领导人非正式会议、东亚合作领导人系列会议等重大多双边活动。成功举办中国—中亚峰会、第三届"一带一路"国际合作高峰论坛等重大主场外交活动。推动构建人类命运共同体，落实全球发展倡议、全球安全倡议、全球文明倡议，深化拓展全球伙伴关系，在解决国际和地区热点问题中发挥积极建设性作用。中国为促进世界和平与发展作出了重要贡献。

各位代表！

过去一年取得的成绩，根本在于习近平总书记领航掌舵，在于习近平新时代中国特色社会主义思想科学指引，是以习近平同志为核心的党中央坚强领导的结果，是全党全军全国各族人民团结奋斗的结果。我代表国务院，向全国各族人民，向各民主党派、各人民团体和各界人士，表示衷心感谢！向香港特别行政区同胞、澳门特别行政区同胞、台湾同胞和海外侨胞，表示衷心感谢！向关心和支持中国现代化建设的各国政府、国际组织和各国朋友，表示衷心感谢！

在肯定成绩的同时，我们也清醒看到面临的困难和挑战。世界经济增长动能不足，地区热点问题频发，外部环境的复杂性、严峻性、不确定性上升。我国经济持续回升向好的基础还不稳固，有效需求不足，部分行业产能过剩，社会预期偏弱，风险隐患仍然较多，国内大循环存在堵点，国际循环存在干扰。部分中小企业和个体工商户经营困难。就业总量压力和结构性矛盾并存，公共服务仍有不少短板。一些地方基层财力比较紧张。科技创新能力还不强。重点领域改革仍有不少硬骨头要啃。生态环境保护治理任重道远。安全生产的薄弱环节不容忽视。政府工作存在不足，形式主义、官僚主义现象仍较突出，一些改革发展举措落实不到位。有的干部缺乏担当实干精神，消极避责、做表面文章。一些领域腐败问题仍然多发。我们一定直面问题和挑战，尽心竭力做好工作，决不辜负人民期待和重托！

二、2024年经济社会发展总体要求和政策取向

今年是中华人民共和国成立75周年，是实现"十四五"规划目标任务的关键一年。做好政府工作，要在以习近平同志为核心的党中央坚强领导下，以习近平新时代中国特色社会主义思想为指导，全面贯彻落实党的二十大和二十届二中全会精神，按照中央经济工作会议部署，坚持稳中求进工作总基调，完整、准确、全面贯彻新发展理念，加快构建新发展格局，着力推动高质量发展，全面深化改革开放，推动高水平科技自立自强，加大宏观调控力度，统筹扩大内需和深化供给侧结构性改革，统筹新型城镇化和乡村全面振兴，统筹高质量发展和高水平安全，切实增强经济活力、防范化解风险、改善社会预期，巩固和增强经济回升向好态势，持续推动经济实现质的有效提升和量的合理增长，增进民生福祉，保持社会稳定，以中国式现代化全面推进强国建设、民族复兴伟业。

综合分析研判，今年我国发展面临的环境仍是战略机

遇和风险挑战并存，有利条件强于不利因素。我国具有显著的制度优势、超大规模市场的需求优势、产业体系完备的供给优势、高素质劳动者众多的人才优势，科技创新能力在持续提升，新产业、新模式、新动能在加快壮大，发展内生动力在不断积聚，经济回升向好、长期向好的基本趋势没有改变也不会改变，必须增强信心和底气。同时要坚持底线思维，做好应对各种风险挑战的充分准备。只要我们贯彻落实好党中央决策部署，紧紧抓住有利时机、用好有利条件，把各方面干事创业的积极性充分调动起来，一定能战胜困难挑战，推动经济持续向好、行稳致远。

今年发展主要预期目标是：国内生产总值增长 5% 左右；城镇新增就业 1200 万人以上，城镇调查失业率 5.5% 左右；居民消费价格涨幅 3% 左右；居民收入增长和经济增长同步；国际收支保持基本平衡；粮食产量 1.3 万亿斤以上；单位国内生产总值能耗降低 2.5% 左右，生态环境质量持续改善。

提出上述预期目标，综合考虑了国内外形势和各方面因素，兼顾了需要和可能。经济增长预期目标为 5% 左右，考虑了促进就业增收、防范化解风险等需要，并与"十四五"规划和基本实现现代化的目标相衔接，也考虑了经济增长潜力和支撑条件，体现了积极进取、奋发有为的要求。实现今年预期目标并非易事，需要政策聚焦发力、工作加倍努力、各方面齐心协力。

我们要坚持稳中求进、以进促稳、先立后破。稳是大局和基础，各地区各部门要多出有利于稳预期、稳增长、稳就业的政策，谨慎出台收缩性抑制性举措，清理和废止有悖于高质量发展的政策规定。进是方向和动力，该立的要积极主动立起来，该破的要在立的基础上坚决破，特别是要在转方式、调结构、提质量、增效益上积极进取。强化宏观政策逆周期和跨周期调节，继续实施积极的财政政策和稳健的货币政策，加强政策工具创新和协调配合。

积极的财政政策要适度加力、提质增效。综合考虑发展需要和财政可持续，用好财政政策空间，优化政策工具组合。赤字率拟按 3% 安排，赤字规模 4.06 万亿元，比上年年初预算增加 1800 亿元。预计今年财政收入继续恢复增长，加上调入资金等，一般公共预算支出规模 28.5 万亿元、比上年增加 1.1 万亿元。拟安排地方政府专项债券 3.9 万亿元、比上年增加 1000 亿元。为系统解决强国建设、民族复兴进程中一些重大项目建设的资金问题，从今年开始拟连续几年发行超长期特别国债，专项用于国家重大战略实施和重点领域安全能力建设，今年先发行 1 万亿元。现在很多方面都需要增加财政投入，要大力优化支出结构，强化国家重大战略任务和基本民生财力保障，严控一般性支出。中央财政加大对地方均衡性转移支付力度、适当向困难地区倾斜，省级政府要推动财力下沉，兜牢基层"三保"底线。落实好结构性减税降费政策，重点支持科技创新和制造业发展。严肃财经纪律，加强财会监督，严禁搞面子工程、形象工程，坚决制止铺张浪费。各级政府要习惯过紧日子，真正精打细算，切实把财政资金用在刀刃上、用出实效来。

稳健的货币政策要灵活适度、精准有效。保持流动性合理充裕，社会融资规模、货币供应量同经济增长和价格水平预期目标相匹配。加强总量和结构双重调节，盘活存量、提升效能，加大对重大战略、重点领域和薄弱环节的支持力度。促进社会综合融资成本稳中有降。畅通货币政策传导机制，避免资金沉淀空转。增强资本市场内在稳定性。保持人民币汇率在合理均衡水平上的基本稳定。大力发展科技金融、绿色金融、普惠金融、养老金融、数字金融。优化融资增信、风险分担、信息共享等配套措施，更好满足中小微企业融资需求。

增强宏观政策取向一致性。围绕发展大局，加强财政、货币、就业、产业、区域、科技、环保等政策协调配合，把非经济性政策纳入宏观政策取向一致性评估，强化政策统筹，确保同向发力、形成合力。各地区各部门制定政策要认真听取和吸纳各方面意见，涉企政策要注重与市场沟通、回应企业关切。实施政策要强化协同联动、放大组合效应，防止顾此失彼、相互掣肘。研究储备政策要增强前瞻性、丰富工具箱，并留出冗余度，确保一旦需要就能及时推出、有效发挥作用。加强对政策执行情况的跟踪评估，以企业和群众满意度为重要标尺，及时进行调整和完善。

精准做好政策宣传解读，营造稳定透明可预期的政策环境。

完成今年发展目标任务，必须深入贯彻习近平经济思想，集中精力推动高质量发展。强化系统观念，把握和处理好重大关系，从整体上深入谋划和推进各项工作。坚持质量第一、效益优先，继续固本培元，增强宏观调控针对性有效性，注重从企业和群众期盼中找准工作着眼点、政策发力点，努力实现全年增长目标。坚持高质量发展和高水平安全良性互动，在坚守安全底线的前提下，更多为发展想办法、为企业助把力。坚持在发展中保障和改善民生，注重以发展思维看待补民生短板问题，在解决人民群众急难愁盼中培育新的经济增长点。从根本上说，推动高质量发展要靠改革。我们要以更大的决心和力度深化改革开放，促进有效市场和有为政府更好结合，持续激发和增强社会活力，推动高质量发展取得新的更大成效。

三、2024年政府工作任务

党中央对今年工作作出了全面部署，我们要深入贯彻落实，紧紧抓住主要矛盾，着力突破瓶颈制约，扎实做好各项工作。

（一）大力推进现代化产业体系建设，加快发展新质生产力。充分发挥创新主导作用，以科技创新推动产业创新，加快推进新型工业化，提高全要素生产率，不断塑造发展新动能新优势，促进社会生产力实现新的跃升。

推动产业链供应链优化升级。保持工业经济平稳运行。实施制造业重点产业链高质量发展行动，着力补齐短板、拉长长板、锻造新板，增强产业链供应链韧性和竞争力。实施制造业技术改造升级工程，培育壮大先进制造业集群，创建国家新型工业化示范区，推动传统产业高端化、智能化、绿色化转型。加快发展现代生产性服务业。促进中小企业专精特新发展。弘扬工匠精神。加强标准引领和质量支撑，打造更多有国际影响力的"中国制造"品牌。

积极培育新兴产业和未来产业。实施产业创新工程，完善产业生态，拓展应用场景，促进战略性新兴产业融合集群发展。巩固扩大智能网联新能源汽车等产业领先优势，加快前沿新兴氢能、新材料、创新药等产业发展，积极打造生物制造、商业航天、低空经济等新增长引擎。制定未来产业发展规划，开辟量子技术、生命科学等新赛道，创建一批未来产业先导区。鼓励发展创业投资、股权投资，优化产业投资基金功能。加强重点行业统筹布局和投资引导，防止产能过剩和低水平重复建设。

深入推进数字经济创新发展。制定支持数字经济高质量发展政策，积极推进数字产业化、产业数字化，促进数字技术和实体经济深度融合。深化大数据、人工智能等研发应用，开展"人工智能+"行动，打造具有国际竞争力的数字产业集群。实施制造业数字化转型行动，加快工业互联网规模化应用，推进服务业数字化，建设智慧城市、数字乡村。深入开展中小企业数字化赋能专项行动。支持平台企业在促进创新、增加就业、国际竞争中大显身手。健全数据基础制度，大力推动数据开发开放和流通使用。适度超前建设数字基础设施，加快形成全国一体化算力体系，培育算力产业生态。我们要以广泛深刻的数字变革，赋能经济发展、丰富人民生活、提升社会治理现代化水平。

（二）深入实施科教兴国战略，强化高质量发展的基础支撑。坚持教育强国、科技强国、人才强国建设一体统筹推进，创新链产业链资金链人才链一体部署实施，深化教育科技人才综合改革，为现代化建设提供强大动力。

加强高质量教育体系建设。全面贯彻党的教育方针，坚持把高质量发展作为各级各类教育的生命线。制定实施教育强国建设规划纲要。落实立德树人根本任务，推进大中小学思想政治教育一体化建设。开展基础教育扩优提质行动，加快义务教育优质均衡发展和城乡一体化，改善农村寄宿制学校办学条件，持续深化"双减"，推动学前教育普惠发展，加强县域普通高中建设。减轻中小学教师非教学负担。办好特殊教育、继续教育，引导规范民办教育发展，大力提高职业教育质量。实施高等教育综合改革试点，优化学科专业和资源结构布局，加快建设中国特色、世界一流的大学和优势学科，建强应用型本科高校，增强中西部地区高校办学实力。加强学生心理健康教育。大力发展数字教育。弘扬教育家精神，建设高素质专业化教师队伍。我们要坚持教育优先发展，加快推进教育现代化，厚植人民幸福之本，夯实国家富强之基。

加快推动高水平科技自立自强。充分发挥新型举国体制优势，全面提升自主创新能力。强化基础研究系统布局，长期稳定支持一批创新基地、优势团队和重点方向，增强原始创新能力。瞄准国家重大战略需求和产业发展需要，部署实施一批重大科技项目。集成国家战略科技力量、社会创新资源，推进关键核心技术协同攻关，加强颠覆性技术和前沿技术研究。完善国家实验室运行管理机制，发挥国际和区域科技创新中心辐射带动作用。加快重大科技基础设施体系化布局，推进共性技术平台、中试验证平台建设。强化企业科技创新主体地位，激励企业加大创新投入，深化产学研用结合，支持有实力的企业牵头重大攻关任务。加强健康、养老、助残等民生科技研发应用。加快形成支持全面创新的基础制度，深化科技评价、科技奖励、科研项目和经费管理制度改革，健全"揭榜挂帅"机制。加强知识产权保护，制定促进科技成果转化应用的政策举措。广泛开展科学普及。培育创新文化，弘扬科学家精神，涵养优良学风。扩大国际科技交流合作，营造具有全球竞争力的开放创新生态。

全方位培养用好人才。实施更加积极、更加开放、更加有效的人才政策。推进高水平人才高地和吸引集聚人才平台建设，促进人才区域合理布局和协调发展。加快建设国家战略人才力量，努力培养造就更多一流科技领军人才和创新团队，完善拔尖创新人才发现和培养机制，建设基础研究人才培养平台，打造卓越工程师和高技能人才队伍，加大对青年科技人才支持力度。积极推进人才国际交流。加快建立以创新价值、能力、贡献为导向的人才评价体系，优化工作生活保障和表彰奖励制度。我们要在改善人才发展环境上持续用力，形成人尽其才、各展其能的良好局面。

（三）着力扩大国内需求，推动经济实现良性循环。把实施扩大内需战略同深化供给侧结构性改革有机结合起来，更好统筹消费和投资，增强对经济增长的拉动作用。

促进消费稳定增长。从增加收入、优化供给、减少限制性措施等方面综合施策，激发消费潜能。培育壮大新型消费，实施数字消费、绿色消费、健康消费促进政策，积极培育智能家居、文娱旅游、体育赛事、国货"潮品"等新的消费增长点。稳定和扩大传统消费，鼓励和推动消费品以旧换新，提振智能网联新能源汽车、电子产品等大宗消费。推动养老、育幼、家政等服务扩容提质，支持社会力量提供社区服务。优化消费环境，开展"消费促进年"活动，实施"放心消费行动"，加强消费者权益保护，落实带薪休假制度。实施标准提升行动，加快构建适应高质量发展要求的标准体系，推动商品和服务质量不断提高，更好满足人民群众改善生活需要。

积极扩大有效投资。发挥好政府投资的带动放大效应，重点支持科技创新、新型基础设施、节能减排降碳，加强民生等经济社会薄弱领域补短板，推进防洪排涝抗灾基础设施建设，推动各类生产设备、服务设备更新和技术改造，加快实施"十四五"规划重大工程项目。今年中央预算内投资拟安排 7000 亿元。合理扩大地方政府专项债券投向领域和用作资本金范围，额度分配向项目准备充分、投资效率较高的地区倾斜。统筹用好各类资金，防止低效无效投资。深化投资审批制度改革。着力稳定和扩大民间投资，落实和完善支持政策，实施政府和社会资本合作新机制，鼓励民间资本参与重大项目建设。进一步拆除各种藩篱，在更多领域让民间投资进得来、能发展、有作为。

（四）坚定不移深化改革，增强发展内生动力。推进重点领域和关键环节改革攻坚，充分发挥市场在资源配置中的决定性作用，更好发挥政府作用，营造市场化、法治化、国际化一流营商环境，推动构建高水平社会主义市场经济体制。

激发各类经营主体活力。国有企业、民营企业、外资企业都是现代化建设的重要力量。要不断完善落实"两个毫不动摇"的体制机制，为各类所有制企业创造公平竞争、竞相发展的良好环境。完善中国特色现代企业制度，打造更多世界一流企业。深入实施国有企业改革深化提升行动，做强做优主业，增强核心功能、提高核心竞争力。建立国有经济布局优化和结构调整指引制度。全面落实促进民营经济发展壮大的意见及配套举措，进一步解决市场准入、要素获取、公平执法、权益保护等方面存在的突出问题。提高民营企业贷款占比、扩大发债融资规模，加强对个体工商户分类帮扶支持。实施降低物流成本行动，健全防范化解拖欠企业账款长效机制，坚决查处乱收费、乱罚款、乱摊派。弘扬优秀企业家精神，积极支持企业家专注创新发展、敢干敢闯敢投、踏踏实实把企业办好。

加快全国统一大市场建设。制定全国统一大市场建设标准指引。着力推动产权保护、市场准入、公平竞争、社会信用等方面制度规则统一。深化要素市场化配置综合改革试点。出台公平竞争审查行政法规，完善重点领域、新兴领域、涉外领域监管规则。专项治理地方保护、市场分割、招商引资不当竞争等突出问题，加强对招投标市场的规范和管理。坚持依法监管，严格落实监管责任，提升监管精准性和有效性，坚决维护公平竞争的市场秩序。

推进财税金融等领域改革。建设高水平社会主义市场经济体制改革先行区。谋划新一轮财税体制改革，落实金融体制改革部署，加大对高质量发展的财税金融支持。深化电力、油气、铁路和综合运输体系等改革，健全自然垄断环节监管体制机制。深化收入分配、社会保障、医药卫生、养老服务等社会民生领域改革。

（五）扩大高水平对外开放，促进互利共赢。 主动对接高标准国际经贸规则，稳步扩大制度型开放，增强国内国际两个市场两种资源联动效应，巩固外贸外资基本盘，培育国际经济合作和竞争新优势。

推动外贸质升量稳。加强进出口信贷和出口信保支持，优化跨境结算、汇率风险管理等服务，支持企业开拓多元化市场。促进跨境电商等新业态健康发展，优化海外仓布局，支持加工贸易提档升级，拓展中间品贸易、绿色贸易等新增长点。积极扩大优质产品进口。完善边境贸易支持政策。全面实施跨境服务贸易负面清单。出台服务贸易、数字贸易创新发展政策。加快内外贸一体化发展。办好进博会、广交会、服贸会、数贸会、消博会等重大展会。加快国际物流体系建设，打造智慧海关，助力外贸企业降本提效。

加大吸引外资力度。继续缩减外资准入负面清单，全面取消制造业领域外资准入限制措施，放宽电信、医疗等服务业市场准入。扩大鼓励外商投资产业目录，鼓励外资企业境内再投资。落实好外资企业国民待遇，保障依法平等参与政府采购、招标投标、标准制定，推动解决数据跨境流动等问题。加强外商投资服务保障，打造"投资中国"品牌。提升外籍人员来华工作、学习、旅游便利度，优化支付服务。深入实施自贸试验区提升战略，赋予自贸试验区、海南自由贸易港等更多自主权，推动开发区改革创新，打造对外开放新高地。

推动高质量共建"一带一路"走深走实。抓好支持高质量共建"一带一路"八项行动的落实落地。稳步推进重大项目合作，实施一批"小而美"民生项目，积极推动数字、绿色、创新、健康、文旅、减贫等领域合作。加快建设西部陆海新通道。

深化多双边和区域经济合作。推动落实已生效自贸协定，与更多国家和地区商签高标准自贸协定和投资协定。推进中国—东盟自贸区3.0版谈判，推动加入《数字经济伙伴关系协定》、《全面与进步跨太平洋伙伴关系协定》。全面深入参与世贸组织改革，推动建设开放型世界经济，让更多合作共赢成果惠及各国人民。

（六）更好统筹发展和安全，有效防范化解重点领域风险。坚持以高质量发展促进高水平安全，以高水平安全保障高质量发展，标本兼治化解房地产、地方债务、中小金融机构等风险，维护经济金融大局稳定。

稳妥有序处置风险隐患。完善重大风险处置统筹协调机制，压实企业主体责任、部门监管责任、地方属地责任，提升处置效能，牢牢守住不发生系统性风险的底线。优化房地产政策，对不同所有制房地产企业合理融资需求要一视同仁给予支持，促进房地产市场平稳健康发展。统筹好地方债务风险化解和稳定发展，进一步落实一揽子化债方案，妥善化解存量债务风险、严防新增债务风险。稳妥推进一些地方的中小金融机构风险处置。严厉打击非法金融活动。

健全风险防控长效机制。适应新型城镇化发展趋势和房地产市场供求关系变化，加快构建房地产发展新模式。加大保障性住房建设和供给，完善商品房相关基础性制度，满足居民刚性住房需求和多样化改善性住房需求。建立同高质量发展相适应的政府债务管理机制，完善全口径地方债务监测监管体系，分类推进地方融资平台转型。健全金融监管体制，提高金融风险防控能力。

　　加强重点领域安全能力建设。完善粮食生产收储加工体系，全方位夯实粮食安全根基。推进国家水网建设。强化能源资源安全保障，加大油气、战略性矿产资源勘探开发力度。加快构建大国储备体系，加强重点储备设施建设。提高网络、数据等安全保障能力。有效维护产业链供应链安全稳定，支撑国民经济循环畅通。

　　（七）坚持不懈抓好"三农"工作，扎实推进乡村全面振兴。锚定建设农业强国目标，学习运用"千村示范、万村整治"工程经验，因地制宜、分类施策、循序渐进、久久为功，推动乡村全面振兴不断取得实质性进展、阶段性成果。

　　加强粮食和重要农产品稳产保供。稳定粮食播种面积，巩固大豆扩种成果，推动大面积提高单产。适当提高小麦最低收购价，在全国实施三大主粮生产成本和收入保险政策，健全种粮农民收益保障机制。加大产粮大县支持力度，完善主产区利益补偿机制。扩大油料生产，稳定畜牧业、渔业生产能力，发展现代设施农业。支持节水农业、旱作农业发展。加强病虫害和动物疫病防控。加大种业振兴、农业关键核心技术攻关力度，实施农机装备补短板行动。严守耕地红线，完善耕地占补平衡制度，加强黑土地保护和盐碱地综合治理，提高高标准农田建设投资补助水平。各地区都要扛起保障国家粮食安全责任。我们这样一个人口大国，必须践行好大农业观、大食物观，始终把饭碗牢牢端在自己手上。

毫不放松巩固拓展脱贫攻坚成果。加强防止返贫监测和帮扶工作，确保不发生规模性返贫。支持脱贫地区发展特色优势产业，推进防止返贫就业攻坚行动，强化易地搬迁后续帮扶。深化东西部协作和定点帮扶。加大对国家乡村振兴重点帮扶县支持力度，建立健全农村低收入人口和欠发达地区常态化帮扶机制，让脱贫成果更加稳固、成效更可持续。

稳步推进农村改革发展。深化农村土地制度改革，启动第二轮土地承包到期后再延长30年整省试点。深化集体产权、集体林权、农垦、供销社等改革，促进新型农村集体经济发展。着眼促进农民增收，壮大乡村富民产业，发展新型农业经营主体和社会化服务，培养用好乡村人才。繁荣发展乡村文化，持续推进农村移风易俗。深入实施乡村建设行动，大力改善农村水电路气信等基础设施和公共服务，加强充电桩、冷链物流、寄递配送设施建设，加大农房抗震改造力度，持续改善农村人居环境，建设宜居宜业和美乡村。

（八）推动城乡融合和区域协调发展，大力优化经济布局。深入实施区域协调发展战略、区域重大战略、主体功能区战略，把推进新型城镇化和乡村全面振兴有机结合起来，加快构建优势互补、高质量发展的区域经济格局。

积极推进新型城镇化。我国城镇化还有很大发展提升空间。要深入实施新型城镇化战略行动，促进各类要素双向流动，形成城乡融合发展新格局。把加快农业转移人口市民化摆在突出位置，深化户籍制度改革，完善"人地钱"挂钩政策，让有意愿的进城农民工在城镇落户，推动未落户常住人口平等享受城镇基本公共服务。培育发展县域经济，补齐基础设施和公共服务短板，使县城成为新型城镇化的重要载体。注重以城市群、都市圈为依托，促进大中小城市协调发展。推动成渝地区双城经济圈建设。稳步实施城市更新行动，推进"平急两用"公共基础设施建设和城中村改造，加快完善地下管网，推动解决老旧小区加装电梯、停车等难题，加强无障碍环境、适老化设施建设，打造宜居、智慧、韧性城市。新型城镇化要处处体现以人为本，提高精细化管理和服务水平，让人民群众享有更高品质的生活。

提高区域协调发展水平。充分发挥各地区比较优势，按照主体功能定位，积极融入和服务构建新发展格局。深入实施西部大开发、东北全面振兴、中部地区加快崛起、东部地区加快推进现代化等战略，提升东北和中西部地区承接产业转移能力。支持京津冀、长三角、粤港澳大湾区等经济发展优势地区更好发挥高质量发展动力源作用。抓好标志性项目在雄安新区落地建设。持续推进长江经济带高质量发展，推动黄河流域生态保护和高质量发展。支持革命老区、民族地区加快发展，加强边疆地区建设，统筹推进兴边富民行动。优化重大生产力布局，加强国家战略腹地建设。制定主体功能区优化实施规划，完善配套政策。大力发展海洋经济，建设海洋强国。

（九）**加强生态文明建设，推进绿色低碳发展**。深入践行绿水青山就是金山银山的理念，协同推进降碳、减污、扩绿、增长，建设人与自然和谐共生的美丽中国。

推动生态环境综合治理。深入实施空气质量持续改善行动计划，统筹水资源、水环境、水生态治理，加强土壤污染源头防控，强化固体废物、新污染物、塑料污染治理。坚持山水林田湖草沙一体化保护和系统治理，加强生态环境分区管控。组织打好"三北"工程三大标志性战役，推进以国家公园为主体的自然保护地建设。加强重要江河湖库生态保护治理。持续推进长江十年禁渔。实施生物多样性保护重大工程。完善生态产品价值实现机制，健全生态保护补偿制度，充分调动各方面保护和改善生态环境的积极性。

大力发展绿色低碳经济。推进产业结构、能源结构、交通运输结构、城乡建设发展绿色转型。落实全面节约战略，加快重点领域节能节水改造。完善支持绿色发展的财税、金融、投资、价格政策和相关市场化机制，推动废弃物循环利用产业发展，促进节能降碳先进技术研发应用，加快形成绿色低碳供应链。建设美丽中国先行区，打造绿色低碳发展高地。

积极稳妥推进碳达峰碳中和。扎实开展"碳达峰十大行动"。提升碳排放统计核算核查能力，建立碳足迹管理体系，扩大全国碳市场行业覆盖范围。深入推进能源革命，控制化石能源消费，加快建设新型能源体系。加强大型风电光伏基地和外送通道建设，推动分布式能源开发利用，提高电网对清洁能源的接纳、配置和调控能力，发展新型储能，促进绿电使用和国际互认，发挥煤炭、煤电兜底作用，确保经济社会发展用能需求。

（十）切实保障和改善民生，加强和创新社会治理。坚持以人民为中心的发展思想，履行好保基本、兜底线职责，采取更多惠民生、暖民心举措，扎实推进共同富裕，促进社会和谐稳定，不断增强人民群众的获得感、幸福感、安全感。

多措并举稳就业促增收。就业是最基本的民生。要突出就业优先导向，加强财税、金融等政策对稳就业的支持，加大促就业专项政策力度。落实和完善稳岗返还、专项贷款、就业和社保补贴等政策，加强对就业容量大的行业企业支持。预计今年高校毕业生超过 1170 万人，要强化促进青年就业政策举措，优化就业创业指导服务。扎实做好退役军人就业安置工作，积极促进农民工就业，加强对残疾人等就业困难人员帮扶。分类完善灵活就业服务保障措施，扩大新就业形态就业人员职业伤害保障试点。坚决纠正性别、年龄、学历等就业歧视，保障农民工工资支付，完善劳动关系协商协调机制，维护劳动者合法权益。适应先进制造、现代服务、养老照护等领域人才需求，加强职业技能培训。多渠道增加城乡居民收入，扩大中等收入群体规模，努力促进低收入群体增收。

提高医疗卫生服务能力。继续做好重点传染病防控。居民医保人均财政补助标准提高 30 元。促进医保、医疗、医药协同发展和治理。推动基本医疗保险省级统筹，完善国家药品集中采购制度，强化医保基金使用常态化监管，落实和完善异地就医结算。深化公立医院改革，以患者为中心改善医疗服务，推动检查检验结果互认。着眼推进分级诊疗，引导优质医疗资源下沉基层，加强县乡村医疗服务协同联动，扩大基层医疗卫生机构慢性病、常见病用药种类。加强罕见病研究、诊疗服务和用药保障。加快补齐儿科、老年医学、精神卫生、医疗护理等服务短板，加强全科医生培养培训。促进中医药传承创新，加强中医优势专科建设。完善疾病预防控制体系。深入开展健康中国行动和爱国卫生运动，筑牢人民群众健康防线。

加强社会保障和服务。实施积极应对人口老龄化国家战略。城乡居民基础养老金月最低标准提高 20 元，继续提高退休人员基本养老金，完善养老保险全国统筹。在全国实施个人养老金制度，积极发展第三支柱养老保险。做好退役军人、军属和其他优抚对象服务保障。加强城乡社区养老服务网络建设，加大农村养老服务补短板力度。加强老年用品和服务供给，大力发展银发经济。推进建立长期护理保险制度。健全生育支持政策，优化生育假期制度，完善经营主体用工成本合理共担机制，多渠道增加托育服务供给，减轻家庭生育、养育、教育负担。做好留守儿童和困境儿童关爱救助。加强残疾预防和康复服务，完善重度残疾人托养照护政策。健全分层分类的社会救助体系，统筹防止返贫和低收入人口帮扶政策，把民生兜底保障安全网织密扎牢。

丰富人民群众精神文化生活。深入学习贯彻习近平文化思想。广泛践行社会主义核心价值观。发展哲学社会科学、新闻出版、广播影视、文学艺术和档案等事业。制定推动文化传承发展的政策举措。深入推进国家文化数字化战略。深化全民阅读活动。完善网络综合治理，培育积极健康、向上向善的网络文化。创新实施文化惠民工程，提高公共文化场馆免费开放服务水平。大力发展文化产业。开展第四次全国文物普查，加强文物系统性保护和合理利用。推进非物质文化遗产保护传承。深化中外人文交流，提高国际传播能力。加大体育改革力度。做好 2024 年奥运会、残奥会备战参赛工作。建好用好群众身边的体育设施，推动全民健身活动广泛开展。

维护国家安全和社会稳定。贯彻总体国家安全观，加强国家安全体系和能力建设。提高公共安全治理水平，推动治理模式向事前预防转型。着力夯实安全生产和防灾减灾救灾基层基础，增强风险防范、应急处置和支撑保障能力。扎实开展安全生产治本攻坚三年行动，加强重点行业领域风险隐患排查整治，压实各方责任，坚决遏制重特大事故发生。做好洪涝、干旱、台风、森林草原火灾、地质灾害、地震等防范应对，加强气象服务。严格食品、药品、特种设备等安全监管。完善社会治理体系。强化城乡社区服务功能。引导支持社会组织、人道救助、志愿服务、公益慈善等健康发展。保障妇女、儿童、老年人、残疾人合法权益。坚持和发展新时代"枫桥经验"，推进矛盾纠纷预防化解，推动信访工作法治化。加强公共法律服务。强化社会治安整体防控，推进扫黑除恶常态化，依法打击各类违法犯罪活动，建设更高水平的平安中国。

各位代表！

新征程新使命，对政府工作提出了新的更高要求。各级政府及其工作人员要深刻领悟"两个确立"的决定性意义，增强"四个意识"、坚定"四个自信"、做到"两个维护"，自觉在思想上政治上行动上同以习近平同志为核心的党中央保持高度一致，不断提高政治判断力、政治领悟力、政治执行力，把党的领导贯穿政府工作各方面全过程。要把坚持高质量发展作为新时代的硬道理，把为民造福作为最重要的政绩，努力建设人民满意的法治政府、创新政府、廉洁政府和服务型政府，全面履行好政府职责。

深入推进依法行政。严格遵守宪法法律。自觉接受同级人大及其常委会的监督，自觉接受人民政协的民主监督，自觉接受社会和舆论监督。加强审计监督。坚持科学、民主、依法决策，制定政策要遵循规律、广聚共识、于法有据。完善政务公开制度。全面推进严格规范公正文明执法。支持工会、共青团、妇联等群团组织更好发挥作用。发扬自我革命精神，持之以恒正风肃纪反腐，纵深推进党风廉政建设和反腐败斗争。政府工作人员要遵守法纪、廉洁修身、勤勉尽责，干干净净为人民做事。

全面提高行政效能。围绕贯彻好、落实好党中央决策部署，坚持优化协同高效，深入推进政府职能转变，不断提高执行力和公信力。坚持正确的思想方法和工作方法，勇于打破思维定势和路径依赖，积极谋划用好牵引性、撬动性强的工作抓手，在抓落实上切实做到不折不扣、雷厉风行、求真务实、敢作善为，确保最终效果符合党中央决策意图，顺应人民群众期待。巩固拓展主题教育成果，大兴调查研究，落实"四下基层"制度。加快数字政府建设。以推进"高效办成一件事"为牵引，提高政务服务水平。

坚决纠治形式主义、官僚主义，进一步精简文件和会议，完善督查检查考核，持续为基层和企业减负。落实"三个区分开来"，完善干部担当作为激励和保护机制。广大干部要增强"时时放心不下"的责任感，并切实转化为"事事心中有底"的行动力，提振干事创业的精气神，真抓实干、埋头苦干、善作善成，努力创造无愧于时代和人民的新业绩。

各位代表！

我们要以铸牢中华民族共同体意识为主线，坚持和完善民族区域自治制度，促进各民族广泛交往交流交融，推动民族地区加快现代化建设步伐。坚持党的宗教工作基本方针，深入推进我国宗教中国化，积极引导宗教与社会主义社会相适应。加强和改进侨务工作，维护海外侨胞和归侨侨眷合法权益，汇聚起海内外中华儿女共同致力民族复兴的磅礴力量。

过去一年，国防和军队建设取得新的成绩和进步，人民军队出色完成担负的使命任务。新的一年，要深入贯彻习近平强军思想，贯彻新时代军事战略方针，坚持党对人民军队的绝对领导，全面深入贯彻军委主席负责制，打好实现建军一百年奋斗目标攻坚战。全面加强练兵备战，统筹推进军事斗争准备，抓好实战化军事训练，坚定捍卫国家主权、安全、发展利益。构建现代军事治理体系，抓好军队建设"十四五"规划执行，加快实施国防发展重大工程。巩固提高一体化国家战略体系和能力，优化国防科技工业体系和布局，加强国防教育、国防动员和后备力量建设。各级政府要大力支持国防和军队建设，深入开展"双拥"工作，巩固发展军政军民团结。

我们要继续全面准确、坚定不移贯彻"一国两制"、"港人治港"、"澳人治澳"、高度自治的方针，坚持依法治港治澳，落实"爱国者治港"、"爱国者治澳"原则。支持香港、澳门发展经济、改善民生，发挥自身优势和特点，积极参与粤港澳大湾区建设，更好融入国家发展大局，保持香港、澳门长期繁荣稳定。

我们要坚持贯彻新时代党解决台湾问题的总体方略，坚持一个中国原则和"九二共识"，坚决反对"台独"分裂和外来干涉，推动两岸关系和平发展，坚定不移推进祖国统一大业，维护中华民族根本利益。深化两岸融合发展，增进两岸同胞福祉，同心共创民族复兴伟业。

我们要坚持独立自主的和平外交政策，坚持走和平发展道路，坚定奉行互利共赢的开放战略，倡导平等有序的世界多极化和普惠包容的经济全球化，推动构建新型国际关系，反对霸权霸道霸凌行径，维护国际公平正义。中国愿同国际社会一道，落实全球发展倡议、全球安全倡议、全球文明倡议，弘扬全人类共同价值，推动全球治理体系变革，推动构建人类命运共同体。

各位代表！

使命重在担当，奋斗创造未来。我们要更加紧密地团结在以习近平同志为核心的党中央周围，高举中国特色社会主义伟大旗帜，以习近平新时代中国特色社会主义思想为指导，坚定信心、开拓进取，努力完成全年经济社会发展目标任务，为以中国式现代化全面推进强国建设、民族复兴伟业不懈奋斗！

上 篇

省、自治区、直辖市

北 京 市
政府工作报告

——二〇二四年一月二十一日在北京市第十六届
人民代表大会第二次会议上

市 长 殷 勇

各位代表：

现在，我代表北京市人民政府，向大会报告政府工作，请予
审议，并请市政协委员提出意见。

一、2023年工作回顾

2023年是全面贯彻落实党的二十大精神的开局之年，是三年
新冠疫情防控转段后经济恢复发展的一年。习近平总书记亲赴门头
沟区看望慰问"23·7"极端强降雨受灾群众、对灾后恢复重建作
出重要指示，主持召开深入推进京津冀协同发展座谈会并发表重要
讲话，向中国国际服务贸易交易会发表重要视频致辞，向中关村论
坛、北京文化论坛致贺信，为推动新时代首都发展进一步指明了前
进方向、提供了根本遵循。全市人民深受鼓舞、倍感振奋，汇聚起

奋进新征程、建功新时代的磅礴力量。

过去一年，在以习近平同志为核心的党中央坚强领导下，在中共北京市委直接领导下，在市人大及其常委会监督支持下，我们坚持以习近平新时代中国特色社会主义思想为指导，全面贯彻党的二十大和二十届二中全会精神，深入贯彻习近平总书记对北京重要讲话精神，认真贯彻落实党中央决策部署，加强"四个中心"功能建设，提高"四个服务"水平，深化"五子"联动服务和融入新发展格局，统筹发展和安全，着力提信心、强创新、优功能、促协同、抓治理、惠民生，经受住多种考验，经济整体回升向好，社会大局保持稳定，各项事业取得新进展新成效，较好完成了市十六届人大一次会议确定的目标任务。全市地区生产总值增长5.2%、约4.4万亿元，一般公共预算收入增长8.2%、突破6000亿元，城镇调查失业率4.4%，居民消费价格总体平稳，居民收入增长与经济增长同步，人均地区生产总值、全员劳动生产率、万元地区生产总值能耗水耗等多项指标保持全国省级地区最优水平。

一年来，主要做了以下工作。

一是深入落实首都城市战略定位，京津冀协同发展不断走深走实。进一步优化提升首都功能，坚持首都规划权属党中央，完善首规委工作制度，加快首都规划体系建设，深化规自领域问题整改，严格规划执行；实施核心区控规新一轮三年行动计划，开展重点地区环境整治提升，全力保障中央政务功能。扎实推进国际交往中心建设，雁栖湖国际会都实现扩容提升，第四使馆区等规划建设有序推进，在京登记落户国际组织机构增至115家；健全重大国事活动服务保障常态化工作机制，圆满完成第三届"一带一路"国际合作高峰论坛服务保障任务。深入开展疏解整治促提升专项行动，拆除违法建设2315万平方米、腾退土地2282公顷，启动实施第二道绿化隔离地区减量提质规划和五年工作方案，城乡建设用地减量约8平方公里；整治桥下空间183处、城市家具1万余处，规范拆除各类护栏900公里，精细化治理提升背街小巷1730条；完成老旧小区改造183个，启动危旧楼房改建和简易楼腾退20.4万平方米。大力推动城市副中心高质量发展，行政办公区二期建成，第二批市级机关搬迁，北京艺术中心、城市图书馆、大运河博物馆建成投用，东六环高线公园等规划建设稳步推进，全国温室气体自愿减排交易机构获批设立，通州区与北三县一体化发展取得新进展。加快构建京津冀更加紧密的协同发展格局，建立三地联合工作机制，制定实施三年行动计划；京雄高速全线通车，津兴城际铁路开通运行；雄安新区中关村科技园挂牌运营，北京向天津、河北输出技术合同成交额748.7亿元、增长1.1倍；支持雄安新区"三校一院"交钥匙项目开学开诊，公共服务共建共享不断深化。

二是着力发挥科技创新引领作用，经济高质量发展内生动力进一步增强。加快建设国际科技创新中心，加强科技领军人才尤其是青年人才培养引进，实施基础研究领先行动和关键核心技术攻坚战行动，推动在京国家实验室高质量运行，支持新型研发机构开展有组织科研，加快构建以企业为主导的产学研深度融合新范式。高水平推进"三城一区"建设，中关村科学城加快颠覆性技术培育发展，新一轮先行先试改革政策向中关村示范区全域推广，科创金融改革试验区获批，中关村规模以上企业技术收入增长超过30%；怀柔科学城加快综合性国家科学中心建设，16个科技设施平台进入科研状态；未来科学城深化央地合作、校城融合，研究型医院等一批项目建成启用；创新型产业集群示范区承接三大科学城成果超过270个。巩固提升高精尖产业发展优势，出台通用人工智能、人形机器人等30余项细分产业支持政策，新设4支政府高精尖产业基金，集成电路全产业链发展取得重大进展，一批创新药品、医疗器械获批上市，小米智能手机工厂、理想汽车旗舰工厂提前投产。精心打造全球数字经济标杆城市，率先建成全球性能领先的区块链基础设施，新增5G基站3万个，获准向公众开放的生成式人工智能大模型产品占全国近一半，"京通""京办""京智"三个智慧城市应用终端快速升级拓展，高级别自动驾驶示范区实现160平方公里连片运行，全国首个数据基础制度先行区启动建设，数字经济增加值占地区生产总值比重达42.9%。以供给侧结构性改革引领和创造新需求，扎实推进国际消费中心城市建设，"一圈一策"完成15个重点商圈品质提升，新开业大型商业设施面积近240万平方米，亮马河国际风情水岸点亮城市夜生活，文旅消费恢复到疫情前水平；进一步发挥有效投资关键作用，推出真抓实干促投资奖励措施，创新重大项目投融资机制，面向民间资本推介重大项目总投资超过3200亿元。大力推进高水平对外开放，服务业扩大开放2.0版工作方案获国务院批复同意，迭代推出170余项新的试点举措，北京成为国家首批制度型开放试点，全国首个以研发创新为特色的中关村综保区获批设立，成功举办金融街论坛，支持北京证券交易所扩容提质、上市公司数量增至开市时的近三倍，北京首列直达欧洲的中欧班列成功开行。积极营造企业更有获得感的营商环境，完成6.0版改革任务，制定实施"北京服务"意见和促进民营经济发展壮大行动方案，新增大型活动等23个"一件事"集成服务事项，在餐饮、超市等40个行业推行"一业一证"，一体化综合监管试点拓展至50个，完善"服务包""服务管家"机制，全市新设企业增长

20.3%，总数突破211万户、创历史新高。

三是全面加强历史文化名城保护，首都文化持续繁荣发展。以中轴线申遗带动老城整体保护，用珍爱之心、尊崇之心善待历史遗存，庆成宫整体院落腾退等48项重点任务全面完成，社稷坛等15处遗产点焕发生机，"进京赶考之路"北京段全线贯通，蒙藏学校旧址向公众开放，模式口历史文化街区活力显现，一批胡同按照原有肌理得到修复，更多居住在四合院的老街坊享受到了现代生活的便利。大力推进三条文化带建设，大运河源头遗址公园一期面向社会开放，路县故城考古遗址公园建设加快推进，445公里"京畿长城"国家风景道主线亮相，"三山五园"国家文物保护利用示范区创建完成，融合历史人文、生态风景与现代设施的城市文脉呈现崭新面貌。深入开展文化惠民工程，出台建设"演艺之都"三年行动实施方案，举办首都市民系列文化活动1.7万场，营业性演出突破4万场；新增11家博物馆备案、27家"类博物馆"挂牌，改进旅游景区门票预约机制，成功举办首届北京国际非遗周，留存在京华大地上的文化遗产正在越来越多地活起来。不断加强首都精神文明建设，11部文艺作品荣获全国"五个一工程"奖、数量连续三届居全国首位，精心打造"北京榜样"品牌，开展营业性演出票务市场非法倒票乱象专项治理，强化12类交通违法行为整治，深化文明城区创建，461万志愿者奔波在大街小巷，社会主义核心价值观进一步深入人心。

四是加大民生服务保障力度，市民生活品质稳步提高。千方百计促进就业，集中推出15项稳就业措施，加强重点群体和地区就业帮扶，城镇新增就业28.1万人，帮扶困难人员就业19.7万人。努力办好人民满意的教育，出台普惠托育政策，幼儿园新增托位超过

6000个，普惠性幼儿园覆盖率达到93%；新增中小学学位3.8万个，实现义务教育学校"手拉手"结对全覆盖，发布实施新一轮中考改革方案；加快推动市属高校分类发展。全力保障人民健康，稳妥有序应对多轮疫情波动和秋冬季呼吸道传染病流行高峰，建设全市统一的预约挂号平台，110家医院实现医保移动支付；加强冬奥场馆赛后利用，"新工体"投入使用，新改扩建一批体育公园和体育健身场所，开展各类全民健身赛事活动3.3万场次。完善养老服务体系，着力构建以街道乡镇区域养老服务中心为主体、社区养老服务驿站为延伸的养老服务网络，创新居家养老服务模式，新建各类养老护理床位6232张，新增农村邻里互助养老服务点232个、养老助餐点243个，老楼加装电梯822部。着力稳定房地产市场，深入推进"保交楼"工作，在京房地产项目整体风险明显下降，优化调整购房政策，建设筹集保障性租赁住房8.2万套，竣工各类保障性住房9.3万套。持续加强社会保障，调整提高社会保险、社会救助、儿童福利等待遇标准，妇女儿童发展环境不断优化，残疾人社会保障制度和关爱服务体系更加完善，开展殡仪服务领域突出问题专项整治。强化交通综合治理，地铁16号线全线贯通、17号线北段开通，轨道交通运营总里程超过1200公里；提升656公里公交专用道使用效率，优化公交线路144条，开通通学公交运营线路50条；统筹公交和轨道站点设置、50米内换乘比例提高到86%，"七站两场"等重点区域交通秩序不断改善；违规电动三四轮车全面退出，共享单车停放更加有序。深化接诉即办改革，扎实推进"每月一题"主动治理，诉求解决率、群众满意率分别达到95.5%和96.1%；持续抓好垃圾分类、物业管理两个"关键小事"，创建生活垃圾分类示范居住小区（村）2800个，住宅物业服务覆盖率达到97%。

五是大力推进生态文明建设，绿色北京战略实施取得新成效。持续打好蓝天保卫战，深入实施挥发性有机物和氮氧化物协同治理，开展扬尘专项治理攻坚行动，完善重污染天气预警措施，强化区域联防联控，克服沙尘天气和疫情之后社会活跃度回升等因素影响，细颗粒物年均浓度32微克/立方米、为有监测记录以来次优水平。强化城乡水环境治理，完善密云水库、官厅水库水源保护生态补偿机制，加强水资源战略储备，平原区地下水位连续八年回升，污水处理率提高到97.3%，地表水环境质量达到国家目标要求，雁栖湖入选国家美丽河湖优秀案例，野鸭湖湿地入选国际重要湿地名录。加快建设大尺度绿色空间，成功创建全域国家森林城市，森林覆盖率44.9%；南苑森林湿地公园等一批郊野公园对外开放，全市公园总数达到1065个，62%的公园实现无界融通，千园之城不断扩容。全面推进乡村振兴，2800余个村庄基本完成美丽乡村建设，93%的村庄和96%的农户实现清洁取暖；严守耕地保护红线，完成5.8万亩高标准农田建设，农业中关村总体框架基本形成，粮食、蔬菜产量连续四年增长；学习运用"千万工程"经验，启动实施"百村示范、千村振兴"工程，农村居民收入增速快于城镇居民2个百分点；深入开展东西部协作和支援合作，助力受援地区巩固拓展脱贫攻坚成果。

六是坚持统筹发展和安全，首都安全防线不断夯实。全面加强安全生产工作，深刻汲取"4·18"长峰医院重大火灾事故教训，迅速开展安全生产和火灾隐患大排查大整治，及时出台"十项硬措施"，深入推进燃气、电动自行车、农村自建房等领域安全隐患专项整治，开发推广"企安安"信息系统，认真落实"三管三必须"要求，压实基层末梢安全责任，全市生产安全死亡事故起数和死亡人数分别比2019年下降4.8%和1.8%。着力防范化解金融风险，完善地方金融监管机制，完成全国首例地方政府专项债券提前偿还试点，有序处置重点企业风险，监管预付式资金、打击非法集资等风险防范化解工作取得积极成效。扎实推进平安北京建设，深入开展信访问题源头治理三年攻坚行动，不断完善立体化、信息化社会治安防控体系，严厉打击电信网络诈骗等违法犯罪，首都和谐稳定的良好局面更加稳固。全力服务国防和军队建设，人民防空体系不断完善，国防动员现代化取得良好开局，退役军人服务保障体系从"有"向"优"转变。民族、宗教、侨务工作成效明显。

七是全力应对"23·7"极端强降雨，防汛抗洪救灾斗争取得重大阶段性成果。落实落细防范措施，早研判、早部署，果断提前发布暴雨红色预警和启动防汛应急一级响应，提前采取"关、停、封、撤"等应急措施、疏散转移54.2万名工地和险区群众，提前启动军地协同机制和基层应急指挥机制，提前布置20余万人防汛抢险队伍。全力以赴抢险救援，充分调动各方力量处置险情灾情，及时启用大宁水库等水利设施统筹调蓄洪水，紧急救援三列外来被困列车、滞留的2831名旅客和乘务人员全部安全脱险，昼夜不停打通灾区生命通道，全力搜救失联被困人员，第一时间抢通256个断路村、507个断水村、273个断电村和342个通信中断村，最大限度减少人民群众生命财产损失。迅速启动灾后恢复重建，妥善安置34.4万名受灾群众，759所受灾学校全部如期开学，1万余套受损农民住房完成修缮，167条受损道路完成修复，水电气热保障基本恢复至灾前水平，秋粮实现颗粒归仓、冬小麦应种尽种，近七成受灾乡村民宿已正常运营；按照"一年基本恢复、三年全面提升、长远高质量发展"的思路，编制提升防灾减灾能力规划体系，积极争取国债资金支持，用好平原区结对帮扶机制，群策群力重建美好家园。

面对这场百年不遇的特大灾情，习近平总书记十分挂念、亲自指挥，国家部委、中央企业和兄弟省区市紧急驰援、鼎力相助，人民解放军、武警部队官兵和消防救援队伍指战员闻令而动、使命必达，各级组织和党员干部忠于职守、奋不顾身，灾区群众坚韧不拔、自救互助，广大市民顾大局、讲奉献，全力配合落实防汛措施，积极支持帮助受灾群众，书写了洪水无情人有情的人间大爱，展现了社会主义制度一方有难、八方支援的显著优势和人民群众万众一心、同舟共济的奋斗精神。

八是扎实开展主题教育，政府服务效能不断提升。牢牢把握"学思想、强党性、重实践、建新功"的总要求，突出实的导向，大兴调查研究，统筹推进检视整改，一批民心所盼、发展所向的问题得到有效解决。全面推进依法行政，全年共提请市人大常委会审议地方性法规草案6项，制定修改废止政府规章8项，办理市人大代表议案建议692件，办理市政协提案1054件；推动科技创新、乡村振兴、外商投资等领域立法，落实"八五"普法各项任务，实施"法治帮扶"和"法治明白人"工程，提升基层执法能力和规范化水平。持之以恒改进作风，压减一般性支出和非紧急非刚性支出23.9亿元，"三公"经费减少5%；深化全成本预算绩效管理改革，推动市区街成本绩效管理全覆盖，实现经营性国有资产集中统一监管；重点纠治形式主义、官僚主义，扎实推进精文简会和基层减负工作；加大审计监督、财会监督力度，完成首轮统计督察，以严的基调强化正风肃纪反腐，清廉守正、求真务实成为政府工作的鲜明导向。

各位代表！过去一年，面对内外部各种风险挑战，我们抗击灾害、保障安全、化解风险、稳定经济、推动发展、改善民生，一关接着一关闯，一仗接着一仗打，取得的成绩来之不易。这是以习近平同志为核心的党中央坚强领导的结果，是习近平新时代中国特色社会主义思想科学指导的结果，是中共北京市委带领全市人民攻坚克难、艰苦奋斗的结果。在此，我谨代表北京市人民政府，向全市人民，向全体人大代表、政协委员，向各民主党派、各人民团体和各界人士，向中央和国家机关各部门各单位，向各兄弟省区市，向驻京人民解放军和武警部队官兵，向所有关心支持首都建设的香港特别行政区同胞、澳门特别行政区同胞、台湾同胞、海外侨胞和国际友人，表示衷心的感谢！

同时，我们也清醒地认识到，前进的道路上还面临许多困难和压力，政府工作还存在不少问题和不足。主要是：人口、资源、环境矛盾仍然突出，首都功能优化还有很大提升空间；经济持续回升基础不牢固，市场预期偏弱，企业生产经营困难较多，居民消费和民间投资的信心不足；关键核心技术突破窗口期变短，产业链供应链韧性和竞争力有待增强；精细化治理水平与群众期待还有较大差距，"大城市病"治理需久久为功；城乡区域发展差距依然较大，教育、医疗、养老等民生领域存在不少短板弱项；极端情况下防灾减灾救灾能力亟待加强，安全生产、火灾防控、应急管理水平需要提升；政府系统干部队伍的能力素质、工作作风存在不足。我们要直面这些问题和挑战，以更加务实的举措，尽心竭力改进工作，决不辜负全市人民的厚望。

二、2024年重点任务

今年是新中国成立75周年，是实现"十四五"规划目标任务的关键一年，也是京津冀协同发展战略实施10周年，做好各项工作意义重大。

今年政府工作的总体要求是：以习近平新时代中国特色社会主义思想为指导，全面贯彻落实党的二十大和二十届二中全会精神，认真贯彻中央经济工作会议精神，深入贯彻习近平总书记对北京重要讲话精神，坚持稳中求进工作总基调，完整、准确、全面贯彻新发展理念，坚持以新时代首都发展为统领，深入实施人文北京、科技北京、绿色北京战略，深入实施京津冀协同发展战略，坚持"五子"联动服务和融入新发展格局，着力推动高质量发展，全面深化改革开放，切实增强经济活力、防范化解风险、改善社会预期，增进民生福祉，保持社会稳定，推动全面从严治党向纵深发展，为推进中国式现代化作出首都贡献。

按照上述要求，综合分析研判内外部形势，对接"十四五"规划，提出今年全市经济社会发展的主要预期目标是：地区生产总值增长5%左右，一般公共预算收入增长5%，城镇调查失业率控制在5%以内，居民消费价格涨幅3%左右，居民收入增长与经济增长同步，生态环境质量、能源、水资源等指标达到国家要求。

实现以上目标，既有有利的因素和条件，也面临不少困难和挑战。我们要坚定信心、迎难而上，努力开创首都高质量发展新局面。在今年的工作中要着重把握好以下几个方面：一是更加注重服务大局、主动作为，牢牢把握推进中国式现代化这个最大的政治，牢记首都职责使命，发挥首都优势，大力加强"四个中心"功能建设，提高"四个服务"水平；二是更加注重稳中求进、系统施策，把稳增长放到更加突出的位置，努力以自身工作的确定性应对形势变化的不确定性，用积极有效的政策措施提振市场信心；三是更加注重以进促稳、提质增效，用发展的办法解决前进中的问题，奋力推进传统领域"迭代"、新兴业态"抢滩"、未来产业"占先"，持续提升城市发展能级；四是更加注重先立后破、改革创新，在"立"的基础上做好"破"的工作，紧紧依靠改革这个关键一招破解难题，依靠创新这个第一动力打开局面，不断增强发展活力；五是更加注重底线思维、防范风险，以"时时放心不下"的责任感抓好安全稳定工作，严防各种"黑天鹅""灰犀牛"，促进发展和安全动态平衡、相得益彰。

着力做好以下十一个方面工作：

（一）持续提升首都功能，推动京津冀协同发展取得新的更大进展

牢牢牵住疏解非首都功能这个"牛鼻子"，推进现代化首都都市圈建设，携手津冀共同打造中国式现代化的先行区、示范区。

深入落实城市总体规划。严格执行首都规划重大事项向党中央请示报告制度，加快重点街区控规编制，持续完善首都国土空间规划体系。巩固深化规自领域问题整改成效，严防"大棚房"等问题反弹。统筹推动核心区控规三年行动计划落地见效，形成一批可视化成果，优化提升中央政务环境和城市发展品质。

加强国际交往中心功能建设。实现新国展二期项目竣工，强化雁栖湖国际会都、奥林匹克中心区服务保障能力，推进第四使馆区建设，提高城市环境国际化水平。积极融入、主动服务共建"一带一路"，拓展国际友城交往。更好发挥中国国际服务贸易交易会、中关村论坛、北京文化论坛、金融街论坛等国家级开放平台作用，吸引国际组织和机构在京落地。

打好疏解整治促提升"组合拳"。积极服务保障中央单位标志性项目向外疏解，完成第二批市级机关搬迁。完善疏解激励约束政策体系，实现城乡建设用地再减量6.5平方公里，确保新生违法建设动态清零。优化教育、医疗资源布局，加快首都医科大学、首都儿科研究所通州院区等项目建设。扎实推进铁路沿线环境、城乡结合部整治和桥体绿化、留白增绿等专项任务，精细治理背街小巷1650条，推进大红门等区域功能重塑和品质提升。

加快推进"新两翼"建设。落实北京与雄安新一轮战略合作协议，推动政务服务同城化，深化"三校一院"办学办医合作，共同建好雄安新区中关村科技园。加快城市副中心高质量发展步伐，继续保持千亿级投资强度，启动东六环高线公园建设，实现副中心站综合交通枢纽主体工程基本完工、东六环入地改造项目具备通车条件，实施轨道交通101线、22号线等重大项目，实现厂通路建成通车。谋划推进环球主题公园二期，加快建设潮白河国家森林公园，推动"两个示范区"建设取得更大突破。

深化协同创新和产业协作。积极推进京津冀国家技术创新中心建设，引导支持三地创新主体共建成果孵化与中试基地。加快"六链五群"产业布局，"一链一策"开展产业链延伸和协同配套。着力打造京冀曹妃甸协同发展示范区、京张体育文化旅游带，推动燃料电池汽车示范城市群建设。唱好京津"双城记"，抓好天津滨海—中关村科技园等合作园区建设。

加强公共服务共建共享。巩固提升"轨道上的京津冀"，建成城际铁路联络线一期，实现国道109新线高速通车。强化重污染天气应急应对，实施北方防沙带等生态保护和修复工程。深化教育、医疗、养老等公共服务合作，在就业、社保、税务等领域推出更多办事流程统一的"跨省通办"政务服务事项，共同打造区域一流营商环境。

（二）聚力建设国际科技创新中心，进一步壮大发展新动能新优势

充分发挥教育、科技、人才优势，加快构建高效协同开放的创新体系，着力打造我国自主创新的重要源头和原始创新的主要策源地。

深入推进教育改革发展。新增中小学学位2万个。持续深化"双减"工作，用好人工智能、大数据技术，完善"空中课堂"全学段、全学科数字课程体系，提高学校教育教学能力。推动普通高中优质特色多样化发展，优化调整职业教育专业布局，支持在京高校"双一流"建设，推动良乡大学城、沙河高教园区高质量发展，着力构建拔尖创新人才培养体系。发挥高精尖创新中心作用，促进产教融合、科教融汇发展。

加速提升创新体系效能。落实北京国际科技创新中心建设条例。持续加大基础科学发展支持力度，保障在京国家实验室在轨运行和体系化发展，启动北京市重点实验室重组。统筹推进新型研发机构高质量发展，支持组建一批领军企业牵头的创新联合体。深入实施关键核心技术攻坚战行动，靶向破解人工智能、集成电路等领域"卡脖子"问题。积极创建国家知识产权保护示范区，优化知识产权快速协同保护机制，实施质量强国战略和首都标准化战略。推动科技企业孵化器创新发展，大力引进国际科技组织和外资研发中心，营造具有国际竞争力的开放创新生态。

加快建设世界领先科技园区。深入实施中关村先行先试改革措施，压茬推出新的试点政策。统筹中关村"一区多园"发展，"一园一方案"推进分园管理体制机制改革和空间布局优化调整。强化中关村科学城原始创新策源功能，加快怀柔科学城重大科技基础设施集群应用，提升未来科学城技术创新能力和体制机制环境，推动创新型产业集群示范区承接更多科技成果落地。

全力打造高水平人才高地。实施战略科学家特殊引才计划，引进培养更多科技领军人才、卓越青年科学家和杰出青年人才。支持共建产学联动平台，深化工程硕博士培养改革专项试点，大力培养集成电路等重点产业急需紧缺人才和复合型人才。完善人才落户、住房等支持政策，更大力度保障各类科技企业引进优秀高校毕业生。深化人才发展体制机制改革，给予科研人员更多自主权，为各类人才提供各显其能的创新舞台。

（三）做强做优做大数字经济，更好赋能首都高质量发展

加快建设全球数字经济标杆城市，积极布局数字经济关键赛道，以数字化驱动生产方式、生活方式和治理方式全面变革。

统筹推进数字产业化。大力建设数据基础制度先行区，开展数据资产入表、数据跨境便利化服务等综合改革试点，推动算力中心、数据训练基地、国家区块链枢纽节点等一批重大项目落地，新建5G基站1万个以上。探索完善数据交易规范，提升北京国际大数据交易所运营能力。启动高级别自动驾驶示范区建设4.0阶段任务，推动机场、火车站、城市道路清扫等重点应用场景有序开放。

大力支持产业数字化。深入实施"新智造100"工程，全面开展制造业企业数字化转型，加快培育标杆性"数字领航"企业。促进平台经济有序竞争、创新发展，推动先进数字技术向中小企业深度普及，构建开放共享、充满活力的创新生态。提升人工智能底层技术和基础底座自主可控能力，推动人工智能模型对标国际先进水平，加快在政务、医疗、教育、工业、生活服务等领域应用，保持人工智能研发应用领先水平。

扎实推进智慧城市建设。完善规划管控、平台支撑、数据治理三大工作体系，拓展"一网通办"应用，深化"一网统管"建设，提升"一网慧治"能力。加快"万兆光网"、车联网等新型网络基础设施部署，推动全市感知设备设施共建共享共用。强化"一数一源一标准"数据治理，在重点领域形成融合应用。全方位保障数据和网络安全。

（四）全面提升"两区"建设水平，在更高起点上推进改革开放

以高水平开放为引领、以制度创新为核心，加强改革整体谋划和系统集成，更好激发各类经营主体信心和活力。

稳步扩大制度型开放。加速落实新一轮国家服务业扩大开放综合示范区建设方案，深入推进自贸试验区提升行动。推动综保区高质量发展，完善大兴国际机场临空经济区体制机制，促进首都机场临空经济区转型升级。提升航空"双枢纽"功能，加快恢复国际航线。加强京港、京澳全方位合作，促进京台交流合作。优化外商投资服务，巩固外贸外资基本盘。加快推进内外贸一体化试点，打造国际商事仲裁中心。服务支持企业"走出去"，大力拓展海外市场。

打造营商环境"北京服务"品牌。落实全面优化营商环境意见，对标世界银行新营商环境评估框架，营造市场化、法治化、便利化、国际化一流营商环境。编制本市行政许可事项实施规范,深化"一业一证"和"一件事"集成服务改革,深入推进一体化综合监管,扩大非现场监管占比,完善全国市场监管数字化试验区建设。提升市区街乡三级"服务包"工作效能,用好"京策"平台向企业精准提供政策服务,保持政策的稳定性和连续性,让营商环境更有温度、企业更有获得感。

深化重点领域和关键环节改革。深入推进审批制度改革,清除隐性壁垒,促进生产要素有序流动和高效配置,为统一大市场建设提质发展提供有力支撑。不断完善落实"两个毫不动摇"的体制机制,实施国有企业改革深化提升行动,支持民营经济发展壮大,抓紧清理拖欠企业账款,依法保护民营企业产权和企业家合法权益,全面构建亲清政商关系。

(五)统筹扩大内需和深化供给侧结构性改革,巩固和增强经济回升向好态势

以高品质供给满足和创造新需求,加快形成消费和投资相互促进的良性循环,着力建设更具国际竞争力的现代化产业体系,推动经济实现质的有效提升和量的合理增长。

下大力气激发有潜能的消费。深化国际消费中心城市建设,扎实推进传统商圈改造升级,规划建设三里屯等4片国际消费体验区。推动消费从疫后恢复转向持续扩大,提振新能源汽车、电子产品等大宗消费,推动设备更新和消费品以旧换新,培育壮大新型消费,大力发展数字消费、绿色消费、健康消费。积极培育国货"潮品"等新的消费增长点,鼓励老字号企业创新经营模式,引进一批国际消费品牌。支持美食、时尚、会展、演出、冰雪和美丽健康等服务消费发展,完善体育场馆、博物馆等周边消费配套设施,为境外游客提供更加便利的支付环境，促进商文旅体多元消费业态融合发展。

着力扩大有效益的投资。深入实施"3个100"市重点工程，以重大项目带动投资"稳规模、优结构"。加大新型基础设施投资力度，抓好保障性住房建设、"平急两用"公共基础设施建设、城中村改造等"三大工程"，积极推进地下管网建设。扩大战略性新兴产业投资规模，加快机器人产业园、生物医药标准厂房等项目建设。实施政府和社会资本合作新机制，激发民间投资活力。

加快发展新质生产力。实施制造业重点产业链高质量发展行动，提升产业链供应链韧性和安全水平。加快推进集成电路重大项目，在光电集成、芯粒技术等领域实现更大突破。加强原创新药和高端医疗器械研发，培育生物制造等医药健康产业新增长点。推动新能源汽车产业高质量发展，积极布局电机、电池、电控、车规级芯片等关键零部件产业链。推进超高清视频全产业链优化升级。促进新能源、新材料、商业航天、低空经济等战略性新兴产业发展，开辟量子、生命科学、6G等未来产业新赛道。优化专精特新企业梯队培育体系，助力更多企业发展壮大。

切实提高财政金融服务效能。更好发挥积极财政政策作用，统筹用好政府投资基金，支撑保障重点改革发展任务落实落地。做好科技金融、绿色金融、普惠金融、养老金融、数字金融五篇大文章，扎实推进中关村科创金融改革试验区建设，鼓励社会资本设立创业投资基金，引导更多金融资源支持科技企业和实体经济发展。支持北京证券交易所深化改革和高质量发展，推进区域性股权市场改革联动。拓展数字人民币应用范围。

（六）深入推进全国文化中心建设，繁荣兴盛首都文化

坚持以文铸魂、以文兴业、以文育城，奋力建设中国特色社会主义先进文化之都。

广泛践行社会主义核心价值观。加强北京市习近平新时代中国特色社会主义思想研究中心建设，发展哲学社会科学事业。推进抗战主题片区规划建设，打造红色场馆思政课堂。抓好全国文明城区创建工作，深化"光盘行动""文明旅游"等公共文明引导，努力打造社会风气和道德风尚最好的城市。

全面加强历史文化保护传承。加快推进文物腾退修缮和历史建筑保护工程，讲好文化遗产故事。强化大运河文化保护传承利用，分类分批对长城本体及附属文物进行抢险和修缮，抓好中国长城博物馆改造提升工程，修复永定河重要文化景观，巩固拓展"三山五园"国家文物保护利用示范区创建成果。加强非遗传承人培养激励，让传统技艺更好融入现代生活。

加大"演艺之都"建设力度。倾力打造文化精品力作，构建多集群协同发展的演艺空间格局，培育更多演艺新空间。擦亮"大戏看北京"文化名片，推进"北京大视听"品牌建设，让文艺演出更加精彩纷呈。支持传统文化创新发展，推动更多优秀演艺机构、精品剧目"走出去"，在国际舞台上展现北京文化魅力。

充分激发文化创新创造活力。统筹用好各类文化产业引导基金，推动文化企业改革发展、文化产业园区提质升级。举办首都市民系列文化活动1.6万场，推进"书香京城""博物馆之城"建设。办好北京国际电影节、国际设计周和国际音乐节等文化交流活动。

（七）突出加强城市精细化治理，打造更加宜居的城市生活

科学把握超大城市发展规律，深入践行人民城市理念，以绣花功夫实现大城善治、焕发城市之美。

深化城市更新行动。积极探索社会资本参与新模式和新路径，推进地上地面地下空间一体化改造提升。老旧小区综合整治新开工300个、完工200个，老楼加装电梯新开工1000部、完工600部，推进核心区平房整院落退租、完成申请式退租2000户，启动危旧楼房改建20万平方米，改造提升老旧厂房40个。抓好一批区域更新项目，推动老城焕新、家园增色、生活添彩。

加强交通综合治理。提升轨道交通骨干网络的安全性，建成地铁3号线一期等线路，强化城市轨道交通与市郊铁路、地面公交的多网融合。科学优化公交线路，改善社区公交微循环服务，推广定制公交，扩大通学、通医等公交试点范围，更好服务群众出行需求。实施城市慢行系统品质提升行动，优化非机动车停放设施供给，提升共享单车服务。有序推动"七站两场"接驳功能完善和服务优化，加强学校、医院、景区、商场等重点区域周边交通治理。推进停车楼建设，统筹利用腾退空间、人防工程新增停车位1.5万个，新增有偿错时共享停车位1万个。完成600处老旧信号灯升级改造，实现五环以内区域和副中心信号灯联网，推广信号控制智慧调度，提高交通治理智慧化水平。

提升城市服务管理质量。加强水电气热等"城市生命线"运行保障，精细化治理护栏、杆体、箱体等城市家具。深入抓好两个"关键小事"，加强再生资源回收体系建设，创建生活垃圾分类示范居住小区（村）1200个，建成群众满意的物业服务示范项目100个。实施新一轮回天行动。继续抓好接诉即办改革，扎实推进"每

月一题"，深化主动治理、未诉先办。完善基层综合执法体制机制，加强基层执法队伍规范化建设。办好"向前一步"栏目。

（八）高质量实施"百村示范、千村振兴"工程，加快城乡融合发展步伐

统筹新型城镇化和乡村全面振兴，以大城市带动大京郊、大京郊服务大城市，不断提升农业农村现代化水平。

培育乡村产业新业态。扎实推进耕地质量提升，推动12万亩高标准农田建设。实施粮食单产提升行动和蔬菜产业高质量发展行动，加大现代设施农业发展力度，推动智慧农业发展，持续增强农业综合生产能力。深化农业中关村建设，打造平谷、通州、延庆种业创新示范区。大力发展都市型现代农业和乡村特色产业，有效发展农产品加工业，积极培育休闲康养、户外运动、电商直播等乡村新业态，着力打造一批乡村产业强镇、优势特色产业集群。

开创和美乡村新气象。推动"多规合一"在村庄落地实施，建设一批宜居宜业宜游的乡村振兴示范村、示范片区。扎实推进农村人居环境整治提升，深化美丽乡村建设成果。加大传统村落和乡土文化保护力度。加强数字乡村建设，丰富农村公共文化产品供给和服务，深化城乡教育、医疗保障一体化发展。

拓展农民增收致富新路径。稳步推进农村承包土地、宅基地和集体经营性建设用地改革，落实集体林权制度改革。发展新型农村集体经济，规范农村集体经济组织运行管理和收益分配制度，支持农村集体经济组织多种形式增加收入。制定实施新一轮政策措施，开发更多面向农村劳动力的就业岗位，多渠道促进农民增收。

推动区域协调发展取得新进展。统筹推进城南地区和平原新城建设发展，不断增强对人口和产业的吸引力。强化京西地区高质量转型发展，深化首钢工业遗存和冬奥遗产可持续利用。大力提高生态涵养区基础设施和公共服务供给水平，加快完善生态产品价值实现机制，让保护生态环境者更有获得感。推动东西部协作和支援合作继续走在全国前列。

（九）切实加强生态环境保护，着力建设美丽中国先行区

牢固树立和践行绿水青山就是金山银山的理念，积极打造绿色低碳发展高地，建设人与自然和谐共生的现代化。

持续深入打好污染防治攻坚战。加大空气污染治理力度，深化"一微克"行动，强化挥发性有机物、氮氧化物综合治理，完善扬尘治理长效机制，大力推进区域联防联控等有效举措，巩固提升空气质量改善成效。深入实施密云水库保护行动，加强永定河、潮白河等重点流域综合治理，稳步提升城乡污水处理能力，开展"清管行动"1万公里，抓好再生水循环利用，动态消除黑臭水体、劣五类水体。强化土壤污染风险管控。

积极稳妥推进碳达峰碳中和。构建低碳清洁、安全高效的能源体系，可再生能源消费占比提高0.5个百分点。加快推广绿色建筑，抓好重点行业绿色化改造，大力发展绿色低碳产业，支持北京绿色交易所建设统一的全国温室气体自愿减排交易市场。倡导绿色低碳、文明健康的消费习惯和生活方式，打造人人共创、人人共享的绿色家园。

全面塑造山清水秀的生态空间。深化全域国家森林城市建设，稳步提高林草植被质量。谋划推进花园城市建设，开展园林绿化彩化行动，有序推广立体绿化，建成城市绿道150公里，实现环二环绿道全部联通，新增无界公园20个，开展花园式街区、社区和单位创建，为群众提供更多亲水近绿、赏花观景的好去处。

（十）更加注重保障和改善民生，不断实现人民对美好生活的向往

紧扣"七有"要求和"五性"需求，积极回应群众关切，提高财政投入力度，办好34项重要民生实事，优先解决"老老人""小小孩"问题，兜准兜牢民生底线。

促进高质量充分就业。落实积极就业政策，全力稳定和扩大就业，实现城镇新增就业不少于26万人。扎实做好高校毕业生等青年就业工作，促进12万城镇就业困难人员实现就业、4万农村劳动力就业参保，加强残疾人就业保障，让更多劳动者技有所施、才有所用、劳有所得。持续增加城乡居民收入，扩大中等收入群体规模。

深化健康北京建设。深入推进"三医"联动改革，推动公立医院高质量发展。建立9个紧密型城市医疗集团，提升基层诊疗能力和全科医师培养质量。强化儿科服务体系和人才队伍建设，所有二级以上综合医院开设儿科门诊。扎实推进国家医学中心建设，实施中医药振兴发展重大工程。开展180项检验结果、300项检查结果互认，优化再造就医流程，加快推进北京卫生健康信息平台建设。优化慢性病"长处方"管理，将处方用药量放宽至3个月。完善生育支持政策，加快普惠托育体系建设，新增普惠托位1万个。广泛开展群众性体育活动，高水平筹办各项重大体育赛事。

健全养老服务体系。发展银发经济，推广布局街道乡镇区域养老服务中心，优化调整社区养老服务驿站功能，建立健全全面覆盖的居家养老服务网络。支持经济困难老年人家庭适老化改造，为重度失能失智老年人提供普惠性照护服务。新建养老家庭照护床位2000张，新增农村邻里互助养老服务点240个、养老助餐点300个，提高养老服务从业人员专业化水平，让老年人更好安享晚年。

构建房地产发展新模式。完善租购并举的住房制度，支持刚性和改善性住房需求，着重解决好新市民、青年人等住房问题，建设筹集保障性租赁住房7万套，竣工各类保障性住房8万套。不断完善房地产市场调控机制，加强房屋租赁市场监管，促进房地产市场平稳健康发展。

织密扎牢社会保障网。推进实施个人养老金制度，动态调整医保目录，促进北京普惠健康保可持续发展。健全分层分类的社会救助体系，调整优化保障标准，做好低收入人口常态化帮扶。强化退役军人安置保障和就业扶持。积极创建全国无障碍建设示范城市，新建50个残疾人温馨家园。加快儿童友好城市建设，切实保障妇女儿童合法权益。

（十一）加快构建大安全大应急框架，全力维护首都安全稳定

坚定不移贯彻总体国家安全观，层层筑牢首都安全防线，以高水平安全保障高质量发展。

全面推进灾后恢复重建。抓紧完成剩余受损住房重建，尽快修复水毁设施，加强重点水利工程建设，抓好山洪沟道治理，确保入汛前将防汛能力恢复至灾前水平并有所提升。推动京津冀地区防洪工程体系建设，整体提升流域防御能力。抓好山区道路提档升级，构建西部山区"三横三纵"主通道，提高山区路网密度和防洪标准。全面恢复农业生产和民宿等乡村产业，系统提升山区旅游品质。加强能源、通信、环卫、应急等村镇基础设施建设，优化灾区教育、医疗、养老等公共服务布局。

加快建设韧性城市。加强气象地质监测能力建设，提升暴雨、暴雪、高低温等极端情况应对水平。抓好地铁等重点部位风险防范，完成燃气、供热等老旧管线改造1100公里。编制韧性城市建设专项规划，注重城市设施集中式与分布式、多元化布局统筹，抓实基层应急能力建设，增强重大风险灾害应对和自适应、快速恢复能力，全方位提升城市本质安全水平。

严守安全生产和消防安全底线。坚持预防为主，压紧压实安全生产责任，严格落实重大事故整改和防范措施，深入开展安全生产和消防隐患治本攻坚三年行动，深化施工动火作业、城镇燃气、电池充电、旅游设施、仓储库房等重点领域专项整治，加强高风险场所和重点部位消防安全隐患排查整治。提升"企安安"系统使用效能，抓好基层一线作业人员培训演练，坚决防范遏制重特大和有社会影响的事故发生。

建设更高水平的平安北京。全面落实意识形态工作责任制，坚决捍卫首都政治安全。统筹推进地方债务风险防范化解工作，持续做好重点企业集团和重点领域风险防范化解。深化食品药品全链条安全监管。坚持和发展新时代"枫桥经验"，深入推进信访工作法治化，提升社会矛盾纠纷和信访问题预防化解水平。扎实开展"平安单位""平安医院""平安学校"创建活动，严厉打击各类违法犯罪，全力保障社会安定、人民安宁。

坚决贯彻党的民族政策和宗教工作基本方针，以铸牢中华民族共同体意识为主线，深入推进首都民族团结进步事业，坚持宗教中国化方向，做好新时代北京宗教工作。实施首都国防动员现代化工程，积极支持国防和军队建设，凝聚军民融合发展合力，全力创建新一届全国双拥模范城，持续巩固首都军政军民团结。

各位代表！新形势、新任务对政府自身建设提出了更高要求。我们要牢记殷殷嘱托，践行初心使命，努力建设人民满意的法治政府、创新政府、廉洁政府和服务型政府。进一步加强政治建设。更加深刻领悟"两个确立"的决定性意义，增强"四个意识"、坚定"四个自信"、做到"两个维护"，巩固拓展主题教育成果，切实抓好中央巡视、中央生态环境保护督察和经济责任审计问题的整改，当好贯彻落实党中央决策部署的执行者、行动派、实干家。进一步加强法治建设。依法接受市人大及其常委会监督，自觉接受市政协民主监督，认真办理市人大代表议案建议和市政协提案。发挥政府参事、文史馆员咨政建言作用。高标准做好第三批全国法治政府建设示范创建工作，加强重点领域、新兴领域立法保障，严格规范执法。加大普法宣传力度，深入推进基层法治文化建设。进一步加强效能建设。严格落实政府系统机构改革任务，加快政府职能转变。认真践行"四下基层"工作制度，主动听民意、纾民困、解民忧。突出绩效量化考核、过程管理和结果导向，健全奖惩分明的激励约束机制，努力营造干事创业的良好氛围。进一步加强作风建设。牢固树立和践行正确政绩观，推动形成层层抓落实的良好局面。认真落实二十届中央纪委三次全会精神，纵深推进政府系统全面从严治党，严格落实中央八项规定精神，力戒形式主义、官僚主义，深入推进基层减负。坚持政府过紧日子，继续压减一般性支出，加强审计、统计、财会等各类监督，一体推进不敢腐、不能腐、不想腐，严格干部教育管理监督，保持清正廉洁的政治本色。

各位代表！奋楫扬帆启新航，凝心聚力谱华章。让我们更加紧密地团结在以习近平同志为核心的党中央周围，以习近平新时代中国特色社会主义思想为指导，在中共北京市委坚强领导下，坚定信心、开拓奋进，着力推动高质量发展，为推进中国式现代化作出首都贡献！

天 津 市
政府工作报告

—— 2024年1月23日在天津市第十八届
人民代表大会第二次会议上

市长 张 工

各位代表:

现在,我代表市人民政府向大会报告工作,请予审议,并请市政协委员和其他列席人员提出意见。

一、2023年工作回顾

2023年是全面贯彻党的二十大精神的开局之年,是三年新冠疫情防控转段后经济恢复发展的一年。全市上下坚持以习近平新时代中国特色社会主义思想为指导,全面贯彻党的二十大和二十届二中全会精神,认真落实习近平总书记对天津工作的一系列重要指示要求,坚定不移贯彻中央决策部署和市委工作要求,深入实施推动高质量发展"十项行动",应对多重挑战,克服多重困难,统筹多重任务,着力打基础利长远、提质量增效益、顺民意惠民生、防风险守底线，经济发展实现质的有效提升和量的合理增长。

——经济运行整体向好。全市地区生产总值增长4.3%。工业增长稳定，规上工业增加值增长3.7%，工业投资增长5.4%；港口物流平稳畅通，集装箱吞吐量达到2218万标准箱、增长5.5%；金融支撑稳固，新增社会融资规模5338亿元，本外币存贷款余额月平均增速8.7%；就业物价保持平稳，城镇调查失业率5.4%，居民消费价格涨幅0.4%。

——新的动能加速培育。集成电路、中医药、车联网、高端装备、航空航天产业链增加值增速超过10%，高技术产业投资增长5.9%，战略性新兴服务业、科技服务业营业收入分别增长14.4%、14.2%。

——发展质效稳步提升。财税保持较快增长，一般公共预算收入达到2027.3亿元，增长9.8%，其中税收收入增长17.2%，占比达到77.9%；经营主体活力持续增强，市管国企利润增长14.4%；民营经济贡献加大，增加值增幅比上年提高4.5个百分点，民营企业限上批发零售业销售额、规上重点服务业营业收入增速均好于全市平均水平，民营经济税收增长26.1%。

——向好预期不断积蓄。先行指标趋势向好，全社会用电量、公路货物周转量、邮电业务总量、快递业务量分别增长6%、14.1%、16%、19.3%。新产业投资持续增加，平台经济等新业态加快发展，消费市场加速恢复，社会消费品零售总额增长7%，新建商品房销售面积增长20.9%。

一年来，主要做了以下工作：

一是"十项行动"见行见效。坚持系统谋划、统筹推动，各项行动取得阶段性成效。京津冀协同发展走深走实。三省市协同推进机制更加务实紧密，各方面主动与北京资源对接的意识明显增强，市场化机制引进疏解功能资源在津新设机构1793家，中海油新能源等40家央企二三级公司在津布局。协同创新和产业协作持续深化，共同举办京津冀产业链供应链大会，共绘6条重点产业链图谱，"北京研发—天津制造"创新转化格局加快构建。重点领域协同扎实推进，津兴城际正式通车，京津塘高速改扩建工程开工建设，公共服务共建共享继续深化，实现"一企一证"场景统一、区域异地就医"一码通行"。滨海新区支撑引领作用有效发挥。突出滨海新区主引擎拉动，临港综合保税区正式获批，海洋工程装备产业集群入选国家级创新型产业集群，获批建设国家知识产权保护示范区，主要经济指标支撑有力。科教兴市人才强市成效明显。天开高教科创园成功开园，注册科技型企业1200余家，引入金融和科技服务机构225家，成立天开实验室创新发展联盟，创新创业生态加快培育。先进医用材料与医疗器械等10个全国重点实验室获批建设，脑机交互与人机共融海河实验室正式揭牌，国家新一代人工智能公共算力开放创新平台获批筹建，中科曙光牵头建设国家超算互联网联合体，全市技术合同成交额突破1900亿元，国家高新技术企业、国家科技型中小企业均突破1.1万家。"海河英才"行动计划累计引进各类人才47.9万人，新增博士后站55个，中国博士后科学基金会与我市联合资助项目正式启动。港产城融合发展相互赋能。出台促进港产城高质量融合发展政策措施，建成全球首个全物联网集装箱码头，航运服务要素不断集聚，启运港退税政策获批执行，东疆综合保税区获批国家骨干冷链物流基地，成功举办首届天津国际航运产业博览会，天津港集装箱航线达到145条。制造业高质量发展提速加力。12条重点产业链持续壮大，增加值占规上工业比重

79.8%，现代中药创新中心获批国家制造业创新中心，中芯国际大二期、中石化南港120万吨乙烯、华为天津区域总部、特变电工智慧园等项目加快建设，联想创新产业园、360科创园等项目竣工投产投用，荣程钢铁等3家企业获评国家级智能制造示范工厂。中心城区更新提升有力有序。开工建设第一机床总厂等14个城市更新项目，盘活一批闲置低效资源资产，金融、科技、信息、设计、航运等领域新产业新业态有效导入。乡村振兴全面推进。新创建乡村振兴示范村30个，新型农业经营主体突破2万家，"津农精品"增加到225个，年销售额突破100亿元。绿色低碳发展稳步推进。绿色创新产业园区启动建设，投运全国首个政企合作电力双碳中心，培育绿色低碳领域国家级高新技术企业超千家。高品质生活成色更足。城镇新增就业35.69万人，居民人均可支配收入增长与经济增长同步，20项民心工程全面完成。党建引领基层治理提质增效。基层组织、基础工作、基本能力建设持续增强。

二是改革开放蹄疾步稳。突出改革系统协同，稳步扩大制度型开放，高质量发展动力活力持续增强。自贸试验区示范引领作用有效发挥。入选对接国际高标准推进制度型开放试点，累计实施615项制度创新举措，39项经验案例在全国复制推广，商业保理公司资产总额和保理融资余额、绿色租赁资产均位居全国第一，飞机租赁规模位居全球第二，融资（金融）租赁公司资产规模超2.1万亿元。天开园科教融合创新发展势头良好。突出市场化导向和激励创新创业取向，出台34条含金量高的政策措施，着力培育科技服务业，打造创投基金群，构建政务、科创、金融、商务、知识服务体系，举办天开大讲堂、天开沙龙、创新创业大赛、创业训练营等活动300余场，创新策源力稳步提升。金融创新运营示范区建设扎实推进。服务实体经济成效明显，科技型中小企业贷款余额增长41.3%，制造业贷款余额增长13.9%，新增上市公司5家。数字人民币、区域性股权市场制度和业务创新等全国性试点稳步实施。金融业增加值占比达到13.4%。城市活力持续增强。国家会展中心（天津）二期建成运营，成功举办夏季达沃斯论坛、第七届世界智能大会、第二届全国职业技能大赛、中国国际大学生创新大赛、中国旅游产业博览会、世界斯诺克国际锦标赛、天津马拉松赛等展会赛事，大型演唱会等文商旅活动精彩纷呈。国际消费中心城市建设有序推进，建成和平印象城、杉杉奥特莱斯、中海环宇城等一批高品质商业载体，佛罗伦萨小镇入选首批全国示范智慧商圈。对内对外开放不断深化。深度融入共建"一带一路"，中新双边合作机制会议圆满召开，累计建成鲁班工坊22个，国际友城增至99个。东西部协作和支援合作取得新成绩。

三是经营主体竞相发展。坚决落实"两个毫不动摇"，促进各类经营主体全面发展，市场活力进一步激发。营商环境不断改善。稳经济运行33条等惠企政策精准落地，出台新一轮优化营商环境措施，推出56项"免申即享"政策和285项"四免"事项清单，"减证便民"取消证明事项189项，160个高频政务服务事项实现"跨省通办"，政务服务从"能办"向"好办"有效转变。国资国企提质增效。国企改革连续三次获国务院国资委评估A级，市管国企上缴税费等增长8.3%，防风险促稳定保民生功能有效发挥。民营经济活力增强。召开推动民营经济高质量发展大会，出台促进民营经济发展壮大29条措施，新增民营经营主体30.1万户，增长13.3%。外向型经济稳定发展。空客二线等项目开工建设，与诺和诺德、英力士、明治乳业等一批外企拓展合作，实际使用外资57.7

亿美元。全面深化服务贸易创新发展试点任务圆满完成。平行进口汽车总量持续保持全国第一，冷链贸易规模保持全国领先。

四是乡村振兴扎实推进。坚持农业农村优先发展，"五个振兴"升级加力。粮食安全基础进一步夯实。克服旱情洪灾不利影响，全年粮食产量255.7万吨，蔬菜产量253.7万吨，新建和改造提升高标准农田32万亩。都市型农业加快发展。小站稻产业集群入选国家级优势特色产业集群，蓟州区上仓镇入选国家级农业产业强镇。乡村旅游蓬勃发展，农文旅融合新业态有效带动农民增收。和美乡村建设深入实施。提升改造农村公路251公里、农村户厕8985座，完成农村房屋安全隐患排查整治三年行动任务，乡村治理水平进一步提升。

五是民生福祉不断增进。强化惠民生兜底线，公共服务均衡性和可及性不断增强，群众生活得到新改善。民生保障更加有力。聚焦高校毕业生等重点群体，优化调整稳就业政策措施，全力支持企业稳岗扩岗，兜底帮扶就业困难人员就业3.97万人。新建养老服务综合体30个，新增养老床位3168张，医保、生育、失业、养老、工伤等待遇继续提高。新筹集保障性租赁住房1.4万套（间），优化购房政策，更好满足群众刚性和改善性住房需求。退役军人服务保障水平不断提高。公共服务持续加强。深化基础教育综合改革国家实验区建设，新增义务教育学位2.85万个、普通高中学位1.04万个，构建部市共建现代职业教育体系新模式，天津美术学院和天津音乐学院选址扩建加快推进。北京协和医学院天津医院一期投入运营、天津校区和天津医学健康研究院开工建设，海河医院、市中心妇产科医院等新建改扩建项目投入使用，肿瘤医院滨海医院乳腺癌防治研究中心启用。举办首届天津音乐节和海河戏剧节，新建"海河蓝丝带"自行车道等一批健身场地设施。生态宜居水平稳步提升。深入打好污染防治攻坚战，PM$_{2.5}$年均浓度完成国家下达目标，地表水环境质量继续改善。新梅江公园南段、柳林公园一期等建成开放，建设口袋公园56个，让市民拥有更多休闲赏绿好去处。改造完成城镇老旧小区410万平方米、燃气管网637公里、供热管网136公里、供水管网135.9公里。累计建成5G基站7.2万个，新建小区公共充电桩2.1万台。地铁11号线一期东段建成运营，增建城市停车泊位5000个，增投个人普通车摇号指标3.5万个。新建大型连锁超市8个、品牌连锁便利店69个，新建改造菜市场21个，一刻钟便民生活圈更加便利。

六是统筹发展和安全有力有效。保持"时时放心不下"的责任感，着力防范化解重点领域风险。防汛抗洪救灾取得全面胜利。坚持人民至上，有效应对海河流域性特大洪水，紧急转移安置受灾群众近9.2万人，实现人员无伤亡、水库无垮坝、重要堤防未决口、重要基础设施未受冲击，灾后恢复重建扎实推进。城市整体安全水平巩固提升。积极争取国家一揽子政策资源支持，制定实施"1+10"全口径债务化解工作方案，全面完成年度化债任务。有序做好"5·31"局部地面沉降地质灾害等突发事件处置工作。深入开展城镇燃气、危化品、道路交通、建筑施工、消防等重点行业领域安全隐患排查整治，能源保供、网络安全、食品药品安全等得到加强，扎实做好信访工作，严厉打击各类违法犯罪，社会大局安全稳定。

一年来，我们坚定不移推进全面从严治党，政府自身建设得到全面加强。深入开展学习贯彻习近平新时代中国特色社会主义思想主题教育，努力践行"学思想、强党性、重实践、建新功"总要求，政府工作人员忠诚拥护"两个确立"、坚决做到"两个维护"更加坚定自觉。严格执行市人大及其常委会决议决定，主动接受人大和政协监督，全力办好人大代表建议、政协委员提案，积极听取各民主党派、无党派人士和工会、共青团、妇联等人民团体意见建议。提请市人大常委会审议地方性法规草案11件。严格执行中央八项规定及其实施细则精神，深入纠治"四风"，从严整治形式主义官僚主义和不担当不作为，求真务实、正气充盈的氛围日益浓厚，良好政治生态持续巩固。军民融合、国防动员、双拥共建等工作不断深化，民族、宗教、侨务、港澳台等工作有力推进。

各位代表！过去一年，在市委坚强领导下，我们踔厉奋发、勇毅前行，难中求成、稳中求进，全市经济社会发展呈现向上向好、健康积极的变化。发展态势更好了，"十项行动"凝聚人心、汇聚力量，激发了全市上下、社会各界谋发展、抓发展、促发展的动力活力。市场信心更强了，一大批央企和金融机构、领军民企及知名跨国公司来津洽谈对接、拓展合作，看好天津、投资天津、深耕天津的信心日益增强。城市人气更旺了，会展经济蓬勃发展，文旅市场全面复苏，海河边赏靓景、大理道观海棠、东疆港看日出、西北角品美食，城市的"烟火气"更加浓郁。干事创业劲头更足了，广大干部群众积极进取、奋发作为，想干事、能干事、干成事的精气神更加提振。过去一年的生动实践，使我们深切感受到，津沽大地发生的变化、取得的成绩，根本在于有习近平总书记领航掌舵，有习近平新时代中国特色社会主义思想科学指引，是党中央、国务院坚强领导的结果，是市委带领全市人民团结奋斗、拼搏进取的结果，是市人大及其常委会、市政协和社会各界鼎力支持、有效监督的结果。在此，我谨代表市人民政府，向全市人民，向全体人大代表、政协委员和各民主党派、无党派人士、人民团体、社会各界人士，向中央各部门、兄弟省区市，向驻津解放军和武警部队，向为天津发展作出贡献的各类经营主体，向所有关心、支持天津发展的港澳台同胞、海外侨胞和国际友人，致以崇高敬意和衷心感谢！

在总结成绩的同时，我们也清醒看到存在的问题和不足。主要是：产业结构调整任重道远；新动能"底盘"仍较小；民营经济活力尚待增强；营商环境对标先进还有差距；更好满足人民高品质生活需求仍需不断加力；重点领域风险隐患不容忽视；政府系统一些工作人员能力素质还不能完全适应新形势新任务需要。我们一定采取有力举措，切实加以解决。

二、2024年主要目标任务

今年是中华人民共和国成立75周年，是天津实施"十四五"规划、全面建设社会主义现代化大都市的关键一年。当前，外部环境复杂多变，经济运行仍面临不少风险挑战，但我国经济回升向好、长期向好的基本趋势没有改变。从天津看，我市拥有京津冀协同发展的战略优势，拥有滨海新区、自贸试验区、国家级开发区、国家自主创新示范区、综合保税区等产业承载和政策创新优势，拥有产业配套基础优势和超大城市市场需求优势，拥有相对富集的科教人才、公共服务、城乡空间等资源要素优势，拥有作为京津冀和"三北"地区海上门户、"一带一路"海陆交汇点的港口交通枢纽优势，为高质量发展提供了坚实支撑；市委团结带领全市人民有力应对系列急事难事、有效化解各类风险隐患，形成了行之有效的思路和招法，凝聚了砥砺前行的智慧和力量。我们完全有条件、有信心、有能力克服发展中的困难，战胜前进中的挑战，变潜能为动能，化压力为动力，积优势为胜势，奋力开创天津高质量发展新局面。

政府工作的总体要求是：以习近平新时代中国特色社会主义思想为指导，全面贯彻落实党的二十大和二十届二中全会精神，认真落实习近平总书记对天津工作的一系列重要指示要求，深入落实中央经济工作会议精神，按照市委十二届历次全会部署要求，坚持稳中求进工作总基调，完整、准确、全面贯彻新发展理念，积极融入和服务构建新发展格局，着力推动高质量发展，全面深化改革开放，统筹扩大内需和深化供给侧结构性改革，统筹新型城镇化和乡村全面振兴，统筹高质量发展和高水平安全，深入推进京津冀协同发展，有力实施"十项行动"，大力推进科技创新、产业焕新、城市更新，进一步盘活存量、培育增量、提升质量，加快形成新质生产力，切实增强经济活力，巩固和增强经济回升向好态势，持续推动经济实现质的有效提升和量的合理增长，防范化解风险，改善社会预期，增进民生福祉，保持社会稳定，扎实推进中国式现代化的天津实践。

全市经济社会发展的主要预期目标是：地区生产总值增长4.5%左右，一般公共预算收入、居民人均可支配收入增长与经济增长同步，固定资产投资实现正增长，社会消费品零售总额增长6%，城镇新增就业35万人，城镇调查失业率5.5%左右，居民消费价格涨幅3%左右，节能减排减污降碳完成国家下达目标。

实现今年经济社会发展目标，关键在干，关键在落实。必须坚持党的全面领导，不折不扣把中央决策部署和市委工作要求贯彻到政府工作全过程各领域；必须坚持稳中求进、以进促稳、先立后破，把握好稳与进、当前与长远、高质量发展与高水平安全等关系，不断推动高质量发展实现新跃升；必须坚持问题导向目标导向结果导向，统筹用好国资、民资、外资，以盘活存量、培育增量、提升质量为主抓手，以科技创新、产业焕新、城市更新为突破口，在勇于担当、攻坚克难中务实功求实效；必须坚持开拓进取、创新发展、敢作善为，脚踏实地推动天津高质量发展的生动实践。

我们将全力做好七个方面重点工作：

（一）全力推动京津冀协同发展走深走实，在取得更多成果成效上展现新作为

立足十周年新起点，持续在机制、平台、途径、共享上找抓手求突破，拓展三地合作广度深度，形成更多协同发展的新成效。

更加注重市场化引聚资源要素。主动服务承接北京非首都功能疏解，唱好京津"双城记"。持续提升滨海—中关村科技园、宝坻京津中关村科技城、武清京津产业新城等既有合作平台承载质效，着力完善合作共赢机制，着力深化与链主企业在产业链配套和增值拓展领域合作，着力推动各类创新资源、服务资源的市场化合作，着力强化平台建设、渠道建设、利益共享机制建设，积极创造条件让各类市场资源充分对接，发挥好同城化趋势下自身比较优势，统筹承接好央企资源、民企资源、科技创新资源、产业配套资源和生产性服务业资源，年内市场化引进疏解功能资源落地项目投资额超过1600亿元。着力服务北京"新两翼"建设，强化天津港同北京空港、陆港运输衔接和港口延伸服务，做强天津港集团雄安服务中心，深化津雄职业教育发展联盟建设。

更加注重发挥京津协同创新和产业协作优势。健全科技成果转化供需对接清单机制，强化科技、人才、金融等配套服务和政策协同，做实京津冀国家技术创新中心天津中心，深化天开园与北京科教资源全面合作。用好北交所，支持更多"专精特新"优质企业上市。积极争取京津冀产业链供应链大会在津举办，协同培育网络安全（信创）、集成电路、生物医药、高端工业母机等产业链群。

更加注重提升滨海新区承载功能。积极争取国家出台新一轮支持滨海新区高质量发展措施，在扩大更深层次开放、更好服务京津冀协同发展、疏解北京非首都功能上担当更多重任、展现更大作为。推动各开发区提质升级、创新发展，加强服务支撑和要素保障，培育新动能、布局新赛道，持续提升产业承载能力和发展能级，以"链"聚能厚植发展潜力。

更加注重发挥港口优势。推动港口作业智慧化向航运服务智慧化拓展，建设港口物流综合信息服务共享平台，加大"船边直提"、"抵港直装"、"内外贸同船"覆盖范围，提升港口效率和服务便利化水平。强化同国际国内重要港口和航运、物流等头部企业创新合作，从衔接供需上重点拓展服务京津冀区域发展的航线，集装箱吞吐量突破2300万标准箱。发挥综合保税区优势，推动现代物流、冷链增值、跨境电商等适港产业加速集聚。持续引育航运、贸易、物流企业要素，支持金融机构为适港企业提供结算、跨境融资、信用担保、融资租赁、风险对冲等金融服务，建设北方国际贸易中心城市，布局北方黑色金属矿石储运基地，加快推进国能天津港码头、远洋大厦（二期）等标志性项目建设，高水平市场化举办天津国际航运产业博览会和"中国航海日"活动。优化港城发展布局，加快建设兴港高速，推动港区与城区、产业园区、物流园区有机衔接和深度互动，统筹用好存量土地和政策资源，打造东疆示范片区、海港核心片区、临港经济片区等特色片区。

更加注重公共服务领域协同发展。深化教育医疗、社保养老、文商旅体等领域合作，健全京津冀社保卡居民服务"一卡通"模式，集成医疗、交通、政务服务等事项。研究推出一批京津出行便利化举措，更好释放京津同城化效能。持续深化生态环境联建联防联治。

（二）全力促进科技创新、产业焕新、城市更新，加快形成更多新质生产力

以科技创新引领现代化产业体系建设、开辟新领域新赛道，以产业焕新推进转型升级、促进提质增效，以城市更新优化功能布局、提升城市和业态品质，不断为高质量发展注入强劲动能。

加快提升科技创新带动力。深入推进科教兴市人才强市，塑造发展新动能新优势。提质推进天开园建设。完善"一核两翼多点"发展布局，增强核心区策源带动作用，提高"两翼"和滨海高新区华苑片区等孵化转化产业化承载能力，推动"两翼"完善管理机制和增强实体化、市场化运作能力。出台升级版支持政策，持续完善创新创业生态，提升市场化、专业化科创服务能力，引育科技型企业累计达到1500家，培育具有上市潜力的企业10家。设立50亿元天开九安海河海棠科创母基金，推动与央院央企合作设立基金，发挥海河产业基金、天使投资引导基金、天开园创业种子基金、高成长初创科技型企业专项投资等作用，打造天开基金群，鼓励"投早、投小、投硬科技"。深化国内外科技交流，拓展天开园影响力。集聚资源强化平台支撑和成果转化。高标准重组元素有机化学等实验室，力争全国重点实验室突破20家，完善海河实验室等创新平台运行机制，促进国家合成生物技术创新中心等提质增效，支持中科曙光、天津超算中心加快国家超算互联网联合体建设。加强关键核心技术攻关,健全成果筛选跟踪机制,拓展校企"握手"通道,发挥技术经理人发展促进会和概念验证中心、中试平台咨询委员会等各类科技服务主体作用,畅通科技成果在津转化通道,加强知识产权保护和利用,出台强化专利转化运用专项行动举措,全市技术合同成交额突破2000亿元。充分发挥企业创新主体作用。进一步优化科技型企业梯度培育和上市培育机制,优选100家科技型企业纳入上市培育库,国家高新技术企业、国家科技型中小企业各新增1000家。强化高等教育和高端人才支撑。支持高校加强基础研究,布局建设基础学科研究中心、学科交叉中心,深化"双一流"高校和优先发展学科建设,扩面推进新工科改革,结合产业需求组织科研攻关。优化"海河英才"行动计划,推动海河实验室实行科学家"举荐制"。深化产业工人队伍建设改革,持续擦亮"海河工匠"品牌。

有效激发产业焕新驱动力。加快推进新型工业化,促进先进制造业与现代服务业深度融合。提升产业链竞争力。推动政府"定链"向市场"成链"转变,充分发挥产业联盟、商会、行业协会、企业家联盟、校友会在建链强链中的融合作用,强化上下游供需合作、产业协作、创新协同。完善"链长+链主"协同牵引机制,对重点产业链探索政府负责同志和链主企业家共当链长,机制化开展政府与企业协同调度,做优做强12条重点产业链,统筹推进支柱产业、战略性新兴产业、未来产业发展。强化重大项目、重点企业支撑带动,推进联想创新产业园、中兴高端装备产业园等重点项目达产,加快空客二线、中海油渤海海域勘探开发、力神新能源产业基地等重点项目建设,服务推动既有整车企业聚焦新能源转型升级。

新增单项冠军企业20家、"专精特新"企业500家、创新型中小企业1000家。推动智能化升级。加快"智改、数转、网联"，鼓励基础电信企业、互联网企业与制造业企业联合组建第三方专业化服务平台，培育一批制造业数字化转型优秀服务商，建成一批面向工业行业共性化典型应用场景，支持中小企业"上云上平台"和数字赋能。新建100家智能工厂和数字化车间、10个5G全连接工厂，启动双万兆宽带项目试点建设，推动曙光超算互联网平台、天津超算中心、基础电信运营商算力设施等广泛应用赋能，扩大智能算力产业规模。加快绿色化转型。鼓励新能源企业、能源管理服务公司参与企业绿色化改造，以绿色标准促进企业有序实施清洁化生产和节能降耗改造，新创建20家国家级绿色制造单位。重点建设南港化工新材料基地和绿色石化产业聚集区，优化基础设施配套和管理服务，建设南港绿色石化科创中心，推动中石化南港120万吨乙烯投产，提速建设渤化新材料产业园二期、天津石化炼油提质改造等项目，推进恒河、新和成等精细化工项目落地。组织实施中新天津生态城绿色创新产业园区规划建设，积极引进国内外优质绿色低碳产业资源，推动绿创园、天津软件园建设，统筹绿色低碳经济和城市建设协同共进。促进融合化发展。围绕金融服务、科技服务、信息服务、平台服务、航运物流服务、商务会展服务等，引育高端生产性服务业产业集群。深入推进国家先进制造业与现代服务业融合试点工作，鼓励更多经营主体拓展标准制定、工业设计、检验检测等服务业态。推动华为、360科技、中关村"硬创"空间、万帮数字能源等，更好赋能各类中小企业智能化绿色化发展。制定建设北方会展之都实施方案，做优做精会展经济，推出一批市场化品质展会和"文旅商赛演"活动。

持续释放城市更新生产力。统筹优化生产、生活、生态布局，推进业态更新、功能更新、品质更新、有机更新。增强产业承载能力。围绕提升中心城区现代服务业发展能级，着力引聚高端资源要素。打造特色金融集聚标志区，有序推进解放北路、友谊北路、东疆综合保税区、"于响"中央商务区分别建设金融历史文化区、金融发展活力区、租赁创新示范区、产业金融发展区。加快建设京津冀同城商务区和南站科技商务区，推进海河柳林"设计之都"建设，支持地铁沿线地块开发利用，促进现代服务业加快发展，形成更多产业集聚、特色鲜明的城市节点。完善城市设施和服务功能。推进保障性住房建设、"平急两用"公共基础设施建设、城中村改造等"三大工程"，启动建设配售型保障性住房，实施7个城市更新项目和一批城中村改造项目，启动275个老旧小区改造提升，开展城市社区嵌入式服务设施建设。制定城市燃气、供热、供水等老旧管网改造计划，集中力量分年度分区域有序实施改造，今年改造燃气管网623公里、供热管网150公里、供水管网30公里。实施易积水地道、片区等内涝治理工程，有效提升城市防洪排涝能力。建成地铁11号线一期西段、5号线延伸线、津静市域（郊）铁路首开段，加快推进津滨轻轨改造，开工建设机场三期等项目，提升改造一批桥梁道路。完善城市服务智慧平台功能，提高城市治理效能。优化生态宜居品质。多措并举改善空气质量，加强煤炭清洁高效利用，推动第三条入津特高压通道开工，提高净外受电比例，支持企业绿色化技术改造，实施重点地区钢铁产业整体提升改造，持续精准打击各类损害环境违法行为。深入实施北部山区、湿地、海洋等生态保护修复，完善公园养护机制，建成新梅江公园北段，推进柳林公园二期建设，新建提升口袋公园50个。推进一刻钟便民生活圈建设，合理配置菜市场、停车泊位、公共充电桩等服务设施。提升鼓楼、古文化街等特色街区品质，着力强化城乡结合部、次支道路、背街里巷等精细化管理。

充分发挥经济大区"添秤"作用。推动经济大区勇挑大梁、扬长避短，为全市发展多作贡献。河西区要推动金融、航运、设计、数字经济等产业升级，不断增强产业功能区集聚辐射效应。西青区要做强天开园西翼拓展区，做强做优集成电路、车联网、汽车和新能源汽车、高端装备等产业。武清区要高水平建设京津产业新城，全力推动轨道交通、智能装备制造、生物医药和云数据应用等产业链上下游企业集聚发展。北辰区要依托京津医药谷、智能制造谷等特色园区，推动高端装备、智能制造、医药等产业加快发展。和平区要大力发展总部经济、商务经济、平台创新经济，加快打造楼宇经济样板区、国际消费中心城市标志区。支持其他各区依托资源禀赋和产业优势，开拓创新、主动作为、百舸争流、各显其能，用自身发展的实绩支撑大局、服务全局。

（三）全力盘活存量、培育增量、提升质量，有效实现城市内涵式发展

紧扣高质量发展内在逻辑，激活并优化城市潜在生产力，培育新的经济增长点，推进城市向内涵式发展转变。

聚焦重点盘活存量。坚持规划引领、品质升级，充分激活闲置或低效的资源资产资金，更好支撑产业发展、供需衔接、城市功能提升和公共服务完善。做强有优势的产业。努力盘活闲置土地、房产、老旧厂房、产能和老字号、老品牌等，深度挖掘存量资源再生价值，吸引优质生产力要素聚集，加快导入总部经济、数字经济、现代服务业、先进制造研发、信息文化创意设计等产业资源，实现产业空间供给与优质要素需求的更新匹配。扩大有效益的投资。深入挖掘低效存量资产潜力，吸引新的投资增量，促进资产运用和资源配置动态优化，提高资源资产资金使用效益。

激发有潜能的消费。优化"圈、街、楼、店、网"空间布局，充分利用商务楼宇、商业载体、小洋楼、品牌展会等资源价值，培育有优势、有特色的楼宇，大力发展"首发经济"、"首店经济"、会展经济、文旅商贸，建设有活力、有品牌的商圈。增加有适需的民生保障服务供给。新建提升一批养老托幼场所、便民服务设施、休闲娱乐空间等，更好统筹满足群众公共服务需求与产业提质、消费升级有机结合。完善利长远的城市功能。有效加强统筹谋划，在存量盘活中强化水电气热等老旧管网提升、积水片改造、垃圾污水治理和轨道交通配建，推动城市管理服务向智慧化升级，加快打造智慧城市、韧性城市。强化盘活政策机制创新。建立市、区两级推进机制和工作专班，实行台账式管理、项目化清单化推进，加快处置规划、产权、法律纠纷、债权债务等历史遗留问题。完善政府引导、市场参与的政策体系，探索更多通过市场化手段引入社会资本有效途径。开展现场观摩、互学互鉴，形成一批盘活存量典型示范案例。

拓宽思路培育增量。在推进存量与各类社会资本市场化合作中做优增量。统筹政府投资引导和社会资本参与，建立健全与央企、民企、行业头部企业、链主企业等市场化合作机制，通过股权合作、项目合作、产业合作等灵活有效方式，不断提高既有资源资产配置效率。在强化精细管理中做强增量。突出运营管理，提升产出质效，培育特色业态，推动津湾广场、天拖片区、棉三创意街区、国际航运大厦等一批存量资源"腾笼换鸟"，建设一批主题突出、特色鲜明的标志性楼宇和产业园区。在把握未来趋势发展新质生产力中做实增量。顺应产业智能化、绿色化、融合化发展趋势，加快数字经济与实体经济深度融合，积极布局人工智能与超算、生物制造、生命科学、脑机交互与人机共融、深海空天、通用机器人等未来产业新赛道，大力发展研发设计、检验检测、特色金融等生产性服务业，培育一批紧密服务我市先进制造业的现代服务业龙头企业。

苦练内功提升质量。坚持把提高质量作为盘活存量、培育增量的出发点和落脚点，善建善用善营提高项目投资质量，强化绩效管理提高财政运行质量，不断提升全市发展的科技含量、产业体量、税收增量、就业容量、环境质量。

（四）全力深化改革扩大开放，持续增创高质量发展新优势

深入落实全面深化改革重大举措，有序扩大制度型开放，谋划实施一批新的政策措施，充分激发各类经营主体内生动力和创新活力。

推进重点领域改革。以"三量"为牵引实施国企改革深化提升行动，加快融资平台市场化转型，强化竞争性经营类国企提升创新能力和发展质效，推动城市服务保障类国企管控成本、优化服务，促进金融类国企稳健经营、守牢风险底线。增强民营经济发展活力，有序扩大民间资本市场准入，持续清理妨碍统一市场和公平竞争的政策措施，在支持发展政策上做到一视同仁。充分发挥工商联、各类商会协会等作用，建立畅通与民营企业和民营企业家的务实交流机制。推进科技体制机制改革，统筹用好科技项目、科技平台和科技资源，改革重大项目组织方式，优化科技人才培养机制，落实好已出台的科技和人才激励政策，持续完善科创服务生态。深入推进投融资体制改革，落实中央金融工作会议精神，聚焦服务实体经济，积极发展科技金融、绿色金融、普惠金融、养老金融、数字金融、产业金融和航运金融，鼓励发展创业投资、股权投资，支持高新技术和"专精特新"企业直接融资和跨境融资，提高各类项目的市场化融资能力。加快高标准市场体系建设，争取要素市场化配置综合改革试点事项落地。积极稳妥落实新一轮机构改革任务，推动机构职能优化、协同高效。

提高对外开放水平。制定推进更高水平对外开放意见，塑造通道型、平台型、制度型、都市型、海洋型开放新优势。更好发挥滨海新区对外开放龙头作用，拓展与欧美、日韩、东南亚等经济交流，全年实际使用外资50亿美元。出台自贸试验区提升行动方案，在监管框架等"边境后"领域开展更大程度压力测试，探索数据跨境流动制度创新，推动"融资租赁+保税维修"再制造全产业链集成创新，实施个性化医疗、临床急需药品进口、细胞治疗等政策创新。全面落实自贸试验区对接国际高标准推进制度型开放试点任务。优化自由贸易账户功能。争取新一轮服务业扩大开放综合试点，在电信、医疗等领域开展先行先试，加快推进条件成熟的示范园区纳入自贸试验区联动创新基地。深度融入共建"一带一路"，深化鲁班工坊建设，密切友城港口务实合作。做强"留学天津"品牌，不断扩大留学生规模。扎实做好东西部协作和支援合作。

营造一流营商环境。提升智慧政务服务效能，进一步扩大政务服务事项承诺制应用范围，在全市推广"证照联办"改革，推出175个"高效办成一件事"场景，着力降低企业融资、物流、用工、能源等成本。积极对接国际高标准经贸规则，拓展国际贸易"单一窗口"综合服务功能，抓好智慧口岸建设。大力弘扬企业家精神，格外珍惜和重视各类企业家在推动高质量发展中的独特作用，持续优化法治环境、信用环境和公平竞争环境，依法保护各类经营主体合法权益。

（五）全力推进乡村全面振兴，加快提升农业农村现代化水平

学习运用"千万工程"经验，坚持农业现代化和农村现代化一体推进，提升乡村产业发展和治理水平，不断丰富城乡融合发展内涵。

做优现代都市型农业。着力构建服务京津两个超大城市的现代都市型农业体系和商品流通网络。严守耕地保护红线，高质量完成50万亩以上高标准农田建设任务，粮食、蔬菜分别稳定播种550万亩和75万亩以上，为超大城市提供重要农产品有效供给。发挥龙头企业作用，培育壮大农村电商、"周末经济"、"后备箱经济"等新增长点，大力发展乡村物流，形成联通内外、覆盖城乡、货畅其流的商品流通网络。发挥城市对乡村的带动提升和乡村对城市的服务保障作用，加速集聚资金、技术、人才等要素，多方导入文商旅体、研学、康养等资源，搭建农文旅发展平台，启动建设蓟州下营镇、宁河七里海镇等12个乡村旅游示范片区，让乡村成为市民度假休闲的向往地。

推动农村综合改革。围绕农民增收、农地增值、农业增效加快改革步伐，扎实推进农村集体经济"三变"改革，有序推进第二轮土地承包期延长30年试点，新创建40个乡村振兴示范村，完成800个经济薄弱村三年扶持任务。

提质建设和美乡村。深化农村人居环境整治提升，健全管护和运营机制，强化垃圾处理、污水治理、厕所革命、植绿护绿、村庄清洁美化。加快推进紧密型区域医共体建设，提升镇村两级基层医疗卫生机构服务能力，高水平创建乡村治理示范镇村。精心举办"庆丰收"等系列活动，组织开展群众喜闻乐见的文体赛事，充分展现新时代农民风采。

（六）全力办好民生实事，持续提高群众生活品质

着力解决群众急难愁盼问题，持续实施20项民心工程，把好事办好、实事办实，不断增强人民群众获得感幸福感安全感。

提升就业质量和社会保障水平。更加突出就业优先导向，落实落细稳就业政策措施，着力促进高校毕业生在津来津就业创业，支持重点群体参加职业技能培训，兜底帮扶就业困难人员就业3万人。打造智慧化养老服务机构10家，完成居家适老化改造1000户，推进7类特殊困难老年人探访关爱服务，深化老年人助餐服务。统筹提高医保待遇水平，推进长护险制度试点。深入实施妇女儿童健康提升计划，完善生育支持政策。更好关爱帮扶特困群体，发展残疾人、公益慈善、红十字等事业。做好退役军人服务保障工作，继续发挥好关爱退役军人协会等社会组织的积极作用。

促进优质教育加快发展。推进"大思政课"综合改革试验区建设，强化学生五育并举、全面发展，持续建强高素质教师队伍。加快义务教育优质均衡发展，扎实推进品牌高中培育工作和强校工程建设，新建改扩建义务教育学校12所、增加学位2万个。深入实施高职"双高"计划和中职"双优"计划，推进高水平本科层次职业学校建设，打造一批产教融合联合体、共同体，办好第二届世界职业技术教育发展大会。

加强医疗健康服务。健全重大传染病防治体系，完善多渠道监测预警机制。全力支持中国医学科学院血液病医院、中医一附院创建国家医学中心，加快市人民医院、环湖医院、第三中心医院等改扩建，推进社区医院建设，建立健全乡村医疗卫生体系，持续优化医疗资源均衡布局。促进"三医"协同发展和治理，实施提升医疗质量、患者体验与改善护理服务专项行动，拓展药品、医用耗材集采成果。推动中医药传承创新发展，实施中药大品种二次开发。为生活困难职工、特殊岗位一线农民工和新就业形态劳动者免费开展健康查体。深入开展爱国卫生运动。

丰富群众文体生活。推出文旅四季主题活动，组织一批名家经典惠民演出、文化场馆展览展示，支持国内外团体市场化举办丰富多彩的文艺展演。实施全民健身场地设施提升行动，发放数字体育惠民卡5万张，办好天津马拉松赛、中国冰壶联赛、全国短道速滑冠军赛等体育赛事。推进长城、大运河国家文化公园（天津段）建设，实施梁启超旧居修缮等工程，开展第四次文物普查、国家级非遗代表性传承人记录工程。深化全民阅读，建设书香天津。做好哲学社会科学、新闻出版、广播影视、图书档案等工作，深入推进全域科普。

（七）全力防范化解风险，统筹高质量发展和高水平安全

坚持底线思维，全面落实总体国家安全观，增强预判性，打好主动仗，切实以高水平安全保障高质量发展。

提升城市运行安全水平。深入实施安全生产治本攻坚三年行动，持续开展重点行业领域排查整治，加快建设城镇燃气、供热监管平台，加强安全监管执法，坚决防范遏制重特大事故发生。用足用好国家支持政策，稳妥有序做好债务化解工作。持续做好重要民生商品保供稳价，强化水电油气运等要素供应保障，加强食品药品安全监管。

强化防灾减灾救灾能力建设。织密织牢防灾减灾救灾防护网，汛前完成43项水毁修复工程，实施一批行洪河道达标工程和蓄滞洪区安全建设工程。加快自然灾害应急能力提升工程建设，进一步增强灾害预警防范、应急处置、抢险救援能力。

维护社会大局稳定。推进基层社会治理创新，加快数字治理综合应用平台"津治通"迭代升级。坚持和发展新时代"枫桥经验"、"浦江经验"，全面推进信访工作法治化，积极预防化解各类社会矛盾纠纷。完善社会治安防控体系，严密防范、严厉打击各类违法犯罪行为，建设更高水平平安天津、法治天津。

三、努力提升政府治理效能和水平

坚决当好推动高质量发展的执行者、行动派、实干家，努力建设人民满意的法治政府、创新政府、廉洁政府和服务型政府。

铸牢政治忠诚之魂。坚持不懈用党的创新理论凝心铸魂，深刻领悟"两个确立"的决定性意义，增强坚决做到"两个维护"的政治自觉、思想自觉、行动自觉。深刻领会中央战略意图和市委工作要求，不断提高政治判断力、政治领悟力、政治执行力，做到以政治引领工作方向、以成效彰显政治效果。

厚植依法行政之基。高质量落实法治建设"一规划两纲要"，增强重点领域政府立法质效，推进严格规范公正文明执法，扎实开展"八五"普法。认真做好第五次全国经济普查。自觉接受人大法律监督、工作监督和政协民主监督，主动接受社会和舆论监督，更好发挥工会、共青团、妇联等人民团体桥梁纽带作用，认真落实党的民族、宗教和侨务政策，切实做好港澳台工作，巩固发展军政军民团结。

汇聚担当实干之力。把抓落实作为政府工作的重中之重，不折不扣抓落实、雷厉风行抓落实、求真务实抓落实、敢作善为抓落实，形成办实事、求实效、重实绩的鲜明导向。大力弘扬斗争精神，引导激励政府工作人员勇挑重担子、敢啃硬骨头，不断增强推动高质量发展、服务群众、防范化解风险的本领，以新气象新作为推动各项工作取得新成效。

严守廉洁从政之规。纵深推进政府系统党风廉政建设，压紧扛牢全面从严治党政治责任，以"关键少数"示范引领"绝大多数"。锲而不舍落实中央八项规定及其实施细则精神，纠"四风"树新风，厉行节约过紧日子，持续为基层减负。坚持一体推进"三不腐"，强化审计监督和成果运用，始终把牢严的基调。牢记权为民所用、利为民所谋，把心系群众、情系百姓体现到履职尽责全过程各方面。

各位代表！新征程催人奋进，新使命重任在肩。让我们更加紧密地团结在以习近平同志为核心的党中央周围，在市委坚强领导下，笃行实干、善作善成，奋力开创全面建设社会主义现代化大都市新局面！

河 北 省
政府工作报告

——2024年1月21日在河北省第十四届
人民代表大会第二次会议上

省长 王正谱

各位代表：

现在，我代表省人民政府向大会报告工作，请予审议，并请省政协委员和列席人员提出意见。

一、2023年工作回顾

过去的一年，极不平凡、极其难忘。习近平总书记两次亲临河北，视察指导工作，慰问灾区群众，光辉足迹印刻燕赵大地，亲切关怀情暖百姓心田，谆谆教导指引前进方向，带给全省人民无限温暖、无上荣光、无穷力量。广大干部群众发自内心感恩总书记、感谢党中央，牢记嘱托、砥砺前行，凝聚起奋力谱写中国式现代化建设河北篇章的坚定意志和强大动力。

一年来，面对严峻复杂的外部环境，面对艰巨繁重的改革发展任务，面对史所罕见的洪涝灾害，我们坚持以习近平新时代中国特色社会主义思想为指导，深入学习贯彻习近平总书记视察河北重要讲话和党的二十大精神，在省委领导下，完整、准确、全面贯彻新发展理念，牢牢把握高质量发展这个首要任务和构建新发展格局这个战略任务，抓创新、优结构，扩内需、促协同，战洪水、保民生，统筹灾后恢复重建和经济社会发展，较好地完成了省十四届人大一次会议确定的目标任务。全省生产总值增长5.5%，一般公共预算收入增长5.7%，规模以上工业增加值增长6.9%，固定资产投资增长6.3%，社会消费品零售总额增长9.6%，进出口总值增长7.4%，居民人均可支配收入增长6.6%，主要经济指标增速高于全国平均水平。

（一）**经济运行回升向好**。坚持投资、消费、出口协同发力，高质量发展扎实推进。千方百计增投资。加强重点项目建设，一切围绕项目转、一切聚焦项目干，强化要素保障、政策保障、服务保障，10亿元以上项目投资增长35%，高新技术产业投资增长28.5%，雄安新区成为拉动投资的重要引擎。多措并举促消费。落实国家恢复和扩大消费政策，开展京津冀消费季、汽车下乡等活动，餐饮住宿、体育娱乐等消费加快恢复，新能源汽车销售额大幅增长。全年旅游收入突破1万亿元、明显超过疫情前水平，"这么近，那么美，周末到河北"产生了广泛影响。精准施策稳出口。开展稳外贸活动，推进通关便利化，抓订单、拓市场，出口总值增长9.3%。

（二）**救灾重建有力有效**。去年我省遭遇特大暴雨洪灾。习近平总书记极为牵挂，多次作出重要指示。在党中央的坚强领导下，我们超前部署、果断转移，连续发布预警，及时启动一级应急响应，提前预泄腾库，启用蓄滞洪区，紧急转移群众180多万人；我们争分夺秒、奋力抢险救援，坚持央地协同、军地携手、区域联动，科学有效处置一系列重大险情，全力以赴救援受困群众，最大限度维护人民群众生命财产安全；我们集中力量、加快恢复重建，第一时间成立领导小组，对涿州、霸州等16个受灾重点县对口帮扶，采取超常规措施，预拨付补偿救助资金、预赔付保险资金，抢修抢通交通、电力、通信等基础设施，及时修复灾损学校，修缮加固损毁民房，开展医疗救治和卫生防疫，推动全面复工复产复市，确保了受灾学生全部按时开学返校，有力保障了群众安全温暖过冬，灾后恢复重建取得重要成果。

惊涛骇浪从容渡，风雨之后见彩虹。经历大战大考的洗礼，我们更加深刻地感到，习近平总书记始终是我们最可靠的主心骨，始终是我们战胜一切艰难险阻的领路人，只要坚定不移沿着总书记指引的方向，大力弘扬抗洪救灾精神，众志成城、顽强拼搏，就一定能够夺取灾后恢复重建和经济社会发展的全面胜利！

（三）重大战略成效显著。坚决贯彻习近平总书记在深入推进京津冀协同发展、高标准高质量推进雄安新区建设座谈会上的重要讲话精神，聚焦承接北京非首都功能疏解，市场机制和政府引导相结合，项目和政策两手抓，加快把战略机遇转化为发展优势。

雄安新区建设取得新进展。坚持高标准高质量，推动雄安现代化城市雏形全面显现。承接疏解加力提速。认真落实中央一揽子支持政策，新区住房公积金、养老、医保等政策基本实现与北京标准相衔接。首批疏解央企总部建设进展顺利，4所疏解高校和北大人民医院雄安院区开工建设，北京援建的"三校一院"开学开诊。新区行政区划代码落地使用。大规模开发建设势头良好。雄商、雄忻高铁等重大工程加快建设，启动区重点市政基础设施基本建成，"三横四纵"骨干路网具备通车条件，全年固定资产投资增长16%。创新创业氛围日益浓厚。中国空天信息和卫星互联网创新联盟加快组建，雄安高校协同创新联盟成立，中国科学院雄安创新研究院具备交付条件，雄安中关村科技园挂牌运行，百校百所千企、万名首都大学生"雄安行"成功举办，雄安未来之城场景汇正式启动，"雄才16条"反响热烈，新区热度和人气不断提升。生态环境治理保护成效明显。白洋淀淀区水质稳定保持Ⅲ类，野生鸟类的种类和数量增加，重现淀水清澈、鸥鸟翔集的美丽画卷。

京津冀协同发展呈现新气象。与京津签署新一轮战略合作协议，形成更加紧密的协同推进格局。重点领域合作走深走实。石家庄直达沧州高铁开通，京雄高速全线贯通，津兴城际、邢和铁路建成通车。京津水源上游流域生态补偿实现全覆盖。携手京津打造新能源和智能网联汽车、机器人等重点产业链，引进央企二三级子公司实现历史性突破。协同创新步入快车道。与京津共同组织开展基础研究，加强氢能、钒钛等领域技术攻关，全省吸纳京津技术合同成交额增长101.1%。公共服务共建共享加快推进。与京津共建8个国家区域医疗中心，三地互认71项资质资格，全面取消京津冀异地就医备案。稳步推进廊坊北三县与北京通州区一体化高质量发展示范区建设。

（四）**转型升级步伐坚实**。推动创新链和产业链精准对接，提升产业基础高级化、产业链现代化水平。科技支撑更加有力。享受研发费用加计扣除政策的企业户数和金额持续增长，省国资委监管企业研发投入强度位居全国第一方阵，26家企业上榜全国民企研发投入500强，全社会研发经费投入预计增长10%。组建科技特派团入企服务，新增国家级高新技术企业超过1500家，国家科技型中小企业总数超过2万家。牵头重组4家全国重点实验室。积极打造创新应用场景，全省技术合同成交额增长22.1%。工业经济提质增效。新增国家级专精特新"小巨人"企业62家，国家中小企业特色产业集群数量并列全国第一，企业工业设备上云率继续保持全国第一，钢铁环保绩效A级企业数量排在全国第一，河钢氢冶金项目投产。生物医药、电子信息等产业稳步发展，高新技术产业增加值增长7.5%。农业发展态势良好。克服自然灾害影响，粮食总产762亿斤，完成国家下达粮食生产任务。扎实推进盐碱地改造提升。新建和改造提升高标准农田332万亩。主要"菜篮子"产品首都市场占有率达4成，"河北净菜"品牌影响力持续提升。

（五）改革开放加力提速。坚持以开放促改革、促发展，激发动力活力。重点领域改革蹄疾步稳。积极争取国家级改革试点，完成年度改革任务95项。国企改革深化提升行动有序推进，战略重组效应加速释放。科创板上市实现零的突破。完成国家级二轮土地延包整县试点任务。营商环境明显改善。修订省优化营商环境条例，推行招标投标"双盲"评审改革，推出90项"高效办成一件事"服务，所有涉企和民生审批事项进驻服务大厅，12345热线更加便民利企。我省入选全国优化营商环境进步最明显省份，平均每天净增企业超700家，33家企业入围中国民营企业500强。对外开放取得积极进展。主动融入共建"一带一路"，中欧班列开行数量持续增长，港口货物吞吐量突破13亿吨，唐山港货物吞吐量继续稳居世界第二，石家庄国际邮件互换局投入运营。实际使用外资增长5.5%。雄安综合保税区获批并通过预验收。石家庄、唐山列入国家跨境贸易便利化试点。创新举办廊洽会、数博会，一批国内外领军企业签约落户。

（六）民生保障持续增强。带着感情办好民生实事，解决群众急难愁盼问题。20项民生工程全面完成。城镇新增就业89.9万人。实施特殊困难老年人家庭适老化改造4.03万户。新开工改造棚户区14.59万套、老旧小区1816个。生态环境不断优化。设区市空气质量"退后十"成果得到巩固，全省地表水国考断面水质优良比例保持在80%以上，压减地下水开采量1.89亿立方米，完成营造林627万亩，新增4家国家生态文明建设示范区和"两山"实践创新基地。农村面貌明显改善。深化农村人居环境整治，改造提升户厕40.12万座，新建和美乡村示范村334个。建设改造农村公路7716公里。保障水平稳步提升。防止返贫监测帮扶措施不断强化。养老金、失业保险金、城乡低保标准继续提高，基本医疗保险参保率稳定在95%以上，重点民生领域实现社保卡居民服务"一卡通"。社会事业加快发展。教育质量持续改善。新冠疫情防控平稳转段，紧密型县域医共体建设全面推行。我省体育健儿取得亚运会历史最好成绩。平安河北建设扎实推进。稳妥化解地方债务、金融、房地产等风险，安全生产事故起数、死亡人数双下降。扫黑除恶常态化开展，矛盾纠纷排查化解成效明显，社会大局保持稳定。

各位代表！过去的一年，我们扎实开展学习贯彻习近平新时代中国特色社会主义思想主题教育，学思想、强党性、重实践、建新功，推动党中央决策部署和省委工作安排落地见效。严格落实中央八项规定精神，纠"四风"树新风，加强巡视整改，推动政府系统全面从严治党向纵深发展。自觉接受人大法律监督、工作监督和政协民主监督，人大代表建议647件、政协提案733件全部办复，法治政府建设迈出新步伐。国防动员、双拥共建扎实开展，退役军人服务保障走在全国前列。民族宗教、审计、统计、新闻出版广电、外事侨务、史志档案、气象地震、援藏援疆等工作取得新成效，工会、妇女儿童、青少年、老龄、残疾人、红十字等事业取得新进步。

各位代表！习近平总书记对河北充满深情、寄予厚望，每到关键节点、重要时刻，都亲自为我们把脉定向、指路领航。河北取得的每一个成绩、实现的每一点进步，都是以习近平同志为核心的党中央坚强领导的结果，是习近平新时代中国特色社会主义思想科学指引的结果，是省委带领全省人民团结奋斗的结果。在此，我代表省人民政府，向全省人民，向人大代表、政协委员，向各民主党派、工商联、无党派人士和各人民团体，向中央驻冀单位、驻冀人民解放军、武警官兵、政法干警和消防救援队伍指战员，向中央各部门各单位、兄弟省区市，向所有关心支持河北发展的港澳台同胞、海外侨胞和国际友人，表示衷心的感谢并致以崇高的敬意！

同时，我们也清醒地看到，外部环境的复杂性、严峻性、不确定性上升，经济社会发展还面临不少困难和挑战：有效需求不足，社会预期偏弱，产业结构不够优，科技创新能力不够强，部分企业生产经营困难，生态环境治理仍需巩固，居民收入水平有待提高，风险隐患仍然较多，政府部门形式主义、官僚主义问题仍不同程度存在。对此，我们一定高度重视，下大气力解决。

二、2024 年目标任务和主要工作

今年政府工作的总体要求是：坚持以习近平新时代中国特色社会主义思想为指导，全面贯彻党的二十大和二十届二中全会精

神，全面贯彻中央经济工作会议精神，全面贯彻习近平总书记视察河北重要讲话精神，认真落实省委十届历次全会部署，坚持稳中求进工作总基调，完整、准确、全面贯彻新发展理念，服务和融入新发展格局，着力推动高质量发展，全面深化改革开放，推动高水平科技自立自强，落实国家宏观调控政策，统筹扩大内需和深化供给侧结构性改革，统筹新型城镇化和乡村全面振兴，统筹高质量发展和高水平安全，切实增强经济活力、防范化解风险、改善社会预期，巩固和增强经济回升向好态势，持续推动经济实现质的有效提升和量的合理增长，增进民生福祉，保持社会稳定，加快建设经济强省、美丽河北，奋力谱写中国式现代化建设河北篇章。

今年经济社会发展的主要预期目标是：地区生产总值增长5.5%左右，一般公共预算收入增长5%左右，规模以上工业增加值增长5.5%左右，固定资产投资增长6%左右，社会消费品零售总额增长6%左右，进出口总值增长3%左右；居民人均可支配收入增长5.5%左右；居民消费价格指数涨幅控制在3%左右；城镇调查失业率控制在5.5%左右。

落实总体要求，实现上述目标，最根本的是坚定不移贯彻习近平总书记重要指示，把坚持高质量发展作为新时代的硬道理，稳中求进、以进促稳、先立后破，以创新、协调、绿色、开放、共享的内在统一推动高质量发展。一是坚持以科技创新引领现代化产业体系建设，推动创新链产业链资金链人才链深度融合，不断催生新产业、新模式、新动能，打造发展新引擎，抢占未来新赛道，加快形成新质生产力，努力在推进创新驱动发展中闯出新路子。二是坚持在对接京津、服务京津中加快发展自己，扭住疏解北京非首都功能"牛鼻子"，强化协同创新和产业协作，集中力量抓创新、促疏解、聚人气，以重大国家战略活跃发展全局，努力在推进京津冀协同发展和高标准高质量建设雄安新区中彰显新担当。三是坚持生态优先、绿色发展，调整优化产业、能源、运输结构，加强资源节约集约利用，发展绿色低碳产业，倡导绿色生活方式，努力在推进全面绿色转型中实现新突破。四是坚持改革不停顿、开放不止步，以思想解放引领经济发展，以市场化改革破解瓶颈制约，以高水平开放吸引全球资源，打造一流营商环境，主动融入全国统一大市场，努力在推进深化改革开放中培育新优势。五是坚持以人民为中心，多谋民生之利、多解民生之忧，从一件件小事做起、从一个个问题抓起，改进公共服务，办好民生实事，努力在推进共同富裕中展现新作为。

今年要重点做好八个方面的工作：

（一）**深入实施重大国家战略，推动京津冀协同发展和雄安新区建设迈上新台阶。**坚持服从服务大局，全域对接、全面承接，为打造中国式现代化建设的先行区、示范区贡献河北力量。

拓展协同发展的深度广度。加强基础设施互联互通。加快雄商、雄忻高铁等项目建设，力促承平高速建成投运、石家庄至张家口高铁直达；抓好曹妃甸港、黄骅港综合港区重点建设工程，推进石家庄、唐山等机场改扩建。深化协同创新共同体建设。加快京津冀国家技术创新中心河北中心、雄安中心建设，推动创新应用场景共建共享，健全科技成果转化对接机制，畅通京津研发、河北转化通道。加强重点领域产业协作。抓好新能源和智能网联汽车、机器人等产业链建设，开展延链补链强链行动，从不同方向构建联通京津的经济廊道，携手打造先进制造业集群。主动对接央企，让更多的河北产品和服务进入央企的产业链、供应链。深化生态环境联建联防联治。加强潮白河、滦河等跨界河流综合治理，实施北方防沙带等重点工程，推动张家口首都"两区"建设取得更大进展。加快公共服务共建共享。深化高校师资队伍、学科建设等合作，巩固扩大京津冀医联体建设成果，推动京津养老资源向我省延伸布局，扩大互认资质资格范围。促进廊坊北三县与通州区一体化高质量发展，服务北京城市副中心建设。抓好张家口冬奥场馆综合利用，推动冰雪运动、冰雪产业、冰雪旅游融合发展。

高标准高质量推进雄安新区建设。推动疏解任务落实。深入落实中央一揽子支持政策，完善激励约束政策体系。加快第一批央企总部、高校、医院等项目建设，衔接落实第二批疏解实施方案，吸引落地更多市场化疏解项目。打造创新高地和创业热土。争取国家级科技创新平台在雄安布局，加快科创中心、中关村科技园建设运营，推进雄安高新区建设。支持空天信息和卫星互联网产业发展，构建新材料、金融科技等产业链创新链。精心打造雄安未来之城场景汇，推动更多高成长性科技企业向新区转移。持续开展"雄安行"系列活动，吸引更多人了解雄安、来到雄安、扎根雄安。塑造现代化城市风貌。抓好启动区、起步区、昝岗片区等重点片区建设，加快京雄快线、国贸中心等工程进度，完善市政基础、公共服务设施，年内完成投资超2000亿元。巩固拓展白洋淀生态治理成果，加强"千年秀林"管护，打造绿色发展城市典范，把"妙不可言"融入生活，让"心向往之"成为现实。

（二）充分挖掘内需潜力，巩固经济回升向好态势。扩大有效益的投资，激发有潜能的消费，形成投资和消费相互促进的良性循环。

全力以赴抓好灾后恢复重建。加快道路、电力、通信、市政等重建项目建设，确保今年汛期前全部建成运行。加强政策支持和技术指导，确保今年入冬前2.16万户灾损农房新建任务全面完成。扎实推进受损学校、卫生院、养老院重建工作，确保经得起检验。抓好大清河、永定河等水系治理工程建设，加快青山水库、乌拉哈达水库、茅岭底水库等工程进度，完善东淀、献县泛区等蓄滞洪区功能，确保今年主汛期前涿州城市防洪主体工程、白沟河治理工程全部完工，把每一项工程都建成民心工程、优质工程、廉洁工程。

集中精力抓投资上项目。实施重点项目攻坚工程。继续把项目建设作为经济工作的主攻方向，抢抓增发国债等政策机遇，谋划储备一批水利、能源、防灾减灾等项目。聚焦转型升级、科技创新等重点领域，加快实施一批重大产业项目，推动抽水蓄能等新能源项目建设，布局完善5G、工业互联网、人工智能算力中心等新型基础设施，确保秦唐高速秦皇岛段、邯港高速衡水段建成投运，年内省重点建设项目完成投资2000亿元以上。探索政府和社会资本合作新机制，激发民间投资活力。推行重大项目全流程服务管理，力促形成更多实物量。实施招商引资提效工程。开展重大平台招商推介行动，精心筹办廊洽会、数博会，组织参加进博会、消博会等展会。开展重点产业链招商行动，强化以商招商、国际化招商，探索"基金+"招商模式，引进一批龙头企业和延链补链强链项目。开展重点招商引资项目落地行动，完善考核激励政策，强化包联帮扶，提高项目落地率、资金到位率、投资完成率，力促更多项目落户河北。

精准发力促进消费提振。实施传统消费拓展行动，扩大新能源汽车、电子产品等大宗消费，推动消费品以旧换新，促进餐饮住宿、家政养老等服务消费。实施新型消费培育行动，发展数字消费、绿色消费、健康消费，培育智能家居、文娱旅游、体育赛事等消费增长点，打造一批电商示范基地和示范企业。实施消费环境优化行动，推动石家庄、唐山、邯郸区域消费中心城市建设，抓好国家"一刻钟便民生活圈"试点，支持商业步行街、特色商业街改造升级；新建县级物流配送中心36个、乡镇商贸中心425家，完善农村流通体系，充分激发农村消费活力。

（三）着力推进新型工业化，构建现代化产业体系。坚持以科技创新推动产业创新，支持各地发挥优势、错位发展，壮大主导产业，加快建设制造强省。

推动创新发展能力持续提升。全面落实研发费用加计扣除等政策，做大做强科技引导基金，发挥科技特派团作用。强化企业创新主体地位，深化国有企业研发投入"三年上、五年强"专项行动，支持企业与高校、科研院所组建创新联合体，培育国家科技型中小企业1.8万家，新增国家级高新技术企业800家。加强科技创新平台建设，瞄准卫星导航、新材料等领域，争创全国重点实验室。加快创新成果孵化转化。培养引进科技领军人才、高技能人才和创新团队，完善人才培养使用、评价激励机制，让人才引得来、留得住、发展好。

推动传统产业转型升级。聚焦高端化、智能化、绿色化，支持钢铁、石化、食品等产业设备更新、工艺升级，加快钢铁行业产品向材料级方向转型，打造世界一流铁基新材料集群。推进产业基础再造工程，提升产业链供应链韧性和安全水平。深入实施县域特色产业集群"领跑者"企业培育行动。加强质量支撑和标准引领，支持企事业单位参与国家和行业标准制修订，让更多的燕赵名品走出河北、走向全国。

推动战略性新兴产业融合集群发展。加快集成电路、网络安全、生物医药、电力装备、安全应急装备等产业发展，开展"机器人+"应用行动，壮大新能源和智能网联汽车产业集群，推动北斗规模应用和产业发展，培育电子信息产业新优势，高新技术产业增加值增长6%左右。实施有效降低物流成本行动，加快国家物流枢纽、现代流通战略支点城市建设。抓好先进制造业和现代服务业融合发展试点，让先进制造业尽快挑起大梁。

推动数字经济做大做强。推进产业数字化，实施200个省级工业互联网重点项目，全面推动十万企业上云工程，加快石家庄中小企业数字化转型城市试点建设；推进数字产业化，加快云计算、人工智能等产业发展，抓好张家口数据中心集群、雄安数字经济创新发展试验区建设，打造全国一体化算力网络京津冀枢纽节点，让数字经济新动能加速释放。

（四）持续深化改革开放，增强发展内生动力。坚持目标导向、问题导向，在深层次改革上勇于攻坚，在高水平开放上寻求突破。

以更大力度深化重点领域改革。政务服务方面，深化行政审批制度改革，推行"高效办成一件事"，加快全省一体化政务大数据体系建设，推动惠企政策免申即享，让企业和群众方便快捷少跑腿。国资国企方面，实施国企改革深化提升行动，加大科技创新力度，优化国有资本布局结构，增强核心功能、提高核心竞争力。财税金融方面，推进省以下财政体制改革，完善国有资本经营预算制度；落实结构性减税降费政策，重点支持科技创新和制造业发展；贯彻金融支持民营经济发展壮大的25条措施，发展科技金融、绿色金融、普惠金融、养老金融、数字金融，推动更多企业上市。农业农村方面，深化供销社综合改革，稳妥推进新一批全国二轮延包整县试点，完成农村宅基地制度改革试点任务，发展壮大新型农村集体经济。

以更宽视野扩大高水平开放。深度融入共建"一带一路"。支持国际陆港建设，推动中欧班列由上规模向提质量转变。鼓励钢铁、装备制造等企业"走出去"，力促长城汽车巴西工厂建成投产。巩固外贸外资基本盘。持续开展冀货出海拓市场行动，扩大优势产品出口规模，扶植一批进出口超亿元企业。拓展中间品贸易、服务贸易、数字贸易、跨境电商出口，推进市场采购贸易方式试点建设。提高国际化招商和利用外资水平。实施开放平台提能工程。开展自贸试验区创新提升行动，形成更多制度创新成果。用好综保区惠企政策。强化主导产业培植、龙头企业培育、产业链配套招商，提升开发区能级。推动沿海地区开放发展。加快港口转型升级，发展集装箱运输，开拓国际航线，推进战略物资储备基地建设，深化港产城融合，建设临港产业强省，构建向海发展新格局。落实国家发改委支持唐山高质量发展总体方案。

以更实举措优化营商环境。全面落实省优化营商环境条例，深入实施市场、政务、要素、法治、信用环境提升工程，着眼满足经营主体需求，制定更多原创性、差异化的政策措施。深化招标投标"双盲"评审改革，打造公平竞争市场环境。对标世界银行新评估体系，开展营商环境评价。着力解决政府拖欠企业账款问题，严厉查处乱收费、乱罚款、乱摊派。坚持"两个毫不动摇"，依法保护民营企业产权和企业家权益，完善常态化沟通交流机制，多为企业解难题、办实事。我们一定创造更好环境、提供更优服务，与企业家同风雨、共发展。

（五）**推动乡村全面振兴，促进城乡融合发展。**坚持不懈抓好"三农"工作，构建城乡联动并进的新格局。

扎实推进农业农村现代化。加快建设农业强省。扛起粮食安全责任，严守耕地红线，促进种业振兴，开展粮食单产提升行动，加快水毁农田和农业设施修复，新建改造高标准农田450万亩以上，确保粮食总产740亿斤以上。启动盐碱地综合利用试点示范，做好适宜盐碱地作物品种开发推广。继续实施奶业、蔬菜、中药材、中央厨房、精品肉类五大千亿级工程，持续推进"河北净菜"进京，加强农产品冷链物流体系建设，发展农产品电商、乡村休闲旅游等业态。打造宜居宜业和美乡村。学习运用"千万工程"经验，深入开展人居环境整治，完善生活垃圾城乡一体化处理体系，强化生活污水治理，改造农村户厕29.79万座，建设改造农村公路6000公里，创建和美乡村示范村200个左右，集中力量办成一批群众可感可及的实事。巩固拓展脱贫攻坚成果。加大对受灾群众帮扶力度，防止因灾致贫返贫。开展百企联百县活动，强化产业、就业、科技等帮扶，拓宽脱贫群众增收渠道。

稳步提升新型城镇化质量。与京津共同编制京津冀国土空间规划、现代化首都都市圈空间协同规划。实施城市更新行动，推进老旧管网改造，扩大垃圾分类覆盖范围，提升市政公用设施建设水平，打造宜居、韧性、智慧城市。加快推进以县城为重要载体的新型城镇化，实施县城建设提质升级行动，开展城乡融合发展试点，打造一批展现河北风貌、彰显地域特色的美丽城镇。

（六）**加快全面绿色转型，建设天蓝地绿水秀的美丽河北。**协同推进降碳、减污、扩绿、增长，以高品质生态环境支撑高质量发展。

深入打好蓝天、碧水、净土保卫战。扎实推进中央生态环境保护督察反馈问题整改。落实空气质量持续改善行动计划，开展全域控尘、工业企业深度治理行动，加快消除重污染天气，巩固拓展"退后十"成果。健全城乡黑臭水体治理长效机制，地表水国省考断面水质优良比例达到81%。开展土壤污染源头防控行动，防治农业面源污染。

统筹山水林田湖草沙一体治理修复。实施生态系统保护和修复重大工程，压减地下水开采量1.6亿立方米，力争生态补水20亿立方米，修复历史遗留矿山4.5万亩。开展大规模国土绿化，推进集体林权制度改革，支持塞罕坝林场"二次创业"，完成营造林600万亩。强化衡水湖湿地等生物多样性保护。加强生态保护修复统一监管，开展非法采矿、侵占生态红线专项整治，切实维护生态安全。

大力推进绿色低碳发展。深化重点行业企业环保绩效创A，完善钢铁行业碳排放"双控"措施。加快绿色制造体系建设，创建省级及以上绿色工厂100家。开展减污降碳协同创新试点，抓好排污权交易改革，健全降碳产品价值实现机制，建好雄安温室气体自愿减排交易服务场所。加强煤炭清洁高效利用，推动风电光伏项目和新型储能项目建设，新增可再生能源装机1500万千瓦，加快建设新型能源强省。倡导绿色生产生活方式，让燕赵大地更加美丽宜居，让良好生态更多惠及人民群众。

（七）防范化解重点领域风险，打造更高水平的平安河北。坚持系统观念，增强忧患意识，以高水平安全保障高质量发展。

守住不发生系统性风险底线。积极稳妥化解房地产风险，扎实做好保交楼工作，促进房地产市场平稳健康发展。推进保障性住房建设、"平急两用"公共基础设施建设、城中村改造"三大工程"，构建房地产发展新模式。防范化解政府债务风险，严厉打击非法金融活动，平稳有序处置金融风险。

筑牢抵御自然灾害防线。加强城市防洪排涝规划建设，更新排水管网等基础设施，提升城市运行保障能力。完善基层应急管理体系，健全监测预报网络，合理布局应急避险场所，加强应急救援队伍建设，推广应用先进应急救援装备，开展安全教育和应急演练，提升基层防灾避险和自救互救能力。实施隐患排查整治专项行动，科学防治地质灾害，抓好抗旱、森林草原防灭火、抗震救灾等工作，全面提升防灾减灾救灾能力。

严守公共安全红线。加强消防、燃气、矿山、危化、交通、建筑施工、食品药品等安全监管，坚决遏制重特大事故发生。坚持和发展新时代"枫桥经验"，完善基层治理，提升社会矛盾纠纷预防化解能力。常态化开展扫黑除恶，严厉打击违法犯罪，确保社会大局稳定。

（八）积极发展民生和社会事业，提高人民群众生活品质。坚持尽力而为、量力而行，继续实施20项民生工程，增强人民群众的获得感、幸福感、安全感。

突出就业优先导向。多渠道推进高校毕业生、退役军人、农民工等重点群体稳定就业，做好困难人员就业帮扶，确保零就业家庭动态清零。健全就业创业公共服务体系，开展职业技能培训，培育河北福嫂·燕赵家政等劳务品牌，城镇新增就业86万人。

提高社会保障水平。实施社保扩面提质行动，推动灵活就业人员、新业态就业人员等群体参保，提高城乡居民基础养老金标准。加大城乡低保、特困人员、孤寡老人、困境儿童等保障救助力度，提高残疾人两项补贴标准。推进县乡村三级养老服务网络建设，大力发展普惠托育服务。改造城镇老旧小区827个，建成棚改安置房7万套，筹集保障性租赁住房2万套以上。

全面发展社会事业。建设教育强省。开展新时代基础教育扩优提质行动，新改扩建义务教育学校100所、校舍50万平方米，创建省级特色普通高中30所。促进职业教育提质培优。支持骨干高校和优势学科优先发展。打造健康河北。推进8个国家级、4个省级区域医疗中心建设，开展省级中医药传承创新发展试验区建设，推动疾控事业高质量发展。完善生育支持政策体系。建设更新一批全民健身设施。繁荣文化发展。加快建设京张体育文化旅游带和长城、大运河文化旅游带，高标准举办"一带一路"·长城国际民间文化艺术节。实施文化惠民工程，开展文化进基层惠民演出2万场以上。做好文物保护利用和文化遗产保护传承。

全力支持国防和军队现代化，加强国防动员和后备力量建设，强化退役军人服务保障，巩固发展军政军民团结。深入实施中长期青年发展规划，推进青年友好型省份建设，深化产业工人队伍建设改革，发挥工会、共青团、妇联等人民团体桥梁纽带作用。扎实开展经济普查工作。做好民族宗教、新闻出版广电、外事侨务、海防、气象地震、援藏援疆、妇女儿童、老龄、残疾人、红十字、关心下一代等工作。

各位代表！奋进新征程、走好赶考路，对政府工作提出了新的更高要求。我们一定忠诚捍卫"两个确立"，坚决做到"两个维护"，不断提高政府治理体系和治理能力现代化水平，确保习近平总书记重要讲话精神和党中央决策部署在燕赵大地落地生根。要推动思想大解放，强化党的创新理论武装，打破思维定势，摆脱路径依赖，用改革的思路、开放的手段、创新的办法破难题、促发展，建设创新型政府。要推动能力大提升，注重学习思考，大兴调查研究，多到一线听取意见，多到基层现场办公，善抓主要矛盾，把握时度效，不断增强推动高质量发展本领、服务群众本领、防范化解风险本领，建设学习型政府。要推动作风大转变，严格落实中央八项规定精神，坚决纠治形式主义、官僚主义，树牢过紧日子思想，严控"三公"经费和一般性支出，兜牢基层"三保"底线，深化政府系统党风廉政建设和反腐败斗争，建设廉洁型政府。要推动工作大落实，前瞻布局、早谋快动，抓住一切有利时机，利用一切有利条件，看准了抓紧干，能多干就多干，以钉钉子精神抓末端落实，建设实干型政府。我们一定加强法治政府建设，推进依法行政，自觉接受人大法律和工作监督、政协民主监督，主动接受社会和舆论监督，强化审计、统计监督，努力建设人民满意的政府。

各位代表！奋斗成就梦想，实干创造未来。让我们更加紧密地团结在以习近平同志为核心的党中央周围，全面贯彻习近平新时代中国特色社会主义思想，在省委的领导下，解放思想、奋发进取，坚定信心、勇毅前行，加快建设经济强省、美丽河北，奋力谱写中国式现代化建设河北篇章！

山 西 省
政府工作报告

——2024年1月23日在山西省第十四届
人民代表大会第二次会议上

省长　金湘军

各位代表：

现在，我代表省人民政府向大会报告工作，请予审议，并请省政协委员和其他列席人员提出意见。

一、2023年工作回顾

刚刚过去的2023年，是全面贯彻党的二十大精神的开局之年，是本届政府依法履职的第一年。5月16日，习近平总书记再次考察山西，对黄河流域生态保护、文物保护利用等工作作出重要指示，充分体现了党中央对山西的关怀关爱，极大地鼓舞着三晋儿女在强国建设、民族复兴伟业征程上激情满怀奋勇前进。我们牢记领袖嘱托，在省委坚强领导下，以习近平新时代中国特色社会主义思想为指导，全面贯彻党的二十大和二十届二中全会精神，坚决落实习近平总书记对山西工作的重要讲话重要指示精神，创造性贯彻落实党中央、国务院决策部署，迎难而上，奋力攻坚，新冠疫情防控实现平稳转段，高质量发展扎实推进，全方位转型不断深化，社会大局保持稳定，中国式现代化山西实践迈出坚实步伐！

——经济发展稳中向好。初步核算，全省地区生产总值达到2.57万亿元，增长5%。制造业增加值增长8.1%，工业战略性新兴产业增加值增长10.9%。服务业增加值增长5%。重点监测景区接待人数、门票收入分别增长1.6倍、2.2倍，恢复到疫情前水平。我省经济在固本培元中加快恢复，稳定了市场预期，提振了经营主体信心！

——能源保障坚实有力。践行"国之大者"，煤炭产量在连续两年每年增产1亿多吨的基础上，再增产5743万吨，达到13.78亿吨。规上发电量4376亿千瓦时，其中外送电量1576亿千瓦时。非常规天然气产量145.9亿立方米。有力支撑了我省经济稳定增长，在保障国家能源安全中彰显了山西担当！

——粮食生产再创新高。粮食播种面积4741.4万亩，总产量295.6亿斤，平均亩产623.5斤，总产、单产均创历史新高。肉蛋奶总产量428.2万吨，水果、蔬菜产量分别达到1093.2万吨、1065.9万吨。粮食和重要农产品生产稳定、供给充足，人民群众的米袋子、菜篮子、果盘子更加丰富！

——改革创新突破前行。转型发展165项重点任务和50项重点突破任务取得显著成效。山西电力现货市场在全国率先转入正式运行。山西农商联合银行挂牌开业。全国首单公正转型贷款落地我省。创设三晋贷款码融资服务平台。在全国率先推出"惠商保"。成功举办第七届太原能源低碳发展论坛，李强总理发来贺信。举办世界500强企业山西行活动。深化与中央企业合作。"山西之夜"精彩亮相天津夏季达沃斯论坛和上海进博会。亚布力中国企业家论坛创新年会在我省举办。怀柔实验室山西研究院全面入轨运行。高速飞车项目完成国内首次全尺寸超导航行试验。"晋创谷·太原"揭牌运营。今日之山西，改革开放持续深化，创新动力持续增强！

——生态环境明显改善。国家下达的约束性指标任务全部完成。PM$_{2.5}$平均浓度下降至37微克/立方米，改善幅度排全国第2位。地表水国考断面优良水体比例达到93.6%。连续两年在党中央、国务院污染防治攻坚战成效考核中评为优秀。营造林456.7万亩，人工造林规模连续3年排全国第1位。30余种植物、17种鸟类有了新分布新记录，华北豹数量全国最多。断流近30年的晋祠泉实现出流。交城县等3个县入选中国最美县域，偏关县老牛湾村等8个村入选中国美丽休闲乡村。三晋大地天蓝水绿、空气清新，环境更宜人！

——民生福祉持续提升。城镇新增就业48.93万人，转移农村劳动力32.97万人。城乡居民人均可支配收入分别达到41327元、17677元。保障农民工工资支付工作连续6年在国家考核中获评A级。县级综合医院全部达到二甲水平，住院异地就医直接结算率达到87%，排全国第5位。执行集采药品786种，排全国第1位。我省获批全国唯一的健康乡村建设试点省。不动产"房证同交""地证同交""带押过户"常态化开展。高速公路限速值调整得到社会好评。举办第十六届省运会，项目设置、参赛人数均为历届之最。我省运动健儿在杭州亚运会上勇创佳绩。有效应对海河流域历史罕见极端强降雨，97个县（市、区）启动防汛应急响应，紧急转移避险4.93万人；果断处置低温雨雪冰冻造成的垣曲县停电险情，守护了父老乡亲的生命财产安全。省政府承诺的12件民生实事和17项民生政策提标扩面全部兑现，人民群众获得感、幸福感、安全感进一步增强！

过去一年，按照省委决策部署，在把握大局大势中找准定位，在抢抓战略机遇中奋发作为，在推动转型发展中保持定力，主要做了以下工作。

（一）加大升级再造力度，壮大转型发展支撑。扎实推进新型工业化，实施产业链"链长制"，梯度培育特色专业镇，首批省级10大重点产业链、10大重点专业镇营业收入增速均保持在20%以上，新增6条省级重点产业链和8个省级重点专业镇。在产钢铁企业全部完成超低排放改造，全面关停4.3米焦炉，焦化行业先进产能占比达到96.6%。晶科能源、中电科碳化硅二期、泰山玻纤等战略性新兴产业项目加快建设。大力发展通航产业，成功举办太原国际通用航空博览会。累计建成5G基站9.3万个，提前两年完成"十四五"建设任务。获批16个工业互联网标识解析二级节点。数据中心标准机架超过91万架。确定10家省级数字化转型促进中心，认定5家省级数字经济示范园区。深入实施服务业提质增效十大行动。太原市入选国家综合货运枢纽补链强链城市。创建太原钟楼步行街等4家国家级旅游休闲街区、忻州古城等15家省级文旅康养示范区。举办旅发大会、康养大会、文博会。加快质量强省建设，打造区域公用品牌，推出79个"山西精品"产品和服务。

（二）加大试点攻坚力度，扩大能源革命成果。贯彻"四个革命、一个合作"能源安全新战略，全力打造能源革命综合改革试点先行区，形成57项典型案例和经验做法。累计建成智能化煤矿118座、智能化采掘工作面1491处。有序开展源网荷储一体化，完成煤电机组"三改联动"2503万千瓦，风光发电装机4989万千瓦，新能源和清洁能源装机占比达到45.8%。4个抽水蓄能电站项目完成核准。认定10家煤基科技成果转化示范基地。太原理工大学能源互联网学科创新引智基地获科技部批复。我省清洁碳研究院研发的世界首套电解二氧化碳制备碳纳米管装备，实现工业化示范生产。能源领域质量标准体系加快建设。

（三）加大政策支持力度，激发经济发展活力。出台推动经济回升向好40条政策措施。争取中央补助资金2611亿元，发行新增政府专项债券603亿元，申报万亿国债支持领域项目1159个。新增减税降费及退税缓费超过400亿元。普惠型小微企业贷款余额3521亿元，增长40.2%，惠及企业47万户。涉农贷款余额1.4万亿元，增长13.9%。开展经营主体提升年活动，经营主体数量达到430.4万户，增长8.2%，新增"四上"企业3693户。省属企业提质增效、扭亏减亏三年行动深入推进，资产总额、营业收入、利润总额均排全国前列。推动出台我省民营经济发展促进条例，制定激活民间投资30条、促进个体工商户发展23条等政策措施，建立涉企政策"一站式"服务平台，以"三册一站"精准入企服务，"转供电查询"治理涉企违规收费。向民间资本推介项目400个。实行"四全工作法"，每季度开展开发区"三个一批"活动，省级重点工程项目完成投资3521.9亿元。出台恢复和扩大消费32条政策措施，开展"晋情消费·全晋乐购"、"东方甄选"山西行等促消费活动，新能源汽车、可穿戴智能设备零售额分别增长53.6%、44.5%。出台扩大对外开放"1+N"政策体系，大同、运城航空口岸正式开放，跨境电商进出口额增长80.6%，实际使用外资增长55.4%。

（四）加大一体推进力度，提速创新驱动发展。坚持教育、科技、人才一体推进，促进创新链产业链资金链人才链深度融合。重组获批2家全国重点实验室，建设4家省实验室，新认定

22家新型研发机构，布局建设一批中试基地。高新技术企业达到4155家，专精特新企业达到2392家。实施科技重大专项20个，15项核心技术取得突破。发明专利有效量2.9万件，增长24.9%。技术合同成交总额593.9亿元。在山西大学、太原理工大学等12家单位开展科研经费"包干制"试点。实施科技金融专项170项，举办银企对接会30场。启动实施高等教育"百亿工程"，支持高校"双一流"建设、高端人才引育和科技创新。中国石窟文化联合研究生院挂牌成立，山西电子科技学院获批设立。推进应用型本科高校建设和职业教育"双高计划"建设，建成56个产业学院。新增中国工程院院士1名，柔性引进4227名高层次专家人才，新增15个博士后流动站和工作站，举办首届博士后创新大赛，高水平人才加快集聚。

（五）加大贯通融合力度，拓展城乡发展空间。编制完成省市县三级国土空间规划。全面落实中部城市群高质量发展64项年度重点任务，推动中部五市100项高频事项跨市通办，医保服务实现一体化。城市体检工作实现设区城市全覆盖，开工改造老旧小区1948个，完成城镇排水管网雨污分流改造1112公里，新增城市绿地840.8万平方米、"口袋公园"278个、绿廊绿道295.7公里。长治、晋城在国家海绵城市建设年度绩效评价中获评A档。新申报泽州县等3个国家乡村振兴示范县，新创建曲沃县等4个国家农业现代化示范区，19个乡镇被认定为国家农业产业强镇。阳城县皇城村、宁武县宁化村、永和县乾坤湾乡等6村3镇入选全国乡村旅游重点村镇。芮城县庄上村被授予首个"中国零碳村镇示范村"称号。村级集体经济进一步发展壮大。持续巩固拓展脱贫攻坚成果，脱贫人口人均纯收入达14339元，与全省农民收入差距进一步缩小。

（六）**加大公共服务力度，提升人民幸福指数。**全省财政支出近八成用于民生。公益性零工市场实现县县全覆盖。新建改扩建100所公办幼儿园，新建改造500所寄宿制学校。加快健康山西建设，人均基本公共卫生服务经费标准达到89元，职工医保门诊共济保障改革平稳推进，太原市中心医院获批国家区域医疗中心，基层中医馆建设实现全覆盖。公共文化设施全部实现免费或优惠开放。全民阅读活动深入开展。推动新就业形态劳动者、灵活就业人员社保精准扩面，进一步提高城乡居民基本养老保险基础养老金最低标准，城乡居民基本医保人均财政补助增加到640元。加强低收入人口常态化救助帮扶。超额完成保交楼年度任务。全力加强各行业领域安全生产工作，全省安全生产形势总体稳定向好。加强和改进信访工作，严厉打击各领域违法犯罪活动，高水平平安山西加快建设。

（七）**加大依法履职力度，提高政府治理效能。**扎实开展主题教育，强化理论武装，围绕能源革命、乡村振兴、高水平开放、环境治理、就业增收等内容，开展典型案例解剖式调研，专项整治取得明显成效，制度机制进一步完善。自觉接受人大法律监督、工作监督和政协民主监督，严格执行省人大及其常委会决议决定，办理省人大代表建议699件、省政协提案872件。提请审议地方性法规草案11件，出台政府规章6部，清理涉及优化营商环境政府规章12部、文件1739件。全面实行政府权责清单制度，编制省政府重大行政决策事项目录。加快数字政府建设，电子政务外网实现省市县乡四级全覆盖，3069项政务服务事项实现"指尖办""掌上办"，209项高频事项实现跨省通办。建设清廉政府，加大对权力集中、资金密集、资源富集等领域和群众身边腐败问题惩治力度，持续纠治形式主义、官僚主义，大力营造廉洁用权、干净干事氛围。省政府工作规则对抓落实作出规定，树立狠抓落实鲜明导向，对政府工作报告180项重点任务，强化"13710"跟踪督办，行政效能进一步提升。

一年来，国防动员、双拥共建、人民防空、退役军人服务保障等工作扎实推进，工会、老龄、妇女、儿童、青少年、残疾人、红十字等事业全面发展，民族、宗教、外事、侨务、港澳台、科普、史志、档案、气象、地震、参事等工作取得新进展，对口援疆工作取得新成效。

过去一年取得的成绩，根本在于习近平总书记作为党中央的核心、全党的核心领航掌舵，在于习近平新时代中国特色社会主义思想科学指引，是省委正确领导、省人大和省政协监督支持的结果，是全省人民团结拼搏、共同奋斗的结果。在此，我代表省人民政府，向全省人民，向人大代表、政协委员，向各民主党派、工商联、无党派人士和各人民团体，向驻晋部队、公安干警和驻晋单位，向关心和支持山西现代化建设的各界人士，表示衷心感谢，致以崇高敬意！

在肯定成绩的同时，我们也清醒认识到，我省发展不平衡不充分问题仍然突出，以科技创新引领现代化产业体系建设步伐不快，摆脱对煤炭的"两个过多依赖"任务艰巨；一些企业面临经营压力，一些行业领域投资意愿不强，民间投资有所下滑；污染防治、环境保护、生态治理等方面问题减存量、控增量任务还很重；就业、教育、医疗、养老、抚幼等事关百姓切身利益的很多工作还要做；一些行业领域生产安全事故时有发生，本质安全方面还有许多短板弱项，特别是吕梁永聚煤业办公楼"11·16"重大火灾事故，再次敲响警钟；一些政府部门工作人员能力本领、工作作风、精神状态还不适应时代要求，一定程度影响了行政效能和营商环境，等等。我们一定直面问题，变压力为动力，尽职尽责做好工作。

二、2024年工作安排

今年是中华人民共和国成立75周年，是实现"十四五"规划目标任务的关键一年。我国经济回升向好、长期向好的基本趋势没有改变，新发展格局加快构建，全国统一大市场优势加速释放，国家政策工具更加精准有力、统一有效。我省转型发展积厚成势，新动能持续壮大，煤炭主体能源地位短期内不会发生根本改变，为新兴产业发展壮大创造了重要窗口期，为全省经济持续向好提供了有力支撑。我省发展机遇与挑战并存，有利条件强于不利因素。只要我们深刻领会、认真践行新时代做好经济工作的规律性认识，沿着习近平总书记指明的转型发展康庄大道，抓住机遇、用好优势，只争朝夕、坚定前行，就一定能够推动我省高质量发展和现代化建设迈上新台阶。

做好今年政府工作，要以习近平新时代中国特色社会主义思想为指导，全面贯彻落实党的二十大和二十届二中全会精神，深入学习贯彻习近平总书记对山西工作的重要讲话重要指示精神，落实中央经济工作会议精神，按照省委十二届七次全会暨省委经济工作会议部署，坚持稳中求进工作总基调，完整、准确、全面贯彻新发展理念，主动服务和融入新发展格局，着力推动高质量发展，全面深化改革开放，着力加强科技创新，不断深化全方位转型，在践行领袖嘱托、担当重大使命上展现新作为，统筹扩大内需和深化供给侧结构性改革，统筹新型城镇化和乡村全面振兴，统筹高质量发展和高水平安全，切实增强经济活力、防范化解风险、改善社会预期，巩固和增强经济回升向好态势，持续推动经济实现质的有效提升和量的合理增长，增进民生福祉，保持社会稳定，奋力谱写中国式现代化山西篇章。

今年发展主要预期目标是：地区生产总值增长5%左右，在实际工作中尽可能争取更好结果；固定资产投资增长10%左右；社会消费品零售总额增长5.5%左右；进出口总额增长5%左右；城镇居民人均可支配收入增速与经济增长基本同步，农村居民人均可支配收入增速高于经济增长水平；城镇新增就业45万人，城镇调查失业率5.5%左右；居民消费价格涨幅3%左右。不折不扣完成国家下达的约束性指标任务。

省委十二届七次全会暨省委经济工作会议对今年工作作了全面部署。我们要坚持稳中求进、以进促稳、先立后破，全力抓好各项工作任务落实。

（一）坚持扩大需求和优化供给相结合，着力巩固增强经济回升向好态势

扩大有效益的投资。围绕产业转型、能源革命、科技创新、基础设施、生态环保、社会民生等重点领域，全生命周期抓好重点工程项目建设。加快推进雄忻高铁建设，力争集大原高铁年底建成通车，届时大同直达太原缩短至84分钟，朔州直达太原仅需58分钟。着力推进黎霍高速公路等9个在建项目，新开工大同南环等6个高速公路项目。实施一批国省干线县城过境改线项目。新改建农村公路4300公里。新建三个一号旅游公路2300公里，实现全线贯通。加快武宿机场三期改扩建。开工建设黄河古贤水利枢纽工程，加快中部引黄等10个省级水网重大项目和县域水网配套建设。推动交通、文旅等重点领域5G网络深度覆盖。发挥省级技改资金撬动作用，引导企业加大新型工业化投资力度。在新能源、新材料、装备制造、节能环保等领域，实施一批省级标杆项目，推动华为矿山军团全球总部等重大项目早日投产达效。强化政策引导支持，加强重点项目要素保障，放大政府投资带动效应，进一步扩大民间投资。

激发有潜能的消费。落实国家和我省恢复扩大消费系列政策，提振新能源汽车、家电、电子产品等大宗消费，加大甲醇汽车推广应用力度，支持刚性和改善性住房需求，推动大规模设备更新和消费品以旧换新。实施晋菜晋味提升行动，开展"老字号嘉年华"等活动，推进住宿餐饮提质升级。积极发展数字消费、绿色消费、健康消费等新型消费，大力培育智能家居、文娱旅游、体育赛事、国货"潮品"等新消费增长点。加快培育城市多层级消费中心，建设"星级一刻钟便民生活圈"，发展夜经济，提升烟火气。完善县域商业流通体系，新建改造一批乡镇商贸中心、集贸市场、农村新型便民商店，推进农村电商和寄递物流贯通发展，提升特优农产品流通销售组织化程度。全面开展放心消费行动。

培育有特色的外贸。深入开展"千企百展"行动，稳定美日欧传统市场，拓展"一带一路"和RCEP市场。推动内外贸产品同线同标同质。支持外贸龙头企业稳定拓展中间品贸易，扩大日用陶瓷、玻璃器皿和特优农产品等优势产品出口，培育轨道交通、新能源汽车、光伏等外贸增长点。申建国家服务外包示范城市，创建文化、中医药、数字等特色服务出口基地。大力提升跨境电商综试区功能。

提升有质量的供给。加强标准引领、质量支撑、品牌塑造，培育更多"山西精品",促进三次产业高质量发展。深入实施农业"特""优"战略,统筹抓好农林牧渔业发展,第一产业增加值增长5%左右。在确保安全生产的前提下,依法合规释放煤炭先进产能,全力稳定煤炭产量。精准调度帮扶装备制造、钢铁、建材、废弃资源综合利用等非煤工业。规上工业增加值增长4%左右,制造业增加值增长12%左右。构建房地产发展新模式,支持发展装配式建筑和绿色建筑,建筑业增加值增长5%左右。大力发展养老、托育、家政等生活性服务业,加快发展现代物流、现代金融、科技服务等生产性服务业,服务业增加值增长6%左右。

各位代表,经济建设是新时代中心工作。我们要理直气壮唱响中国经济光明论,信心百倍攻坚发展之难,底气十足增强奋进之势,在机遇和挑战中牢牢把握发展主动权,在推动全省经济持续健康发展上展现更大作为!

(二)坚持提升传统和壮大新兴相结合,着力构建现代化产业体系

加快推动能源革命综合改革试点。做好能源保供。围绕五大基地建设,推广绿色开采技术,新建智能化煤矿150座,煤炭先进产能占比达到83%。推动非常规天然气增储上产,年产量达到160亿立方米。着力构建新型电力系统,加快5个在建煤电项目建设,完成煤电机组"三改联动"630万千瓦,加快晋北采煤沉陷区新能源基地建设,积极开发地热能、生物质能,电力总装机达到1.45亿千瓦,新能源和清洁能源装机占比达到47%。开工建设大同—怀来特高压外送电通道。发展新型储能,加快推进4个抽水蓄能项目建设,再核准2个项目。开工建设2座新能源汇集站。积极推动中煤平朔煤制烯烃重大项目建设。扎实推进能源互联网试点。办好太原能源低碳发展论坛。

加快推动传统优势产业转型升级。坚持高端化、绿色化、智能化、集群化发展，推动电解铝产能整合，钢铁先进工艺装备占比、焦炉煤气化产加工利用率均达到60%以上。推进钢铁、有色、焦化等重点行业节能降碳改造，完成水泥熟料企业超低排放改造，新创建30个国家级绿色工厂，支持创建国家级绿色园区。建设50个省级智能制造试点示范企业、20个国家级示范工厂和优秀场景，两化融合发展指数达到86.5。完善财政奖补政策和财政金融联动扶持机制，新建研发设计、检验检测等公共服务平台6个以上，新增6个省级重点专业镇，省级重点专业镇营业收入增长10%以上。办好第二届特色专业镇投资贸易博览会。

加快推动战略性新兴产业发展壮大和未来产业布局发展。发挥串珠成链、集链成群、聚群成势规模效应，推进上下游企业高效配合、大中小企业融通发展，打造协同创新更加紧密、配套体系更加完备、要素支撑更加有效的产业生态。梯度培育"链主+链核+专精特新"企业，加快重点产业补链延链升链建链，16条省级重点产业链营业收入达到7000亿元。开展省级先进制造业集群认定，高端装备制造、电子信息、现代消费品、废弃资源综合利用等产业集群营业收入分别达到1800亿元、1700亿元、1400亿元、1100亿元。积极发展低空经济，建设通航机场，组建发展通航机队，拓展应用场景，推动通航全产业链发展，加快通航示范省建设。瞄准科技前沿，挖掘优势潜力，布局发展高速飞车、绿色氢能、量子信息、前沿材料等未来产业，支持发展氢能制储运加用全产业链，加快形成新质生产力。

加快推动数字经济做大做强。完善数据资源管理服务体系。

加快千兆城市建设，实施算力基础强基工程、算力产业强链工程，融入全国一体化算力体系，打造算力高地。大力发展半导体、信创等数字核心产业，认定第二批省级数字经济示范园区和省级数字化转型促进中心。实施数智强晋示范工程，推动5G和标识解析应用在实体经济中贯通推广，建设一批产业数字化转型、民生智能化应用标杆项目。推动智慧城市数字底座、产业链工业互联网、医疗影像、气象数据服务等行业云平台建设。规范平台经济健康发展，创建国家电子商务示范基地和示范企业。发展壮大山西数据流量谷。建设"数据要素×"试点。探索推进公共数据确权授权。开展国家数据知识产权试点。数字经济规模增长15%左右。

加快推动文旅产业高质量发展。聚焦建设国际知名文化旅游目的地，集中力量打造旅游热点门户，梯次培育"9+13"龙头景区，加快10个文旅康养集聚区和50个示范区项目建设，推动太行锡崖沟、云中河创建国家级旅游度假区，推进武乡全国红色旅游融合发展试点建设。大力发展乡村旅游。打造旅游名城名县名镇。试点推进重点景区"管委会+景区公司"改革。深化省文旅集团专业化改革。围绕吃住行游购娱，完善旅游基础设施，优化特色晋菜、品质住宿、交通运力、"山西礼物"、精品演艺等配套服务。促进文旅文创融合发展。健全以游客为中心的产品服务标准和评价体系，全面提升服务质量，叫响"旅游满意在山西"品牌。办好旅发大会、康养大会等活动。建立旅游业发展指标体系，加快把文旅产业打造成战略性支柱产业和民生幸福产业。

（三）坚持科教兴省和人才强省相结合，着力提升创新驱动效能

高质量办好人民满意的教育。全面贯彻党的教育方针，落实立德树人根本任务，加强大中小学思想政治教育。推动学前教育普及普惠安全优质发展，新建改扩建公办幼儿园、认定扶持普惠性民办幼儿园100所。促进义务教育优质均衡发展和城乡一体化，新建改扩建寄宿制学校100所，巩固"双减"成果。加快县域普通高中标准化建设。做好高考综合改革。深化职业教育产教融合、校企合作，支持职业本科学校和国家"双高"学校率先发展。发挥高等教育龙头作用，纵深推进高等教育"百亿工程"。推动山西大学、太原理工大学"双一流"建设，支持中北大学、山西医科大学优势学科创建"双一流"。做好本科院校新设工作。持续优化学科专业结构，与转型发展相关的应用型本科专业占比达到65%。推进特殊教育优质融合发展。规范民办教育发展。弘扬教育家精神，建设高素质专业化教师队伍。

大力度推动科技创新。完善创新平台体系，支持怀柔实验室山西研究院开展国家科技攻关任务，推动后稷实验室融入崖州湾实验室建设，建设3—5家省实验室，优化重组省重点实验室，布局建设2—3家省级基础学科研究中心、培育基地。实施20项重大科技攻关项目和100项以上重点研发计划项目。强化企业创新主体地位，推动规上工业企业研发经费投入增长11.5%，新认定高新技术企业1200家。强化创新型中小企业和专精特新企业选育赋能，培育细分行业隐形冠军。聚焦重点产业链和特色专业镇发展，组建5—10家企业主导的高端创新平台。落实"晋创谷"发展"1+5"政策措施，加快建设太原先行区。推动大同与中关村科技园深化合作。开展新能源、现代装备制造、新材料产业专利快速预审。弘扬科学家精神，培育创新文化。深化科技体制改革，推进科技评价改革，实行"揭榜挂帅""赛马制""包干制"和"里程碑制"，加快推进高校科技成果转化"三项改革"试点，充分激发科研人员创新活力，让更多科技成果从实验室迈向大市场！

全方位培养用好人才。实施更加积极、更加开放、更加有效的人才政策，统筹推进各类人才队伍建设。建设一批吸引集聚人才的平台，依托高等教育"百亿工程"，培育引进一批国家级领军人才、创新团队和国内外高水平大学青年博士，推动博士硕士授权单位和科技创新平台实现新突破。建设7个高技能人才培训基地和25个技能大师工作室，培养更多卓越工程师、大国工匠和高技能人才。加大对青年科技人才支持力度。建立以创新价值、能力、贡献为导向的人才评价体系。用心用情做好住房就医、子女入学、配偶就业等服务保障，让更多优秀人才集聚山西、扎根山西、建设山西！

（四）坚持深化改革和扩大开放相结合，着力激发高质量发展动力活力

加快融入和服务全国统一大市场。深入推进高标准市场体系建设，深化要素市场化改革，推动土地、劳动力、技术、资本、数据等要素资源高效配置，推进矿产资源市场化配置。完善煤炭焦炭商品交易市场，健全能源产品市场价格形成机制。深度融入国家电力市场体系建设，实现更大范围共享互济和优化配置。加强知识产权创造、运用、保护、管理和服务。实施信用信息归集共享和信用分级分类监管，推进社会信用体系建设。常态化开展妨碍统一大市场建设问题整改。

充分激发经营主体内生动力和创新活力。落实"两个毫不动摇"，支持各类所有制企业加快发展。有效激发国有企业改革创新活力。围绕提高核心竞争力、增强核心功能，实施国有企业改革深化提升行动，严格落实经理层成员任期制和契约化管理，建设现代新国企。健全以管资本为主的国资监管体制，以"一利五率"为导向实行差异化考核，深入开展亏损企业治理、"两金"压降、法人层级压减专项行动，实现国有资产保值增值。建设14个原创技术策源地。全年省属企业战略性新兴产业及优势产业投资达到500亿元，主业投资占比达到90%以上。有效激发民营企业投资兴业活力。全面落实"非禁即入"，开展公平竞争问题专项清理行动。每季度向民营企业推介产业链供应链项目、补短板项目、完全使用者付费的特许经营项目，鼓励民营企业以独资、控股、参股等形式参与政府和社会资本合作项目。畅通民营企业贷债股融资渠道。推动中小企业规范化股份制改造，加快挂牌上市。深化治理"两不一欠"问题专项行动，创新"企业安静期"制度，规范涉企监管执法，维护民营企业合法权益。办好世界晋商大会、第八届中国民营企业合作大会。民间投资占固定资产投资的比重、民营经济增加值占地区生产总值的比重均提高1个百分点以上。有效激发中小微企业和个体工商户创业致富活力。推广"三晋贷款码"和省级地方征信平台应用，扩大"信易贷"融资，开展产业链、专业镇"四个一"中小微企业融资促进行动，探索"晋质贷"质量融资助企服务。健全公共服务体系，为个体工商户提供法律政策、招聘用工、创业培训等优质服务。发挥行业协会、商会桥梁纽带作用。开展经营主体深化年活动。弘扬晋商精神，发扬企业家精神，支持鼓励经营主体敢闯、敢投、敢担风险。

切实提升财政金融改革质效。深入推进省以下财政管理体制改革，严格预算绩效全过程管理，加大财政资源统筹力度，强化重大战略、重点任务、重要民生资金保障。用好合理扩大地方政府专项债券用作资本金范围的政策，强化财政金融联动。落实过紧日子要求，压减一般性支出，兜牢基层"三保"底线。持续落实结构性减税降费等惠企政策。做好金融五篇大文章，更加有效服务实体经济，争创以转型金融为主体内容的绿色金融试验区。推动地方金融机构专注主业、稳健发展，深化全省农合机构改革，健全法人金融机构治理体系和决策机制，更好发挥山西金控集团功能作用。深入实施企业上市倍增计划，培育30家以上重点上市后备企业。加强地方金融监管，推动地方金融组织规范发展。完善转型综改统筹推进机制，促进财政、金融、教育、科技、人才、生态等领域改革协调统一、同向发力。

持续深化开发区改革发展。持续推进"三化三制"改革，加快开发区管运分离。深化"承诺制+标准地+全代办"改革，推动承诺制全流程网上办理，标准地向生产性服务业项目扩展，完善开发区与部门联动审批服务机制。建设开发区国际合作园区。发挥产业基金作用，用好"政府+链主企业+园区"招商模式，滚动开展开发区"三个一批"活动，引导各开发区依托优势发展1—2个主导产业。分类设置考核指标，工业类开发区规上工业增加值增长15%。

不断扩大对外开放。持续扩大商品和要素流动型开放，稳步推进制度型开放，打造内陆地区对外开放新高地。积极申建自贸试验区，建成中国（山西）国际贸易"单一窗口"，提高通关一体化水平。提升综合保税区、航空口岸、国际陆港、海外仓等平台功能，完成太原国际邮件互换局扩容升级。推动国家陆港型物流枢纽建设，提升太重天津码头向海发展通道功能和作用。对接落实高质量共建"一带一路"八项行动，增开中欧班列，开辟更多国际航线。主动融入国家重大区域战略，强化与京津冀联动发展，推动忻保雄绿色能源廊道建设，推进长治与北京对口合作。加强与长三角、粤港澳大湾区务实合作，积极承接沿海地区产业梯度转移。深入推进晋陕豫黄河金三角、黄河几字弯、晋冀蒙长城金三角交流合作。办好中国（太原）国际能源产业博览会、中国产业转移发展对接活动，常态化举办"山西之夜"，组织参加进博会、服贸会等展会。深化国际友城交流合作。

全力打造一流营商环境。聚焦市场化法治化国际化目标，大力提升政务服务效能，全面推进"综合窗口"改革，推动自助政务服务超市覆盖所有街道和70%的乡镇。促进数字政府赋能增效，深入实施政务数据治理"12321"工程。全面整合一体化在线政务服务平台，提升"一网通办"效能。推广涉企政策"一站式"综合服务平台，深入实施"惠企直通车"行动，确保惠企政策应上尽上、应兑尽兑、直达快享。运用"啄木鸟"工作机制，推行"办不成事"反映窗口制度。健全企业家参与涉企政策制定机制，构建涉企政策综合协调审查工作机制，全面清理废除影响公平竞争的规章制度。推进跨部门综合监管。开展民营企业评价营商环境工作。构建亲清统一的新型政商关系，加强与民营企业常态化沟通交流，主动办实事解难题，以政府服务的暖心筑牢企业发展的信心。

各位代表，有效市场和有为政府相辅相成、相互促进、互为补充。我们一定以更大力度破除体制机制障碍，让各类市场要素充分涌流，让经营主体形成稳定持续的政策预期，在山西安心扎根、放心投资、做大做强！

（五）坚持乡村振兴和城镇建设相结合，着力促进城乡融合、区域协调发展

有力有效推进乡村全面振兴。学习运用"千万工程"经验，建设宜居宜业和美乡村。落实耕地保护和粮食安全责任，严守耕地保护红线，分类稳妥开展违规占用耕地整改复耕，坚决遏制耕地"非农化"，防止耕地"非粮化"。提高高标准农田补助标准，新增和恢复水浇地60万亩。稳定粮食播种面积，粮食产量达到297.1亿斤。深入实施优质粮食工程。大力发展有机旱作农业，支持现代设施农业和智慧农业发展，培育特优重点产业链和产业化龙头企业，建设一批农产品加工园区，创建国家农业现代化示范区。开展农业生产"三品一标"提升行动，培育"有机旱作·晋品"品牌。深入实施种业振兴行动。研发推广丘陵山区中小型农机。大力推行科技特派员制度。创新晋中国家农高区管理运营体制。深化二轮延包等"三块地"改革试点，推进房地一体宅基地确权登记。持续推动集体产权、集体林权改革和供销社综合改革。推进农村产权流转交易规范化整省试点。深入实施村级集体经济壮大提质行动。建设300个以上精品示范村、2500个左右提档升级村，所有村全面开展环境整治，扎实推进生活污水垃圾治理和农村改厕。完善新时代乡村治理体系。加大防止返贫动态监测和帮扶力度，强化易地搬迁后续扶持，多措并举促进脱贫人口持续增收，牢牢守住不发生规模性返贫底线。

以人为本推进新型城镇化建设。进一步推动转移支付、要素配置等与农业转移人口市民化挂钩，让愿意进城落户的农民加快融入城市。扎实推进以县城为重要载体的新型城镇化建设，加快11个试点县建设提质提效，统筹推进城乡交通、供电、供水、供气等建设，完善全民覆盖、城乡一体、优质共享的基本公共服务体系，促进县域城乡"五个融合"。大力发展县域经济，培育壮大特色优势主导产业，提升产业规模和发展质效。践行人民城市理念，开展城市体检和城市更新，打造宜居韧性智慧城市。改造一批城镇老旧小区、老旧管网和城市危旧房。规范物业管理服务。推进城市生活垃圾分类。加强历史文化保护传承和特色风貌塑造。建设公园绿地。推进完整居住社区建设试点，开展社区嵌入式服务设施建设。打造青年发展型城市。系统化全域推进海绵城市建设，补齐地下管网短板，加强节水和再生水利用。实施城市生命线安全工程，完善城市安全风险防控和应急保障体系。构建省市县三级运管服信息化平台，建设智慧城市。

融通联动推进区域协调发展。坚持一体化和高质量，健全中部城市群发展协调机制，发挥五市比较优势，共拉长板提升整体效能。加大城市群生态环境共治力度，加快道路、水网、管网等基础设施建设，再推出一批跨市通办事项，分类推进教育、医疗、社保、人力资源等公共服务便利共享。推动城市群产业协同发展，促进要素向优质高效领域流动，更好承接科技成果转化和产业转移。启动建设潇河绿智城，打造产城融合高质量发展标杆。支持太原率先发展，建设国家区域中心城市，规划建设临空经济区，推动火工区搬迁，建设"三大工程"。支持大同打造对接京津冀协同发展桥头堡，建设国家区域重点城市。支持各市加强与中部城市群协同联动，提升晋北、晋南、晋东南城镇圈发展能级，加快产业、要素和人口集聚，实现良性互动、竞相发展。

（六）坚持重点攻坚和系统治理相结合，着力厚植三晋大地生态底色

坚决打好污染防治攻坚战。落实国家空气质量持续改善行动计划，以细颗粒物控制为主线，减少排放总量，强化多污染物协同控制和区域污染协同治理。加强汾河谷地污染治理，加快落后产能退出、重污染企业搬迁，实施煤电行业污染深度治理，推进工业园区环境污染综合治理。实施秋冬季大气污染综合治理，落实工业源、移动源、扬尘源综合治理措施，稳妥推进中部城市群、上党革命老区散煤取暖替代。加大重点城市空气质量提升力度。全部开工"一泓清水入黄河"工程，累计完工率达到50%。全面开展黄河干流流经县生态环境综合治理。加强入河排污口和城乡黑臭水体排查整治，推动太榆退水渠全线水质稳定达标。实施土壤污染源头防控行动，加强农业面源污染综合防治。深入实施黄河流域"清废行动"。全面加强固废综合治理和新污染物治理，创建"无废城市""无废细胞"。

全面加强生态系统保护修复。坚持山水林田湖草沙系统治理，全面做好治水兴水、治林兴林大文章，持续加强"两山七河五湖"生态修复。突出水土保持，扎实推进吕梁山山水工程建设，实施历史遗留废弃矿山示范工程，持续推进采煤沉陷区综合治理。完成营造林300万亩，精准提升森林质量，森林覆盖率提高0.5个百分点。创建太行山国家公园。实行湿地分级保护管理，加强生物多样性保护。建设生态文明示范区和"两山"实践创新基地。扎实推进母亲河复苏和幸福河湖创建。加大地下水超采综合治理力度。加强岩溶大泉治理保护修复，力争晋祠泉早日实现稳定复流。加快构建"三纵九横、八河连通"的现代水网体系。

积极稳妥做好"双碳"工作。全面落实碳达峰碳中和"1+X"政策体系，有序实施碳达峰十大行动。持续提升森林碳汇能力。探索开展产品碳足迹工作。实行企业碳排放监管核算。发展绿色低碳产业，建设低碳零碳园区。扎实推进国家气候投融资试点和碳达峰试点建设。全面实施节约战略，提升资源高效循环利用水平。

健全完善现代环境治理体系。深入推进美丽山西建设。加快建设黄河流域生态保护和高质量发展重要实验区，把保护生态作为谋划发展、推动高质量发展的基准线，不利于生态保护的事坚决不做。开展生态产品总值核算，健全生态产品价值实现机制。完善重点生态区、生态脆弱区生态保护补偿制度，实行生态环境损害赔偿制度。完善绿色交易中心功能，推进碳排放权、用能权、用水权、排污权市场化交易。坚持"四水四定"，实行最严格的水资源管理。建设国土空间规划实施监测网络和智慧环保监管平台。加强中央生态环保督察和专项审计发现问题整改。

（七）坚持保障基本和多元供给相结合，着力满足人民群众对美好生活的向往

多措并举促进就业增收。更加突出就业优先导向，发挥就业信息平台和零工市场作用，实施数字赋能就业、创业带动就业、公益性岗位开发、就业见习、以工代赈等举措，促进高校毕业生、农民工、脱贫户监测户劳动力、就业困难人员、退役军人等重点群体稳定就业。开展职业技能培训，技能人才占从业人员的比例达到33.5%。力争省级劳务品牌达到40个。实行"三日清零"机制，推动拖欠农民工工资动态清零。多渠道增加城乡居民收入。

切实提升医疗服务水平。深入实施"建高地、兜网底、提能力"强医工程，推动4个国家级和4个省级区域医疗中心错位发展，新建5个国家级和30个省级临床重点专科。促进"三医"协同发展和治理，深化县域医疗卫生一体化改革，开展15个县医疗集团医保基金按人头打包付费试点，推动12所县医院达到三级服务能力水平，实施乡村医疗卫生机构标准化建设。加强重点传染病防控，完善疾病预防控制体系。探索开展护工转护士试点。建设中医药强省，深入实施百县中医药服务能力提升计划。推行一次挂号管三天、出入院一站式、一网通支付等便民举措，提升就医获得感。

全面做好社会保障工作。推进社会保险参保扩面。上调城乡居民基本养老保险基础养老金最低标准。城乡居民基本医保人均财政补助增加30元，推进城乡居民医保省级统筹。加强低收入人口动态监测，健全分层分类社会救助体系，完善大病保险、医疗救助、低保和困难家庭保障扶持措施，提高城乡低保、特困供养、孤儿、残疾人等困难群体救助供养标准。做好退役军人服务保障。发展银发经济。完善生育支持政策体系，建设普惠托育服务体系。发展公益慈善事业。

不断丰富群众精神文化生活。更好担负起新的文化使命，践行社会主义核心价值观，繁荣发展文化事业和文化产业，加快文化强省建设。支持开展精神文明建设"五个一工程"，繁荣文艺创作，深入实施"五个一批"群众文化惠民工程。促进基本公共文化服务标准化均等化，提升公共文化场馆服务效能，建设新型公共文化空间。加强文化遗产保护传承，加快建设3个国家考古遗址公园和一批标志性专题博物馆。深化云冈学建设。深入阐释盐湖历史文化和生态价值。推进山西文博集团重组改革。做好文物普查。全力备战巴黎奥运会、全运会、全国冬运会，广泛开展全民健身活动。

老百姓的家事，就是我们要办好的实事。今年，省财政安排足额资金，办好15件民生实事。一是为80周岁及以上老年人发放高龄津贴，对执行政府指导价的普惠托育机构进行补助，实现"一老一幼"普惠补贴全覆盖。二是实施城乡养老和老年助餐幸福工程，新建改造50个城镇社区养老工程、100个农村区域养老中心，改造3000个农村老年人日间照料中心，对80周岁及以上低保家庭老年人补贴餐费。三是加强高校毕业生就业促进服务，召开4000场专场招聘会，省属企业招聘1万人，招募3000名社区助理。四是推动就业社保服务覆盖所有行政村和社区，在家门口做好服务保障。五是年内石楼县、浮山县通高速公路，提前1年实现"县县通高速"规划目标。六是开展个体工商户保险保障工程，为800万人稳定就业解决后顾之忧。七是免费送戏下乡1万场。八是在产粮大县实施小麦玉米完全成本保险财政补贴全覆盖。九是实施农村寄递物流服务全覆盖提质增效工程。十是开展农村供水工程维修养护1700处，受益180万人。十一是扶残助学圆梦6500人，抢救性康复救助8000名残疾儿童，基本辅助器具适配补贴4万人。十二是对2万名上消化道癌高风险人群开展内镜检查。十三是完成4万户特殊困难老年人家庭适老化改造。十四是完成50个农村黑臭水体治理任务。十五是实施既有住宅自愿加装电梯550部。

各位代表，民之所望，政之所向。人民群众是我们最大的靠山，为人民谋福祉是我们最大的心愿。我们一定把惠民生的事办实在、暖民心的事办细致、顺民意的事办牢靠，让3500万三晋人民的日子越过越红火！

（八）坚持强力治标和长效治本相结合，着力营造和谐稳定发展环境

毫不放松抓好安全生产。深刻汲取吕梁等地事故教训，落实"严、紧、深、细、实"要求，坚持"五不为过、五个必须"，坚决遏制重特大事故，切实减少一般性事故。全面落实煤矿、金属非金属地下矿山、尾矿库等各类矿山党政领导包保责任，围绕"一件事"全链条压实部门监管责任，"一矿一策"完善安全生产措施。实行"四不两直"执法检查，深化重大事故隐患专项排查整治，常态化动态清零。深入开展安全生产治本攻坚三年行动，深化危化品、道路交通、建筑施工、经营性自建房、燃气、消防等行业领域专项整治。实施科技强安，加强岗位管理和现场管理，提升本质安全水平。做好地质灾害防治、森林防火等工作。完善有效应对强降雨、低温雨雪冰冻等极端天气预案，增强群众避险意识，实施防洪能力提升工程。完善监测预警、应急广播和物资储备体系，不断提升防灾减灾救灾能力。加大食品药品安全监管力度。

毫不放松抓好风险防范化解。压实金融风险处置责任，加强对地方金融机构的监测预警，大力压减高风险金融机构，严厉打击非法金融活动，坚决守住不发生系统性风险底线。加强地方政府债务管理，健全有效防范化解地方债务风险长效机制。积极稳妥化解房地产风险，完成年度保交楼任务。加强在建项目预售资金监管，有序推进商品房现房销售，大力推进灵活就业人员参加住房公积金制度。

毫不放松抓好社会治理。坚持和发展新时代"枫桥经验"，完善社会矛盾纠纷调处化解综合机制，全面推进信访工作法治化，深化信访问题源头治理三年攻坚行动。加强国防动员和后备力量建设，做好新时代双拥工作。健全立体化信息化治安防控体系，持续开展扫黑恶、治电诈、打盗窃、净网络等专项行动，严厉打击各类违法犯罪活动。

各位代表，安全稳定事关千家万户。宁可百日紧，不可一日松。我们一定坚持人民至上、生命至上，以时时放心不下的责任感，向最难处攻坚，向最严处发力，让发展更安全、社会更安定、人民更安宁！

三、全面提升政府治理现代化水平

结合地方机构改革，进一步转变政府职能，全面提升行政效率和公信力，努力建设人民满意的服务型政府。

强化政治建设。巩固拓展主题教育成果，始终把学习贯彻习近平新时代中国特色社会主义思想作为首要政治任务，深刻领悟"两个确立"的决定性意义，增强"四个意识"、坚定"四个自信"、做到"两个维护"，不断提高政治判断力、政治领悟力、政治执行力，胸怀"两个大局"、践行"国之大者"，坚决当好贯彻党中央决策部署的执行者、行动派、实干家。

强化法治建设。坚持依法行政，建设法治政府。推动科技创新、文物保护、黄河流域生态保护等地方立法工作。落实重大行政决策程序制度，加强合法性审查，确保内容合法、程序正当。发挥智库作用，完善专家参与公共决策机制。构建覆盖省市县乡的行政执法协调监督工作体系，提高行政执法人员素质，严格规范公正文明执法。实施新修订的行政复议法。自觉接受党内监督，依法接受人大法律监督、工作监督，主动接受政协民主监督，加强审计监督、统计监督，广泛接受社会舆论监督。深入推进政务公开和信息公开。

强化效能建设。倡导真抓实干、马上就办，化繁为简、以简驭繁，以政府效能提升推动发展提速。围绕企业和个人全生命周期，推动"高效办成一件事"重点事项落地见效，最大限度利企便民。坚持"四下基层"，大兴调查研究，多到困难多、群众反映多的地方蹲点解剖麻雀，找到解决问题的办法。不断提升政治能力、思维能力、实践能力，提高推动高质量发展、服务群众、防范化解风险本领，在多重约束下找到最优解，在多重目标中达到平衡点。

强化廉政建设。深刻领悟习近平总书记关于党的自我革命的重要思想，全面贯彻从严治党战略方针，纵深推进政府党风廉政建设和反腐败斗争。一体推进不敢腐、不能腐、不想腐，强化高压态势，深化整治能源、国企、金融、医药和基建工程等领域的腐败，坚决惩治群众身边的腐败，严惩政商勾连的腐败。围绕审批监管等重点领域深化改革，健全权力运行制约机制，铲除腐败问题产生的土壤和条件。深化落实中央八项规定精神，持续纠治"四风"，特别是形式主义、官僚主义。加强新时代廉洁文化建设，建设清廉政府。

强化作风建设。落实习近平总书记"四个抓落实"重要要求，树牢造福人民的政绩观，用抓落实的硬功夫坚持好新时代的硬道理。坚持"四精四账"闭环管理，实行挂图作战，变会场为现场，做到日有精进、月有成效、年有收获。保持攻坚克难、滚石上山的奋进姿态，主动跨前一步，冲锋在前，担当作为，善作善成。强化以实绩论英雄导向，发扬斗争精神，盯住不落实的事，督促不落实的人，确保党中央、国务院决策部署及省委工作要求落地见效。

各位代表，使命呼唤担当，奋斗成就未来。让我们更加紧密地团结在以习近平同志为核心的党中央周围，以习近平新时代中国特色社会主义思想为指导，在省委坚强领导下，坚定信心、团结奋斗、锐意进取，着力推动高质量发展，不断深化全方位转型，为扎实推进中国式现代化山西实践作出新的更大贡献！

内蒙古自治区

政府工作报告

——2024年1月30日在内蒙古自治区第十四届
人民代表大会第二次会议上

自治区主席　王莉霞

各位代表：

现在，我代表自治区人民政府，向大会报告工作，请予审议，并请各位政协委员和其他列席同志提出意见。

一、过去一年工作回顾

2023年，是内蒙古发展史上具有里程碑意义的一年。习近平总书记再次亲临我区考察，给我们带来了巨大政治关怀和宝贵发展机遇。学习贯彻习近平新时代中国特色社会主义思想主题教育的深入开展，为我们书写中国式现代化内蒙古新篇章汇聚起磅礴力量。国务院出台支持内蒙古高质量发展意见，为我们更好完成五大任务注入了强劲动力。自治区党委提出办好两件大事的统领性要求和闯新路、进中游的奋斗目标，团结带领各族干部群众发自内心地感党恩听党话、紧跟习近平总书记奋进新征程，全区上下树立起做大总量、晋位升级的雄心壮志，凝聚起加快发展、大抓发展的强大合力。

一年来，在自治区党委坚强领导下，圆满完成全年目标任务，交出一份来之不易的成绩单。

——主要经济指标增速位居全国第一方阵。地区生产总值增长7.3%、居全国第3、创2010年以来最好位次，人均地区生产总值突破10万元；规上工业增加值增长7.4%、居全国第7；固定资产投资增长19.8%、居全国第2；外贸进出口总额增长30.4%、居全国第3。这极大增强了广大干部群众和社会各界对内蒙古发展的信心。

——保障国家能源和粮食安全能力显著增强。煤炭产量12.2亿吨，完成9.45亿吨保供煤任务，电力总装机超过2亿千瓦，实现煤炭保供量及外送量、电力总装机及新增装机、新能源总装机及新增装机、总发电量及外送电量、新能源发电量、煤制气产能"10个全国第1"，保障了29个省份能源需求。粮食播种面积、单产、总产"三增长"，粮食产量791.6亿斤、实现二十连丰、稳居全国第6，主要肉类产量285.4万吨、牛奶产量792.6万吨，均创新高。这充分彰显了内蒙古保国家大局的责任担当。

——"三北"工程攻坚战全面打响。我们响应习近平总书记发出的"三北"工程攻坚战号令，打主攻、当主力，迅速投入战斗，编制完成"一规划三方案"，推动5个治理区和11个重大项目全部纳入国家规划，所有旗县纳入实施范围，三大标志性战役顺利开局，全年造林556万亩、种草1817万亩、防沙治沙950万亩，分别完成年度任务的149%、140%、151%。这充分体现了党中央有部署、内蒙古就有行动的高度政治自觉。

——发展质量效益进一步提升。尽管煤炭产业只增长1.4%，但非煤产业快速增长、达到12.1%，制造业、高技术制造业、战略性新兴产业、科技研究和技术服务业、软件和信息服务业，均实现两位数增长。工业投资增长32.9%、居全国第2，制造业投资增长46.4%、新能源装备制造业投资增长1.2倍。一般公共预算收入突破3000亿元，地方口径税收占全口径税收59.4%、居全国首位。这反映出内蒙古在调结构、转动能、提质量上迈出了坚实步伐。

——各盟市比学赶超、竞相发展。呼和浩特市和包头市地区生产总值均增长10%以上、规上工业增加值均增长20%以上，7个盟市固定资产投资增速超过20%、鄂尔多斯市达到27.4%。锡林郭勒盟新能源装机规模和发电量均居全国地市级第2，乌兰察布市合金材料、负极材料和薯条产能均居全国第1，阿拉善盟建成全国最大单体产量纯碱项目。这展现出内蒙古对标一流、争先晋位的劲头越来越足。

一年来，我们牢牢把握铸牢中华民族共同体意识这条各项工作的主线，紧紧围绕推进高质量发展这个首要任务，重点做了以下工作。

一是全力推动经济发展快进优进。接连打出扩大投资、提振消费政策"组合拳"，按月按季加强运行调度，推动经济在高基数上实现高增长。招商引资成效明显，落实开年第一会部署要求，举办了京津冀、长三角、粤港澳等专场招商活动，全区引进到位资金4778亿元、增长40.2%，45个世界500强和22个中国500强企业在我区投资兴业。项目建设势头强劲，实施重大项目3155个、完成投资8259亿元，新建续建42个投资超百亿元产业项目。基础设施不断完善，新增高速公路通车里程876公里，国家高速公路主线内蒙古境内全部贯通，东西高速公路大通道仅差108公里全线贯通，开工建设产业路、旅游路1085公里，打通"断头路"260公里；在建高速快速铁路1700多公里；新开通"支支通"航线29条、累计运营50条，盟市间"折返飞"问题基本解决；引绰济辽输水工程隧洞段全线贯通，文得根水利枢纽下闸蓄水，东台子水库主体工程完工；新增5G基站、城市公共充电桩各2万个。消费市场加快恢复，住宿和餐饮业增加值增长20.8%，汽车类消费增长17.2%、新能源汽车消费增长1.7倍，粮油食品、服装等消费均增长25%以上，网络零售额增长21.5%，引进147家首店和旗舰店。

二是坚持链式思维做强优势特色产业。实行产业链"链长制"，推进延链补链强链项目650个，16条重点产业链产值近1.4万亿元。新能源全产业链增加值增长16.1%，建成全国单体规模最大光伏治沙项目、国内在运最大陆上风电基地、世界首条固态低压储氢生产线；风光氢储装备制造业产值达到2762亿元，呼包鄂通4个基地占比达到80%。现代煤化工产业增加值增长15.4%，实施煤炭精深加工项目34个、投产11个，开工建设全球最大绿氢耦合煤制烯烃项目，煤制乙二醇、煤制烯烃产能均居全国第2。稀土产业增加值增长21%，中重稀土金属产品实现规模化生产，10万吨级全球最大稀土绿色冶炼项目开工，稀土、铌、锂等战略资源勘探实现新突破。农畜产品加工业增加值增长11.6%、加工转化率达到72%，新创建奶业、马铃薯2个国家级产业集群和3个国家级现代产业园、8个产业强镇，创建数量全国第1，建成全球最大乳酸菌种质库、国家羊遗传评估中心，肉羊产业产值达到千亿级。

三是推动科技创新实现新突破。全区财政科技支出增长81.9%，新增高新技术企业314家、科技型中小企业950家。新入选

"长江学者"、"国家杰青"6名。国家乳业技术创新中心汇聚10位院士、百余位科学家、实现实体化运营，乳业、草业、稀土新材料技术创新中心取得24项重大研究成果，相继建成大青山实验室、鄂尔多斯实验室和北大鄂尔多斯能源研究院、浙大—包头硅材料联合研究中心、中国农业大学巴彦淖尔研究院，内蒙古工业大学鄂尔多斯新能源学院挂牌成立。承担国家重点研发计划项目9项，实施自治区重大科技专项38项，建设创新联合体70个，在智能矿山机器人、稀土产品制备、飞轮储能等研发应用上取得突破性成果，蒙科聚科创平台作用显现，全区技术交易合同数增长45.3%、交易额增长17.6%。

四是更加注重用改革的办法破解难题。针对营商环境问题，纵深推进"一网通办"、"一网统管"，强化对企业全生命周期服务，对12345热线诉求解决情况每月排名通报、对落后者进行约谈，越来越多的企业和群众通过热线了解政策、解决问题，全年受理各类诉求641万件、办结率达到95%以上；取消和下放自治区级权力事项268项，出让332宗工业用地"标准地"，"帮办代办"实现园区和村级全覆盖，"政务+直播"服务新模式入选国务院提升政务服务效能典型案例。针对民营企业反映强烈的问题，清偿拖欠企业账款1293亿元，为企业解决了一批土地厂房产权手续问题，新增减税降费及退税缓费341亿元，2家企业成功上市，5家企业上榜全国民营企业500强，全区百强民营企业营收总额超过1万亿元。针对国企不强现状，开展"突围"行动，加大治理亏损力度，自治区国资委监管企业利润总额增长70%，包钢集团实现利润53亿元，电力集团全国500强排名上升24位，蒙能集团资产总额突破千亿元，新组建交通集团、国贸集团。针对开放活力不足状况，出台外贸稳规模优结构32条，恢复满洲里口岸中俄团体旅游签证互免、二连浩特口岸8座以下小型车辆通关，满洲里综合保税区贸易额增长近3倍，全区口岸货运量超过1亿吨、刷新全国陆路沿边口岸纪录，到发中欧班列429列、增长73.7%，机电产品出口增长118.9%，电动载人汽车等"新三样"产品出口增长48倍，新设外商投资企业167家、增长3.2倍，实际使用外资55.8亿元、增长61.5%。跨境人民币收付金额2584.2亿元，增长99.8%。

五是加强生态环境保护治理。 自治区国土空间规划获国务院批复，中央环保督察反馈问题整改扎实推进。着力抓好黄河流域生态保护和高质量发展，常态化推进"清四乱"，完成滩区770户、1853人迁建和禁种限种年度任务，黄河流域无定河境内段保护治理入选全国美丽河湖优秀案例。深入打好污染防治攻坚战，完成清洁取暖改造21.3万户，"一湖两海"、察汗淖尔综合治理成效得到国家肯定，乌梁素海流域生态保护条例颁布实施，全区地表水国考断面优良比例、乌海及周边地区$PM_{2.5}$浓度达到历史最好水平。深入实施全面节约战略，持续开展"五个大起底"行动，9326个待批项目应批尽批，消化批而未供和闲置土地累计超40万亩，完成首批22亿元土地增减挂钩节余指标跨省交易，"半拉子"工程盘活和开发区"大起底"基本完成，农业节水3.73亿立方米、农田灌溉水有效利用系数首次高于全国平均水平，完成碳汇交易量80.5万吨、交易额2709万元，新创建绿色园区4个、绿色工厂67家。

六是有效促进文旅市场强劲复苏。 出台支持文旅产业恢复发展15项措施，同"北上广深"等多个城市开展"百万人互游"，开行阿尔山、呼伦贝尔等重点旅游目的地专列400列、包机700架次，全区接待游客突破2.3亿人次、收入超过3350亿元、均是2019年的

1.2倍。获批17个国家级文旅品牌，国家5C、4C级自驾车营地数量居全国第1，国家级滑雪旅游度假地数量居全国第2。"旅游四地"建设成效不断显现，"相约草原"、"遇见那达慕"等品牌影响力持续提升，呼和浩特跨年夜活动引爆全城，乌兰察布之夜吸引游客500万人次，央视频直播节目《乘着大巴看中国》带火了"天边草原乌拉盖"。一批文艺精品荣获"荷花奖"等47个国家级奖项，辽上京皇城南部建筑、后城咀石城遗址入围中国考古新发现。成功举办全区第十五届运动会、第六届残疾人运动会、第十届少数民族传统体育运动会，全力筹备全国第十四届冬运会。

七是用心用力办好民生实事。 全体居民人均可支配收入增长6.1%、比2022年提高0.8个百分点。年初部署的43件民生实事全部兑现。城镇新增就业21.87万人。城乡低保、孤儿保障标准均居全国前列。新建改扩建中小学校、幼儿园893所，新增学位7万个；新设职教专业布点327个，在新能源、新材料等领域新设本科专业布点20个，建成高校产业学院97个。动态调整236项医疗服务价格、群众就医自付费用平均降低19%，北京大学肿瘤医院内蒙古医院门诊量增长52%、手术量增长83%。新建苏木乡镇区域养老服务中心350个、村级养老服务站2000个，每千人口托位数达3.4个。改造城镇老旧管网2220公里、老旧小区1639个、棚户区1.56万套，建成农村牧区户厕6.2万个、公路5106公里，改造危房4211户，铺设边境地区广电光缆4000公里。启动新一轮偏远地区用电升级工程，着力解决2.4万户偏远农牧户、58个边防哨所用电难问题。新建扩建集中供水工程531处、分散式水源点工程909处，32万农牧民受益。实施京蒙协作"六个倍增计划"，京资进蒙新增150亿元、京师京医援蒙近千人，蒙电入京超200亿度、蒙食进京超200亿元，京蒙互游突破1000万人次，京蒙科技合作项目增长72%。推行信访代办制，建立"代表+委员+法院"民商事纠纷化解机制，严厉打击食品"两超一非"等违法犯罪行为，群众获得感幸福感安全感持续提升。

八是从严从实防范化解重点领域风险。我们深刻汲取"2·22"事故教训，出台实施防范遏制重特大事故135条硬措施和"三管三必须"若干规定，滚动进行3轮大排查大整治，深入开展重点领域专项整治和交叉互检，全年生产安全事故起数和死亡人数分别下降22.8%和12.9%。我们把防范化解经济领域风险作为重要政治任务，坚持砸锅卖铁还债，制定落实"1+8"化债方案，通过"四个一批"和化债奖补拿出206亿元支持基层化债，超额完成年度化债任务，阿拉善、乌海2个盟市本级和乌拉特前旗、卓资县等8个旗县退出橙色等级。完成保交楼7万套。

一年来，我们坚持把铸牢中华民族共同体意识作为政府各项工作的主线，深入贯彻自治区党委关于全方位建设模范自治区的决定，认真执行办好两件大事的6部促进条例，全面推广普及国家通用语言文字，中考国家统编教材科目首次实行"一张卷"，中等职业学校起始年级全部使用国家统编教材，有形有感有效开展铸牢中华民族共同体意识宣传教育，系统梳理、全面落实党的各项惠民政策，让各族群众发自内心地知党好、感党恩、跟党走。

一年来，我们深入开展学习贯彻习近平新时代中国特色社会主义思想主题教育，强化理论武装、加强调查研究、狠抓整改整治，自身建设进一步加强，干事创业的精气神进一步激发；扎实推进中央巡视、中央环保督察、国务院督查、自然资源督察、审计监督等发现问题整改和成果运用，自觉接受各方面监督，按时办复自治区人大代表建议660件、政协提案737件，完成第五次全国经济普查清查和试点任务；严格执行中央八项规定精神，坚决落实"七个摒弃"要求，着力整治"三多三少三慢"问题，政府执行力公信力进一步提升。

各位代表！全区各项事业取得的一切发展进步，根本在于习近平总书记的亲切关怀和党中央的坚强领导，在于习近平新时代中国特色社会主义思想的科学指引，是自治区党委团结带领全区各族人民迎难而上、拼搏奋斗的结果。在此，我代表自治区人民政府，向所有关心支持内蒙古发展的同志们、朋友们，表示衷心的感谢！

我们也清醒看到，我区高质量发展还有不少短板弱项，主要是一些利好政策还没有完全落地见效，传统产业转型升级步伐不够快，科技创新引领产业创新能力还不够强，营商环境有不少令人诟病的地方，资源浪费现象依然存在，"酒肉穿肠过"问题没有真正破解，地方化债任务还很艰巨，中小金融机构风险尚未消除，安全生产基础不够牢固，民生领域短板亟待补齐，社会治理能力还需进一步提升，工作中"慢粗虚"问题不同程度存在，一些干部思路视野不宽、能力本领不强、工作作风不实。这些问题如果不解决，会严重制约我区高质量发展，闯新路、进中游目标就难以实现，我们必须拿出实实在在的举措，有针对性地加以解决。

二、2024年工作安排

当前，内蒙古推动高质量发展的势头很好、机遇难得。习近平总书记的殷殷嘱托和党中央的关怀支持是我们砥砺前行的最大动力，我们要倍加珍惜、感恩奋进；这两年我区发展列车跑出加速度非常不容易，我们要倍加努力、不能慢下来；自治区党委激励干部担当作为形成的赶超争先、快抓发展的浓厚氛围尤为可贵，我们要乘势而上、再攀新高。

党中央对做好今年工作已作出全面部署，我们一定要结合实际，创造性抓好贯彻落实。自治区党委十一届七次全会提出的"六个工程"，是对全区经济社会发展具有支撑性、牵引性、撬动性作用的重大任务，我们一定要精心组织，一项一项跟进落实。

按照自治区党委全会部署，做好今年工作，要以习近平新时代中国特色社会主义思想为指导，全面贯彻落实党的二十大和二十届二中全会精神，深入贯彻习近平总书记对内蒙古的重要指示精神，认真贯彻中央经济工作会议精神，坚持稳中求进工作总基调，以党建为引领，以铸牢中华民族共同体意识为各项工作的主线，全力办好两件大事，凝心聚力闯新路、进中游，踔厉奋发、勇毅前行，不断书写中国式现代化的内蒙古新篇章。

全区经济社会发展的主要预期目标是：地区生产总值增长6%以上；规上工业增加值增长7%左右；固定资产投资增长15%左右；一般公共预算收入同口径增长5.5%左右；城镇新增就业18万人以上，城镇调查失业率控制在6%左右；居民收入增长与经济增长基本同步；居民消费价格涨幅控制在3%左右；单位地区生产总值能耗降低1.6%左右。这些目标贯彻了党中央稳中求进、以进促稳、先立后破的重要要求，体现了增强经济活力、防范化解风险、改善社会预期的鲜明导向，总体上是积极的、需要奋力一搏。我们一定要坚定信心、真抓实干，能好则好、能快则快，力争主要经济指标增速继续保持在全国第一方阵。

重点要做好以下10个方面工作。

（一）全力以赴抓政策落地。政策落地工程是自治区党委部署的"六个工程"的头号工程，全区政府系统要把今年作为"政策落实年"，全面推动各项政策从"纸上"落到"地上"，切实把政策红利变成现实生产力。要用足用好国务院支持意见及各部委配套措施、部区合作协议，用足用好我区享有的西部大开发、东北全面振兴、黄河流域生态保护和高质量发展、"三北"工程攻坚战等国家战略支持政策，用足用好国家对欠发达地区、资源型地区、边疆地区、民族地区的支持政策，用足用好中央经济工作会议释放的新一波利好政策，努力把每一项支持政策都变成实打实、可感可及的举措，把每一个支持事项都变成看得见、摸得着的项目，决不能让党中央的支持落空、让宝贵机遇从我们手中滑走。

（二）坚定实施投资带动战略。这两年我区经济快速发展主要得益于投资带动，要保持势头和力度，持续激发民间投资活力，力争完成重大项目投资9000亿元以上。

紧盯不放抓产业投资。我区4个沙戈荒大型风电光伏基地已经全部纳入国家规划，要开足马力、加快建设。加大力度推进阿特斯光伏、赛盛电子级碳化硅、宝丰煤制烯烃、华为云数据中心等一批千亿级标志性项目，实施重大产业项目1400个以上，努力让今天的投资加速转化为明天的生产力和竞争力。

咬紧牙关继续加大基础设施建设力度。现在各级政府财政压力都很大，但在基础设施补短板上不能松劲，要大力争取中央预算内投资，统筹用好地方政府专项债券、各类金融支持工具，创新模式鼓励民间资本参与，力争基础设施重大项目投资不低于1700亿元。建成G5511通辽段、G0616甘海段，实现高速公路东西贯通、盟市互通、重点口岸接通；力争沿边国道G331全线贯通，实施国省干线"断头路"畅通工程700公里，开工建设产业路、旅游路1700公里。加快包银高铁、太锡铁路建设和集通电气化改造，开工临策铁路扩能改造、白阿铁路动车改造项目，力争集大原高铁建成通车，推进鄂榆高铁和海阿铁路改造前期工作。建成呼和浩特新机场航站区、飞行区，稳步推进乌拉盖等通用机场建设。推进引绰济辽二期、内蒙古支线供水等水网骨干工程建设，争取黄河内蒙古段河道治理工程尽快获批、引黄入呼三期工程和乌兰察布中心城区输供水工程开工建设。加快实施电力系统强网、外送、联网工程，建成张北至胜利、巴林至奈曼至阜新等工程，争取开工建设蒙西至京津冀输电通道工程，全面提升电网供电能力和新能源接入能力。

招商引资力度不能减、精准度要提上来。聚焦重点产业集群产业链，持续深化与京津冀、长三角、粤港澳、成渝等地区对接合作，开展点对点招商，积极谋划引进一批承接产业转移、促进产业转型升级的大项目好项目，力争引进到位资金不低于5500亿元。精心办好第二届国家向北开放经贸洽谈会、第二届世界新能源新材料大会、世界乳业创新峰会、世界草业大会、中国绿色算力大会等全球性、全国性重大活动，打造一批汇聚国际智慧、展示前沿科技、引领产业发展、服务招商引资的一流平台。

（三）想方设法激活消费潜力。充分挖掘潜在消费需求，大力营造能消费、敢消费、愿消费的良好环境，推动消费从疫后恢复转向持续扩大。

生活消费是稳定和扩大消费的"压舱石"，要加快建设城市"一刻钟便民生活圈"，充分发挥汽车、家电等大宗商品消费提振带动作用，鼓励发展首店首发经济、流光溢彩夜经济，大力开展"消费促进年"活动，呼和浩特火爆的演唱会和跨年夜、包头的潮盒街区"黄金6小时"、鄂尔多斯的"暖城七点半"、"北京向西一步·乌兰察布之夜"这些已经被消费者认可的活动和品牌要持续做下去。"银发经济"发展空间巨大,我区60岁以上老年人546万、占常住人口的22.8%,要想办法、下功夫激活这片蓝海,发展医、养、康、护、教、娱、安七位一体养老模式,推动养老服务从"有"向"多"、从"多"向"优"升级。新型消费是巨大的增长点,要大力发展数字消费、绿色消费、健康消费,积极培育文化娱乐、体育赛事、国货"潮品"等新的消费热点,拓展适老化技术、仿生机器人、可穿戴设备等消费应用场景,鼓励发展自营电商、直播电商、跨境电商等新模式新业态,网络零售额突破700亿元。新市民消费是潜力股,把44.6%的户籍人口城镇化率提高到69.6%的常住人口城镇化率,就会新增599万新市民,相当于呼包鄂三市的城区总人口,这部分人在城市的衣食住行、文教娱乐,就是庞大的潜在市场。要在深化户籍制度改革、保障性住房政策、公共服务等方面综合施策,鼓励新市民和随迁家属在城镇落户,全面释放这部分消费潜力。文旅产业是典型的消费经济、富民产业,去年我区旅游人次达到2.3亿,今年力争突破2.5亿,要紧紧围绕这2.5亿游客来丰富旅游业态、提升服务质量,创建一批5A级景区,打造好阿尔山国家级旅游度假区,持续擦亮"我和草原有个约定"特色品牌,强化"旅游四地"建设,让游客游得自在、玩得惬意。打响北疆文化品牌,加快推进红山文化、万里茶道申遗和西辽河中华文明探源工程,深入实施北疆文创工程,打造一批文化产业龙头,再推出一批像《骑兵》、《千古马颂》、《马铃摇响幸福歌》这样的文艺创作精品,发挥乌兰牧骑红色文艺轻骑兵作用,让党的关怀和声音传遍北疆大地。"十四冬"开幕在即,要举全区之力办好赛事,奉献一届简约、安全、精彩的体育盛会，借势推动冰雪产业做起来，让游客尽情享受冰雪带来的快乐，为冬日旅游注入源源不断的暖流。

（四）以非常之举推进科技创新。越是欠发达地区越要重视科技创新，越要跳出老套路，敢于打破常规，在创新驱动发展上奋起直追、迎头赶上。

科技创新首先要舍得投入。严格落实财政科技投入刚性增长机制，各级政府都要拿出真金白银支持科技创新，打造有利于企业、高校、科研院所勇于创新的良好生态。要着力抓好科技金融，引导金融机构创新和丰富科技金融产品，发挥政府性基金引导带动作用，鼓励发展创业投资、股权投资，引进风险投资基金，加快构建科技型企业全周期金融服务体系，让科技创新"种子"得到更多金融活水的滋养。

集中资源力量建强用好科创平台。要壮大"国家队"，全力创建呼包鄂国家自主创新示范区、稀土新材料和草业国家技术创新中心，推进国家乳业技术创新中心二期项目建设，培育草原家畜育种、草原生态保护与利用全国重点实验室。要做强"地方队"，自治区实验室、科学技术研究院、农牧业科学院、北大鄂尔多斯能源研究院等机构要敢闯敢试，壮大科研力量，取得过硬成果；蒙科聚平台要发挥"聚合"作用、释放"聚变"效应，把企业、高校、院所的手牵在一起，把产业链、创新链、资金链、人才链、信息链汇聚起来。特别要大力实施科技"突围"工程，坚持以科技创新引领产业创新，找准点位、找好团队、找对模式，聚焦氢能、新型储能、稀土新材料，积极引进全国乃至世界顶级专家团队，建立与国家战略科技力量联动机制，竭尽全力在新技术、新模式等方面取得突破。

全力支持企业当好创新主力军。构建"科技型中小企业—高新技术企业—科技型领军企业"梯次培育体系，支持龙头企业、链主企业组建创新联合体，力争高新技术企业达到2000家、科技型中小企业达到3000家。要加强企业主导的产学研用深度融合，深化科技评价、科研项目和经费管理制度改革，健全"揭榜挂帅"机制，鼓励各类创新主体布局建设科技成果转化基地、中试公共服务平台和应用验证平台，推行"科学家+工程师+企业家"模式，开展专利转化应用专项行动，让科技成果从"实验室"走上"生产线"。

拿出招商引资的劲头招才引智。坚持不求所有、不求所在、但求所用，既可"筑巢引得凤凰来"、也可"天高任鸟飞"，打造好自治区在北京、上海、浙江等地的科创飞地，鼓励支持地方和企业在先进地区建设人才飞地，推广伊利集团欧洲研发中心、鄂尔多斯集团上海研发中心等模式，加快与西安交大等高校院所合作共建科技研发和产业应用"双向飞地"。

（五）**精心打造具有内蒙古特色的现代化产业体系**。建设现代化内蒙古，根基在实体经济，关键在科技创新，方向是产业升级。要聚焦"两个基地"、发挥"三大优势"，推动农牧业上水平、工业挑大梁、新能源唱主角、现代服务业促升级。

农牧业要锚定打造现代化大产业、建设产业强区目标发力。树牢大农业观，在规模化、产业化、品牌化上下功夫，推动农牧业产值突破万亿元。要促进农牧业从分散式向集约化转变。全面落实耕地保护和粮食安全责任，稳定粮食播种面积，加快推进规模化经营、社会化服务，科学谋划发展设施农业、舍饲圈养、庭院经济，推进河套灌区现代化改造、国家盐碱地改造综合利用试点，支持兴安盟现代畜牧业试验区建设，新建高标准农田850万亩，实施黑土地保护工程900万亩，新建设施农业24万亩，提升改造规模化养殖场200个，力争再创丰收年，为保障国家粮食安全贡献更多内蒙古力量。要壮大提升重点产业链。着力提高农畜产品精深加工度，不断延伸产业链、优化供应链、提升价值链，力争7条重点产业链产值突破7000亿元。奶业重点要加快奶酪等固态乳制品精深加工和地方特色乳制品提档升级，打造"从一棵草到一杯奶、再到一块奶酪"的全产业链升级版；玉米重点要延伸发展色氨酸、精氨酸、黄原胶等高附加值产品；肉羊肉牛重点要解决好活畜外流、加工不足等问题，变卖"肉羊肉牛"为卖"羊肉牛肉"；饲草重点要强化产业链衔接，推进为养而种、种养结合，提高草种质量和优质饲草自给能力；羊绒重点要实施绒山羊保种工程，狠抓品牌建设，提升市场竞争力和影响力；马铃薯重点要加强良繁基地建设，提升淀粉、预制菜、休闲食品等研发加工能力。要做优绿色生态的"蒙"字标品牌。唱响"千里草原、万顷牧场，生态内蒙古、绿色好味道"，实施商标品牌价值提升和地理标志运用促进工程，让更多品牌叫得响、立得住、能赢人、可长久，让来自大草原的好味道香飘万里、誉满全球。

工业要围绕率先"进中游"目标锻长板、补短板、壮集群、强支撑，加快形成新质生产力。坚持以新能源带动新工业、以先进制造业带动新型工业化，全面落实新型工业化"1+7"政策体系，资金重点向产业创新、制造业发展倾斜。锻长板，就是要锚定"再造一个工业内蒙古"目标加快壮大新能源产业。开发要扩量提速，消纳要破解瓶颈、坚决防止大规模弃风弃光，新型电力系统要加快构建，绿电绿证交易要全面推开，新能源装备制造要加力提效、量质齐升。新能源全产业链要力争完成投资3000亿元，新增装机规模4000万千瓦以上、提前一年实现超过火电装机规模的目标，力争新能源装机新增规模、在建规模、总体规模保持全国第1，总之全国新能源头把交椅不能丢。补短板，就是要让传统产业"脱胎换骨"、新兴产业"强筋壮骨"、未来产业"星火燎原"。能源、冶金、建材、化工等传统产业，是我区发展的家底，辛辛苦苦做起来的产业，决不能做小做丢，更不能当成"低端产业"简单退出。要瞄准高端化、智能化、绿色化方向，实施大规模技术改造升级工程，推动设备更新、工艺升级、数字赋能；打好"绿电牌"，"一企一策"、"一园一策"推动耦合发展、绿电替代，打造更多低碳、零碳园区，吸引集聚更多先进高载能产业落户我区。支持乌海建设全球最大BDO一体化生产基地。要加快找矿突破，坚持"大矿快开、富矿精开"，推动矿产资源开发项目百万吨千亿级起步、产业全链条集群式发展。支持赤峰、锡林郭勒争取全国新一轮找矿突破战略行动试点。以新兴产业和未来产业为代表的新质生产力，是我区塑造新优势、打造新引擎的关键所在，必须积极抢滩布局，率先在一两个点位上取得突破，提升产业发展核心竞争力。新材料、现代装备制造、生物医药、商业航天、低空经济等新兴产业，要把握发展趋势、瞄准市场需求，以科技创新为引领，加快关键核心技术、核心零部件研发制造攻关，深入推进融合集群发展，尽快把规模做起来、比重提上来。大力发展数字经济，加快产业数字化转型和智能化升级，推进全国一体化算力网络内蒙古枢纽节点、和林格尔数据中心集群建设，围绕京津冀庞大的人工智能、大模型市场，提供有力可靠绿色算力保障，力争智算规模突破2万P。未来产业要聚焦低碳能源、前沿材料、未来网络、空天、生命与健康等五大领域和新型储能、氢能、高性能复合材料、高效催化材料、第三代半导体、算力网络、卫星通信导航、生物育种等八大方向，前瞻谋划、卡准点位、务求突破。支持呼和浩特建设航天经济开发区，打造国家级示范基地。壮集群，就是要建设具有较强竞争力的先进制造业集群。深入实施制造业重点产业链高质量发展行动，集中力量打造乳制品世界级集群，稀土新材料、现代煤化工、硅晶新材料及光伏制造3个国家级集群，风电装备、氢能制造、新型储能、生物医药、精细化工、合金材料等9个自治区级集群，推动优质企业、资源要素、创新人才等成龙配套，引领产业链向中下游延伸、价值链向中高端攀升。强支撑，就是要推动工业园区综合实力大幅跃升。加大引企入园、扶企强园力度，重点支持落地项目多、发展潜力大、创新能力强、投资强度高的园区提档升级；围绕链主企业强化全方位服务、全要素保障、全链条招引，让更多上下游的合作商、供应商集聚园区，化点为珠、串珠成链。

现代服务业要提速发展、提升质量。大力推动现代服务业同先进制造业、现代农牧业深度融合，积极发展工业设计、定制服务、检验检测、信息咨询等服务业态，着力引进培育一批服务业龙头骨干企业，鼓励做强一批服务业知名品牌，支持首府打造现代服务业新高地，支持呼伦贝尔建设工业品耐冷测试基地。新能源运维服务业前景广阔，预计到2025年我区新能源装机规模将达到1.5亿千瓦，要大力发展智慧检修、精细管控、设备优化等服务产业，培育专业服务商，努力成为全国新能源运维产业的"领头羊"。物流仓储运输业潜力巨大，要立足我区生产大宗商品多、大进大出多、长距离运输多的实际，完善"通道+枢纽+网络"的现代物流体系，培育本土网络货运平台企业，加快推进多式联运，降低物流成本，既要把企业扶起来、业态做起来，又要把就业带起来、收入提上来。金融是实体经济的血脉，服务实体经济是金融的天职，要紧紧抓住金融业迎来的重大发展机遇，下大气力做好科技金融、绿色金融、普惠金融、养老金融、数字金融五篇大文章，进一步畅通项目融资渠道，引导金融机构加大对五大任务、"六个工程"的支持力度，整合优化产业投资基金功能，集中力量打造呼和浩特区域性金融中心，深入实施企业上市"天骏计划"，全力推动企业对接多层次资本市场、开展多元化融资，增强金融资源配置效率和能力，推动金融业高质量发展。

（六）坚定不移深化改革、扩大开放。现在的内蒙古，比以往任何时候都迫切需要进一步解放思想、改革开放，进一步激发市场活力和社会创造力。

在转变观念、优化环境上要敢作敢为。我区现在发展态势良好，赢得社会上不少赞誉，但要持续推动高质量发展，必须在转变观念上再下功夫。要勇于对标全国一流，大胆学习借鉴，发达地区能做到的，我们也应该做到，全区上下形成合力，共同打响"投资内蒙古"品牌。自治区党委提出诚信建设工程，各级政府要带头讲诚信、一诺千金，坚决纠治招商引资承诺不兑现、惠企政策不落地等行为，在内蒙古办事情要有"靠制度不靠关系"的社会氛围、上项目要有"承诺制＋全代办"的优质服务、对未来要有"新官也理旧账"的稳定预期，让安商亲商富商在北疆大地变成生动的现实。要着力提升政府服务效能，出台优化营商环境4.0版方案，加快全区一体化数据平台建设，推出"高效办成一件事"13个服务套餐，新增"全区通办"政务服务事项150项；充实各级政务服务大厅业务骨干和代办服务力量，全面提升办事效率和专业化水平。

在支持企业发展上要勇于担当。支持各类企业在内蒙古蓬勃发展是各级政府职责所在，无论是国企、民企、外企，遇到困难我们都要尽最大努力帮助，遇到问题我们都要实实在在解决。开展新一轮国企改革"突围"行动，推动包钢、电力、蒙能、交通、森工、国贸、林草、文旅等骨干企业做大做优做强，加快地矿、煤勘、有色3家企业改革重组，统筹推进盟市、旗县国企改革，建立亏损企业退出机制，让更多国企焕发新活力、提高竞争力。真心实意支持民营经济发展，对民企要和国企一样对待，顶格落实各项政策，政府采购拿出一定比例份额专门面向中小企业，对拖欠的民营企业账款要建立常态化机制进行清偿，集中清理一批久拖不决涉企案件，努力让拥有好技术、好产品的企业活下来、留得住、经营得好。力争新设经营主体30万户以上，规上工业企业达到4000家以上。

以更大魄力推进开放。以共建"一带一路"八项行动为契机，以建设中蒙俄经济走廊为重点，推动更大范围、更宽领域、更深层次的高水平对外开放。把自贸区创建工程作为今年开放工作的头等大事，加大制度创新力度，加快推出一批基础性改革事项和高水平开放举措，全力推动创建工作取得实质性进展。推进开行中欧班列扩容提质，加快建设满洲里、二连浩特中欧班列基地和呼和浩特、乌兰察布中欧班列集散中心，打造智慧海关、智慧口岸，力争始发班列总量增长10%以上。下大力气持续解决"酒肉穿肠过"问题，积极发展铜、铁、煤、木材、粮食等主要进口产品精深加工，推动中蒙二连浩特—扎门乌德经济合作区、跨境旅游合作区获批，支持满洲里、二连浩特边民互市贸易落地加工试点建设，支持阿拉善进口煤炭储配交易基地建设；深入开展"蒙商丝路行"等活动，大力推动"蒙品出境"，力争外贸规模突破2100亿元、增长10%以上。我区虽沿边，但不沿海，实现更大范围的开放必须加强与国内其他区域的合作，加快内贸外贸一体化发展，积极融入京津冀协同发展，携手东三省推进全面振兴，加强与长三角、粤港澳互动，支持赤峰与锦州港深度合作，推动陆港联动迈出新步伐。

（七）站在"国之大者"的高度建设好我国北方重要生态安全屏障。习近平总书记多次叮嘱我们必须始终把生态环境保护挺在前头。要着力构建全要素全方位生态治理格局，深入实施国家重大生态工程，努力打造美丽中国先行区，建设好祖国北疆万里绿色长城。

以主力先锋姿态打赢"三北"工程攻坚战。早准备早部署，开春就开战，确保年内黄河"几字弯"攻坚战完成758万亩、科尔沁和浑善达克沙地歼灭战完成549万亩、河西走廊—塔克拉玛干沙漠边缘阻击战完成131万亩。大力实施防沙治沙和风电光伏一体化工程，积极推广库布其模式、磴口模式，支持鄂尔多斯建设"光伏长城"，推进农光互补、牧光互补，既治了沙、又发了绿电、还增加了群众收入，实现生态、生产、生活"三赢"，创造新时代防沙治沙新奇迹。

持续打好蓝天碧水净土保卫战。黄河流经内蒙古843.5公里，要全流域推进生态环境保护和高质量发展，守护好母亲河。加强呼包鄂、乌海及周边地区大气污染联防联控，巩固"一湖两海"及察汗淖尔综合治理成效，启动水库清淤试点，抓好矿区生态修复，建设更多绿色矿山，推动污染防治在重点区域、重点领域实现新突破。

大力促进资源节约集约利用。深化拓展"五个大起底"，消化批而未供土地14.6万亩、处置闲置土地1.2万亩。推进解决草原过牧问题试点，力争试点旗县天然草原草畜平衡指数降到10%以下。水资源是我区发展的最大刚性约束，要"一盟（市）一策"推进科学节水，分类抓好农业、工业和城镇节水，全力解决"浇白地"、"大水漫灌"等问题，支持通辽、巴彦淖尔打造现代节水高产农业示范区。"变废为宝"我区大有文章可做，要一手抓粉煤灰、煤矸石等传统大宗工业固废转化利用，一手抓退役电池、光伏组件、风电机组等新型废弃物循环利用，支持包头风电退役装备资源化再利用示范区、鄂尔多斯粉煤灰提取氧化铝综合利用基地、锡林郭勒工业固废综合利用基地建设。深化国家碳达峰试点建设，在能源基础设施、节能降碳改造、先进技术示范等领域规划实施一批重点工程。努力把碳汇交易这笔"大买卖"做起来，深入实施林草碳汇能力提升行动，积极参与国家碳交易市场建设，支持呼伦贝尔、兴安盟、赤峰等地探索生态产品价值实现机制，让大草原、大森林、大湿地衍生出更多优质碳汇产品。

（八）优化区域发展布局。支持呼包同城化60条落地，以呼包同城化带动呼包鄂乌一体化加快发展，让呼包鄂乌真正成为引领带动全区高质量发展的"火车头"。呼和浩特作为首府，要真正"强起来"、"首起来"，全面提升综合实力，打造总部经济基地，建设"世界乳都"。包头作为老工业基地，要加快转型升级，全力建设"全国最大的稀土新材料基地和全球领先的稀土应用基地"。鄂尔多斯要当好自治区发展的顶梁柱、排头兵，建设好国家级现代煤化工示范区，打造世界级新能源产业高地。乌兰察布要全力建设绿色低碳铁合金生产基地，积极发展边腹联动枢纽经济。赤峰、通辽作为国家承接产业转移示范区，要珍惜机遇、主动作为，聚焦优势特色产业加大招商引资力度，着力发展壮大绿氢、绿氨、绿醇等产业，通过"双子星"的快速发展，带动蒙东地区跑出全面振兴发展加速度。赤峰要做实"有色金属之乡"，大力发展绿色锂基铝基新材料产业。通辽要加快建设东北地区最大的陆上风电装备制造基地。

（九）民生事始终是要事、必须办实办好。推动基本民生保障标准达到或超过全国平均水平，是自治区党委部署的民生工作硬任务，要全面梳理所有保障标准，低于国家规定的要提上来，不低于国家规定的要建立稳定的自然增长机制。今年我们接续推出33件民生实事，必须办一件成一件，实实在在解决群众急难愁盼。

温暖工程既是民生工程、也是发展工程。要结合城市更新行动，一体推进管网更新、老旧小区改造，完成燃气、供热、供排水管网改造1500公里和老旧小区改造1185个，启动城中村、城边村燃煤散烧综合治理三年攻坚行动，加快城区集中供热改造，让人民群众温暖过冬。

就业是最基本的民生。要坚持在发展中解决就业问题，认真落实援企稳岗各项政策措施，加大重点群体就业帮扶力度，特别是政府投资的农田水利、道路交通、防沙治沙等重大项目，要让更多群众参与进来、增加收入。制定更加务实政策，让更多大学生来到内蒙古、留在内蒙古就业创业。强化退役军人就业服务保障。各盟市要加快建设一批零工市场、零工驿站，方便群众就业。

教育关乎千家万户。学前教育要突出普惠发展，义务教育要优质均衡发展，普通高中要多样化、特色化发展，改善126所幼儿园、578所中小学办学条件，每个乡镇至少办好一所公办幼儿园、每个旗县至少办好一所优质高中。高校要树立雄心壮志，锚定一流标准，打造一流专业、一流学科，围绕稀土、乳业、能源、先进制造与教育部共建高等研究院，建设好生物、生态、草学、冶金新材料等优势特色学科，打造好23个现代产业学院、6个专业特色学院、2个未来技术学院，努力为全区高质量发展输送更多专业技能人才。加快建设内蒙古职教园区，支持呼伦贝尔发展冰雪职业教育，全区职业教育"工匠班"、"订单班"在培学生达到3万人以上，培育产教融合型企业50家。继续推进大中小学思政教育一体化，深入开展中华优秀传统文化进校园、足球进校园、冰雪进校园等活动，促进学生德智体美劳全面发展。办好教育关键在好校长、好老师，要大力实施名师名校长培养工程，以京蒙协作教育倍增计划为契机、吸引更多京师来到内蒙古，采取非常之举、面向全国引进更多优秀教师，让内蒙古的孩子享受到更好教育。

更高水平的医疗服务是群众的热切期盼。要持续深化公立医院改革和高质量发展，深入实施京蒙协作医疗倍增计划，拓展蒙辽、蒙沪医疗合作，建设好4个国家区域医疗中心、20个自治区级专科区域医疗中心，加快建设包头、赤峰、乌海3个国家级紧密型城市医疗集团试点，推动多层次医联体和县域医共体建设。促进优质医疗资源扩容，加强中（蒙）医医疗体系建设，进一步增加护理服务供给，支持各地开设特需门诊、特需病房，选配好院长、培养好大夫，让群众在家门口就能享受到高质量医疗服务。

让"一老一小"得到更多呵护关爱。深入实施居家社区养老服务提质、机构养老服务升级、农村牧区养老服务扩面、养老服务综合保障强基4项工程，开工建设苏木乡镇区域养老服务中心170个、村级养老服务站1500个，完成特殊困难老年人家庭适老化改造1.3万户。完善生育支持政策体系，强化普惠托育服务体系建设，新增婴幼儿托位1.5万个。

建设宜居宜业和美乡村。学习运用"千万工程"经验，巩固拓展脱贫攻坚成果，提升乡村产业发展水平、乡村建设水平、乡村治理水平，让农牧民就地过上现代文明生活。完成2022户偏远农牧户电网延伸通电工程和2万户偏远农牧户、40个边防哨所新能源通电升级工程，实现全区行政村通电全覆盖。推进人口相对集中行政村生活垃圾和污水集中处理，力争生活垃圾收运处置体系覆盖率超过80%，具备生活污水处理设施的建制镇超过50%。

（十）坚决守好祖国"北大门"、当好首都"护城河"。有效防范化解各类风险隐患，全力构建高水平北疆安全体系，促进高质量发展和高水平安全良性互动。

打好安全生产翻身仗。启动实施安全生产治本攻坚三年行动，从零开始补课，抓牢抓实一线，突出重点领域和环节，严格落实各项制度和责任，坚决防范各类重大安全事故发生。强化安全生产科技支撑保障能力，开展"人工智能+"行动，加大力度推进矿山、危化品和金属冶炼等重点行业领域机械化换人、自动化减人、智能化无人。完善应急管理和物资保障体系，开展全要素全流程实战演练，切实提高防灾减灾抗灾救灾能力。

着力防范化解经济金融风险。坚持"减存遏增"全力化解政府债务，落实"1+8"化债方案，采取贴息一批、清零一批、退橙一批、纾困一批的措施，继续支持基层化债。促进房地产市场平稳健康发展，全力完成2.5万套保交楼任务。深入开展地方法人银行不良资产清收处置攻坚战、高风险机构歼灭战、边缘高风险机构阻击战，金融监管要"长牙带刺"，确保不发生系统性金融风险。

加强和创新社会治理。坚持和发展新时代"枫桥经验"，全面推行信访代办制，总结推广乌审旗"三分吸附法"，努力把矛盾纠纷化解在基层、解决在萌芽。深化平安内蒙古建设，健全"大数据+网格化"等基层治理平台，解决边境地区"空心化"问题，织密食药安全防线，严厉打击电信网络诈骗，守护好群众的幸福安康。

各位代表！铸牢中华民族共同体意识是民族地区各项工作的主线，这是习近平总书记在我区考察时提出的重要要求，各级政府所有工作都要紧紧围绕、毫不偏离这条主线。自治区党委制定了《关于全面贯彻铸牢中华民族共同体意识主线的若干措施》，我们要认认真真落实到位，始终牢记"六句话的事实和道理"，在"七个作模范"上体现担当作为，努力建设铸牢中华民族共同体意识示范区。我们内蒙古的干部群众尤其要深刻认识到，内蒙古新时代的发展成就，是在习近平总书记亲切关怀和指引下取得的；内蒙古作为模范自治区，模范就模范在听党的话上。在新时代继续保持模范自治区的崇高荣誉，人人都有责任，人人都要作贡献。有一首歌从50年代流传至今，"一棵树呀万朵花，各族人民是一家，永远跟着共产党，千年万载不分家"，这就是模范自治区的生动写照，也是各族草原儿女的共同心声！

面对新形势、新任务、新挑战，各级政府要时刻牢记"国之大者"，坚持把党的领导贯穿到政府工作各领域全过程，巩固拓展主题教育成果，落实"四下基层"制度，持续加强自身建设，当好贯彻党中央和自治区党委决策部署的执行者、行动派、实干家。要旗帜鲜明讲政治，牢牢把握政府机关首先是政治机关的定位，始终把讲政治摆在首位，坚定拥护"两个确立"、坚决做到"两个维护"，自觉在思想上政治上行动上同党中央保持高度一致。要依法履职，坚持依法决策、依法办事，依法接受人大监督，自觉接受政协民主监督，主动接受社会和舆论监督，进一步加强审计、财政、统计监督，让权力在阳光下运行。要真抓实干，坚决做到习近平总书记要求的"不折不扣、雷厉风行、求真务实、敢作善为"抓落实，定下来的事就紧抓快办，能往前赶就往前赶，有什么问题就解决什么问题，坚决不搞那些虚头巴脑、投机取巧、数据造假的东西，坚决不做那些急功近利、劳民伤财、竭泽而渔的事情。要干净廉洁，认真履行全面从严治党主体责任，持之以恒正风肃纪反腐，严格落实中央八项规定精神，习惯过紧日子，动真碰硬纠治"四风"，坚决整治"三多三少三慢"和"慢粗虚"作风顽疾，开短会、讲短话，发有实质性举措的文件，开展解决问题的调研，真正为基层减负。

各位代表！推进中国式现代化是最大的政治，坚持高质量发展是新时代的硬道理。让我们更加紧密地团结在以习近平同志为核心的党中央周围，在自治区党委带领下，牢记嘱托、感恩奋进，大力弘扬蒙古马精神，奋力书写中国式现代化的内蒙古新篇章！

附件1：自治区2024年33件民生实事清单

一、促进群众就业增收方面5件

1.帮扶就业困难人员实现就业5万人（牵头责任单位：自治区人力资源和社会保障厅）。

2.新增残疾人就业8000人以上（牵头责任单位：自治区残疾人联合会）。

3.组织培训家政服务从业人员1万名、家庭教育指导者1万名（牵头责任单位：自治区妇女联合会）。

4.持续深化拖欠农牧民工工资专项整治行动，保障农牧民工按时足额拿到工资（牵头责任单位：自治区人力资源和社会保障厅）。

5.为农牧户提供全链条、全环节农牧业社会化专业服务，新增服务面积200万亩（牵头责任单位：自治区农牧厅）。

二、加强社会保障方面11件

6.深入实施全民参保计划，推动基本养老保险参保人数达到1769万人（牵头责任单位：自治区人力资源和社会保障厅）。

7.三级、二级、一级医疗机构职工医保门诊统筹起付线由统一的1000元分别降到500元、300元、200元，退休人员分别降到300元、200元、50元；新建3176个嘎查村医保服务点、实现全覆盖（牵头责任单位：自治区医疗保障局）。

8.完成特殊困难老年人家庭适老化改造1.3万户，开工建设苏木乡镇区域养老服务中心170个、村级养老服务站1500个，拓展提升农村互助养老幸福院功能200个，新增老年助餐点1200个（牵头责任单位：自治区民政厅）。

9.新增婴幼儿托位1.5万个，全区每个旗县（市、区）至少建设1所公办托育服务机构（牵头责任单位：自治区卫生健康委员会）。

10.建立流动儿童在居住地享有基本关爱服务清单，新建改建县级（不包括市辖区）未成年人救助保护中心7个、达到"十四五"规划目标的93%（牵头责任单位：自治区民政厅）。

11.新建儿童（护童）之家50个，实现边境、边远旗县全覆盖（牵头责任单位：自治区妇女联合会）。

12.为6000户困难重度残疾人家庭实施无障碍改造，为6500名就业年龄段智力、精神及重度肢体残疾人开展托养服务（牵头责任单位：自治区残疾人联合会）。

13.实现农村牧区和城镇低保家庭适龄妇女"两癌"应筛尽

筛、应查尽查，新增宫颈癌九价疫苗100万人份，扩大适龄女性接种覆盖范围，实现愿接尽接（牵头责任单位：自治区卫生健康委员会）；对符合条件的低收入家庭确诊"两癌"妇女给予每人1万元救助（牵头责任单位：自治区妇女联合会）。

14.为低收入困难家庭和边境旗市、少数民族聚居区白内障患者免费实施复明手术3500例以上（牵头责任单位：自治区红十字会、自治区残疾人联合会）。

15.为边境地区低收入困难家庭免费实施膝髋关节置换手术200例以上（牵头责任单位：自治区红十字会）。

16.完成红十字应急救护取证培训6万人、普及性培训20万人次（牵头责任单位：自治区红十字会）。

三、优化基本公共服务方面6件

17.建设自治区级名校长工作室、名教师工作室各30个，选派1000名以上城区优秀教师到乡村薄弱学校开展支教帮扶（牵头责任单位：自治区教育厅）。

18.建设好4个国家区域医疗中心、20个自治区级专科区域医疗中心，加快建设包头、赤峰、乌海3个国家级紧密型城市医疗集团试点（牵头责任单位：自治区卫生健康委员会）。

19.在6个安宁疗护试点盟市每个旗县（市、区）至少建设1个安宁疗护病区（牵头责任单位：自治区卫生健康委员会）。

20.组织"乌兰牧骑演出万村行"，为各族群众提供文艺演出和基层服务1万场次以上（牵头责任单位：自治区文化和旅游厅）。

21.推出"高效办成一件事"服务套餐13个，开通12345热线挪车服务功能，新增"全区通办"政务服务事项150项，打造标杆型基层便民服务中心（站）24个、标准化工业园区政务服务站10

个（牵头责任单位：自治区政务服务与数据管理局）。

22.打造100个公安政务服务综合窗口和100个"一站式政务服务"公安派出所（牵头责任单位：自治区公安厅）。

四、改善群众居住环境方面11件

23.实施温暖工程，改造供热管道420公里（牵头责任单位：自治区住房和城乡建设厅）；为农牧民落实320万吨以上冬季取暖用煤，为集中供热企业落实1600万吨以上保供用煤，保障群众温暖过冬（牵头责任单位：自治区能源局）。

24.改造供排水老旧管道870公里、燃气管道210公里，新增停车泊位供给3万个（牵头责任单位：自治区住房和城乡建设厅）。

25.改造城镇老旧小区1185个、城市危旧房1500套、农村牧区危房3419户（牵头责任单位：自治区住房和城乡建设厅）。

26.建设保障性租赁住房1.69万套，为2万户城镇住房保障家庭发放租赁补贴（牵头责任单位：自治区住房和城乡建设厅）。

27.新建改扩建体育公园20个、群众滑冰场28个、"乒乓球进社区"项目150个（牵头责任单位：自治区体育局）。

28.完成100个人口1000人以上行政村生活垃圾集中处理（牵头责任单位：自治区住房和城乡建设厅）；完成400个行政村生活污水治理、10个人口3000人以上行政村生活污水集中处理（牵头责任单位：自治区生态环境厅）。

29.新建和改造提升农村牧区集中供水工程270处、分散式供水工程900处（牵头责任单位：自治区水利厅）。

30.新建农村牧区户厕5.5万个（牵头责任单位：自治区农牧厅）。

31.建设标准化村级寄递物流综合服务点5000个（牵头责任单位：自治区邮政管理局）。

32.完成2022户偏远农牧户电网延伸通电工程和2万户偏远农牧户、40个边防哨所新能源通电升级工程;实施650个老旧小区供电设施改造、2万个充电桩(站)配套接网改造(牵头责任单位:自治区能源局、内蒙古电力集团、国网内蒙古东部电力公司)。

33.开工建设农村牧区公路5000公里(牵头责任单位:自治区交通运输厅)。

附件2:《政府工作报告》有关名词解释

"一规划三方案":《内蒙古自治区"三北"工程六期规划(2021-2030年)》和《黄河"几字弯"攻坚战实施方案(2021-2030年)》、《科尔沁和浑善达克沙地歼灭战实施方案(2021-2030年)》、《河西走廊—塔克拉玛干沙漠边缘阻击战实施方案(2021-2030年)》。

蒙科聚科创平台:集成科技研发、资本运作、项目孵化、成果转化、知识产权保护等功能的创新驱动平台(www.mengkeju.com)。

"清四乱":清理整治危及行洪安全、影响河湖健康的乱占、乱采、乱堆、乱建现象。

"旅游四地":打造自驾游首选地、露营游佳选地、度假游必选地、康养游优选地。

京蒙协作"六个倍增计划":京蒙协作教育倍增计划、医疗倍增计划、农畜产品销售倍增计划、旅游倍增计划、产业合作倍增计划、科技创新倍增计划。

"代表+委员+法院"民商事纠纷化解机制:自治区人大常委会、政协和高级人民法院搭建平台,组织人大代表、政协委员参与民商事纠纷化解的基层社会治理机制。

食品"两超一非":食品生产环节超范围、超限量使用食品添加剂和非法添加非食用物质。

"三管三必须":管行业必须管安全、管业务必须管安全、管生产经营必须管安全。

办好两件大事的6部促进条例:《内蒙古自治区建设我国北方重要生态安全屏障促进条例》、《内蒙古自治区筑牢祖国北疆安全稳定屏障促进条例》、《内蒙古自治区建设国家重要能源和战略资源基地促进条例》、《内蒙古自治区建设国家重要农畜产品生产基地促进条例》、《内蒙古自治区建设国家向北开放重要桥头堡促进条例》、《内蒙古自治区全方位建设模范自治区促进条例》。

"七个摒弃":摒弃"我不如人"的念头、"发展不用太急了"的想法、"重过程不重结果"的意识、"没有成方不敢开药"的做法、"看眼前不看长远"的思维、"不讲细节、差不多就行"的心态、"重生产轻经营"的观念。

"六个工程":政策落地工程、防沙治沙和风电光伏一体化工程、温暖工程、诚信建设工程、科技"突围"工程、自贸区创建工程。

4个沙戈荒大型风电光伏基地:库布其沙漠鄂尔多斯中北部、库布其沙漠鄂尔多斯南部、腾格里沙漠东南部、乌兰布和沙漠东北部新能源基地。

"三大优势":能源产业优势、战略资源优势、农牧业优势。

"天骏计划":服务企业上市计划,通过动态挖掘筛选上市后备企业,实施"企业主动、政府推动、机构带动、社会联动"机制,形成"培育一批、辅导一批、申报一批、上市一批"梯次,构建"种苗子、选苗子、育苗子、送苗子"格局。

　　"三分吸附法"：乌审旗创造的完善基层治理经验做法，"三分"指小矛盾即知即调、复杂事项分流分调、疑难案件联管联调；"吸附"指将信访群众吸附在当地、矛盾纠纷化解在当地，实现群众不上行、问题不出旗、矛盾不上交。

　　"六句话的事实和道理"：内蒙古地区是中国共产党最早建立党组织的民族地区，内蒙古自治区是在中共中央直接领导下建立的，内蒙古是在党中央的支持下发展起来的，内蒙古工作中出现的重大偏差都是党中央帮助纠正的，内蒙古新时代的发展成就是在习近平总书记亲切关怀和指引下取得的，内蒙古作为模范自治区模范就模范在听党的话上。

　　"七个作模范"：在感党恩听党话、紧跟习近平总书记奋进新征程上作模范，在铸牢中华民族共同体意识上作模范，在民族地区推进中国式现代化建设中作模范，在边疆民族地区走向共同富裕的道路上作模范，在兴边稳边固边上作模范，在边疆地区联通国内国际双循环上作模范，在弘扬新风正气上作模范。

辽 宁 省
政府工作报告

——2024年1月23日在辽宁省第十四届
人民代表大会第二次会议上

省长　李乐成

各位代表：

现在，我代表省人民政府向大会报告工作，请予审议，并请省政协委员和其他列席人员提出意见。

一、2023年工作回顾

2023年，是全面贯彻党的二十大精神的开局之年，是三年新冠疫情防控转段后经济恢复发展的一年，在辽宁振兴发展历史上极不寻常、极不平凡。习近平总书记主持召开新时代推动东北全面振兴座谈会并发表重要讲话，为我们把脉定向、指路领航。党中央、国务院审议出台进一步推动新时代东北全面振兴取得新突破若干政策措施的意见，为加快全面振兴提供强劲动力。省委坚决贯彻习近平总书记重要讲话精神和党中央决策部署，先后作出实施全面振兴新突破三年行动和打造新时代"六地"的重大决策，团结带领全省人民感恩奋进、务实拼搏，辽沈大地迸发出打赢新时代"辽沈战役"的豪情壮志和磅礴力量。

过去一年，在省委坚强领导下，我们坚持以习近平新时代中国特色社会主义思想为指导，全面贯彻落实党的二十大精神，履行维护国家"五大安全"重要使命，完整、准确、全面贯彻新发展理念，笃定高质量发展不动摇，坚持稳中求进工作总基调，着力扩大内需、优化结构、提振信心、化解风险，经济总体回升向好。全省地区生产总值增长5.3%，十年来首次超过全国增速，总量突破3万亿；一般公共预算收入增长9.1%，规模以上工业增加值增长5%，固定资产投资增长4%，社会消费品零售总额增长8.8%，城镇新增就业47.9万人，城镇和农村居民人均可支配收入分别增长4.3%和7.9%，经济社会发展呈现出多年少有的良好局面。

一年来，我们顶住巨大压力，克服重重困难，谋非常之策、行非常之举、用非常之功，办成了许多事关长远的大事要事，全面振兴新突破三年行动首战告捷，辽宁全面振兴其时已至、其势已成、其兴可待！

（一）全力以赴稳增长，发展质效明显提升。面对严峻复杂的内外部环境和多重挑战，全面落实党中央、国务院稳经济一揽子宏观调控政策，因时因势出台稳经济27条、巩固增势20条政策举措。深入推进15项重大工程，一批事关国家"五大安全"的高质量项目落地实施。华锦阿美精细化工、徐大堡核电1号机组、华晨宝马全新动力电池等一批超百亿项目开工建设。阜奈高速、沈阳地铁2号线南延线和4号线、大连北站综合交通枢纽等一批重大交通基础设施投入运营。外贸结构优化升级，电动载人汽车、锂电池、太阳能电池"新三样"产品出口增长48.8%。消费快速回暖，旅游持续火爆，旅游总收入5022.6亿元，同比增长1.7倍，"山海有情·天辽地宁"叫响全国！

（二）凝心聚力抓创新，科教潜能持续释放。加快创建区域科技创新中心，高标准建设辽宁实验室，新建、重组全国重点实验室达11家。实施"揭榜挂帅"科技攻关项目120个。"国和一号"屏蔽电机主泵、"太行110"重型燃气轮机等大国重器在辽宁问世。新建省级中试基地14家。科技成果本地转化率55.5%，技术合同成交额增长30.8%。每万人口高价值发明专利拥有量7.05件。实施科技型企业梯度培育计划，新增"雏鹰""瞪羚"企业1029家、专精特新"小巨人"企业41家，十月稻田、微控飞轮实现我省"独角兽"企业零的突破，科技型中小企业达3.3万家。营口市获评国家创新驱动示范市。高校"双一流"建设取得新进展。组建97个省级现代产业学院。优化实施"兴辽英才计划"，遴选高水平人才和团队1047个。投入4.8亿元给予人才支持奖励和服务保障。新增两院院士6人，总数达61人。2个团队和3名个人获评国家卓越工程师奖。创新实施"百万学子留辽来辽"行动，引进海内外优秀博士和高级职称人才4387名，同比增长77%，引进高校毕业生40.1万名，同比增长20.8%，扭转了多年人才外流的不利局面，"孔雀向北飞"呈现良好态势！

（三）强链壮群筑根基，产业结构优化升级。聚力打造现代化产业体系，先进装备制造、石化和精细化工、冶金新材料、优质特色消费品工业4个万亿级产业基地和22个重点产业集群加快发展。推动传统制造业改造升级，完成重点钢铁企业超低排放改造项目523个，制定菱镁行业高质量发展实施意见，高技术制造业投资增长25.3%。大连市、丹东市、沈北新区、普兰店区获评国家消费品工业"三品"战略示范城市。深入实施产业基础再造和重大技术装备攻关工程，4家企业入选国家产业技术基础公共服务平台。推进战略性新兴产业集群发展，集成电路装备产业渐成规模。一体推进质量、标准、品牌强省建设，制造业产品质量合格率逐年提升，沈鼓集团、兴齐眼药荣获"全国质量奖"。强化数字赋能，培育省级工业互联网平台累计达87个、智能工厂和数字化车间累计达337个。成功举办2023全球工业互联网大会。获评全国首批制造业数字化转型贯标试点省份。鞍山西柳电子商务产业园获评全国电子商务示范基地。数字辽宁、智造强省建设迈出可喜步伐！

（四）综合施策优环境，改革攻坚取得突破。把优化营商环境作为先手棋、关键仗，召开全省优化营商环境大会，统筹推进"三个万件"行动，全面清理影响振兴发展的障碍。打造高效、规范、智慧的12345政务服务便民热线平台。举办2023数字营商环境改革创新发展峰会。在法治建设、守信践诺、降本增效、打造宜居环境上全面发力，加大力度清理拖欠企业账款，集中化解行政机关不履行法院生效判决问题。新增减税降费及退税缓费近400亿元。全省经营主体达515.9万户，同比增长9.4%。金融、财政、要素市场化等重点领域和关键环节改革不断深化，服务和融入全国统一大市场取得扎实成效。推进高速公路差异化收费改革，高速公路港口集装箱货车通行量增长23.4%。实施国有企业改革深化提升行动，鞍钢与凌钢市场化重组取得重大成果。掀起央地合作热潮，洽谈签约实施重大项目156个。举办全国知名民企高端峰会。新增外资企业959家。国企敢干、民企敢闯、外企敢投的氛围日渐浓厚！

（五）全力打造新前沿，开放合作深化拓展。深度融入共建"一带一路"，3项成果入选第三届"一带一路"国际合作高峰论坛成果清单。第四届辽洽会、首届全球辽商大会取得丰硕成果。辽宁自贸试验区两项创新经验在全国推广。加强与国家重大战略对接，赴黑吉蒙、江浙沪皖粤、新疆西藏等地学习考察、加强合作。与日本神奈川县、韩国京畿道等开展缔结友城关系纪念活动，对日韩进出口增长2.5%。赴德国、沙特等国家开展友好访问和经贸人文交流，推进华晨宝马、华锦阿美等重大外资项目取得重要进展。举办首届中俄地方投资发展与贸易合作大会，对俄进出口增长53%。开展辽宁—长三角、京津冀、粤港澳大湾区系列招商引资促进周活动，招商引资实际到位资金增长16%，实际利用外资33.8亿美元。"山海关不住、投资到辽宁"正在成为新的社会共识！

（六）坚持不懈强三农，乡村振兴扎实推进。始终把保障国家粮食安全作为首要担当，严守耕地保护红线，粮食产量512.7亿斤，创历史新高。新建和改造高标准农田296万亩，分类实施黑土地保护工程1000万亩。提前完成国家"十四五"大型灌区现代化改造任务。新增农产品加工集聚区4个。创建辽育白牛国家优势特色产业集群、台安县和大石桥市国家现代农业产业园、灯塔市柳河子镇等5个国家农业产业强镇。学习"千万工程"经验，深入实施农村环境净化整治专项行动，建设乡村振兴示范带23条、美丽宜居村1020个。农村生产生活条件持续改善，脱贫攻坚成果巩固拓展，"三农"基本盘更加坚实。

（七）多极发力促协调，区域发展蓄势聚能。深入推进"一圈一带两区"建设，沈阳、大连地区生产总值分别增长6.1%和6%，双核辐射引领作用增强。京沈高铁实现"公交化"开行，沈大一站直达高铁增至9列。《沈阳都市圈发展规划》获批实施，共建产业合作园区6个，152个高频事项实现跨域通办。发展海洋经济，重点船舶企业手持订单量增长17.9%，大连国家远洋渔业基地启动建设，新增国家级海洋牧场示范区4个。制定实施加快港口高质量发展意见，集装箱吞吐量增长8%。辽西承接京津冀产业转移项目107个、总投资980亿元。辽东绿色经济区建设绿色低碳产业集聚区10个。优势互补、协调发展的区域经济布局加快形成。

（八）**持续用力护生态，绿色底蕴更加浓厚**。坚决打好污染防治攻坚战，扎实做好中央生态环保督察反馈问题整改。开展省际大气污染联防联控，$PM_{2.5}$年平均浓度32.4微克/立方米。深入开展城市黑臭水体、辽河及渤海（辽宁段）综合治理行动，国考地表水断面优良水质比例85.3%。实施辽浑太山水林田湖草沙一体化保护和修复工程，完成生态修复面积123万亩。打响科尔沁沙地歼灭战，治理沙化林草土地面积10.1万亩。实施抚顺西露天矿、阜新海州露天矿等废弃矿山复绿行动，治理14.8万亩。新建绿色矿山107个。加快推进科学绿化试点示范省建设，营造林258.9万亩。稳步推进辽河口国家公园、沈阳国家植物园创建。本溪市、庄河市、沈北新区获批国家生态文明建设示范区，西丰县获批国家"绿水青山就是金山银山"实践创新基地。清洁能源强省建设加快推进，非化石能源装机占比达48.5%。绿色正在成为辽宁高质量发展的鲜明底色！

（九）**倾情倾力惠民生，各项事业全面进步**。一般公共预算支出用于民生比重76.5%。优化调整稳就业政策措施，稳定岗位332万个。退休人员基本养老金人均增长3.8%，城乡低保月均标准分别提高到753元和601元。实施职工医保门诊共济保障机制改革。工伤保险实现省级统筹。完善养老服务体系。沈阳市、阜新市入选国家儿童友好城市试点。新冠肺炎疫情防控平稳转段。完成国家中医疫病防治基地和省级区域性紧急医学救援基地建设。落实"五育"并举，"双减"成果持续巩固。优质特色高中覆盖率提高到56.7%。农村义务教育学生营养改善计划惠及学生40余万名。扎实推进城市更新行动，改造老旧小区1428个、老旧管网7842公里，新建口袋公园1300个。葫芦岛市入选国家海绵城市建设示范城市。文化体育事业繁荣发展，中华文明探源工程确认牛河梁遗址为"古国时代"第一阶段代表，长城国家文化公园（辽宁段）建设取得阶段性成果，舞蹈《散乐图》、文物展"和合中国"荣获国家级大奖，省第十二届艺术节精彩纷呈，"欢乐冰雪·辽宁冬韵"入选全国十大冬季旅游线路。获批承办第十五届全国冬运会，成功举办省第十四届运动会暨省残运会，辽宁男篮卫冕CBA联赛总冠军，极大提振了辽宁人民振兴发展的精气神！

（十）积极稳妥保安全，社会大局和谐稳定。金融化险改革取得重要进展，辽宁农商银行挂牌运营，10家城商行化险改革稳妥实施。金融服务实体经济能力增强，全国性大型商业银行新增贷款同比增长10.2%，增速创7年来新高。新增境内外上市公司6家。阜新市、绥中县、沈河区入选中央财政支持普惠金融发展示范区。制定实施地方债务风险化解方案。稳妥处置房地产领域风险，完成"保交楼"年度任务。开展重大事故隐患专项排查整治行动，严肃查处"1·15""6·27"等安全生产事故责任人，持续推动国务院安委会15条硬措施和我省50条具体举措落地见效。食品药品安全形势稳定向好。盘锦市获评国家食品安全示范城市。扎实开展"万件化访"行动。调解社会矛盾纠纷27万件。深入开展"平安护航"专项行动，常态化推进扫黑除恶斗争，依法打击电信网络诈骗犯罪，刑事、治安警情同比分别下降24.6%和15.3%。沈阳市、锦州市获评首批全国社会治安防控体系示范城市。防灾减灾救灾工作体系逐步完善，成功应对16轮强降雨过程，累计转移避险近13万人，实现安全度汛。辽宁以一域之稳为全局之安作出重要贡献！

一年来，我们扎实做好国防动员、双拥共建、边海防、人民防空、民兵预备役和退役军人服务保障工作。庄重举行第十批在韩志愿军烈士遗骸归国安葬仪式。开展第五次全国经济普查。民族宗教、外事侨务、港澳台、新闻出版、广播电视、参事文史、社科研究、气象地震、地质测绘、援疆援藏等工作取得新成效，工会、青少年、妇女儿童、老龄、慈善、残疾人等事业取得新进展。

一年来，我们坚持和加强党的全面领导，坚持不懈推进全面从严治党，持续净化政治生态。开展学习贯彻习近平新时代中国特色社会主义思想主题教育。严格落实中央八项规定及其实施细则精神，驰而不息正风肃纪，持续为基层减负。自觉接受省人大及其常委会法律监督、工作监督和省政协民主监督，481件人大代表议案建议、485件政协提案全部办结。提请省人大常委会审议地方性法规6件，制定省政府规章1件，法治政府建设持续推进。

各位代表，过去的一年，省委团结带领全省人民，一手抓高质量发展，一手抓全面从严治党，攻坚克难、砥砺奋进，辽宁经济运行低速徘徊的态势发生重大转变、干部干事创业的精神状态发生重大转变、辽宁营商环境发生重大转变、外界对辽宁的预期发生重大转变。这些突破性、转折性、历史性的新变化来之不易，根本在于以习近平同志为核心的党中央坚强领导，根本在于习近平新时代中国特色社会主义思想科学指引，是全省人民团结奋斗的结果，每个人都用了力，每个人都了不起！在此，我代表省人民政府，向全省各族人民，向各位人大代表、政协委员，向各民主党派、工商联、各人民团体和各界人士，向驻辽中央单位和人民解放军、武警官兵、公安干警、消防救援队伍指战员，致以崇高敬意！向所有关心和支持辽宁振兴发展的港澳台同胞、海外侨胞及国际友人，表示衷心感谢！

在总结成绩的同时，我们也清醒认识到：经济恢复的基础还不牢固，有效需求不足，部分行业产能过剩；营商环境仍需改善，民间投资意愿不强，区域发展不平衡，开放合作水平有待提升；地方债务、房地产领域、中小金融机构风险交织，安全生产形势依然严峻；基层"三保"困难较大，就业、教育、医疗等民生领域还有不少短板；政府系统部分干部思想解放不够，敢闯敢试的动力不足，等等。这些问题都是发展中的困难、成长中的烦恼，我们决心直面矛盾问题，采取有力有效措施加以解决。

二、2024年工作安排

今年是中华人民共和国成立75周年，是实现"十四五"规划目标任务的关键一年，是推进全面振兴新突破三年行动的攻坚之年，做好今年工作至关重要。

当前，世界经济形势依然低迷，外部环境不稳定、不确定、难预料因素增多。但我国经济韧性强、潜力大、活力足，回升向好、长期向好的基本趋势没有改变。习近平总书记为辽宁全面振兴擘画蓝图、指引航程，党中央、国务院系列重大政策红利加快释放，省委十三届六次全会提出奋力谱写中国式现代化辽宁新篇章的战略任务，全省人民以强烈的历史主动精神，加快推动全面振兴新突破，辽宁正处在十分宝贵的战略机遇期、政策叠加的红利释放期、发展动能的加快集聚期、产业升级的转型关键期、跨越赶超的发展窗口期。我们要坚定不移沿着习近平总书记指引的方向勇毅前行，以狭路相逢勇者胜的锐气，以不达目的不罢休的韧劲，敢闯敢干加实干，创新创业加创造，重塑优势、再铸辉煌！

今年政府工作的总体要求是：以习近平新时代中国特色社会主义思想为指导，全面贯彻落实党的二十大和二十届二中全会精神，深入学习贯彻习近平总书记关于东北、辽宁振兴发展的重要讲话和指示批示精神，认真贯彻落实中央经济工作会议精神及省委十三届五次、六次全会和省委经济工作会议部署，坚持稳中求进工作总基调，完整、准确、全面贯彻新发展理念，牢牢把握辽宁维护国家"五大安全"重要使命，牢牢把握高质量发展这个首要任务和构建新发展格局这个战略任务，统筹扩大内需和深化供给侧结构性改革，统筹新型城镇化和乡村全面振兴，统筹高质量发展和高水平安全，锚定新时代"六地"目标定位，以实施全面振兴新突破三年行动为总牵引，全面深化改革开放，大力推动科技创新，切实增强经济活力、防范化解风险、改善社会预期，聚力实施"八大攻坚"，持续推动经济实现质的有效提升和量的合理增长，增进民生福祉，保持社会稳定，打好打赢攻坚之年攻坚之战，奋力谱写中国式现代化辽宁新篇章。

今年全省经济社会发展的主要预期目标是：地区生产总值增长5.5%左右，一般公共预算收入增长5%，规模以上工业增加值增长5.5%，固定资产投资增长10%，社会消费品零售总额增长8%，进出口总额增长6%，城镇新增就业46万人、城镇调查失业率控制在5.5%以内，居民消费价格涨幅3%左右，居民人均可支配收入增长与经济增长基本同步，粮食产量500亿斤左右，单位地区生产总值能耗完成国家下达任务。确定这样的目标，充分考虑了全面振兴所需和现实条件可能，是"跳起来摘桃子"积极可行的目标，是实施三年行动的硬任务，是增进民生福祉的硬要求，是防范化解风险的硬保障。

在此基础上，我们要通过全面振兴新突破三年行动，推动沈阳、大连跨入地区生产总值过万亿城市行列，打造升级先进装备制造、石化和精细化工、冶金新材料、优质特色消费品工业4个万亿级产业基地，巩固工业增加值、社会消费品零售总额万亿以上发展水平，推动固定资产投资、进出口总额等稳步跨过万亿级台阶。实现这些"万亿梦"，辽宁就会在高质量发展新征程上展现更加光明的前景！我们必须迎难而上、勇往直前，以当年坚守塔山的精神把不可能变为可能，以一举"攻克锦州"的气魄把艰险踩在脚下，战胜困难、夺取胜利！

做好今年工作，我们要坚持党的全面领导，扛牢维护国家"五大安全"重要使命，必须把坚持高质量发展作为新时代的硬道理，必须坚持深化供给侧结构性改革和着力扩大有效需求协同发力，必须坚持依靠改革开放增强发展内生动力，必须坚持高质量发展和高水平安全良性互动，必须把推进中国式现代化作为最大的政治，聚焦经济建设这一中心工作和高质量发展这一首要任务，坚持以人民为中心的发展思想，坚持稳中求进、以进促稳、先立后破，咬定目标不放松、一张蓝图绘到底，全力打造辽宁新时代"六地"。在具体工作中，我们要坚持解放思想、开拓创新，迎着困难上、顶着风雨走，勇于冲破体制机制束缚，以敢闯敢试的锐气开创振兴发展新局面；我们要坚持着眼全局、重点突破，善于在维护国家"五大安全"中谋项目、抓发展，在支撑国家重大战略中抓机遇、求突破；我们要坚持统筹兼顾、远近结合，始终把握速度与质量、宏观数据与微观感受、经济发展与民生改善、发展与安全的关系，定政策要打好提前量、留出冗余度，抓落实要注重有效性、增强获得感；我们要坚持创先争优、拼抢争实，同优者对标，向强者学习，与胜者赛跑，闯字为先、干字当头、实字为要，拼出血性、抢占先机、争得优势、善作善成；我们要坚持问题导向、底线思维，把困难和风险估量得更充分一些，学会在两难多难困境中作出合理选择，在多元约束下找到最佳方案，在守好底线中勇攀高峰，以创造性作为打好打赢攻坚之年的攻坚之战！

今年要重点在以下八个方面攻坚突破。

（一）壮大经济实力，在保持经济赶超势头上攻坚突破。 统筹扩大内需和优化供给，推动消费和投资相促进、锻长板和补短板齐发力，全力推动经济稳中向好。

推动有效投资持续增长。紧跟中央投资方向、紧盯国家重大生产力布局、紧贴辽宁实际，深入实施15项重大工程。加快建设现代化基础设施体系，抓好高铁网、新型电网、新一代移动通信等设施建设，适度超前建设一批"平急两用"公共基础设施。推进大连金州湾国际机场、沈白高铁、京哈高速改扩建、辽河干流防洪提升工程等项目加快建设，开工建设秦沈和新阜高速公路等项目，加快推进沈阳桃仙机场二跑道、沈阳都市圈环线、本庄高速、辽东半岛水资源配置等前期工作。加大制造业投资力度，加快中化扬农精细化工、建发盛海铜产业链等项目建设，实施大连船舶、大连石化和沈飞局部搬迁改造升级，开工建设华电丹东风电装备等项目。发挥重大项目牵引和政府投资撬动作用，鼓励民间资本参与重大工程项目建设，争取更多优质项目落地辽宁。

促进消费潜能充分释放。持续开展"乐购辽宁·惠享美好"促消费系列活动。提振新能源汽车、电子产品等大宗消费，大力发展数字消费、绿色消费、健康消费，积极培育智能家居、文娱旅游、体育赛事、国货潮品等消费新增长点。发展电商直播，打造创新型、体验型、沉浸式消费新场景。加快沈阳、大连创建国际消费中心城市步伐，推动一批省级示范步行街改造提升。推进县域商业创新发展，完善县乡村电子商务和物流快递配送体系。做强做优冰雪经济，建设沈阳王家湾冰上运动中心和抚顺龙岗山雪上运动中心，推动冰雪运动、冰雪文化、冰雪旅游、冰雪装备加快发展，打造全国大众冰雪旅游体验IP，全力建设优质冰雪品牌和冰雪旅游胜地。

加快补短板强弱项。向短板要增量，向差距要潜能，向劣势求突破。推动县域经济发展取得新突破。完善县域经济发展推进机制，坚持一县一业、一乡一品，培育一批工业强县、特色农业县和生态旅游县，打造一批特色乡镇。推动以县城为重要载体的新型城镇化建设，加快县域产业集聚升级，推动县城公共服务设施提标扩面，形成城乡融合发展新格局。推动民营经济实现大发展。依法保护企业和企业家合法权益。持续破除市场准入隐性壁垒，切实保障各类经营主体公平竞争。实施民营企业家培育计划。持续深化领导干部进园区进企业服务振兴新突破专项行动。着力构建亲清新型政商关系，让企业家安心经营、放心投资、专心创业。建设海洋经济强省。坚持向海图强、向海而兴，建立陆海统筹的生态系统保护修复机制，增强可持续发展能力。实施海洋科技创新能力提升行动，高标准建设涉海国家级创新平台。发展壮大船舶与海洋工程装备、海洋生物医药、海洋新材料、海洋信息、航运服务等产业，做大做强海洋牧场和滨海旅游，建设海洋强国战略的东北支点，打造振兴发展蓝色引擎！

全力促进区域协调发展。发挥沈阳、大连双核引领作用，加快形成优势互补、高质量发展的区域经济布局。加快沈阳现代化都市圈一体化发展。支持沈阳对标国家中心城市加快"一枢纽、四中心"建设，支持沈抚改革创新示范区"三区一引擎"建设。都市圈跨域通办事项超过200项。构建区域创新共同体，完善一体化人才政策，共建产业合作园区，打造新型工业化示范区。高质量建设辽宁沿海经济带。支持大连现代海洋城市建设，推进"两先区""三个中心"建设提质升级。健全沿海六市协同联动发展机制，推动协同开放创新。加快辽河三角洲高质量发展试验区和北黄海经济合作区建设。推动太平湾合作创新区高质量发展。支持丹东创建国家级沿海渔港经济区。推进辽西融入京津冀协同发展战略先导区建设。支持辽西打造京津冀科技成果孵化基地和创新创业示范基地。支持锦州建设区域中心城市，支持阜新、朝阳发展陆上风光新能源，支持葫芦岛建设辽宁东戴河"带土移植"中心。建设辽西文化走廊，打造面向京津冀休闲旅游目的地。推动辽东绿色经济区建设。因地制宜发展以林药、林菌、林菜为主的林下经济，加强天然林保护，做优做强生态农业、循环农业和观光农业，建设绿色发展示范区、绿色旅游发展先行区。

（二）强化创新引领，在开辟新领域新赛道上攻坚突破。深入实施创新驱动发展战略，打造重大技术创新策源地，塑造发展新动能新优势。

创建具有全国影响力的区域科技创新中心。推进重点实验室发展，加快建设辽宁实验室，积极创建国家实验室辽宁基地，支持先进光源、超大深部工程、海洋工程环境实验与模拟设施等大科学装置预研项目建设。加快沈阳浑南科技城、大连英歌石科学城、沈抚科创园建设，打造沈大科技创新和产业孵化走廊。支持科技领军企业实施科技重大专项，在新材料、精细化工、高端装备制造、集成电路和工业软件等领域攻克一批卡脖子难题。实施科技型企业培育壮大工程，新增高新技术企业1500家、科技型中小企业6000家。加强知识产权保护，推进高价值发明专利培育和知识产权转化运用。健全平台、项目、人才、资金等资源一体化配置机制，支持龙头企业牵头组建创新联合体，以"高校院所+科技园区"方式共建创新园区，共建共享辽宁盘锦精细化工等中试基地和应用验证平台，实施科技成果转移转化创新改革试点，科技成果本地转化率达到57%。

加快形成新质生产力。着力推进新材料、航空航天、低空经济、机器人、生物医药和医疗装备、新能源汽车、集成电路装备等战略性新兴产业融合集群发展。前瞻性布局未来产业，在人工智能、元宇宙、深海深地开发、增材制造、柔性电子、氢能储能、细胞治疗、生物育种等方面，加快推动技术产品化、产品产业化。实施制造业数字化转型和中小企业数字化赋能行动，推进20个以上5G工厂、10个以上"5G+工业互联网"融合应用先导区建设，累计建成省级数字化车间、智能工厂超500个，建成省级工业互联网平台超百个。支持沈阳、大连深入开展国家中小企业数字化转型试点，打造沈阳北方算谷、大连数谷，培育数字经济新优势。

打造面向东北亚的国际化人才高地。坚持"引育用留"并举，深入实施"兴辽英才计划"，遴选支持一批重点领域急需紧缺人才和产业链人才。深化"手拉手"以才引才、"百万学子留辽来辽"行动，支持海内外青年人才来辽创新创业，让青年人才挑大梁。建设青年发展型省份。深化与全国重点高校合作，实施科教人才专项行动。组织科学家与企业家有效对接，发挥院士等领军专家人才作用。创新人才管理、评价、使用和激励机制，落实奖励补贴、住房安居、子女入学、医疗服务等政策，为各类人才创新创业创造更好条件、更优环境，集聚天下英才、共襄振兴伟业！

（三）加快动能转换，在构建现代化产业体系上攻坚突破。扎实做好结构调整"三篇大文章"，加快建设数字辽宁、智造强省，全力打造具有国际竞争力的先进制造业新高地。

全力塑造制造业新优势。推动新型工业化，深入实施产业基础再造和重大技术装备攻关工程，实施制造业重点产业链高质量发展行动，加快20个国家新型工业化产业示范基地建设。落实工业企业技术改造升级导向计划，支持开展新一轮技术改造和设备更新。加强质量支撑和标准引领，深化质量实绩考核。开展先进制造业集群专项行动，推进沈阳机器人及智能制造国家级先进制造业集群向世界级迈进，高标准建设一批专业化园区、配套园区、特色园区。高质量建设22个重点产业集群，全力打造4个万亿级产业基地。装备制造业要向高新突破，促进数控机床、电力装备等优势产业产品迭代升级，高端装备制造业规模占比提高到27.5%；石化和精细化工产业要向下游延伸，持续推进减油增化、减油增特，化工精细化率提高到48%；冶金新材料产业要向精深拓展，发展新一代汽车用钢、特种船舶用钢，提高菱镁精深加工水平，先进冶金新材料占比提高到28.5%；消费品工业要向优质特色发力，做强食品、纺织服装、包装、智能家居、特色轻工、生物医药和先进医疗装备等产业，让"老底子"成为新支撑、"老名片"绽放新魅力！

大力发展现代服务业。推动现代服务业与先进制造业融合发展，加快研发设计、商务服务、现代金融、现代物流等生产性服务业向专业化和价值链高端延伸。坚定不移走中国特色金融发展之路，统筹推进经济和金融高质量发展，深化金融供给侧结构性改革，做好科技金融、绿色金融、普惠金融、养老金融、数字金融"五篇大文章"，提升金融服务实体经济能力。探索建设沈大东北亚区域性金融中心。用好资本市场，发挥好辽宁产业投资基金作用，加大企业上市支持力度，用好债券融资工具，提高直接融资比例。加快沈阳、大连、营口国家物流枢纽建设，支持锦州创建国家物流枢纽。发展会展经济，支持沈阳、大连打造东北亚国际会展名城。培育一批"辽宁优品"群体，提升"辽宁服务"品牌。推动批零住餐、现代商贸、医疗康养、家政服务等生活性服务业提质升级，更好满足人民群众多层次、多样化、高品质需求。

培育壮大经营主体。持续推动各项惠企政策落实，及时制定实施一批助企纾困的增量政策，推动直达快享、免申即享。深化电力市场化改革，推广高速公路差异化收费经验，推动物流降本增效改革，持续降低企业生产经营成本和制度性交易成本。健全涉企收费长效监管机制，完善拖欠企业账款常态化预防和清理机制。加快构建经营主体全生命周期服务体系。坚持"三企联动""三资齐抓"，引进培育一批具有行业引领力的头部企业，壮大一批"四上"企业，发展一批"专精特新"中小企业，培育一批"名特优新"个体工商户，加快形成大企业顶天立地、中小企业铺天盖地的良好局面！

（四）推进乡村振兴，在建设农业强省上攻坚突破。把乡村全面振兴作为"三农"工作总抓手，坚持农业农村优先发展，一体推进农业农村现代化，打造现代化大农业发展先行地。

筑牢粮食安全保障根基。严格落实耕地保护和粮食安全保障责任制，确保粮食播种面积稳定在5303万亩以上。分类实施黑土地保护工程，推进黑土区侵蚀沟治理，加强重点涝区治理，争创国家高标准农田高水平建设示范省。实施大中型灌区续建配套与现代化节水改造，支持辽阳灌区深化农业水价综合改革和现代化建设国家试点。加快高端智能农机装备推广应用。扎实推进种业振兴行动。迭代升级设施农业。深入实施"三品一标"行动，推进"辽字号"农业品牌建设。坚持产业兴农、质量兴农、绿色兴农，建设41个特色产业发展优势区，加快粮油、畜禽、水产等3个千亿产业集群和6个国家优势特色产业集群建设，打造食品工业大省，让更多辽宁食品享誉中外。

扎实推进宜居宜业和美乡村建设。深入实施乡村建设行动，因地制宜编制村庄规划，打造乡村旅游重点村100个、美丽宜居村1000个、乡村振兴示范带43条。建设改造农村公路6000公里，建设"一事一议"村内道路5500公里。建设农村供水工程300处。加快村庄绿化美化亮化建设。持续开展农村环境净化整治，强化农村生活垃圾、黑臭水体综合治理，健全长效管护机制，让农村环境新变化更加可感可及！

激发农业农村发展活力。深化农村改革，稳妥推进第二轮土地承包到期后再延长30年试点，完成农村宅基地两项试点任务。因地制宜发展新型农村集体经济，积极培育新型农业经营主体，完善联农带农机制，让农民深度融入产业链、价值链。实施农民增收促进行动，拓宽农民增收致富渠道。提高脱贫攻坚质效，牢牢守住不发生规模性返贫底线。

（五）激发动力活力，在深化改革开放上攻坚突破。深化重点领域改革，扩大高水平对外开放，加快建设东北亚开放合作枢纽地。

打造营商环境升级版。坚持以群众和经营主体评价为第一标准，全力打造市场化、法治化、国际化营商环境。深入开展涉企业、涉信访、涉超期案件专项监督三年行动，坚决整治乱收费、乱罚款、乱摊派，打造稳定、透明、规范、可预期的法治环境。常态化开展政府失信行为整治，推进诚信政府和诚信社会建设。加快公共数据共享应用，提升"一网通办"效能。推进公共资源"一网交易"改革。深化"高效办成一件事"改革，深入开展营商环境问题"万件清理"专项行动，真正让群众满意、让经营主体称赞、让外界认可，奋力实现营商环境根本性好转！

深化国资国企改革。持续实施国企改革深化提升行动，推进国有企业布局调整，加快国有资本向重要行业和关键领域集中，做强做优做大国有企业。深化央地合作，积极对接央企战略性新兴产业焕新行动和未来产业启航行动，推动合作项目加快落地，创造条件吸引央企在辽宁设立区域总部，支持有条件的驻辽央企分公司改制为独立法人子公司。全面推行企业新型经营责任制，更深推进三项制度改革，提高核心竞争力。

打造对外开放新前沿。深度融入共建"一带一路"，推进向北向东开放。提升开放平台能级。深入实施辽宁自贸试验区提升战略，推动大连片区整合提升，推进沈阳服务业扩大开放综合试点。支持沈阳创建国家临空经济示范区。支持大连金普国家级新区创新发展。支持丹东创建沿边重点开发开放试验区。深化开发区体制机制改革，提高土地投资强度和亩均产出效益，推动开发区提质升级。加快海关特殊监管区高质量发展。推动丹东、盘锦等高新区进位升级。办好夏季达沃斯论坛，提升辽洽会影响力。打造东北海陆大通道。支持沈阳建设国家中欧班列集结中心，推进大连东北亚国际航运中心建设。加快运产贸一体化，推动"经济通道"向"通道经济""落地经济"转变。发展开放型经济。加快沈阳、大连等国家跨境电商综合试验区建设，支持布局海外仓，推进市场采购贸易、保税维修和转口贸易等外贸新业态发展。支持大连国家全面深化服务贸易创新发展试点城市建设。支持丹东边境贸易创新发展，推动互市贸易区建设。加快建设国家进口贸易促进创新示范区。积极开展主题招商、产业链招商、以商招商，招商引资实际到位资金增长10%以上。深化区域协同合作。深度对接国家重大区域战略，共建共享国内统一大市场。推动对口合作走深走实。推进东北三省一区共建物流、能源通道和科技创新、制造业走廊，探索哈长沈大东北城市群建设，开创区域协调高质量发展新局面。

（六）统筹发展安全，在建设平安辽宁上攻坚突破。坚定不移贯彻总体国家安全观，以安全保发展、以发展促安全。

有效防范化解风险。持续推进城商行深化改革，完成全省农信系统整体改革，引导中小银行深耕本地、专注主业、回归本源。严格落实一揽子化债方案，统筹化债资金资产资源和政策举措，妥善处置存量债务，坚决遏制隐性债务。深化省以下财政体制改革，加大财力下沉力度，严肃财经纪律，落实党政机关过紧日子要求，切实兜牢基层"三保"底线。统筹推进保交楼、治"烂尾"、去库存，妥善处置高风险房企和项目，更好支持刚性和改善性住房需求，加快构建房地产发展新模式，促进房地产市场平稳健康发展。防止各类风险叠加碰头，坚决守住不发生区域性、系统性风险底线。

筑牢公共安全防线。开展安全生产治本攻坚行动，加强重点行业、重点领域安全监管，压实安全生产责任，坚决遏制重特大事故发生。开展食品药品安全三年攻坚行动，严守"三品一特"安全底线。加快建设多灾种综合性应急指挥中心，切实提高应急处置保障能力和救援效能，高效精准做好防灾减灾救灾工作。

创新加强社会治理。强化社会治安整体防控，推进市域社会治理现代化，构建共建共治共享基层社会治理格局。坚持和发展新时代"枫桥经验"，全面推进信访工作法治化，持续深入开展信访积案攻坚"万件化访"行动。加快推进公安工作现代化，加强智慧公安建设，健全公安警务运行机制，推进扫黑除恶常态化，依法严厉打击电信网络诈骗、跨境赌博等违法犯罪，全力维护社会大局和谐稳定。

（七）坚持绿色低碳，在建设美丽辽宁上攻坚突破。深入推进生态文明建设和绿色低碳发展，促进人与自然和谐共生。

深入打好污染防治攻坚战。持续推进中央生态环保督察反馈意见整改。落实国家空气质量改善行动计划，统筹重污染天气消除、臭氧污染防治和柴油货车污染治理，持续推进北方地区清洁取暖和重点行业超低排放改造。强化河湖长制，深化辽河流域、近岸海域等综合治理，创建"美丽河湖""美丽海湾"。以县级以上城市为重点深化黑臭水体排查整治，提升城镇污水处理质效。强化土壤污染源头防控，加强固体废物综合治理，高水平推动沈阳、大连、盘锦国家无废城市建设，让辽宁青山常在、绿水长流、空气常新！

持续打好生态修复保卫战。推进省级水网先导区建设。加快推进辽河口国家公园创立。高标准建设科学绿化试点示范省，推进小流域综合治理，持续打好科尔沁沙地歼灭战，营造林140万亩。加快采煤沉陷区和抚顺西露天矿、阜新海州露天矿等矿坑综合治理，深入推进废弃矿山复绿行动。强化用水总量、强度双控，推进县级以上集中式饮用水水源地规范化建设和保护。

坚决打好低碳转型持久战。稳步实施碳达峰行动，支持沈阳、大连建设国家碳达峰试点。推进钢铁、石化、建筑、交通等重点领域清洁低碳转型，创建绿色工厂、绿色供应链和绿色工业园区。发展循环经济，支持辽阳建设再生铝加工利用基地。发展绿色低碳建筑，支持沈阳打造节能环保产业聚集地。全力推进风电、光伏规模化开发利用，发展壮大氢能产业集群，稳步推进徐大堡、庄河核电基地建设，有序推进朝阳、兴城、大雅河等抽水蓄能电站建设，支持沈阳、大连先进储能装备研发和制造基地建设，加快建设风光火核储一体化能源基地，全力打造清洁能源强省。

（八）增进民生福祉，在保障和改善民生上攻坚突破。坚持尽力而为、量力而行，兜住、兜准、兜牢民生底线，让振兴发展成果更多更公平惠及全省人民。

积极扩就业促增收。制定实施促进高质量充分就业的实施意见。支持高校毕业生等青年群体创新创业，加大对高校毕业生、退役军人、农民工、残疾人等重点群体就业帮扶力度，确保零就业家庭至少一人实现就业。加强灵活就业和新就业形态劳动者权益保障，根治拖欠农民工工资问题。健全经济发展与收入增长联动机制，加大税收、社会保障、转移支付等调节力度，完善收入分配制度，使全省人民朝着共同富裕的目标扎实迈进！

健全社会保障体系。完善多层次养老保险体系，确保养老金按时足额发放。推动基本医疗保险省级统筹，完善大病保险和医疗救助制度，扩大药品耗材带量采购品类，提升异地就医直接结算率。健全社会救助体系，强化困境儿童、经济困难失能老年人、残疾人等特殊群体关爱帮扶，加强特困人员供养服务保障。做好被征地农民补偿安置费拖欠化解工作。完善生育支持政策，持续降低生育、养育、教育成本。实施普惠托育服务专项行动，开展国家婴幼儿照护服务示范城市创建。积极发展养老事业、养老产业，培育银发经济，实施特殊困难老年人家庭适老化改造1.5万户，加快建立居家社区机构相协调、医养康养相结合的养老服务体系。大力建设保障性住房，推动将符合条件的进城农民工纳入城镇住房保障范围。实施城市更新行动，全面开展城市体检。稳步推进城中村改造，加快城市地下管网改造，改造老旧小区700个、老旧管网4600公里。建设海绵城市，实施城市排水防涝能力提升工程。统筹推进"口袋公园"、城市绿道、城市水廊和完整社区试点建设，打造更多高品质生活空间。

加快建设教育强省。落实立德树人根本任务，推动学前教育普及普惠安全优质发展，推进义务教育优质均衡发展和城乡一体化，持续巩固"双减"成效，坚持高中阶段学校多样化发展。推动高等教育内涵式发展，适应产业发展需求，优化高校布局和学科专业设置，深入推进一流大学和优势学科建设，发展基础学科、新兴学科、交叉学科和大学科技园，建设省级创新创业学院15个、实践基地30个。加强职业教育，打造市域产教联合体和行业产教融合共同体，提升供给质量。办好继续教育，建设全民终身学习的学习型大省。

实施健康辽宁行动。有效增加医疗服务供给。建强乡镇卫生院32所、村卫生室979所。推进紧密型城市医联体和县域医共体建设。新建省级、市域、县域临床重点专科100个。支持重点专科医院建设。推进优质医疗资源扩容和区域均衡布局，全力创建国家医学中心，推动中国医科大学国家肿瘤和儿童区域医疗中心尽早投入使用。加强重大疫情防控救治体系和应急能力建设，组建辽宁省国家传染病应急队伍。实施中医药强省战略，打造一批中医药健康产业品牌，建设国家中医药传承创新中心和中西医协同旗舰医院。

推动文体旅融合发展。持续推进牛河梁红山文化遗址申遗工作，加快建设长城国家文化公园（辽宁段），加强红色文化资源、文物古迹资源保护利用。实施文艺精品创作工程和广电视听提质创优工程，推进文化惠民和智慧广电建设。加强图书馆、博物馆、美术馆、文化馆等公共文化设施建设和运营管理。深入实施"三大球"振兴计划，持续开展全民健身活动。抓好第十五届全国冬运会筹备。建设一批文体旅融合发展综合体，实施旅游景区和旅游线路质量提升行动，打造高品质文体旅融合发展示范地，吸引更多游客畅游辽宁、乐享辽宁！

推动国防动员新体制高效运行，完善退役军人服务体系和保障制度，强化人防、边海防建设，推进兴边富民行动，实施守边固边工程，深化双拥共建，巩固军政军民团结。进一步做好民族宗教、外事侨务、港澳台、参事文史、档案保密、社科研究、气象地震、地质测绘、慈善和红十字会等工作。支持工会、共青团、妇联等群团组织更好发挥作用。高质量完成第五次全国经济普查任务。

三、全面加强政府自身建设

打好攻坚之年的攻坚之战，对政府工作提出新的更高要求。全省各级政府要以习近平新时代中国特色社会主义思想凝心铸魂，真正当好执行者、行动派、实干家，以"四个抓落实"的实绩诠释拥护"两个确立"、做到"两个维护"的政治忠诚。

一要建设更强担当的有为政府。不畏困难和矛盾，克服惯性和惰性，坚决走出"舒适区"，进入"主战场"。锚定高质量发展首要任务，善于在国家宏观政策和市场风云中谋项目、抓机遇、促发展，善于把历史机遇转化为振兴发展的现实生产力。尽心竭力服务经营主体，多为企业解难题，多为发展想办法，真正做到"有求必应、无事不扰"。坚持民之所望即政之所向，巩固用好主题教育成果，落实好"四下基层"制度，把实事办到群众急需处，把温暖送到群众心坎上。

二要建设更实作风的效能政府。自觉锻造干事创业的宽肩膀、真本领，有改革创新的真招实策，有狠抓落实的雷厉风行，有群众满意的政治社会效果。在履行审批、管理职能时，不能只踩刹车不踩油门、光设路障不设路标，不能以"好不好办"做选择，为自己免责推诿；要以"应不应办"为价值取向，该办的马上办、创造条件办，办就办好！

三要建设更高水平的法治政府。深入学习贯彻习近平法治思想，坚持以法治思维和法治方式深化改革、推动发展、化解矛盾、维护稳定。坚持科学民主依法决策，加快推动重点领域立法，严格规范公正文明执法。坚持讲诚信、懂规矩、守纪律，以政府诚信带动社会诚信。坚持用法治给行政权力定规矩、划界限，做到法无授权不可为、法定职责必须为，自觉接受各方监督，让政府权力在阳光下运行！

四要建设更高质量的数字政府。以数字化改革助力政府职能转变，一体化推进数字服务、数字监管、数字政务，加快政府治理流程优化、模式创新和履职能力提升，构建数字化、智能化的政府运行新形态，提高政府决策科学化水平和管理服务效率。加强数据汇聚融合、共享开放和开发利用，以数字政府建设引领数字经济、数字社会、数字生态高质量发展。

五要建设更严要求的廉洁政府。坚持以严的基调强化正风肃纪，锲而不舍落实中央八项规定及其实施细则精神，坚决反对形式主义、官僚主义，持续为基层排忧减负。扎牢织密防治腐败的制度笼子，加强对重大工程、重点领域、关键岗位的监察监督，对一切腐败行为做到零容忍，用政府的廉洁指数、勤政指数换取人民群众的满意指数、幸福指数！

各位代表，全面振兴新突破攻坚之年任务艰巨、使命光荣。我们走在大路上！我们的道路洒满阳光！让我们更加紧密地团结在以习近平同志为核心的党中央周围，高举习近平新时代中国特色社会主义思想伟大旗帜，在省委坚强领导下，解放思想、锐意进取，众志成城、攻坚克难，打好打赢新时代"辽沈战役"的攻坚之战，奋力谱写中国式现代化辽宁新篇章！

吉 林 省

政府工作报告

——2024年1月24日在吉林省第十四届 人民代表大会第三次会议上

省长　胡玉亭

各位代表：

现在，我代表省政府，向大会报告工作，请予审议，并请省政协委员提出意见。

一、2023年工作回顾

2023年是全面贯彻党的二十大精神的开局之年，是三年新冠疫情防控转段后经济恢复发展的一年。习近平总书记再次视察东北主持召开新时代推动东北全面振兴座谈会，亲自擘画东北全面振兴发展新蓝图，为吉林重振雄风、再创佳绩带来重大机遇、注入强大动力。我们牢记嘱托、感恩奋进，矢志不渝沿着习近平总书记指引的方向砥砺前行，在省委坚强领导下，坚决扛起维护国家"五大安全"重要使命，锚定吉林全面振兴率先突破目标，深入实施"一主六双"高质量发展战略，坚定历史自信、增强历史主动，抢抓机遇、乘势而上，坚定不移扩大内需、优化结构、挖潜增效、防范化解风险，经济运行保持回升向好态势，高质量发展扎实推进，社会大局保持稳定，振兴发展"上升期""快车道"积厚成势，吉林全面振兴迈出坚实步伐。

一是经济运行稳中有进、稳中向好。着力加强监测预警、有效调控，及时出台扩大内需、减负强企集成政策，落实高质量发展行业主管部门和地方政府"双赛马"机制，聚焦重点行业、重点企业、重点项目，挖增量、控减量、以丰补歉，全年经济稳定恢复增长。地区生产总值增长6.3%，增速居全国第7位，为近年来最好位次。一般公共预算收入增长26.3%，增速居全国前列。我们扶优育强稳定工业运行，出台稳工业政策措施，支持企业稳产量、扩产能、拓市场，规模以上工业增加值增长6.8%，高于全国2.2个百分点。重点产业增长强劲，汽车、装备制造、电子信息、冶金建材产业增加值分别增长11.4%、12.5%、47.8%、21.9%。我们全力攻坚项目扩大有效投资，狠抓投资强度、施工进度、竣工投产，实施重大项目2580个，开复工百亿级以上重点项目15个，固定资产投资增长0.3%，其中，亿元以上项目投资增长7.9%，高技术制造业投资增长7%。一批标志性、引领性重大项目顺利推进，奥迪一汽新能源汽车项目五大主要生产车间全面进入试生产，一汽弗迪新能源动力电池项目建成投产，一汽红旗国悦豪华礼宾中巴车正式批量投放市场。吉林水网骨干一期工程全面开工建设，沈白高铁、长春都市圈环线、沿边开放旅游大通道、长春龙嘉国际机场三期、延吉机场迁建等项目取得重大进展。建成集安至桓仁、大蒲柴河至烟筒山2条高速公路249公里，桦甸结束不通高速历史。我们深挖潜能促进消费，充分利用疫后消费集中释放窗口期，打出促消费政策组合拳，精准发放消费券，举办汽博会、农博会、雪博会、房交会、航空展等活动，全力恢复扩大消费。社会消费品零售总额增长9%，高于全国1.8个百分点、增速居全国第9位。服务业增加值增长6.9%，对经济增长贡献率达到58.2%。商品房销售面积增长5.6%，高于全国14.1个百分点、居全国第8位。启动实施旅游万亿级产业攻坚行动，坚持全域四季联动、冰雪避暑互动，推动旅游市场加快回暖，全年接待游客3.14亿人次，旅游收入5277亿元，达到历史最好水平。长春龙嘉国际机场航班量、旅客量恢复率均位列国内千万级机场第1位。我们抢抓机遇稳外资稳外贸，海参崴港成为新的内贸货物跨境运输中转口岸并实现通航，"长珲欧"货运班列常态化运营，"长满欧"国际冷链货运班列正式开通，首开"长同欧"班列。进出口总额1679.1亿元、增长7.7%，总量创历史新高、增速居全国第9位，其中出口增长24.9%，增速居全国第5位。跨境电商进出口增长88.9%，成为外贸新增长点。新增进出口企业备案1332家，增长57.6%，创五年来新高。实际利用外资增长23.23%。

二是产业转型升级加快、提质增效。实施先进制造业集群梯次培育行动，推动传统制造业数字化、网络化、智能化改造，具有吉林特色优势的产业体系加快形成。汽车产业集群稳步"上台阶"。着力打好生产销售攻坚战，发挥龙头企业关键作用，一汽集团省属口径产销量分别完成156万辆和157万辆，增长16.7%、17.6%；红旗品牌汽车销量35.1万辆，增长13.1%；新能源汽车产销量分别增长43.2%、62.7%；整车出口量增长158.3%；实施电动公务用车更新计划，长春市入选国家首批公共领域车辆全面电动化先行区试点城市。石化新材料产业持续"减油增化"。吉化120万吨乙烯转型升级项目24套主要工艺装置开工建设。吉林化纤入选全国"创建世界一流专精特新示范企业"名单，6万吨碳纤维项目部分产线进入设备安装阶段。碳纤维产量增长38.3%。装备制造产业成果显著。中车长客复兴号亚运智能动车组圆满完成运营保障，时速200公里以上高速动车组成功出口欧洲，时速600公里高速磁浮列车完成首次悬浮运行。长光卫星累计承制并成功发射卫星162颗，其中在轨运行"吉林一号"卫星108颗，建成世界最大亚米级商业遥感卫星星座。新能源产业加速发展。"绿电+消纳"发展模式落地见效，千万千瓦级绿能产业园区启动建设。开复工风电光伏装机719万千瓦，清洁能源发电装机突破2500万千瓦。一批百亿级氢基绿能项目签约落地建设。数字产业加快布局。吉林祥云大数据中心完成三期建设，长春市算力中心上线运行，华为吉林区域总部加快建设，四平态势感知平台投入使用。累计建成5G基站4.7万个，4G网络实现全覆盖。连续三年举办中国新电商大会，网络零售额、农村网络零售额分别增长24%、31%，增速分别居全国和东北地区首位。

三是创新能力持续提升、支撑有力。创新型省份建设加快推进，科研物质条件指数居全国第5位，科技促进经济社会发展指数居全国第11位，区域创新能力排名上升6位、提升幅度全国第一。重大创新平台建设取得突破，长春国家自创区、农高区加快建设。长春市获批国家知识产权保护示范区。大安市获批建设国家级创新型县（市）。一汽集团高端汽车集成与控制、吉林大学汽车底盘集成与仿生2个全国重点实验室率先完成重组。企业创新主体地位持续增强，创建科技经纪平台，推进科技成果转化，支持企业牵头承担技术攻关1123项、本省转化成果1800项，分别增长10.53%、49.38%。

高新技术企业、科技型中小企业分别达到3590户、7278户，增长15.36%、72%，增速均居全国前列。高水平人才队伍不断充实，制定出台人才政策系列配套措施和细则，高级职称人才、高端人才连续两年进大于出。新建院士工作站3家、总数达到13家，柔性引进院士14名。高校毕业生留吉13.3万人，留吉率创历史新高。

四是农业农村优先发展、根基稳固。"千亿斤粮食"产能建设工程全面启动，细化产能提升阶段性目标和年度任务，狠抓增面积、建良田、用良种、强农机、推技术、防旱涝六项措施落实。克服局地严重洪涝灾害影响，粮食产量再创历史新高，达到837.3亿斤，从全国第5位跃升至第4位，增产21.14亿斤，占全国增量的11.9%，粮食平均亩产958.2斤，居全国粮食主产省第1位。黑土地保护和耕地质量提升协同并进，建设高标准农田791.2万亩，新增盐碱地改造耕地25.4万亩。农业科技和装备支撑强劲，种业振兴行动取得阶段性成效，农作物耕种收综合机械化率达到94%，高于全国20个百分点。新型农业经营主体素质能力稳步提升，县级以上示范农民专业合作社、家庭农场分别发展到5557家、5730家，增长13.3%、44.6%，农业社会化服务主体突破3.2万家。"千万头肉牛"建设工程深入实施，肉牛饲养量达到770万头，新开工屠宰加工项目12个，万头牛场达到6个。乡村产业全链条升级，农林牧渔业总产值增长5%。乡村建设有序推进，学习运用"千万工程"经验，打造高标准美丽乡村示范村201个、美丽村995个和吉乡农创园48个。改造农村厕所4.7万户。新改建农村公路3175公里，整治"畅返不畅"6217公里。改造农村危房3306户。快递服务建制村通达率达到100%。农村自来水普及率达到97.8%，24小时供水工程比例达到40.2%。脱贫攻坚成果持续巩固拓展，实施产业帮扶项目

1135个，脱贫人口收入持续稳定增长。全省农村居民人均可支配收入增长7.4%。

五是改革开放不断深化、成效显著。统筹锻长板和补短板，直面制约率先突破关键问题，知难而进、奋力攻坚。深入推进国企改革，吉林化纤实现强身健体、提质升级，吉盛公司完成分拆设立，森工集团成功实现重组，大成集团完成金融债务化解、实现复产稳产，吉能集团加快向新能源产业转型。出台促进民营经济发展壮大实施意见，开展"服务企业月"等活动，制定"为企业办实事清单"，全省新登记经营主体61.9万户、增长14%，总量达到359万户、增长8.2%，每千人拥有经营主体152户、居全国前列。为经营主体降本减负800亿元。金融服务质效持续提升，全省本外币各项贷款余额可比口径增长7.8%，连续20个月居东北三省首位。"数字政府"加快建设，8.1万个事项实现全程网办，70%以上市县政务服务事项实现"无差别"受理，网上审批效率、不动产登记效率、政务服务能力保持全国第一方阵。全省推行经营主体以专用信用报告替代无违法违规记录证明，各地城市信用综合指数排名稳居全国前列。推动开发区改革创新发展，由115家优化整合至90家。新一轮长吉图开发开放先导区发展规划获批。吉西南承接产业转移示范区启动建设。成功举办东北亚博览会、东北亚地方合作圆桌会议、全球吉商大会、跨国公司吉林行、民营企业进边疆·吉林行、世界寒地冰雪经济大会等重大招商活动。主动对接国家重大战略重点省份，开展经贸交流和招才引智系列活动。招商引资到位资金增长34.8%。

六是民生保障扎实推进、有力有效。全面完成50项民生实事。城镇新增就业25.79万人，农村劳动力转移就业294.43万人。零就业家庭保持动态清零。社会保险待遇累计发放1937亿元。退休人员基本养老金按时足额发放。城乡居民基本医疗保险政府补助标准提高到每人每年640元。省内门诊异地就医实现免备案直接结算。建成102个综合嵌入式社区居家养老服务中心、261个社区老年食堂。帮助2541名困难家庭考生圆梦大学。开工保障性租赁住房1.34万套（间），改造棚户区1.99万套，开工改造老旧小区830个。415个"无籍房"小区33.16万户拿到不动产权证。免费为居民改造燃气管阀136.3万户，更新改造市政老旧管网2030公里。完成客运班线公交化改造163条。推进省会城市交通畅通工程，"一点一策"治堵疏堵，高峰拥堵指数下降20%。实施学前教育普惠攻坚行动，新改扩建公办幼儿园38所、中小学27所，分别新增学位1万个、4万个。新高考改革稳步推进。长春汽车职业技术大学获批，实现职教本科院校"零"的突破。4个国家区域医疗中心启动建设。实现新冠疫情"乙类乙管"平稳转段。全省法定报告传染病发病率全国最低。援外医疗工作受到国家表彰。延边州获评"国家食品安全示范城市"。纵深推进污染防治攻坚，优化实施秸秆全域禁烧，全省地级及以上城市空气质量优良天数比例90.7%。国考断面优良水体比例达到85.6%，提升3.8个百分点，劣五类水体全面清零。开展群众性文化体育活动2.84万场，参与群众1.25亿人次。京剧《土地长歌》入选全国首批"新时代现实题材舞台艺术创作项目"。吉林健儿在杭州亚运会上取得4金2银1铜、两次打破亚洲纪录的历史最好成绩。长春大众卓越女足青年队获全国青少年足球联赛冠军，长春市第108学校女子篮球队获全国联赛冠军，均实现历史性突破。成功举办吉林省第十九届运动会。老龄、慈善、残疾人、地方志、中医药、红十字、妇女儿童、志愿服务等各项事业全面发展，外事侨务、港澳台、民族宗教、气象、地震、测绘、援疆、援藏等工作务实推进。

七是社会大局安全有序、和谐稳定。出台"三管三必须"实施细则，厘清部门职能边界，加强专业化监管力量，深化重大事故隐患专项排查整治行动，全省生产安全事故起数和死亡人数分别下降35.3％和5.1％，未发生重大及以上事故。稳妥推进高风险中小金融机构风险出清。坚持省负总责，逐级压实责任，制定一揽子化债方案，"一市一案"化解地方债务，超额完成年度任务。"保交楼"完成2.5万套。打赢防汛抗灾和灾后重建硬仗，重建修缮洪灾倒损房屋5529户，受灾群众全部实现温暖过冬。连续43年无重大森林火灾。"接诉即办"改革有效推进。信访积案化解有力。为1.68万名劳动者清偿拖欠工资3.8亿元。开展边境村建设三年行动，进一步促进边疆繁荣、边民幸福、边防稳固。实施"警地融合""警民融合"和社会面协同管控新机制，常态化开展扫黑除恶斗争，依法严惩电信网络诈骗等群众反映强烈的违法犯罪活动，"平安吉林"建设取得新成效。退役军人服务保障扎实有力，"暖兵助业行动"成效显著。军民融合、国防动员和后备力量建设、双拥共建深入推进。

一年来，我们转变作风、提升效能，坚持不懈推进政府自身建设。深入开展主题教育，持续精文减会，制定为基层减负清单，以改革的办法破解发展中的问题。修订省政府工作规则、省政府党组工作规则，推动政府工作制度化、规范化、法治化。强化不甘人后、争先进位意识，坚持目标牵引、结果导向，打破思维惯性、摆脱路径依赖，提升执行的创造性、行动的力度和实干的效果。大力弘扬"严新细实"作风，推动省直部门和地方政府同责共担、同题共答，用好"五化"闭环工作法，全力推动各项重点工作落实。政府带头尊法、学法、守法、用法，自觉接受省人大及其常委会法律监督、工作监督和省政协民主监督，认真听取各民主党派、工商联、无党派人士和各人民团体等各方面意见。办理全国人大代表建议2件、全国政协提案6件、省人大代表建议189件、省政协提案485件。提请省人大常委会议审议地方性法规草案7部，制定政府规章3部。开展第三批全国法治政府建设示范创建活动。修改废止和宣布失效政府规章13部、规范性文件79件。坚持司法与行政良性互动，府院联动机制成为法治吉林建设的一张亮丽名片。严格落实中央八项规定及其实施细则精神，深入纠治"四风"问题，政府系统党风廉政建设不断取得扎实成效。

各位代表！

过去一年，取得这些成绩来之不易、弥足珍贵，根本在于以习近平同志为核心的党中央掌舵领航，是省委团结带领全省各族人民齐心协力、奋勇拼搏的结果，是广大干部群众敢作善为、攻坚克难的结果。在此，我代表省政府，向全省各族人民，向人大代表、政协委员，向各民主党派、工商联、人民团体和社会各界人士，向解放军驻吉部队、武警官兵、公安干警和消防救援队伍指战员，向驻吉各中直单位，向港澳同胞、台湾同胞、广大侨胞，以及所有关心、支持吉林发展的海内外朋友，表示崇高敬意和衷心感谢！

当前，吉林振兴发展正处于滚石上山、爬坡过坎的关键时期，外部环境仍然严峻复杂，结构性问题、周期性矛盾交织叠加，科教优势、生态优势、资源优势尚未充分转化为发展优势，科技成果就地转化不足，产业转型升级需要进一步加速提质，有效需求不足、社会预期偏弱，居民消费和企业投资的意愿还不够强，营商环境还需进一步优化，国企改革、金融化险、债务化解任务艰巨，房地产健康发展任重道远，民生领域还有不少欠账，基层财政收支矛盾突出，一些干部躺平避责，执行力、创造力较弱，工作中形式主义、官僚主义不同程度存在，等等。对这些问题，我们一定采取有效措施，认真加以解决。

二、2024年工作安排

今年是中华人民共和国成立75周年，是实现"十四五"规划目标任务的关键一年，也是推动吉林全面振兴率先实现新突破的关键之年。做好今年政府工作意义重大。要坚持以习近平新时代中国特色社会主义思想为指导，全面贯彻党的二十大和二十届二中全会精神，认真落实中央经济工作会议部署，深入贯彻习近平总书记在新时代推动东北全面振兴座谈会上的重要讲话精神，落实省委十二届四次全会和省委经济工作会议部署，坚持稳中求进工作总基调，完整、准确、全面贯彻新发展理念，加快构建新发展格局，着力推动高质量发展，全力推进中国式现代化，全面深化改革开放，统筹扩大内需和深化供给侧结构性改革，统筹新型城镇化和乡村全面振兴，统筹高质量发展和高水平安全，紧扣"两确保一率先"目标，深入实施"一主六双"高质量发展战略，大力培育"四大集群"、发展"六新产业"、建设"四新设施"，打造具有吉林特色的高质量发展体系和高品质生活体系，努力走出高质量发展、可持续振兴新路，推动吉林全面振兴率先实现新突破。

2024年全省经济社会发展的主要预期目标是：地区生产总值增长6%左右，粮食产量880亿斤以上，固定资产投资增长3%以上，社会消费品零售总额增长6%以上，外贸进出口总额增长3%以上，一般公共预算收入增长10%左右，城乡居民人均可支配收入增速高于经济增长速度，城镇调查失业率控制在5.5%左右，居民消费价格指数（CPI）涨幅在3%以内，单位GDP能耗下降2.5%。

这些目标的确定，是积极、稳妥、务实的。既立足吉林资源禀赋、发展基础，也考虑了新的政策机遇条件；既符合"十四五"规划高质量发展要求，又体现了自我加压、跳起摸高、争先进位，有利于保持战略定力、稳定市场预期、提振发展信心，更需要付出艰苦的努力。

各位代表！

今年经济社会发展任务十分繁重、不确定因素较多，战略机遇与风险挑战并存，我们将始终心怀"国之大者"，坚决扛起维护国家"五大安全"重要使命，保持战略定力，正视困难挑战，坚持稳中求进、以进促稳、先立后破，突出重点，把握关键，不折不扣抓落实、雷厉风行抓落实、求真务实抓落实、敢作善为抓落实。

重点做好七个方面工作。

（一）坚持以科技创新推动产业创新，加快构建具有吉林特色优势的现代化产业体系。聚焦"四大集群""六新产业""四新设施"发展新格局，抓好方案制定、政策创设、要素保障、照图施工，布局一系列支撑工程、重点项目，抢占产业新赛道，塑造发展新优势。

打造科技创新策源地。突出创新和产业融合联动，催生新产业新业态新模式，发展新质生产力。强化科技体制机制改革，主动对接国家战略需求，优化科技力量布局，整合科教创新资源，构建举全省之力有组织攻关核心技术的新机制。制定完善重点产业科技创新技术路线图，从现实需求中凝练科研问题。围绕智慧农机、现代种业、卫星数据应用服务、新型工业化等领域部署实施9个重大科技专项，力争尽快取得新突破。加强知识产权保护和质量标准创新。强化高水平创新平台建设，推进9个全国重点实验室重组获批，推动汽车智能集成和半导体激光2个国家技术创新中心获批挂牌，支持长春市建设国家区域科技创新中心。启动建设长白山实验室、三江实验室、吉光实验室，加强与国家创新平台对接合作。推动省科技创新研究院、工业技术研究院、氢能产业综合研究院提档升级。筹建生物医药和高端医疗器械研究院。强化企业科技创新主体地位，设立企业科技研发专项，支持一汽、长客、吉化、吉林化纤等企业建设高水平研发中心。实施"科技企业创新活力提升三年行动计划"和企业R＆D投入引导计划。常态化组织向企业派驻"科创专员（科创副总）"，带动提升企业创新能力。培育一批专精特新中小企业，高新技术企业新增500家以上。强化科技成果就地转化，深入实施科技成果转化"双千工程"。推动盘活高校院所存量专利。支持吉林大学设立科技成果转化中心。依托省科技创新研究院构建科技经纪人服务平台，推动科技成果省内转化3000项，技术合同成交额达到200亿元，实现翻番。强化人才支撑，坚持教育、科技、人才统筹安排、一体部署，优化人才政策及配套实施细则，打造更多创新创业平台，创造留才引才良好环境。深化"创业奋斗、'就'在吉林"系列招才引智活动，力争高校毕业生留吉突破15万人。积极引进域外院士在企业建立院士工作站。推动大国工匠等紧缺高级技工纳入人才管理。高水平建设长春人才创新港，加快"未来之洲"院士港、卓越工程师培训学院等高能人才平台建设。

打造先进制造业集群。深入落实制造业重点产业链高质量发展行动，发挥"链主"企业引领带动作用，全链条拓展应用场景，提高产业核心竞争力。争取设立国家新型工业化示范区。发展壮大先进装备制造业。深入实施汽车产业集群"上台阶"工程，推动奥迪一汽新能源汽车项目投产达效，加快一汽红旗新能源汽车数字工厂、一汽解放高端中重卡智能制造示范工厂建设，推进辽源新能源汽车产业配套基地建设，开展汽车产业链全球招商和本地配套对接，发展"汽车+"产业。加快完善新能源汽车产业生态，推动红旗品牌纯电动车和插电式混动车上市，积极推广氢燃料汽车，开展"车路云"一体化示范建设，抓好公共领域车辆全面电动化先行区试点。按照30%—50%渗透率，超前建设新能源汽车充换电设施，累计建成充电桩6万个以上、换电站170座。全省汽车集群工业产值力争达到4800亿元，增长6%。扩大轨道交通整车优势，加快新一代高速智能动车组、标准地铁列车等新产品研制，谋划建设磁浮列车商业运行试验线。拓展延伸集风电整机、电机、叶片、储能等设备为一体的新能源装备产业链。做优做强战略性新兴产业。建设碳纤维下游制品产业园，推动卖原丝向卖制品转变，全产业链产值保持高速增长。加快建设国家级疫苗、基因重组药物产业基地和抗体药物产业转移承载基地，打造国内领先的生物药创制中心和生产中心，推进医药新材料、超高性能医疗器械、重组人白蛋白、中药颗粒配方等重点项目建设。加快发展光电产业，支持"长春光谷"建设，推进CMOS图像传感器、多光谱芯片、OLED薄膜封装材料研发及产业化。全产业链发展卫星制造及数据处理、无人机制造及低空服务产业，支持长光卫星等企业开展低成本批量化卫星研发制造，支持"吉林一号"卫星加快发展。超前布局人工智能、人形机器人、生物制造、元宇宙、新型储能等未来产业。落实未来产业发展行动计划和支持政策，加快建设未来实验室，集中力量突破关键核心技术，培育一批未来产业发展平台和龙头企业，抢占产业前沿制高点。

推动新能源产业跨越式发展。促进增量绿电80%以上就地转化为实物产品，推动新能源与优势产业融合发展。发展增量配电网，加快建设千万千瓦级绿能产业园区。鼓励头部企业或联合体作为绿能产业园区建设运营主体，以绿色零碳、电价优势吸引企业投资入园，真正把绿电打造成招商引资、项目建设、产业培育的独特竞争利器。开展"氢动吉林""醇行天下"行动，落地一批十亿级、百亿级"绿电+绿氢+绿氨+绿醇+绿色航煤"项目和氢能装备制造项目，推动"吉氢入海"。

推动旅游产业再上新台阶。深入实施旅游万亿级产业攻坚行动，努力打造世界级冰雪品牌、冰雪旅游胜地和避暑胜地，旅游总收入突破6000亿元。着力做好冰雪文章，启动冰雪产品提质扩容工程，支持9大重点滑雪度假区项目扩大规模，筹建吉林省冰雪运动中心，打造长白山脉世界级滑雪胜地。着力优化高品质旅游供给，启动景区城、景区镇、景区村建设，加快完善松花江水路和沿边开放旅游大通道等旅游基础设施和公共服务设施。大力推动查干湖、嫩江湾创建5A级景区，打造红色游、乡村游、康养游、研学游精品，推进工业遗址建设怀旧地标。着力创新营销模式，坚持"长白天下雪""清爽吉林·22℃夏天"双品牌引领，加大文旅精品线路研发推广力度，高效开展"引客入吉"推介活动，举办首届吉林省旅游产业发展大会等品牌节会活动，营造旅游消费良好氛围。着力提升旅游服务质量、城市文明素养，发展智慧旅游，强化个性化、多样化、定制化服务，提升游客体验和情绪价值。加强旅游服务和市场监管，优化旅游发展环境。

大力发展数字经济。推动数字经济与实体经济深度融合，助推传统产业加快升级。深入实施制造业"智改数转"行动，支持100个以上示范项目，建成30个省级智能制造示范工厂、100个省级数字化示范车间，全省制造业企业数字化转型覆盖率提升至50%。实施"万企上云"工程，推进工业互联网规模化应用。推动数据开发应用及产业化，支持长春市数据要素市场试点建设，开展公共数据授权运营试点。优化数字基础设施布局，打造长春国家级互联网骨干直联点，加快长春新区智算中心、净月数字产业园建设，推动松原市"双力"一体化项目加入国家算力网，推进千兆光缆网络建设，新建3000个5G基站，行政村5G覆盖率达到70%。

（二）坚持扩大内需，提升经济增长动力韧性。扩大有效益的投资，激发有潜能的消费，形成需求牵引供给、供给创造需求的良性循环。

着力扩大有效投资。坚持项目为王，优化投资结构，提升项目质效。突出抓项目扩投资。实施重大项目2500个以上，其中亿元以上项目1000个以上。大力拓展产业类项目，投资占比达到一半以上。聚焦优势资源、优势产业、优势产品，扬优势、补短板、强配套、扩规模，落地一批强链延链补链项目，盘活布局一批重点产业园区，培育一批优质企业，转化一批优秀科研成果。加快建设现代化基础设施体系，全线开工长春都市圈环线西环、白山至临江、松江河至长白等高速公路，推进珲春至圈河高速公路项目前期工作，推动沈白高铁、长春轨道交通三期等重大工程加快进度，推进长辽通高铁、辽源·梅河机场项目前期工作，争取延吉机场迁建开工。加快吉林水网骨干一期工程等项目建设。推进吉林电网"四横四纵"500千伏电网建设，提升电网东西互济和新能源汇集能力。加快"两横三纵一中心"油气管网布局。突出抓转化促落地。落实各地和行业部门谋划项目责任，把握中央政策投向、新时代东北振兴支持方向，抓住重大战略对接、区域产业转移契机，争取更多项目，提高项目成熟度。围绕国家"五大安全"重点领域和提升防灾减灾能力，谋划对接一批重大项目。发挥重点企业、重点项目牵引作用，谋划一批产业配套、产品消纳项目，建立可转化率高、可梯次推进的项目储备库。强化签约项目跟踪，提高履约落地率、资金到位率、投资转化率。突出抓服务强保障。实行重点项目分级包保，省级统筹、专班推进20个百亿级项目、22个东北振兴滚动实施方案重点项目，统筹做好政策、资金、用地、用能等保障，"一对一"解决好征地、拆迁、审批等问题，强化施工进度，保证投资强度。打好专项债券、银行贷款、财政资金、社会资本组合拳，提高资金使用效率。争取万亿国债、超长期特别国债分配额度，专项债券资金分配跟着项目走，与项目建设进度挂钩。用好政府和社会资本合作新机制，坚持市场化运作，支持社会资本参与新型基础设施等领域建设。

着力激发消费潜能。加强政策、机制、模式创新，推动消费持续扩大、提质升级。提振大宗消费。支持汽车、家电、家居以旧换新，稳定扩大电子产品消费。挖掘新型城镇化、农民市民化潜能，用好首套住房贷款利率、发放购房补贴等政策工具，鼓励农民工、人才等群体购房，释放刚性和改善性住房需求。活跃消费市场。发挥消费券等政策撬动作用，大力发展数字消费、绿色消费、健康消费等新型消费，培育智能家居、文娱旅游、体育赛事、国货"潮品"等新消费增长点。挖掘补齐城市公共服务短板、企业数字化转型、工业企业技术改造升级中的消费潜能。拓展消费场景。培育消费新业态，促进消费供给创新，支持平台企业规范健康发展。推动智慧商圈、智慧商店建设，培育12个夜间消费集聚区。引进国内优质电商平台，打造10家新电商产业基地。支持县域商业体系建设，实施便民生活圈建设三年行动。优化消费环境。完善消费环境建设标准体系，开展放心消费在吉林创建活动。落实带薪休假、职工雪假、青少年雪假，更好带动居民消费。

（三）坚持以发展现代化大农业为主攻方向，有力有效推进乡村全面振兴。锚定建设农业强省目标，坚决扛起国家粮食稳产保供"压舱石"首要担当，持续巩固现代农业建设"排头兵"地位，加快推进农业农村现代化。

提升粮食综合生产能力。推进"千亿斤粮食"产能建设工程年度任务落地，强化良田、良种、良机、良法协同匹配，支撑粮食产量达到880亿斤以上。建设高标准农田1000万亩，力争到2027年率先把永久基本农田全部建成高标准农田。打好"黑土粮仓"科技会战，推动"梨树模式"提质扩面，加大黑土地侵蚀沟治理力度，抓好盐碱地综合利用国家试点建设，扩大水肥一体化推广面积。推进大中型灌区现代化改造和重点区域排涝能力建设。加快种业振兴，强化种质资源保护利用、育种联合攻关，建设高标准制种基地，力争推广应用高产耐密玉米、高产高油大豆品种200万亩，生物育种产业化示范面积达到300万亩。开展农机研发制造推广应用一体化试点，大力研制推广高端智能农机。拓展智慧农业应用场景，升级"吉农云"数字化平台。启动新型农业经营主体和服务主体发展壮大三年攻坚行动，土地流转、生产托管服务面积达到6850万亩、占播种面积超过70%。

扎实做好农牧特产增值大文章。树立大农业观、大食物观，持续抓好农产品加工业和食品产业"十大产业集群"建设，延伸拓展"粮头食尾""农头工尾""畜头肉尾"全产业链，促进农业增效、农民增收。实施"吉林大米""吉林鲜食玉米""吉林杂粮杂豆"等"吉字号"农产品品牌提升专项行动。推进"千万头肉牛"建设工程提质增效，加快"中东西"三大肉牛特色产业集群建设，打造良种繁育、养殖、交易、屠宰精深加工肉牛全产业链。实施肉牛屠宰加工量倍增计划，采取超常举措释放加工产能，配套完善冷链保鲜物流体系，带动养殖增量，提升全产业链产值。抓好生猪产能调控、屠宰加工、产销对接，确保稳产保供。加快人参、梅花鹿、食药用菌等优势特产品精深加工、高值利用。推动梅花鹿茸及林蛙油进入药食同源目录。积极创建林下经济高质量发展示范省。发展大水面、稻渔综合种养和盐碱地生态养殖。加快发展预制菜产业。提升现代化设施农业水平，新建棚室3万亩。

统筹城乡融合、区域协调发展。推动以县城为重要载体的新型城镇化建设，促进县域经济高质量发展。实施城市更新行动，抓好保障性住房建设、"平急两用"公共基础设施建设、城中村改造"三大工程"，打造宜居、韧性、智慧城市。推进东北地区市场一体化建设，共建物流、能源通道和科技创新、制造业走廊，探索哈长沈大东北城市协同发展。加强长春市与各市（州）常态化对接合作，谋划合作项目60个以上，推动区域互动、产业协同、融合发展。学习运用"千万工程"经验，打造美丽乡村建设示范县5个、高标准美丽乡村示范村200个，同步推进1000个村美丽乡村建设。新改建农村公路3500公里，整治"畅返不畅"5500公里。改造农村危房3400户。大力推进农村寄递物流体系建设，综合服务站建制村覆盖率达到85％。农村千人以上规模化供水工程覆盖农村人口占比达到60％、24小时供水工程比例达到70％以上。实施兴边富民行动，落实促进边境村人口稳定政策措施，提升边境村产业承载和人气集聚能力。因地制宜发展新型农村集体经济。实施农民增收促进行动，农民收入力争两位数增长。持续加强乡村治理，合力推进农村移风易俗，丰富农耕农趣农味文化产品供给，建设平安乡村。

（四）坚持统筹推进深层次改革和高水平开放，释放振兴发展活力潜能。深化重点领域改革，扩大高水平对外开放，以改革开放赋能高质量发展。

大力优化提升营商环境。以经营主体和群众感受为标准，实施营商环境优化重点行动，持续打造高效便利政务环境、公开透明法治环境、竞争有序市场环境、保障有力要素环境、诚实守信信用环境、合作共赢开放环境。完善政企常态化沟通机制，建立企业诉求直达机制，"面对面"为企业解决难题。线上线下融合推动"高效办成一件事"，健全重点事项清单化管理和常态化推进机制，实现第一批高频、面广、问题多的"一件事"高效办理。持续深化"证照分离""证照一码通"改革。推进惠企政策"免申即享"。出台有效降低全社会物流成本具体举措。加快数字政府建设，拓展大数据、AI等先进技术应用场景，更大力度推行"不见面审批""一网通办"等模式，让企业和群众"少跑腿""零跑腿"，实现办事不求人。深化包容审慎监管，保障各类经营主体公平竞争。

深化国有企业改革。开展新一轮国企改革深化提升行动，大力推动国企战略性布局和专业化重组改革，"一企一策"强身健体、赋能增效，提高国有企业核心竞争力，推动国有资本向重要行业和关键领域集中，强化战略支撑作用。对接东北地区国有企业振兴专项行动，创新央地合作模式，支持央企在吉林布局发展，推动更多合作项目落地。创新省属国企监管考核模式，推行重点监管国企主要领导任期目标责任制。统筹推进经营性事业单位改革。

做大做优做强民营经济。坚持"两个毫不动摇"，全面落实促进民营经济发展壮大实施意见，在市场准入、要素获取、公平执法、权益保护等方面落实一批标志性举措。加大对民营企业金融支持力度，鼓励金融机构创新服务模式，提升服务质效，降低融资成本。依法保护民营企业产权和企业家权益，推动清理拖欠中小企业账款，依法查处涉企乱收费、乱罚款、乱摊派等行为。支持通化市建设全国新时代"两个健康"先行区试点。

强化财政金融改革服务。深入推进省以下财政体制改革，建立财政事权和支出责任动态调整机制，强化重点市县财政管理。习惯过紧日子，推行"零基预算"，大幅压减一般性支出，严肃财经纪律，强化刚性约束，严控办公场所改造、租赁、装修，稳定财政运行，兜牢基层"三保"底线。落实金融体制改革，推动省级金融资本集中运营，完善现代化金融企业制度，加大对重大战略、重点领域和薄弱环节政策支持，引导金融机构优化普惠金融产品服务，推动金融资源更多投向实体经济和创新领域。深化政银企对接，持续开展专业化、精准化融资服务活动。巩固拓展农村金融综合改革试验成果。提升首贷拓展行动质效，力争新增首贷市场经营主体1万户，新增首贷金额200亿元。

持续扩大对外开放。深度融入共建"一带一路"，加快实施新一轮长吉图开发开放先导区发展规划。争取延吉—长白重点开发开放试验区尽快获批。积极推进口岸基础设施建设和升级改造，提升口岸通关能力和便利化程度。畅通内贸外运航线，扩大中欧班列线路班次。支持长光卫星、中车长客等开拓国内外市场。扩大整车、农产品、医药、高新技术产品出口规模。加快培育外贸新动能，孵化新增进出口企业200户，扩大跨境电商进出口规模。推动"税路通·北吉兴"跨境税费服务体系建设。积极推进智慧海关建设，提高监管服务效能。大力提升境内外人员入吉便捷化水平，更好保障经商、学习、旅游活动。

大力开展招商引资。以"五个合作"为抓手，拓展合作领域，提升合作层次，积极承接产业、资金、技术转移，更好融入全国统一大市场。深入开展产业招商、园区招商、平台招商、以商招商，主动对接国家重大战略，加强与东北各省（区）和地市合作交流，落实好吉浙、津长合作协议，组织开展国内重点区域经贸交流，加大对欧美、日韩俄、东南亚、港澳等国家和地区招商引资力度，高质量办好重大招商活动，吸引更多企业来吉投资兴业，落地一批高质量项目。

（五）坚持绿色低碳发展，高水平建设美丽吉林。统筹山水林田湖草沙一体化保护和系统治理，协同推进降碳、减污、扩绿、增长，加快建设生态强省，推动建设"美丽中国"先行区。

深入打好污染防治攻坚战。统筹抓好重污染天气消除、臭氧污染防治、柴油货车污染治理，探索秸秆全域禁烧新模式，深化东北地区大气污染联防联控，全省地级及以上城市空气质量优良天数比例力争达到92%左右。开展水环境质量巩固提升行动，加强入河排污口排查整治、城区河道治污，消灭县、区建成区黑臭水体，优良水体比例稳定在80%以上。有效管控农业面源污染，确保受污染耕地安全利用率稳定在95%以上。健全畜禽粪污"收储运"体系。

推进全域"无废城市"建设,打造20个可复制、高质量的"无废细胞"典型示范工程。推动城市生活垃圾分类提质增效。推进"全域地热三峡"工程,利用风光、地热等清洁能源优势,推广蓄热取暖、余热供暖、相变储热等高效清洁取暖技术。

强化生态系统保护修复。加强生态环境分区管控,衔接国土空间规划和用途管制,严守生态保护红线。扎实推进重大生态工程,深入开展第三个十年绿美吉林行动,新建和改善提升绿水长廊1000公里以上,创建60条(段)幸福河湖。实施"山水"工程、"历史矿山"示范工程,修复国土面积50万亩。全面完成"三北"工程70万亩、沙土地治理14.3万亩年度建设任务。建设好东北虎豹国家公园,抓好松嫩鹤乡国家公园创建前期工作,推进向海、莫莫格等国际重要湿地保护修复,加快鸭绿江重要源流区保护修复项目建设。实施查干湖生态修复治理工程,综合运用控源、截污、引水、修复等治理手段,推动水生态环境持续改善,到2025年稳定在四类。持续开展省级生态环保督察,推进中央生态环保督察反馈问题整改。

积极稳妥推进碳达峰碳中和。加强碳市场建设,开展林草碳汇试点,探索生态产品价值实现机制。打造森林可持续经营试点示范省。加快重点行业节能降碳改造,全面推广绿色制造。大力倡导简约适度、绿色低碳生活方式,深入开展节约型机关、绿色家庭、绿色学校、绿色社区、绿色商场等绿色生活创建行动。加快海绵城市、森林城市建设。

(六)坚持以人民为中心,用心用情用力保障和改善民生。坚持把"群众小事"当作"心头大事",兜住、兜准、兜牢民生底线,不断增强人民群众获得感、幸福感、安全感。

抓好办成一批群众可感可及的民生实事。实施提升就业服务质量工程，统筹推进援企稳岗、技能培训、创业带动、灵活就业等措施，城镇新增就业21万人、农村劳动力转移就业270万人，零就业家庭确保动态清零。为退役军人提供就业岗位1万个。为10万名有需求的持证残疾人和残疾儿童提供康复训练、辅助器具适配等基本康复服务。为1万户困难重度残疾人家庭实施无障碍改造。救助恶性肿瘤、血友病、白内障、股骨头坏死等疾病困难患者1200名以上。支持300所中小学校建设"活力操场"。为重点地区6000名新生儿提供免费遗传代谢病筛查服务。配建健身路径200套，建设多功能运动场26个、笼式足球场20个、健身广场5个。改造瓶装液化石油气居民用户管阀50万户。客运班线公交化改造110条。

织密扎牢社会保障网。全面落实基本养老保险全国统筹，在全省范围推行个人养老金制度。推动基本医疗保险省级统筹，加快推进全民参保计划，提高城乡居民医保政府补助标准、工伤保险待遇标准。建立长期护理保险制度。健全分层分类社会救助体系，强化困难群体帮扶。稳步提高最低工资、城乡低保标准。

全面发展社会事业。实施基础教育扩优提质行动，促进基础教育优质均衡发展。推进学前教育普惠发展，加快122个公办幼儿园建设。抓好义务教育"优质校+薄弱校、新建校"集团化办学，促进优质教师轮岗交流。推动特殊教育优质融合发展。改善普通高中办学条件，对口帮扶县域薄弱高中。推动职业教育达标提质培优，力争新增1—2所职教本科院校。推动高等教育综合改革，优化高校学科专业布局，启动新一轮"双特色"高校建设，实施博士硕士学位授予高校培育计划。筹建吉林高等研究院。深化教育开放合作，打造东北亚教育合作高地。深入推进公立医院高质量发展，建设多层次医联体和紧密型县域医共体。扩大"一次就诊只挂一次号"服务试点覆盖面。"一村一名大学生村医"实现全覆盖。推动人口高质量发展，落实生育支持政策，发展银发经济，抓好居家养老服务改革试点，建设综合嵌入式社区居家养老服务中心30个、新建改建合作助老餐厅和助餐点1300个。加强文化遗产保护传承，开展第四次全国文物普查。做好第十四届全国冬季运动会备战参赛工作。持续推进青年发展型城市建设试点工作。加强国防动员体系能力建设，做好退役军人事务和双拥工作。着力发展慈善、残疾人、地方志、中医药、红十字、妇女儿童、志愿服务等事业，全面做好港澳台、外事侨务、民族宗教、气象、测绘、援疆、援藏等工作。

加强和改进社会治理。坚持"民有所呼、我有所应"，对群众反映强烈的急难愁盼问题马上就办、一抓到底。坚持和发展好新时代"枫桥经验"，深化"接诉即办"改革，以机制创新提升基层治理能力。大力提升供热满意度，完善热力企业考核退出机制。严格落实"四个最严"要求，提高食品药品安全监管现代化水平。统筹做好重要民生商品保供稳价和煤电油气运保障供应。严控新增"无籍房"，确保动态清零。开展"薪安吉林"专项行动。深化社会面协同管控，严厉打击各类严重违法犯罪，推进扫黑除恶常态化，推动信访工作法治化建设，守护好人民幸福和安宁。

（七）坚持以高水平安全护航高质量发展，积极防范妥善应对重点领域风险。强化忧患意识、底线思维，以"时时放心不下"责任感，守住不发生系统性风险、不发生重大安全生产事故底线。

防范化解地方债务风险。严格落实一揽子化债方案，统筹资金、资产、资源，打好盘活、重组、增收节支组合拳，优化债务结构，压降债务成本，杜绝新增隐性债务。严格政府专项债券项目审核论证，严控政府性低效投资项目。分类加快融资平台改革转型。落实财政资产处置变现化债措施，确保资产变现盘活。

防范化解金融领域风险。坚持"稳定大局、统筹协调、分类施策、精准拆弹"，妥善处置中小金融机构风险。全面加强金融监管，做到"长牙带刺"、有棱有角，严格市场准入、审慎监管、行为监管等环节执法，健全权责一致的风险处置责任机制。深化地方金融监管能力提升行动，加强小额贷款公司监管，开展融资担保公司分类评级，稳妥推进交易场所清整，严厉打击非法金融活动。

防范化解房地产市场风险。探索房地产发展新模式，加大政策机制创新，妥善处置高风险房企和项目，推动房地产业转型发展。促进金融与房地产良性循环，用好专项贷款、专项借款政策，推动企业去库存、降负债，改善流动性。全口径完成1.5万套"保交楼"任务。

防范整治安全生产风险。启动安全生产治本攻坚三年行动，落细落实"三管三必须"安全生产责任，聚焦重点领域、关键环节和主要问题，强化安全管理措施，突出燃气、道路交通、建筑施工、消防、危化品、煤矿和非煤矿山等重点领域，常态化开展隐患排查整治，有效防范遏制重特大事故发生。统筹抓好防汛抗旱、森林防火、防震减灾救灾等工作，全力维护人民群众生命财产安全。

三、切实加强政府自身建设

实现振兴发展新突破，需要各级政府更加给力、更有作为。要锲而不舍加强自身建设，以奋进的姿态忠诚履职、担当尽责、开拓创新，努力建设人民满意政府。

旗帜鲜明强化政治建设。政府机关首先是政治机关。要始终把政治建设摆在首位,学深悟透做实习近平新时代中国特色社会主义思想,深刻领悟"两个确立"的决定性意义,增强"四个意识"、坚定"四个自信"、做到"两个维护",不断提高政治判断力、政治领悟力、政治执行力。善于把习近平总书记重要讲话重要指示精神转化为工作思路、细化为务实举措。要始终把心贴近人民,心系百姓安危冷暖,察实情、办实事、解难题。

依法行政强化法治建设。坚持科学、民主、依法决策,充分听取各方意见,深入进行论证,涉企政策注重与经营主体沟通。坚持严格规范公正文明执法,强化执法监督,防止不作为、乱作为。健全政府守信监督机制,治理政府失信行为,确保政府工作在法治轨道上运行。依法接受省人大及其常委会法律监督、工作监督,自觉接受省政协民主监督,认真办理省人大代表议案、建议和省政协提案。持续推进府院联动机制由个案协调、事后化解向前端治理、源头预防延伸。加强和改进政府立法,做好向省人大提请审议地方性法规草案工作。

担当作为强化作风建设。要牢固树立和践行正确政绩观,以不甘人后的姿态和"钉钉子"精神争先进位。敢于斗争、善于胜利,该做的事顶着压力也要干,该负的责冒着风险也要担,直面问题、不回避、不绕道,问题不解决不罢休。坚持把调查研究作为谋事之基、成事之道,突出"深、实、细、准、效",在解决问题、务求实效上下功夫。各级政府既要按制度、程序办事,又要化繁就简、提高效率,坚决纠治形式主义、官僚主义,带头开短会、发短文,规范督查、检查、考核,切实为基层松绑减负。

目标牵引强化效能建设。要善于把战略、思路、规划转化成实施方案、解决方案，落实"五化"闭环工作法，分系统、分部门、分市（州）制定"施工图"，工程化项目化推动，切实把"蓝图"变成"实景"。各级领导干部要拎清重点、抓住关键，强化牵引性、支撑性有效抓手，找准工作切入点，主动跨前一步，加强协同配合，优化工作流程和工作机制，促进各项任务成果化、具象化、有形化、可感可及，把"当好执行者、行动派、实干家"落实到实际行动中、体现在工作成效上。

持之以恒强化廉政建设。全面从严治党永远在路上，党的自我革命永远在路上。要严格执行中央八项规定及其实施细则精神，管好关键人、管到关键处、管住关键事。健全权力运行制约监督机制，完善权力清单、责任清单和负面清单，加强涉及"人、财、物、执法"关键领域制度建设。严肃财经纪律，厉行勤俭节约，决不允许盲目举债铺摊子，做到花钱必问效、无效必问责。全面肃清孙政才和苏荣、王珉流毒影响，持续巩固发展干部清正、政府清廉、政治清明、社会清朗的政治生态。

各位代表！

大道至简，实干为要。让我们更加紧密地团结在以习近平同志为核心的党中央周围，牢记嘱托、感恩奋进，在省委的坚强领导下，咬定目标敢闯实干，全力完成今年经济社会发展目标任务，为推动新时代吉林全面振兴率先实现新突破作出新的更大贡献，以实际行动迎接中华人民共和国成立75周年！

黑龙江省
政府工作报告

——2024年1月24日在黑龙江省第十四届
人民代表大会第二次会议上

省长　梁惠玲

各位代表：

现在，我代表省人民政府向大会报告工作，请予审议，并请各位政协委员提出意见。

一、2023年工作回顾

2023年是黑龙江发展历程中具有重大里程碑意义的一年，习近平总书记再次亲临龙江视察，为我省高质量发展、可持续振兴明确战略定位、擘画宏伟蓝图、注入强大动力。在省委坚强领导下，全省上下坚持以习近平新时代中国特色社会主义思想为指导，全面贯彻落实党的二十大和二十届二中全会精神，深入学习贯彻习近平总书记视察我省期间重要讲话重要指示精神，坚持稳中求进工作总基调，完整准确全面贯彻新发展理念，积极服务和融入构建新发展格局，全力克服经济发展面临的困难和挑战，坚决扛起维护国家"五大安全"政治责任，着力建设"六个龙江"、加快推进"八个振兴"，高质量发展、可持续振兴扎实推进，各项事业发展取得新成效。全省地区生产总值同比增长2.6%，一般公共预算收入增长8.2%，城乡居民人均可支配收入分别增长4.1%和6.3%。

一是现代化产业体系加快构建。深入实施产业振兴计划，加快建设"4567"现代产业体系，规上制造业增加值占规上工业比重同比提高1.4个百分点，高技术制造业增加值同比增长12.3%，高于全国9.6个百分点。经济发展新引擎亮点纷呈，集成电路碳化硅衬底等实现量产，达到国内领先水平，博实股份炉前操作机器人等关键技术实现突破，思哲睿手术机器人实现国产化替代，哈兽研和石药集团联合研制新型疫苗填补国内空白，创意设计产业加快发展，我省获批国家标准化创新发展试点和全国首批数字化转型贯标试点省。战略性新兴产业加速提升，电子信息制造、高端智能农机装备产业产值分别增长11.7%和14.1%，五矿石墨全球领先的球形项目试车投产，"龙江三号"试验卫星成功发射，绥化天有为汽车数字仪表国内市场占有率达到20%，成为全国最大生产基地。传统产业数字化网络化智能化改造加快推进，中航哈轴高端轴承等120个项目投产。

二是农业现代化水平持续提升。坚持把多种粮、种好粮作为头等大事，全面完成稳粮稳豆任务，有效应对局地洪涝灾害，粮食生产实现"二十连丰"，总产量为1557.6亿斤，占全国11.2%，连续14年居全国第一。大力发展科技农业、绿色农业、质量农业、品牌农业，常规粳稻和大豆自主选育品种达到100%，农业科技进步贡献率达到70.3%，获批国家大型大马力高端智能农机装备研发制造推广应用先导区；绿色有机食品认证面积9400万亩、保持全国第一，建成高标准农田868.6万亩，累计建成面积达1.08亿亩，规模全国最大；"黑土优品""九珍十八品"品牌走向全国，"北大荒"居中国农业类品牌前列。制定实施农产品加工业高质量发展三年行动计划和配套政策，规上农产品加工企业增加261家、总数达到2190家。开展大食物观供给保障攻坚行动，肉蛋奶和水产品产量创历史新高，奶粉和婴幼儿配方奶粉产量均保持全国第一。扎实推进巩固拓展脱贫攻坚成果同乡村振兴有效衔接，"三保障"和饮水安全问题始终动态清零，脱贫人口人均收入稳步增长。实施"百村精品、千村示范、万村创建"行动，创建国家乡村振兴示范县4个，打造全国休闲农业重点县2个、全国乡村治理示范乡镇示范村33个。

三是内需潜力有效激发。 开展产业项目建设年活动，建设产业项目2312个，其中亿元以上项目859个，龙江化工聚碳酸酯等901个项目建成。基础设施建设加快推进，粮食产能提升重大水利工程开工建设，综合交通基础设施投资同比增长10.6%，哈绥铁伊高铁全线开工建设，高速公路里程突破5000公里，哈尔滨机场二期扩建工程加速推进，国际客运航线数量居东北地区首位。招商引资力度持续加大，出台产业招商扶持政策96项，成功举办哈洽会、中俄博览会、新博会、绿博会、深化央地合作座谈会等活动，累计签约项目510个，签约总额4865.9亿元。千万元及以上项目利用内资3603.3亿元，同比增长21.1%。消费市场加快恢复，社会消费品零售总额增长8.1%，全年各月累计增速均高于全国。交通运输总周转量增速连续12个月高于全国。快递业务量增长30%，增速高于全国10个百分点。开展促消费活动500多场，发放政府消费券6亿元，带动消费

120亿元。出台旅游业高质量发展规划、特色文化旅游实施方案，制定实施释放旅游消费潜力50条、加快发展边境特色旅游20条等措施，成功举办第五届旅发大会、第36届中国·哈尔滨之夏音乐会等重大文旅活动，开展旅游业治理专项行动，夏季避暑和冬季冰雪旅游两个"百日行动"成效显著。哈尔滨冰雪旅游火爆出圈，哈尔滨机场旅客年吞吐量2080.5万人次，创历史新高、居东北地区之首，我省成为最热门冰雪旅游目的地，全年接待游客数量、旅游收入分别增长85.1%和213.8%。

四是科技创新活力持续释放。出台创新龙江建设意见和创新发展60条政策，省级科技专项资金投入同比增长20%。支持揭榜挂帅项目榜单32个，哈工大空间环境地面模拟装置试运行。创新平台建设加快推进，全国重点实验室由7家增加到12家，5个国家级企业技术中心获批，新增3个国家级科技企业孵化器，哈大齐国家自主创新示范区、佳木斯国家农业高新技术产业示范区建设稳步推进。实施科技成果产业化专项行动，创建哈工大先进技术研究院，哈尔滨科技大市场投入运营，开展科技成果路演推介对接活动202场，转化重大科技成果589项。深入实施新一轮科技型企业三年行动计划，净增高新技术企业825家，增长22.9%。新当选两院院士2人，高校高级职称人才由净流出转为净流入，全省高校毕业生留省就业人数为近5年最好水平。实施"技能龙江行动"，开展职业技能培训30.4万人次，培养重点产业技能人才6万多人。

五是重点领域改革不断深化。启动国有企业改革深化提升行动，地方国有企业营业收入和利润稳步增长。制定《黑龙江省民营经济发展促进条例》，落实促进民营经济发展壮大政策措施，在全国首批开展个转企登记改革试点，落实减税降费等助企纾困政策，全省新增减税降费及退税缓费超过260亿元，新登记企业增长14%。外商投资环境不断优化，投资经营便利化水平持续提升。深入实施优化营商环境三年专项行动，营商环境进一步改善，对标全国先进水平，一级指标实现零的突破、达到11个，二级指标增加45个、达到61个，政务服务效能提升典型案例全国推广。数字政府建成46个应用平台，形成28项共性支撑能力，汇聚数据超过1700亿条，高效智慧便捷服务能力显著提升。实施省以下财政体制改革，深化税收征管改革，在东北地区实现跨省异地电子缴税。推进中小金融机构改革化险，稳妥处置化解地方政府债务、房地产等领域风险，牢牢守住不发生区域性系统性风险底线。省征信服务平台上线运行，入驻金融机构26家。启动实施集体林权制度改革。深化国防动员体制改革。

六是外贸外资较快增长。实施新时代促进高水平开放发展意见，外贸进出口总额同比增长12.3%，其中出口增长39.4%，增速分别位居全国第6位和第3位。出台"买全俄卖全国、买全国卖全俄"实施方案，对俄进出口总额增长13.5%，其中对俄出口增长67.1%。稳步推进自由贸易试验区、综合保税区等开放平台建设。实施绥芬河口岸运力提升、黑河口岸大桥畅通、同江口岸设施升级行动，全省口岸货运量、进出境旅客人数分别增长17.5%和709.2%。黑瞎子岛公路口岸设置方案获批。跨境电商贸易额增长144.2%。实际利用外资增长11.8%，增速高于全国平均水平25.4个百分点，新设立外商投资企业241家、增长68.5%。

七是绿色发展优势持续巩固。聚焦打造"绿水青山就是金山银山，冰天雪地也是金山银山"实践地，打好污染防治攻坚战，空气质量优良天数比例优于全国平均水平；国控断面优良水体比例再创历史新高，松花江流域优良水体比例首次超过80%，全面完成中央环保督察年度整改任务，在国务院最严格水资源管理制度考核中被评为优秀等次，河湖长制工作连续4年获得国务院激励；全省土壤信息平台上线运行，农业面源污染有效控制。全省营造林129.45万亩，修复治理草原36.1万亩、退化湿地1万亩。推进绿色低碳转型，碳达峰碳中和工作稳步推进，黑河市、哈尔滨经济技术开发区入选全国首批碳达峰试点，小兴安岭—三江平原山水林田湖草保护修复工程试点建设全面完成；新能源和可再生能源建成装机历史性超过煤电，占电力总装机52.4%。

八是民生保障扎实有力。财政民生支出占一般公共预算支出85.6%。实施稳就业促发展惠民生21条举措，城镇新增就业35.7万人，完成年度计划119.1%，城镇调查失业率均值为有调查记录以来最好水平。基本医保待遇水平稳步提升，退休人员基本养老金持续提高并按时足额发放。工伤保险、失业保险实现省级统筹，提前完成"十四五"规划目标。城乡低保保障水平持续提升。小学、初中学校年生均公用经费基准定额补助标准分别由650元、850元提高到720元、940元，城乡中小学校生均取暖费补助标准由260元提高到370元，支持省属高校"双一流"建设，职业教育改革获国务院表彰激励。国家呼吸区域医疗中心、国家中医（肿瘤）区域医疗中心等项目开工建设。基本养老服务体系进一步完善，3岁以下婴幼儿托位总数同比增长47.7%。开工改造棚户区、老旧小区、农村危房36.8万户（套），更新改造供热老旧管网549公里、燃气老化管网1305公里、供水管网670公里、污水管网1545公里。军民合力夺取抗洪抢险胜利，制定实施"1+32"灾后恢复重建方案，受灾地区电力、通信等服务功能恢复到灾前水平，损毁房屋、道路、水利恢复重建年度任务全部完成，确保群众温暖过冬。积极推进中国—上海合作组织冰雪体育示范区建设，哈尔滨成功申办第九届亚冬会。生产安全事故起数、死亡人数分别下降12.3%和1.7%。森林草原防灭火实现"三个不发生"目标。食品安全工作连续6年在国务院食安委评议考核中获A级等次。在全国率先出台《黑龙江省调解条例》，加强社会治安综合治理，社会大局保持和谐稳定。

九是政府自身建设不断加强。加强政治建设，深入学习贯彻习近平总书记视察我省期间重要讲话重要指示精神，扎实开展学习贯彻习近平新时代中国特色社会主义思想主题教育，严格对标对表习近平总书记重要讲话重要指示精神和党中央决策部署谋划思路、制定政策、推动工作、狠抓落实，以实际行动坚定拥护"两个确立"、坚决做到"两个维护"。加强法治政府建设，在法治轨道上推动政府各项工作，自觉接受人大、政协、社会及舆论监督，建议提案办理满意率100%。加强能力作风建设，深入开展"工作落实年"活动，树立"严真细实快"工作作风，大兴调查研究，提升能力本领，依靠顽强斗争打开事业发展新天地，一批多年没有解决的问题得到解决。加强廉政建设，坚决落实全面从严治党主体责任，严格落实中央八项规定精神，坚决纠治形式主义、官僚主义，一体推进不敢腐不能腐不想腐，政治生态持续向好。

此外，国防动员、退役军人事务、民族宗教、供销合作、统计审计、新闻出版、广播电视、档案史志、边境管理、地震气象、外事侨务等各项工作及妇女儿童、老龄和残疾人事业均取得新进展。

各位代表！

看似寻常最奇崛，成如容易却艰辛。成绩的取得，根本在于习近平总书记作为党中央的核心、全党的核心掌舵领航，在于习近平新时代中国特色社会主义思想的科学指引，是省委科学决策、总揽全局、协调各方的结果，是省人大、省政协和社会各界有效监督、鼎力支持的结果，是全省人民攻坚克难、奋力拼搏的结果。在此，我代表省人民政府，向全省各族人民，向各民主党派、工商联、无党派人士、各人民团体和各界人士，向人大代表、政协委员，向离退休老同志，向驻省中央直属单位、驻省解放军指战员、武警部队官兵、公安干警和消防救援队伍指战员，向所有关心和支持黑龙江振兴发展的港澳台同胞、海外侨胞和国际友人，表示衷心感谢并致以崇高敬意！

看到成绩的同时，我们也清醒认识到存在的问题和短板：经济下行压力加大，新旧动能转换不快，高质量产业项目接续不足，风险隐患仍然较多，民生领域还有欠账，政府系统有的干部思想还不够解放，能力作风仍需加强。我们将以积极有效的措施破解难题，用实干实绩回馈全省人民的期待。

二、2024年工作总体要求

今年是中华人民共和国成立75周年，是实施"十四五"规划的关键一年，做好政府工作意义重大。总体要求是：以习近平新时代中国特色社会主义思想为指导，深入贯彻习近平总书记重要讲话重要指示精神，全面落实党的二十大、二十届二中全会和中央经济工作会议精神，坚持稳中求进工作总基调，完整准确全面贯彻新发展理念，积极服务和融入构建新发展格局，始终坚持高质量发展是新时代的硬道理，始终坚持把推进中国式现代化作为最大的政治，始终坚持依靠改革开放增强发展内生动力，统筹扩大内需和深化供给侧结构性改革，统筹新型城镇化和乡村全面振兴，统筹高质量发展和高水平安全，加强党的全面领导，坚决扛起维护国家"五大安全"政治责任，建好建强"三基地、一屏障、一高地"，切实增强经济活力、防范化解风险、改善社会预期，巩固和增强经济回升向好态势，增进民生福祉，保持社会稳定，深化全面从严治党，加快建设"六个龙江"、推进"八个振兴"，奋力开创高质量发展、可持续振兴新局面，为推进中国式现代化、实现强国复兴伟业作出龙江贡献。

全省经济发展主要预期目标是：地区生产总值增长5.5%左右，粮食产量1500亿斤以上，城镇调查失业率6%以内，城镇新增就业30万人以上，规上工业增加值增长5%以上，固定资产投资增长7%以上，社会消费品零售总额增长6.5%左右，外贸进出口总额增长7%以上，城乡居民收入增长与经济增长同步，单位地区生产总值能耗降低3%以上。

当前，国内大循环存在堵点，外部环境的复杂性、严峻性、不确定性上升，我省自身发展也面临一些困难和挑战。越是挑战严峻、任务艰巨，越要全面辩证地看待形势，保持战略定力，坚定发展信心，迎难而上、攻坚克难，奋力实现预期目标。一是感恩奋进坚定信心。习近平总书记高度重视黑龙江振兴发展，去年视察我省期间，发表重要讲话、作出重要指示，亲自为龙江高质量发展、可持续振兴把脉定向、指路领航，充分体现了对龙江人民的深情厚爱和亲切关怀，对龙江发展的殷切期望和信任重托，我们推进高质量振兴发展的动力更强。二是把握大势提振信心。我国经济回升向好、长期向好的基本趋势没有改变，随着宏观政策持续实施、内生动力持续增强，今年全国经济回升向好态势将进一步巩固和增强，我们推进高质量振兴发展的宏观条件更好。三是抢抓机遇增强信心。党中央、国务院对推动新时代东北全面振兴作出一系列决策部署，出台具体政策措施，国家部委推出一系列配套举措，全面振兴面临新的重大机遇，我们推进高质量振兴发展的底气更足。四是鼓足干劲充满信心。全省上下在应对风险挑战、推动经济恢复增长、加快转方式调结构中经受锤炼考验，积累了发展基础，展现了良好精神风貌，3100万龙江人民对振兴发展的强烈意愿和一往无前的奋斗决心，将汇聚成攻坚克难的磅礴力量，我们推进高质量振兴发展的斗志更高。

做好今年政府工作，要着重把握四个原则。一是深化新时代做好经济工作的规律性认识。坚持高质量发展是新时代的硬道理，坚持深化供给侧结构性改革和着力扩大内需协同发力，坚持依靠改革开放增强发展内生动力，坚持高质量发展和高水平安全良性互动，坚持把推进中国式现代化作为最大的政治，牢牢把握黑龙江在国家发展大局中的战略定位，聚焦经济建设这一中心工作和高质量发展这一首要任务，扎实推进中国式现代化龙江实践。二是坚持稳中求进、以进促稳、先立后破。着力稳增长稳就业稳物价，在转方式、调结构、提质量、增效益上积极进取，不断巩固稳中向好的基础；把握好"立"和"破"的时度效，打破落后发展方式、传统路径依赖，不断开辟发展新领域新赛道，推动经济实现质的有效提升和量的合理增长。三是培育新产业新动能新增长点。在推动新型工业化、形成新质生产力中催生新产业，强化数字、创新、设计和政策赋能，培育新业态新模式；谋划推进一批重大工程重大项目重大举措，把资源优势、生态优势、科研优势、产业优势、区位优势转化为发展新动能新优势；坚持大招商招大商、大抓项目抓大项目，扩大有效投资，把新产业新动能转化为新增长点。四是增强工作精准性有效性。坚持以人民为中心的发展思想，把满足人民日益增长的美好生活需要作为政府工作的出发点和落脚点，扬优势固成效，补短板强弱项，抓改革谋创新，保安全增福祉，聚焦重点领域重点行业重点企业，靶向施策、精准滴灌，以改革创新攻克难点、畅通堵点，有效防范化解风险，让高质量发展成果惠及全省人民。

各位代表！

我们坚信，只要坚定不移沿着习近平总书记指引的方向勇毅前行，咬定目标不放松，敢闯敢干加实干，龙江就一定能走出一条高质量发展、可持续振兴的新路子。

三、2024年重点工作安排

（一）培育壮大具有龙江特色优势的现代化产业体系。夯实实体经济根基，聚焦科技创新关键，锚定产业升级方向，推进新型工业化，以科技创新推动产业创新，加快推动产业全面振兴。

发挥科技创新增量器作用。突破"卡脖子"技术难题，组织实施揭榜挂帅项目，实施智能农机、页岩油、人工智能等重点领域攻关项目70项。打造科技创新平台载体，推进崖州湾等国家实验室区域基地和生物、新材料等重点领域全国重点实验室、国家技术创新中心尽快落地建设。扎实推进环大学大院大所创新创业生态圈建设，高水平建设哈大齐国家自主创新示范区和佳木斯国家农业高新技术产业示范区。加快科技成果转化，坚持企业出题、科研解题、市场阅卷，深化"政产学研用"协同创新，开展科技成果路演推介对接活动300次，转化科技成果600项。培育壮大科技型创新主体，推进高新技术企业提质增量工程、临规企业科技赋能行动，全年净增高新技术企业600家。深入落实人才振兴60条，优化实施省级人才支持计划、中长期青年发展规划，持续推进龙江科技英才头雁、春雁支持计划。扎实开展"技能龙江行动"，打造高技能人才队伍，让人才"软实力"成为振兴发展的"强动力"。

加快传统优势产业转型升级。加强传统产业高端化智能化绿色化转型示范引领，协同推进产业数字化和数字产业化，推动数字技术与实体经济深度融合。实施制造业数字化转型、中小企业数字化赋能、智能制造试点示范行动，促进"5G+工业互联网"融合发展，建设省级智能工厂4个、数字化车间41个。推进哈尔滨市国家中小企业数字化转型城市试点建设，聚焦"智改数转网联"重点领域争创国家级试点示范。实施千企技改专项行动，推动设备更新、工艺升级、数字赋能、管理创新，技改投资占工业投资比重达到20%。巩固提升能源、化工等优势产业，推进大庆陆相页岩油国家级示范区建设，加快高端精细化学品和化工新材料发展。深入开展制造业"增品种、提品质、创品牌"行动，打造一批具有国际影响力的"龙江制造"高端品牌。

大力发展战略性新兴产业和未来产业。加快发展数字经济，深化大数据、人工智能等研发应用，发展壮大电子信息等产业，支持哈尔滨人工智能算力中心等项目建设，打造数字产业集群。大力发展生物经济，依托生物农业、生物制造等优势，推动基因工程、细胞工程、合成生物等技术工程应用拓展，推进石药集团恩维生物制药等项目建设，打造哈兽研国际生物谷。聚焦新能源、航空航天、高端装备、新材料、生物医药等重点领域，推动产业链、创新链、资金链、人才链深度融合，持续扩大战略性新兴产业规模。实施未来产业孵化与加速计划，前瞻布局深空、深海、深地等未来产业，培育形成新质生产力。

培育壮大现代产业集群。对接全国产业链供应链，发挥央企产业发展主力军作用，创新央地合作模式，推进产业链上下游配套。加力打造汽车、现代玉米精深加工、中高端食品等支柱型产业集群，航空航天、电力装备、关键基础材料等引领型产业集群，婴幼儿配方奶粉、石墨及精深加工、农机装备等特色型产业集群，支柱型、引领型、特色型产业集群营业收入分别突破5600亿元、2300亿元、1000亿元。

（二）加快推进农业农村现代化。以发展现代化大农业为主攻方向，以发展绿色农业为鲜明导向，统筹发展科技农业、绿色农业、质量农业、品牌农业，着力建设现代农业大基地、大企业、大产业，当好国家粮食安全"压舱石"，推动城乡融合发展，推进乡村全面振兴，争当农业现代化建设排头兵。

巩固提升粮食综合生产能力。坚持稳面积提单产增总产，实施千万吨粮食增产计划，推进良田良种良机良法良制融合，主攻大面积提升粮食单产，打造更加稳固可靠坚实安全的"大粮仓"，为端牢"中国饭碗"贡献龙江力量、体现龙江担当。加快推进第三次全国土壤普查工作，扩大黑土地保护实施范围，高标准推进秸秆还田离田，秸秆综合利用率达95%以上，坚决整治乱占、破坏耕地行为。加大高标准农田、农田水利基础设施建设投入和监管力度，推进高标准农田建设、侵蚀沟治理和农田防护林更新修复一体化实施，建设高标准农田1400万亩、治理侵蚀沟1.2万条、更新农田防护林5万亩。深入实施种业振兴行动，推进育种联合攻关，支持"育繁推"种业企业做强做大，建好国家级良种繁育基地。发展绿色低碳循环农业，绿色有机食品认证面积突破1亿亩。大力发展智慧农业，争创国家智慧农业引领区。高质量建设大型大马力高端智能农机装备研发制造推广应用先导区，加快农机升级换代。

大力发展农产品精深加工。深入实施农产品加工业高质量发展三年行动计划，推动农产品精深加工高端化绿色化集群化发展，推进多元化食物供给体系扩量提质，农产品加工转化率达67%，农产品加工业营业收入实现4000亿元，增长9%以上。做强做大玉米、大豆、水稻等加工产业，推动初加工与精深加工协同发展，打造食品和饲料产业集群。做优做大现代畜牧业，深入实施高端肉牛"百千工程"和奶业振兴计划，肉蛋奶产量稳定在930万吨以上。做精做优食用菌、冷水鱼、中药材等特色产业，开展冷水渔业振兴和设施农业提升行动，水产品产量达80万吨、设施农业播种面积达到50万亩。推进农产品仓储保鲜冷链设施建设，完善现代冷链物流配套体系。统筹推进生产营销规模化标准化品牌化，完善"黑土优品""九珍十八品"标准体系建设，开展"一线城市品牌行"产销对接，让更优、更绿、更香、更安全的优质农产品走出龙江、卖向全国、卖向全球。

推进县域经济高质量发展。统筹推进新型城镇化和乡村全面振兴，优化县域产业结构和空间布局，构建以县城为枢纽、以小城镇为节点的县域经济体系。抓好县域经济擂台赛，培育壮大产业园区和立县特色主导产业，推进县域经济扩量、提质、增效。学习运用"千万工程"经验，深入实施农村人居环境整治提升行动，建设宜居宜业和美乡村。加强防止返贫致贫监测，落实产业、就业等帮扶措施，牢牢守住不发生规模性返贫底线，持续巩固拓展脱贫攻坚成果。深入实施固边兴边富民行动，加快边境地区特色优势产业发展。

（三）**着力扩大内需**。统筹扩大内需和深化供给侧结构性改革，激发有潜能的消费，扩大有效益的投资，形成投资和消费相互促进的良性循环。

推动消费扩容升级提质。稳定和扩大传统消费，在汽车、百货、餐饮等领域发放政府消费券，举办系列促消费活动，扩大新能源汽车、电子产品等大宗消费。培育壮大新型消费，实施电商助企行动，发展直播带货、社区团购等模式，促进商贸流通、电商平台深度融合。推动知名电商、头部平台在龙江扩仓增容，新增网上零售额超50亿元。加强消费领域执法监管，加大对虚假宣传、制假售假等违法行为的监管和处罚力度，营造放心消费环境。

大力发展特色文化旅游。加强文旅产业市场化运营、标准化建设、规范化管理、智慧化赋能，不断提升文旅产业发展质量。加强文化旅游基础设施建设，持续开展夏季避暑和冬季冰雪旅游两个"百日行动"，办好第十四届中俄文化大集、第六届旅发大会等文旅活动，发展旅游康养等产业，推动省内全域旅游发展，不断增强龙江特色文旅吸引力。推动冰雪运动、冰雪文化、冰雪装备、冰雪旅游全产业链发展，加快中国—上海合作组织冰雪体育示范区建设，高标准高质量筹办第九届亚冬会，冰雪季接待游客突破1亿人次，旅游收入超1500亿元，以冷资源撬动热经济。围绕旅游精品线路优化交通配置，构建公路铁路航空等立体化综合交通运输体系，推进"快旅慢游零换乘"。以星级饭店和星级民宿为示范引领，提升旅游住宿业服务品质。加快建设智慧旅游平台，更好满足游客"吃住行游购娱"需求。健全完善旅游业监管、应急处置机制，深入实施"文旅体验官""文旅安全官"制度。持续叫响"北国好风光·美在黑龙江"品牌，更好发挥旅游资源优势，把绿水青山、冰天雪地更好转化为金山银山。

着力扩大有效投资。聚焦构建"4567"现代产业体系，深化产业项目建设年活动，推动建设一批高技术、高成长性、高附加值项目，建设省级重点产业项目1000个，力争新引擎和战略性新兴产业项目占比超过50%。建设嘉泽中车储能电池制造等10个以上超百亿元产业大项目，推进大庆圣泉硬碳负极材料等高新技术产业项目建设，打造5个千万千瓦级新能源基地，开复工新能源装机规模1200万千瓦。谋划推动一批重大基础设施项目，统筹推进粮食产能提升重大水利工程、中小河流综合治理、防灾减灾能力提升等项目建设。开工建设佳木斯至同江铁路扩能改造等项目，加快建设哈尔滨都市圈环线等高速公路和亚布力至雪乡等旅游公路改造工程，推动哈尔滨机场二跑道工程竣工，加快推进亚布力机场前期工作。

提高招商引资质效。围绕构建"4567"现代产业体系，谋划有吸引力竞争力产业项目，着力招大引强、招新引优，大力引进战略投资者。加强产业链招商，引入产业链上下游配套企业，有针对性地强链补链延链，推动建链成群、建链集群。推进平台招商，用好进博会、投洽会等展会，办好中俄博览会（哈洽会）等重要展洽活动，加强深入推介对接，让更多参展商成为投资商。创新招商方式，加强与京津冀、长三角、粤港澳等地区对接合作，深化龙粤、深哈对口合作，开展党政主要领导招商、定向招商、以商招商，提高招商精准性有效性。强化园区招商，推进经开区、高新区、自贸区等各类园区基础设施和配套服务设施建设，提升园区承载能力。聚焦重点国别和地区开展招商活动，引导外资投向先进制造、高新技术、传统制造转型升级等领域，积极服务外资企业加快发展。完善招商考核机制，紧盯招商项目落地率、资金到位率、投资完成率、竣工投产率，以项目落地、投产达产为考核重点，提升招商引资质量和效益，激励形成项目为王、实干为要、招商引资竞相发展的良好态势，以招商引资的好项目大项目推动龙江高质量发展、可持续振兴。

（四）全面深化重点领域改革。以改革办法解决发展中难题，着力破除制约发展的体制机制障碍，通过改革破瓶颈、塑优势、促发展。

提高国有企业核心竞争力。深入实施国有企业振兴专项行动和改革深化提升行动，加快完善公司法人治理结构和市场化经营机制，更好发挥国有企业科技创新、产业控制、安全支撑作用。深入推进农垦、森工、龙煤三大集团改革，推进北大荒"三大一航母"建设，加快森工"数字林业""智慧林业"建设，推动龙煤集团加快建成区域一流企业，增强企业内在活力、市场竞争力和发展引领力。

促进民营企业发展壮大。落实民营经济支持政策，实施民营经济发展促进条例，保护民营企业产权和企业家合法权益。培育壮大创新型中小企业、专精特新企业、小巨人企业、单项冠军企业。建立政企常态化沟通交流机制，开展"政商沙龙"和企业包联等活动，做到政企互动"亲清有为"。持续优化民营经济发展环境，健全防范和化解拖欠企业账款长效机制，坚决查处乱收费、乱罚款、乱摊派。大力弘扬企业家精神，对有突出贡献的民营企业给予表彰激励。

推进财税金融改革。进一步深化省以下财政体制改革，重点规范市与区收入划分、明晰市与区事权和支出责任、健全市对区转移支付制度。优化省以下财力分配，确保基层"三保"不出问题。

落实结构性减税降费政策，重点支持科技创新和制造业发展。防范化解地方政府债务风险，严格落实一揽子化债方案，积极化解存量隐性债务，坚决遏制新增隐性债务。推动金融高质量发展，把更多金融资源用于促进科技创新、先进制造、绿色发展和中小微企业，做好科技金融、绿色金融、普惠金融、养老金融、数字金融五篇大文章，提高金融服务实体经济成效。全面加强金融监管，持续推进中小金融机构改革化险，落实农信社、城商行深化改革方案，确保不发生系统性金融风险。

深化农村改革。稳慎推进第二轮土地承包到期后再延长30年和宅基地制度改革试点，抓好农村集体经营性建设用地入市试点。持续深化集体林权制度改革。积极发展农民专业合作社、家庭农场等新型农业经营主体，开展多种形式规模经营。深化供销合作社综合改革。

全力打造一流营商环境。坚持以"数跑龙江"为统领，打造办事环节最简、办事材料最少、办事时限最短、办事费用最小、便利度最优、满意度最高的"六最"特色营商品牌。全面对标对表世界银行新一轮营商环境评价体系，持续开展优化营商环境专项行动。加快政务服务标准化规范化数字化建设，推动更多"高效办成一件事"，落实涉企服务"一网通享""民意速办"机制，促进企业和群众诉求有效解决。全面做好第五次全国经济普查工作。对企业和群众诉求，不为不办找理由，多为能办想办法，切实做到马上就办、办就办好。

（五）扩大高水平开放合作。增强前沿意识、开放意识，深度融入共建"一带一路"，积极参与"中蒙俄经济走廊"建设，深化区域交流合作，在畅通国内大循环、联通国内国际双循环中发挥更大作用。

推进对俄贸易提质增效。实施"买全俄卖全国、买全国卖全俄"方案,加大机电产品、高新技术产品等高附加值产品出口,扩大俄油、俄气、俄粮等大宗商品进口。提升大宗商品落地加工能力,打造农业、水产品、木材、煤炭、石化等跨境产业链。推动哈尔滨、绥芬河等跨境电子商务综合试验区高质量发展,带动重点沿边城市跨境电商发展。

提升全方位对外开放水平。深度对接RCEP等区域合作,扩大合作领域和经贸规模。积极参与东北亚区域合作,推动与日韩在电子信息、新材料、健康养老、创意设计等领域合作。扩大与东盟在先进制造、农业食品加工、生物医药等领域合作,加强与澳新在畜牧业、现代农业、乳制品等领域合作。巩固欧盟、美国等传统贸易市场,拓展中东、拉美、非洲等新兴贸易市场。

持续提升口岸效能。深入实施绥芬河口岸运力提升、同江铁路口岸设施升级、黑河公路口岸大桥畅通行动。完善口岸功能,统筹推进边境口岸申建进境食用水生动物、粮食和肉类、冰鲜水产品指定监管场地。加快黑瞎子岛公路口岸、黑河国际步行口岸建设。推进智慧海关与智慧口岸建设有机融合,深化黑龙江国际贸易"单一窗口"地方特色应用项目建设。高质量建设哈尔滨国际航空货运枢纽和国际物流集散枢纽。

创新发展开放平台。落实自贸试验区提升战略,稳步扩大制度型开放。加快推进哈尔滨、绥芬河综合保税区建设。高标准规划建设黑瞎子岛中俄国际合作示范区,稳步实施开发区能级提升行动,推进绥芬河国家进口贸易促进创新示范区建设,加快建设互贸进口商品落地加工产业园区。

（六）巩固提升绿色发展优势。坚持生态优先、绿色发展，协同推进降碳、减污、扩绿、增长，让龙江的天更蓝、地更绿、水更清，生态环境更优美。

深入打好污染防治攻坚战。持续打好蓝天、净土、碧水保卫战，实施空气质量持续改善行动，加大散煤污染治理力度，推动清洁取暖试点城市项目建设。强化减排控排和截污治污措施，持续开展入河排污口溯源整治，巩固城市黑臭水体治理成果。推进化肥农药减量增效，抓好农业面源污染管控，加强畜禽粪污治理。高质量完成第二轮中央生态环境保护督察反馈问题整改年度任务。

推进生态环境保护和修复。坚持山水林田湖草沙系统治理，实施"三北"防护林六期等生态系统保护修复重大工程，草原修复治理11万亩、退化湿地修复2000亩，着力打造林长制北方样板。加快推进历史遗留矿山修复。协同推进东北虎豹国家公园建设。

积极推动绿色低碳转型。积极稳妥推进碳达峰碳中和，加快推动产业结构、能源结构、交通运输结构和用地结构调整。推动能源产业绿色转型，实施煤电机组节能降耗、供热、灵活性改造"三改联动"，加快煤矿智能化改造。提高城乡建设绿色低碳发展质量，加快形成绿色低碳生产方式和生活方式。强化重点企业用能管理，杜绝"两高一低"项目上马。推进森工集团碳汇交易试点，深化生态产品总值核算和碳汇总量测算工作，培育碳汇项目，促进生态产品溢价增值。

（七）切实保障和改善民生。坚持尽力而为、量力而行，坚决兜住兜准兜牢民生底线，集中力量办成一批群众可感可及的实事，让群众得到看得见摸得着的实惠。

促进高质量充分就业。更加突出就业优先导向，统筹推进就业动能培育、技能提升、服务升级、权益保障等专项计划，做好高校毕业生、退役军人、农民工、就业困难人员等重点群体就业帮扶，确保就业形势稳中向好。

织密扎牢社会保障网。落实企业职工基本养老保险全国统筹制度和基金缺口分担机制。深入推进基本医保参保扩面，加强医保基金使用常态化监管，从严查处欺诈骗保等违法违规行为。健全完善分层分类社会救助体系，稳步提高城乡低保水平。

办好人民满意教育。促进基础教育扩优提质、优化布局，扩大普惠性学前教育资源，加快县域义务教育优质均衡发展，推动高中阶段学校多样化发展。调整高等学校学科专业设置，培养服务区域经济发展高素质应用型人才。推进职业教育与产业集群集聚融合发展，加强高技能人才培养。实施"振兴龙江"边境地区专项招生就业计划。

推动卫生健康养老事业发展。深入开展爱国卫生运动和健康龙江行动，加强以基层为重点的医疗卫生服务体系建设，大力发展紧密型县域医共体和城市医联体，为乡镇卫生院补充招聘300名医学毕业生。完善生育支持政策体系，推动托育服务健康发展，3岁以下婴幼儿托位总数达到11.7万个。推动中医药传承创新发展。积极应对人口老龄化，推动发展银发经济，开展居家和社区养老服务提升行动，增强老年人基本民生保障能力。加强食品药品监管，严把质量关，全力守护人民群众"舌尖上的安全"。

加快补齐民生基础设施短板。实施城市更新行动，加快推进保障房、"平急两用"公共基础设施建设、城中村改造等"三大工程"，推动房地产业向新发展模式平稳过渡。开工改造城镇老旧小区22万户以上、燃气老旧管网800公里、供热老旧管网500公里，推进城镇生活污水管网补短板攻坚三年行动，扩大智慧供热面积。积极化解房地产领域风险，做好"保交楼、保民生、保稳定"工作。加快推进灾后恢复重建，高标准完成水利、道路等水毁设施建设任务，整体提升防灾减灾能力。

推进平安黑龙江建设。加强社会治安防控体系建设，依法严厉打击电信网络诈骗、涉黑涉恶等违法犯罪活动。推进国防动员高质量发展，做好退役军人服务保障，开展全民国防教育和双拥共建。加快推进信访工作法治化，坚持和发展新时代"枫桥经验"，加大社会矛盾纠纷排查化解力度。深入开展安全生产治本攻坚，压实企业主体责任、部门监管责任、地方属地责任，把安全生产措施、责任落实到生产经营单位和一线操作岗位、传递到基层末梢，常态化开展重点行业领域安全生产隐患排查整治，强化重大风险管控，坚决防范遏制重特大安全生产事故，切实保障人民群众生命财产安全。

（八）持续加强政府自身建设。把党的全面领导落实到政府工作全过程各领域，锤炼"扎扎实实、踏踏实实、求真务实"优良作风，提高政府履职能力、执行力和公信力，建设人民满意政府。

旗帜鲜明讲政治。坚持用习近平新时代中国特色社会主义思想凝心铸魂，把对"两个确立"的深刻领悟转化为"两个维护"的高度自觉，不断提高政治判断力、政治领悟力、政治执行力，对党中央重大决策部署心领神会，对"国之大者"领悟到位，当好贯彻执行党中央决策和省委部署的执行者行动派实干家。

严格依法行政。深入推进法治政府建设，健全行政监督，严格按照法定权限和程序履职尽责、行使权力、承担责任，善于运用法治思维和法治方式解决问题、化解矛盾、协调关系。严格规范公正文明执法，切实规范执法行为，不断提高行政执法规范性和透明度。强化行政复议实质化解行政争议效能，真正让人民群众满意。自觉接受人大法律监督和工作监督、政协民主监督、监察监督、社会及舆论监督。

持续推进能力作风建设。提高创造性执行效能，建设创新、服务型政府，积极谋划好牵引性、撬动性强的工作抓手，做到不折不扣抓落实、雷厉风行抓落实、求真务实抓落实、敢作善为抓落实。切实转变作风，严格落实"五细"要求，弘扬"严真细实快"工作作风，坚决纠治形式主义、官僚主义。不断增强能力本领，提高谋划发展、推动落实、破解难题的专业能力和专业素养。政府系统要精打细算真正过紧日子，切实把宝贵财政资金用在刀刃上，用出效果来。

坚定不移推进党风廉政建设。以自我革命精神深化全面从严治党，深入开展党性党风党纪教育，建设勤廉政府，严格防范金融、国企、能源、医药、粮食购销等领域廉政风险隐患，坚决整治群众身边腐败问题和不正之风，压缩权力寻租空间，用制度刚性防止权力任性。

各位代表！

实干铸就伟业，奋斗创造未来，让我们更加紧密地团结在以习近平同志为核心的党中央周围，在省委坚强领导下，牢记嘱托、感恩奋进、忠诚担当、真抓实干，奋力开创高质量发展、可持续振兴新局面，为强国建设、民族复兴作出龙江新的更大贡献！

上 海 市
政府工作报告

——2024年1月23日在上海市第十六届
人民代表大会第二次会议上

市长 龚 正

各位代表：

现在，我代表上海市人民政府，向大会报告工作，请予审议。请各位政协委员和其他列席人员提出意见。

一、2023年工作回顾

过去一年，我们坚持以习近平新时代中国特色社会主义思想为指导，全面贯彻落实党的二十大和二十届二中全会精神，深入贯彻落实习近平总书记考察上海重要讲话精神，坚决贯彻落实党中央、国务院的决策部署，在中共上海市委的坚强领导下，坚持稳中求进工作总基调，深化高水平改革开放，推动高质量发展，着力提升城市能级和核心竞争力，市十六届人大一次会议确定的年度目标任务基本完成。

一年来，全市经济社会发展稳中有进、稳中向好。一是经济运行稳步恢复。全市生产总值达到4.72万亿元、增长5%。地方一般公共预算收入增长9.3%，居民消费价格上涨0.3%，城镇调查失业率平均为4.5%。二是发展新动能稳步壮大。工业战略性新兴产业总产值占规模以上工业总产值比重达到43.9%，集成电路、生物医药、人工智能三大先导产业规模达到1.6万亿元。全社会研发经费支出相当于全市生产总值的比例达到4.4%左右，每万人口高价值发明专利拥有量提高到50.2件。三是改革开放红利稳步释放。外贸进出口总额达到4.2万亿元、增长0.7%，实际使用外资240.9亿美元、创历史新高。金融市场交易总额达到3373.6万亿元、增长15%。跨国公司地区总部、外资研发中心分别新增65家和30家，累计分别达到956家和561家。首批创新型企业总部达到40家。四是民生福祉稳步改善。居民人均可支配收入达到8.5万元、增长6.6%，增速快于经济增长，环境空气质量优良率达到87.7%、提高0.6个百分点，新增公园162座、累计达到832座。

一年来，我们主要做了以下工作。

（一）坚定不移深化改革开放，国家重大战略任务扎实推进

"五个中心"能级巩固提升。国际经济中心综合实力持续增强，加快构建以实体经济为支撑的现代化产业体系，制定推动制造业高质量发展、研发产业化、特色产业园区高质量发展等政策措施，出台实施汽车芯片、合成生物、人工智能大模型、智能机器人、船舶与海洋工程装备、商业航天、在线新经济等领域创新发展支持政策，58个10亿元以上重大产业项目开工建设，C919国产大型客机、首艘国产大型邮轮实现商业运营。国际金融中心开放度进一步提升，持牌金融机构新增47家、总数达到1771家，上海国际再保险交易中心启动运行，"互换通"正式落地，上海区域股权市场认股权综合服务试点获批启动，30年期国债期货、航运指数期货、氧化铝期货、科创50ETF期权等一批新产品上市交易，全市存款、贷款余额分别突破20万亿元和11万亿元。国际贸易中心链接全球能力不断加强，全国首个"丝路电商"合作先行区获批创建，内外贸一体化试点深入推进，全国性大宗商品仓单注册登记中心上线运行，全国首单液化天然气跨境人民币结算交易、首单国际原油跨境数字人民币结算交易顺利完成。国际航运中心枢纽地位日益巩固，小洋山北作业区、东方枢纽上海东站开工建设，国际航运公会上海代表处等功能性机构落户，上海港集装箱吞吐量达到4915.8万标准箱、连续14年排名世界第一。国际科创中心策源功能加快凸显，上海光源二期、活细胞成像线站建成运行，磁-惯性约束聚变能源项目开工建设，在沪国家实验室及基地服务保障机制进一步完善，数学与交叉学科研究院、科学智能研究院等高水平研究机构落户，元宇宙、区块链、高温超导等领域关键技术攻关行动启动实施，7家高质量孵化器挂牌运行，知识产权质押融资机制优化完善，技术合同成交额达到4850.2亿元，高新技术企业超过2.4万家。人才对"五个中心"建设的赋能作用进一步增强，人才高峰工程、重点产业人才引育专项加快实施，科技人才评价综合改革试点积极推进，"海聚英才"全球创新创业赛会成功举办，外籍人才居留便利度和满意度持续提升。

浦东引领区建设持续深化。总结上海自贸试验区十年建设经验，大力落实自贸试验区提升战略，全面对接国际高标准经贸规则总体方案"80条"出台，浦东综合改革试点方案及首批授权事项清单获批实施，国家出台的33条自贸试验区制度型开放试点措施基本落地。数字人民币应用领域拓展、企业跨境融资便利化、全国首单海上保税液化天然气加注等一批重大开放举措加快推进，揭榜挂帅公共服务平台等一批协同创新机制加快完善，境外专业人才临时执业许可制度加快探索。新增各类总部机构126家、大企业开放创新中心25家。浦东新区法规累计达到18部，管理措施累计达到22部。

"三大任务"深入实施。临港新片区新一轮市级支持政策出台，洋山特殊综合保税区三期扩区获批，落地重大产业项目超过100个、投资总额超过1000亿元，规模以上工业总产值、全社会固定资产投资总额分别增长22.5%和10.3%。科创板功能进一步提升，上海上市公司首发募资额、总市值位居全国首位。长三角一体化发展21项重点合作事项加快落地，28个科技创新联合攻关项目加快实施，全国社保基金长三角科技创新股权投资基金落户，沪渝蓉高铁上海段等重大项目加快建设，152项政务服务事项实现跨省市"一网通办"。对口支援与合作交流工作扎实开展。

"三大平台"作用更加凸显。第六届中国国际进口博览会圆满举办，按一年计累计意向成交金额784.1亿美元、增长6.7%，上海城市推介大会和虹桥国际经济论坛浦东、虹桥两个分论坛的影响力进一步提升，国际采购、投资促进、人文交流、开放合作平台功能充分发挥。长三角生态绿色一体化发展示范区新推出跨区域项目审批机制、跨界水体联保方案等24项制度创新成果，示范区国土空间总体规划获批实施，元荡生态岸线上海段全线贯通，西岑科创园加快建设。虹桥国际开放枢纽建设总体方案明确的重点任务落地落实，虹桥国际中央商务区带动效应进一步显现，总部能级提升、贸易功能拓展等取得积极成效。港澳台、外事侨务工作稳步推进，多语种国际服务门户启动建设，国际交流交往按下"加速键"。

重点领域改革不断深入。国资国企改革加快推进，围绕建设世界一流企业的六大强企计划全面实施，上海交易集团组建成立，国有存量资产盘活投资基金、国资国企高质量发展基金等启动运营。促进民营经济高质量发展，加快落实国家促进民营经济发展的政策措施，支持民间投资健康发展，制定实施助力中小微企业"28条"，深化中小微企业融资信用服务创新试点，民营企业总部新增97家，"政会银企"四方合作再上新台阶。持续推进公共资源"一网交易"改革，统一的制度体系、市场体系、管理体系基本形成。质量强国上海纲要稳步实施，"上海标准"、"上海品牌"分别新增10个和37个。

（二）多措并举扩内需稳外需，经济高质量发展成效明显

稳增长政策协同发力。开展提信心、扩需求、稳增长、促发展十大行动，出台实施促消费"15条"、投资促进"24条"、稳外贸"21条"、吸引外资"20条"等政策措施。举办"一节六季"等重大消费促进活动，推动入境人士境内支付便利化，新增首店达到1215家，社会消费品零售总额增长12.6%。成功举办"潮涌浦江"系列活动。13号线东延伸、19号线、南枫线一期等一批轨道交通线开工建设，原水西环线启动建设，S3公路等重要基础设施投入使用，重大工程投资完成2257.4亿元，全社会固定资产投资突破1万亿元、增长13.8%。建立产业用地综合绩效评估制度，推动工业上楼、打造智造空间，启动产业用地弹性规划和功能复合试点，低效建设用地减量15.1平方公里。跨境电商综合试验区建设深入推进，再制造产品进口试点业务落地，国际贸易分拨中心示范企业达到116家，"经认证的经营者"企业（AEO）达到517家，上海中欧班列全年开行100列，电动载人汽车、锂电池、太阳能电池等"新三样"出口分别增长43.9%、50.5%和0.9%。

数字经济与实体经济加快融合。制定实施数据要素产业创新发展行动方案。制造业数字化转型加快推进,累计建成国家级标杆性智能工厂3家、示范工厂19家、优秀场景111个,培育"工赋链主"25家、工业互联网平台34个。新一轮新型基础设施建设行动启动实施,人工智能公共算力服务平台投入运营,全市累计布设物联终端超过3.7亿个、5G基站超过7.7万个。

城市空间布局持续优化。全面开展"上海2035"城市总体规划实施评估。五个新城建设稳步推进,导入第二批30项重大功能性事项,新开工117个重大项目、总投资1935.7亿元,规划建设的5家市级综合性医院全部开工。南北转型重点区域开发建设步入快车道,上大美院吴淞校区、瑞金医院金山院区等项目开工建设。

乡村振兴全面推进。制定实施加速农业科技创新政策措施,种业产业孵化基地加快打造。横沙新洲现代农业产业园规划建设有序推进。农业招商力度加大,实到资金首次突破200亿元。建成乡村振兴示范村24个、"美丽庭院"10.1万户,完成210公里农村公路提档升级改造,1.6万户相对集中居住农户入住新居。

(三)用心用情保障和改善民生,人民生活水平不断提升

民心工程民生实事加力增效。新增养老床位5510张、社区长者食堂41个,改建认知障碍照护床位2598张,完成居家环境适老化改造7715户。开设小学生爱心暑托班579个,新增社区托育托额5308个。完成12.3万平方米中心城区零星二级旧里以下房屋改造、29.6万平方米小梁薄板房屋等不成套旧住房改造,启动10个城中村改造项目,推动既有多层住宅加装电梯3001台,建设筹措8.1万套(间)保障性租赁住房,筹措供应1.1万张"新时代城市建设者管理者之家"床位。新增5.1万个电动汽车公共充电桩。新建改建社区市民健身中心31个、市民健身步道80条、益智健身苑点671个。新建25家示范性智慧菜场。

基本民生保障持续加强。稳岗扩岗、创业扶持、技能培训等稳就业政策加快落实,公共就业招聘新平台上线运行,新增就业岗位60.6万个,建成社区就业服务站点227个,高校毕业生等重点群体就业支持体系持续健全。养老金、医保、低保等民生保障待遇水平稳步提高,灵活就业人员在沪参保全面覆盖,及时为困难群众发放价格临时补贴和各类帮困补助。残疾人社会保障制度和关爱服务体系进一步完善。

社会事业发展水平稳步提升。加快高质量教育体系建设,义务教育"新五项标准"启动实施,高等教育综合改革试点全面深化,职业院校结构布局优化调整,联合国教科文组织一类中心STEM教育研究所落户上海。疫情防控实现平稳转段。推进健康上海建设,分级诊疗体系不断完善,公立医院高质量发展示范试点项目加快推进,社区全科诊疗、家庭医生签约服务、药品配备等能力进一步提升,职工医保门诊共济改革全面完成,创新药械多元支付机制持续完善。妇女儿童事业取得新成效,民族宗教工作不断加强。

文化软实力建设不断深化。世界技能博物馆建成开放,国际电影节、国际艺术节、上海旅游节、国际艺术品交易周、网球大师赛等节展赛事焕新举办,国家社会文物管理综合改革试点、文物保护利用示范区创建全面完成。上海体育健儿在亚运会等重大赛事上再创佳绩。

军政军民团结巩固发展。军地协调机制深化完善,国防科技工业能力持续提升，重点区域建设取得突破性进展。国防动员体制改革顺利完成，双拥模范城创建积极开展，"三共三固"活动合力推进，国防教育、国防后备力量建设、退役军人事务等工作取得新成效。

（四）加快建设宜居韧性智慧城市，城市治理持续深化

城市精细化管理水平不断提升。扎实推进城市更新，探索可持续发展的更新模式，城市更新体制机制、政策体系进一步完善。城市数字底座建设加快推进，数字化转型示范区建设取得积极成效，城市运行数字体征系统实现迭代升级。黄浦江岸线公共空间贯通开放新增8公里，"一江一河"滨水空间品质持续提升。完成112公里架空线入地和杆箱整治，徐家汇等商圈景观灯光实现提升改造，建成103个"美丽街区"，59个机关、企事业单位附属空间对外开放、为民所享。首届全球可持续发展城市奖（上海奖）在沪颁发。

社会治理创新取得新成效。持续为基层减负增能，居村"一办法两清单"等长效机制建立健全，基层治理单元持续优化，社区工作者队伍建设不断深化。信访问题源头治理全面加强，"12345"市民服务热线、人民建议征集等工作提质增效，"砺剑"等社会治安整治行动深入推进，"三所联动"矛盾纠纷多元化解机制全面推广，重大事故隐患专项整治行动、城镇燃气安全专项整治稳步推进，公众安全感、满意度连续11年实现"双提升"，社会大局保持稳定。

生态文明建设扎实推进。污染防治攻坚战成效考核排名全国第一。第三轮清洁空气行动计划启动实施，淘汰国三柴油车1.1万辆。开展新一轮雨污混接普查和整治，完成长江干流沿岸入河排污口整治，吴淞江工程罗蕴河北段、52座雨水调蓄池开工建设，竹园污水厂四期建成运行。打造生活垃圾分类升级版，生活垃圾回收利用率进一步提高，"无废城市"建设加快推进。实施碳达峰十大行动，新增光伏装机94.6万千瓦，新能源汽车推广35.4万辆，保有量达到128.8万辆、排名全球城市第一，成功举办首届碳市场大会、首届上海国际碳博会。新增森林超过6.7万亩、绿地1044公顷、绿道231公里、立体绿化43万平方米。

（五）着力推进政府改革创新，政府自身建设展现新气象

营商环境持续优化。对标世界银行新评估体系深化改革，优化营商环境6.0版208项改革任务全面完成。全市日均新设企业1904户、增长28.1%，企业总数289.2万户、占全部经营主体的比重达到85%，每千人企业数量增加到116.8户、位居全国第一。建立重点企业"服务包"制度，强化政策集成发布、精准推送和服务便利获取，新增减税降费及退税缓费超过1100亿元。

依法行政不断加强。全面完成"十四五"规划实施中期评估。配合市人大及其常委会出台地方性法规13件，立改废政府规章40件，办理市人大代表建议778件、市政协提案927件。法治政府建设示范创建扎实推进。全面推行以专用信用报告替代有无违法记录证明，开展涉企行政执法"检查码"试点，街镇综合行政执法体制基本确立。参事文史、决策咨询工作取得新成效。

"两张网"建设有力推进。数据上链和政务区块链、"图网码"、一体化办公等攻坚行动取得积极成果。政务服务"一网通办"累计推出41个"一件事"，200个高频事项实现"智慧好办"，296项政策服务实现"免申即享"。城市运行"一网统管"累计汇集各类应用1466个，"随申码"城市服务管理功能持续提升，"合规一码通"、智能交通"易的PASS"等创新实践不断深化。健全公共数据便捷共享机制，实现重点场景有需必应。

工作作风更加严实。严格执行中央八项规定精神，驰而不息整治"四风"问题，扎实开展调查研究，一批群众和企业反映的突出问题得到有效解决。落实过紧日子要求，严控一般性支出，全面实施预算管理一体化，开展成本预算绩效管理试点，降本幅度达到10%以上。推动审计提质增效，一体推进揭示问题、规范管理、深化改革。党风廉政建设和反腐败斗争进一步加强。

各位代表，过去一年，我们认真开展学习贯彻习近平新时代中国特色社会主义思想主题教育，进一步统一思想、统一意志、统一行动，切实把主题教育成果落实到推动高质量发展、创造高品质生活、实现高效能治理的实际工作中，促进各项事业迈上新台阶、展现新气象。过去一年取得的成绩，是以习近平同志为核心的党中央坚强领导的结果，是习近平新时代中国特色社会主义思想科学指引的结果，是中共上海市委带领全市人民团结奋斗的结果！我代表上海市人民政府，向在各个岗位上辛勤工作的全市人民，向给予政府工作大力支持的人大代表和政协委员，向各民主党派、工商联、各人民团体和社会各界人士，向中央各部门、兄弟省区市和驻沪人民解放军指战员、武警官兵，向关心和支持上海发展的香港、澳门特别行政区同胞、台湾同胞、海外侨胞和国际友人，表示衷心的感谢！

我们也清醒地认识到，前进道路上还面临许多困难挑战，政府工作中仍存在一些不足。主要是：外部环境复杂严峻，地缘政治冲突持续，全球经济复苏乏力。国内大循环存在堵点，有效需求不足，社会预期偏弱。上海经济外向度高，受到的影响更早、更大、更直接，保持平稳运行面临较大压力，全面实现"十四五"规划各项目标还需付出更大努力。关键核心技术突破仍有不足，基础研究、应用研究和产业化双向链接的快车道仍需疏通。发展新动能还不够强劲，产业智能化、绿色化、融合化步伐需要加快。部分企业特别是中小微企业经营面临较多困难，市场信心有待进一步提振。城乡区域发展不平衡不充分问题仍然存在，就业、教育、医疗、养老等民生保障领域还有不少短板。生态环境保护任务依然繁重，超大城市治理还要下更大力气。政府服务管理效能仍需进一步提高，政府作风建设必须持续强化。我们要不畏艰难、保持定力，千方百计解决问题，全力以赴改进工作，以实干实效回报全市人民的新期待！

二、2024 年主要任务

今年是中华人民共和国成立75周年，是实现"十四五"规划目标任务的关键一年。我们要把贯彻落实习近平总书记重要讲话精神作为全部工作的鲜明主题和贯穿始终的突出主线，围绕习近平总书记考察上海提出的新定位、新论断、新要求、新任务，敢于开拓，积极作为，勇于挑最重的担子、啃最难啃的骨头，继续当好全国改革开放排头兵、创新发展先行者，为全国改革发展大局作出更大贡献。

做好今年工作，要以习近平新时代中国特色社会主义思想为指导，全面贯彻落实党的二十大和二十届二中全会以及中央经济工作会议精神，深入学习贯彻习近平总书记重要讲话精神，按照十二届市委三次、四次全会部署，坚持稳中求进工作总基调，完整、准确、全面贯彻新发展理念，围绕推动高质量发展首要任务和构建新发展格局战略任务，聚焦建设"五个中心"重要使命，以科技创新为引领，以改革开放为动力，以国家重大战略为牵引，以城市治理现代化为保障，统筹扩大内需和深化供给侧结构性改革，统筹新型城镇化和乡村全面振兴，统筹高质量发展和高水平安全，切实增强经济活力、防范化解风险、改善社会预期，巩固和增强经济回升向好态势，持续推动经济实现质的有效提升和量的合理增长，增进民生福祉，保持社会稳定，加快建成具有世界影响力的社会主义现代化国际大都市，在推进中国式现代化中充分发挥龙头带动和示范引领作用。

综合各方面因素，建议今年全市经济社会发展的主要预期目标是：全市生产总值增长5%左右，地方一般公共预算收入增长5%，全社会研发经费支出相当于全市生产总值的比例达到4.5%左右，城镇调查失业率5%以内，居民人均可支配收入增长与经济增长保持同步，居民消费价格涨幅3%左右，单位生产总值能耗、单位生产总值二氧化碳排放量进一步下降，主要污染物重点工程减排量完成国家下达目标。

今年重点做好以下工作。

（一）进一步加快建设"五个中心"，提升城市能级和核心竞争力。坚持整体谋划、协同推进，重点突破、以点带面，把科技创新摆在更加重要位置，持续强化城市核心功能，持续增强辐射带动能力，更好代表国家参与国际合作和竞争。

加快建设国际经济中心。坚持以科技创新推动产业创新，聚焦智能化、绿色化、融合化，加快建设"（2+2）+（3+6）+（4+5）"现代化产业体系，大力发展新质生产力。积极推进新型工业化，巩固提升工业经济比重，推动重点产业链高质量发展，全力落实新一轮集成电路、生物医药、人工智能"上海方案"，培育提升新能源汽车、高端装备、先进材料、民用航空、空间信息等高端产业集群，加快打造未来产业先导区。推动工业互联网赋能制造业高质量发展，实施"智能机器人+"行动，率先开展国家智能网联汽车准入和上路通行试点。推进绿色制造标准体系和绿色低碳供应链体系建设，打造一批绿色工厂、绿色园区。引导研发设计、供应链管理、检验检测、知识产权服务等生产性服务业向专业化和价值链高端延伸，促进现代服务业与先进制造业深度融合。优化拓展产业发展空间，推广产业综合用地等土地混合利用新模式，打造工业上楼智造空间1000万平方米，低效建设用地减量13平方公里。

加快建设国际金融中心。配合中央金融管理部门，实施高水平金融对外开放，持续增强竞争力和影响力。着力完善金融市场体系，加快打造国际金融资产交易平台，高水平建设国际再保险中心，优化跨境金融、离岸金融等服务，提高金融市场国际化水平。着力完善金融产品体系，推动更多商品、金融期货期权产品上市，持续丰富数字人民币应用场景，全力做好科技金融、绿色金融、普惠金融、养老金融、数字金融五篇大文章，更好服务实体经济、科技创新和共建"一带一路"。着力完善金融机构体系，吸引高能级金融机构和长期资本来沪展业兴业，深化合格境外有限合伙人（QFLP）、合格境内有限合伙人（QDLP）试点。着力完善金融基础设施体系，深化跨境互联合作，提升人民币跨境支付系统服务功能。全面加强金融监管，切实增强安全可控能力，牢牢守住不发生系统性金融风险的底线。

加快建设国际贸易中心。提升贸易枢纽功能，持续深化贸易投资自由化便利化，大力推动内外贸一体化发展，加快形成具有国际竞争力的政策和制度体系。积极参与共建"一带一路"高质量发展，高水平建设"丝路电商"合作先行区，扩大电子商务领域对外开放，推动长三角"一带一路"综合服务平台落地，提升会计、法律等本土专业服务机构国际化发展能力。着眼于人员跨境往来便利化，加快建设东方枢纽国际商务合作区。建设服务贸易创新发展示范区，做强特色服务出口基地功能，培育服务贸易新业态新模式。深化进口贸易促进创新示范区建设，促进进口贸易与产业、消费深度融合。实施总部增能行动和全球营运商计划，加快培育一批千亿级、万亿级大宗商品交易平台，集聚更多国际经济组织和一流贸易商，加快生产性互联网服务平台建设。

加快建设国际航运中心。着眼于提升航运资源全球配置能力，大力发展高端航运服务业，增强航运保险承保和服务能力，探索海事仲裁模式创新，发展国际船舶管理业务，稳妥有序推动上海航运交易所改革。拓展航运枢纽功能，加快建设海港、空港、邮轮港和航运集疏运体系，推进小洋山北作业区、东方枢纽上海东站、浦东国际机场四期、油墩港航道整治等重大项目，推动罗泾港区改造一期投运，大力发展多式联运，推进长三角集装箱水路运输，支持基地航司打造超级承运人，积极培育邮轮经济产业链。推动航运数字化、智能化、绿色化转型，提升上海国际集装箱运输服务平台能级，打造航运贸易数字化试点示范平台，加快布局绿色甲醇、LNG等船舶清洁燃料供应链，推广纯电动船舶等绿色运输工具。大力发展海洋经济，建设现代海洋城市。

加快建设国际科技创新中心。支持和保障在沪国家实验室及基地高质量运行发展，推进在沪全国重点实验室重组和建设，推动建设基础学科研究中心、前沿科学中心，加大重大科技基础设施、重大仪器设备、科技数据资源等向社会开放共享力度。深化基础研究先行区建设，聚焦前沿交叉领域开展高风险高价值研究。探索关键核心技术攻关新型组织实施模式，加强未来产业前瞻技术创新布局，大力发展自主可控核心工业软件和工业操作系统，深入实施重大技术装备攻关工程、产业基础再造工程。布局一批新型研发机构，打造一批高水平产业科技创新平台。强化企业科技创新主体地位，鼓励科技领军企业打造原创技术策源地。深化科技成果产权制度改革，完善技术要素估值定价机制，加快发展科技服务业。配合推动科创板完善科创型企业发行上市制度，加快设立科技创新引导基金，引导长期资本、耐心资本投早、投小、投硬科技。推动张江高新区建设世界领先科技园区，支持高质量孵化器功能提升，推进"大零号湾"科技创新策源功能区建设，深入实施大学科技园改革发展行动方案。加强知识产权保护，大力实施专利转化运用专项行动，深入推进数据知识产权试点。深化科技交流合作，加快打造具有全球竞争力的开放创新生态。

深化教育、科技、人才一体推进。坚持立德树人，加强"大思政课"建设。开展基础教育扩优提质行动，积极推进全国义务教育优质均衡发展区创建。持续推动高等教育综合改革，深入实施"双一流"、高峰高原学科、高水平地方高校建设等计划，依托高水平研究型大学建设基础研究新型高地，分类布局职业教育产教融合平台。发挥教育在创新人才培养中的基础性作用，强化科学教育，完善基础学科拔尖创新人才培养机制，优化重点产业急需紧缺人才培养模式。聚焦国家重大需求和城市重要使命，加快集聚战略科技人才、海外高层次人才和顶尖人才团队，大力培养青年科技人才、卓越工程师和高技能人才，拓宽高端专业服务人才引进范围，加快建设高水平人才高地。推进人才发展体制机制综合改革试点，创新科技人才评价制度，深化职称评定、科技成果转化、科研经费管理等改革。营造良好创新生态，实施全球杰出人才优享服务，推进人才全周期服务"一件事"改革，优化落户安居、出入境、停居留等政策制度供给，持续深化青年发展型城市建设，努力营造世界一流的人才发展环境。

（二）进一步促进经济平稳健康发展，提升发展质量和效益。坚持远近结合、内外兼顾，增强消费基础作用、投资关键作用和外贸支撑作用，努力推动经济持续回升向好。

着力释放消费潜力。加快建设国际消费中心城市，办好第五届"五五购物节"等重大促消费活动，深化全球新品首发地建设，实施商圈能级提升行动。发展壮大新型消费，大力促进文旅新消费，打造一批"展会+商业"、"文旅+商业"、"体育+商业"联动项目，加快培育数字消费、大宗消费、服务消费、绿色消费、都市时尚消费等新热点，巩固扩大汽车、智能家居、国货"潮品"、餐饮等重点领域消费。持续优化消费环境，不断拓展入境支付多元化渠道，建立一批具有国际领先水平的商品服务标准和行业规范。

着力扩大有效投资。加快推进重大工程建设，全年完成投资2300亿元。开工建设20号线一期东段、上海示范区线东延伸等轨道交通线，加快建设崇明线、嘉闵线等轨道交通线，建成机场联络线、17号线西延伸等轨道交通线。推进沪通铁路二期上海段、沪渝蓉高铁上海段等重要基础设施建设，建成沪苏湖铁路上海段、北横通道东段等重大项目。加快引进一批标志性重大产业项目，推进智能算力集群、浦江数链城市区块链、数据交易链等新型基础设施建设，实施新一轮高水平企业技术改造，打造100个技术改造示范项目。

着力巩固外资外贸基本盘。培育外贸发展新动能，细化落实稳外贸政策，支持企业拓展多元化国际市场，推动海关特殊监管区域高质量发展，提升国际贸易"单一窗口"通关、物流、保险和支付结算功能，大力发展离岸贸易、跨境电商、保税维修等新型国际贸易。促进外资稳存量扩增量，拓展外商投资新领域，提升制造业开放水平，深入实施国家服务业扩大开放综合试点，持续推进外商投资全球伙伴计划、外资研发中心提升计划。

着力打造一流营商环境。聚焦市场化、法治化、国际化，实施新一轮营商环境改革150项任务措施，全方位提升企业感受度。健全"政会银企"四方合作、企业圆桌会等交流沟通机制，完善重点企业"服务包"制度，以更大力度帮助企业减负增效、以更快速度回应企业诉求。深入清理妨碍要素市场化配置的隐性门槛和壁垒，健全相关制度体系，在破产办理、涉外商事纠纷解决等领域，探索一批衔接国际通行规则的创新举措，提升营商环境综合优势。

着力激发经营主体活力。扎实推进国企改革深化提升行动，进一步优化分类监管，深化国有资本投资运营公司改革，加大战略性新兴产业和未来产业布局力度，持续推进土地、园区等国企存量资产盘活，推动国企完善公司治理机制、国有控股上市公司提升发展质量。坚持"两个毫不动摇"，促进民营经济发展壮大，优化民营经济发展法治环境，进一步加大力度支持民间投资发展。完善政府性融资担保体系和中小微企业信贷奖补政策，加大专精特新中小企业培育力度，支持企业"小升规"。深化央地合作，吸引更多央企总部和核心功能落户，合力培育产业链供应链。加快打造综合性、全要素、市场化交易平台，持续深化公共资源"一网交易"改革。推进市场监管数字化试验区建设，启动新一轮质量提升行动，发布新一批"上海标准"和"上海品牌"。

（三）进一步推进高水平改革开放，增强发展动力和竞争力。
坚持系统集成、协同高效，全方位大力度推进首创性改革、引领性开放，更好发挥全面深化改革、扩大高水平对外开放风向标作用。

深入推进长三角一体化发展。全面落实中央政策措施，制定实施第三轮三年行动计划，推动科技创新、产业创新、协同开放、生态环保、公共服务、安全发展等方面重点合作事项落地，全力推进外电入沪等跨区域重大基础设施项目，加快完善一体化发展体制机制，加快建设G60科创走廊、沿沪宁产业创新带，合力打造长三角区域发展共同体。开展长三角国土空间规划研究，推动编制上海大都市圈国土空间规划。持续推进长三角生态绿色一体化发展示范区制度创新和复制推广，加快方厅水院、沪苏嘉城际线等重点项目建设，做好华为青浦研发中心竣工投用配套服务。深化落实虹桥国际开放枢纽进一步提升能级政策措施，建好用好虹桥海外贸易中心、虹桥进口商品展示交易中心等重要平台，进一步提升国际航空服务功能。精心办好第七届进博会，扎实做好城市服务保障工作，推动更多新产品、新技术、新服务落地，持续放大溢出带动效应。积极落实推动长江经济带高质量发展意见，统筹抓好高水平生态保护与绿色创新发展。

全面推进浦东引领区建设。瞄准具备率先突破条件的关键领域，推出更多实质性举措，力争在要素市场化配置关键环节取得突破。全面落实中央支持意见和本市行动方案明确的280项任务，探索开展跨境电商进口非处方药及医疗器械零售业务试点，推动海关特殊监管区外保税维修、再制造和保税研发等业务试点，深入打造国际人才发展引领区，配合市人大及其常委会出台新一批浦东新区法规。加快实施浦东综合改革试点方案，持续扩大首批授权事项清单试点成效，不断深化高度便利化的通关机制，推动人民币离岸交易、标准国际化协作等取得新突破，进一步放大协同创新、研发用特殊物品进口等方面的改革效应。

加快自贸试验区及临港新片区建设。落实全面对接国际高标准经贸规则总体方案"80条"，稳步扩大规则、规制、管理、标准等制度型开放。深入推进跨境服务贸易和投资高水平开放，深化电信、金融、医疗等领域开放，优化国际中转集拼平台运作模式，加快推进实施数据跨境流动的管理措施，加快建设国际数据经济产业园。推动知识产权保护、政府采购等领域率先落地一批边境后改革措施。支持洋山特殊综合保税区制度在浦东特定区域适用，推进上海石油天然气交易中心等高能级开放平台建设，进一步提升跨境通、航运通、法务通等服务功能。加快布局新型储能、智能穿戴等新兴产业领域，开工建设滴水湖学校、浦东医院临港院区等一批重大项目。

深化合作交流。加大对口支援、对口协作、对口合作工作力度，助力对口地区巩固拓展脱贫攻坚成果、全面推进乡村振兴。积极开展与港澳台交流合作，做好外事、侨务工作，加强对外宣传推介，面向世界讲好中国故事、上海故事。

（四）进一步优化城市空间布局，打造城市发展新引擎。立足超大城市发展特点，科学配置资源，强化载体支撑，加快功能重塑、产业升级、品质提升，努力形成错位发展、互补发展、联动发展的良好态势。

全面增强中心辐射能级。加强中心城区高能级要素、高等级活动集聚，推动中环区域开发建设，提升城市副中心综合服务功能。进一步丰富南京路、陆家嘴、徐家汇等世界级地标性商圈业态，高质量推进北外滩、苏河湾等区域现代服务业集聚发展，高标准打造"大创智"、"上海硅巷"、"天地软件园"等科创载体。

深入推进五个新城建设。持续推动企业总部、研发创新、要素平台等功能性导入项目落地。高起点布局先进制造业和现代服务业，加快培育领军企业和高成长企业。着力打造松江枢纽等新城综合枢纽，推进12号线西延伸、15号线南延伸、南汇支线、南枫线等轨道交通线建设。做好高品质公共服务配套，新建26所中小学、幼儿园，加快中山、新华等市级医院新城项目建设，推动新城绿环先行启动段建成开放。

聚力推动南北转型发展。加速钢铁、化工等传统产业基地转型升级，推动北上海生物医药产业园、碳谷绿湾产业园等特色园区发展，培育集聚一批龙头企业、链主企业。推动吴淞创新城、湾区科创城等重点转型区域功能集聚、品质开发，增加优质公共服务供给。推进乐高乐园度假区建设，推动高铁宝山站等项目开工。

大力推进崇明世界级生态岛建设。落实专项支持政策，发展生态经济，提升生态品质，积极发展长兴岛海洋装备产业集群，稳步推进横沙新洲现代农业产业园建设，打造世界级生态岛碳中和示范区，努力将崇明岛、长兴岛、横沙岛建设成为"零碳岛"、"低碳岛"和"负碳岛"。

（五）进一步推动城乡融合发展，促进乡村全面振兴。坚持农业农村优先发展，学习运用"千万工程"经验，深化完善畅通城乡要素流动的政策体系，有力推动农业高质高效、农村宜居宜业、农民富裕富足。

着力发展都市现代农业。落实耕地保护和粮食安全责任制，继续抓好粮食、蔬菜等重要农产品稳产保供，建设4万亩高标准农田。加强生物制造、植物工厂等农业科技创新，大力发展种源农业，加快培育现代种业企业。启动12个现代设施农业片区规划建设，新建3万亩粮食生产无人农场，努力打造农业高质量发展标杆。

深入实施乡村建设行动。建设28个乡村振兴示范村，有序推进农民相对集中居住。启动5个"五好两宜"和美乡村建设试点。优化提升农村人居环境，实施300公里农村公路提档升级改造。开展乡村风貌保护发展专项行动，鼓励发展乡村旅游、文创办公、健康养老等新产业新业态，加快建设有特色、有活力的美丽乡村。

持续拓宽农民增收渠道。深化农村土地制度改革，全面开展全域土地综合整治。加快建设农村产权流转交易市场，采取多种方式盘活集体资源资产，发展壮大集体经济。实施农村人才培育项目。持续完善农村综合帮扶机制，加快实施帮扶项目，切实提高困难农户生活水平。

（六）进一步推进国际文化大都市建设，提升城市文化软实力。 深耕厚植红色文化、海派文化、江南文化，加快打造文化自信自强的上海样本，努力在建设物质文明和精神文明相协调的现代化上走在前列。

弘扬城市精神品格。广泛践行社会主义核心价值观，扎实推进群众性精神文明创建，深化拓展新时代文明实践中心建设。构建全民阅读服务体系，推进建设"书香上海"。大力发展中国特色哲学社会科学。加强国际传播能力建设，打造具有广泛国际影响的城市形象名片。

完善历史文化保护传承体系。深入推进"党的诞生地"红色文化传承弘扬工程，加强红色遗址、革命文物、风貌街区等保护利用，筹建上海革命军事馆。推进城市记忆工程，传承发展戏曲曲艺、民间艺术、手工技艺等非物质文化遗产，深化上海地域文明历史研究，以敬畏之心守护好城市历史文脉。

推动文化事业和文化产业繁荣发展。深入实施文化惠民工程，开放上海博物馆东馆，筹建工业博物馆，加快建设上海大歌剧院等重大文化设施，优化基层公共文化设施布局和功能，打造一批新型公共文化空间，鼓励公共文化设施开展夜间服务。深入实施上海文艺再攀高峰工程，健全文艺院团"出人出戏"激励机制，推出更多"上海原创"精品。实施重大文化产业项目带动战略，推进文创产业领军企业培育计划，培育新型文化业态，活跃时尚文化市场，大力发展影视创制、艺术品交易、演艺、电竞、旅游、体育、网络文化、创意设计等产业，推动文化产品和服务"走出去"，打造具有世界影响力的上海文化品牌。

深化文旅融合发展。实施长江国家文化公园上海段建设保护规划，加大国际旅游度假区重点片区开发建设力度，推动浦江游览航线南北延伸、苏州河文旅功能提档升级。加快发展红色旅游、工业旅游、乡村旅游，促进入境旅游，推动国际邮轮全面复航。发挥重大节展带动效应，办好各类高品质文旅活动。积极探索沉浸式体验、虚实结合游览等文旅新业态。

促进群众体育和竞技体育全面发展。推进全民健身公共资源拓展工程，加快建设一批体育公园，广泛开展市民运动会等全民健身活动。办好F1中国大奖赛、奥运会资格系列赛、四大洲花滑锦标赛等国际赛事，创新举办上海帆船公开赛等自主品牌赛事。支持上海体育健儿在奥运会等重大赛事上取得好成绩。

（七）进一步推动绿色低碳转型，建设美丽上海。牢固树立和践行绿水青山就是金山银山的理念，持续加大环保投入，协同推进降碳、减污、扩绿、增长，让城市绿色发展的底色更亮。

持续深入打好污染防治攻坚战。启动实施美丽上海建设三年行动计划。强化臭氧污染防治，加强柴油货车污染治理，鼓励重点企业开展氮氧化物超量减排。开工建设26座雨水调蓄池，加快建设白龙港三期、合流污水一期复线，建成泰和污水厂扩建工程，持续开展入河入海排污口排查整治，全面完成雨污混接排查。优化生活垃圾全程分类体系，建设300个惠民回收服务点，加快建设生物能源再利用三期等湿垃圾资源化处理设施，深入推进"无废城市"建设。实施噪声污染防治行动计划。持续推进中央生态环保督察整改。

积极稳妥推进碳达峰碳中和。推动能耗双控向碳排放双控转变，加快实施煤电节能降碳改造，推动深远海海上风电建设，新建1万个电动汽车公共充电桩。积极推进虚拟电厂建设，着力降低电力峰谷差。落实超低能耗建筑项目200万平方米、公共建筑节能改造400万平方米。支持重点行业探索碳排放核算、碳足迹认证评价，淘汰落后产能450项。积极推动绿色出行、"光盘行动"，大力倡导绿色低碳生活方式。

加大力度建设绿色生态空间。持续推进"一江一河一带"建设，推动杨浦滨江中北段、徐汇滨江南延伸段等滨水公共空间贯通开放，加快环城生态公园带建设，打通外环绿道断点17处。加快打造公园城市，推动世博文化公园南区开园，新建公园120座，推动30座城市公园24小时开放，新增森林3.1万亩、绿地1000公顷、绿道200公里、立体绿化40万平方米。

（八）进一步增强城市安全韧性，提高城市治理现代化水平。 全面践行人民城市理念，下绣花功夫精细治理，更好地统筹发展和安全，努力走出一条中国特色超大城市治理现代化的新路。

深入实施城市更新行动。以理念创新、方法创新推动城市更新模式创新，加强更新成本管控、资源统筹，完善"三师"负责制、规划土地、标准规范、财税金融等更新政策。大力推进"两旧一村"改造，完成12万平方米中心城区零星二级旧里以下房屋改造、31万平方米小梁薄板房屋等不成套旧住房改造，启动10个城中村改造项目。充分调动各类主体积极性，推动一批老旧工业区、商业商务区、风貌保护区、市政基础设施更新改造，加快推进外滩"第二立面"等城市更新项目。

提升社会治理效能。深化落实基层减负增能措施，优化基层队伍教育培训体系，加强基层共建共治平台建设，完善社区服务功能。支持工会、共青团、妇联等群团组织更好发挥桥梁纽带作用，促进社会组织规范有序发展。做好民族、宗教工作。坚持和发展新时代"枫桥经验"、"浦江经验"，加强信访事项上门办理、人民建议征集、"12345"市民服务热线等工作，健全社会矛盾综合治理机制，提升社会治安整体防控能力，建设更高水平的平安上海。

加强城市精细化管理。加快推进15分钟社区生活圈建设，加强社区嵌入式服务设施建设，推动40个机关、企事业单位附属空间对社会开放共享。完成130公里架空线入地和杆箱整治，提升改造苏州河中心城区沿岸、内环高架路沿线景观灯光，建成100个"美丽街区"。推进海绵城市建设，加快道路积水点改造。

筑牢城市安全底线。聚焦危化品、交通运输、建筑施工、消防、燃气、特种设备、大型活动、人员密集场所等重点行业、重点领域、重点区域，开展安全生产治本攻坚行动，扎实做好防汛防台工作，强化重大事故隐患排查整治，推动安全发展示范城市、全国综合减灾示范社区创建，建设150个社区微型消防站，提升城市本质安全水平。强化食品安全专项治理，深入开展药品安全巩固提升行动。优化应急指挥体系，加强应急储备物资保障，积极稳步推进"平急两用"公共基础设施建设。

（九）进一步推进民心工程办好民生实事，改善人民生活品质。坚持在发展中保障和改善民生，采取更多惠民生、暖民心举措，实施好十方面34项民生实事项目，进一步解决好群众急难愁盼问题，持续增进民生福祉、推进共同富裕。

加强就业服务和社会保障。更加突出就业优先导向，完善创业担保贷款、职业培训补贴等稳就业政策，城镇新增就业55万人以上。精准做好高校毕业生、就业困难人员等重点群体就业帮扶，实施灵活就业人员服务保障行动。统筹调整养老金、医保、低保等民生保障待遇标准。加强低收入人口动态监测，开展分层分类社会救助工作。

优化养老托幼服务。完善养老服务设施布局，新增4000张养老床位、30个社区长者食堂，改建3000张认知障碍照护床位，强化养老护理员培训和激励机制，加大养老科技产品开发和应用，开展智慧助老行动。新增3000个公办幼儿园托班托额、7000个社区托育托额。优化人口服务管理，加强妇女儿童权益保障，建设儿童友好城市，推进公共空间适儿化改造。积极营造无障碍环境，提升残疾预防和康复服务水平。

深化健康上海建设。促进优质医疗资源扩容下沉，优化三级医院专家号源下放社区等措施，持续加强社区卫生服务能力建设，推进紧密型城市医疗集团试点。深化公立医院改革，加强临床研究体系和能力建设。完善多层次医疗保障衔接机制，深化支付方式改革和药品耗材招采机制改革。持续推进重大传染病防控体系建设。加快中医药传承创新发展。

持续改善市民居住条件。坚持租购并举，健全住房保障体系，建设筹措7万套（间）保障性租赁住房，筹措供应"新时代城市建设者管理者之家"床位3万张以上，建设筹措保障性住房1万套以上。完成既有多层住宅加装电梯3000台，完善加装电梯长效管理机制。坚持"房住不炒"定位，促进稳地价、稳房价、稳预期，支持刚性和改善性住房需求，保持房地产市场平稳健康发展。

各位代表，军爱民、民拥军。我们要着眼于巩固提高一体化国家战略体系和能力，加强军地政策制度衔接、资源要素共享、双向需求对接，深化全民国防教育，大力加强国防动员和国防后备力量建设、双拥共建等工作，更好服务构建跨军地工作格局，进一步促进军政军民团结。

实干为要，行胜于言。我们要以排头兵的姿态和先行者的担当，攻坚克难、善作善成，拿出更多具有突破性的创新、创造、创举，形成更多实打实的发展成果，加快把"施工图"高质量地转化为"实景画"！

三、全面加强政府自身建设

做好今年工作，加强政府自身建设至关重要。必须牢记使命、尽责担当，加快打造人民满意的法治政府、创新政府、廉洁政府和服务型政府，以政府治理现代化促进经济社会持续健康发展。

（一）坚持政治引领，深入锻造忠诚品格。坚定拥护"两个确立"、坚决做到"两个维护"，巩固拓展主题教育成果，持之以恒用习近平新时代中国特色社会主义思想凝心铸魂，不断把党的创新理论转化为坚定理想、锤炼党性和指导实践、推动工作的强大力量。持续提高政治判断力、政治领悟力、政治执行力，不折不扣贯彻落实党中央决策部署，始终在思想上政治上行动上同以习近平同志为核心的党中央保持高度一致。

（二）坚持改革创新，更大力度提升行政效能。完成政府机构改革任务。强化数据精准高效赋能，持续推动"两张网"迭代升级，丰富一体化办公平台应用，基本形成数字政府体系框架，加快消除"数字鸿沟"。统筹数据开发利用和安全保护，探索建立数据流通交易等制度和标准规范，推进公共数据授权运营。构建行政审批告知承诺"审批—监管—执法—信用"闭环管理机制，加强重点领域综合监管改革，深化包容审慎监管。全面实施成本预算绩效管理，加强政府采购全链条和公物仓资产全生命周期管理，深化税收征管改革。高质量完成第五次经济普查。

（三）坚持法治规范，扎实推进依法行政。更加充分听民意、集民智、聚民力，全力打造全过程人民民主最佳实践地。加强重点领域、新兴领域政府立法，强化政府规章和行政规范性文件管理。深化落实重大行政决策程序。坚持严格规范公正文明执法，提升行政执法质量，基本建成市、区、乡镇街道全覆盖的行政执法协调监督工作体系。持续深化政务公开，着力以公开促落实、优服务、强监督。深入推进政务诚信建设，健全完善政府守信践诺机制。落实新修订的行政复议法，更好发挥行政复议化解行政争议的主渠道作用。政府要依法接受市人大及其常委会的监督，自觉接受市政协的民主监督，主动接受社会和舆论监督。全面强化审计、统计和财会监督。政府工作人员要自觉接受法律监督、监察监督和人民监督。

（四）坚持全面从严，坚决守牢清正廉洁底线。锲而不舍落实中央八项规定精神，持续纠治"四风"特别是形式主义、官僚主义，坚决把"习惯过紧日子"的要求落到实处。坚持不敢腐、不能腐、不想腐一体推进，深化金融、国企、基建工程等重点领域廉政风险防控，坚决整治各种损害群众利益的腐败问题，加强新时代廉洁文化建设，推动全市政府系统更加自觉地把廉洁自律内化于心、外化于行。

（五）坚持真抓实干，充分激发干事创业精气神。强化公务员队伍管理，加强专业培训，着力提高创造性执行能力。完善激励约束机制，为担当者撑腰、为实干者鼓劲，进一步营造比学赶超、争先创优的浓厚氛围。每位政府工作人员都要牢固树立正确政绩观，发扬"功成不必在我、功成必定有我"的精神，事不避难、义不逃责，更加坚定自觉地用实际行动践行初心使命，不断交出党和人民满意的合格答卷。

各位代表，征途漫漫，惟有奋斗。让我们更加紧密地团结在以习近平同志为核心的党中央周围，在中共上海市委的坚强领导下，凝心聚力、砥砺前行，奋力开创"五个中心"建设新局面，加快建成具有世界影响力的社会主义现代化国际大都市，努力为中国式现代化建设作出新贡献！

江 苏 省
政府工作报告

——2024年1月23日在江苏省第十四届
人民代表大会第二次会议上

省长　许昆林

各位代表：

现在，我代表江苏省人民政府向大会报告工作，请予审议，并请各位政协委员提出意见。

一、2023年工作回顾

过去一年是全面贯彻党的二十大精神的开局之年，是三年新冠疫情防控转段后经济恢复发展的一年，也是江苏发展史上具有重要意义的一年。让全省人民备受鼓舞的是，习近平总书记年初在江苏全票当选全国人大代表，全国两会期间参加江苏代表团审议，7月、12月两次亲临江苏考察，三次对江苏工作发表重要讲话、作出重要指示。江苏发展每到关键时期、每逢重要节点，总书记都亲自为我们把脉定向、指路引航，总书记的巨大关怀进一步激发了全省上下奋进新征程、建功新时代的磅礴力量，引领我们以更加昂扬的精神状态牢记嘱托、感恩奋进、走在前列！

一年来，我们在以习近平同志为核心的党中央坚强领导下，坚持以习近平新时代中国特色社会主义思想为指导，全面贯彻党的二十大和二十届二中全会精神，以贯彻落实习近平总书记对江苏工作重要讲话重要指示精神为主线，认真落实党中央、国务院决策部署，按照省委安排，牢牢把握"在推进中国式现代化中走在前、做示范"重大要求，着力扩大内需、优化结构、提振信心、防范化解风险，全省主要预期目标全面完成，内生动力活力进一步增强，经济社会发展的支撑力进一步巩固，对全国发展大局的贡献度进一步提升，高质量发展继续走在前列，在"强富美高"新江苏现代化建设上展现了新担当新作为。

经济发展取得新成绩。地区生产总值达12.82万亿元、增长5.8%。地区生产总值万亿之城增至5座。一般公共预算收入9930亿元、增长7.3%。粮食总产量759.5亿斤、再创历史新高。进出口总额5.25万亿元，实际使用外资规模保持全国首位。

现代化产业体系建设迈出新步伐。制造业增加值4.66万亿元，占地区生产总值比重达36.3%，制造业高质量发展指数达91.9，居全国第一。工业战略性新兴产业、高新技术产业产值占规上工业比重提高到41.3%和49.9%，13个设区市全部入选国家先进制造业百强市。规上服务业营业收入增长9.2%。

科技创新工作取得新进展。全社会研发投入强度3.2%左右，万人发明专利拥有量达62.1件、连续8年保持全国省区第一，我省太湖实验室牵头研发的"奋斗者"号完成极限深潜，高效率全钙钛矿叠层电池入选中国科学十大进展。科技型中小企业9.4万家，新获评国家专精特新"小巨人"企业795家，数量均居全国第一。高新技术企业超过5.1万家，人才总量超1560万人。

生态环境质量有了新改善。国考断面水质优Ⅲ比例达92.4%，长江干流江苏段水质连续6年保持Ⅱ类，主要入江支流断面水质优Ⅲ比例达100%。太湖连续16年安全度夏，水质藻情为16年来最好水平。PM$_{2.5}$浓度33微克/立方米，空气优良天数比率79.6%左右。

增进民生福祉彰显新成效。城镇新增就业138.3万人，城乡居民人均可支配收入分别达6.32万元和3.05万元、增长5%和7%，城乡居民收入比缩小至2.07∶1。国家级教学成果奖数量居全国第一，普通高中录取人数为近十年新高。基层卫生健康发展综合水平位列全国第一。全省社会文明程度指数保持在90以上。13类55件民生实事全面完成年度目标。

安全发展水平得到新提升。新冠疫情防控较短时间内实现平稳转段，生产安全事故起数、死亡人数在前几年连续大幅下降的基础上又分别下降13.2%和11.2%，高风险金融机构保持动态"清零"，信访事项一次性化解率达98%，人民群众安全感保持在99%以上。

过去这一年是本届政府履职的第一年，我们完整、准确、全面贯彻新发展理念，全面落实"四个走在前""四个新"重大任务，制定实施八个"行动方案"和两组"若干措施"，实干担当，出实招、见实效，奋力推进中国式现代化江苏新实践。重点做了以下几方面工作：

（一）全力推动经济运行率先整体好转。按月调度、按季推进经济运行，年初在全国较早推出"42条"政策举措，8月出台"28条"增量措施，相继制定一系列加力提效的专项政策。多措并举为企业减负纾困，累计新增减税降费及退税缓费超过2000亿元。持续开展"苏新消费"等系列促消费活动，文旅市场强劲复苏，社会消费品零售总额增长6.5%。积极扩大有效投资，固定资产投资增长5.2%，省重大项目完成投资超7000亿元。出台金融支持制造业发展18条政策措施，本外币贷款余额增长14.1%，其中制造业贷款连续39个月保持两位数增长。迎峰度夏、迎峰度冬能源电力保供有力有序。这一年，全省经济运行"平开中高后稳"，回升向好态势持续巩固，交出了一份鼓舞人心的成绩单。

（二）**加强科技创新和产业创新深度融合**。出台打造具有全球影响力的产业科技创新中心行动方案，实施加强基础研究行动，统筹推进89项产业前瞻技术研发项目和85项重大科技成果转化项目。着力打造科技创新平台，苏州实验室总部基地开工建设，紫金山实验室建立业界首个6G综合实验室，太湖实验室建立连云港中心，新获批建设21家全国重点实验室、累计已有31家。强化企业科技创新主体地位，新增国家企业技术中心8家、国家技术创新示范企业6家，获批组建国家高性能膜材料创新中心。新增境内上市公司58家，首发融资规模587.4亿元，均居全国第一。科创板、北交所上市公司分别达110家、43家，保持全国第一。实施加快建设制造强省行动方案，逐群逐链建立工作推进机制，出台加快培育发展未来产业指导意见，研究并组建江苏省战略性新兴产业基金集群，打造具有国际竞争力的先进制造业基地。实施数字经济核心产业加速行动，举办世界智能制造大会，数字经济核心产业增加值占地区生产总值比重达11.4%左右。推进"智改数转网联"，新增国家智能制造示范工厂20家，新增省级智能制造示范工厂112家、示范车间501个，全国首批300家5G工厂中江苏有97家，两化融合发展水平连续9年全国第一，江苏制造正加快实现"数智蝶变"。

（三）统筹城乡区域协调发展。出台全国首部省级国土空间规划。深入推进长三角一体化发展，牵头实施8个长三角科技创新共同体联合攻关项目，生态绿色一体化发展示范区新增24项制度创新成果。持续强化"1+3"重点功能区建设，出台支持海洋产业发展政策措施，深化南北结对帮扶合作，南北共建省级园区达8家，区域协调发展水平进一步提升。推进基础设施互联互通，沪宁沿江高铁开通运营，潍宿铁路江苏段、上元门铁路过江通道开工建设，高铁里程超过2500公里、居全国前列；京沪高速公路新沂至江都段"四改八"改扩建工程建成通车，10座在建过江通道稳步推进；加快打造水运江苏，京杭运河苏南段谏壁一线船闸扩容改造工程开工建设，宿连航道等重点项目进展顺利，连云港40万吨级矿石码头建成投运。出台高水平建设农业强省行动方案，制定学习运用"千万工程"经验加快建设新时代鱼米之乡的政策措施。统筹抓好良田良种良机良法集成推广，新建高标准农田120万亩、改造提升207万亩，改造大中型灌区34处，粮食生产面积、单产、总产实现"三增"。推进农村人居环境整治提升，新改建"四好农村路"3064公里，完成农村改厕67.8万户，农村生活污水治理率达51%，建设省级特色田园乡村159个，新建农村生态河道6000公里。实施跨省援助项目1548个，续写了新时代东西部协作和对口支援合作"山海情"。

（四）大力加强生态文明建设。毫不动摇抓好长江大保护，持续深化污染治理"4+1"工程，深入实施重大生态修复工程。完成重点治气工程1.6万余项，排污口排查整治取得扎实成效，土壤污染源头管控持续加强。扎实推动太湖流域控源减污、减磷控氮、建成生态清淤智能装备平台，湖体总磷、总氮浓度分别下降14.5%和14.3%。出台碳达峰专项实施方案，推进煤炭清洁高效利用，可再生能源装机占比达36.4%，入选国家首批碳达峰试点地区和园区3个。大力提升环境基础设施建设水平，累计入选国家级海绵城市建设示范城市4个、国家生态园林城市9个，均居全国第一，国家生态文明示范区增至37个，"绿水青山就是金山银山"实践创新基地增至10个，在国家污染防治攻坚战成效考核中连续4年获评优秀等级，美丽江苏更加可触可感可享。

（五）**纵深推进改革开放**。出台建设具有世界聚合力的双向开放枢纽行动方案，立足新起点推进"一带一路"交汇点建设，与共建"一带一路"国家进出口占全省比重达42.9%。首届中欧班列国际合作论坛、两岸企业家峰会10周年年会在江苏举办，习近平主席亲自向论坛、年会都致了贺信。推动外贸稳规模优结构，民营企业出口占比达49.7%，跨境电商出口增长12.3%，"新三样"出口规模、《区域全面经济伙伴关系协定》签证出口货值均居全国第一。开展"走进跨国公司总部"行动，制造业外资、高技术产业外资和外资企业利润再投资规模均居全国前列。苏州工业园区在国家级经济技术开发区综合考核评价中实现"八连冠"。推进高标准市场体系建设，深化财税、投融资等改革，在全国率先推动国有和集体混合权属不动产登记发证、率先开展用地用林合并审批试点，系统谋划实施新一轮国企改革深化提升行动，推动5家省属贸易企业重组整合。编制实施国家营商环境试点和自主改革事项"两张清单"79项改革举措，连续5年位列"营商环境最佳口碑省份"，经营主体总数超过1452万户。采取有力措施促进民营经济高质量发展，各类经营主体信心持续提振、活力不断增强。

（六）强化基层治理和民生保障。出台稳就业20条新举措，城镇调查失业率4.6%。加强重要民生商品保供稳价，居民消费价格上涨0.4%。强化"一老一幼"服务保障，完成家庭适老化改造超4万户，新增托位数超3万个。加快完善社会保障体系，推进失业保险基金省级统收统支、工伤保险省级统筹，基本医保参保率稳定在98.5%以上。推动优质医疗资源扩容下沉，遴选建设16家高水平医院，推动16家大型三级甲等医院结对帮扶苏北5家市级医院、15家县级医院。强化优质教育资源供给，新建改扩建义务教育学校167所、普通高中40所，16所"双一流"建设高校率先进入部省共建行列。推行房票安置政策，全年棚户区改造基本建成18.85万套，城镇老旧小区改造惠及居民50.2万户，新改善农房超10万户，新增公共停车泊位13.7万个，保交楼超额完成年度目标任务。制定实施加快推进社会主义文化强省建设行动方案，编制长江国家文化公园江苏段建设保护系列规划，一批优秀文艺作品获得国家级奖项，一系列文化活动蓬勃开展。城乡精神文明建设取得新进展，全国文明城市创建再创佳绩。加快新时代体育强省建设，江苏健儿在杭州亚运会获得30金的优异成绩。着力健全城乡社区治理体系，推动"五社联动"机制创新试点，积极化解信访突出问题，严打严防各类违法犯罪活动，平安江苏、法治江苏建设再上新台阶。

过去一年，我们承办了第五届中美友城大会，习近平主席亲自致信。我们成功举办2023全球滨海论坛会议、第二届中国—太平洋岛国农渔业部长会议等国家级涉外活动，接待48批重要外宾来访，组团赴海外重点合作国家和地区对接交流，国际友好城市数量居全国第一，为全力服务国家总体外交、推动构建人类命运共同体作出了江苏贡献。

过去一年，全省老龄、妇女儿童、青少年、残疾人、工会、红十字、慈善、志愿服务、关心下一代等事业加快发展，民族、宗教、审计、统计、对台事务、港澳、侨务、参事馆员、哲学社会科学、党史、档案、地方志等工作扎实推进，国防动员、双拥共建、退役军人事务、人民防空等工作迈出坚实步伐。

我们扎实开展学习贯彻习近平新时代中国特色社会主义思想主题教育，深刻领悟总书记在江苏考察时关于"以学促干"的重要论述，坚决做到以学铸魂强忠诚、以学增智强本领、以学正风强宗旨、以学促干强担当。我们大力推进依法行政，自觉接受人大监督、政协民主监督、社会和舆论监督，共办理省人大代表建议608件、省政协提案775件，提请省人大常委会审议地方性法规15项，完成重要文件合法性审查193件。

各位代表，回顾过去一年的发展历程，全省上下顶住外部压力，克服内部困难，取得令人振奋的成绩。这些成绩的取得，根本在于习近平总书记领航掌舵和深切关怀，在于习近平新时代中国特色社会主义思想科学指引。这些成绩的取得，是省委直接领导、科学决策、统筹调度的结果，是全省上下勠力同心、奋力拼搏的结果。在此，我代表省政府，向全省广大工人、农民、知识分子、干部和各界人士表示崇高敬意和衷心感谢！向各位人大代表、政协委员，向各民主党派、工商联、无党派人士和各人民团体，向驻苏人民解放军指战员、武警部队官兵、公安干警、消防救援人员和民兵预备役人员，向关心和支持江苏改革发展的香港同胞、澳门同胞、台湾同胞、海外侨胞和各国朋友表示衷心感谢！

各位代表，在看到成绩的同时，我们也清醒认识到，我省经济社会发展仍面临不少困难和挑战。主要是：有效需求不足、社会预期偏弱，消费恢复还不平衡，外贸稳增长压力依然较大；一些行业和经营主体仍比较困难，企业投资意愿还有待增强；关键核心技术突破还需付出更大努力，产业结构调整压力仍然较大，产业链供应链存在一些堵点断点；基本公共服务还有短板；一些领域风险隐患有待进一步化解；政府服务和作风建设还有需要改进的地方。我们一定高度重视，下决心解决这些问题，在知重负重中推动高质量发展迈上新台阶、开创新局面。

二、2024 年工作总体要求和目标任务

习近平总书记对江苏提出"在推进中国式现代化中走在前、做示范"重大要求，这是党中央的核心、全党的核心对江苏的厚爱重托。"走在前、做示范"就是要对标先进、勇争一流，为全国现代化建设作出表率；就是要勇于创新、敢于实践，为中国式现代化探索路径；就是要面向国际、树好形象，以江苏的高质量发展成效充分展示中国式现代化的光明前景。

综观当前国际国内形势，世界之变、时代之变、历史之变正以前所未有的方式展开，总体上战略机遇和风险挑战并存，发展面临的有利条件强于不利因素。从世界看，经济形势依然低迷，不稳定、不确定、难预料的因素依然较多，同时国际市场需求稳步恢复，一些积极因素正在积累。从我国看，当前仍处于波浪式发展、曲折式前进过程中，经济回升向好、长期向好的基本趋势没有改变，国家层面政策力度进一步加大，支撑高质量发展的要素条件不断集聚增多。从江苏看，拥有产业基础坚实、科教资源丰富、营商环境优良、市场规模巨大等诸多优势，正面临着国家战略交汇叠加

的重大机遇、新一轮科技革命和产业变革带来的产业升级机遇、服务构建新发展格局带来的开放创新机遇，完全有条件有能力在全国发展大局中继续走在前列。我们要善于在顺应宏观环境变化中趋利避害、攻坚克难，集中精力办好自己的事，以当表率、做示范、走在前的果敢担当，沿着习近平总书记指引的方向奋发进取、奋勇前行。

今年是新中国成立75周年，是实现"十四五"规划目标任务的关键一年。政府工作总体要求是：坚持以习近平新时代中国特色社会主义思想为指导，全面贯彻党的二十大、二十届二中全会精神和习近平总书记对江苏工作重要讲话重要指示精神，深入落实中央经济工作会议决策部署，按照省委十四届五次全会要求，聚焦经济建设这一中心工作和高质量发展这一首要任务，坚持稳中求进工作总基调，完整、准确、全面贯彻新发展理念，服务全国加快构建新发展格局，全面落实"四个走在前""四个新"重大任务，统筹扩大内需和深化供给侧结构性改革，统筹新型城镇化和乡村全面振兴，统筹高质量发展和高水平安全，巩固和增强经济回升向好态势，努力在高质量发展上走在前列、在推进中国式现代化中走在前做示范，不断谱写"强富美高"新江苏现代化建设新篇章。

今年经济社会发展主要预期目标是：地区生产总值增长5%以上，一般公共预算收入增长4%左右，居民人均可支配收入与经济增长同步，城镇新增就业120万人以上，城镇调查失业率5%左右，社会消费品零售总额增长5.5%左右，外贸进出口总额实现正增长，实际使用外资稳中提质，单位地区生产总值能耗下降2%左右，粮食产量保持基本稳定，居民消费价格涨幅3%左右。确定以上目标，贯彻了中央"经济大省要真正挑起大梁"的重大要求，考虑了当前发展形势和全面完成"十四五"规划目标任务的需要，体现了推动经济实现质的有效提升和量的合理增长导向，实际工作中我们将全力以赴争取更好结果。

做好今年工作，最根本的是坚持和加强党的全面领导，把推进中国式现代化作为最大的政治，确保习近平总书记重要指示要求和党中央决策部署在江苏落地见效。一是突出"走在前、做示范"重大要求，这是推进现代化建设必须牢牢把握的行动指南。要推动"四个走在前""四个新"重大任务细化实化，在经济发展中真正挑起大梁，在国家科技创新格局中勇担第一方阵使命，在构建新发展格局中发挥重要枢纽作用、支撑作用和示范引领作用。二是突出高质量发展首要任务，这是谋划推动工作必须坚持的新时代硬道理。要始终以创新、协调、绿色、开放、共享的内在统一来把握发展、衡量发展、推动发展，以效率变革、动力变革促进质量变革，率先形成可持续的高质量发展体制机制。三是突出人民至上价值取向，这是顺应人民群众对美好生活的向往必须深入践行的根本宗旨。要始终把民生工作放在心上、抓在手上，通过做大"蛋糕"增进人民福祉，通过解决"急难愁盼"问题赢得群众信赖，持续增强人民群众的获得感幸福感安全感。四是突出稳中求进工作总基调，这是推动经济社会发展必须始终遵循的重要原则。要坚持稳中求进、以进促稳、先立后破，把"稳"作为大局和基础、把"进"作为方向和动力，该"立"的积极主动"立"、该"破"的在"立"的基础上坚决"破"，在转方式、调结构、提质量、增效益上积极进取，不断巩固稳中向好的基础。五是突出统筹协调重要方法，这是正确处理发展中重大关系必须一以贯之的工作要求。要强化系统观念，更好把握速度与质量、宏观数据与微观感受、发展经济与改善民生、发展与安全的关系，更好统筹深层次改革和高水平开放、短期应对和中长期发展、经济政策和其他政策，推动经济社会发展水平整体跃升。

各位代表，江苏承载着总书记的嘱托、人民的期待。我们坚信，在以习近平同志为核心的党中央坚强领导下，有8500万勤劳智慧的江苏人民团结奋斗，一定能够完成今年各项目标任务，交出让总书记和党中央放心、让全省人民满意的新时代答卷！

三、2024年重点工作

做好今年工作，必须锚定目标、奋发进取，突出重点、把握关键，以扎扎实实的举措、踏踏实实的作风，推动全省在现代化建设新征程上行稳致远。

（一）全力推动经济持续回升向好。积极扩内需稳外需，多措并举为经济恢复注入新的动力。着力优化政策措施。强化政策协同、政策储备、政策评估，延续实施支持先进制造业、小微企业发展等阶段性减税降费政策，谋划出台新型工业化、外商投资、民间投资等方面专项政策。加大对科技创新、绿色转型、普惠小微、数字经济、技术改造等金融支持力度，促进社会综合融资成本稳中有降，加大战略性新兴产业基金投放力度，深化数字人民币省域试点。确保能源电力稳定供应。启动"十五五"规划编制工作。着力激发有潜能的消费。积极培育大型商贸流通龙头企业和垂直领域优势电商平台企业，更好发挥平台经济在促进消费、活跃市场中的带动作用。大力发展数字消费、绿色消费、健康消费、体育休闲消费，加大文化旅游消费新业态培育和推广力度，打造更多国货"潮品"和全新消费场景。深入拓展"苏新消费"系列活动，提振大宗消费，促进汽车、家电等以旧换新。"一城一策"调整优化房地产政策，更好支持刚性住房需求，有效引导改善性住房需求，支持高品质住宅规划建设，推动构建房地产发展新模式。着力扩大有效益的投资。加强重点项目统筹落实和要素保障，突出抓好纳入国家"十四五"规划102项重大工程投资项目和450个省重大项目。加大新型基础设施建设力度，体系化推进5G、千兆光网规模部署，支持苏州国家级互联网骨干直联点建设，加快智能算力、边缘计算等算力设施布局。稳妥有序推进城中村改造等"三大工程"，扎实推动城市地下管网、新市民和农民工保障性住房以及教育、医疗、养老等公共服务设施建设。推动建筑业转型升级高质量发展。着力巩固外贸基本盘。深入开展"江苏优品行全球"行动，进一步加强同美欧日韩经贸往来，积极拓展共建"一带一路"国家市场，开拓全球经贸合作新空间。实施跨境电商高质量发展三年行动计划，着力发展"跨境电商+产业带"，积极布局海外仓。用好出口信保、"苏贸贷"等政策工具，大力支持"新三样"、液化天然气动力船等高附加值、绿色低碳产品出口。推动进口贸易促进创新示范区建设，加快打造进口商品交易中心、分拨中心，增加先进技术设备、关键零部件、优质消费品等进口，让江苏市场成为世界的市场、共享的市场、更加繁荣的市场。

（二）深入推进高水平科技自立自强。坚持以科技创新引领现代化产业体系建设，以打造具有全球影响力的产业科技创新中心为牵引，进一步强化科技、教育、人才的战略支撑。高标准推进教育强省建设。充分发挥高校院所、科研机构创新策源地作用，持续推进国家"双一流"和江苏高水平大学建设，大力推进高校校地共建，促进更多职业院校进入第二轮国家"双高计划"，组织开展学前教育普惠保障、义务教育强校提质、普通高中内涵建设行动，让江苏学子共享人生出彩的逐梦机会。构建高水平创新平台矩阵。全方位服务保障苏州实验室建设，支持紫金山实验室承担移动信息网络等更多国家重大科技任务、太湖和钟山实验室纳入国家战略科技力量布局，加快建设云龙湖实验室，争取更多全国重点实验室落户江苏，高水平建设运行省实验室联盟。推动苏南国家自主创新示范区高质量引领性发展，加强环太湖、南京、徐州"三大科创圈"建设。加强关键核心技术攻关和科技成果转化。完善科研任务"揭榜挂帅""赛马"制度，围绕新领域新赛道部署40项科技重大攻关、80项前沿技术研发项目。健全技术转移体系，推广省产业技术研究院改革经验，布局建设一批概念验证中心，大力促进科技成果转化。打造开放式社会创新模式，积极参与国际科技合作，跨区域、跨部门整合科技力量和优势资源，努力培育更多科技之花、产业之果。深入实施加强基础研究行动。推进物理、应用数学、合成生物等基础科学中心和基础研究中心建设，加快打造应用基础研究特区，遴选顶尖科学家领衔担纲重大科研项目，联合国家自然科学基金委启动区域创新发展联合基金。增强企业自主创新能力。完善企业出题机制，支持创新型领军企业或重大科技创新平台牵头开展重大任务协同攻关，布局建设一批高水平创新联合体，力争高新技术企业总数超5.5万家，建设聚焦"硬科技"的标杆孵化器。全面激发人才创新创造活力。深化科技及人才发展体制机制改革，优化完善科技奖励制度，扩大职务科技成果赋权改革试点，优化"苏科贷""人才贷"等金融产品服务，加强知识产权法治保障，打造海纳百川、近悦远来的一流人才生态。实施高水平创新人才引进培育行动，建好用好产业人才地图，加快培养一批拔尖创新人才，大力培育聚集一批战略科技人才、科技领军人才、高技能人才和创新团队，让更多"千里马"在江苏竞相涌现、各尽其才。

（三）大力推进新型工业化。聚焦"1650"产业体系建设，实施重点产业链高质量发展行动和先进制造业集群强链补链延链行动，加快打造具有国际竞争力的先进制造业基地。持续壮大先进制造业集群。高标准建设10个国家先进制造业集群和16个省重点集群，着力构建新型电力装备等世界一流、高端装备等国际先进、航空航天等全国领先的集群方阵。广泛应用数智技术、绿色技术，深入实施传统产业焕新工程。加快发展新质生产力。持续打造"51010"战略性新兴产业集群，积极开展省级融合集群试点，大力发展生物制造、智能电网、新能源、低空经济等新兴产业。坚持以未来产业开创产业未来，围绕前沿技术、示范企业、科创园区、应用场景、标准规范等展开部署，开辟未来网络、量子、生命科学、氢能和新型储能、深海深地空天等产业新赛道。提升产业链供应链韧性和安全水平。围绕50条重点产业链，实施一批产业基础再造和重大技术装备攻关项目，完善首台（套）、首批次、首版次应用政策，力争在前沿新材料、高端芯片、重载机器人、关键装备等领域取得新突破，推动工业母机、工业软件等高质量发展。深入实施"筑峰强链"企业培育支持计划，争创一批国家级制造业领航企业，力争新增国家专精特新"小巨人"企业500家、制造业单项冠军企业30家，新创一批国家中小企业特色产业集群。加快建立重点产业链标准体系，积极争创质量强国建设领军企业。更大力度发展数字经济。以人工智能全方位赋能新型工业化，积极构建特色化行业大模型，打造人工智能创新应用先导区。深入实施"智改数转网联"，强化数字化转型服务供给，打造智能制造示范标杆，推动工业互联网创新应用，基本实现规上工业企业启动实施全覆盖。促进现代服务业和先进制造业深度融合。实施现代服务业高质量发展"331"工程，全面提升生产性服务业竞争力，培育两业融合发展标杆引领典型，建设现代服务业高质量发展集聚示范区。

（四）高水平建设农业强省。把推进乡村全面振兴作为"三农"工作总抓手，学习运用"千万工程"蕴含的发展理念，加快展现农业农村现代化新图景。毫不放松抓好粮食等重要农产品稳产保供。严格落实耕地保护和粮食安全责任制，加大高标准农田建设投入和管护力度，开展盐碱地综合利用，确保粮食播种面积稳定在8100万亩以上、产量750亿斤左右。保障"菜篮子"产品生产供应，农林牧渔并举，构建多元化食物供给体系。全面提升乡村产业发展水平。加快农业全产业链建设，打造一批省级重点链和市域、县域特色链，力争农业产业化省级以上龙头企业达到1000家。实施江苏农业品牌精品培育计划，培育休闲农业和乡村旅游新业态，积极发展农村电子商务和农业生产性服务业，打造一批现代农业产业园区，加快把农业建成现代化大产业。全面提升农业科技和装备水平。强化农业关键核心技术联合攻关，推进种业振兴，加快建设南京国家农高区、农创中心等重大农业科创平台。开展农机装备研发制造推广应用一体化试点，大力发展项目农业、设施农业、智慧农业和绿色农业。培育壮大"新农人"队伍。全面提升乡村建设和治理水平。高质量编制实施村庄规划，推进农村人居环境整治提升和农房改善，统筹乡村基础设施和公共服务体系建设，完善长效管护机制，建设宜居宜业和美乡村1000个。加强农村基层治理体系和队伍建设，推进基层法治建设，加强基层协商，深化乡村治理体系建设试点示范。持续深化农村改革。认真落实中央深化农村改革实施方案，发展壮大新型农村集体经济，推进经济薄弱村提升行动，开展农村产权流转交易规范化整省试点，推进多种形式的农业适度规模经营，深化农村集体经营性建设用地入市改革，加强农村宅基地管理，推进农村综合性改革试点试验。

（五）着力推动城乡融合区域协调发展。认真落实国家重大区域战略，一体推进新型城镇化战略和乡村振兴战略，做好区域互补、跨江融合、南北联动大文章，进一步提升发展整体性、协调性。联动推进长三角一体化发展和长江经济带高质量发展。建好用好先进技术成果长三角转化中心，推进沿沪宁产业创新带、宁杭生态经济带、G60科创走廊、长三角一体化产业发展基地建设，规划建设长江口产业创新协同区，推动沿海港口与上海国际航运中心枢纽融合发展，更高水平建设生态绿色一体化发展示范区。认真落实进一步推动长江经济带高质量发展的政策措施，着力打造产业转型创新、绿色现代航运等先行段示范段。深化"1+3"重点功能区建设。积极打造南京都市圈、淮海经济区、苏锡常都市圈，深入推动宁镇扬一体化发展。加强南北结对帮扶和产业链合作，高质量建设南北共建园区。大力发展海洋经济，深化陆海统筹、江海联动，培育壮大十大海洋产业链。做好全国东西部协作和对口支援合作工作。扎实推进以人为本的新型城镇化。推动农业转移人口市民化，打造10个国家县城新型城镇化建设示范地区，深化宁锡常接合片区国家城乡融合发展试验区改革探索，促进各类要素双向流动。加快城市更新步伐，推进完整社区建设、城镇老旧小区改造和城市生命线安全等工程，加强城市内涝治理，系统化全域推动海绵城市建设，推动城市数字化转型，打造宜居、韧性、智慧城市。更好支持县域经济高质量发展。着力完善综合立体交通网。开工建设南京北站枢纽等项目，争取开工建设盐泰锡常宜铁路，加快推进北沿江高铁、通苏嘉甬高铁、宁淮城际铁路、海太长江隧道、常泰长江大桥等在建项目，建成沪苏湖铁路江苏段、龙潭长江大桥等工程，加快南京禄口国际机场三期前期工作和淮安涟水机场改扩建工程建设，支持无锡硕放机场等枢纽节点进一步做强。协同推进二级航道网、现代水网建设，加快实施淮河入海水道二期、吴淞江整治工程，全面开工京杭运河苏南段"三改二"工程，建设通港达园专支线航道，打造汇通江淮、畅达黄海的现代化水运体系。

（六）**繁荣发展文化事业和文化产业**。深入学习贯彻习近平文化思想，高质量建设社会主义文化强省。广泛践行社会主义核心价值观。加强红色资源保护利用，深入开展革命传统教育和爱国主义教育，传承弘扬红色文化。推动城乡精神文明建设融合发展，加强公民道德建设，深入实施公民法治素养提升和法治文化惠民行动，推进"书香江苏"建设，提高社会文明程度。不断健全现代公共文化服务体系。推进城乡公共文化服务标准化、均等化，促进"百千万"工程和"双千计划""送戏下乡"等文化惠民工程提质增效，加快建设南京博物院新馆和省科技馆、社科馆、文学馆。加大文化基础设施和服务平台建设力度。激发文化创新创造活力。实施文艺作品质量提升工程，办好中国昆剧、紫金文化艺术节和戏曲百戏等系列文化活动，推出更多精品力作、传世之作，形成"群峰耸立、百花竞秀"的生动局面。加强文化遗产保护传承。深入实施江苏地域文明探源等工程，做好地方志工作，保护运用好文物、古籍、非遗，加强历史文化名城名镇名村、历史文化街区等保护。积极参与建设长江和大运河两大国家文化公园，加快建设淮安中国水工科技馆等项目，推动优秀传统文化焕发新的时代光彩。着力提升文化产业竞争力。深入实施重大文化产业项目带动战略，推进文化和科技、旅游、体育、农业深度融合发展，推动世界重要旅游目的地建设。加大文旅资源境内外推介力度，进一步打响"水韵江苏"文旅品牌，讲好发生在江苏大地的中国故事。

（七）努力形成更高层次改革开放新格局。大力推进首创性改革、引领性开放，不断解放和发展社会生产力、激发和增强社会活力。深度融入共建"一带一路"。认真落实支持高质量共建"一带一路"八项行动，统筹推进重大标志性工程和"小而美"民生项目，促进中欧班列、洲际客货运航线扩面提效。提升中阿（联酋）产能合作示范园、柬埔寨西港特区、中哈（连云港）物流合作基地等载体功能。促进外贸外资稳中提质。主动适应国际绿色贸易规则，积极应对欧盟碳边境调节机制，前瞻开展碳足迹认证和绿电溯源等工作，鼓励发展绿色贸易。创新服务贸易发展机制，争创国家服务贸易创新发展示范区。培育壮大数字贸易载体和主体，打造数字贸易新增长点。促进市场采购、保税维修等新业态健康发展。推动内外贸一体化发展，助力企业在国内国际两个市场顺畅切换，培育一批具有国际竞争力、内外贸并重的领跑企业。开展"跨国公司江苏行"系列活动，积极引进带动力强、发展潜力大的制造业外资。深入实施《江苏省促进和保护外商投资条例》，鼓励外资企业利润再投资，积极发展外资总部经济，支持外资在江苏设立研发中心。强化高端平台建设。以苏州工业园区开发建设30周年为契机，进一步深化开放创新综合试验，支持苏州工业园区建设开放创新的世界一流高科技园区，支持南京江北新区提升发展能级，推动各类开放平台转型升级、创新提升。扎实开展江苏自贸试验区提升战略三年行动，对标《全面与进步跨太平洋伙伴关系协定》《数字经济伙伴关系协定》等国际高标准经贸规则，制定实施新一轮制度型开放任务清单。持续加强昆山深化两岸产业合作试验区建设。大力支持国际合作园区建设。持续建设市场化法治化国际化一流营商环境。落实落细优化营商环境改革举措，推动"高效办成一件事"，推进更多政务服务事项"一网通办"，打造"一企来办"综合服务体系。积极推动省级用地预审和规划选址审批权下放。健全政府与企业常态化沟通交流机制，实打实帮助企业排忧解难。优化涉外服务，便利跨境商务人员往来，加强涉外法律服务中心建设。深化重点领域改革。推进要素市场化配置改革，强化公平竞争政策实施，服务建设全国统一大市场。研究落实新一轮财税体制改革措施。深入实施国企改革深化提升行动。推进宿迁"四化"同步集成改革示范区建设。深入落实促进民营经济发展壮大各项政策举措，增强民营企业家发展信心，培育一批标杆民营企业，推进个体工商户分型分类培育和"个转企"改革试点，让江苏成为民营经济兴业发展的热土。

（八）加快建设美丽江苏。深入贯彻习近平生态文明思想，着力打造绿色低碳发展高地，全面推进人与自然和谐共生的现代化。扎实开展长江大保护。加快构建长江水生态考核评估体系，持续推进长江水生态系统修复，坚定推进长江"十年禁渔"，实施长江干流通江支流水质稳定达标等专项行动，确保长江江苏段水质稳定在Ⅱ类以上、生物多样性保护水平持续提升。加快推进新一轮太湖综合治理。加强上游洮滆片区治理，突出抓好湖西地区入湖河流和涉磷企业整治，推进污水收集处理、底泥清淤等工程，高水平实现"两保两提"。持续深入打好蓝天、碧水、净土保卫战。实施空气质量持续改善行动计划，大力推动氮氧化物和挥发性有机物减排。推进美丽河湖、美丽海湾建设，抓好洪泽湖、骆马湖等重要湖泊的保护和治理，加大城镇生活污水治理力度。建立全过程土壤污染风险防控体系。大力建设全域"无废城市"，扎实抓好新污染物治理。深入实施噪声治理等专项行动。加快推动发展方式绿色低碳转型。落实好碳达峰碳中和"1+1+N"政策，推动能耗双控逐步转向碳排放双控，推进碳排放权、用能权等市场化交易，创新发展碳市场、绿电市场。建立健全绿色产业体系，推动重点领域和重点行业节能降碳增效，探索建设一批零碳工厂、零碳园区。加快建设新型能源体系，稳步发展海上风电、光伏发电。支持沿海地区可再生能源发展示范区、绿色低碳发展示范区建设。加大生态保护修复力度。健全生态环境分区管控制度，完善生态产品价值实现机制，实施生态环境安全与应急管理"强基提能"，加快环境基础设施建设，推进"国家山水工程"，加强山水林田湖草沙一体化保护和系统治理，守护万物共生的美丽家园。

　　（九）更大力度创造人民群众高品质生活。扎实推进共同富裕，坚持尽力而为、量力而行，加强基础性普惠性兜底性民生建设，兜住、兜准、兜牢民生底线。着力稳就业促增收。健全高质量充分就业促进机制，扎实做好高校毕业生、退役军人、农民工等重点群体就业创业服务。加快完善推动共同富裕的政策措施，深入实施中等收入群体壮大行动，进一步强化农民增收举措。做好保障农民工工资支付工作。织密扎牢社会保障网。落实城乡居民基本养老保险待遇调整机制，加快完善多层次多支柱养老保险体系。巩固扩大基本医疗保险覆盖面，扩大长期护理保险覆盖人群，实施工伤保险基金省级统收统支。健全分层分类的社会救助体系，推进慈善事业发展，做好低收入人口救助帮扶，抓好重要民生商品保供稳价，为人民群众托起"稳稳的幸福"。深入开展健康江苏建设。加强高水平医院、区域医疗中心、妇幼保健院建设，建立公立医院运营保障机制，争创国家医学中心，增强基层医疗卫生服务能力，提升重大疾病防控水平。深入实施中医药振兴发展重大工程。推动大健康产业高质量发展。推进体育惠民工程，做好巴黎奥运会备战参赛工作。强化"一老一幼"服务工作。健全"苏适养老"服务体系，加强适老化改造，提升老年助餐覆盖率和服务水平，深化居家社区养老服务能力提升行动，支持发展康养产业、银发经济。进一步完善生育支持政策体系，发展普惠托育服务体系。今年我们安排了12类55件民生实事，实行清单式管理、项目化推进，坚决把惠民生的事办实、暖民心的事办好。

（十）**更好统筹发展和安全。**坚持高质量发展和高水平安全良性互动，切实提高本质安全水平，促进发展和安全动态平衡、相得益彰。持续有效防范化解重点领域风险。提高金融监管效能，严厉打击非法金融活动。积极稳妥化解房地产风险，一视同仁满足不同所有制房地产企业的合理融资需求，支持盘活存量土地，有力有序有效消化存量商品房，做好保交楼工作。防范化解地方债务风险，坚决遏制增量、积极化解存量。毫不松懈抓好安全生产。开展安全生产治本攻坚三年行动，深化安全生产专项整治，坚决防范遏制重特大事故发生。加强应急管理体系和能力现代化建设，加快提升灾害防范和应急处置效能。更高水平建设平安江苏和法治江苏。推动社会治理重心向基层下移，发展壮大群防群治力量，深入实施"精网微格"提升工程。坚持和发展新时代"枫桥经验"，完善矛盾纠纷预防化解机制，提高信访工作法治化水平。强化社会治安整体防控，推进常态化扫黑除恶斗争，深化电信网络诈骗等突出违法犯罪打击治理。严格落实食品药品安全"两个责任"。提升民族宗教事务现代化治理能力。加强妇女儿童权益保障。

新的一年，我们将一如既往支持军队现代化建设，大力加强国防动员和后备力量建设，创新推动全民国防教育，着力抓好退役军人管理保障、人民防空和军事设施保护等工作，全面提升双拥工作水平，巩固发展新时代军政军民团结。

各位代表，面对新形势新任务新要求，政府工作唯有与时俱进、守正创新，加快提升治理体系和治理能力现代化水平，方能不负时代、不负人民、不负使命。我们将始终把政治建设放在首位，坚持不懈用习近平新时代中国特色社会主义思想凝心铸魂，坚定拥护"两个确立"、坚决做到"两个维护"，巩固拓展主题教育成果，自觉在思想上政治上行动上同以习近平同志为核心的党中央保持高度一致。把讲政治的要求贯穿政府工作全过程各方面，当好贯彻落实党中央决策部署的执行者行动派实干家。我们将深入践行以人民为中心的发展思想，时刻牢记"江山就是人民，人民就是江山"，时刻牢记人民政府前面的"人民"这两个字，多为群众办实事、多为企业助把力、多为发展想办法，以公务人员的"辛苦指数"换取人民群众的"幸福指数"。大力提升行政服务效能，加快推进数字政府建设，让数据多跑路、群众少跑腿，擦亮江苏富民亲商的"金字招牌"。我们将坚持推进依法行政和科学决策，深入学习贯彻习近平法治思想，牢固树立有权必有责、用权受监督的理念，依法接受省人大及其常委会监督，自觉接受人民政协民主监督，主动接受纪检监察、司法、社会和舆论监督，切实强化审计监督、财会监督、统计监督、行政执法监督，提升行政执法质量，使政府所有工作都在法律框架内进行。我们将大力弘扬担当作为的作风，把"重实践"的要求落到实处，不折不扣抓落实、雷厉风行抓落实、求真务实抓落实、敢作善为抓落实，努力以自身工作的确定性应对形势变化的不确定性。大兴调查研究之风，大力开展"四下基层"，做到察实情有"准度"、抓工作有"力度"、惠民生有"温度"。加快完善担当作为激励和保护机制，坚决整治拈轻怕重、躺平甩锅、敷衍塞责、得过且过等现象，进一步匡正干的导向、增强干的动力、形成干的合力。我们将持续深化廉政建设，认真落实"在全党开展一次集中性纪律教育"的要求，严格执行中央八项规定及其实施细则精神和省委具体办法，加强新时代廉洁文化建设。持之以恒纠"四风"树新风，坚决纠治形式主义、官僚主义。把习惯"过紧日子"作为基本要求和必守原则，深化零基预算管理，勤俭办一切事业，严控一般性支出，永葆为民、务实、清廉的政治本色。

　　各位代表，蓝图催人奋进，目标鼓舞人心！让我们更加紧密地团结在以习近平同志为核心的党中央周围，坚持以习近平新时代中国特色社会主义思想为指导，在省委领导下，牢记嘱托、感恩奋进，在高质量发展上继续走在前列，在推进中国式现代化中走在前、做示范，为强国建设、民族复兴作出江苏新的更大贡献！

浙江省
政府工作报告

——2024年1月23日在浙江省第十四届
人民代表大会第二次会议上

省长　王　浩

各位代表：

现在，我代表省人民政府向大会报告工作，请予审议，并请省政协委员和其他列席人员提出意见。

一、2023年工作回顾

2023年大事要事喜事多，是"八八战略"实施20周年、杭州亚运会和亚残运会举办之年，特别是习近平总书记再次亲临浙江考察并发表重要讲话，赋予浙江"中国式现代化的先行者"新定位和"奋力谱写中国式现代化浙江新篇章"新使命，具有重大里程碑意义。我们坚持以习近平新时代中国特色社会主义思想为指导，深入贯彻习近平总书记重要讲话、重要指示批示精神，在省委的坚强领导下，在省人大、省政协的监督支持下，胸怀"两个大局"、牢记

"国之大者"，忠实践行"八八战略"、奋力打造"重要窗口"，圆满完成杭州亚运会、亚残运会筹办任务，圆满实现经济社会发展主要预期目标。

我们全面贯彻习近平总书记"简约、安全、精彩"的重要指示，举全省之力筹办杭州亚运会、亚残运会，杭州市以最高标准履行主办职责，宁波、温州、湖州、绍兴、金华等5个城市以主办姿态扛起协办责任，其他城市全力做好服务保障工作，向世界奉献了一场"中国特色、亚洲风采、精彩纷呈"的体育文化盛会。

——精心雕琢打磨开闭幕式、火炬传递等重大活动，彰显了"诗画江南、活力浙江"的独特韵味。坚持精益求精、追求卓越，将传统文化、东方美学与现代科技、数字技术完美融合，演绎了四场美轮美奂、惊艳世界的开闭幕式，塑造了"薪火相传"的火炬接力图景，打造了精彩瞬间，留下了永恒经典。

——深入践行绿色、智能、节俭、文明的办赛理念，打造了"绿色亚运"、"智能亚运"靓丽金名片。坚持科技引领、绿色优先、节俭办赛，充分发挥我省数字经济先发优势，首创"数字火炬手"、"数字人"点火等场景应用，打造了首届碳中和亚运会和首个大型"无废"赛事。

——强化"办好一个会、提升一座城"，改善了城市环境面貌和人民群众生活品质。坚持以赛兴城、办赛惠民，全省域开展城市品质、城市治理、城市文明三大提升行动，城乡面貌焕然一新，市民素质不断提升，社会治安秩序良好，实现了成功办赛与城市发展"双丰收"。

——用心用情用力保障各项赛事圆满顺畅举行，展现了高效服务、专业办赛的一流水准。坚持"严、精、细、实"工作标准，扎实做好安全保障、竞赛组织、宾客接待、亚运村管理、交通抵离、餐饮医疗、气象电力等全链条全环节服务，实现了"零事故"、"零纰漏"、"零延误"，得到了各国运动员和宾客的一致好评。

——全面用好亚运这一舞台，讲好中国故事、传递中国声音，展示了中国力量。坚持胸怀全局、服务大局，以亚运之窗向世界展示了"八八战略"指引下浙江发生的精彩蝶变，展示了新时代推进中国式现代化的万千气象，展示了习近平新时代中国特色社会主义思想的实践伟力。

——广泛汇聚各方力量，激发了团结协作、昂扬奋进的精气神。坚持全省一盘棋、拧成一股绳，广大干部群众倾情投入，3.76万名志愿者无私奉献，亚运宣传出新出彩，浙江体育健儿夺得了51枚亚运金牌和53枚亚残运金牌，均居全国首位，进一步激发了全省人民顽强拼搏、锐意进取的奋斗干劲。

回顾8年筹办历程，无数人为之默默奉献，许多事让人感动至深。在此，我代表省人民政府，向所有为杭州亚运会、亚残运会付出心血、智慧和汗水的参与者，致以崇高的敬意！

面对错综复杂的外部环境，面对多重挑战叠加的严峻考验，我们坚持把高质量发展作为首要任务，坚持稳中求进工作总基调，完整、准确、全面贯彻新发展理念，积极融入和服务构建新发展格局，坚持问题导向、底线思维，主动应变、精准施策、务实进取，强力推进创新深化改革攻坚开放提升，以三个"一号工程"为总牵引，启动实施"十项重大工程"，有力推动经济稳进向好、社会安定有序，充分展示了经济大省勇挑大梁的使命担当。

一是经济运行持续回升向好，全面完成全年主要目标任务。全省生产总值增长6%；规上工业增加值增长6%，固定资产投资增长6.1%，社会消费品零售总额增长6.8%，出口增长3.9%，实际使用外资增长4.8%，其中制造业使用外资增长85.8%；一般公共预算收入增长7%；城镇和农村居民人均可支配收入分别增长5.2%、7.3%；居民消费价格上涨0.3%，城镇调查失业率为4.6%，均好于预期目标。

二是"8+4"经济政策体系精准高效，有力发挥了引导保障作用。坚持集中财力办大事，通过大力度整合优化提升，构建"8+4"经济政策体系，安排省级财政资金1006.8亿元，支持经济持续回升向好。为市场经营主体减负3300亿元以上，各项贷款余额增长14.2%，其中制造业中长期贷款余额增长31%。积极争取和用好国家政策，新增地方政府专项债券占全国份额7%；推动351个项目纳入国家用地保障范围，保障重大项目用能指标3793万吨标准煤。

三是"千项万亿"重大项目扎实推进，有力支撑了扩大有效投资。坚持以项目看发展论英雄，启动实施扩大有效投资"千项万亿"工程，1244个重大项目完成投资12976亿元。嘉兴鱼腥脑航道、白鹤滩输浙特高压直流工程、金甬铁路、晶科能源等一批重大项目建成投用投产，国家大宗商品储运基地、甬舟铁路、六横公路大桥、浙石化高端新材料、杭州富芯集成电路等一批重大项目加快推进，省公共卫生临床中心、镇海绿色石化基地二期、中芯绍兴三期等一批重大项目开工建设。

四是产业结构加快优化升级，有力促进了现代化产业体系建设。以实施数字经济创新提质"一号发展工程"为牵引，启动实施"415X"先进制造业集群培育工程，数字经济核心产业制造业、高新技术产业、战略性新兴产业增加值分别增长8.3%、7%、6.3%，规上工业企业数字化改造覆盖率达75%以上。启动实施服务业高质量发展"百千万"工程，服务业增加值增长6.7%。加强企业梯队建设，新增上市公司65家、专精特新"小巨人"企业384家。海康威视获我省首个制造业领域中国质量奖。

五是教育科技人才工作高效贯通协同，有力推动了创新型省份建设。启动实施"315"科技创新体系建设工程，出台推进高水平大学建设、加快普通高校高质量发展、实施普通高校基础设施提质工程等3个文件，高教强省建设全面加速，嘉兴学院、浙江科技学院成功更名为大学，全社会研发投入强度预计达3.15%，首家国家实验室挂牌运行，新增全国重点实验室9家，新增自主培养两院院士3名，遴选顶尖人才36名，新引进培育国家级领军人才535名、国家级青年人才523名，区域创新能力居全国第4位。

六是改革开放持续深化，有力提振了市场信心、激发了发展活力。以实施营商环境优化提升"一号改革工程"、"地瓜经济"提能升级"一号开放工程"为牵引，全面推广政务服务增值化改革，着力巩固改革开放先行先发优势。制定促进民营经济高质量发展32条政策，市场经营主体达1034万户、增长9.6%。统筹打好外经贸"稳拓调"组合拳，出口规模跃居全国第2位、占全国份额达15%。制造业招引外资实现重大突破，荣盛石化、零跑汽车等项目获得国际行业巨头战略性投资。积极参与共建"一带一路"，率先实施自贸试验区提升行动，成功举办世界互联网大会乌镇峰会、全球数字贸易博览会、中国—中东欧国家博览会等重大活动。启动实施世界一流强港和交通强省建设工程，宁波舟山港货物和集装箱吞吐量超13.2亿吨、3530万标箱，增长4.9%和5.9%，宁波舟山国际航运中心发展指数排名提升到全球第9位，"义新欧"中欧班列开行2380列、增长4.9%。全面落实长三角一体化、长江经济带发展国家战略，加快建设长三角科创共同体等合作载体，基本建成长三角期现一体化油气交易市场。

七是共同富裕示范区建设迈出坚实步伐，有力增进了民生福祉。启动实施县城承载能力提升和深化"千村示范、万村整治"、土地综合整治工程，加快绘就"千村引领、万村振兴、全域共富、城乡和美"新画卷，建成和美乡村示范村292个，建设高标准农田85.3万亩。支持山区海岛县高质量发展，山区26县生产总值增速高于全省平均1个百分点。启动实施公共服务"七优享"工程，高质量完成教育助学、医疗卫生、养老帮困、就业创业等十方面56项31569个民生实事项目。启动实施绿色低碳发展和能源保供稳价工程，新增电力装机1198万千瓦，预计单位生产总值能耗下降3.3%以上，国控断面Ⅲ类以上水质比例达97.5%，设区城市$PM_{2.5}$平均浓度25.9微克/立方米，"蓝色循环"海洋塑料废弃物治理模式获联合国地球卫士奖。

八是文化强省建设取得新进展，有力提升了文化软实力和影响力。成功举办首届"良渚论坛"，"中国历代绘画大系"收录藏品突破1.2万件（套），之江文化中心建成开放。加强文化遗产保护和传承，温州朔门古港遗址入选全国"十大考古"新发现。启动实施文旅深度融合工程，积极培育数字影视、网络直播等文化新业态，文化及相关产业增加值增长7%，旅游收入增长16%。

九是社会大局保持和谐稳定，有力巩固了安全发展基础。疫情防控平稳转段。以超常规力度推进安全生产隐患大排查大整治，率先开展基层应急消防治理体系建设，生产安全事故起数和死亡人数分别下降11.3%、10.2%。坚持和发展新时代"枫桥经验"，深化干部下基层开展信访工作，诉求类信访量下降3.7%。强化社会治安整体防控，五类恶性案件发案数下降14.7%，交通事故死亡人数下降9.4%。

过去一年，国防动员、人防海防、双拥共建、退役军人事务、对口支援合作等工作取得新成效，民族宗教、审计统计、外事侨务、港澳台、史志档案、哲学社会科学、新闻出版、气象地震等工作迈出新步伐，工会、妇女儿童、青少年、老龄、红十字会、慈善、残疾人等事业实现新进步。

过去一年，我们坚决扛起全面从严治党政治责任，牢牢把握"学思想、强党性、重实践、建新功"总要求，高标准高质量开展主题教育，扎实开展"循迹溯源学思想促践行"，深化"大走访大调研大服务大解题"，努力在以学铸魂、以学增智、以学正风、以学促干方面取得实实在在的成效。积极推进依法行政，依法接受人大监督，自觉接受政协民主监督，认真办理人大代表建议和政协委员提案。深化廉洁政府建设，大力整治形式主义、官僚主义，持续提高行政效能和政府公信力。

过去一年经济社会发展取得的成绩，是以习近平同志为核心的党中央坚强领导的结果，是习近平新时代中国特色社会主义思想科学指引的结果，是省委带领全省人民开拓进取、奋力拼搏的结果。在此，我代表省人民政府向全省人民，向人大代表、政协委员、各民主党派、各人民团体和各界人士，向中央驻浙单位、驻浙人民解放军、武警部队、公安干警、消防救援队伍，向关心支持浙江发展的港澳同胞、台湾同胞、广大侨胞和海内外朋友们，表示衷心的感谢！

对标新定位新使命，破解高质量发展"成长的烦恼"，还面临一些挑战和问题，主要表现在：国际环境的复杂性、严峻性和不确定性上升，对我省稳定外贸外资基本盘、保障产业链供应链安全等带来一系列重大考验；关键核心技术攻关能力不够强，部分领域面临"卡脖子"风险；战略性新兴产业和高新技术产业占比不够高，部分行业和中小微企业生产经营困难，推进新型工业化、培育先进制造业集群还需持续发力；有效需求不足，民间投资活力不够强，消费热点和爆款缺乏；民生领域还有不少薄弱环节，公共服务均衡性可及性有待提升；经济金融、房地产、安全生产等领域风险隐患不容忽视。同时，一些政府工作人员的专业能力、服务意识、担当精神、工作作风还不适应新形势新任务新挑战。我们将直面这些问题，采取有效措施切实予以解决。

二、2024年目标任务和重点工作

2024年工作的总体要求是：坚持以习近平新时代中国特色社会主义思想为指导，全面贯彻落实党的二十大精神及中央经济工作会议精神，深入贯彻习近平总书记重要讲话、重要指示批示精神，把坚持高质量发展作为新时代的硬道理，坚持稳中求进、以进促稳、先立后破，完整、准确、全面贯彻新发展理念，紧扣"勇当先行者、谱写新篇章"新定位新使命，持续推动"八八战略"走深走实，扎实推进共同富裕示范区建设，强力推进创新深化改革攻坚开放提升，以三个"一号工程"为总牵引，深入实施"十项重大工程"，推动经济实现质的有效提升和量的合理增长，为全国大局勇挑大梁、多作贡献。

主要预期目标为：生产总值增长5.5%左右，规上工业增加值增长6%左右，固定资产投资增长6%左右，社会消费品零售总额增长5.5%左右，研发投入强度达到3.2%，一般公共预算收入、城乡居民收入与经济增长同步；居民消费价格涨幅3%左右；城镇调查失业率控制在5%以内。

重点抓好10方面工作：

（一）聚焦聚力提升政策引导保障成效。准确把握政策取向，加强政策工具创新和协调配合，进一步提高政策实施的精准度、实效性。

迭代升级"8+4"经济政策体系。优化8个政策包和4张要素保障清单，安排省级财政资金1023.6亿元，支持经济高质量发展。精准落实惠企政策，为市场经营主体减负2500亿元以上。坚持政府过紧日子，严肃财经纪律，严控一般性支出，大幅压减论坛、展会、节庆等活动，把更多财力用在帮企业、促发展、惠民生上。

积极争取和用好国家政策。统筹做好项目甄选、申报等工作，积极争取并高效用好地方政府专项债券，充分发挥其对重大项目建设的拉动作用；争取100个以上项目纳入国家用地保障范围，力争更多项目纳入国家能耗单列清单。

发挥"4+1"专项基金撬动作用。坚持市场化专业化运作，完成专项基金组建和运行机制建设，出台尽职免责细则，完善绩效评价和激励约束机制，健全投资风险防控体系，年度计划投资200亿元，撬动社会资本1000亿元，并扩大省科创母基金规模。坚持"投早、投小、投科技"，在战略性新兴产业领域催生一批拥有核心技术和市场竞争力的高成长企业。

推动金融更好服务实体经济。坚持把金融服务实体经济作为根本宗旨，切实提升服务理念、能力和质效，力争制造业中长期贷款、普惠小微贷款增速高于各项贷款平均增速，促进社会综合融资成本稳中有降。加快现代金融机构和市场体系建设，有序推进各类金融改革试点，提升金融机构核心竞争力，推动金融高质量发展，高水平建设金融强省。完善金融风险监测、识别、预警、处置体制机制，牢牢守住不发生系统性金融风险的底线。

（二）**聚焦聚力扩大有效益的投资、激发有潜能的消费。**深入实施扩大有效投资"千项万亿"工程，优化投资结构、提高投资效益。挖掘消费潜力，促进消费提质扩容、平稳增长。

持之以恒推进重大项目建设。围绕科技创新、先进制造业、重大基础设施等重点领域，安排"千项万亿"重大项目1000个以上，完成年度投资1万亿元以上。提高项目建设效率，确保中鸿新材料、甘电入浙、金七门核电等新建项目10月底前全部开工，瑞浦兰钧新能源、金塘新材料等项目早建成、早投产、早达效。统筹推进招大引强和增资扩产，进一步扩大产业投资、优化产业结构。

推动民间投资较快增长。实施政府和社会资本合作新机制，及时打通审批、供地、融资等堵点卡点，鼓励和支持社会资本扩大产业投资、参与基础设施投资，让社会资本真正"有得投、放心投、投得好"。

多措并举扩大消费。大力发展数字消费、绿色消费、健康消费等新型消费，积极培育智能家居、文娱旅游、体育赛事、国货"潮品"、银发经济等新的消费增长点。稳定和扩大传统消费，提振新能源汽车、电子产品等大宗消费，推动消费品以旧换新。营造放心消费环境，擦亮"浙里来消费"品牌，举办好系列促消费活动。

（三）**聚焦聚力建设现代化产业体系。**以深入实施数字经济创新提质"一号发展工程"为牵引，大力实施"415X"先进制造业集群培育和服务业高质量发展"百千万"工程，扎实推进新型工业化，加快打造数字经济高质量发展强省、现代服务业强省，建设全球先进制造业基地。

大力发展数字经济。深化国家数字经济创新发展试验区建设，做优做强集成电路、人工智能、高端软件等产业集群，积极推进工业"智改数转"，数字经济核心产业增加值增长9%左右，规上工业企业数字化改造覆盖率达85%。完善数据基础设施体系和制度体系，加快培育数据要素市场，促进数据安全高效流通利用。优化平台经济发展环境，支持平台企业在引领发展、创造就业、国际竞争中大显身手。

促进制造业集群式、高端化发展。优化全省产业布局，加强省级特色产业集群"核心区+协同区"建设，着力打造"万亩千亿"新产业平台和专业化特色小镇。大力发展新质生产力，"一链一策"推动新兴产业提质扩量，前瞻布局一批未来产业，支持杭州、宁波争创未来产业先导区，战略性新兴产业增加值增长10%以上。统筹推进世界一流企业、领航企业、"链主"企业培育，促进上市公司高质量发展，新增"雄鹰"企业30家、上市公司50家、国家单项冠军企业（产品）20家、专精特新"小巨人"企业300家以上。

加快传统产业转型升级。深化"腾笼换鸟、凤凰涅槃"，支持传统产业应用先进适用技术，实施重点技改项目5000项以上，推动装备制造、纺织服装、五金制品等优势产业迈向中高端，支持丝绸、茶叶、黄酒、青瓷、木雕、中药材等历史经典产业塑造新辉煌。促进建筑业高质量发展。

大力发展生产性服务业。紧密对接制造业高质量发展需要，培育壮大研发设计、检验检测、科技服务、法律会计、节能环保等生产性服务业，新增服务业领军企业200家以上、服务型制造示范企业（平台）60家。

（四）聚焦聚力科技创新塑造发展新优势。深入实施"315"科技创新体系建设工程，一体推进教育科技人才强省建设，为高质量发展提供基础性、战略性支撑。

加强高能级科创平台建设。推进高能级科创平台体制机制改革，加快形成战略科技力量。支持杭州城西科创大走廊打造创新策源地，牵引带动省内各类科创走廊提高创新强度和质效。探索推行"大兵团"作战模式，实施"双尖双领+×"重大科技项目400项以上。落实研发经费加计扣除、"三首"产品推广应用等政策，引导企业发挥创新主体作用，新增科技领军企业10家、科技小巨人企业100家、高新技术企业5000家、科技型中小企业1.2万家，新建省级创新联合体10家以上。

促进高等教育内涵式发展、整体性跃升。大力实施"双一流196工程"，支持浙江大学建设世界一流大学，支持西湖大学建设高水平新型大学，支持省属高校建设高水平大学，加快构建一流学科建设体系。实施高校基础设施提质工程，进一步改善高校办学条件。支持宁波东方理工大学（暂名）筹建工作。加快建设现代职业教育体系，推进职普融通、产教融合、科教融汇，支持一批学校和专业跻身国家新一轮高职"双高计划"。

加大人才招引培育力度。创新人才评价机制，新遴选顶尖人才40名以上、省引才计划专家500名以上、省培养计划专家600名以上，力争新入选国家级人才计划500名以上，培养卓越工程师500名以上，新增省领军型创新创业团队25个以上，新增技能人才40万名以上。

推进教育科技人才一体化。构建政策制定、预算编制、项目实施、资金使用、绩效评价、数据共享等协同机制，促进科创平台、高等院校、产业园区、高新技术企业紧密对接，进一步提高科技成果创造能力和转化效率。

（五）聚焦聚力高水平对外开放。以深入实施"地瓜经济"提能升级"一号开放工程"为牵引，大力推进世界一流强港和交通强省建设，进一步提升开放能级和水平。

提升制度型开放水平。支持自贸试验区、综合保税区等开放平台对标国际高标准经贸规则，聚焦投资、贸易、金融、科技、数据等重点领域，稳步推进规则、规制、管理、标准等制度型开放，加快形成贸易投资合作的新机制新模式。

千方百计稳外贸优外资。继续打好"稳拓调"组合拳，深入推进"千团万企拓市场增订单"行动，培育发展海外仓、数字贸易等外贸新业态新模式，确保出口占全国份额基本稳定。以超常规力度招引"大好高"和专精特新外资项目，力争实际使用外资200亿美元以上，其中制造业外资占比超过29%。

加快建设世界一流强港和交通强省。编制沿海港口布局规划、集装箱码头发展专项规划，大力发展多式联运，推进现代化内河航运示范省建设，力争宁波舟山港集装箱吞吐量增长4%以上。全面落实启运港退税等政策，积极发展航运金融、航运交易、海事法律等高端港航服务业，增强港口国际竞争力。加快建设宁波舟山港重大集疏运工程、长三角航空货运枢纽、长三角中欧班列集结中心、宁波枢纽、通苏嘉甬铁路等项目，着力构建现代化交通物流体系。

主动服务国家战略。高标准推进长三角一体化，加快建设长三角生态绿色一体化发展示范区嘉善片区和虹桥国际开放枢纽南向拓展带，推动数字长三角、"轨道上的长三角"等建设取得新进展。全方位参与共建"一带一路",优化境外经贸合作布局,扩大中间品贸易,进一步增强产业链供应链韧性和安全性。高质量办好世界互联网大会乌镇峰会、全球数字贸易博览会等重要展会。纵深推进义甬舟、金丽温开放大通道建设。

高水平建设海洋强省。围绕打造大宗商品资源配置枢纽、世界级绿色石化基地、国家海洋清洁能源基地、国家海洋科技创新基地,实施临港化工延链、清洁能源聚变、船舶海工振兴等海洋经济高质量发展八大行动,发挥甬舟海洋经济核心区引领功能,加快建设环杭州湾、温台沿海等现代产业带,推动海洋经济成为高质量发展新增长极。

(六)**聚焦聚力深化改革、优化营商环境**。深入实施营商环境优化提升"一号改革工程",加强法治化服务保障,营造稳定、公平、透明、可预期的发展环境,打造营商环境最优省。

深入推进政务服务增值化改革。深化数字政府建设,依申请政务服务事项"一网通办"率85%以上。规范提升行政审批中介服务,企业投资项目领域审批中介事项清单压缩至50项以内。推动全过程公正高效集成监管,双随机抽查事项覆盖率达100%。推进融资金融服务线上化、科技化,努力实现"一次不跑、又快又好"。

推动民营经济32条政策精准落地。围绕促进"两个健康",全面落实"3个70%"、"3张项目清单"、"7个不准"以及政府无拖欠款、浙江无欠薪等举措,建立定期检查评估、动态调整优化机制。推动政商交往正面、负面和倡导清单落地落细,积极构建亲清统一的新型政商关系,建立涉企问题高效闭环解决机制,及时回应和解决民营企业的呼声和诉求,让民营企业安心经营、放心投资、专心创业。高质量举办第七届世界浙商大会。

深化重点领域改革。建立健全以科技创新推动产业创新的体制机制，促进创新链产业链深度融合。深化强港改革，进一步完善港口管理体制、投融资机制、"四港"联动发展机制。探索建立大宗商品储备管理体系和贸易投资制度，积极争取新一轮义乌国际贸易综合改革试点。深化知识产权全链条集成改革，加快建设知识产权强省。实施国资国企改革攻坚深化提升行动，增强核心功能、提高核心竞争力。

（七）聚焦聚力缩小"三大差距"。围绕共同富裕示范区建设，深入实施县城承载能力提升和深化"千村示范、万村整治"、土地综合整治、公共服务"七优享"工程，持续推进"扩中提低"，更好解决发展不平衡不充分问题。

推进以县城为重要载体的城镇化建设。唱好杭甬"双城记"，提升四大都市区和中心城市能级。实施县城承载能力提升重大项目500个左右，支持县城做大特色产业、做强支柱产业，进一步增强连接城市、辐射乡村的功能。

加快绘就"千村引领、万村振兴、全域共富、城乡和美"新画卷。优化农村人居环境，和美乡村覆盖率达40%以上。壮大乡村特色产业，培育创意农业，建成年产值超10亿元的"土特产"全产业链100条。深化"科技强农、机械强农"，协同推进永久基本农田和高标准农田建设，完成土地综合整治项目100个，建设高标准农田78万亩以上，稳定粮食播种面积和产量。深化强村富民乡村集成改革、生产供销信用"三位一体"改革、集体林权制度改革，加强党建引领"共富工坊"建设，城乡居民收入倍差持续下降。

推进城乡融合、区域协调发展。畅通城乡要素流动，统筹城乡产业、基础设施、公共服务等布局，深化农业转移人口市民化集成改革，健全常住地提供基本公共服务制度，让城乡居民共享现代文明生活。"一县一策"、"一业一策"支持山区海岛县高质量发展，支持浙西南革命老区建设发展，拓宽"两山"转化通道，加快实现生态产业化、产业生态化。完善山海协作工作体系，滚动推进产业合作项目300个，派遣科技特派员2000人次以上。

持续推进公共服务"七优享"。坚持城乡一体、均衡可及，更好促进公共服务优质共享。推进"幼有善育"，健全生育支持政策体系、普惠托育服务体系，开展儿童友好城市建设。推进"学有优教"，扩大公办幼儿园资源供给，提升义务教育学校办学标准，深化"县中崛起"工程，整合优化山区海岛县教育资源，让更多孩子享受优质教育。推进"劳有所得"，提高职业技能培训质效，做好重点群体稳定就业工作。推进"病有良医"，高标准建设省市县乡村卫生服务体系，推动中医药传承创新发展，扎实推进卫生健康现代化，基本医疗保险政策范围内住院报销（含大病保险）比例职工达85%、城乡居民达69%。推进"老有康养"，加强社区嵌入式服务设施和多功能融合场景建设，推进居家和社区适老化改造，推行养老服务"爱心卡"制度，康养联合体镇街覆盖率达70%。推进"住有宜居"，积极探索房地产发展新模式，更好支持刚性和改善性住房需求，稳步推进保障性住房建设、"平急两用"公共基础设施建设和城中村改造"三大工程"。推进"弱有众扶"，健全社会救助和慈善体系，促进残疾人事业发展，全省年人均低保标准达到13200元以上。支持舟山等地开展全域公共服务一体化试点。

（八）聚焦聚力推进中华民族现代文明建设省域探索。坚持守正创新、推陈出新，精心办好"良渚论坛"，深入实施文旅深度融合工程，积极发展中华文明的现代形态，加快建设高水平文化强省。

加强文化遗产保护传承。全面贯彻"保护第一、加强管理、挖掘价值、有效利用、让文物活起来"的工作要求，促进文物和文化遗产整体保护、活态传承，更好地赓续历史文脉、坚定文化自信。

繁荣发展文化体育事业。深入实施文化基因激活工程，加强"中国历代绘画大系"成果宣传展示，推进新时代文艺精品攀峰行动，支持浙派工艺美术创新发展。丰富"15分钟品质文化生活圈"建设内涵，提高农村文化礼堂利用效率。办好第六届世界佛教论坛。做好后亚运文章，促进竞技体育和群众体育全面发展，加快建设现代化体育强省。

促进文旅产业高质量发展。持续推动四条诗路文化带、之江文化产业带、良渚文化大走廊和横店影视文化产业集聚区建设，支持发展大视听产业，积极培育文旅新业态新场景，打造千万级核心大景区30个，文旅产业增加值增长6%左右。

提升社会文明程度。实施全域文明建设行动、公民道德建设工程和人文素养提升计划，深化"书香浙江"建设，加强社会信用体系建设，进一步擦亮"浙江有礼"省域文明品牌。

（九）聚焦聚力提升绿色发展水平。坚定不移践行绿水青山就是金山银山理念，深入实施绿色低碳发展和能源保供稳价工程，深化美丽浙江建设，让绿色成为浙江最动人的色彩。

扎实做好能源保供稳价工作。统筹推进电源、电网、储能、天然气管网等现代能源基础设施建设，新开工电源项目装机2600万千瓦，其中绿电装机占比85%；新投产电源项目装机1200万千瓦。加强能源供需运行调度，做到有能可用、应保尽保。深化电力、天然气体制改革，完善绿电交易机制。

持续提高生态环境质量。强化减污降碳协同增效，统筹推进治水、治气、治土、治废、治塑，确保设区城市PM$_{2.5}$平均浓度不高于25微克/立方米，县级以上饮用水水源水质达标率保持在100%。加强噪声污染治理，推进"宁静小区"建设。

加强生态保护和修复。完善生态环境分区管控方案，积极参与长江经济带共抓大保护，实施重要生态系统保护和修复重大工程，加强水土流失治理，创新生态保护补偿机制和生态产品价值实现机制。

促进发展方式绿色转型。推动能耗"双控"逐步转向碳排放"双控"，构建废弃物循环利用体系，支持省级以上园区开展新一轮循环化改造，建设一批低（零）碳园区、工厂、农场。

（十）聚焦聚力建设更高水平平安浙江法治浙江。 高水平统筹发展和安全，有效防范化解各种风险，以新安全格局保障新发展格局，以高水平法治服务高质量发展。

全面加强安全生产。严格落实"三管三必须"要求，常态化排查整治各领域各行业风险隐患，全力遏重大、降较大、提本质。推进基层应急消防治理体系建设，做到群防群治、标本兼治。

切实提升防灾减灾水平。深入实施防汛防台能力提升三年行动，加快完善防洪工程体系，抓好地质灾害、海洋灾害、森林火灾防治工作，增强应急救援、全灾种保障和风险监测预警能力。

加强和创新社会治理。坚持和发展新时代"枫桥经验"，巩固拓展"后陈经验"，弘扬"四下基层"优良作风，推进矛盾纠纷预防化解和信访工作法治化，迭代提升"141"基层治理体系，加强食品药品安全治理，完善社会治安防控体系，确保城乡安宁、群众安乐、社会和谐。创新落实国防教育、国防动员机制。

深化法治政府建设。推进重点领域、新兴领域政府立法，深化县乡行政合法性审查改革、"大综合一体化"行政执法改革，规范行政决策程序、行政执法行为，提升政府工作人员法治素养，把厉行法治的要求落到实处。

各位代表，民之所盼、政之所向。今年，我们继续以群众普遍有感有得为衡量标准，坚持尽力而为、量力而行，高质量办好十方面民生实事，推动共同富裕示范区建设成果更多更公平地惠及全省人民。

1.医疗卫生。为全省60岁以上老年人免费接种流感疫苗。为全省重点人群免费开展结直肠癌筛查，2024年重点筛查60岁以上人群。在公共场所新增配置自动体外除颤仪1万台、对应培训5万人以上。实行全省医保参保人员一地签约、全省共享基层门诊签约报销比例。省内异地结算定点医院开通率达100%。

2.教育助学。持有居住证的义务教育段随迁子女就读公办学校比例达90%以上。开工建设高校基础设施改造提升项目208个。实施中小学校"示范食堂"建设行动，2024年完成1000家以上。

3.养老帮困。全面推行长期护理保险制度，2024年新增参保人数2000万人以上。

4.关爱儿童。为全省所有适龄女生免费接种二价HPV疫苗，2024年重点为13-14岁女生接种。加强孤独症儿童医疗康复救治，孤独症门诊治疗享受住院医疗保障水平。

5.就业创业。新增残疾人就业1万人以上。为离校2年内未就业高校毕业生开发见习岗位5万个以上。培养持证数字高技能人才3万人以上。

6.城乡宜居。新开工改造城镇老旧小区450个、4200栋。

2024—2025年对全省所有未达标单村水站进行改造，其中2024年完成2000座以上。新（改）造农村生活污水处理设施2000个以上。完成幸福河湖农村水系整治2000公里以上。新（改）建城市地下管网2200公里以上，其中燃气管网1100公里、供水管网300公里、生活污水管网400公里、雨水管网400公里。

7.交通出行。新（改）建农村公路1000公里以上。新增铁路和轨道交通运营里程284公里。实施水路客（货）运设施改造提升项目110个。新建新能源汽车公共充电桩2万个以上，其中农村1万个以上。

8.文化体育。向公众开放亚运公共体育场馆。改造提升历史文化街区10个，修缮不可移动文物200处。

9.暖心服务。实施户外劳动者暖心服务行动，2024年改造提升服务站点1000家以上。实行群众"身后事"基本服务免费。

10.除险保安。完成病险山塘整治450座。完成灌溉泵站机埠、堰坝水闸更新改造1500座。实现全省乡镇（街道）应急消防管理站全覆盖。开展阳光食品作坊建设行动，建成在全省有示范性的食品作坊2000家以上。建立"浙里快处"网上平台，实现快处快赔量占非伤人交通事故总量60%以上。

各位代表！实现2024年各项目标任务，关键是要坚持高站位、实干事、见真功相统一，以忠诚干净担当的实际行动，提高政府履职水平，打造人民满意政府。必须牢记嘱托、感恩奋进，不断提高政治判断力、政治领悟力、政治执行力，全面准确贯彻落实习近平总书记重要讲话、重要指示批示精神和党中央决策，坚决做到"总书记有号令、党中央有部署，浙江见行动见实效"。必须一以贯之、久久为功，准确把握持续推动"八八战略"走深走实的目标路径、载体抓手，一张蓝图绘到底，一年接着一年干，推动"八八战略"焕发出更加强大的真理力量、取得更加丰硕的实践成果。必须以行践言、实干争先，不折不扣抓落实、雷厉风行抓落实、求真务实抓落实、敢作善为抓落实，切实做到言必信、行必果，真正把实事办实、好事办好、难事办妥。必须勤政为民、造福一方，厚植为民情怀，倾注真情实意，始终把屁股端端地坐在老百姓这一面，用心用情用力解决人民群众"急难愁盼"问题，让共同富裕更加真实可感。必须优化政风、提升效能，纵深推进全面从严治党，力戒形式主义、官僚主义，规范落实容错纠错机制，持续精简文件、简报、报表、APP，切实减轻基层负担，集中精力抓改革、谋创新、促发展。

各位代表！实干成就梦想，奋斗铸就辉煌。让我们更加紧密地团结在以习近平同志为核心的党中央周围，在省委的坚强领导下，干在实处、走在前列、勇立潮头，勇当中国式现代化的先行者，奋力谱写中国式现代化浙江新篇章，为强国建设、民族复兴伟业作出新的更大贡献！

安徽省
政府工作报告

——2024年1月23日在安徽省第十四届
人民代表大会第二次会议上

省长　王清宪

各位代表：

现在，我代表省人民政府，向大会报告政府工作，请予审议，并请省政协委员提出意见。

一、2023年工作回顾

过去一年，是全面贯彻党的二十大精神的开局之年，是三年新冠疫情防控转段后经济恢复发展的一年。全省上下坚持以习近平新时代中国特色社会主义思想为指导，在省委坚强领导下，锚定打造"三地一区"战略定位、建设"七个强省"奋斗目标，攻坚克难，开拓奋进，新冠疫情防控取得重大决定性胜利，经济回升向好，高质量发展扎实推进，现代化美好安徽建设迈出坚实步伐。

——经济实力进一步提升。地区生产总值4.71万亿元，增长

5.8%。粮食产量830.16亿斤，再创新高。一般公共预算收入3939亿元，增长9.7%。社会消费品零售总额增长6.9%。固定资产投资增长4%，其中制造业投资增长20%。进出口总额增长7.8%，总量升至全国第10位。全省经济实现了质的有效提升和量的合理增长。

——科技创新实现新突破。"人造太阳"装置实现403秒高约束等离子体运行，光纤量子密钥分发突破千公里，"九章三号"量子计算原型机突破255个光子操纵，均创世界新纪录。计算光刻EDA软件、高温合金叶片、叠屏显示等关键核心技术取得突破。讯飞星火认知大模型处于全国领先水平。每万人口有效发明专利拥有量28.2件、增长19%，区域创新能力稳居全国前列。

——现代化产业体系建设取得重要进展。汽车产量249.1万辆、增长48.1%，新能源汽车产量86.8万辆、增长60.5%。光伏制造业实现营收超2900亿元、升至全国第3位，锂离子电池制造业营收突破1000亿元、增长15%左右。规模以上工业增加值增长7.5%，高新技术产业增加值增长11.2%、对规模以上工业增长贡献率70.3%。在一条条新赛道上，安徽新质生产力加快成长。

——生态环境质量持续改善。$PM_{2.5}$平均浓度34.8微克/立方米，下降0.3%。空气质量优良天数比率82.9%，提高1.1个百分点。国考断面水质优良比例90.2%，提高3.1个百分点。长江安徽段江豚种群数、野外扬子鳄种群数明显增多。江淮大地绿水青山成色更足，人与自然更加和谐。

——人民生活水平稳步提高。城镇常住居民人均可支配收入47446元、增长5.1%，农村常住居民人均可支配收入21144元、增长8%。城镇新增就业72.2万人，全年城镇调查失业率均值5.2%。社会保险覆盖面持续扩大，社会救助标准持续提高。"民有所呼、我必呼应"，人民群众获得感越来越充实。

一年来，主要做了以下工作。

（一）**适应形势变化，打出推动经济回升向好的组合拳**。把握经济恢复阶段性特征，多措并举扩大内需、优化结构、提振信心、防范化解风险。推进"徽动消费"行动，传统消费稳定恢复，新型消费快速增长，旅游人数和收入超过疫情前水平。有效展开"投资安徽行"系列活动，制造业投资增速连续24个月保持18%以上，占比提高到31.1%，全省新开工50亿元以上项目76个。加强产业链招商，推行平台招商、基金招商、场景招商等新模式，"双招双引"成效持续扩大。常态化开展为企服务活动，新增减税降费及退税缓费超860亿元，惠企政策"免申即享""即申即享"兑付资金99.7亿元、惠及企业2.3万户。人民币贷款增量突破万亿元，贷款余额增长15.8%、连续13个月居全国首位，其中制造业贷款增长29.1%、普惠小微企业贷款增长27%。电力迎峰度夏度冬平稳顺利。有效防范化解风险，地方债务风险总体可控。

（二）**以高水平创新型省份建设为旗帜性抓手，科技创新策源能力进一步提升**。合肥综合性国家科学中心重大科技设施平台功能持续增强，量子信息、聚变能源、深空探测三大科创高地建设取得重大进展，合肥先进光源开工建设，深空探测实验室实质化运行。新获批全国重点实验室5家、国家级制造业创新中心1家。高新技术企业数增长28%、总量居全国第8位，科技型中小企业数增长54%、总量居全国第7位，新增国家级专精特新"小巨人"企业129户、总量居全国第8位。企业研发投入、研发人员、研发机构、有效发明专利占全社会比重均超过80%。职务科技成果赋权改革试点全面推开。第二届中国（安徽）科交会成功举办。创新实施金融支持科创企业"共同成长计划",科技型企业贷款余额5971亿元、增长54%。"科大硅谷"建设起势良好,新入驻科技型企业846家、创新创业人才近万人,设立海内外创新中心9家。安徽省国家级知识产权保护中心建成运行。启动实施人才兴皖工程,推出4.0版人才政策,组织开展"人才安徽行"系列活动,新增各类人才95.5万人、总量达1272万人。

（三）积极开拓高质量发展新赛道,新兴产业融合集群发展势头强劲。聚力打造汽车"首位产业",出台支持新能源汽车产业集群建设政策举措,全面展开整车、零部件、后市场"三位一体"布局,大众新能源汽车研发创新中心落户合肥,开放型汽车生态实验室组建运行,全省统一充换电综合服务平台建成使用。十大新兴产业全面发力,集成电路产量增长1倍以上,柔性显示产业产值增长1.9倍,装备制造产业营收突破万亿元,新材料产业产值突破5200亿元。新创建国家级中小企业特色产业集群6个,居全国前列。传统产业转型升级步伐加快,完成规上制造业企业数字化改造7737户、规下制造业企业数字化应用3.46万个。未来产业有序布局,全国首个量子信息未来产业科技园挂牌运营,通用人工智能创新发展三年行动计划启动实施。数字安徽建设深入推进,羚羊工业互联网平台入驻用户107.2万户、服务企业510.1万次,"海行云""凯盛AGM"入选国家级"双跨"平台,培育国家级5G工厂19个、居全国第4位。

（四）深层次改革加快推进,高水平开放取得新的积极进展。启动实施国企改革深化提升行动,组建省粮食产业集团、省生态环境产业集团,省属企业布局新兴产业投资536.5亿元、增长33.2%。实施促进民营经济高质量发展若干措施,高效办理民营企业家恳谈会清单事项，规模以上民营工业增加值增长9.7%。加快发展多层次资本市场，省新兴产业引导基金全面运营，新增境内上市公司14家，总数175家、升至全国第7位，其中科创板上市公司24家、居全国第6位。国家级开发区全部实现产业用地"标准地"方式出让。启动营商环境改革创新示范区建设，首批29项改革全省复制推广，"万家民营企业评营商环境"综合得分和最佳口碑排名均位列全国前十。创业安徽深入推进，创建国家级创新创业孵化载体19个，新登记经营主体141万户、增长19%，科创、融创、共创的氛围更加浓厚。

精心组织"徽动全球"出海行动，稳外贸稳外资成效显著。"新三样"产品出口增长11.6%，汽车出口114.7万辆、增长80.1%。跨境电商交易额增长超30%，对共建"一带一路"国家进出口增长20.1%。创建"海客圆桌会"等新型引资平台，新设外商投资企业超500家。皖企"走出去"覆盖145个国家和地区，对外投资增长35.9%。自贸试验区6项制度创新成果在全国复制推广。池州皖江江南保税物流中心（B型）通过验收，合肥中欧班列发运量增长13%，开通至墨西哥国际汽车滚装航线，填补我省远洋运输航线空白。世界制造业大会国际影响力进一步提升，徽商总会正式成立，RCEP地方政府暨友城合作（黄山）论坛、国际商协会大会等实现平台化运行。外事、侨务、对台、港澳工作取得新进展。

（五）服务和融入重大国家战略，区域发展协调共进格局加快构建。坚持主动靠上去、精准接上去、全力融进去，精心主办长三角地区主要领导座谈会，共同签署重大科技基础设施、国土空间规划等9项合作协议。G60科技成果转化促进中心揭牌运行，牵头成立工业互联网产业链联盟，"7+3"结对合作园区挂牌运营。合肥、芜湖成为虹桥国际开放枢纽联动发展区。政务服务跨省通办远程窗口开通运行，152项高频事项"一网通办"，52项居民服务实事"一卡通办"。深入落实推动长江经济带发展、中部地区加快崛起、共建"一带一路"等战略，实施一批通道对接、产业互促、环保共治等省际合作项目，安徽联动长三角与中部地区"桥头堡"功能进一步加强。

培育增强全省各区域发展动能。以产业发展引领皖北振兴，制定支持皖北汽车及零部件、新能源、新材料、绿色食品等重点产业集群建设实施方案。编制完成合肥都市圈发展规划，提升安徽长江城市带科创实力和制造业能级。推进皖西大别山革命老区振兴发展，上海与六安对口合作落地制造业项目40个。大黄山世界级休闲度假康养旅游目的地建设有序展开，一批重大文旅项目相继签约。

基础设施体系进一步改善。长三角（芜湖）智算中心加快建设，全省算力统筹调度平台上线运行，智能算力突破7000P，5G基站突破12万个。合武高铁安徽段、京台高速合肥至蚌埠段改扩建、凤凰山水库等项目开工建设，昌景黄高铁、滁宁城际滁州段、无岳高速、阜阳机场改扩建等项目建成运营。合肥、芜湖、阜阳、安庆国家现代流通战略支点城市获批建设。江淮运河全线通航，全省双通道达海、两运河入江、河江海联运新格局正在形成。

（六）坚持农业农村优先发展，乡村全面振兴扎实推进。启动建设千亿斤江淮粮仓，新建、改造高标准农田442.7万亩，实施大中型灌区改造项目36个，育繁推一体化种业企业达12家、居全国第2位。推进"粮头食尾""畜头肉尾""农头工尾"，启动实施"秸秆变肉"暨肉牛振兴计划。新认定长三角绿色农产品生产加工供应示范基地100个，绿色食品全产业链产值1.2万亿元。推进科技强农，安徽耕云农业大模型落地应用，农作物耕种收综合机械化率达85%。成功举办中国农民丰收节全国主场活动。启动实施"千村引领、万村升级"工程，建设精品示范村200个、省级中心村838个，提质改造农村公路4166公里。乡村治理水平不断提升，淮北"一杯茶"七步调解工作法入选全国乡村治理典型案例。脱贫攻坚成果巩固拓展，脱贫人口人均纯收入17872元、增长15.2%。

（七）**加强生态环境保护，绿色低碳发展呈现新气象**。打好污染防治攻坚战，空气质量主要指标改善幅度居全国前列，长江、淮河干流出境水质保持Ⅱ类，巢湖总磷、总氮浓度分别削减19.5%、23.4%，治理农村黑臭水体1176个。突出生态环境问题整改扎实推进。排查整治餐饮油烟、噪声扰民等群众"家门口"环境问题3.8万个。长江禁渔三年强基础目标圆满实现。新安江—千岛湖生态环境共同保护合作区获批建设。新创建国家生态文明建设示范区3个、"绿水青山就是金山银山"实践创新基地2个，马鞍山薛家洼、芜湖十里江湾成为最美岸线。完成人工造林28.15万亩。第十四届中国（合肥）国际园林博览会成功举办。长丰获批全国首批农村能源革命试点县。新增可再生能源发电装机1213万千瓦，累计发电装机占比提高到44.6%。

（八）**积极呼应群众急难愁盼，民生保障进一步加强**。创办"民声呼应"平台体系，是我省践行宗旨、为民造福的品牌工程，我们建立覆盖省市县三级的联动机制，平台载体汇聚群众关切问题3.62万个、已解决3.5万个。统筹投入资金492.8亿元，实施10项暖民心行动和50项民生实事。皖北13个县（区）实现城乡供水地下水水源替换。启动"家门口"就业三年行动，实施高校毕业生等青年就业创业推进计划，开发政策性岗位20.9万个。办好人民满意的教育，新建、改扩建公办幼儿园507所，义务教育优质均衡发展取得新进展，合肥大学、蚌埠医科大学正式揭牌，安徽高等研究院和一批现代产业学院启动建设。国家区域医疗中心增至9个、居全国第2位，城市社区医疗卫生机构、村卫生室标准化建设全部达标。健全养老服务供给体系，家庭适老化改造惠及5.47万户特殊困难老年人家庭。新开工棚户区改造18.4万套，改造老旧小区1273个，完成"难安置"房屋53.4万套。社会保障安全网得到加强，城乡低保、特困人员、残疾人"两项补贴"对象保障标准实现动态提高。妇女、儿童、老年人、残疾人合法权益得到有效保障，红十字、慈善、志愿服务等事业取得新进展。民族和睦、宗教和顺局面得到巩固，援藏援疆工作扎实推进。

文化传承发展成果丰硕。凌家滩遗址被认定为中华文明"古国时代"第一阶段标志性遗址，新认定中国传统村落70个。文艺创作精品迭出，荣获全国性文艺奖项18个。"中国好人"上榜人数全国第一。691个公共文化空间投入使用，省科技馆新馆建成开放。我省体育健儿在杭州亚运会、亚残运会上取得佳绩。哲学社会科学、参事文史、档案方志等工作得到加强。

深入推进平安安徽建设。黄山、芜湖做法入选全国市域社会治理现代化试点优秀创新经验，"六尺巷六步走"调解法等入选全国"枫桥式工作法"。开展涉法涉诉信访事项化解攻坚行动，信访事项一次性化解率、群众满意率"双上升"。保交楼累计完成交付86.4%。严厉打击各类违法犯罪，扎实开展常态化扫黑除恶"打早除小"工作。深化重大事故隐患专项排查整治，生产安全事故起数下降9.4%。食品药品质量安全风险防控体系不断完善。气象、地震、防灾减灾等工作进一步加强。支持国防和军队现代化建设，军民科技协同、军地战略合作不断加强，深化国防动员体制改革落地有力，双拥共建、退役军人事务等工作取得新成效。

在新一届政府开局之年，我们扎实开展学习贯彻习近平新时代中国特色社会主义思想主题教育，牢牢把握"学思想、强党性、重实践、建新功"总要求，从"六破六立"入手，推动思想大解放、环境大优化、能力大提升、作风大转变、任务大落实。加强法治政府建设，深化公共政策兑现和政府履约践诺专项行动，化解"新官不理旧账"类问题82个，全省办结行政复议案件9380件，行政机关负责人出庭应诉率保持100%。省级政府透明度指数居全国第3位。自觉接受人大监督、政协民主监督和社会各方面监督，制定修改废止省政府规章9件，提请省人大常委会审议地方性法规14件，办理省人大代表建议1136件、省政协提案675件。完善扁平化管理、专业化推进的机制，工作系统性、整体性、协同性进一步增强。深入推进零基预算改革，统筹整合110个预算单位资金设立10个大专项，以资金分配方式改革倒逼政府部门工作协同、实现集中财力办大事。树立和践行正确政绩观，开展"半拉子工程""形象工程""面子工程"等专项整治，力戒形式主义官僚主义，营造风清气正劲足的政治生态。

各位代表！

过去一年，我们克服困难、坚毅前行，成绩来之不易。这是以习近平同志为核心的党中央坚强领导的结果，是习近平新时代中国特色社会主义思想科学指引的结果，是省委带领全省人民团结拼搏、开拓奋进的结果。在此，我代表省人民政府，向在各个岗位辛勤工作的全省人民，向给予政府工作大力支持的人大代表、政协委员，向各民主党派、工商联、人民团体和社会各界人士，向驻皖人民解放军指战员、武警官兵、政法公安干警和消防救援队伍指战员，向在群众身边辛勤奉献的基层干部和工作者，向所有关心支持安徽改革发展的中央各部门、兄弟省区市、港澳台同胞、海外侨胞和国际友人，表示崇高的敬意和诚挚的感谢！

同时，我们也清醒看到，我省发展还面临不少困难和挑战。有效需求不足，部分中小企业经营困难，经济回升向好的基础有待进一步巩固。区域发展不平衡问题仍较突出，增强欠发达地区发展动能有待突破。生态环境质量还存在不稳定因素，节能减排降碳任务艰巨。民生领域还有不少短板，就业总量和结构性矛盾并存。政府系统干部队伍素质能力需要进一步提高，个别干部不作为、慢作为、乱作为，有的地方和部门形式主义官僚主义依然突出，少数领域腐败问题仍有发生。这些问题是前进中的问题，我们要增强信心和底气，积极有效解决问题，奋发有为应对挑战，不辜负全省人民期待！

二、2024 年重点工作

今年是新中国成立75周年，是实现"十四五"规划目标任务的关键一年。做好政府工作，要以习近平新时代中国特色社会主义思想为指导，深入学习贯彻党的二十大和二十届二中全会精神，认真落实习近平总书记关于安徽工作的重要讲话重要指示精神，深刻领悟"两个确立"的决定性意义，增强"四个意识"、坚定"四个自信"、做到"两个维护"，坚持稳中求进工作总基调，完整、准确、全面贯彻新发展理念，积极服务和融入新发展格局，着力推动高质量发展，紧扣"三地一区"战略定位、"七个强省"奋斗目标，统筹扩大内需和深化供给侧结构性改革，统筹新型城镇化和乡村全面振兴，统筹高质量发展和高水平安全，切实增强经济活力、防范化解风险、改善社会预期，巩固和增强经济回升向好态势，持续推动经济实现质的有效提升和量的合理增长，增进民生福祉，保持社会稳定，在中国式现代化进程中奋力开创现代化美好安徽建设新局面。

综合分析形势，当前我省正处于厚积薄发、动能强劲、大有可为的上升期、关键期，具有经济发展长期向好的强劲韧性，拥有多重国家战略叠加的广阔机遇，但也面临严峻复杂的外部环境和各种困难挑战。我们必须更好落实稳中求进、以进促稳、先立后破的要求，夯实"稳"的基础，增强"进"的动能，树立"破"的勇气，提高"立"的质效，扎实做好政府各项工作。

经济社会发展的主要预期目标是：地区生产总值增长6%左右，全员劳动生产率16万元/人以上，固定资产投资增长7%左右，社会消费品零售总额增长7%左右，进出口总额增长9%左右，外商直接投资增长10%以上，一般公共预算收入增长3%，城镇、农村常住居民人均可支配收入分别增长6.5%、7.5%，城镇调查失业率5.5%左右，城镇新增就业68万人左右，居民消费价格涨幅3%左右，研究与试验发展经费投入强度2.7%左右，人才资源总量1380万人，粮食产量及播种面积、生态环境质量等指标完成国家下达年度目标任务。

重点做好十一个方面工作。

（一）一体推进教育强省、科技强省、人才强省建设，强化高质量发展基础支撑

深入推进高水平创新型省份建设，促进教育链、人才链与产业链、创新链有机衔接，把科技创新势能更多转化为高质量发展新动能。

建强战略科技力量。加强国家实验室服务保障，加快建设量子信息、聚变能源、深空探测三大科创高地。开工建设空地一体量子精密测量实验设施，争取深空探测重大标志性工程立项实施。在集成电路、工业母机、智能成套装备、基础软件等领域，实施重大科技专项和重点研发项目。新建一批前沿技术概念验证中心、中试基地，重组升级省（重点）实验室100家以上。

完善以企业为主体的技术创新体系。构建从科技型中小企业到科技领军企业的梯次培育体系，支持中小企业专精特新发展，净增科技型中小企业5000家以上、高新技术企业3500家以上、科技领军企业10家左右。推进高水平新型研发机构建设，支持龙头企业牵头组建产业研究院。深入实施"两清零"行动。建立以企业为主体的科研项目立项、组织实施、评价等机制。加快全省应用场景一体化大市场建设。持续办好"双创汇"活动。建成"科大硅谷"高新孵化园，高质量运营"一栋楼就是一个创新联合体"的创新单元60个以上。推动"科大硅谷"、中国科大科技商学院、羚羊工业互联网等平台相互赋能，构建"政产学研金服用"融合互动机制，形成富有竞争力的开放创新生态。

提升教育服务发展能力。加强"双一流"培育，启动特色高校、特色学科专业建设，支持应用型大学发展双元制本科教育。深化高校学科专业结构改革，高水平建设新设置专业。加快建设安徽高等研究院，支持高校与科研机构、头部企业共建现代产业学院、国家卓越工程师创新研究院。加强特色高水平高职学校和专业建设，支持创办本科层次职业学校。加快建设省级行业产教融合共同体、市域产教联合体，启动建设首批县域产教融合体。

扎实推进人才兴皖工程。深入实施江淮英才培养计划和万名博士后聚江淮行动，推进江淮战略帅才引进项目，集聚培养更多一流科技领军人才、青年科技人才、卓越工程师，常态化开展"人才安徽行"系列活动。加强产业工人队伍建设，培育高技能人才12万人。持续开展"招才引智高校行"，吸引更多毕业生留皖就业创业。健全以企业为主体的人才"引育留用"机制，畅通企业人才引进绿色通道。完善高层次人才精准服务体系，健全"一站式"人才服务平台。深化职务科技成果赋权改革，扩大科研项目经费"包干制"试点范围，开展科技人才评价、科研单位综合授权等改革，让各类人才汇聚安徽、迸发活力。

（二）加快构建现代化产业体系，发展壮大新质生产力

把高质量发展的要求贯穿新型工业化全过程，建设具有国际竞争力的先进制造业集群，加快打造智能绿色的制造强省。

乘势而上壮大汽车"首位产业"。支持汽车"皖军"做强做大，建设世界一流企业。培育招引关键领域零部件优质企业，完善整车和零部件企业机制化对接平台，引导传统零部件企业向"新能源化"转型。推动汽车制造向"产品+服务"延伸，支持发展汽车新零售、充换电服务等新业态。依托开放型汽车生态实验室，新建2家关键共性技术攻关类实验室。通过努力，"三位一体"产业体系更加完善，开放共生的产业生态更具活力。

加快新兴产业集群发展、未来产业前瞻布局。加快建设先进光伏和新型储能产业集群，开展下一代电池技术等领域技术攻关，推广"光伏+"综合应用。实施氢能产业高质量发展三年行动计划。巩固提升新一代信息技术产业，支持动态存储芯片、新型显示等产品迭代升级，加强声谷、视谷、传感谷建设。培育壮大新材料优势产业，支持聚乳酸、光学薄膜等产品攻关研发和推广应用，推进镁基新材料等重大项目建设。加快发展医药健康产业，建设生物医药、现代中医药、高端医疗器械等产业集群，创设一批协同创新平台和临床转化公共服务平台。增强高端装备产业自主可控、基础配套、服务增值、智能制造能力，培育首台套重大技术装备200个以上。支持智能家电、智慧家居产品研发，推出一批应用生态场景解决方案。抢占空天信息产业制高点，支持北斗规模化应用和商业卫星研发制造，加强深空互联网、深空遥感等技术研发，吸引更多商业航天公司落户。加快合肥、芜湖低空经济产业高地建设，拓展低空产品和服务应用场景。积极开辟未来产业新赛道，启动建设未来产业先导区，加快布局量子信息领域重大应用示范工程，开展通用人工智能应用生态构建行动，推进元宇宙应用场景平台建设，统筹抓好聚变能源、化合物半导体、合成生物、人形机器人等产业培育。

加快产业链供应链优化升级和传统产业转型升级。推进重点产业链高质量发展，"一链一策"打造高水平现代化产业链。完善绿色制造和服务体系，加强绿色工厂、绿色工业园区创建，培育一批绿色供应链管理企业。实施亿元以上重点技术改造项目1200项以上，新增规上制造业企业数字化改造5000家以上。深化"亩均论英雄"改革。开展开发园区"腾笼换鸟"突破攻坚。加快建筑业转型升级，建设中国建造（安徽）工业互联网平台，推广智能建造和绿色建筑，培育发展特级资质企业。

推动数字经济创新发展。促进"数实融合"，发展"数智云网链"等新兴数字产业，加强国家级"数字领航"企业创建，持续扩大数字经济核心产业规模。推进工业互联网高地建设，完善提升羚羊等国家级"双跨"平台功能，新培育省级以上重点工业互联网平台10家以上。建成全省一体化数据基础平台，加快建设全国一体化算力网络芜湖数据中心集群，系统优化算力基础设施布局，高质量行业数据集规模达200TB，智能算力达12000P。

推进现代服务业提档升级。实施现代服务业发展20项工程，加快发展工业设计、软件信息、科技服务等产业。鼓励发展个性化定制、共享制造、全生命周期管理、总集成总承包等新模式，发展一批企业数字化转型方案提供商。大力发展现代物流产业体系，加快引育5A级物流企业，建设一批供应链服务平台。

（三）深入实施扩大内需战略，进一步筑牢经济回升向好基础

强化消费和投资相互促进，实现消费从疫后恢复转向持续扩大、投资向提质增效跃升，促进经济良性循环、持续向好。

激发有潜能的消费。完善实施促消费政策，优化消费券发放范围和使用体验。稳定和扩大传统消费、大宗消费，深入开展汽车下乡、以旧换新、家电售后服务提升等活动，推进公共领域新能源汽车应用。加快培育新型消费，发展即时零售，培育智能家居、文娱旅游、体育赛事等消费增长点，扩大皖产国货"潮品"供给。优化消费环境，加快建设15分钟便民生活圈，培育沉浸式、体验式、互动式消费新场景。发展城郊游、乡村游、周末度假游，建设一批百姓身边的休闲好去处。实施县城商业街建设提升行动，完善农村电商和快递物流配送体系。

扩大有效益的投资。深入实施"投资安徽行"系列活动，开展先进制造业投资"领跑"计划，制造业投资增长10%以上。以新供给创造新需求，加大对新能源汽车、智能终端装备等消费产品产业投资，拓展医院住院设施改造提升、养老保障服务、中外合作办学等民生领域投资空间。紧扣国家重大战略实施和重点领域安全能力建设，在关键核心技术攻关、节能减排降碳、水利防灾减灾、粮食和能源安全等领域，实施一批重大项目。

提升"双招双引"质效。把"双招双引"与产业集群培育更紧密地结合起来，积极引育龙头企业、专精特新企业和高层次人才团队，构建创新链产业链资金链人才链深度融合的产业生态。深化"双招双引"模式创新，完善基金招商伙伴体系，广泛开展产业链招商、场景招商、科技招商。进一步优化专业化专班工作机制，引导区域间产业链协同，有效防范招商引资中的恶性竞争和潜在风险。

（四）深化重点领域改革，切实增强发展动力和活力

深入落实"两个毫不动摇"，把握市场化改革重点，充分激发各类经营主体内生动力、创新活力和全社会创造力。

开展国企改革深化提升行动。推进重点领域战略性重组和专业化整合，加快国有资本向战略性新兴产业投资布局。组建省文旅投资控股集团。深化新一轮港航资源整合，引导省属企业参与现代物流产业体系建设。支持国有企业做强做优主业，增强核心功能、提高核心竞争力，提升现代公司治理水平。

促进民营经济发展壮大。落实支持民营经济发展各项政策，在市场准入、要素获取、公平执法、权益保护等方面推出一系列标志性举措，整治招投标等领域歧视性规定和做法。实施政府和社会资本合作新机制，鼓励支持民营企业参与基础设施和公用事业建设。依法保护民营企业和企业家权益，推行柔性执法和包容审慎监管，健全拖欠中小企业账款常态化预防和清理机制。民营经济是安徽高质量发展的重要支撑，推进安徽高质量发展，就必须焕发民营经济活力，就必须激扬企业家精神，就必须成全企业家的创新创意创造。

深化要素市场化配置改革。支持合肥都市圈要素市场化配置综合改革试点。推动"标准地"改革向服务业领域延伸，扩大"工业上楼"试点。完善知识产权创造、运用、保护制度体系，支持合肥市国家知识产权保护示范区建设。推进碳排放权、用能权、用水权、排污权等资源环境要素市场化配置改革。实施"数据要素×"三年行动计划，开展数据资源登记试点，推进公共数据开放和授权运营。

推动金融高质量发展。深化金融供给侧结构性改革，大力发展科技金融、绿色金融、普惠金融、养老金融、数字金融。加快合肥科创金融改革试验区建设，深化"贷投批量联动"试点，扩大"共同成长计划"覆盖面。升级建设省综合金融服务平台，构建全线上、全场景、全主体、全周期综合金融服务矩阵。发展壮大多元化股权融资，加快省新兴产业引导基金募投运营，建设一批有影响力的风投创投集聚区。加强金融监管，提高金融监管有效性。

更高标准创建市场化、法治化、国际化营商环境。实施新一轮创优营商环境对标提升举措，深化营商环境改革创新示范区建设。推进政务服务"一网通办"，推行极简审批、极优服务，深化"高效办成一件事"，多渠道收集、高效率办理企业诉求，切实做到无事不扰、有求必应。建立政策一致性评估机制，开展惠企政策综合性集成创新，推出惠企政策"免申即享""即申即享"升级版。高标准建设安徽（合肥）创新法务区，加快汇聚国内外优质法务资源，打造一流法律服务高地。

（五）更大力度推进高水平对外开放，拓展向海而兴广阔空间

以产业开放为重点，以高能级开放平台建设为抓手，提升开放型经济水平。

大力吸引和利用外资。坚持"引进来"与"走出去"相结合，利用国际性组织、专业投资机构等多种渠道，创新合作模式，力争引进外资取得新的突破。支持外商投资企业在安徽再投资和设立地区总部、功能性机构。完善联系服务外资项目和企业机制，优化外籍员工停居留服务和生活环境。更好服务优质企业"走出去"，积极布局海外市场。

加快培育外贸新动能。加强"一带一路"、RCEP等市场开拓，稳定和扩大机电产品、"新三样"等优势产品出口，加快发展中间品贸易、服务贸易、数字贸易，跨境电商交易额增长20%以上。扩大先进技术、重要装备和关键零部件等进口。加强外贸增量资源培育，新增进出口实绩企业1000家以上。支持企业开展国际产品认证和标准化建设，增强应对碳壁垒能力。推进内外贸产品同线同标同质，培育贸易双循环试点企业150家以上。

加强高能级开放平台建设。深化自贸试验区建设，更好用制度创新促进新兴产业集聚。推进合肥机场、芜湖港智慧口岸试点建设，增开国际及地区全货机航线，申建蚌埠、合肥空港综保区。延伸合肥中欧班列服务网络，加快推进芜湖塔桥物流基地建设。提升世界制造业大会等展会市场化、国际化水平。做实"海客圆桌会"等对接平台，支持黄山"国际会客厅"建设。加强外事、侨务、对台、港澳工作，拓展国际友城合作和民间交流。

（六）深入实施重大国家战略，推动区域协调发展

落实推进长三角一体化发展两次座谈会精神，发挥国家战略叠加优势，推动全省各区域各板块协同共进，提升全省整体发展能级。

高效落实重大国家战略。把握长三角一体化发展这个最大机遇，高质量推进各领域共建共享。协同打造长三角科技创新策源地，加强战略科技力量合作共建。深度参与产业链供应链分工协作，完善省际毗邻地区新型功能区跨界协同机制，加快产业锻长补短。加强生态环境共保联治，启动建设长三角（安徽）生态绿色康养基地。积极共建长三角联通国内国际双循环战略枢纽，加快建设虹桥国际开放枢纽安徽联动发展区。推进公共服务便利共享，加快缩小基本公共服务差距。深入实施推动长江经济带发展、中部地区加快崛起、共建"一带一路"等战略，高水平建设省际重要物流节点和合作园区，加快构建链接东中部市场化要素对接平台，把安徽承东启西的区位优势转化为"左右逢源"的开放优势。

加快皖北全面振兴。坚持"四化同步"，支持皖北地区走出一条质量更高、效益更好、结构更优、优势充分释放的发展新路。皖北振兴，产业振兴是基础。聚焦汽车及零部件、新能源、新材料、绿色食品等重点产业集群建设，集中资源、集中力量、集中攻坚，力争皖北快速形成规模优势和竞争优势。用好沪苏浙城市与皖北城市结对合作帮扶机制，提升皖北承接产业转移集聚区建设水平。加密扩容基础设施网络，适度超前布局新基建，扩大重大科创平台、开放平台布局，改善皖北高质量发展支撑条件。加大公共服务补短板力度，启动皖北地区基础教育优质资源扩容工程，深入实施皖北地区群众喝上引调水工程，完成405万人地下水水源替换。

全面增强各区域发展动能。落细合肥都市圈各区域功能分工，推进合淮产业走廊、合六经济走廊、合滁合作园等建设。支持安徽长江城市带打造智能制造走廊，走在高水平开放前列。加快皖西大别山革命老区振兴发展，推进特色优质农产品生产加工供应基地、文旅康养基地等建设。加快建设大黄山世界级休闲度假康养旅游目的地，建立全域联动机制，开展业态融合创新，加快发展休闲度假、创意经济、体育赛事、医疗康养、会展经济、文化服务等高端服务业集群。促进县域经济高质量发展，支持特色产业集群（基地）建设，培育百亿级集群25个。

全面提升城市功能品质活力。把握以人为本重要原则，以增强城市活力和竞争力为目标，加快完善城市功能、提升城市品质，增强城市对要素和产业的集聚力。以城市群、都市圈为基本依托，因城施策，促进大中小城市协调发展，提升县城建设发展水平。扩大教育、医疗、文化等优质公共服务供给，建设产城融合高品质园区和便捷舒适的幸福社区。推进创业城市创建，打造活力充盈的创业安徽。创新投融资模式，实现城市内涵式增长和可持续发展。提升城市规划建设治理水平，实施城市体检和城市更新行动，构建特色鲜明、近悦远来、活力迸发的安徽城市矩阵。

加快建设互联互通的现代化基础设施体系。优化综合立体交通网，开工建设徐州至商丘高速宿州段、扬马城际、合肥新桥机场飞行区扩建、芜宣机场改扩建等项目，加快沿江高铁、淮宿蚌城际、和县至襄阳高速、G3铜陵长江公铁大桥等项目建设，建成池黄高铁、宣绩高铁、合周高速寿县至颍上段、亳州机场、蚌埠机场等项目，新增高铁通车里程200公里以上、高速通车里程300公里以上。加强"水运上的安徽"建设，实施长江、淮河干支流航道整治和内河航道畅通重大工程。推进水网先导区建设，加快实施引江济淮二期等重大工程。推进国家物流枢纽承载城市建设，争创安庆港口型、阜阳商贸服务型国家物流枢纽。提升郑蒲港等港口物流功能，加快合肥派河国际综合物流园汽车物流中心、阜阳铁路国际物流港等建设，大力发展多式联运，建设全省铁水联运物流服务平台，推动物流降本提质增效。

（七）坚持不懈抓好"三农"工作，有力有效推进乡村全面振兴

坚持农业农村优先发展，坚持城乡融合发展，加快建设高质高效的农业强省。

加快建设千亿斤江淮粮仓。坚持稳面积、增单产两手发力，全面实施良田、良种、良机、良法、优链、优农重点工程。落实最严格耕地保护制度，全年粮食播种面积1亿亩以上。加强农田水利设施建设，提高高标准农田投资补助水平，新建、改造高标准农田420万亩。深入实施种业振兴行动，支持种业"保育繁推服"全产业链发展。

做好"粮头食尾""畜头肉尾""农头工尾"增值大文章。深化农产品加工业跨越提升行动，新增产值超10亿元龙头企业5家、产值超50亿元加工园区3家。推进十大千亿级绿色食品产业全产业链发展，招引一批农业产业化龙头企业。深入实施"秸秆变肉"暨肉牛振兴计划，构建肉牛良种繁育体系，力争肉牛饲养量达200万头。突出标准引领，推动徽派预制菜产业品牌化、集群化发展。新认证绿色食品、有机农产品和地理标志农产品900个以上。

大力实施"千村引领、万村升级"工程。学习运用浙江"千万工程"经验，抓好首批精品示范村规划建设，新增精品示范村200个、省级中心村800个左右。推进农村人居环境整治提升行动，完成700个行政村生活污水治理、农村改厕27万户，农村生活垃圾无害化处理率提高到83%。新改建农村公路3000公里，农村自来水普及率达97%以上，村级养老服务站覆盖率提高到45%以上。巩固拓展脱贫攻坚成果，深化"百校联百县兴千村""万企兴万村"行动，推动脱贫地区产业发展提档升级、提质增效，进一步增强内生发展动力。

深入推进农村改革。把二轮土地延包工作作为当前农村改革的"一号任务"，扎实做好整省延包试点。高质量完成农村宅基地制度改革试点，巩固农村集体产权制度改革成果，集体经营收益50万元以上的村占比达30%。改革完善耕地占补平衡制度，分类稳妥开展耕地恢复。健全城乡要素双向流动有效机制，为城乡融合发展注入新动力。

（八）加强高品质生态环境建设，全面推进绿色低碳发展

实施美丽安徽建设规划纲要，突出抓好美丽长江（安徽）经济带新一轮提升工程，加快建设山水秀美的生态强省。

持续打好蓝天、碧水、净土保卫战。实施空气质量持续改善计划，开展皖北地区空气质量提升攻坚。推进美丽河湖建设，加强长江、淮河、巢湖等重点流域排污口"查测溯治"，开展不达标国控断面攻坚。更新改造市政污水管网1500公里，新增城市生活污水日处理能力40万吨。实施农村黑臭水体治理三年行动，基本消除县城建成区黑臭水体。强化建设用地土壤污染风险管控，开展耕地污染成因排查整治。推进"无废城市"建设，加强新污染物治理。推进中央生态环保督察等反馈问题整改，持续解决好群众"家门口"环境问题。

系统推进生态保护修复。推进自然保护地整合优化，强化重要生态空间保护。持续推进长江十年禁渔，实施生物多样性保护重大工程。加强"四廊两屏"建设，完成人工造林25.95万亩，实施10处重要湿地保护修复工程。加快采煤沉陷区综合治理，修复废弃矿山300个以上。升级打造新安江—千岛湖生态环境共同保护合作区，实施皖苏、皖赣长江干流横向生态补偿。深化集体林权制度改革。加快巢湖流域"山水工程"建设，打造一批生态文明建设示范样板。

加快发展方式绿色转型。有序实施碳达峰行动，支持亳州、合肥高新区开展国家碳达峰试点，支持淮南等地开展国家减污降碳协同创新试点。建立健全分市碳排放统计核算方法，推进全省"双碳"管理一体化平台建设。增强能源保供基础能力，开工建设陕电入皖工程，新增支撑性电源装机222万千瓦、可再生能源发电装机500万千瓦以上。推进能源综合改革创新试点扩面提效。"一企一策"实施重点企业节能降碳升级改造，建设一批零碳产业园。持续开展新一轮找矿突破战略行动。深化土地节约集约利用综合改革试点，盘活低效用地4万亩以上。广泛开展"美丽安徽我是行动者"活动，在全省营造人人减碳、人人节约、人人呵护碧水蓝天的风尚。

（九）大力推动文化繁荣发展，激发文化创新创造活力

发挥安徽历史文化底蕴深厚优势，推动优秀传统文化创造性转化和创新性发展，加快建设繁荣兴盛的文化强省。

加强新时代思想道德建设。深入开展社会主义核心价值观宣传教育，实施爱国主义教育示范基地提升行动，加强大中小学思想政治教育，提升新时代文明实践中心精准化服务水平。开展全域文明创建，力争实现地级全国文明城市全覆盖。选树一批道德模范、最美人物、身边好人，持续打响"好人安徽"品牌。

大力发展文化事业。加强文艺精品创作，设立新安文学艺术奖，推出更多增强人民精神力量的优秀作品。深入发掘长江文化内涵和时代价值。加强徽文化发掘整理、传承创新，实施徽学研究提升、徽州文书馆藏、黄梅戏曲本典藏等工程。推进凌家滩遗址、淮南武王墩墓等考古发掘，加快长江、大运河国家文化公园（安徽段）建设，开展传统村落、传统建筑普查认定和保护传承。扩大公共文化服务高质量供给，加快建设安徽百戏城、省文化馆新馆、省非遗馆，建成公共文化空间600个以上，新建口袋体育公园100个。繁荣发展哲学社会科学，加强参事文史、档案方志等工作。完善全媒体传播体系，提升传播影响力、感召力，让蓬勃向上的安徽人人向往。

推动文化产业高质量发展。实施文化产业重大项目带动工程，建设一批创意设计、动漫游戏等特色小镇和园区。抢占数字文化产业制高点，支持通用人工智能、未来显示、元宇宙等在文化产业领域集成应用和创新，加快发展数字出版、数字视听、数字创意、数字娱乐等新型文化业态。坚持以文塑旅、以旅彰文，全面实施高品质旅游强省建设"六大工程"，推动农文旅、商文旅、体文旅等一体发展。推进省属文化企业改革创新，加快建设一流文化企业。

（十）着力惠民生解民忧暖民心，持续增进民生福祉

积极回应人民群众对美好生活向往，兜住兜准兜牢民生底线，扎实办好民生实事。

推动"民声呼应"提质增效。进一步完善"民声呼应"工作机制，畅通反映渠道，加强数字赋能，实现各类载体高效联动，提升快速响应能力和诉求办理质量。把握民生需求变化和民生工作规律，提升民生问题源头治理水平。完成"难安置"问题专项治理，大力推进物业管理服务提升攻坚。实施50项民生实事，其中新增农村敬老院运营服务能力提升、分类资助低收入人口参加基本医保等，切实把民生实事办到群众心坎上。

提升教育公平和质量。推进学前教育普及普惠，新建、改扩建公办幼儿园127所。开展义务教育优质均衡县达标创建，适应新型城镇化发展和人口变化，优化调整基础教育学校布局和学位供给。促进高中阶段学校多样化发展，确保高考综合改革"首考"平稳顺利。调整优化职业教育专业结构，建设高水平"中职专业（群）+实训基地"300个左右。推进老年学校扩容增量提质，强化特殊教育普惠发展。加强师德师风建设，壮大高素质教师队伍。

促进高质量充分就业。坚持就业优先导向，发挥产业、就业、创业政策协同作用，提供更多优质就业岗位，多渠道促进高校毕业生等重点群体稳定就业。实施就业困难人员"一人一策"援助计划，开发更多"家门口"就业岗位。积极构建和谐劳动关系，持续开展保障农民工工资支付专项整治，加强灵活就业和新就业形态劳动者权益保障。

增强社会保障能力。发展多层次多支柱养老保险体系，稳妥推进基本医保省级统筹，实行工伤保险基金省级统收统支，推动长期护理保险制度建设，加快建立以社会保障卡为载体的居民服务"一卡通"。发展银发经济，建设社区嵌入式养老服务机构（综合体）100个，完成特殊困难老年人家庭适老化改造4万户。健全分层分类的社会救助体系，推动城乡低保等救助提质增效，逐步把防止返贫和低收入人口帮扶两个政策体系统一起来。加强妇女、儿童、老年人、残疾人权益保护，做好红十字、慈善等工作。

提高健康安徽建设水平。落实生育支持政策，减轻生育、养育、教育负担。高质量建设和运营国家区域医疗中心，建设省级区域（专科）医疗中心15个。深化县级医院综合能力提升行动，加强基层医疗卫生机构服务能力建设，深入实施"一村一名大学生村医提升计划"。强化重大疫情防治体系和应急处置体系建设。促进医保、医疗、医药协同发展和治理。推进中医药现代化、产业化，加强华佗中医药研究院、新安医学研究院和大别山中医药研究院建设，支持亳州打造"世界中医药之都"。深入开展爱国卫生运动，新创一批国家卫生城镇。

（十一）更好统筹发展和安全，建设更高水平平安安徽

坚持以新安全格局保障新发展格局，加强安全体系和能力建设，确保社会大局和谐稳定。

防范化解重点领域风险。深化地方政府融资平台公司综合治理和转型发展，加强政府债务风险监测预警。强化"三保"支出预算执行硬性约束，兜牢基层"三保"底线。推进中小金融机构改革化险，稳妥化解重点企业信用违约风险。积极稳妥化解房地产风险，加强在建项目预售资金监管，实现保交楼项目全部交付。推进保障性住房建设、"平急两用"公共基础设施建设、城中村改造等"三大工程"，完善"保障+市场"住房供应体系，更好解决新市民、青年人、农民工住房问题，满足居民刚性和改善性住房需求。

健全公共安全体系。启动安全生产治本攻坚三年行动，强化重点行业领域安全整治。加强食品药品安全社会共治，推进食品药品安全智慧监管。推进城市生命线安全工程二期建设，完善城市排水防涝工程体系，更新改造城镇燃气管道等地下管网2500公里。加快城市生命线产业发展。实施自然灾害应急能力提升工程，加强基层应急管理体系和能力建设。

提升社会治理现代化水平。坚持和发展新时代"枫桥经验"，推广"新时代六尺巷工作法"，全面构建"一站式"解纷体系。深入推进信访工作法治化，健全积案化解长效机制。强化社会治安整体防控，严厉打击涉黑涉恶、电信网络诈骗等各类违法犯罪。全面做好民族宗教、援藏援疆等工作。支持群团组织、社会组织发挥作用，更好参与基层社会治理。

深入贯彻习近平强军思想，落实习近平总书记给潜山野寨中学新考取军校同学的重要回信精神，大力支持国防和军队现代化建设，全面加强国防动员和后备力量建设，深入推进全民国防教育、双拥共建、兵役征集等工作，持续提升退役军人服务保障水平，不断巩固和发展军政军民团结良好局面。

三、大力提升政府治理效能和服务水平

走在新时代高质量发展的新路上，政府系统要深化自身改革，加强自身建设，不断提升治理能力现代化水平。

铸牢对党忠诚的政治品格。把坚定拥护"两个确立"、坚决做到"两个维护"作为最高政治原则和根本政治规矩，始终在思想上政治上行动上同以习近平同志为核心的党中央保持高度一致。巩固拓展主题教育成果，坚持不懈用习近平新时代中国特色社会主义思想武装头脑，优化思想方法、改进工作方法。把对党忠诚落实在实际行动上，完整准确全面落实中央决策部署及省委工作要求，切实当好执行者、行动派、实干家。

提高依法行政的能力水平。积极推进重点领域、新兴领域、民生领域行政立法，深化综合行政执法改革。加强府院联动、府检联动。深化公共政策兑现和政府履约践诺，更好以政府诚信赢得社会公信。依法接受人大监督，自觉接受政协民主监督，认真办理人大代表建议和政协提案。强化审计、统计监督，主动接受社会和舆论监督。开展法治政府建设示范创建，让法治成为各级政府的行为底色。

构建协同高效的工作格局。落实政府机构改革任务，优化机构职能体系。持续推进以工业互联网思维改造政府工作流程，完善权责清单"全省一单"制度体系，巩固深化零基预算改革成效。拓展优化皖事通、皖企通、皖政通平台功能，打造泛在可及、便捷高效的服务体系。坚持认识市场规律、尊重市场规律、利用市场规律、弥补市场失灵，把政府有为更多体现在推动市场有效上。

提升专业化的素质本领。拓展政府系统专业化能力提升行动，增强政府工作人员推动高质量发展本领、服务群众本领、防范化解风险本领。加强科技创新、现代产业、数字经济、绿色低碳等专题培训，加强领导干部金融思维和金融工作能力培养。突出抓好各级产业专班建设，打造行家里手型现代公务员队伍。推行用专业化力量、专业化手段谋划推动工作，完善企业家参与产业规划、涉企政策制定机制，提高政策精准度和可及性。

坚守清正为民的责任担当。落实全面从严治党要求，严格执行中央八项规定及其实施细则精神，坚持"忠专实""勤正廉"，加强巡视整改和成果运用，持之以恒正风肃纪反腐。坚持正确政绩观，力戒形式主义官僚主义，坚决防范和纠治"新形象工程"。持续为基层减负，让基层把更多精力用在干实事上。坚持"四下基层"，把调查研究作为推动工作决策的重要方法，尽心尽力服务群众、服务人才、服务企业、服务基层。各级政府要习惯过紧日子，严肃财经纪律，严控"三公"经费和一般性支出，把有限资源和财力更多用在改善民生上。

各位代表！

走在高质量发展的开阔大道，安徽人民意气风发。让我们更加紧密地团结在以习近平同志为核心的党中央周围，在省委坚强领导下，真抓实干，锐意进取，奋力谱写中国式现代化安徽篇章！

福 建 省
政府工作报告
——2024年1月23日在福建省第十四届
人民代表大会第二次会议上

省长 赵 龙

各位代表：

现在，我代表省人民政府，向大会报告工作，请予审议，并请省政协委员和列席同志提出意见。

一、坚持以习近平新时代中国特色社会主义思想为指导，新福建建设取得新进展新成效

2023年是全面贯彻党的二十大精神的开局之年，是三年新冠疫情防控转段后经济恢复发展的一年。一年来，我们坚持以习近平新时代中国特色社会主义思想为指导，深入学习贯彻党的二十大和二十届二中全会精神，坚决贯彻落实习近平总书记重要讲话重要指示批示精神和党中央决策部署，牢牢把握习近平总书记亲自擘画的新福建宏伟蓝图和"四个更大"重要要求，紧紧围绕中央支持福建

建设两岸融合发展示范区的重要使命，在省委领导下，深入开展主题教育，深学争优、敢为争先、实干争效，坚持稳中求进工作总基调，着力扩内需、优结构、提信心、防风险，经济持续回升向好，社会大局保持稳定，高质量发展迈出坚实步伐。

初步统计，2023年全省地区生产总值54355亿元、增长4.5%，一般公共预算总收入5907亿元、增长9.8%，地方一般公共预算收入3591亿元、增长7.6%，固定资产投资增长2.5%，社会消费品零售总额增长5%，进出口总额下降0.2%，城镇居民、农村居民人均可支配收入分别增长4.3%、6.9%，城镇调查失业率4.8%，居民消费价格与上年持平。

一年来的主要工作是：

（一）积极培育经济发展新动能，实体根基更加稳固

产业升级蹄疾步稳。坚定不移推动"智改数转"，实施省重点技改项目1704个、总投资4477亿元，关键业务环节全面数字化企业占比居全国第三位，福州、厦门入选全国首批中小企业数字化转型试点城市。坚定不移拓宽产业新赛道，工业战略性新兴产业产值占规上工业产值比重28.3%、提高3.4个百分点，出台促进人工智能产业发展10条措施，建成光储充检一体化充电站15座，全球最大18兆瓦直驱海上风电机组顺利下线。坚定不移培育壮大产业链，发布全国首份县域重点产业链发展白皮书，制造业增加值占地区生产总值比重32%，制造业百强企业营收总额达2.5万亿元。动力电池、鞋服、化工、食品等产业链条更加坚实，竹产业、陶瓷产业高质量发展步伐加快。6个设区市入选全国先进制造业百强城市，中沙古雷乙烯项目进入建设实施阶段，莆田入选中国食品产业名城。坚定不移推进园区标准化建设，26个试点园区新增标准化厂房超500万平方米，4个园区上榜全国先进制造业百强园区。坚定不移发展壮大现代服务业，4个设区市列入国家流通战略支点城市，福州港口型物流枢纽入选国家建设名单，厦门获批国家智慧口岸试点，金融业增加值增长7.4%。坚定不移做强做优"四大经济"，数字经济增加值达2.9万亿元，海洋生产总值达1.2万亿元，清洁能源装机比重达63%，实现旅游总收入6981亿元。数字中国建设峰会、世界航海装备大会、亚太电协大会成功举办，行业风向标、合作策源地、成果展示窗作用日益凸显。

内需潜力加速释放。把扩大有效投资作为重要抓手，发行地方政府专项债券1618亿元，1580个省重点项目完成投资7387亿元。福厦高铁开通运营，福厦"一小时生活圈"、厦漳泉"半小时交通圈"由愿景变成现实。龙岩新机场获批立项，龙龙高铁龙岩至武平段、厦门翔安大桥、福州地铁4号线首通段等建成通车，大动脉更加畅通、微循环更加便捷。新中国成立以来我省最大引调水工程"一闸三线"全线通水，润泽榕岚两地近580万人，平潭人民从此告别"靠天吃水"的历史。把恢复和扩大消费摆在优先位置，实施扩消费"八大行动"，开展"全闽乐购"活动近万场，举办第二届福品博览会、新闽菜发展大会，福茶、福酒、福文创等线上线下销售火爆，限额以上网络商品零售额增长6.1%。泉州获批国家第三批一刻钟便民生活圈建设试点城市，福州三坊七巷和厦门中山路入选全国示范步行街。

城乡区域协调发展。深入实施新型城镇化战略，率先启动全域范围内户口迁移"跨省通办"，农业转移人口落户城镇37.7万人。持续提升城市品质，改造老旧小区38.2万户，全面完成43.9万户低收入群体居住环境消防安全改造，新增公共停车位3.1万个，新建改造公园绿地1002公顷，创建无障碍设施样板街道11个，累计建成福道8740公里。福州荣获首届全球可持续发展城市奖，厦门上榜中国十大"大美之城"，三明入选第三批全国海绵城市建设示范城市。深入实施乡村振兴战略，严格落实耕地保护和粮食安全责任制，粮食生产和增储任务超额完成，全年粮食播种面积1261.7万亩、产量511万吨，3个省级粮库提前建成。新增3个国家乡村振兴示范县、2个国家现代农业产业园、7个国家农业产业强镇，3个县（市）入选第四批国家农业绿色发展先行区创建名单，"福九味"中药材入围国家优势特色产业集群，三明获评国家农产品质量安全市。深入实施新时代山海协作，调整优化市、县结对协作关系，老区苏区加快振兴发展。创新实施"两通工程"，新开通20个高速公路服务区出入口，实现82%陆域乡镇30分钟内上高速。加快打造闽宁协作"升级版"，援藏援疆工作保持全国前列，沪明、广龙对口合作走深走实，红色圣地和开放高地双向奔赴前景广阔。

民营经济提质增效。加大政策扶持，传承弘扬、创新发展"晋江经验"，推动出台《关于实施新时代民营经济强省战略推进高质量发展的意见》和19份配套政策文件，修改废止313件妨碍民企公平参与市场竞争的地方性文件。优化服务保障，完善省领导挂钩联系机制，推出三期共300亿元提质增产争效专项贷款、惠及2万多家企业。引进民企制造业项目2280个，民间制造业投资增长8.1%。壮大经营主体，大力推动闽商回归，实施培优扶强行动，新登记民营经营主体112.8万户、增长9.1%。宁德时代获中国工业大奖、动力电池出货量连续7年全球第一，福耀汽车玻璃市场占有率达34%、长期保持全球第一，安踏入选全球十大最具价值运动服饰品牌。民营经济贡献了全省近70%的地区生产总值、70.6%的税收、70%以上的科技创新成果、80%以上的城镇劳动力就业和94%的企业数量。越来越多的民营企业为福建增了光、添了彩，为高质量发展作出了重要贡献。

（二）加快建设创新型省份，内生动力更加强劲

教育质量持续提升。坚持以教育之强筑牢创新之基，促进基础教育扩优提质，补充公办中小学幼儿园教师1.8万人，新建、改扩建公办幼儿园195所，学前教育普惠率达94.6%。新增公办义务教育学位10.7万个，随迁子女在公办义务教育学校就读比例达95.5%，达标高中在校生占比达90%。促进职业教育产教融合，出台推动职业教育服务经济社会发展10条措施，深入实施高水平职业院校和专业建设计划，成立6个行业产教融合共同体，晋江入选第一批国家级市域产教联合体。促进高等教育内涵式发展，加快建设高等教育强省，福建工程学院更名福建理工大学，福建中医药大学成为省部（局）共建高校。全省高校新获评A类学科19个、增长72.7%，新增教育部重点实验室3个、医药基础研究创新中心1个，人才孵化器、创新策源地作用有效发挥。

科技创新提速加力。坚持以科技之强提升创新之效，聚力优平台，重组入列全国重点实验室2家，落地建设"海洋负排放"国际大科学计划，新增国家企业技术中心7家，新建集成电路省创新实验室，引进香港理工大学晋江研究院等高水平科创平台。新设省级高新区2个、实现设区市全覆盖，福州入选全国创新驱动示范市，4个县（市）入选第二批全国创新型县（市）。聚力强主体，投放"科技贷"75亿元，新增国家级科技企业孵化器4家、专精特新"小巨人"企业42家，国家高新技术企业超1.2万家、增长35%。聚力活机制，出台加快推进科技创新发展20条措施，实施12个"揭榜挂帅"项目，建成5个国家级知识产权保护中心、快速维权中心，新增中国专利奖15项，突破海水直接电解制氢等关键技术，白羽肉鸡突破国外育种技术封锁。全社会研发投入超千亿元，科技创新按下了"快进键"、跑出了"加速度"。

人才支撑不断强化。坚持以人才之强激活创新之源，完善人才培养体系，认真落实《福建省"十四五"期间人才发展规划》，培育壮大创新创业创造主力军。新增两院院士5人、国家杰青7人，2人获评国家卓越工程师。引进急需紧缺人才，坚持需求导向、以用为本，优化数字经济等重点领域省级高层次人才认定办法。实施省级引才引智项目78个，遴选第四批产业领军团队19个，新认定和支持省级高层次人才2414人。创新人才使用机制，以省创新实验室为试点，开展人才发展体制机制综合改革，落实设立编制池、自主确定用编条件等改革举措，单位引才用才有了更多的自主权、选择权。

（三）持续深化改革开放，发展空间更加广阔

闽台融合再谱新篇。推动重大战略落地落实，深入贯彻《中共中央、国务院关于支持福建探索海峡两岸融合发展新路建设两岸融合发展示范区的意见》，推动出台我省实施意见，发布首批15条政策措施。加快基础设施应通尽通，向金门供水累计超3000万吨，厦金望嶝变电站投产，厦门第三东通道开工建设，"小三通"客运、榕台空中客运、平潭对台货运航线复航。促进经贸合作互惠互利，新设台企户数和实际利用台资规模保持大陆首位，闽台贸易额累计突破1.5万亿元。6个台湾农民创业园连续六年包揽国家考评前六名，研制发布181项两岸共通标准。支持基层民众交流交往，引进台湾乡建乡创团队132支，海峡两岸交流基地增至26家、居大陆首位。成功举办第十五届海峡论坛、第十一届海峡青年节、第八届世界妈祖文化论坛等重点活动近280场，岛内台胞来闽达57.3万人次，两岸同胞越走越近、越走越亲。

改革攻坚纵深推进。深化重点领域改革，厦门综合改革试点开局良好，国企改革三年行动考评获全国A级，福州、厦门、泉州、漳州入选全国低效用地再开发试点城市，漳州、三明、上杭入选中央财政支持普惠金融发展示范区。深化福建特色改革，公立医院综合改革效果评价连续8年居全国前列，三明林业碳票首次实现跨省交易，7项改革经验被中央改革办推广，我省主导制定的科技特派员国家标准发布实施。深化营商环境创新改革，行政服务许可事项网上可办率达98.7%、158项实现跨省通办，一体化政务服务能力连续2年位列全国第一梯队，工程建设项目审批制度改革评估位列全国第一，便捷办事广受好评，贴心服务常受点赞。

开放水平不断提升。发挥多区叠加优势，中印尼、中菲经贸创新发展示范园区获批设立，中欧（亚）班列开行135列，"丝路海运"联盟成员达320家，海丝中央法务区新增11个涉外交流项目，中国—金砖国家新时代科创孵化园揭牌运行，自贸试验区获批对接国际高标准推进制度型开放试点，新推出全国首创举措26项。推动对外贸易双向投资保稳提质，入选首批内外贸一体化试点省份，新增国家电子商务示范基地2家，跨境电商出口增长18%，机电产品出口增长11.9%，锂电池等"新三样"出口增长49.8%。新设外商投资企业数增长36.2%，高技术制造业实际使用外资增长35.8%，实际对外投资额增长51.4%，派出各类劳务人员规模保持全国首位。深化交流合作，成功举办2023"鼓岭缘"中美民间友好论坛、第十届中国—中亚合作论坛、第二十三届投洽会、全球南方智库对话会、首届中国侨智发展大会等，闽港闽澳合作取得新进展，侨的工作暖心有效，国际友城达125对。我们的朋友圈越来越大，为服务国家总体外交作出了积极贡献。

（四）着力增进民生福祉，百姓生活更加殷实

就业形势总体平稳。扩大就业容量，出台稳工稳产促就业7条、毕业生就业创业10条，创新实施新增岗位补贴、毕业生就业岗位补贴，扎实推进返乡创业，大力支持灵活就业，城镇新增就业53万人，高校毕业生等重点群体就业保持稳定。强化就业帮扶，开展防止返贫就业攻坚行动，对就业困难人员实行个性化援助，就业困难人员实现就业3.7万人，失业人员实现再就业超15万人。提升就业技能，深入实施"技能福建"行动，全省投入3.4亿元开展职业技能培训，5所技工院校获评国家级高技能人才培训基地，新建国家级技能大师工作室5个、省级工作室60个，培养高技能人才5.8万人，就业结构进一步优化，供需匹配更加精准。

社会保障提档升级。提升"一老一小"服务，牢记习近平总书记亲自连线看望慰问福州市社会福利院老年朋友的殷殷嘱托，优化养老服务供给，新建示范性长者食堂300个、嵌入式养老服务机构50个，新增普惠性托位1.28万个。提高社保待遇水平，城镇职工基本养老金增长3.8%，城乡居民省定基础养老金标准提高至每月150元，失业保险基金省级统筹全面实施，城乡居民医保人均财政补助标准提高至不低于640元，医保服务实现乡村全覆盖。强化社会救助帮扶，低保、特困供养年人均标准分别提高到10112元、25380元，集中养育和社会散居孤儿基本生活最低月人均标准分别提高到2100元和1700元，参照社会散居孤儿标准为事实无人抚养儿童、艾滋病病毒感染儿童发放基本生活保障金，使兜底更加有力，帮扶更加暖心。

公共服务量质齐升。落实"乙类乙管",因时因势推动新冠疫情防控平稳转段。优化医疗供给,新增医疗机构床位9100张,复旦大学附属肿瘤医院福建医院获批国家区域医疗中心,省立医院、省妇幼保健院列入国家中西医协同"旗舰"医院建设试点,南平、三明获批国家紧密型城市医疗集团建设试点,三级公立医院绩效考核成绩连续4年居全国前列。加强住房保障,开工保障性租赁住房8.4万套、棚户区改造5.9万套,全国首个新建配售型保障房在福州动工建设。确保饮水安全,城市饮用水水源地水质达标率保持100%,农村自来水普及率提高到93.5%。发展体育事业,新建1140个体育公园等场地设施,健身步道超1万公里。在第19届杭州亚运会上,我省体育健儿获金牌人次居全国第二,取得历史最好成绩。

文化建设成果丰硕。大力弘扬社会主义核心价值观,新时代文明实践阵地实现县乡村全覆盖,700多万志愿者活跃在基层、奉献在一线,林占熺获评感动中国十大人物。大力传承发展优秀传统文化,持续实施"福"文化传承发展工程,深入推进海洋文化传承发展工程。莆田获评国家历史文化名城,泉州古城入选国家文物保护利用示范区,城村汉城国家考古遗址公园正式授牌。新增2个全国传统村落集中连片保护利用示范县、2个国家文旅产业融合发展示范区。大力提升文艺作品质量,成功举办第32届中国金鸡百花电影节、第五届海上丝绸之路国际艺术节、第十届丝绸之路国际电影节、首届中国电视剧大会、第12届中国国际民间艺术节,连续11届获中国戏剧梅花奖并摘得"双梅花",《山海情》等一批作品和个人荣获曹禺戏剧文学奖、中国音乐金钟奖、白玉兰奖。组织评选省第十届百花文艺奖,113件优秀作品脱颖而出。大力完善公共文化服务体系，开工建设福建美术馆等重大文化设施，广泛开展科学普及活动，101家公共文化场馆试点错时延时开放。"欢乐常相逢"、百姓大舞台、乡村音乐会等文化惠民活动群众喜闻乐见，内容多姿多彩。

（五）全面强化生态省建设，绿色底蕴更加深厚

污染防治攻坚战实现新进展。打好蓝天保卫战，设区城市空气质量达标天数比例98.4%，$PM_{2.5}$浓度为每立方米20微克。打好碧水保卫战，主要流域优良水质比例99%，三明金溪（将乐段）、厦门筼筜湖入选全国美丽河湖，河湖长制工作连续6年获得国家正向激励。打好碧海保卫战，整治重点入海排污口1365个，近岸海域优良水质比例88.7%，厦门东南部海域、漳州东山岛南门湾—马銮湾段入选全国美丽海湾。打好净土保卫战，1.4万家危废产生单位纳入信息化管理。污染防治攻坚战成效考核连续四年全国优秀，生活垃圾分类工作位列全国第一档。

绿色低碳发展取得新成效。加快推进绿色制造，70家工厂、5个工业园区入选国家绿色制造名单。加快发展绿色能源，闽粤支干线与漳州LNG外输管道联通工程全面开工，全国首个国家级海上风电研究与试验检测基地启动建设，成功举办2023世界储能大会。加快推动绿色出行，推广新能源汽车标准车20.4万辆，启用全国首条高速公路重卡换电绿色物流专线，"电动福建"驶入快车道，绿色交通走进千万家。

生态文明制度建设结出新硕果。创新生态保护模式，实施重要生态系统保护修复和生物多样性保护重大工程，生态质量指数居全国前列。提前完成13.7万亩互花米草除治。全国首单水土保持项目碳汇交易落地龙岩。完善示范创建体系，入选全国省级水网先导区，建成安全生态水系305公里。闽江河口湿地入选国际重要湿地名录，新增5个国家生态文明建设示范区、2个"绿水青山就是金山银山"实践创新基地。健全责任追究制度，坚决推进中央生态环保督察整改，完善生态环境损害赔偿机制和党政领导生态环保目标责任制，生态环保"党政同责""一岗双责"压得更紧更实，生态文明理念更加深入人心。

（六）奋力打造平安福建，社会大局更加稳定

安全发展基础有效夯实。全面落实安全生产十五条硬措施，实施重大事故隐患专项排查整治行动，全年未发生重大以上事故，打"黑气"、治海砂得到国家肯定。全面提升应急处突能力，建成省应急指挥中心，有力有效应对"杜苏芮""海葵"等台风和极端强降雨。全面强化食品药品安全监管，严防严管严控药品安全，持续建设"食品放心工程"，深化治理"餐桌污染"，主要农产品、水产品、加工食品抽检合格率均保持在99%以上，牢牢守住了人民群众"舌尖上的安全"。

重点领域风险有效防范。聚焦金融领域，加强金融风险监测评估、预警和处置，不良贷款率保持较低水平，持续保持无高风险机构的良好态势。聚焦房地产领域，稳妥处置房企债务风险，"保交楼、保民生、保稳定"工作可控有序。聚焦财经领域，制定一揽子化债方案，"一地一策"化解个别重点区域地方债务风险。聚焦能源领域，建成投用福厦特高压输变电工程，能源产供储销体系更加完善，高质量发展用能更有保障。

社会治理能力有效提升。高水平推进基层治理创新，推动出台全国首部规范村规民约的地方性法规，近邻党建模式全面推广，福州、厦门、漳州、龙岩获评全国市域社会治理现代化试点合格城市。综治中心实体化建设扎实推进，乡镇（街道）社会工作服务站建设持续加强，信访形势平稳有序。高标准强化社会治安防控，大力弘扬新时代"漳州110"精神，常态化推进扫黑除恶斗争，有力打击遏制电信网络诈骗、涉麻制毒、走私等违法犯罪，平安建设绩效位居全国前列，群众安全感率达99%以上。高效能支持各方工作，积极支持工会、共青团、妇联、关工委、老龄委、残联、红十字会等开展工作，智库、档案、地方志、参事、文史等工作实现新提升，民族团结、宗教和顺的良好局面不断加强。高质量做好国防动员和双拥共建工作，国防动员新体制运行顺畅，军民融合、退役军人服务保障等工作更加精准高效，驻闽部队广大官兵和全省人民同呼吸、共命运、心连心，鱼水之情充盈八闽大地。

过去一年，全省各级政府坚持忠诚为政，扎实开展主题教育，以学铸魂、以学增智、以学正风、以学促干，坚定拥护"两个确立"、坚决做到"两个维护"。坚持为民施政，尽力而为、量力而行、久久为功，民生支出占财政支出的77.1%，入学、托幼、住房、养老等老百姓高度关注的29项省委省政府为民办实事项目全面完成。办理人大代表建议673件、政协提案699件，办结率均为100%。坚持依法行政，提请审议地方性法规17件，制定修改废止政府规章8件。建成省一体化大融合行政执法平台，已在全省46个条线、4113个执法单位上线试运行。数字政府服务能力获评"卓越级"，省政府门户网站绩效评估连续2年全国第一。坚持务实勤政，"四下基层""四个万家""马上就办、真抓实干"等优良作风相沿成习，主动想事、主动干事、主动成事日益成为各级政府的行动自觉。坚持廉洁从政，深入推进党风廉政建设和反腐败斗争，严格落实中央八项规定及其实施细则精神，持续整治形式主义、官僚主义，弘扬务实之风、清廉之风、俭朴之风，政治生态更加纯洁，更加风清气正。

各位代表！过去的一年，挑战前所未有，困难超出预期。我们始终坚定忠诚，传承弘扬习近平总书记在福建工作期间开创的重要理念和重大实践，沿着总书记的足迹学思想学理念学方法，学出了忠诚爱戴之心、坚定捍卫之志，学出了破解难题之道、推动发展之策；坚持不懈用习近平新时代中国特色社会主义思想凝心铸魂，统一思想、统一意志、统一行动，奋力把习近平总书记擘画的新福建宏伟蓝图变成美好现实；胸怀"国之大者"，自觉把福建工作放在全国大局中去考量、去推动，努力走在前列、勇挑大梁，为全国大局多作贡献。我们始终坚守初心，牢记政府前面"人民"二字，把群众路线作为根本工作路线，扑下身子、沉到一线，拜人民为师、向人民学习，确保决策回应人民关切、施政顺应人民意愿；把为人民添福造福作为最大追求，想人民之所想，行人民之所嘱，推动政策向民生聚焦、资源向民生倾斜、服务向民生覆盖，努力让老百姓过上更好的日子；把人民满意作为最高评价，谋划工作先看人民赞成不赞成、高兴不高兴，工作成效再由人民来检验、来评判。我们始终坚毅前行，保持战略定力，面对经济下行压力不气馁，坚持高质量发展不动摇，及时出台助企纾困政策，让企业有全面的感受、真实的体验、确切的实惠，帮助企业增强信心、恢复发展；保持转型耐力，牢牢把握调整优化经济结构的最佳时机，苦练高质量发展内功，持之以恒推进传统产业数字化转型、智能化改造，锲而不舍培育战略性新兴产业、布局未来产业，推动产业向中高端迈进；保持深耕毅力，鼓励引导企业心无旁骛做实业、一心一意创品牌，努力把一片叶、一根竹、一张纸等做到极致，把一双鞋、一块玻璃、一组电池等做得更好，坚实地走在高质量发展的康庄大道上。

一年来，福建高质量发展取得的成绩，根本在于习近平总书记掌舵领航，在于习近平新时代中国特色社会主义思想科学指引，是党中央坚强领导的结果，是省委团结带领全省人民真抓实干的结果，是省人大、省政协和社会各界有效监督、鼎力支持的结果。在此，我代表省人民政府，向全省人民，向人大代表、政协委员、各民主党派、工商联和无党派人士、各人民团体和社会各界人士，向中央驻闽单位、驻闽人民解放军、武警部队官兵、公安干警和消防救援队伍，向长期关心支持福建发展的台港澳同胞、海外乡亲和国际友人，表示崇高敬意和衷心感谢！

我们清醒地看到，我省发展还面临不少困难挑战，具体表现在：消费仍处于弱复苏状态，投资增长仍需扩力，外贸出口压力加大；科技创新不足问题较为突出，传统产业转型升级还不够优，新兴产业规模还不够大，未来产业前瞻布局还不够快；拖欠企业债务问题仍然存在，部分民营企业特别是中小微企业生产经营困难；房地产、地方债务、中小金融机构等风险不容忽视；民生事业仍有短板，一些群众的就业生活遇到困难；政府系统作风能力建设仍需加强，少数干部还不能完全适应高质量发展要求；等等。对此，我们将增强忧患意识，有效应对，全力解决。

二、坚持以推动高质量发展为主题，全力以赴做好2024年各项工作

2024年是中华人民共和国成立75周年，是实现"十四五"规划目标任务的关键一年，是习近平总书记亲自擘画"机制活、产

业优、百姓富、生态美"新福建宏伟蓝图10周年。我们将以习近平新时代中国特色社会主义思想为指导，全面贯彻落实党的二十大、二十届二中全会和中央经济工作会议精神，聚焦新福建建设宏伟蓝图和"四个更大"重要要求，按照省第十一次党代会和省委十一届四次、五次全会及省委经济工作会议部署，坚持稳中求进工作总基调，完整、准确、全面贯彻新发展理念，围绕推动高质量发展首要任务和构建新发展格局战略任务，紧扣建设两岸融合发展示范区重要使命，以实体经济为根基，以科技创新为引领，以改革开放为动力，加快建设现代化经济体系，统筹扩大内需和深化供给侧结构性改革，统筹新型城镇化和乡村全面振兴，统筹高质量发展和高水平安全，切实增强经济活力、防范化解风险、改善社会预期，巩固和增强经济回升向好态势，持续推动经济实现质的有效提升和量的合理增长，厚植绿色底色，增进民生福祉，保持社会稳定，奋力推动中国式现代化福建实践取得新突破。

今年经济社会发展的主要预期目标是：全省地区生产总值增长5.5%左右，固定资产投资增长5%左右，社会消费品零售总额增长6.5%左右，出口增长5.5%左右，城镇调查失业率5.5%左右，居民消费价格涨幅3%左右，居民人均可支配收入与经济增长同步，粮食总产量507万吨以上，按序时进度完成国家下达的单位地区生产总值能耗下降目标。

当前，外部环境复杂性、严峻性、不确定性仍在演化，经济发展的周期性结构性矛盾交织叠加，但我们有信心、有条件、有能力实现上述目标。信心在于，我们有习近平总书记的掌舵领航和党中央的坚强领导，有习近平新时代中国特色社会主义思想的科学指引，有中央丰富宏观调控经验实践的有力引导，有国内超大规模市场的需求牵引，有经济发展潜力强、回旋余地大的韧性，特别是习近平总书记对福建工作始终高度重视、关怀备至，这是我们实现经济社会高质量发展的最大底气、最强保证。条件在于，我省民营企业活力足，实体经济根基稳，投资兴业环境优，新产业新动能正在加速培育，新业态新模式正在蓬勃发展，新质生产力正在加快形成，经济回升向好、长期向好的基本趋势没有改变，也不会改变，特别是党中央、国务院支持建设两岸融合发展示范区，我省迎来新的重大机遇，多区叠加优势更加凸显，开放格局更加宽广，发展前景更加光明。能力在于，福建是著名革命老区，也是改革开放先行省份，具有光荣的革命传统和敢拼会赢的奋斗精神，特别是经过三年新冠疫情大考和转段后恢复发展的磨砺，全省人民直面挑战、攻坚克难的劲头更足，化危为机、应变求变的意识更强，承压前行、开创新局的本领更高，我们完全有把握跨越前进道路上新的"娄山关""腊子口"，推动高质量发展迈步从头越，行稳而致远。要聚力增信心，加强经济宣传和舆论引导，把为企服务工作做得实实的，把经营主体信心鼓得满满的；要全力稳增长，抓住一切有利时机，利用一切有利条件，稳中求进、以进促稳、先立后破，多出有利于稳预期、稳增长、稳就业的政策，审慎出台收缩性、抑制性举措，让稳的基础更牢、进的动能更足、立的实效更优；要大力抓产业，持续推动传统产业转型升级，加快培育新产业、开辟新赛道、塑造新优势；要加力优环境，构建亲清政商关系，维护公开公平公正的市场经济秩序，全面深化政务服务模式创新，全力推动"高效办成一件事"，加快打造市场化法治化国际化一流营商环境；要尽力惠民生，加强普惠性、基础性、兜底性民生建设，办好老百姓的身边事、贴心事、具体事；要着力防风险，下好先手棋、打好主动仗，提高安全保障能力，明确安全边界，守好安全底线。

推进中国式现代化是最大的政治，推进中国式现代化福建实践必须坚持高质量发展。这是党中央的部署要求，我们要提高站位；这是为了满足人民群众对高品质生活的强劲需求，我们要顺应期盼；这是基于我省具备的基础、能力和条件，我们要抓住机遇；这是为了确保在激烈的竞争中赢得主动、赢得未来，我们要头脑清醒。我们将牢牢扭住高质量发展这一"牛鼻子"，完整、准确、全面贯彻新发展理念，坚持创新发展，牢固树立创新理念，以创新的动能驱动发展，用创新的思维促进发展；坚持协调发展，统筹各方关系，协调一致行动，做到同向发力，形成正向合力；坚持绿色发展，践行绿水青山就是金山银山的理念，真正从心底里、骨子里尊重自然、顺应自然、保护自然；坚持开放发展，发挥多区叠加优势，在更大范围、更宽领域、更深层次提高开放型经济水平；坚持共享发展，在做大蛋糕的同时分好蛋糕，以高质量发展推进高品质生活，促进共同富裕。创新、协调、绿色、开放、共享五大发展理念相互贯通、相互促进，我们将深刻理解其相互关系和内在规律，强化理念、统一思想、共同行动，做到勇立潮头而不畏，锚定目标而向前。

（一）**全面提升产业体系现代化水平。**产业强则经济强，产业稳则大局稳。我们将始终坚持把发展经济的着力点放在实体经济上，推进产业智能化、绿色化、融合化，持续夯实福建高质量发展的实体根基。

以更高站位推进新型工业化。立足条件禀赋，选准主攻方向，提升产业链供应链韧性和安全水平，建设先进制造业强省。加快打造县域重点产业链，制定专项政策和考核评价体系，引导每个县域做强1—2条重点产业链。深入推进园区标准化建设，盘活低效用地，新开工建设项目载体超2000万平方米。鼓励企业入园入区、加速工业上楼，打造上下游协同、大中小融通的先进制造业集群。加快传统产业"智改数转"，滚动推进省重点技改项目1000项以上，支持培育一批工业互联网平台和数字化转型运营商，全省关键业务环节全面数字化企业比例达67%。加快发展新质生产力，培育壮大新一代信息技术、新能源、新材料、生物医药、低空经济等战略性新兴产业，支持宁德建设新能源新材料产业核心区。前瞻布局人工智能、量子科技、氢能等未来产业，推进福州、厦门、泉州人工智能产业园建设。办好第七届数字中国建设峰会。发挥福建大数据交易所作用，全力培育数据要素市场，发展壮大数据产业，数字经济增加值达3.2万亿元。加快培育优质企业，强力推进质量强省建设，大力实施世界一流企业、制造业领航企业、专精特新中小企业培育工程，新增专精特新"小巨人"企业50家、专精特新企业1000家以上，推动更多企业练就"独门绝技"、掌握"硬核科技"。

以更新理念做强现代服务业。鼓励生产性服务业提质扩面，为实体经济提供更多支撑；促进生活性服务业做大做优，为经济社会注入更多活力。大力发展金融业，放大福厦泉和平潭特色金融集聚区效应，统筹做好科技金融、绿色金融、普惠金融、养老金融、数字金融五篇文章，提高上市公司数量和质量，支持"金服云"打造全国一流的地方融资征信平台，推动更多金融资源用于促进科技创新、先进制造、绿色发展和中小微企业。大力发展现代物流业，深入实施厦福泉国家综合货运枢纽补链强链工程，建好国家物流枢纽城市和国家骨干冷链物流基地，推进多式联运"一单制"试点，促进交通物流降本增效提质。大力发展工业设计，推广定制化服务、共享制造等服务型制造业态模式，促进先进制造业与现代服务业深度融合。大力发展体验服务、共享服务、智慧服务等新业态新模式，推动商贸、养老、托育、体育、家政、餐饮等向高品质和多样化升级，引领服务新风尚，增添百姓幸福味。

以更实举措发展高质高效农业。树立大农业观、大食物观，推进产业兴农、质量兴农、绿色兴农，不断夯实农业基础。严格落实耕地保护和粮食安全责任制，坚持稳面积、增单产两手发力，坚决整治乱占、破坏耕地违法行为，新建和改造提升高标准农田90万亩，确保粮食播种面积稳定在1253万亩以上。深入实施种业振兴行动，建好省农业生物种质资源库、海南南繁科研育种基地和三明稻种基地，培育更多粮食作物优新品种。加快推进特色现代农业高质量发展"3212"工程，发挥精耕细作传统优势，大力发展茶叶、水果、花卉、林竹、食用菌、水产等特色产业，全方位打造"福农优品"品牌，推动更多"小品种"成为增收"大产业"。深化农村三产融合，加快国家农村产业融合发展示范园建设，发展农产品精深加工、冷链物流、休闲观光农业，进一步延伸产业链、提升价值链、完善利益链，让农业更有奔头，农村更有看头，农民更有盼头。

（二）着力强化科技创新支撑引领。抓创新就是抓发展，谋创新就是谋未来。我们将加快建设创新型省份，实现高水平自立自强，坚定走好福建高质量发展的必由之路。

发挥企业主体作用。强化政策支持，推动创新要素向企业集聚，充分调动企业创新积极性，全社会研发投入增长18%以上，国家高新技术企业突破1.3万家。科研资金向企业倾斜，优化企业研发经费投入分段补助等政策，实施更加精准有效补助方式，将企业研发投入情况与科技创新资源配置紧密挂钩，鼓励企业放心投入、大胆创新。技术攻关请企业参与，支持企业领衔国家和省级重大创新任务和工程，大幅增加各类科技专家库中企业专家数量权重，加大对企业科技创新团队和科研人员的激励力度，让更多企业参与到基础研究、技术创新、"卡脖子"攻关中来。成果转化予企业便利，加大知识产权保护力度，开展科技成果转化"搭桥"行动，支持企业与高校院所、省创新实验室加强对接，联合开展订单式定向研发转化，促进更多技术创新在企业抽枝散叶、开花结果。

发挥机制保障作用。落实好新一轮科技管理机构改革任务，全力破除制度藩篱，充分激发全社会创新活力。完善重大科研攻关机制，强化"产业界出题、科技界答题"导向，优化"揭榜挂帅""赛马"制度，建立关键核心技术需求清单，组织实施10个以上重大科技创新项目。推动职务科技成果权属改革，允许高校院所职务科技成果实行单列管理，完善职务科技成果转化尽职免责机制，免除科研机构和人员的后顾之忧。健全科技创新投融资机制，建立支持科技型企业融资跨部门协调机制，引导金融机构丰富金融产品供给，加大"科技贷"投放力度，扩大对科技型小微企业贷款担保规模和覆盖面，撬动更多社会资本参与创新项目投资。

发挥平台载体作用。坚持建管并重、量质齐升，更好汇聚创新资源、链接创新主体、驱动产业变革。着力建平台，建成完善科技成果转移转化公共服务平台，在产学研用间搭起便捷畅通的桥梁。深化福厦泉科学城、省创新研究院建设，建好7家省创新实验室，筹建海洋领域省创新实验室。着力提能级，完善绩效评估和动态调整机制，加快省级科技创新平台重组提升，支持各类创新主体争创国家级科技创新平台。着力优服务，推动科研设施开放共享，出台支持科技成果转化中试基地建设政策，在种业创新、生物医药、纺织鞋服等领域打造产业技术研发公共服务平台。着力强赋能，更高起点建设数字福建，做强做优做大数字经济，发展高效协同的数字政务，打造自信繁荣的数字文化，构建普惠便捷的数字社会，建设绿色智慧的数字生态文明。

发挥人才支撑作用。深入实施新时代人才强省战略，促进人才链与创新链、产业链深度融合。精细育才，整合设立省青年科学基金，推动校企联合培养工程硕博士。实施高层次人才培养和"托举"计划，建设一批卓越工程师学院和实践基地，壮大青年科技人才队伍，培育更多能工巧匠。精准引才，开展引进首席科学家和领军人才团队科研经费稳定支持机制试点，做热做旺"院士专家八闽行""人才福建周"等活动。推进福州、厦门等地高水平引才聚才平台建设，服务保障好人才的工作和生活，进一步集聚海内外高端智力资源。精心用才，不断深化人才发展体制机制改革，持续完善人才使用、评价、激励等机制，向用人主体充分授权，为人才"松绑"，让人才能够脱颖而出，竞相施展才华。广聚人才切忌叶公好龙，必须徙木立信，以千金买马骨而引来金凤凰。

（三）加快建设两岸融合发展示范区。两岸一家亲，闽台亲上亲。我们将坚持贯彻新时代党解决台湾问题的总体方略，努力在探索海峡两岸融合发展新路上迈出更大步伐，以福建高质量发展服务祖国统一大业。

共建共享促进社会融合。着眼加快建设台胞台企登陆第一家园，打造两岸社会融合示范样板。建设台胞社会参与实践地，推出更多便于台胞参与的社会融合项目、基层治理岗位，鼓励更多台胞投身生态环保、乡村振兴、社会公益、司法服务等各项事业。建设台胞求学研习集聚地，优化在闽台胞子女申请就读中小学和公立幼儿园流程，扩大高校对台招生规模，合作兴办职业学校，设立一批两岸青少年研学基地。建设台胞宜居宜业首选地，落实取消台胞在闽暂住登记政策，拓展台湾居民居住证应用场景，推动台胞在闽就医、购房、养老服务、社会救助等享受当地居民待遇。扩大台湾地区职业技能资格直接采认范围，建好用活台湾青年创业就业基地。建设涉台司法服务优选地，完善海丝中央法务区、海峡两岸仲裁中心等涉台服务功能，提升台胞权益保障法官工作室、检察联络室等运行质效，让涉台司法服务更高效更便利更温暖。

互惠互利促进经济融合。持续深化经贸合作，打造两岸经济融合示范样板。拓展对台连接通道，加快推进闽台与长三角、粤港澳大湾区和中西部运输通道建设，推动共建两岸物流集散中心，促进对台客货运枢纽设施提级扩能。优化涉台营商环境，依法依规放宽台资台企市场准入限制，建设两岸标准共通服务平台，支持海峡股权交易中心深化"台资板"建设，完善台胞台企权益保障协调联动机制。深化闽台产业融合，高质量建设海峡两岸集成电路产业合作试验区、生技和医疗健康产业合作区等涉台园区，加快布局建设古雷石化基地重大石化项目，支持中国东南（福建）科学城打造海峡区域创新平台，提档升级台湾农民创业园、闽台农业融合发展产业园，促进闽台经贸合作提质增效。

常来常往促进情感融合。加深血脉相连、血浓于水的骨肉亲情，打造两岸同胞情感融合示范样板。促进民间互动更加活跃，办好第十六届海峡论坛，深入开展"迁台记忆"档案文献征集、保护、开发利用和数字化工作，巩固拓展闽台同名同宗村交流。促进青少年交流更加活跃，办好第十二届海峡青年节，推动闽台青年社团和中小学校结对交流，开展闽台棒垒球等青少年特色体育项目合作。促进文化交流更加活跃，加强闽台历史文化、南岛语族文化等研究，深入实施涉台文物保护工程，推进两岸妈祖文化史迹、关圣文化史迹、开漳圣王信俗、闽南红砖建筑申遗，开展民间艺术、地方戏曲、体育文艺等双向交流，不断增进台湾同胞民族认同、文化认同、国家认同，让两岸亲情割不断，不再区分你和我。

先行先试促进全域融合。坚持因地制宜、以点带面，构建福建全域融合发展新格局。提升厦金融合质效，纵深推进厦门综合改革试点，打造厦金"同城生活圈"。促进福马创新融合，谋划建设福马产业合作园区，打造福马"同城生活圈"。加快平潭开放发展，打造两岸共同市场先行区域，探索对台服务贸易创新发展，推动平潭至台湾本岛海上客运航线复航，支持开通对台邮轮航线。拓展其他地区对台融合实践，加快建设泉州和漳州世界闽南文化交流中心、三明海峡两岸乡村融合发展试验区、莆田妈祖文化中心，发展龙岩和三明客家文化对台交流项目，支持南平打造生态文旅产业对台合作品牌、宁德打造闽台新能源汽车智造基地。

（四）积极服务和融入新发展格局。供需两侧齐发力，内外循环更畅通。我们将着力推动更深层次改革、更高水平开放，积极融入全国统一大市场，牢牢把握福建高质量发展的战略主动。

激发投资活力。聚焦补短板、强弱项，积极扩大有效益的投资，夯实经济发展的基础。强化招商引资，优化完善招商工作领导体制，统筹省市县联动、境内外互动，建立健全一盘棋工作机制。坚持科学招商、精准招商，强化"一把手"招商、产业链招商、园区平台招商、以商招商、资本招商，全年新引进落地总投资10亿元以上项目50个，以招商实际成效夯实产业发展根基。强化项目攻坚，谋划实施省重点项目1600个、年度计划投资6700亿元以上。聚焦交通强省，推进福州机场二期、厦门新机场、大安高速三明段等建设，开建漳汕高铁、龙龙高铁武平至梅州段、福莆宁F2和F3线、厦漳泉城际铁路R1线等，提速温福高铁、昌福厦高铁、赣龙厦高铁、泉厦高速扩容工程、武夷山机场迁建、龙岩新机场等前期工作，实施30个"两通工程"项目。聚焦能源保障，推进漳州核电1—4号机组、宁德核电5—6号机组、可门电厂三期、福建天然气管网二期和一批抽水蓄能电站项目建设。聚焦水利设施，做好上白石水利枢纽、"一库三线"工程前期工作，全力推进白濑水库、金门供水水源保障等重大项目。聚焦新基建，深入实施新型基础设施建设三年行动计划，迭代升级智能算力基础设施，新建5G基站1万个以上，实现千兆城市建设全达标，全省千兆宽带用户占比超25%。强化要素保障，拓宽多元化融资渠道，用好地方政府专项债、中央增发特别国债。在严守红线底线前提下，通过优化服务，加大用地、用林、用海、环境容量等保障力度，确保重大项目签得成、批得快、落得下、建得好。

深挖消费潜力。适应新形势新业态，拿出真招实策，开展"消费促进年"活动，推动消费从疫后恢复转向持续扩大。把新型消费做活，大力发展数字消费、绿色消费、健康消费，拓展直播电商、社交电商等应用面，培育首店首发首秀、国货国潮、银发经济等新增长点，打造网红打卡点、夜经济等消费场景。把传统消费做大，深化"三品"专项行动，持续开展"全闽乐购"活动，办好第三届福品博览会，加快推进新闽菜创新发展三年行动。推动家居消费与老旧小区改造等政策衔接，提振新能源汽车、电子产品等大宗消费。把文旅消费做热，整体谋划、串珠成链，加快塑造特色文旅IP，打造世界知名旅游目的地。加快建设5个世界遗产地文旅集聚区，构建蓝色海丝、绿色休闲、红色文化3条特色文化旅游带，推出沿长征国家文化公园等7条精品文旅线路，接待旅游总人数增长11%，实现旅游总收入增长16%。省市联动、省际联手，强化跨区域旅游资源整合利用，开通更多"清新福建"旅游列车，创新高品位文旅业态产品，有效解决人旺钱不旺、假期短缺平日过剩等结构性矛盾。项目牵引、龙头带动，加快推进平潭国际旅游岛、"1号滨海风景道"、环大金湖旅游度假区等建设，一体化完善武夷山、福建土楼、泉州古城等重点旅游目的地配套设施，建设一批金牌旅游村、全域生态旅游小镇，打响"海丝起点 清新福建"品牌，让更多游客"来福建，福气多，一路山海一路歌"。

增强改革动力。用好改革这个关键一招，推动改革系统集成、向纵深发展。聚焦重点领域，突出经济体制改革牵引作用，以福厦泉试点为突破，推进要素市场化配置综合改革，让各类要素合理流动、高效集聚，想得到快速得到，想转出快速转出。完善财政转移支付体系，健全县级基本财力保障机制，兜牢基层"三保"底线。实施国企改革深化提升行动，加强战略性重组和专业化整合。加快农村产权流转交易市场建设，稳慎推进农村宅基地制度改革试点。认真组织好第五次全国经济普查，夯实高质量发展的数据支撑。聚焦福建特色，持续提升推广三明医改经验，健全职工医保门诊共济保障制度，提高医保待遇水平，完善医疗服务价格动态调整、药品耗材集中带量采购等机制，推进公益性导向的公立医院改革和高质量发展，促进医保、医疗、医药协同发展和治理。抓实集体林权制度改革，持续探索林票、碳票制度，加快建设深化集体林权制度改革先行区。聚焦关键环节，正确处理好全面深化改革目的与手段、立与破、上与下、对与错等关系，以有为政府平衡多方利益，让有效市场散发更多活力。坚持问题导向，鼓励地方推进首创性、差异化改革探索，并及时总结推广。以法规、政策、制度及时固化改革成果，将改革纳入法治化轨道。建立容错机制，调动各方面改革积极性、创造性，让源头活水不断涌出，让发展活力竞相迸发。

提升开放张力。坚持开放不动摇、不止步，统筹用好国内国际两个市场、两种资源，深度融入高质量共建"一带一路"。推动开放平台提档升级，积极推进"丝路海运"港航贸一体化发展，高水平建设中印尼、中菲经贸创新发展示范园区和金砖创新基地，提升中欧（亚）班列规模效益。深入实施自贸试验区提升战略，深化对接国际高标准推进制度型开放试点工作。推动对外贸易保稳促优，加快内外贸一体化，统筹推进货物贸易、服务贸易、数字贸易，巩固发展市场采购、跨境电商、保税物流等新业态，优化拓展国际贸易"单一窗口"，壮大"新三样"出口优势。支持企业走出去、抢订单、拓市场。推动利用外资提质增效，开展"投资福建"全球招商活动，招引增量，做大存量，让外商愿意投、安心投、放心投。办好第二十四届投洽会、海丝博览会暨海交会。推动对外交流持续深化，服务国家总体外交，拓展国际友城合作，加强民间往来交流。立足传统优势，深化闽港闽澳合作，促进优势互补、共同发展。更好团结广大侨胞，引侨资、汇侨智、聚侨力、护侨益，办好第二届中国侨智发展大会。推动海洋经济做大做强，加快建设海洋强省，大力发展海洋信息、海工装备、海洋生物医药、临港石化、深海养殖等产业，支持福州（连江）国家远洋渔业基地建设，办好2024世界航海装备大会，挺进深蓝，向海图强。

做强民企实力。坚持"两个毫不动摇"和"三个没有变"，传承弘扬、创新发展"晋江经验"，深入实施新时代民营经济强省战略。持续清理妨碍民营企业参与公平竞争的法规规章、规范性文件，严格落实市场准入负面清单制度，对民营企业一视同仁、平等对待，降低企业合规经营成本，促进民营经济的"森林"共享阳光雨露、更加枝繁叶茂。持续完善党政领导挂钩联系机制，及时了解企业诉求，帮助企业解决发展中的实际困难和问题。持续依法保护民营企业产权和民营企业家权益，严格规范涉企收费，依法推行涉企行政执法首违不罚、轻微不罚，以公正法治稳定民营企业预期。持续优化涉企服务，坚决清理拖欠企业账款，政策要更加公开、更多免申即享，承诺要坚决落实兑现，做到新官理旧账、口惠而实至，真正从心底里把民营企业和民营企业家当作自己人。

（五）统筹推进城乡区域协调发展。千钧将一羽，轻重在平衡。我们将严格实施国土空间规划，统筹实施新型城镇化战略、乡村振兴战略、区域协调发展战略，以福建高质量发展布局推动实现共同富裕。

奏好新型城镇化"交响曲"。积极推进以县城为重要载体的城镇化建设，让城市像城市，更加宜居宜业。突出以人为本，鼓励各地先行先试，着力解决农业转移人口市民化问题，推动未落户常住人口均等享有公共服务，同享改革成果。突出补齐短板，加快推进保障性住房建设、"平急两用"公共基础设施建设、城中村改造等"三大工程"，提速海绵城市、城乡供水一体化等建设。突出提升品质，鼓励各地结合城市更新，优化规划设计，合理匹配产业、居住、交通、设施等功能，打造十五分钟便利生活圈，推动产城人融合。新启动城市片区综合开发、完整社区建设等省级样板工程16个，实施"口袋公园"、风雨连廊、加装电梯等城市微改造。保护好传统古建筑、老宅子、老街区，让城市更有文化、更有品位、更有底蕴。突出联动发展，增强福州、厦漳泉两大都市圈辐射带动作用，推动福州新区平潭一体化，促进大中小城市协调发展，让大城市更富魅力、中小城市更具活力。

绘好乡村振兴"新画卷"。学习运用"千万工程"经验，实施"千村示范引领、万村共富共美"工程，走好具有福建特色的乡村振兴之路，让乡村像乡村，保持田园风光。加强监测帮扶，巩固拓展脱贫攻坚成果同乡村振兴有效衔接，守牢不发生规模性返贫底线，脱贫人口稳岗就业15万人以上。加强人居环境整治，实施农村建设品质提升暨乡村建设行动，完成投资300亿元以上，打造乡镇生活污水治理提升县3个、农村生活垃圾治理试点县2个。加强人才培养，深入实施高素质农民培育计划，提升科技特派员、乡村振兴指导员服务水平，引导各类人才在广阔农村大显身手。加强乡村治理，强化党建引领，用好村规民约，鼓励各地创新探索务实管用的治理方式，让自治更规范、法治更健全、德治更润心。

念好新时代"山海经"。落实市市结对新机制，通过"小切口"引领"大协作"，以小手的积极和大手的主动，推动区域共促、产业共兴、山海共富。促进产业深度协同，加强山海招商对接，完善产业转移和园区共建政策，创新"飞地经济"模式。促进公共资源共享，推进教育、医疗、托幼等优质资源向山区延伸，提升山区基本公共服务水平。促进老区苏区振兴，健全乡村振兴重点县及欠发达老区苏区县挂钩帮扶机制，深化沪明、广龙对口合作，加快建设闽西革命老区高质量发展示范区。促进省际协作深化，加强与粤港澳大湾区、长三角经济区的协调协作，实现上下联通、左右逢源。加强东西部协作和对口支援，始终如一、用心用情做好闽宁协作和援藏援疆工作，让山海情越结越深、共富路越走越宽。

（六）努力让老百姓过上更好的日子。民之所望、政之所向，民之所得、政之所乐。我们将坚持以人民为中心的发展思想，扎实推进共同富裕，充分彰显福建高质量发展的价值追求。

千方百计促进就业增收。更加突出就业优先导向，促进充分就业和持续增收，城镇新增就业50万人以上、失业人员实现再就业10万人以上。聚焦重点群体，全力保障高校毕业生等青年、退役军人、农民工稳定就业，优化调整稳岗扩岗政策，加快零工市场建设，加强困难群体就业兜底帮扶。破解结构性矛盾，加强基层就业公共服务能力建设，强化职业技能培训。建成全省统一就业信息平台，全面启动"智慧就业"系统，推动供需有效对接。拓展增收渠道，落实"四大群体"增收计划，完善低收入人口动态监测机制。适时提高最低工资标准，多渠道增加中低收入群体收入，扩大中等收入群体。鼓励更多企业、社会组织和个人积极投身公益慈善事业，优化第三次分配。促进城乡居民收入节节高，生活年年好。

多措并举建设教育强省。全面落实立德树人根本任务，以更高标准办好人民满意的教育。夯实基础教育，继续实施扩优提质行动，推进150个公办幼儿园改扩建项目，新增公办义务教育学位4万个，扩大普通高中招生规模，组织优质高中对口帮扶100所县域高中。引导和规范民办教育发展。持续深化"双减"，加强学生心理健康教育。提升职业教育，实施职业院校办学条件达标工程，建设一批市域产教联合体和行业产教融合共同体，开展中职和普高互融互通试点，推动中职、高职、职教本科贯通衔接，拓宽职校学生成才通道。引导社会各界特别是行业企业积极支持参与职业教育，广泛吸纳毕业生就业，营造人人皆可成才、人人尽展其才的良好环境。做强高等教育，实施重点高校重点学科提升工程，支持有条件的学校建设"双一流"高校和学科，面向需求，面向未来，优化学科专业和资源结构布局。加快建设福州大学城联合研究生院，新增博硕士学位授予单位3个以上、授权点50个以上。办好第61届中国高等教育博览会。发展终身教育，开展继续教育，推动社区、老年教育向基层、农村延伸，建设全民终身学习的学习型社会。

全心全意守护人民健康。加快建设健康福建，为群众提供全方位全周期健康服务。推动优质医疗资源扩容下沉和均衡布局，健全分级诊疗服务体系，提升8个国家级区域医疗中心建设医院整体水平，加快13个省级区域医疗中心建设；加强紧密型县域医共体建设，实施薄弱乡镇卫生院服务能力提升工程，补齐县乡村医疗卫生短板；鼓励推动医护人员下基层，带动提升基层医疗卫生服务能力，努力实现大病重病在本省解决、常见病多发病在市县解决、头疼脑热等小病在乡村解决。推动中医药传承创新发展，加快县级中医院"两专科一中心"、共享中药房项目建设，大力发展中医特色优势专科，全面提升中医药服务能力。推动公共卫生服务能力提升，开展爱国卫生运动，加强全省传染病监测预警体系建设，提高居民健康素养，强化职业健康安全；为老弱妇孺等重点人群提供更多关爱，把服务送到"家门口"，当好健康"守门人"。

尽心尽力加强社会保障。坚持全覆盖、保基本、多层次、可持续，织密社会保障安全网。积极实施全民参保计划，推进企业职工基本养老保险全国统筹，健全企业年金、职业年金制度，继续提高城乡居民基础养老金，鼓励发展个人养老金，探索建立新型职业伤害保险制度。积极推进养老事业和养老产业协同发展，促进医养康养深度融合，建立多元化、多层次养老服务体系，因地制宜推进农村区域性养老服务中心建设；加快适老化改造和无障碍环境建设，加强养老服务人才队伍建设，改进失能老人护理，新建400个示范性长者食堂、50个嵌入式养老服务机构；鼓励发展养老产业，培育更多银发经济企业，打造更多产品品牌。积极完善生育支持政策，加快构建普惠托育服务体系，推进生育友好型社会、儿童友好城市（社区）建设，深入实施中长期青年发展规划，促进人口高质量发展。积极发展公益慈善事业，加大社会优抚力度，完善分层分类社会救助体系，关心关爱社会散居孤儿、事实无人抚养儿童，做好集中养育和寄宿就读工作，兜住、兜准、兜牢民生底线。

百花齐放发展文体事业。坚持以文化人、以体强身，让人民群众生活更丰富、更多彩。加快建设文化强省，深入贯彻习近平文化思想，大力发展社会主义先进文化，加强社会主义核心价值观教育，提升公民道德素质，推进全国文明城市创建。传承弘扬红色文化，强化龙岩、三明等革命文物集中连片保护利用，加快长汀、宁化长征国家文化公园建设，推进革命史料和革命文物研究。活化利用八闽优秀文化，支持三坊七巷、万里茶道、福建船政等申遗，加快水下考古（平潭）基地等项目建设，筹办好世界妈祖文化论坛、海丝国际旅游节等重大活动。促进文化市场繁荣，鼓励创作更多群众喜闻乐见的文艺精品，深入开展文艺惠民活动。加快建设社科强省，繁荣发展哲学社会科学，做好档案、地方志、参事、文史工作，提升新型智库服务决策能力。加快建设体育强省，推动全民健身，新建一批智慧体育公园、多功能运动场、社区智慧"运动角"。发展竞技体育，巩固优势项目，培养潜力项目。大力培育和引进国内国际品牌赛事，打造羽毛球、篮球、马拉松、自行车等"八闽名赛"，推动群众体育做"广"、竞技体育做"强"、体育产业做"活"。

（七）奋力打造美丽中国先行示范省。生态资源是福建最宝贵的资源，生态优势是福建最具竞争力的优势，生态文明建设应当是福建最花力气抓的建设。我们将深入贯彻习近平生态文明思想，更高起点建设生态强省，扎实推进第三轮中央生态环保督察整改，持续擦亮福建高质量发展的绿色底色，让绿水青山永远成为福建的骄傲。

持续打好污染防治攻坚战，让蓝天白云、繁星闪烁常在，清水绿岸、鱼翔浅底常在，碧海银滩、海豚逐浪常在，田园相依、百姓安居常在。全力守好蓝天，强化区域污染协同治理，深化水泥、玻璃、建陶、锅炉等行业污染综合整治，完成福州、三明、漳州钢铁企业超低排放改造。全力守护碧水，统筹水资源、水环境、水生态治理，深化闽江、九龙江流域综合治理，抓好化工园区整治提升，完成畜禽养殖粪污处理设施改造，新增城市污水处理能力每日19万吨，县级城市黑臭水体消除率达80%以上。全力守卫碧海，深化重点海湾综合治理，完成85%重点海域入海排污口整治，推进提水式海水养殖和网箱养殖整治，常态化清理海漂垃圾。全力守住净土，深化土壤污染源头防控，加强固体废物和新污染物治理，强化危废处置和农村污水处理，抓好垃圾分类和再生资源回收利用，全域推进"无废城市"建设。还是那句话，当产业项目、经济增长速度与生态环境发生冲突时，宁可放弃项目，宁可速度降下来一些，也要保护好生态环境，这是我们的责任，更是我们的义务。

持续加强生态保护修复，让福建环境更清新，生态更优质，百姓生活更美好。切实加强综合治理，支持环武夷山国家公园保护发展带建设，推动福州创建国际湿地城市，加快闽江河口湿地申遗，推进木兰溪下游水生态修复与治理。提升森林质量322万亩，治理水土流失150万亩。巩固互花米草除治成果，培育修复红树林4900亩。加强矿山修复治理。切实强化生态监管，完善生态保护修复监管制度，严格生态保护红线督察执法，全面实施新型生态警务，让破坏生态者付出代价。切实维护生态安全，加强生物安全系统治理和全链条防控，有效防治外来物种和林业有害生物，守好生态美，当好"优等生"。

持续推进绿色低碳发展，让绿色理念深入人心，绿色生产加快推行，绿色生活成为时尚。健全减污降碳约束机制，统筹推进重点行业碳达峰，推进碳排放权、排污权交易，支持南平建设国家碳计量中心，支持三明、龙岩、南平建设国家林业碳汇试点市。培育壮大绿色经济，大力发展新能源汽车、电动船舶、新型储能、海上风电、光伏发电等产业，打造绿色低碳供应链。积极建设新型电力系统省级示范区，支持漳州建设全国重要清洁能源基地。拓宽"两山"转化路径，完善生态保护补偿等制度，深化生态产品价值实现机制试点，推进生态产品价值核算实践，真正把绿色潜能转化为发展动能，把生态优势转化为发展胜势。

（八）全力维护社会安定稳定。生活在一个安定稳定的社会，是百姓的幸福。我们将深入贯彻总体国家安全观，加快建设更高水平的平安福建，坚决守住福建高质量发展的底线红线。

筑牢安全发展防线。保持时时放心不下的责任感和枕戈待旦的警觉，切实维护人民群众生命财产安全。狠抓安全生产责任落实，开展治本攻坚三年行动，加强燃气、危化品、水上运输和渔业船舶、道路交通、消防等重点领域隐患排查整治，坚决遏制重特大事故发生。狠抓食品药品安全，深入开展食品安全专项治理，严把从农田到餐桌、从实验室到医院的每一道防线。狠抓防灾减灾救灾，深化"五个一百"公共安全保障提升工程，常态长效推进基层防汛、防台风标准化建设，提升灾害预警、组织动员、应急处置、灾后恢复能力，守护全省人民岁月静好，保障八闽大地岁岁安澜。

筑牢风险防范屏障。增强底线思维、极限思维，未雨绸缪、抓早抓小，坚决守住不发生系统性风险的底线。防范政治风险，深化反颠覆、反渗透、反邪教、反恐怖和意识形态斗争，切实维护政治安全。防范能源安全风险，加大支撑性电源和输电通道建设，统筹煤电油气保障。防范化解金融风险，全面加强地方金融组织监管，推动地方中小法人金融机构改革化险，严厉打击非法金融活动。防范化解房地产风险，着力满足房地产企业合理融资需求，持续做好"保交楼"工作；以满足刚性和改善性住房需求为重点，加快构建房地产发展新模式。防范化解地方债务风险，健全化债长效机制，确保政府债务整体风险可控。基础设施建设、民生改善、招商引资工作要尽力而为，量力而行，久久为功，绝不允许寅吃卯粮、透支未来。

筑牢社会治理根基。着力深化共建共治共享，建设人人有责、人人尽责、人人享有的社会治理共同体。提升市域治理现代化水平，深入实施"八五"普法规划，推广近邻党建、网格化服务管理等模式，推动社会治理重心向基层下移。提升社会治安整体防控水平，全力推进常态化扫黑除恶斗争向纵深发展，重拳打击电信网络诈骗等突出违法犯罪。提升信访工作法治化水平，坚持和发展新时代"枫桥经验"，深入实施"五化""四到位"路线图，积极开展"四门四访"、信访评理等工作，坚决整治拖欠农民工工资，妥善处理工伤赔偿、新就业形态劳动者权益保护等矛盾纠纷，让老百姓感受到和谐无处不在、平安就在身边。

推动高质量发展是一项系统工程，我们将积极支持工会、共青团、妇联、计生协、残联、红十字会等群团组织更好发挥作用，积极支持做好关心下一代、老体协等工作。共同建设中华民族团结进步窗口，推进宗教中国化福建实践。抓实新时代国防动员、军民融合等工作，深化全民国防教育，优化退役军人工作和政策体系；扎实推进双拥共建工作，全力支持驻闽部队建设，部队的事特事特办、马上就办、办就办好，争创全国双拥模范城"满堂红""六连冠"，奋力书写"爱我人民爱我军"的时代新篇章。

三、坚持和加强党的全面领导，努力打造让人民满意的服务型政府

政府自身建设永远在路上，我们将把党的集中统一领导贯穿政府工作各领域全过程，为党分忧、为国尽责、为民造福，当好贯彻党中央决策部署和省委工作要求的执行者、行动派、实干家。

（一）坚持学深悟透、忠诚铸魂。提高政治站位，牢记政府机关首先是政治机关，深刻领悟"两个确立"的决定性意义，增强"四个意识"、坚定"四个自信"、做到"两个维护"，始终对总书记忠诚、对党中央忠诚。提升政治能力，巩固深化主题教育成果，学思想学理念学方法，以学懂促深化，以弄通促内化，以做实促转化，不断提高政治判断力、政治领悟力、政治执行力，始终做党的创新理论的坚定信仰者、忠实实践者。落实政治责任，增强纪

律意识、规矩意识，严格执行民主集中制、重大事项请示报告等制度，始终做到党中央有号令、省委有部署，政府系统快行动、抓落实、见成效。

（二）坚持"四下基层"、为民服务。深入开展调查研究，走出机关大院，到企业中了解实际需求，到群众中了解急难愁盼，到基层中了解干部状态，真正做到在群众和社会中倾听呼声、解决问题，汲取智慧、促进发展。实实在在为民办事，把老百姓的贴心事、难心事、期盼事当作自己的事，全力以赴去干，坚决完成30项为民办实事项目，把孩子们的抚养教育做好，把年轻人的就业成才抓好，把老年人的就医养老办好。真心诚意接受监督，习惯在监督下开展工作，用以约束自身、检视己过、不断进步。深入践行全过程人民民主，认真办理人大代表建议和政协提案，诚恳接受人大、政协监督，自觉接受纪检监察、审计、财会、统计等各方面监督。加大政务公开力度，做到请百姓参与、受百姓监督、由百姓检验。

（三）坚持马上就办、真抓实干。不折不扣抓落实，把任务项目化、项目清单化、清单具体化，心无旁骛，盯紧目标任务不放，不左顾右盼，不做一手留一手，以工作的实际成效检验工作的态度作风。创新创造抓落实，善用改革思维、创新办法，在起点和目标之间造"船"建"桥"，找到做事成事的最佳路径，达到事半功倍的最好结果。雷厉风行抓落实，看准的事、定下的事，大胆地干、坚决地做，以工作没完成吃不下饭、睡不着觉的责任感，确保尽快出成果、见效益。求真务实抓落实，讲党性、讲奉献、讲良知，树牢正确的政绩观，坚决防范和纠治"形象工程""面子工程""政绩工程"，坚决杜绝搞数字游戏、文字游戏，确保各项工作经得起历史和人民检验。

（四）坚持行为规范、依法行政。强化法治思维，深入学习贯彻习近平法治思想，带头尊法学法守法用法，加快推进法治政府示范创建，营造办事依法、遇事找法、解决问题用法、化解矛盾靠法的法治环境，确保政府各项工作在法治轨道上运行。加强制度建设，完善重大行政决策程序制度，加强重点、新兴和特色领域立法，用好省一体化大融合行政执法平台，强化行政执法监督，严格规范公正文明执法。提升机关效能，以数字政府建设为牵引，赋能机关效能建设，规范政府行为，提高办事效率，以高效能政府服务高质量发展。推进机构改革，落实好金融监管、科技管理、数据管理、行政执法等重点领域政府机构改革任务，确保思想不乱、工作不断、干劲不减。

（五）坚持自我革命、廉洁从政。落实"九个以"的实践要求，激发共产党员崇高理想追求，勤掸"思想尘"、多思"贪欲害"、常破"心中贼"，推动政府系统全面从严治党向纵深发展。一体推进"三不腐"，严格落实"一岗双责"和主体责任，深化整治金融、国企、能源、医药和基建工程等权力集中、资金密集、资源富集领域的腐败；完善权力运行监督制约机制，强化廉洁风险隐患动态监测；把以权谋私、贪污腐败看成是极大的耻辱，常讲常新腐败之害、贪欲之祸，建设新时代廉洁文化，营造崇廉拒腐的良好风尚。锲而不舍纠"四风"，常态长效深化落实中央八项规定及其实施细则精神，坚决整治形式主义、官僚主义，深化精文减会，整治数字留痕，真正把基层干部从一天到晚陪检查、跑会场、报材料、填表格中解放出来，让大家卸掉包袱，放开手脚专心干实事、干有效能的事。坚持过"紧日子"，发扬艰苦朴素的优良作风，弘扬勤俭节约的传统美德，严控一般性支出，把有限的资金用在发展所需、民生所急、基层所盼上，确保每一分钱都能让发展增后劲、群众得实惠。

各位代表，征程万里风正劲，重任千钧再奋蹄。让我们更加紧密地团结在以习近平同志为核心的党中央周围，全面贯彻习近平新时代中国特色社会主义思想，在省委领导下，踔厉奋发、勇毅前行，滴水穿石、久久为功，全方位推进高质量发展，奋力谱写中国式现代化福建篇章！

江 西 省

政府工作报告

——2024年1月23日在江西省第十四届
人民代表大会第二次会议上

省长 叶建春

各位代表：

现在，我代表省人民政府向大会报告工作，请予审议，并请省政协委员和列席会议同志提出意见。

一、2023年工作回顾

2023年是江西发展历程中具有重要里程碑意义的一年。习近平总书记再次亲临江西考察，赋予江西发展新定位、新使命，极大鼓舞了全省上下的信心和斗志。省委召开十五届四次、五次全会，提出打造"三大高地"、实施"五大战略"，作出深入学习贯彻习近平总书记考察江西重要讲话精神、奋力谱写中国式现代化江西篇章的决定，明确了推进中国式现代化建设的江西实践路径。按照党中央和省委统一部署，扎实开展学习贯彻习近平新时代中国特色社主义思想主题教育，为高质量发展提供了思想政治引领和作风保障。

一年来，面对错综复杂的国内外形势和艰巨繁重的改革发展稳定任务，全省上下坚持以习近平新时代中国特色社会主义思想为指导，全面贯彻党的二十大精神，深入学习宣传贯彻习近平总书记考察江西重要讲话精神，认真落实党中央、国务院决策部署和省委工作要求，有效应对各种风险和挑战，有力推动经济发展量质双升、改革开放走深走实、生态优势巩固提升、人民生活全面改善，全面建设社会主义现代化江西迈出了坚实步伐。

（一）经济运行回升向好。制定实施巩固提升经济"28条"，地区生产总值增长4.1%，一般公共预算收入增长3.8%，规模以上工业增加值增长5.4%，固定资产投资下降5.9%，社会消费品零售总额增长6.3%，经济运行逐季回升、稳步向好。大力实施六大领域"项目大会战"和项目建设"四大攻坚行动"，昌景黄高铁通车、成为全国首个所有设区市通时速350公里高铁的省份，共青城通用机场通航，全省首座万吨级码头——国家能源集团九江发电公司煤码头、信丰至南雄高速公路、花桥水利枢纽工程、华润江中现代中药生产基地等投产投运，南城通用机场、康山蓄滞洪区安全建设工程、赣能上高电厂、联通（江西）产业互联网等开工建设，省大中型项目投资完成年计划的105%。制定实施进一步促进和扩大消费"16条"，举办"消费提振年"、"三百"文旅消费季等活动，大力实施电子商务"十百千万"行动、"引客入赣"工程，限额以上商贸经营主体净增4198家、总数达2.3万家，旅游人次和收入基本恢复到2019年水平。促进外贸稳规模优结构，生产型企业进出口占外贸比重69.1%、提高14个百分点，太阳能电池、电动载人汽车、锂离子蓄电池"新三样"出口额增长73.5%。

（二）**产业升级步伐稳健。**制定实施制造业重点产业链现代化建设"1269"行动计划，省现代产业引导基金、省未来产业发展基金落地，中国稀土集团稀金谷产业促进中心揭牌，累计培育国家级中小企业特色产业集群10个，新增国家创新型产业集群2个、总数达8个，有效期内高新技术企业6200家以上，新增国家专精特新"小巨人"企业56家、总数达255家，战略性新兴产业、装备制造业增加值分别增长9.1%、10%。出台数字经济发展提升行动方案，在全国率先完成覆盖规模以上工业企业的数字化评价普查，获批建设数字化转型贯标试点省、"工业互联网+安全生产"试点省，数字经济增加值有望突破1.2万亿元。坚持以科技创新引领产业升级，实施科技兴赣六大行动，国家稀土功能材料创新中心、国家（江西）北斗卫星导航综合应用项目通过验收，新增3家全国重点实验室，首家省实验室——南昌实验室启动建设，在赣两院院士达10名，世界最薄高牌号无取向电工钢下线，全球最大、国内首艘万吨级远洋通信海缆铺设船在赣下水，"枳实总黄酮片"获批上市、成为我省首个获批的中药创新药，综合科技创新水平指数60.27%，万人有效发明专利拥有量增长31.7%。

（三）**改革开放纵深推进。**落实"两个毫不动摇"，实施国有企业改革深化提升行动，全省国企资产总额增长11.3%，国有经济运行质量持续改善；制定实施促进民营经济发展壮大"36条"，新登记经营主体123.7万户、总数达482.8万户。召开全省优化营商环境工作推进大会，出台加强数字赋能营商环境"15条"，为经营主体减负1630亿元，招投标全流程电子化率、不见面开标率均达99%，诚信企业"无事不扰"率98.8%。深化金融改革，全国首单地方国企低碳转型挂钩债券发行，全省首单知识产权证券化项目落地，绿色贷款余额增长42.04%，新增上市公司12家。出台深化开发区管理制度改革、推动开发区高质量发展的实施意见，开发区管理机构精减率40.6%、亩均工业增加值增长7.5%。深入推进内陆开放型经济试验区建设，国际贸易"单一窗口"全面推广应用，出口通关效率居全国第5、中部地区第1。推行重点产业目标化、清单化精准招商，招商引资实际到位资金增长3.9%。成功举办世界VR产业大会、世界绿色发展投资贸易博览会、世界客属恳亲大会、上海合作组织传统医学论坛、对接粤港澳大湾区经贸合作、中俄"两河"流域地方合作理事会等活动。中部地区有色金属交易中心上线运营。丝绸之路旅游城市联盟在赣成立，赞比亚江西经济合作区正式揭牌。

（四）区域城乡协同共进。省级国土空间规划获批。优化完善"一主一副、两翼联动、多点支撑"区域发展新格局，落实省会引领战略，健全南昌都市圈协同发展机制，出台赣州革命老区高质量发展示范区发展规划和支持政策，推进赣东北、赣西城市群建设，构建以县城为枢纽、小城镇为节点的县域经济体系。打造覆盖全省农村人口的防止返贫监测帮扶系统，脱贫人口人均纯收入增长13.6%。构建耕地保护"1+N"政策体系，新建高标准农田290万亩，粮食总产439.7亿斤、增产9.3亿斤，连续11年保持430亿斤以上。做好"土特产"文章，开展农产品"三品一标"四大行动，新增绿色有机地理标志农产品1418个、总数达6457个，创建全国绿色食品原材料标准化生产基地49个。省级以上农业产业化龙头企业达1058家，181款优质农产品入驻高端商超、餐厅。稳步实施农村宅基地制度改革试点，出台农村村民自建房管理办法。新创建70个中国传统村落、增量居全国第1。城镇老旧小区改造、城市棚户区改造、保障性租赁住房建设均超额完成年度任务，城市建成区绿地率、绿化覆盖率居全国前列。

（五）**绿色发展提质增效**。持续打好蓝天碧水净土保卫战，$PM_{2.5}$平均浓度29微克/立方米，空气优良天数比率96.5%，国考断面水质优良比例97%，长江干流、赣江干流断面保持Ⅱ类水质，生活垃圾实现零填埋，污染防治攻坚战成效考核连续3年全国优秀。发布全国首部林长制省级地方标准，自然资源部大湖流域国土空间生态保护修复工程技术创新中心在赣挂牌，在全国率先探索自然资源资产整体配置并成功交易，人工造林（更新）、退化林修复面积分别完成年计划的126.8%和113.7%。长江流域重点水域禁捕退捕工作考核全国优秀。鄱阳湖国际观鸟季活动成功举办。长江干流江西段崩岸应急治理工程提前4个月完工，1664座病险水库除险加固"五年任务三年完成"，108条（段）幸福河湖建设项目全部开工。全面落实碳达峰碳中和"1+N"政策，可再生能源发电项目装机容量占比突破50%，新增国家级绿色工厂70家、绿色园区8家，国家级水效领跑者实现企业、园区"零的突破"，国务院实行最严格水资源管理制度考核连续5年优秀。新一轮东江、渌水跨省流域生态补偿协议签订，省内流域生态补偿实现县级全覆盖。累计创建国家生态文明建设示范区28个、"绿水青山就是金山银山"实践创新基地10个，数量居全国前列。

（六）**民生福祉继续增进**。年初确定的10件民生实事全部兑现，群众得到更多实惠。出台优化调整稳就业政策"16条"，城镇新增就业、新增发放创业担保贷款分别完成年计划的112.3%、234.2%，城镇、农村居民人均可支配收入分别增长4.2%、7.1%。

启动社保事业高质量发展三年行动计划，实现省内异地就医免备案、享受参保地同等医保待遇，基本医保参保率稳定在99.85%以上，低保、特困救助标准连续17年逐年提高，城乡居民养老保险待遇水平稳居中部地区第1。创新开展优化县域义务教育资源配置试点。新增公办幼儿园位9.18万个、义务教育学位27.4万个，获批设置江西飞行学院，新设2所技师学院，每千人口托位数4.17个。为48.7万适龄女生免费接种HPV疫苗，如期实现血吸虫病传播阻断目标，7个国家区域医疗中心全部开工建设，82个县（市、区）组建紧密型县域医共体。改造提升乡镇敬老院206所，完成特殊困难老年人家庭居家适老化改造1.6万户，特困失能人员集中照护机构实现县域全覆盖。新（改）建农村卫生厕所30万个。在全国率先开展革命文物保护利用示范县创建，打造城市书房、文化驿站等新型公共文化空间601个，海昏侯国遗址公园列入国家考古遗址公园，景德镇国家陶瓷文化传承创新试验区建设加快推进。赣鄱健儿在杭州亚运会上收获11金1银2铜，创造了金牌数、奖牌数新纪录。

（七）社会保持和谐稳定。疫情防控实现平稳转段。出台防范化解经济和金融领域重大风险"1+7"工作方案和防范化解地方债务风险"1+9"方案，保持全国唯一债券零违约省份，新发涉嫌非法集资刑事案件、集资金额、参与集资人数分别下降36.7%、56.48%、59.08%，国家下达的保交楼年度任务提前完成。开展重大事故隐患专项排查整治行动，生产安全事故起数、死亡人数分别下降22.78%、10.92%。有力应对洪涝、台风等自然灾害，因灾死亡人数、直接经济损失分别下降75%、91.9%。新时代文明实践中心（所、站）建设提质增效。信访工作连续6年全国优秀。矛盾纠纷排查化解、道路交通隐患排查整治、校园及周边安全治理"三大专项行动"成效明显，累计建成智能安防小区1.22万个，扫黑除恶追捕"漏网之鱼"目标逃犯工作稳居全国前列，电信诈骗发案数、损失数实现双降，全省公众安全感、满意度分别达98.71%、97.15%，连续17年获全国平安建设（综治工作）考评优秀省。

（八）行政效能稳步提升。坚持不懈用习近平新时代中国特色社会主义思想凝心铸魂，深刻领悟"两个确立"的决定性意义，坚决做到"两个维护"。新一轮机构改革稳步推进。修订省政府工作规则，在全国率先编制完成省市县乡四级行政许可实施规范和办事指南，率先实行行政备案"即来即备""一网通办"。两轮次梳理征集的149个制约高质量发展突出问题全部办结。出台实施省数字政府建设总体方案，"赣服通"6.0版上线，"惠企通"和"一件事一次办"改革全国推广，省级政府一体化政务服务能力指数显著提升。形式主义官僚主义问题"三严五整"攻坚行动成效明显，全省"督检考"事项调减30.85%。全省"三公"经费支出连续10年压减。提请省人大常委会审议地方性法规12件，废止和修改省政府规章11件，废止省政府规范性文件38件，办理人大代表建议、政协提案1150件。

成绩的取得，根本在于习近平总书记作为党中央的核心、全党的核心领航掌舵，在于习近平新时代中国特色社会主义思想特别是习近平总书记考察江西重要讲话精神的科学指引，是全省人民在省委正确领导下团结奋斗的结果。我代表省人民政府，向全省人民，向各位人大代表、政协委员，向各民主党派、各人民团体、各界人士，向驻赣人民解放军指战员、武警部队官兵、公安干警、消防救援队伍指战员，向中央驻赣单位，向关心支持江西发展的海内外朋友，致以崇高敬意和衷心感谢！

需要向各位代表说明的是，过去一年主要经济指标增速不及预期，主要是因为不确定难预料因素增多，三年疫情冲击仍未完全修复，长期积累的困难和风险进一步显现，结构性问题、周期性矛盾交织叠加，经济面临下行压力，但经济运行实物量指标和先行指标表现良好、支撑有力，经济发展在全国位势没有改变，经济回升向好态势没有改变。

我们也清醒认识到，经济社会发展仍有不少困难，政府工作也存在一些问题，主要是：有效需求仍然不足，民间投资意愿不强，出口较为低迷；科技创新支撑不够，创新平台、创新主体、创新人才数量偏少、层次不高；部分经营主体较为困难，盈利能力下降；部分领域风险隐患不容忽视；民生保障还存在短板；一些政府工作人员思想不够解放、专业化水平不高、作风不够扎实。对此，我们将高度重视、全力破解。

二、2024年工作安排

2024年是新中国成立75周年，是实现"十四五"规划目标任务的关键一年。省政府工作的总体要求是：以习近平新时代中国特色社会主义思想为指导，深入贯彻党的二十大、二十届二中全会和中央经济工作会议精神，全面落实习近平总书记考察江西重要讲话精神，按照省委十五届四次、五次全会部署，聚焦"走在前、勇争先、善作为"的目标要求，坚持稳中求进工作总基调，完整、准确、全面贯彻新发展理念，加快构建新发展格局，着力推动高质量发展，全面深化改革开放，提升科技创新能力，持续推进生态文明建设，统筹扩大内需和深化供给侧结构性改革，统筹新型城镇化和乡村全面振兴，统筹高质量发展、高水平安全和高标准保护，努力构建体现江西特色和优势的现代化产业体系，切实增强经济活力、改善社会预期、增进民生福祉、推进共同富裕、防范化解风险、保持社会稳定，巩固和增强经济回升向好态势，持续推动经济实现质的有效提升和量的合理增长，奋力谱写中国式现代化江西篇章。

经济社会发展主要预期目标是：地区生产总值增长5%左右，规模以上工业增加值增长6.5%左右，固定资产投资增长3%左右，社会消费品零售总额增长6.5%左右，城镇、农村居民人均可支配收入分别增长5%、7%左右，居民消费价格涨幅3%左右，城镇调查失业率5.5%左右，主要污染物排放等指标完成国家下达目标。

重点做好九方面工作。

（一）深入推进新型工业化，加快构建体现江西特色和优势的现代化产业体系。大力实施产业升级战略、科教强省战略，争创国家新型工业化示范区。

全面实施制造业重点产业链现代化建设"1269"行动计划。启动产业集群建设三年行动，更好发挥省现代产业引导基金带动作用，积极构建"六个一"产业推进模式，创建一批国家级、省级先进制造业集群。广泛应用数智技术、绿色技术，一体推进传统产业设备更新、工艺升级、流程优化、产品迭代。聚焦电子信息、新能源、新材料、装备制造、航空、生物医药等新兴产业，"一产一策"强龙头、补链条、壮集群，战略性新兴产业增加值占规模以上工业增加值比重28%以上。实施未来产业培育发展三年行动，创建一批未来产业先导试验区和未来技术产业研究院，努力在元宇宙、人工智能、新型显示、新型储能、低空经济等领域抢占先机。深入开展质量提升行动，做好国家质量基础设施集成服务基地试点工作，加快省级技术标准创新基地建设。推动省工业设计中心正式运营，实施专利转化运用专项行动，培育壮大检验检测认证、咨询等生产性服务业，促进先进制造业和现代服务业融合发展。江西制造业基础较好，实力较强，不少领域走在前列。只要我们咬定目标，抢位发展、错位发展，就一定能创造江西制造新辉煌。

深入推进数字经济做优做强"一号发展工程"。实施数字经济核心产业创新提升行动，做强核心元器件、关键电子材料、终端制造等关键链条，加快补齐专业芯片、软件等短板弱项。统筹网络、算力、应用等数字基础设施布局和建设，开展"信号升格"专项行动，大力发展人工智能、VR、物联网等有竞争力的数字产业链群，支持链主企业、平台企业等牵头搭建产业互联网平台。实施以生产线数智化改造为重点的制造业数字化转型升级计划，定期发布数字技术应用场景"机会清单""产品清单"，培育数字化转型服务商和系统解决方案供应商，大力开展中小企业数字化赋能行动，提升产业数字化发展水平。

加快推动依靠创新驱动的内涵型增长。深入实施科技兴赣六大行动，积极对接国家战略科技资源，争创国家实验室研究基地及稀土、核资源、有色金属等领域全国重点实验室，筹建其他领域省实验室，新增省级工程研究中心40家左右、企业技术中心100家以上，R&D经费支出占GDP比重1.9%以上。推动鄱阳湖国家自主创新示范区与G60科创走廊、粤港澳大湾区科技创新中心对接，支持企业设立"科创飞地"。深化普通高等教育学科专业设置调整优化改革，试点建设3所左右省卓越工程师学院，遴选建设30个左右省级重点现代产业学院。实施以创新成效为导向的省级科研院所分类评估，开展科技人才评价改革试点，组建省科创基金。构建省科技成果转移转化体系，实施重大科技成果熟化与工程化研究项目、科技型企业梯次培育行动，加快促进LED无粉照明、移动物联网、北斗规模应用等产业化，力争专精特新中小企业突破4000家。

（二）充分挖掘释放需求潜力，巩固和增强经济回升向好态势。 扩大有效益的投资，激发有潜能的消费，促进投资、消费、出口共同发力，融入国内国际双循环发展格局。

加快重大项目建设。扎实推进"十百千万"工程，今年实施省大中型项目3670个，力争完成投资1万亿元。建成大广高速吉安至南康段改扩建工程、南昌西二绕城高速、上饶至浦城高速、瑞金机场、九江湖口银砂湾综合码头、武汉至南昌特高压交流工程、新余电厂二期、广东省人民医院赣州医院等项目，加快赣抚尾闾综合整治工程、康山蓄滞洪区安全建设工程、赣江龙头山枢纽二线船闸工程、昌九高铁、遂大高速、昌北机场三期扩建等项目建设，开工长赣高铁、弋阳至南丰高速、昌江航道提升、峡江灌区、靖安洪屏抽水蓄能电站二期、中石化九江分公司年产150万吨芳烃及炼油配套改造等项目，加快推进鄱阳湖水利枢纽工程建设，做好赣粤浙赣运河、环鄱阳湖水资源配置工程、鄱阳湖区重点圩堤治理工程、长江干堤江西段防洪能力提升工程、第二回入赣特高压直流工程、闽赣异步联网工程、温武吉铁路等项目前期工作，谋划推动武咸昌、昌厦（福）、长昌（九）等线路纳入国家中长期铁路网规划。

激发释放消费潜能。深入实施促进商贸消费提质扩容三年行动，力争新增限额以上商贸经营主体3000家。推进"一城一展、一产一会"，稳定扩大传统消费，促进新能源汽车、智能家居、电子产品等大宗商品消费，培育壮大文娱旅游、体育赛事、国货"潮品"等新型消费，大力发展即时零售、社交电商等消费新业态新模式，积极发展银发经济，繁荣发展夜间经济。落实带薪休假制度，开展放心消费创建示范行动，打造安全便利消费环境。编制江西全面推进中国式现代化旅游强省发展战略，实施文旅消费提升计划，开展文旅深度融合高质量发展工程，促进"医、药、养、游"融合发展，积极融入和服务长江国际黄金旅游带建设，让"江西风景独好"品牌出圈出彩。

推动外贸稳中提质。深入实施"千企百展"工程，加大对参加境外重点展会企业的支持力度。大力拓展中间品贸易、服务贸易、数字贸易，积极发展"跨境电商+产业带""龙头企业+跨境电商+海外仓"等模式，开展海外仓共建共享行动。深入实施"增品种、提品质、创品牌"行动，巩固扩大生产型企业出口规模，提升"赣出精品"影响力。

（三）推进内陆地区改革开放高地建设，增强发展活力。推动更深层次改革，实行更高水平开放，持续增强内生动力、拓展发展空间。

扎实推进全面深化改革攻坚行动。深入实施新一轮营商环境对标提升行动。完善落实"两个毫不动摇"的体制机制，扎实推进国有企业改革深化提升行动，加快战略性重组、专业化整合，精干主业、优化结构、完善治理，提升核心竞争力，增强核心功能；落实促进民营经济发展壮大系列政策措施，建立完善常态化沟通交流、涉民企诉求快速处理、惠企政策协调落实等机制，搭建民间资本推介项目平台，实施政府和社会资本合作新机制，落实中小企业政府采购支持政策，持续开展化解拖欠中小企业账款专项行动，促进民营经济长期持续健康发展。深化省以下财政体制改革，提高转移支付政策效能，兜牢基层"三保"底线。实施现代金融高质量发展"1358"工程，新增申报上市公司10家，新增信贷投放5000亿元以上，企业直接融资5000亿元左右。深化开发区管理制度改革，建立完善"管委会+公司"等运营模式，力争开发区亩均工业增加值增长10%左右。深化要素市场化配置综合改革，强化公平竞争审查，加大反垄断和反不正当竞争执法，更好融入全国统一大市场。

促进内陆开放型经济试验区建设提质增效。积极对接国际高标准经贸规则，稳步扩大制度型开放，拓展国际贸易"单一窗口"服务功能，创建国际投资"单一窗口"，健全外商投资企业投诉协调工作机制，提升投资贸易自由化便利化水平。深度融入共建"一带一路"、长江经济带，主动对接融入长三角、粤港澳大湾区、海西经济区，积极承接产业转移，争取国家在我省布局建设产业备份基地，吸引发达地区在赣设立飞地产业园、科技成果转化基地，支持赣州、吉安、抚州深化对口合作。推进国家现代流通战略支点城市、国家物流枢纽建设，稳定开行铁海联运、中欧班列，完善航空客货运网络，港口集装箱铁水联运量增长15%左右。大力发展口岸经济，深化九江港与上海港等长江沿线口岸合作，打造临空经济区、临港经济区，放大"口岸区+保税区+特色产业"联动效应。高水平办好重大经贸活动，完善招商引资考评体系，深化精准招商、定向招商。内陆开放型经济试验区是中央为江西量身定做的改革开放金字招牌，我们一定要不等不靠、主动作为，用足用好先行先试的政策红利，让开放为新时代江西发展注入澎湃动力。

（四）加快农业农村现代化建设步伐，推进乡村全面振兴。学习运用"千万工程"经验，制定全面推进乡村振兴规划，加快建设农业强省。

全方位夯实粮食安全根基。落实耕地保护和粮食安全责任制，编制耕地保护专项规划，完成耕地储备区划定和国家下达的高标准农田建设任务，全面推进解决农田灌溉"最后一公里"问题攻坚行动，稳妥推进农村土地延包试点。稳定粮食播种面积，加快水稻机械化育秧中心、粮油烘干中心和全程机械化综合农事服务中心建设，深入实施"赣种强芯"现代种业提升工程，集成推广良田良种良机良法，开展水稻大面积单产提升行动，确保粮食产量430亿斤以上。

巩固拓展脱贫攻坚成果。优化用好防止返贫监测帮扶系统。深入实施脱贫地区帮扶产业发展三年行动，中央财政衔接推进乡村振兴补助资金用于产业发展的比重提高到65%。持续开展医疗、教育干部人才"组团式"帮扶和科技特派员选派，深化开展脱贫人口增收三年行动，坚决守住不发生规模性返贫的底线。全面建成小康社会，贫困群众没有掉队，新征程上，我们同样不能让一个群众掉队。

推进农业产业化高质量发展。全面延伸"粮头食尾""农头工尾"产业链条，加大农业产业化龙头企业引培力度。做深做实"土特产"文章，深化绿色有机农产品基地试点省建设，制定江西省推进茶产业高质量发展战略规划，加快打造稻米、油料、果蔬、畜牧、水产5个千亿级主导产业链和茶叶、中药材2个百亿级特色产业链。加快发展供应链企业，科学布局农产品冷链物流基础设施，加快打造区域性优质农副产品生产和供应基地。创新农业科技体制机制，加强农业关键核心技术攻关。启动品牌强农提升行动，打响"赣字号"农产品品牌。推进优势特色产业集群、现代农业产业园、农业产业强镇等建设，促进休闲农业和乡村民宿高质量发展，建设一批农村一二三产业融合发展示范样板。大力培育新型农业经营主体，完善联农带农机制，支持村集体经济发展壮大。

加快建设宜居宜业和美乡村。深入开展农村人居环境整治提升五年行动，加快推进宜居村庄整治全覆盖，推动200个以上乡镇建设生活垃圾分类收集设施，农村生活污水治理管控率40%以上。新（改）建农村公路3000公里，实施危桥改造160座，建制村通双车道比例达60%，促进农村客货邮融合发展。稳慎推进农村宅基地制度改革试点，加强农村宅基地规范管理。加强传统村落保护。深入推进移风易俗乡风文明三年专项行动，提升乡村治理效能。着力打造300个以上省级示范村，开展"四融一共"和美乡村建设，让赣鄱大地到处都是和谐美丽的新图景。

（五）着力构建区域发展新格局，增强全域发展整体效能。深化落实"一主一副、两翼联动、多点支撑"区域发展格局，推动各区域板块优势互补、协同发展。

深化打造"一主一副"。深入实施省会引领战略，支持南昌加快建设"一枢纽四中心"、九江高标准建设长江经济带重要节点城市、抚州打造现代产业新区，推动赣江新区与南昌、九江深度融合发展，提高昌九、昌抚一体化同城化水平，加快建设富有创新活力和竞争力的南昌都市圈。支持赣州建设省域副中心城市，推动赣州革命老区高质量发展示范区建设、吉安高质量打造赣江中游生态经济带，形成江西南部重要增长极。

着力促进"两翼联动"。支持上饶建设区域中心城市、全方位对接融入长三角一体化，景德镇建好国家陶瓷文化传承创新试验区、打造国际文化交流客厅，鹰潭打响世界铜都品牌、打造全国铜基新材料重要基地和城乡融合发展样板区。支持宜春建设区域中心城市、打造国家级新能源产业重要集聚区，新余放大中国宝武与新钢集团重组效应、打造新型工业强市，萍乡对接长株潭都市圈、加快建设国家产业转型升级示范区。

加快夯实"多点支撑"。全面完成县级国土空间总体规划编制审批。坚持宜工则工、宜农则农、宜商则商、宜游则游、宜林则林，制定分县域的重点产业发展指南，构建土地、资金、能耗等资源要素供给配置与县域产业发展联动机制。深入推进县域商业建设行动，乡镇商贸中心覆盖率提高至80%以上。推进以县城为重要载体的新型城镇化建设，户籍人口城镇化率达46%左右。完善县域经济发展分类评价体系，开展争创全国百强县行动，形成特色鲜明、活力迸发的县域发展新局面。

持续提升城市功能品质。推进市级城市全面开展城市体检，加强成果转化应用，系统化全域推进海绵城市建设，力争城市建成区44%以上面积达标。深入开展城镇生活污水处理提质增效攻坚行动，完善城市厨余垃圾处理和大件垃圾拆解设施，城市生活污水集中收集率提高3个百分点以上，县级城市黑臭水体消除比例80%以上，设区市中心城区生活垃圾回收利用率35%以上。深入推进用地提质增效，积极开展低效用地再开发试点，加强城市地下空间开发利用。新增改造城镇老旧小区1008个、39.09万户。推广"一网统管"等城市治理新模式，加快实施城市基础设施生命线安全工程、城市社区嵌入式服务设施建设工程，加快推进城市一刻钟便民生活圈建设，让城市成为高品质生活空间。

（六）推动全面绿色转型，加快打造生态文明建设高地。实施打造国家生态文明建设高地三年行动计划，以更高标准打造美丽中国"江西样板"。

巩固提升生态环境质量。着力提升生态环境监测治理执法能力，深入实施"八大标志性战役30个专项行动"，提高"五河两岸一湖一江"全流域治理水平，深化鄱阳湖总磷污染控制与削减专项行动，加强危险废物、新污染物、尾矿库等重点领域环境风险隐患排查整治。完成历史遗留废弃矿山生态修复9000亩、退化林修复160万亩，实施"百村千树"乡村绿化美化项目，加强古树名木保护管理。实施生物多样性优先保护区重大保护工程，巩固拓展长江"十年禁渔"成果，加强蓝冠噪鹛、白鹤等珍稀濒危野生动植物物种保护，支持庐山植物园创建国家植物园，高质量推进武夷山国家公园（江西片区）建设。

大力发展绿色低碳经济。推广生态环境导向的开发模式，科学有序推动能耗双控逐步转向碳排放双控。支持资源枯竭型城市转型发展。有计划分步骤实施"碳达峰十大行动"，推进低碳、零碳、负碳技术开发应用，加大绿色工厂、绿色园区、绿色供应链管理企业培育力度，力争新开工装配式建筑面积占新开工建筑面积比例37%以上，积极创建国家碳达峰试点城市和园区。推动节能环保产业高质量发展，促进再生资源清洁回收、资源化利用和集聚发展，推进全域"无废城市"建设。

促进生态产品价值实现。全域开展生态产品价值实现机制建设，稳步推进自然资源统一确权登记，在全省开展GEP定期核算，探索核算结果应用，培育壮大碳汇、水权、排污权、用能权等交易市场。加快深化集体林权制度改革先行区、森林可持续经营试点重点省、现代林业产业示范省建设，深入实施林下经济发展"三千亿工程"、油茶产业高质量发展三年行动计划，大力推进"以竹代塑"，做大做优森林旅游、森林康养产业，让天生丽质的江西在绿色发展赛道上尽展风采。

（七）坚持在发展中保障和改善民生，扎实推进共同富裕。 加强基础性、普惠性、兜底性民生建设，着力办好10件民生实事，让人民群众共享改革发展成果。

促进居民就业增收。强化就业优先政策，深入推进就业促进三年行动，建成"5+2就业之家"，抓好高校毕业生、农民工、退役军人、城镇困难人员、脱贫劳动力等重点群体就业和困难群体的就业兜底帮扶，新增发放创业担保贷款160亿元，城镇新增就业41万人。健全终身职业技能培训制度，畅通非公有制经济组织、社会组织、新就业形态技术人才职称申报渠道。全面推广用社保卡发放农民工工资，持续抓好根治欠薪工作，健全工资支付保障机制，维护新就业形态劳动者权益，决不让劳动者的汗水白流。

完善社会保障体系。开展全民参保精准扩面专项行动，推进企业年金和个人养老金发展，扩大城乡居民养老保险集体经济补助试点范围。实施基本医疗保险省级调剂，完成医保支付方式改革三年行动计划任务，社区卫生服务中心、乡镇卫生院全面实施高血压、糖尿病两慢长期处方服务。完善生育、养育、教育支持政策体系，资助新生儿免费参加基本医保，推进普惠托育服务体系建设。推进乡镇敬老院资源优化配置改革和"一老一小幸福院"建设，打造100家区域性中心敬老院，积极推进康养一体化养老服务设施建设，加快发展老年助餐服务。加强低收入人口动态监测，做好分层分类社会救助，提高城乡低保、特困供养、抚恤补助等保障标准。大力发展慈善事业。

提高公共服务质效。全面推进优化县域义务教育资源配置改革，推动学前教育普及普惠安全优质发展、高中教育多样特色发展、深化职业教育、技工教育改革，深化高等教育管理改革，实施

"双一流"建设攻坚行动，推动高等教育内涵式发展。推进"可躺式"课桌椅进校园试点。实施卫生健康"四区四高地"建设行动，加快国家区域医疗中心、国家中医药综合改革示范区、紧密型县域医共体建设，支持国家公立医院改革与高质量发展示范项目建设，全面运营省医疗器械检测中心。推进长征、长江国家文化公园（江西段）建设和《江右文库》编纂出版等重大文化工程，全力支持景德镇申遗工作，实施"非遗点亮生活"江西行动、艺术创作"四名"工程、"赣鄱好戏"惠民工程，做好第四次全国文物普查工作。举办世界青年羽毛球锦标赛、省第七届全民健身运动会，积极备战巴黎奥运会，大力发展群众体育事业，培育壮大体育产业、赛事经济，夯实体育强省建设基础。对新生代的"温度"关乎江西未来发展的"高度"，我们将支持有条件的地方争创全国婴幼儿照护服务示范城市、国家儿童友好城市，做好关心下一代工作，完善青少年心理健康服务体系，推进青年发展型省份建设，让少年儿童茁壮成长，让青年朋友人生出彩。

（八）积极构建新安全格局，推进更高水平平安江西建设。落实总体国家安全观，牢牢守住安全发展底线，以高水平安全保障高质量发展。

防范化解重大风险。常态化开展地方政府隐性债务风险测算评定，"一债一策"制定化债实施方案，坚决遏制隐性债务增量，稳妥有序化解存量。建设省金融风险监测预警平台，强化风险早期纠正，强化非法集资、网贷平台、"伪金交所"、私募基金等领域风险防范与处置，推进金融监管全覆盖。一视同仁满足不同所有制房地产企业合理融资需求，有效防范化解优质头部房企风险，更好支持刚性和改善性需求，基本完成专项借款保交楼项目交付，加快推进保障性住房建设、"平急两用"公共基础设施建设、城中村改造"三大工程",推动建立房地产发展新模式。深入实施新一轮找矿突破战略行动,推进能源产供储销体系建设,保障资源能源供应安全稳定。

提高公共安全水平。推进自然灾害综合风险普查成果转化应用,开展地质灾害"隐患点+风险区"双控试点。紧盯重点地区、重点部位、重点行业,常态化开展安全生产隐患排查整治,提高风险防范意识和能力,全面启动安全生产治本攻坚三年行动,提高本质安全水平。做好传染病、慢性病、地方病和重大疾病防治。完善网络舆情快速联动处置机制,依法治理网络生态。加强食品药品安全监管,深入推进食育普及三年行动,保障群众"舌尖上的安全"。完善应对重大灾害事故现场指挥协调机制和抢险救援救灾协调联动机制,推进防灾减灾救灾工作制度化、规范化、专业化建设,提升应急救援整体效能。

深入实施治理强基战略。坚持和发展新时代"枫桥经验",学习运用"浦江经验",完善多元化化解矛盾纠纷机制,推进信访工作法治化,推动"法律明白人"培养工程扩面提质增效。强化党建引领基层治理,提升网格化管理、精细化服务、信息化支撑的效能。加快"情指行一体化"实战平台等社会治安防控体系建设,强化电信网络诈骗源头治理、守护好人民群众的"钱袋子",深入推进扫黑除恶常态化,对各类违法犯罪行为依法亮剑、严厉打击。

全面加强国防动员和后备力量建设,为巩固提高国家一体化战略体系和能力贡献江西力量。推进军民融合深度发展,做好全民国防教育、退役军人事务、双拥共建等工作。支持工青妇、红十字会、文联、侨联、科协、贸促会、对外友协等群团组织发挥更大作用。促进民族、宗教、对台、侨务、气象、水文、测绘、哲学社会科学、文学艺术、新闻出版、广播影视、档案、地方志、援疆等工作高质量发展。

（九）深化政府自身建设，打造让党放心、人民满意政府。把坚持和加强党的全面领导贯穿政府工作全过程各领域，开展"大抓落实年"活动，着力提高执行力、创造力和公信力。

强化政治引领。深刻领悟"两个确立"的决定性意义，坚决做到"两个维护"，始终在思想上政治上行动上同以习近平同志为核心的党中央保持高度一致。巩固拓展学习贯彻习近平新时代中国特色社会主义思想主题教育成果，建立健全以学铸魂、以学增智、以学正风、以学促干的长效机制。完整、准确、全面把握习近平总书记重要讲话重要指示批示精神、党中央重大决策部署，谋划用好工作抓手，完善落实督办机制，确保最终效果符合党中央决策部署和省委工作要求。

坚持依法行政。完善政府权责清单制度，加强重点领域、新兴领域立法，健全行政规范性文件备案审查和动态清理工作机制。落实领导干部应知应会党内法规和国家法律清单制度，推进政府机关法律顾问全覆盖、强化作用发挥。依法规范推进政务公开，完善政府诚信履约机制，建立健全政务失信记录和惩戒制度。基本建成省市县乡四级全覆盖的行政执法协调监督工作体系，强力整治行政执法领域突出问题，对已下放乡镇、街道的行政执法事项进行评估调整。强化重点法规制度执行情况监督检查，开展省级统计督察，强化审计监督，加强与纪检监察监督、巡视巡察监督的贯通协同，主动接受人大法律监督、政协民主监督和社会、舆论等各方面监督。

提升履职效能。深化政府职能转变，全面完成省市县三级机构改革任务。建成省级数字政府决策指挥平台，推动"赣服通""赣政通"迭代升级，打造"赣企通"企业综合服务平台，推进跨部门联合"双随机、一公开"监管，提高数字化履职能力。建立政务服务效能提升常态化工作机制，升级改造一体化政务大数据平台，推动"高效办成一件事"落地落实。推进学习型政府建设，提高政府工作人员专业化水平。

加强作风建设。锲而不舍落实中央八项规定精神和省委实施意见，坚决破除特权思想和特权行为。一体推进不敢腐、不能腐、不想腐，抓住定政策、作决策、审批监管等关键权力，完善权力配置和运行制约机制，规范自由裁量权。落实"四下基层"制度，大兴调查研究，推动领导干部接访下访常态长效。严格落实党政机关过紧日子制度，严控"三公"经费支出。坚持求真务实，牢固树立和践行正确政绩观，引导各级政府工作人员当好执行者、行动派、实干家，以"第一等的工作"创造第一流的业绩。

各位代表！习近平总书记的殷殷嘱托催人奋进，4500多万赣鄱儿女的深切期盼重如泰山。让我们更加紧密地团结在以习近平同志为核心的党中央周围，在省委正确领导下，解放思想，开拓进取，真抓实干，攻坚克难，奋力谱写中国式现代化江西篇章，为全面推进强国建设、民族复兴伟业作出新的更大贡献！

附件：《政府工作报告》有关内容名词注释

1.电子商务"十百千万"行动：包括电子商务促产业转型和电子商务助消费升级两个方面。电子商务促产业转型，即引导企业依托十大主流平台，打造百个江西网络零售品牌，培育千名本土电商主播，新设万家网络零售店铺；电子商务助消费升级，即十城指导百县举办电商促消费活动，推动千家企业和万种赣品开展电商销售。

2.制造业重点产业链现代化建设"1269"行动计划：做强做大电子信息、有色金属、装备制造、新能源、石化化工、建材、钢铁、航空、食品、纺织服装、医药、现代家具等12条制造业重点产业链条，打造电子信息、铜基新材料、锂电和光伏新能源、钨和稀土金属新材料、航空、炼化一体化和化工新材料6个先进制造业集群，规模以上工业营业收入年均增长9%左右。

3.科技兴赣六大行动：区域创新协同力、创新平台引领力、技术攻关硬实力、企业创新竞争力、科技人才创造力、科技治理支撑力升级行动。

4.国际贸易"单一窗口"：申报人通过电子口岸平台一点接入、一次性提交满足口岸管理和国际贸易相关部门要求的标准化单证和电子信息，相关部门通过电子口岸平台共享数据信息、实施职能管理，处理状态（结果）统一通过"单一窗口"反馈给申报人。

5.耕地保护"1+N"政策体系：《关于加强耕地保护的意见》及耕地储备、补充耕地指标网上交易、自然资源督察、耕作层土壤剥离再利用等系列配套政策。

6.农产品"三品一标"四大行动：针对发展绿色、有机、地理标志和达标合格农产品，实施优质农产品生产基地建设行动、优质农产品品质提升行动、优质农产品消费促进行动和达标合格农产品亮证行动。

7.10件民生实事：2023年10件民生实事为加大创业担保贷款扶持力度，提高低保对象等困难群众基本生活保障标准，改善残疾人生活和照顾服务，关心关爱城乡孤儿、事实无人抚养儿童和留守儿童，推进养老服务体系建设，加大婴幼儿入托补贴补助力度，为适龄女生免费接种人乳头瘤病毒疫苗，免费提供出生缺陷防控服务，开展基层人工智能辅助智慧医疗系统建设，加大自动体外除颤器投放力度；2024年10件民生实事为支持重点群体就业创业，提高低保对象等困难群众基本生活保障标准，提高城乡孤儿和事实无人抚养儿童基本生活保障水平，改善残疾人生活和照顾服务，持续完善养老服务体系，发展老年人助餐服务，优化出生缺陷防控服务，资助新生儿参加基本医保，开展"可躺式"课桌椅进校园试点，加强基层人工智能辅助智慧医疗系统推广运用。

8. "三严五整"攻坚行动：严格控制发文数量、提高发文质量，严格控制开会、推动会议提质增效，严格规范督查检查考核和调研活动；整治思想认识偏差，整治"数字形式主义"，整治随意加重村级组织负担，整治权责不分、推卸责任，整治不担当不作为乱作为。

9. "六个一"产业推进模式：一个集群促进组织、一个产业联盟、一批链主企业、一个制造业创新中心、一支产业基金、一所现代产业学院或产教联合体。

10. "信号升格"专项行动：以政务中心、文旅景区、医疗机构、高等学校、交通枢纽、城市地铁、公路铁路水路、重点商超、住宅小区、商务楼宇、乡镇农村等重点场景为着力点，推动移动网络深度覆盖，提升网络质量，优化用户感知。

11. "十百千万"工程：在综合交通、能源、水利、新型基础设施、城市基础设施、制造业、现代服务业、现代农业、生态环保、公共服务等十大领域，滚动推进100个左右示范引领性重大项目，实施1000个投资10亿元以上重大项目，每年完成投资1万亿元以上。

12.现代金融高质量发展"1358"工程："1"即一个总体目标：坚持和加强党对金融工作的全面领导，加快建设区域性现代金融中心，推动江西金融高质量发展；"3"即三大战略任务：争取我省在金融强监管防风险上作示范、在提升金融服务质效上走前列、在深化金融改革开放上见成效；"5"即五篇金融文章：扎实做好科技金融、绿色金融、普惠金融、养老金融、数字金融五篇大文章；"8"即八项行动计划：金融党建强基固本行动计划、金融监管能力提升行动计划、防范化解重点领域金融风险行动计划、企业上市"映山红行动"升级计划、金融支持"1269"保链强链行动计划、金融改革开放深化提升行动计划、金融赣军培优育强行动计划、降低融资成本行动计划。

13.国际投资"单一窗口"：通过全面整合外资相关部门、地方政府业务的系统和功能模块，优化再造服务流程，建设集外商投资促进、管理和服务等功能于一体，实时反映外资运行状况，依据大数据支撑的双向互动平台。

14."四融一共"和美乡村：景村融合、产村融合、三治融合、城乡融合、共同富裕。

15."5+2就业之家"：覆盖省、市、县、街道（乡镇）、社区（村）五级和开发区、大中专院校（含技工院校）两类的政府市场融合、线上线下一体就业公共服务平台。

16.卫生健康"四区四高地"建设行动：卫生健康现代化先行区、健康中国省域样板区、全国革命老区卫生健康事业高质量发展示范区、中西部中医药强省引领区，卫生健康服务能力全面提升高地、公立医院改革和高质量发展高地、卫生健康事业产业融合创新高地、人口发展和生育友好高地。

17.艺术创作"四名"工程：名曲、名剧、名展、名家。

18.食育普及：以食物为载体的各种教育，包括食品安全、科学膳食、营养健康、饮食文化等方面的教育普及。

19."情指行一体化"实战平台：围绕"情报、指挥、行动"三个核心要素，整合部门警种资源手段搭建的一体化合成作战平台。

20."赣企通"企业综合服务平台：优化升级"惠企通""网上中介服务超市"两个平台，整合"赣服通"涉企服务功能，打造一个专业化、精准化的企业综合服务平台。

山 东 省

政府工作报告

——2024年1月22日在山东省第十四届
人民代表大会第二次会议上

省长　周乃翔

各位代表：

现在，我代表省人民政府向大会报告工作，请予审议，并请省政协委员和其他列席同志提出意见。

一、2023年工作回顾

2023年是全面贯彻党的二十大精神的开局之年，是三年新冠疫情防控转段后经济恢复发展的一年。9月24日，习近平总书记再次莅临山东视察指导，为我们指明前进方向、注入强大动力，全省上下备受鼓舞、倍感振奋、倍增信心。

一年来，我们坚持以习近平新时代中国特色社会主义思想为指导，坚决落实习近平总书记对山东工作的重要指示要求，坚定贯彻党中央、国务院决策部署，在省委坚强领导下，以建设绿色低碳高质量发展先行区为总抓手，纵深推进"三个十大"行动，着力扩大内需、优化结构、改善民生、防范化解风险，全省经济持续回升、巩固向好，高质量发展扎实推进，圆满完成全年主要目标任务。

（一）**经济发展实现新跃升**。强化经济运行工作机制，接续推出四批政策清单等一揽子措施，加强调度督导服务，经济稳中有进、量质齐升。从经济总量看，地区生产总值达到9.2万亿元，增长6%。规上工业增加值、固定资产投资、社会消费品零售总额、进出口分别增长7.1%、5.2%、8.7%和1.7%，增幅均高于全国平均水平。烟台成为我省第3个万亿级城市。从质量效益看，"四新"经济投资增长11.1%、占比超过57%。高新技术产业产值占比51%左右。单位生产总值能耗持续下降，新能源和可再生能源发电装机总量突破9300万千瓦。一般公共预算收入增长5.1%，税收收入增长9.1%，规上工业利润较快增长，居民人均可支配收入增长6.2%。从发展后劲看，经营主体突破1465万家，新增规上工业和服务业企业9500多家、高新技术企业6000家，科技型中小企业突破4.5万家。发明专利拥有量增长26.5%。工业技改投资增长9.4%。省市县重点项目完成投资2.8万亿元，3922个项目建成投产。

（二）**科技创新激发新动能**。持续加大投入，深入实施创新驱动发展战略。创新平台提档扩容，推动崂山实验室规范运行，全国重点实验室新增10家、达到21家。国家企业技术中心达到210家、居全国首位。国家盐碱地综合利用技术创新中心揭牌。新布局7家省高新区，推进开发区扩区调区、放权赋能。创新生态持续优化，突出企业主体地位，省级重大科技创新项目90%以上由企业牵头。健全"鲁科贷""鲁科投"等科技金融服务，建立"山东好成果"遴选推广机制。国家级知识产权保护中心达到8家。创新人才加速集聚，顶尖人才达到164位，新增省级以上领军人才2028人，5名个人、1个团队荣获"国家工程师奖"。创新成果不断涌现，超算互联、画质芯片、植物基因编辑等领域取得一批标志性成果，工业母机、碳纤维、合成橡胶等国产替代实现突破。1类靶向创新药伊鲁阿克片获批上市。

（三）产业升级增创新优势。加力提速工业经济、数字经济，雁阵形集群规模超过9.2万亿元。先进制造业加快提升。培育11条标志性产业链、10个省级先进制造业集群。国家级中小企业特色产业集群达到15个，新增专精特新"小巨人"299家。规上制造业增加值增长7.8%。"山东造"动车组代表中国高铁首次开行海外。新能源汽车产量超过40万辆，聊城中通新能源客车批量出口中亚。石化、钢铁等产业布局进一步优化，裕龙岛炼化项目陆续中交，日钢产能承接一期项目投产。数实融合不断深化。新增国家级工业互联网"双跨"平台3个、智能工厂16个，获批全国首个中小企业数字化转型促进中心，培育"产业大脑"32家，产业数字化、制造业数字化转型指数居全国前列。德州有研12英寸大硅片等项目投产，预计数字经济占生产总值比重提高至47%。服务业加快发展。实施"山东消费提振年"，省市举办促消费活动近800场，促进新能源汽车、家居等大宗消费，消费活力持续增强，发挥了对经济增长的基础性作用。服务业增加值增长5.8%。国家物流枢纽、骨干冷链物流基地各新增2家，北方生活消费品青岛分拨中心建成。国家工业设计中心新增12家。新建商品房网签面积位居全国前列。打出文旅发展"组合拳"，淄博旅游、威海"千里山海"自驾等火爆出圈，全省游客人数、旅游收入均增长60%以上，"好客山

东 好品山东"品牌影响力持续放大。

（四）重大战略取得新进展。黄河战略深入实施，出台沿黄生态廊道保护建设等规划，黄河三角洲生态修复等230个重点项目扎实推进。黄河口国家公园创建进展顺利。省级国土空间规划和济南都市圈、青岛都市圈发展规划获批。沿黄协作全面加强，与京津冀、长三角、中原腹地融合发展持续深化。绿色低碳纵深推进，先行区建设开局起势，全省3186个项目扎实推进。鲁北盐碱滩涂地风电光伏和渤中、半岛南海上风电等一批项目建成投运，光伏发电、新型储能并网装机规模居全国首位。全球首座第四代高温气冷堆核电站投入商运。完成煤电机组"三改联动"1774万千瓦，获批筹建国家碳计量中心。国家生态环境指标计划超额完成，在中央污染防治攻坚战成效考核中名列前茅，人民群众生态环境满意度不断提升。经略海洋深度拓展，加快建设世界级港口群，沿海港口货物吞吐量保持全国第一，集装箱量增长11%。青岛港启运港退税政策惠及700多家企业，新增海运外贸航线27条、总数达245条。中韩多式联运整车运输试运行。我国首艘数字孪生科研船"海豚1"号首航。烟台东方航天港累计发射卫星48颗。大型深远海养殖装备规模化生产。全国唯一"海洋十年"国际合作中心落户。

（五）农业强省迈出新步伐。安排省级以上乡村振兴战略资金763亿元，加快推进农业农村现代化，农林牧渔业总产值达到1.25万亿元、增长5.1%。粮食和重要农产品生产能力不断提高。提升耕地等自然资源保护和要素保障规范化水平，耕地面积和高标准农田建设完成国家任务。粮食总产1131亿斤、单产899斤，再创历史新高。德州建成全国首个百万亩"吨半粮"示范区。蔬菜及食用菌、水产品产量分别突破9000万吨和900万吨。农产品出口继续领跑全国。建成国家农业技术集成创新区域中心。特色产业不断壮大。累计获批国家级优势特色产业集群7个、现代农业产业园15个，规模以上农产品加工企业率先突破1万家。菏泽鲁锦、周村丝绸、日照绿茶、蒙阴蜜桃、沾化冬枣等乡土产业不断发展，带动越来越多乡亲增收致富。人居环境不断改善。农村供水水质提升行动启动实施，农村供水规模化率提升到90%。新改建"四好农村路"8406公里，农村危房改造1.2万户。"村村有好戏""文化进万家"等活动引领乡村文明新风尚。

（六）基础设施得到新提升。实施交通网、现代水网等"七网"年度项目920个。综合立体交通网建设强力推进，"轨道上的山东"加快建设，济郑、莱荣高铁通车，雄商、津潍、济滨等项目施工全线展开，济枣高铁、潍宿高铁和青岛连接线开工，高铁运营里程达到2810公里、居全国第一位。济南至潍坊等5条高速公路建成，高速公路运营里程突破8400公里。现代水网大动脉初步构建，"一轴三环、七纵九横、两湖多库"总体格局加快推进，太平水库开工建设，老岚水库主体完工，省级骨干水网供水能力达到122亿立方米。小清河全线具备通航条件，京杭运河济宁以南段基本达到二级航道标准，内河货运量增长18.8%。新型基础设施网加快建设，建成济南、青岛两个国家级互联网骨干直联点，累计开通5G基站超过20万个。

（七）营商环境展现新气象。实施营商环境创新提升行动，连续入选全国营商环境最好省份。政务服务提速增效。大力推进"高效办成一件事"，健全省领导与企业常态化沟通交流制度，开展规上企业大走访，"2115"企业诉求快速办理机制更加完善。开展护航营商环境行动，健全府院联动机制，持续规范涉企行政执法。数字政府加快建设，依申请政务服务事项全程网办率超过80%，工程建设项目审批事项由73项压减到46项。经营主体活力增强。落实"两个毫不动摇"，出台支持民营经济高质量发展若干意见，首度发布民营企业家"挂帅出征"百强榜，成功举办中国民营企业500强峰会，52家企业入围中国民营企业500强。聚焦打造世界一流企业，持续推进国企改革，省属企业营收、净利润等主要指标实现较好增长。财金协同联动逐步深化，新增减税降费及退税缓费超1700亿元，社会融资规模增长12%。对外开放持续深化。外贸韧性不断增强，进出口占全国比重进一步提升，发挥了外贸大省挑大梁作用。积极融入共建"一带一路"，中欧班列开行2566列、增长24.7%，"新三样"产品出口增长47.3%。新增国际友城22对。发挥绿色低碳高质量发展大会、跨国公司领导人青岛峰会、儒商大会等平台作用，累计签约重大外资项目272个，阿斯利康、益海嘉里等世界500强企业持续增资。实际使用外资居全国第五位，高技术产业利用外资增长47%。

（八）民生改善交出新答卷。始终把人民过上好日子作为奋斗目标。民生实事扎实落实。城镇新增就业124.5万人，新增城乡公益性岗位61.9万个。新改扩建中小学245所，有效保障180万适龄儿童小学秋季入学。新改扩建幼儿园376所。新增婴幼儿托位4.7万个。落实新冠病毒感染"乙类乙管"防控措施。首个全国医养结合示范省通过验收，新获批6个国家区域医疗中心项目，三级传染病医院或院区实现16市全覆盖。基层医疗机构住院报销比例提高到85%以上，基本实现异地就医直接结算。新增护理型床位3.3万张、家庭养老床位2.4万张。老年食堂达到1.2万家。强化困难群众兜底保障，城乡低保平均标准分别提高5%、6.7%。筹集保障性租赁住房8.4万多套，棚户区、老旧小区改造超额完成年度任务。房屋产权确权颁证历史遗留问题专项整治惠及140万户群众。文化事业繁荣发展。文化体验廊道、特色文化片区加快建设，文保、非遗、考古取得新进展，尼山世界文明论坛影响力持续放大，首批《齐鲁文库》成果发布。城市书房数量翻一番，博物馆、美术馆观展人数再创新高，群众性小戏小剧创演经验全国推广。杭州亚运会我省体育健儿再创佳绩。举办各类体育赛事5万多场，群众体育蓬勃发展。社会大局和谐稳定。深入开展重大事故隐患排查整治和化工行业安全生产整治提升，安全生产形势持续稳定，食品药品安全水平不断提高。基层"三保"、地方债务风险防范稳妥有效。构建房地产项目省市县三级包保责任制，强化预售资金监管，"保交楼"年度任务超额完成，风险化解多方推进。信访突出问题专项整治成效明显，社会治安防控体系全面加强。对口支援和东西部协作取得新进展。

过去一年，国防动员、退役军人、双拥共建等工作扎实推进，民族宗教、审计统计、文史参事、档案史志、地震气象、外事侨务、台港澳、广播电视等工作成效明显，老龄、工会、青少年、妇女儿童、残疾人、红十字会、慈善、志愿服务、关心下一代等事业取得新进步。

一年来，我们深入开展学习贯彻习近平新时代中国特色社会主义思想主题教育，扎实抓好理论学习、调查研究、推动发展、检视整改等各项工作，在以学铸魂、以学增智、以学正风、以学促干上取得明显成效，法治政府、效能政府、数字政府、廉洁政府、服务型政府建设全面加强。

一年来，我们自觉接受各方面监督。办理省人大代表建议876

件、政协委员提案726件，提请省人大及其常委会审议地方性法规8件。发布重大行政决策事项730件，召开新闻发布会193场，政府透明度指数位居全国前列。

各位代表！回首过去一年，成绩来之不易，根本在于习近平总书记领航掌舵，在于习近平新时代中国特色社会主义思想科学指引，是省委统揽全局、科学决策的结果，是省人大、省政协和社会各界有效监督、鼎力支持的结果，是一代又一代齐鲁儿女接续奋斗、不懈努力的结果。在此，我谨代表省人民政府，向全省人民，向各位人大代表、政协委员，向各民主党派、工商联、无党派人士、各人民团体和社会各界人士，向各位老领导、老同志，向驻鲁中央有关单位和人民解放军、武警官兵、公安干警、消防应急救援队伍，向所有关心支持山东发展的港澳台同胞、海外侨胞和国际友人，表示衷心感谢，致以崇高敬意！

我们清醒看到，全省经济社会发展还面临一些困难和挑战：外部环境总体更趋复杂，扩大优质供给、有效需求还需精准发力；科技创新引领还不够强，绿色低碳转型任务依然艰巨；公共服务优质均衡发展还有差距，困难群众帮扶还需持续用力；部分领域风险隐患不容忽视，确保各方面安全还需进一步努力；政府工作还有薄弱环节，作风建设还需持续加强；等等。对此，我们一定高度重视，采取有力有效措施加以解决。

二、2024年工作总体要求和主要目标

今年是中华人民共和国成立75周年，是实现"十四五"规划目标任务的关键一年。根据中央经济工作会议精神，按照省委十二

届五次全体会议暨省委经济工作会议部署，今年政府工作，要以习近平新时代中国特色社会主义思想为指导，全面贯彻党的二十大及中央经济工作会议精神，深入落实习近平总书记对山东工作的重要指示要求，坚持稳中求进工作总基调，完整、准确、全面贯彻新发展理念，主动服务和融入新发展格局，加快推动高质量发展，锚定"走在前、开新局"，深入实施黄河流域生态保护和高质量发展重大国家战略，以建设绿色低碳高质量发展先行区为总抓手，统筹扩大内需和深化供给侧结构性改革，统筹新型城镇化和乡村全面振兴，统筹高质量发展和高水平安全，深入推进"三个十大"行动，稳扎稳打、踏踏实实，着力塑造"十个新优势"，持续推动经济实现质的有效提升和量的合理增长，保持社会和谐稳定，推进中国式现代化山东实践迈出坚实步伐。

综合分析，建议今年经济社会发展主要预期目标是：地区生产总值增长5%以上，一般公共预算收入增长4%，居民人均可支配收入增长5.5%左右，城镇新增就业110万人以上，居民消费价格涨幅控制在3%左右，粮食综合生产能力稳定在1100亿斤以上，外贸外资促稳提质，全面完成节能减排降碳和环境质量改善约束性指标。

实现上述目标，最根本的是深学细悟笃行习近平新时代中国特色社会主义思想和总书记对山东工作的重要指示要求，认真贯彻落实中央经济工作会议精神和党中央、国务院决策部署，深刻把握"五个必须"规律性认识，把推进中国式现代化作为最大的政治，把坚持高质量发展作为新时代的硬道理，坚持稳中求进、以进促稳、先立后破，推动山东经济量质并举、行稳致远，扎扎实实把山东的事情办好。

各位代表！齐鲁青未了，奋进正当时。山东战略机遇叠加，发展基础坚实，比较优势突出，潜力巨大、前景广阔。亿万齐鲁儿女斗志昂扬，人心思进，干事创业的热情空前高涨。只要我们坚定信心、同心同德，始终沿着总书记指引的方向勇毅前行、实干进取，就一定能够攻坚克难、一往无前，奔向山东发展更高质量、人民生活更加幸福的美好明天！

三、2024年重点工作

围绕塑造绿色低碳高质量发展新优势，重点抓实抓好十二个方面的工作。

（一）抓实抓好以科技创新引领现代化产业体系建设。推动高水平科技自立自强，培育更多新质生产力，以科技创新推动产业创新。

一是加快打造产业科技创新高地。充分发挥企业创新主体作用，开展科技领军企业提升行动，鼓励龙头企业建设创新联合体，加大科技研发投入补助，高新技术企业达到3.5万家，入库科技型中小企业5万家，新培育专精特新企业1000家以上。加快科技大市场体系建设，加强知识产权保护和运用，推进科研基础设施和大型科研仪器开放共享，推广首台套、首批次、首版次产品600项以上。开展标志性产业链高质量发展行动，在集成电路、工业母机、钙钛矿等领域，实施100项重大科技创新项目，强化高校、科研院所、企业协同攻关，突破一批"卡脖子"技术，扎实推进稳链固链，提升产业链供应链韧性和安全水平。充分发挥实验室体系支撑作用，全力服务保障崂山实验室建设，新创建7家全国重点实验室。新布局2家省实验室，重组200家省重点实验室。支持天瑞重工、潍柴动力、济南量子研究院创建国家级计量、质量、标准创新平台。充分发挥战略人才引领作用，优化"2+N"人才集聚雁阵格局，高水平创建济青吸引和集聚人才平台，提升重大创新平台人才效能。优化泰山人才工程，健全青年科学家长期滚动支持机制。推进工程硕博士培养改革试点，加强卓越工程师队伍建设，落实部省共建"技能山东"，让更多人才在齐鲁大地尽展其才、创新创业。

二是加快推进新型工业化。聚焦高端化、智能化、绿色化、集群化，深化工业经济头号工程，实施先进制造业攻坚行动，积极创建国家新型工业化示范区。加快传统产业提质增效。围绕冶金、化工、轻工、建材、机械、纺织服装等重点产业，"一业一策"改造提升，实施投资500万元以上技改项目1.2万个左右。推进山钢宝武日照精品钢基地二期，开工永锋钢焦项目。建设齐鲁石化鲁油鲁炼等重大项目，推动裕龙岛炼化、万华新材料低碳产业园一期全面投产。提升滕州机床、聊城轴承、博兴商用厨具等特色产业水平。加快新兴产业集群集聚。围绕新一代信息技术、高端装备、新能源新材料、现代医药、绿色环保、新能源汽车、安全应急装备、商业航天、低空经济等领域，新培育10个左右省级新兴产业集群。提升枣庄锂电新能源、滨州铝新材料、济宁智能装备、威海医疗器械、菏泽中医药等产业集群能级。加快未来产业前瞻布局。围绕人工智能、生命科学、未来网络、量子科技、人形机器人、深海空天等领域，实施20项左右前沿技术攻关，推动15个省级未来产业集群加快壮大。支持济南、青岛、烟台打造未来产业先导区。建设创投风投服务平台，撬动未来产业拔节起势。

三是加快提升现代服务业。建立重点服务业企业培育库，支持180家服务业创新中心发展，打造20个左右现代服务业集聚区。扎实开展两业融合试点，支持大数据服务、科技服务、现代金融、创意设计、检验检测等行业加快发展。提升国家物流枢纽、骨干冷链物流基地辐射能力，促进农村客货邮融合发展，着力降低物流成本，打通"大动脉"、畅通"微循环"，使山东物畅其流、货通全球。

（二）抓实抓好扩大有效需求。持续激发有潜能的消费、扩大有效益的投资，形成消费和投资相互促进的良性循环。

一是着力拉动消费升级。实施"山东消费促进年"，打造"好品山东 商行天下"品牌。积极促进大宗消费，开展公共领域车辆全面电动化试点，推动新能源汽车促销，加快公共区域、居民小区充电设施建设，充电桩达到70万台以上，其中农村超过14万台。举办家电家居、电子产品等促消费活动200场以上，创新消费品以旧换新措施，推动绿色智能家电消费扩面。积极促进新型消费，推出一批特色医疗、健康养老、体育赛事、文娱旅游等服务和产品，培育智能穿戴设备、国货"潮牌""潮品"等消费热点，推动智慧商圈、便民生活圈改造提升，打造一批数字街区、消费体验中心、创意时尚中心。积极促进住房消费，发挥好济南、青岛等骨干城市作用，增加优质地块供给和教育、医疗、交通等设施配套，新推出一批改善型高品质住宅项目。适应需求变化，扩大康养、休闲、度假等功能型住房消费。用好"认房不认贷"、降低首付、"带押过户"等政策，优化完善稳市场的具体措施，推进"青年优居计划"，更好满足居民刚性和改善性住房需求。

二是着力扩大有效投资。突出重点领域，抓住国家政策机遇，聚焦落实国家重大战略、防灾减灾、产业升级、民生保障等方面，谋划实施1.5万个省市县三级重点项目。健全策划、签约、建设、投产、运营全过程服务体系，落实好领导帮包、专班推进机制，促进项目早落地、快见效。突出要素保障，建立用地、资金、环境、能耗煤耗等要素需求"四张清单"，探索批次建设用地省级审批权下放，提高专项债使用集中度，落实省级能耗指标收储交易机制，优先保障重大项目落地。突出市场化社会化运作，一视同仁、平等对待民间投资项目，建立省级重点民间投资项目库，支持民间投资参与基础设施、科技创新、乡村振兴等重大项目，通过不动产投资信托基金试点、混合所有制改革等方式，鼓励民间投资盘活存量资产，引导各方面资本想投、敢投、能投，促进社会化投资活起来、热起来、强起来。

三是着力加快基础设施建设。提速建设交通强国示范区，力争完成投资3250亿元。坚持畅通通道、织密网络、建强枢纽、优化升级，着力打造现代化综合立体交通体系。推进雄商、济滨、津潍、潍宿等7个高铁项目，建成潍烟高铁，高铁通车里程突破3000公里。加快谋划高铁网、货运铁路网优化提升，争取德商等高铁纳入国家规划，力争开工莱临高铁，推进聊邯长高铁前期工作。开工临沂至徐州等高速公路项目，抓好泰安至东平等34个在建项目，建成临（淄）临（沂）高速等项目，高速公路通车里程达到8600公里。推动烟台机场二期开通运营，加快济南机场二期、枣庄机场等建设，推进新建聊城机场、迁建威海机场、升级滨州通用机场等前期工作。加快新万福河、微山船闸等项目建设，完成京杭运河主航道枣庄段整治工程，推动小清河与莱州湾港口河海联运。加快推进国家省级水网先导区建设，力争完成投资700亿元。推进东平湖蓄滞洪区安全建设，实施老湖区洪水南排、柳长河航道提升等工程，加快青岛官路、临沂双堠等水库建设，力争开工威海长会口水库，推进潍坊治源等6座大中型水库增容、125座病险水库水闸除险加固。实施沂河、徒骇河等11条骨干河道防洪提升，完成中小河流治理500公里以上。

（三）抓实抓好数字经济高质量发展。 落实全省数字经济发展大会部署，以数字变革新赛道引领形成经济发展新动能。

一是加力推进数字产业化。培强壮大一批龙头骨干企业，加快推进100个重大项目，力争信息技术产业营收增长10%以上。推动济南、青岛等市集成电路重点项目规模化量产，加快布局发展碳化硅、氮化镓等第三代半导体产业。建设省级软件工程技术中心30家左右，推出一批鲁版软件"名品"。大力发展先进计算、虚拟现实、超高清视频、新型电子材料等产业，培育10家左右数字产业集聚区。

二是加力推动产业数字化。发挥海尔卡奥斯、浪潮云洲、胜软云帆等国家级"双跨"平台作用，新培育50家省级工业互联网平台、30家"产业大脑"，打造典型应用场景100个。实施制造业数字化转型提标行动，新创建国家级智能工厂10家左右。建好国家中小企业数字化转型促进中心，优化政策供给，汇聚优质服务商500家以上，服务中小企业突破1万家，加快中小企业"上云用数赋智"。

三是加力夯实数字经济底座。部署高性能智能计算中心，统筹布局通用和垂直大模型算力，累计建成5A级省级新型数据中心25个以上，智能算力比例达到30%，建成"山东算网"。支持济宁建设鲁南算力中心。深入实施"双千兆"网络系统工程，打造典型应用项目500个以上，新开通5G基站4万个。加快新型广电网络建设。新建一批工业互联网标识解析二级节点。开展数据资产化试点、数据知识产权登记试点。

（四）抓实抓好重点领域改革。以改革提效率、强信心、优环境，有效激发市场和社会活力。

一是持续深化市场化改革。制定服务和融入全国统一大市场配套政策，争取国家要素市场化综合改革试点落地。实施国企改革深化提升行动，加强管理、管控风险、做强主业、提质增效。加强财政资源统筹，提高财政资金使用效益。推进恒丰银行发展不断向好，深化农商银行等金融机构改革，抓好科创金融、普惠金融、绿色金融改革试点，推进数字金融、养老金融创新发展。

二是持续优化民营经济服务机制。深入实施民营经济发展促进条例，在权利公平、机会公平、规则公平上出实招、求实效。依法保护民营企业和企业家合法权益，完善涉企政策征求相关利益主体意见机制，做好涉企政策废改立工作，优化融资环境，创新金融伙伴机制，加大民营企业上市培育力度。弘扬新时代企业家精神和儒商精神，尊重企业家、关心企业家，加大民营企业家培养培训力度，让广大企业家放眼世界、扎根山东、安心创业。

三是持续打造一流营商环境。推动修订优化营商环境条例，实施新一轮营商环境创新提升行动，健全"高效办成一件事"常态化推进机制，畅通"面对面会商""省长直通车"等渠道，发挥好"鲁力办"督查落实平台作用，真正做到"接诉即办"，不断提升经营主体满意度、获得感。推进数字政府建设，动态推出"一件事一次办"应用场景，更大力度推进惠企政策直达快享、免申即享。切实治理拖欠账款、"新官不理旧账"以及招投标等领域突出问题。健全政企沟通常态化机制，深化联系服务民营企业和商协会制度，落实政商交往负面清单，全面构建亲清政商关系。

（五）抓实抓好打造对外开放新高地。着力深化对外经贸合作，巩固外贸外资基本盘，积极扩大高水平对外开放。

一是培强做大外贸新动能。大力拓展新市场，叫响"好品山东 鲁贸全球"品牌，组织境外展会260场左右，访总部拓市场，深耕欧美日韩，更大力度发展东盟、中亚、中东、拉美、非洲新兴市场。大力培育新业态，通过金融赋能、前展后仓、市场双向共建等方式，做大跨境电商、市场采购贸易和保税混配混兑业务规模。提升中间品出口优势，扩大"新三样"、绿色低碳产品、二手车出口。支持加工贸易提档升级，加快发展服务贸易、数字贸易，推动文化贸易"千帆出海"。大力塑造新优势，精准解决外贸企业融资、信保、担保、参展等问题。积极争取国家内外贸一体化试点。打造进出口供应链头部企业，构建产运贸全链条一体化模式，扩大油气、粮食、铁矿石、煤炭等大宗商品进口。

二是聚力加强双招双引。持续开展"投资山东"招商系列活动，主动对接世界500强和行业领军企业，引进一批新的制造业投资项目。抢抓放宽服务业市场准入机遇，加大金融业等领域引资力度。鼓励外资企业利润再投资。创新"飞地""飞企"模式，推动人才、团队、项目、资金一体落地。发挥跨国公司领导人青岛峰会、新加坡山东周、人才创新发展大会等平台作用。办好港澳山东周、鲁台经贸洽谈会，推动华商企业科创合作，推进海峡两岸产业合作区建设。支持"以商招商""以才引才"，让山东成为投资兴业的福地、施展才华的宝地。

三是建强用好开放平台。上合示范区，主要是做好引进国际国内一流开发运营商、环境营造和功能配套、打造上合国际枢纽港、"丝路电商"服务基地等工作，争取更多国家设立签证中心，举办上合组织国际投资贸易博览会，推进上合国际城建设，开展友城合作，不断扩大国内国际影响力。济南新旧动能转换起步区，主要是交通、产业、生态、配套一起抓，实施好102个重点项目，推动未来产业园、总部经济区等落地，谋划建设中新（济南）绿色智慧示范区，启动建设标志性建筑、黄河风貌带示范段、鹊山湖公园等项目，高标准规划重大防灾减灾基础设施，推进穿黄隧道、轨道交通7号线、黄河大道二期等建设。自贸试验区，主要是加快落实140项试点任务，形成30项以上制度创新成果。深化与海南自贸港、省内联动创新区合作。推动生物医药、国际贸易、海洋经济全链条发展，拓展新型离岸贸易、网络货运等新业态新模式。各类开发区和省级新区，主要是全面对标国内最高水平进行提升，确保主要指标有新发展。各类园区集中打造1—2个主导特色产业集群。强化综保区赋能提质，培育壮大保税维修、保税物流等新业态。

四是积极融入共建"一带一路"。对接高质量共建"一带一路"八项行动，落实"中亚三国"项目成果。增加中欧班列"上合快线""日韩陆海快线"线路，创新发展跨境电商、冷链等特色班列，支持申建中欧班列集结中心。高水平建设16家境外经贸合作区。实施便利化政策，吸引更多外籍人员来鲁经商、学习、旅游、深化国际人文交流。

（六）抓实抓好乡村振兴齐鲁样板提档升级。以"千万工程"经验赋能乡村振兴，坚持不懈抓好"三农"工作。

一是扎实推动"齐鲁粮仓"建设。坚决遏制耕地"非农化""非粮化"，改革完善耕地占补平衡制度，分类稳妥开展违规占用耕地整改复耕，不搞"一刀切"。坚持稳面积、增单产两手发力，建设一批高标准农田示范区，健全种粮农民收益保障机制，粮食播种面积稳定在1.25亿亩以上。实施主要粮油作物大面积单产提升行动，建设46个单产提升整建制推进县，支持德州、聊城等开展"吨半粮"产能建设。强化农业科技创新平台建设，建好农作物、畜禽、水产等种质资源库，开展玉米、小麦、大豆等种源技术联合攻关，培育20个以上突破性新品种，做强做大山东种业。推动黄河三角洲国家农高区创新发展。编制实施盐碱地综合利用总体规划，试验示范耐盐碱新品种30个以上。进一步提高粮食烘干服务能力，新改建一批加工仓储设施，推进粮食全链条减损。召开第二届国际粮食减损大会。

二是扎实推动乡村产业富民。启动优势特色农业全产业链提质增效试点，开展地理标志运用促进工程，做强粮食、蔬菜、林果、畜禽、渔业等产业集群。做好"土特产"文章，支持寿光、兰陵、莘县等地打造蔬菜品牌，编制枣庄石榴、乳山牡蛎、黄河故道桑黄、冠县灵芝、阳信肉牛等乡土产业发展规划。发展新型农业经营主体和社会化服务，实施农业龙头企业提振行动，培强100家左右领军企业，建设100家以上智慧农业应用基地，做强"齐鲁农超"数字化平台，加快把农业建成现代化大产业。

三是以示范片区引领和美乡村提升。以县域为单位做好村和片区规划，做实国有企业与片区"一对一"合作，新创建省级示范片区70个左右。因村因地制宜，全要素推进乡村"五个振兴"，推动片区内党建联合、资源整合、产业融合、人才聚合。集中力量办成一批群众可感可及的实事，推动农村危房改造和现代宜居农房建设。新改建农村公路7000公里。深化农村供水水质提升行动，提升城乡供水一体化率。巩固脱贫攻坚成果。加大村庄人居环境综合整治力度。深化数字乡村试点，为乡村全面振兴插上"云翅膀"。

（七）抓实抓好以人为本的新型城镇化建设。以县城为重要载体，以提升城镇综合承载能力为重点，推动城乡融合发展。

一是着力优化城镇发展格局。分类引导县城发展，聚焦补齐产业培育、公共服务、环境卫生、市政公用等短板弱项，支持10个国家级和10个省级县城城镇化试点。实施强县领跑、弱县跨越等计划，力争"千亿县"建设取得新突破。深化小城镇创新提升行动，培育100个卫星镇、特色专业镇、县域次中心镇。推动特色小镇打造微型产业集聚区。强化镇村设施连接，促进各类要素双向流动。

二是着力深化城市更新攻坚行动。实施城市更新"十大工程"，稳妥推进160个老旧片区综合更新，开工城镇老旧小区改造56万户，加快城中村改造、"平急两用"公共基础设施项目建设。实施城市社区嵌入式服务设施建设工程，提升物业管理水平。加快完善市政设施网，更新老化燃气管道600公里，因地制宜推进地下综合管廊建设。新增绿色建筑1亿平方米以上。以绣花功夫抓好城市治理，推进智慧城市、韧性城市建设，系统治理交通拥堵、停车难等"城市病"，筹办园林博览会，完善城市公园和绿道体系，新创建一批国家园林城市，让城市更加宜居、更有温度、更具魅力。

三是着力推进农业转移人口市民化。加强流动人口服务，健全县级基本财力保障奖补资金与常住人口挂钩机制，全省常住人口城镇化率达到66%以上。全面落实流动人口随迁子女入学政策，将常住流动人口基本公共卫生服务经费纳入公共财政支出预算。开工保障性住房8000套，新筹集保障性租赁住房4.7万套，把符合条件的农民工纳入保障范围。

（八）抓实抓好区域协调发展。更好发挥山东半岛城市群龙头作用，优化"一群两心三圈"区域发展格局。

一是深化沿黄全面合作。加强与沿黄省份交通、产业、生态等领域协作，争创国家区域科技创新中心，谋划建设沿黄陆海大通道。引导省内沿黄9市一体化发展，支持泰安建设省黄河流域生态保护和高质量发展先行区。认真贯彻黄河保护法，实施黄河下游防洪工程，完成22处河道整治、11座引黄涵闸改建。落实"四水四定"要求，实施23处大中型灌区现代化改造，抓好再生水利用国家试点，大力发展节水产业。推动黄河口国家公园获批和高质量建设，完成黄河流域入河排污口溯源整治。

二是主动服务和融入国家区域重大战略。支持德州、聊城、滨州等市对接京津冀，主动承接产学研转移。加强与中原城市群对接合作，把山东半岛打造成黄河流域乃至中亚重要出海口、旅游目的地、产业隆起带。面向长三角城市群、粤港澳大湾区，加强科技合作、产业对接、市场开拓，提升临沂商城能级，推动鲁南城市片区转型发展。支持济宁、枣庄大力发展内河航运，培优育强鲁南物流能源廊带，推进国家可持续发展议程创新示范区建设。实施新一轮突破菏泽鲁西崛起行动，促进沂蒙革命老区高质量发展。

山东处于东北亚区域经济的中心地带，东联日韩，西接"一带一路"，具备构建东西互联互通大通道的天然条件。要积极探索扩大开放合作的新路径、新方法，为加快构建双循环新发展格局作出山东贡献。

三是高水平建设济南青岛两大都市圈。济南都市圈，以实施"强省会"战略为牵引，抓好城际高铁、跨区供热等重大项目建设，推动济南、淄博、泰安、聊城、德州、滨州等城市协同融合发展。青岛都市圈，以实施"强龙头"战略为抓手，推进交通、产业、民生、安全等领域50个重大项目，加快突破青潍日同城化、青烟一体化。支持烟台建设绿色低碳高质量发展示范城市。发挥济青高质量发展轴带作用，推进济青高铁"公交化"运营，沿胶济铁路打造科创走廊、世界级先进智造集聚带。

四是加快推动陆海联动发展。建强用好国家深海基因库、深海标本样品馆、深海大数据中心三大平台，持续壮大海工装备、海洋生物医药、智慧海洋等优势产业集群，加快推进海水淡化工程。建设长岛"蓝色粮仓"海洋经济开发区。深入实施世界级港口群建设三年行动，加快青岛港董家口港区矿石码头等项目，一体推进智慧海关、智慧港口、智慧口岸建设，沿海港口吞吐量力争突破20亿吨。编制海岸带及海洋空间规划，筑牢蓝色生态屏障。

（九）抓实抓好降碳减污扩绿。扎实推进美丽山东建设，打造绿色低碳发展高地。

一是着力强化节能降碳。提速五大清洁能源基地建设，建成渤中海上风电等项目，开工石岛湾核电扩建一期、首批集中式陆上风电等项目，新能源和可再生能源发电装机突破1亿千瓦。加快地热能开发利用示范工程。推进潍坊、泰安、枣庄等抽水蓄能和临沂光储氢一体化等项目建设，建成肥城盐穴压缩空气、寒亭电化学储能等项目，新型储能规模达到500万千瓦以上。探索"源网荷储"一体化发展模式，打造绿电生产样板区。"一业一策"推进高碳行业减排，新培育省级以上绿色工厂200家、绿色工业园区20家。完善废钢铁、废铜铝、废旧动力电池等循环利用政策体系。抓好碳排放双控先行探索，深化近零碳创建、生态产品价值实现机制试点。支持烟台建设丁字湾国际绿色低碳开放合作区。支持东营打造碳捕集利用与封存全产业链示范基地。

二是着力深化污染防治。坚决打好蓝天碧水净土保卫战，推动氮氧化物和挥发性有机物减排，开展大气污染治理设施排查整治。推动重点行业环保绩效提级，推进通道城市焦化产能有序退出。加快"两清零一提标"，改造市政雨污合流管网600公里，城市生活污水处理厂提标改造率达到54%。全域开展"无废城市"建设，深入推进生活垃圾分类。抓好中央生态环保督察反馈问题整改，开展第三轮省级生态环保督察。

三是着力加强生态保护和修复。严格生态环境分区管控，上线公众版"三线一单"数据应用平台。建好北方海洋环境应急处置中心、黄海海洋辐射监测基地，抓好全国首家陆海统筹生态治理重点实验室建设。深入落实河长制、湖长制、林长制、湾长制，实施沂蒙山、莱州湾、大运河、小清河等重点区域生态修复工程。推进科学绿化试点示范省建设，完成精准造林10万亩。积极争创国家级美丽河湖海湾，绘就绿水青山生态齐鲁新画卷。

（十）抓实抓好文化繁荣兴盛。坚定践行习近平文化思想，深入推进文化"两创"，加快文化强省建设步伐。

一是打响齐鲁优秀传统文化品牌。深化儒家文化、齐文化等挖掘阐发，加快长城、大运河、黄河国家文化公园山东段建设，突出抓好"四廊一线"重点项目。强化文化遗产保护传承机制，实施"山东文脉""文物活化"等工程，推进《齐鲁文库》编纂，建好齐鲁文献数字化文库。推进中华文明探源工程，擦亮"海岱考古"品牌，开展第四次文物普查。做好古城镇、古村落、古建筑、古街古巷、古树等保护工作。办好尼山世界文明论坛。进一步弘扬沂蒙精神，加快沂蒙、胶东、渤海、鲁西等红色文化片区建设，让红色基因融入血脉、代代相传。

二是大力发展文化事业文化产业。践行社会主义核心价值观，做实"五为"文明实践，实施传统节日振兴工程。健全文化名师大家培养机制，推动山东哲学社会科学繁荣发展。推进齐鲁文艺高峰计划，塑造鲁剧包括网络鲁剧新优势。建好齐鲁文化云，一体推进乡村文化振兴和城镇文化社区建设，制定文化惠民清单，建设城市艺术综合体、文化驿站、城乡书房等350个。开展小戏小剧杂技创演、公益电影进校园进乡村进社区等活动。推动共建共享"大众"等新媒体平台，建好用好市县融媒体中心。实施百家数字文化企业创新工程，加快推动"山东手造"走出去。办好中国国际文化旅游博览会、山东文化艺术节。积极备战参赛巴黎奥运会、第十四届全国冬运会。加强经济宣传和舆论引导，讲实讲好新时代"山东故事"。

三是促进文旅深度融合发展。大力发展研学游、非遗游、民俗游、文博游，打造一批休闲度假、旅游演艺、邮轮旅游、户外运动等优质产品，推出一批温泉旅游、冰雪运动等示范项目。推进景区焕新，新增4A级以上景区不少于10家。加快休闲度假酒店集群、旅游民宿集聚区建设，力争年内五星级饭店达到48家。建设旅游公路900公里，打造省级以上体育旅游精品线路6条。办好旅游发展大会，以市场化方式举办乡村旅游节、生态旅游节、国际旅游周。开展旅游服务质量提升行动，持续做强"好客山东 好品山东"品牌，让山东成为国际知名旅游目的地。

（十一）抓实抓好提高人民群众生活品质。把保障改善民生作为一切工作的出发点和落脚点，滚动实施20项重点民生实事。

全力稳就业促增收。推进高质量充分就业省份建设，支持就业容量大的行业企业稳岗扩岗，强化促进青年就业政策措施。实施"社区微业"行动，积极推广以工代赈，新开发城乡公益性岗位10万个。实施"创业齐鲁"行动，新培育20个省级创业街区。探索重点行业领域招录退役军人"直通车"模式。健全终身职业技能培训体系，新增高技能人才15万人。多渠道增加城乡居民收入，探索多层次多领域促进共同富裕有效路径。

全力推进优质教育。优化教育布局，提升供给质量。推动学前教育普惠发展，省一类以上幼儿园占比达到60%。新增一批义务教育优质学校和寄宿制学校，乡村中小学强校扩优覆盖率达到60%。推进省域现代职业教育体系新模式试点，建设国家"双高计划"高职学校15所、省高水平中职学校100所。深入实施高等教育一流学科建设"811"项目，支持山东大学等驻鲁部属高校迈向国际一流，推动省属高校高质量发展，抓好康复大学建校招生、空天信息大学筹建。推进特殊教育提升行动。引导规范民办教育发展。深化全环境立德树人，实施新时代强师计划。教育寄托着每个家庭的希望，必须精心扎实办好，切实让群众满意。

全力织密社会保障网。落实企业职工基本养老保险全国统筹，持续推进人才年金试点。实施职工医保、工伤保险省级统筹，门诊慢特病跨省直接结算率达到70%以上。关心物业、环卫、家政从业群体社会保障问题，开展外卖骑手、网约车司机等新就业形态职业伤害保障试点，完善基层医保服务网络。保障农民工工资按时足额发放。落实防止返贫监测帮扶机制，动态调整困难群众救助标准，分层分类做好社会救助和常态化帮扶，托养服务困难残疾人3万名以上，让更多的保障举措，温暖每个有需要的人。

全力深化健康山东建设。支持齐鲁医院、省立医院等积极创建国家医学中心、国家临床医学研究中心，建设10家中西医协同"旗舰"医院，新培育12个国家临床重点专科。实施中医药振兴发展重大工程。加强儿科、急诊等专科建设，完善儿科医疗资源统筹机制。推进病房舒适化适老化改造，加快紧密型医共体建设，提升老年医学、精神卫生、医疗护理等服务能力。健全乡村卫生服务体系，改造提升1万个村卫生室，用三年时间将乡村医生轮训一遍，让更多群众在家门口享受到优质医疗服务。

全力提升"一老一小"服务。加强养老服务网络建设，大力发展社区食堂。研究制定银发经济发展支持措施，鼓励开发生活照护、康养疗养等服务产品。新增两证齐全医养结合机构30家、家庭养老床位1万张，实施特殊困难老年人家庭适老化改造1.5万户。稳步推进居民长期护理保险提质扩面。完善生育配套支持措施，多渠道增加托育服务供给，支持创建全国婴幼儿照护示范城市。实施孤儿助学工程和"护佑健康"项目，扎实推进残疾儿童康复救助，让每名孩子都茁壮成长。

（十二）抓实抓好守牢安全发展底线。增强"时时放心不下"的责任感，防范化解各类风险隐患。

一是提高本质安全水平。开展安全生产治本攻坚三年行动，落实落细"八抓20条"，压实责任，全方位开展隐患排查整治，深化化工行业安全生产整治提升，成立省化工安全研究院。加强矿山、交通、燃气、消防、建筑施工、海上安全等重点行业领域安全监管，抓好森林防灭火、防汛抗旱、防震减灾、极端天气等防范应对。推进全员安全文化建设，夯实基层基础。提升应急指挥、救援、物资保障能力。扎实做好食品药品、疫病防控等各领域安全工作。

二是维护经济金融安全。建好金融风险防控大数据平台。积极防范化解地方债务风险，落实城投公司举债融资提级管理制度。积极稳妥化解房地产风险，确保预售资金监管到位，扎实完成"保交楼"年度任务，促进房地产市场平稳健康发展。推动财力下沉，支持基层做好"三保"工作。

三是确保能源供应安全。大力改造提升传统电源项目，争取外电入鲁1300亿千瓦时以上、绿电占比提高到20%左右。促进油气增储稳供，沿海液化天然气年接卸能力达到1500万吨以上。开展新一轮找矿突破战略行动。

四是推进社会治理创新。坚持和发展新时代"枫桥经验"，完善网格化服务管理，健全社区工作者职业体系，鼓励社会组织积极参与，提高社会治理精细化数字化水平。建立健全"一站式"矛盾纠纷多元化解机制，强化信访工作法治化建设和源头治理。以铸牢中华民族共同体意识为主线推动新时代党的民族工作高质量发展，探索我国宗教中国化的"山东路径"。推进社会治安防控体系现代化建设，推动公共安全治理模式向事前预防转型，严厉打击电信网络诈骗犯罪，常态化推进扫黑除恶，维护社会大局和谐稳定。

各位代表！山东是驻军大省、兵员大省、安置大省、拥军大省。要大力支持国防和军队建设，强化国防动员和后备力量工作，强化国防教育，强化退役军人和双拥工作，谱写军政军民团结新篇章。

各位代表！一分部署，九分落实。各级政府要按照"不折不扣抓落实、雷厉风行抓落实、求真务实抓落实、敢作善为抓落实"的要求，切实当好执行者、行动派、实干家。一要坚决铸牢政治忠诚。坚持不懈用党的创新理论凝心铸魂，巩固拓展主题教育成果，深刻领悟"两个确立"的决定性意义，增强"四个意识"、坚定"四个自信"、做到"两个维护"，不断提高政治判断力、政治领悟力、政治执行力，始终在思想上政治上行动上同以习近平同志为核心的党中央保持高度一致。二要坚决做到依法行政。强化法治意识，依法决策、依法办事，加强重大决策合法性审查、公平竞争审查。依法接受人大监督，自觉接受政协民主监督，主动接受社会各界和舆论监督，加强审计监督、财会监督。政府工作人员要自觉接受法律监督、监察监督和人民监督。持续深化政务公开，精准做好政策宣传解读。深化法治政府示范创建，落实法律顾问制度，实行行政执法事项清单管理，推开涉企执法阳光监督改革，让法治成为政府工作的鲜亮底色。落实机构改革部署，确保职能到位、职责到位。三要坚决做到为民务实。始终把人民放在心中最高位置，树牢造福人民的政绩观，大兴调查研究，坚持"四下基层"，发挥"四进"机制作用，用心用力用情解决群众急难愁盼问题。把高效办事与为基层减负结合起来，不断提高行政效能。力戒形式主义、官僚主义，想问题、作决策、办事情，做到严谨细致、一丝不苟，认真较真、精益求精，坚决防止大而化之、敷衍了事，甚至弄虚作假。精打细算过紧日子，严控一般性支出，严格节约办会，压缩论坛等活动，严禁搞面子工程、形象工程，腾出更多财政资源稳增长、保民生。四要坚决做到清正廉洁。坚持全面从严治党，深入推进党的自我革命，严格落实中央八项规定及其实施细则精神和省委实施办法，把巡视、审计等问题整改和政府系统党风廉政建设结合起来，持续加强新时代廉洁文化教育，一体推进不敢腐、不能腐、不想腐，以清廉之心践行初心使命、永葆政治本色。

　　各位代表！海岱日新征程阔，拼搏实干勇向前。让我们更加紧密团结在以习近平同志为核心的党中央周围，在中共山东省委坚强领导下，砥砺前行、锐意进取，奋力开创新时代社会主义现代化强省建设新局面，为以中国式现代化全面推进强国建设、民族复兴伟业作出新的更大贡献。

河 南 省

政府工作报告

——2024年1月28日在河南省第十四届
人民代表大会第二次会议上

省长 王 凯

各位代表：

现在，我代表省人民政府，向大会报告工作，请予审议，并请省政协委员和其他列席人员提出意见。

一、2023年工作回顾

过去一年，面对深刻变化的外部环境和艰巨繁重的发展任务，我们坚持以习近平新时代中国特色社会主义思想为指引，始终牢记习近平总书记"奋勇争先、更加出彩"的殷殷嘱托，在省委坚强领导下，全力以赴攻难关、解难题、防风险，经济稳的基础持续巩固，内生动力持续增强，民生保障持续改善，"十大战略"深入实施，"两个确保"扎实推进，中国式现代化建设河南实践迈出坚实步伐。

（一）**经济运行整体向好。**全年生产总值增长4.1%，一般公共预算收入增长6.2%，工业投资增长8.9%，技改投资增长17.4%，社会消费品零售总额增长6.5%，居民人均可支配收入增长6.1%，粮食产量1324.9亿斤，经营主体1094万户。"三个一批"产业项目9262个、总投资6.8万亿元。济郑高铁全线贯通，率先在全国建成米字形高铁网。郑许市域铁路通车，安阳红旗渠机场投运，贾鲁河综合治理全面完工，引江济淮工程、小浪底南岸及北岸灌区等一批重大基础设施建成。

（二）**创新能力明显提升。**全社会研发投入强度突破2%，技术合同成交额增长33.4%，发明专利授权量增长20.3%。形成中原科技城、中原医学科学城、中原农谷"三足鼎立"科技创新大格局。建设省实验室16家、产业研究院40家、中试基地36家、创新联合体28家。全国重点实验室达到13家，国家级创新平台增至172家。规上工业企业研发活动覆盖率达70.9%。高校"双一流"建设扎实推进，5个学科进入ESI全球前1‰，80个学科进入前1%，上海交通大学、北京理工大学郑州研究院揭牌运行。常俊标、康相涛等6位科学家当选"两院"院士。

（三）**产业升级步伐加快。**7个先进制造业集群28个重点产业链加快构建。战略性新兴产业增加值增长10.3%，高技术制造业增加值增长11.7%，电子信息、装备制造等五大主导产业增长10.9%，占规上工业比重超过46%。国家级专精特新"小巨人"企业达到394家、高新技术企业1.2万家、科技型中小企业2.6万家，新增规上工业企业2785家。新增上云企业3万家、智能工厂和车间186个。比亚迪新能源汽车、上汽乘用车二期正式投产，整车产量突破100万辆。洛阳百万吨乙烯项目开工建设。国家超算互联网核心节点项目启动，龙芯中科中原总部基地建成投用。新一轮找矿行动实现重大突破。

（四）乡村振兴有力推进。全力应对极其罕见的"烂场雨"，打赢了"三夏"攻坚战，最大限度减少了损失，最大程度保护了农民利益。实施秋粮增产夺丰收行动，克服"华西秋雨"的不利影响，秋粮产量达614.8亿斤、增产19.6亿斤，实现了以秋补夏。完成国家153万亩大豆玉米带状复合种植、2415万亩油料种植、535万亩高标准农田建设任务。耕地面积连续三年实现净增，累计超过100万亩。国家级现代农业产业园达12个、优势特色产业集群7个。新创建5个国家乡村振兴示范县，6个乡镇和60个村入选全国乡村治理示范村镇。脱贫攻坚成果持续巩固，脱贫人口人均纯收入增长13.1%。

（五）改革开放深化拓展。组建中国金刚石集团、河南钢铁集团、中豫航空集团等龙头企业，推进新材料、电子信息、生物医药等重点领域战略性重组和专业化整合，国企改革保持全国第一方阵。全面开展营商环境综合配套改革，建成惠企政策"免申即享"平台、省营商环境投诉举报中心，新增175个事项免证可办，7195个事项实现"掌上办"。开发区"三化三制"改革全面落地。郑州机场全货机航线拓展至49条，中欧班列累计突破1万列，海铁联运集装箱发运增长78.1%。宇通客车出口突破万辆、居全国第一，有进出口实绩企业超过1.1万家。新郑综保区进出口规模居全国第一，开封综保区封关运行。新设外资企业增长40.9%。成功举办全球豫商大会、中国侨商投资大会、第十四届投洽会等经贸活动。

（六）生态环境不断改善。$PM_{2.5}$浓度下降5%，优良天数增加5.9天。全省160个国控断面中Ⅲ类及以上水质断面占比优于国家目标8个百分点。土壤环境质量保持总体稳定。黄河流域生态保护治理深入实施，累计修复历史遗留矿山10.2万亩、湿地2.3万亩。治理水土流失面积70.1万亩。新增风电和光伏发电装机规模居全国第2位，可再生能源发电装机6706万千瓦、占比48.2%。新增省级以上绿色工厂和园区198个，规上工业单位增加值能耗下降4.5%。

（七）民生事业全面进步。城镇新增就业119.3万人，新增农村劳动力转移就业48.9万人，高校毕业生综合就业率90.2%。开展职业技能培训428.7万人次，新增技能人才328.8万人。退休人员基本养老金、农村低保标准和城乡居民基础养老金、医保人均财政补助标准稳步提高。实施特殊困难老年人家庭适老化改造7.5万户，279个乡镇敬老院转型为区域养老服务中心。新改造老旧小区38.9万户。就医少跑腿等7项便民利民"微改革"效果让人民群众可感可及。获批设立中国现代农业联合研究生院、郑州美术学院、信阳师范大学，高校总数达到168所。普通高中多样化特色化发展取得明显成效，新开工建设乡镇寄宿制小学150所，新扩充幼儿园公办学位13.5万个。国家区域医疗中心达到12家，105个县域医疗中心全部达到二甲水平。召开全省文旅文创发展大会，中华文明探源、考古中国等重大课题取得阶段性成果，文博热、非遗热、诗词热持续升温，洛阳文旅火爆"出圈"、跻身"顶流"。仰韶村、二里头国家考古遗址公园开园，建成城市书房、文化驿站等新型公共文化空间3012个。成功举办省第十四届运动会暨第八届残疾人运动会。"三零"平安单位（村、社区）创建不断深化，信访积案专项治理成效明显，常态化推进扫黑除恶斗争，社会大局保持稳定。

一年来，我们以深入开展学习贯彻习近平新时代中国特色社会主义思想主题教育为强大动力，全面正确履行政府职能，自觉接受人大及其常委会监督、政协民主监督和社会监督，强化审计监督，持续纠治"四风"，政府自身建设不断加强。大力支持国防和军队现代化建设，完成深化国防动员体制改革任务，扎实开展全民国防教育和双拥共建工作，国防动员建设、军民融合发展迈出新步伐。工会、共青团、妇女儿童、科协、红十字、慈善等事业实现新发展。民族宗教、外事、侨务、港澳、对台、援疆等工作取得新成绩。

各位代表，过去的一年，我们在曲折中发展、艰难中前行，历程很不平凡，成绩殊为不易。这根本在于习近平总书记掌舵领航，在于习近平新时代中国特色社会主义思想科学指引，是省委坚强领导的结果，是省人大、省政协和社会各界有效监督、鼎力支持的结果，是全省人民拼搏进取、团结奋斗的结果。在此，我代表省人民政府，向全省各族人民，向驻豫人民解放军、武警部队官兵和消防救援队伍指战员，向各民主党派、工商联、各人民团体及各界人士致以崇高敬意！向关心支持河南发展的港澳台同胞、海外侨胞、国际友人表示衷心感谢！

同时，我们也清醒认识到，工作中仍存在不少问题和不足，经济持续回升向好的基础还不牢固，居民消费和企业投资的意愿还不够强，部分中小企业经营困难。新兴领域存在短板，关键核心技术"卡脖子"问题依然突出。地方债务、房地产、中小金融机构风险交织，稳增长、保民生的压力较大。一些地方盲目发展、粗放发展带来的各类隐患不容忽视，安全和环境事故时有发生。一些干部作风不实，形式主义、官僚主义现象依然存在。我们一定直面问题，全力做好各项工作，决不辜负人民重托！

二、2024年工作总体要求和主要目标

做好今年工作总的要求是，坚持以习近平新时代中国特色社会主义思想为指导，全面贯彻落实党的二十大和二十届二中全会及中央经济工作会议精神，深入贯彻习近平总书记视察河南重要讲话重要指示，落实省第十一次党代会和省委十一届六次全会暨省委经济工作会议部署，坚持稳中求进工作总基调，完整、准确、全面贯彻新发展理念，紧抓构建新发展格局战略机遇，着力推动高质量发展，锚定"两个确保"，持续实施"十大战略"、推进"十大建设"，统筹扩大内需和深化供给侧结构性改革，统筹新型城镇化和乡村全面振兴，统筹高质量发展和高水平安全，切实增强经济活力、防范化解风险、改善社会预期，巩固和增强经济回升向好态势，持续推动经济实现质的有效提升和量的合理增长，增进民生福祉，保持社会稳定，全面推进中国式现代化建设河南实践，在强国建设、民族复兴新征程上奋勇争先、更加出彩。

主要预期目标是：经济增长5.5%，研发经费投入强度2.1%，规上工业增加值增长6.5%，固定资产投资增长7%，社会消费品零售总额增长7%，进出口平稳增长，一般公共预算收入增长5%，城镇调查失业率5.5%左右，城镇新增就业110万人以上，居民消费价格涨幅3%左右，居民收入增长和经济增长同步，粮食产量1300亿斤以上，单位生产总值能耗下降3%以上。

今年经济增长目标确定为5.5%，充分考虑了保障改善民生、引导社会预期的需要，充分考虑了"十四五"规划目标任务的完成，充分考虑了与经济潜在增长率相匹配，有利于提振发展信心、

凝聚各方力量，是积极的、有为的。但在世界百年变局加速演进、全球经济依然低迷、外部环境严峻复杂的背景下，实现这一目标并不容易，关键是要深刻把握时与势、危与机、利与弊，准确识变、科学应变、主动求变。当前，新一轮科技革命和产业变革突飞猛进，信息技术、生命科学、新能源、新材料等领域颠覆性迭代性技术催生了诸多新产业新业态新模式，绿色低碳、节能环保等方面新标准新规制推动了生产消费加速转型，深刻改变着经济发展的底层逻辑、技术路线、组织形态。我国经济加快向形态更高级、分工更优化、结构更合理的阶段演进，发展动力从主要依靠资源和低成本劳动力等要素投入转向创新驱动，正处于发展动能转换的窗口期、突破期。这些变化范围之广、程度之深、影响之大前所未有，抓住了就是机遇，抓不住就是挑战。"天上不会掉馅饼"。我们必须集中精力办好河南自己的事情，把工作的着力点放在加快培育新动能新优势、实现新旧动能转换质的突破上来，放在走好创新驱动高质量发展"华山一条路"、加快形成新质生产力上来，推动经济整体素质明显提升，在构建新发展格局中赢得战略主动。这是我们这一代人的使命，更是我们这一代人的责任！

三、2024年重点工作安排

围绕今年发展目标，重点抓好以下工作：

（一）提升创新能级，建设国家创新高地

加快建设"三足鼎立"创新大格局。推动中原科技城聚能增效，推进中原量子谷建设，启动省科学院北龙湖创新基地建设，加快产出和转化一批标志性科技成果，引进落地一流大学、科研机构

郑州研究院10家。推动中原医学科学城架梁立柱，争创国家医学中心、国家中医医学中心、中国医学科学院河南基地，谋划建设人体泛蛋白修饰组学等公共平台，吸引高端医疗装备、创新药物等头部企业入驻，加快建设生物医药大健康产业高地。推动中原农谷蓄势突破，实施国家生物育种产业创新中心二期工程，支持崖州湾国家实验室河南试验基地建设，开展一流种质资源库建设行动，建成种子质量检验检测中心、中原种业科技成果转化交易中心，新引入种业龙头企业15家以上，构建种业创新和成果转化高地。主动对接国家战略，谋划布局一批重大科技基础设施，努力使"两城一谷"成为国家战略科技力量的组成部分。

加快提升企业创新能力。高质量推进规上工业企业研发活动全覆盖，实现企业研发投入增长20%以上。支持28个重点产业链盟会长单位发起设立产学研联合基金。新增高校科技成果转化和技术转移基地5个、校企共建研发中心1000个。依托智慧岛体系加快构建科技企业孵化成长链条，在孵企业及团队实现倍增，新增高新技术企业1500家以上。

加快构建一流创新生态。持续深化创新发展综合配套改革。健全"揭榜挂帅"机制，全面落实科研项目经费"包干制"，探索重大项目专员制和科技攻关委托制。深化科技奖励改革及职务科技成果赋权改革。加快引育高端创新人才，深入实施中原英才计划，加强特聘研究员海内外选聘，大力引进培养一批高层次人才担任高校校长、学术副校长、科研院所负责人。新建一批院士工作站和30家中原学者工作站，培育中原学者、中原领军人才180人以上。构建"产学研用孵"有机贯通、开放协同的人才引育机制，形成良好的人才引育大生态和用人单位小气候，让广大人才安心创业、潜心创新、放心发展。

（二）构建现代化产业体系，推进新型工业化

围绕建设制造业强省，实施制造业重点产业链高质量发展行动，壮大7个先进制造业集群28个重点产业链，向下梳理延伸N个专精特新细分领域，串珠成链、聚链成群，力争到2025年产业规模突破7万亿元。

新型材料产业集群。聚焦超硬、关键金属等先进基础材料，新型电池及储能、高性能纤维、高纯石英等关键战略材料，功能性金刚石、高熵合金、智能仿生等前沿新材料，推动产品高端化、结构合理化、发展绿色化、体系安全化。加快平顶山百万吨尼龙切片、漯河金大地氟硅新材料、商丘力量钻石科技创新产业园、中铝鹤壁镁基新材料、濮阳赛能多晶硅等项目建设。

新能源汽车产业集群。聚焦整车、零部件、后市场一体发展，以郑州、航空港区、开封等地为中心发展整车，洛阳、新乡、许昌、鹤壁等地重点发展动力电池、电机电控、汽车电子等关键零部件特色集群。推动郑州上汽新能源电池工厂、洛阳中州时代新能源电池产业基地等项目尽快投产，争取宇通、比亚迪、上汽、奇瑞等企业生产投放更多畅销车型、中高端车型。争取更多拥有先进核心智能技术的车企布局。

电子信息产业集群。聚焦高端屏、智能端、专用芯、传感器和新算力，推动中国（郑州）智能传感谷建设提档加速，加快实施航空港区新型显示基地、紫光智慧终端产业园、合晶大尺寸硅片二期、超聚变全球总部和研发中心、河南电子半导体产业园等项目，吸引芯片、存储、基础软件上下游企业集聚成群。

先进装备产业集群。聚焦新型电力装备、工程机械、农机装备、机器人和数控机床，实施重大技术装备攻关工程，推动部件产品向高品质高性能跃升、单机产品向系列化成套化发展、成套产品向高端化智能化服务化迈进。加快洛阳航空装备智创产业园、许昌智能电梯产业链研发基地、新乡低碳智能装备产业园、鹤壁卫星互联智造基地、南阳中欧产业园、豫东南高新区绿色能源装备产业园等项目建设。开展原创性探索性科学仪器设备研制，加快新一代智能仪表研发与产业化。争创新型电力装备、先进农机装备国家级先进制造业集群。支持豫北航空经济协作区建设。

现代医药产业集群。聚焦生物药、化学药、现代中药、高性能医疗器械和医用卫材，加强关键原辅料、高端创新药等研发攻关。支持郑州、新乡、洛阳等地布局生物药，驻马店、商丘、周口、开封、平顶山等地发展化学药，南阳、信阳、济源等地建设现代中药生产基地。推进华兰生物医药研发及智能化生产基地、国药生命科学谷、驻马店原料药与医药中间体"超级工厂"等项目建设。

现代食品产业集群。聚焦休闲食品、冷链食品、预制菜、酒饮品，建立"产、购、储、加、销"一体化现代食品全产业链条。实施牧原产业链融合发展示范区、双汇第三工业园、益海嘉里现代食品产业园等重大项目。支持蜜雪冰城、锅圈食汇等企业创新三二一产业融合发展模式。

现代轻纺产业集群。聚焦服装、家纺、智能家电、定制家居，推动产业时尚化个性化品牌化绿色化发展。加快信阳阳光纺织服装产业园、新乡化纤生物质纤维产业化、郑州奥克斯智能空调等项目建设。

拓展商业航天、低空经济、氢能储能、量子科技、生命科学等领域，积极开辟新赛道，建设国家未来产业先导区。支持开发区突出主业特色发展，培育20个转型升级示范区。支持安图生物等优势产业链链主企业完成自主可控关键核心技术攻关任务。支持平煤神马等有条件的企业进入世界一流企业行列。到2025年累计培育专精特新企业5000家，规上工业企业发展到3万家、实现数字化转型全覆盖。

（三）激发有潜能的消费，扩大有效益的投资

促进消费扩容提质转型。优化消费环境，开展"放心消费行动"，落实带薪休假制度，增加公共服务支出，创新消费金融产品，健全线上线下一体化监管机制，维护消费者合法权益。培育壮大新型消费、改善性消费、升级性消费。大力发展数字消费、绿色消费、健康消费，支持发展即时零售、智慧商店等新零售，促进直播电商、社交电商等多样化发展。积极培育体育赛事、国货"潮品""美豫名品"等新的消费增长点，打造地标商圈、特色街区、流量首店，建设品牌消费集聚区和国际消费中心城市。

挖掘文旅消费潜力。加快文旅文创融合，把"行走河南·读懂中国"打造成为高识别度、高传播度、高美誉度的国际知名文旅品牌，力争游客接待量突破10亿人次、综合收入突破1万亿元。深入推动甲骨文保护整理、文创开发，将殷墟甲骨文打造成为中华文化新地标、中原文旅新名片。推动国家夏商文明考古研究中心建设，加快汉魏故城遗址博物馆和双槐树、北宋东京城等国家考古遗址公园建设，统筹推进世界级大遗址保护走廊和国家级博物馆群建设，打造中华文明连绵不断的探源地、实证地和体验地。推进文旅资源整合，围绕黄帝故里、老家河南、天下黄河、华夏古都、中国功夫等中华文化IP，建设10条具有国际范、中国味、中原韵的精品线路。运用数字技术赋能文物保护修复和综合利用，打造寻迹洛神赋、问道函谷关等沉浸式、体验式、互动式展示项目，提升文旅产业的时尚度、吸引力。

加快传统消费转型。支持刚性和改善性住房需求，积极推进保障性住房建设，着力解决新市民、青年人等群体住房困难问题。开展汽车、家电等消费品下乡和以旧换新活动。支持老字号企业拓展市场，培育餐饮消费品牌。支持胖东来等流量商超发展。推动平台经济发展，以数字化驱动生活性服务业向高品质和多样化升级，提升商贸、教育、医疗健康等生活性服务业数字化水平，促进消费新业态、新模式、新场景的推广普及，推动线上线下消费和不同业态消费协同发展。

促进投资提速增效。工业投资增长10%以上、技改投资增长20%以上，省重点项目完成投资1万亿元，基础设施投资增长10%。加快京港澳、连霍等骨干通道智慧化改造，争创国家智慧高速试点。加快建设雄商高铁、平漯周高铁和郑州南站，开工建设焦济洛平高铁、南信合高铁、京港高铁阜阳至黄冈段，建成菏泽至兰考高铁。开工建设商丘机场和南阳机场改扩建工程，加快推进郑州机场三期扩建工程和周口、鲁山、潢川等支线机场项目。开工建设周口港小集作业区、集装箱吞吐能力达到200万标箱，力争到2025年全省港口吞吐量达到1亿吨。加快许昌能信、南阳电厂二期等煤电项目建设，开工灵宝、汝阳等抽水蓄能电站，积极谋划外电入豫新通道，实施1000个源网荷储一体化示范项目，建设一批新能源产业基地，力争2025年新能源装机达到8000万千瓦。加快新型基础设施建设，力争5G基站达到21.6万个、数据中心标准机架数达到20万架，新建10个左右省级工业互联网平台。建成西霞院水利枢纽输水及灌区等工程，加快袁湾、汉山等水库建设，开工建设昭平台水库扩容工程、南水北调豫东水资源配置工程，新建出山店、前坪、故县水库灌区。推进桃花峪工程等重大项目前期工作。

（四）学习运用"千万工程"经验，在乡村振兴中建设农业强省

扛牢粮食安全重任。实施粮食单产提升工程，推进良田良种良法良机良制融合共促。强化耕地数量、质量、生态"三位一体"保护，确保粮食播种面积稳定在1.6亿亩以上。新建高标准农田示范区450万亩。规划建设一批"平急两用"的农业综合应急服务中心。到2025年新增粮食产能100亿斤。实施现代设施蔬菜、畜牧、渔业专项方案，设施蔬菜产量达到1400万吨、设施食用菌188万吨、设施渔业10万吨。稳定生猪、畜禽生产，建设一批植物工厂、畜禽立体养殖设施，积极发展木本粮油和林下经济，拓展农业生产新空间。

巩固拓展脱贫攻坚成果。落实好防止返贫监测帮扶机制，对易返贫致贫人口精准识别、应纳尽纳，巩固提升"三保障"和饮水安全保障成果。支持易地扶贫搬迁安置区可持续发展。推进防止返贫就业攻坚行动，统筹用好就业帮扶车间、公益岗位等渠道，稳定脱贫劳动力就业规模，探索防止返贫帮扶政策和农村低收入人口常态化帮扶政策衔接并轨，确保不发生规模性返贫。

提升乡村产业发展水平。扎实推进"万企兴万村"行动，做足做好"土特产"文章，发展壮大乡村富民产业，支持农户发展特色种养、手工作坊等家庭经营项目。推进国家农高区、现代农业产业园、优势特色产业集群、产业化联合体建设，强化产业发展联农带农益农，促进农民就近就地就业。精准开展劳动力技能培训，打造"豫农技工"特色劳务品牌，提升农民致富技能。鼓励以出租、合作开发、入股经营等方式盘活利用农村资源资产，增加农民财产性收入。

建设宜居宜业和美乡村。统筹推进和美村庄、美丽村庄、洁美村庄建设，加强传统村落保护。稳步推进污水、垃圾治理和户厕改造。深化"治理六乱、开展六清"，探索可实施、可推广、可持续的农村人居环境整治新模式。实施农村基本公共服务提升行动，加强乡镇卫生院和村卫生室服务能力建设，完善县乡村三级衔接的养老服务网络。稳妥推进农村集体经营性建设用地入市试点。深入推进农村集体产权制度、集体林权制度改革，发展新型农村集体经济。支持周口开展农业"三支队伍"改革试点。提升家庭农场和农民合作社生产经营水平，增强服务带动小农户能力。提升乡村治理水平，完善网格化管理、精细化服务、信息化支撑的基层治理平台，持续推进农村移风易俗，塑造文明乡风。

（五）统筹区域协调发展，推动以人为核心的新型城镇化

提升国家中心城市核心竞争力。支持郑州建设国家创新高地、先进制造业高地、开放高地、人才高地。布局建设大科学装置，抢占人工智能、类脑和仿真机器人等未来产业先机，做强电子信息、新能源汽车、生物医药等新兴产业，做大航空制造、航空运输、航空服务，做优现代物流、现代金融，提升高端服务、前沿创新、国际交往等功能。加快转变特大城市发展方式。全面提速航空港区开发建设，打造经济高质量发展新的核心增长极。到2025年经济总量突破1.5万亿元，城市首位度大幅提高。

提升郑州都市圈协同发展力。深化郑开同城化、郑许一体化发展，建设兰考郑开同城化特别合作区。依托郑开汽车、许港精密制造、郑新高技术、郑焦智造等重点产业带，打造以创新为引领的城镇和产业融合发展带。加强漯河、平顶山与郑州对接联动，促进产业协作配套、链式发展。推动郑州一般性制造业、专业市场等非核心功能向周边转移。推动公共服务、基础设施、产学研用创新平台等共建共享。到2025年都市圈经济总量大幅提升，成为中部地区高质量发展的重要支撑。

提升中心城市区域带动力。支持洛阳加快中原城市群副中心城市建设，提升创新能力、开放水平，做强先进制造业，充分发挥独特的历史文化资源优势，打造传承中华文化的世界级旅游目的地。支持南阳以高效生态经济为引领，加快建设省域副中心城市。支持区域中心城市差异化发展，打造公共服务高地、要素汇聚洼地。深化豫鲁毗邻地区合作发展。大力发展市域经济，提高中心城市要素集聚能力和创新发展能力，打造一批枢纽城市、创新型城市，推动更多城市跻身全国百强市。

提升县域城市综合承载力。纵深推进县域经济"三项改革"，推动县城分区分类科学发展，打造全国县域经济百强县、经济总量千亿县、财政收入百亿县。选择一批县城，开展居住小区、街区基础设施和公共服务设施建设补短板行动，吸引更多农业转移人口就近就地城镇化，支持有条件的县（市）发展成为中等城市。推动县城基础设施和公共服务向村镇延伸覆盖，提高县城辐射带动乡村能力。

建设宜居韧性智慧城市。牢牢抓住让人民群众安居这个基点，推动好房子、好小区、好社区、好城区建设。全面开展城市体检，突出安全韧性、功能完善、品质提升，对城市短板弱项进行全方位检查，做到先体检后更新。完善水电路气暖等市政设施和垃圾、污水等环保设施，更新改造老旧管网4000公里以上，完成老旧燃气管网改造。加快推进保障性住房建设、"平急两用"公共基础设施建设、城中村改造"三大工程"。开展养老托育、社区助餐、家政便民、医疗卫生等嵌入式服务设施建设，打造功能齐全的完整社区。抓好城市生态修复，建设一批街头公园、便民绿地、城市绿道。开展历史文化街区摸底工作，建立保护名录，有序稳妥做好老街巷、老建筑、老厂区的修复保护和活化利用。加快城市数字化转型，高质量协同推进城市更新、精细化管理和文化传承保护，以绣花功夫和历史耐心，全面提升城市治理科学化、精细化、智慧化水平。

（六）推进深层次改革，实施制度型开放

着力深化重点领域改革。实施国有企业改革深化提升行动，推动资源向主业、实业、新业集中，构建"一业一企一强"格局，增强国有企业核心功能和核心竞争力。出台促进民营经济发展壮大若干措施，在市场准入、要素获取、公平执法、权益保护等方面落实一批标志性举措，激励民营企业二次创业，引导支持有条件的民营企业实施股份制改造、建立现代企业制度。深化地方金融改革，引导金融机构加大对科技创新、绿色转型、普惠小微、养老健康、数字经济等方面支持力度，扩大融资规模，优化融资结构，降低融资成本，提升经济金融适配性。支持郑州商品交易所品种工具创新，创建郑州科创金融改革试验区。加快构建新型电力系统，健全微电网、增量配电网运营机制，降低工业综合用电成本。深入推进"五水综改"。做好机构改革工作。统筹抓好财税、生态、医疗、医保、综合行政执法等改革。

着力扩大更高水平开放。高质量参与共建"一带一路"，提升"四条丝绸之路"优势。坚持客货并举，持续增加郑卢货运规模，加快建设布达佩斯等一批海外货站，加密国际航线，开工建设中国邮政航空枢纽项目，积极引育大型物流集成商，支持主基地航空公司立足郑州打造航空运输超级承运人，力争到2025年开通国际地区客运航线50条以上、实现与全球前20位货运枢纽机场全部通航，把郑州机场打造为国际客货运"双枢纽"。建成郑州国际陆港核心功能区，具备年开行"万列千万吨"能力。加快实施关铁融合大监管区、国际仓储分拨中心等项目，拓展中欧班列线路布局，优化省内二级节点，推进境外枢纽和节点网络建设，确保开行3500列以上。加快周口、信阳中心港扩容增效，启动贾鲁河通航和郑州港项目前期工作，构建中原出海新通道。深入实施自贸试验区提升行动，积极申建空港新片区，建设首批联动创新区，高标准推进RCEP示范区建设。推动综合保税区、保税物流中心更好发挥开放平台功能和作用。拓展中间品贸易、服务贸易、数字贸易、跨境电商出口。办好第十五届投洽会、第二届郑州—卢森堡"空中丝绸之路"国际合作论坛等活动。

着力打造一流营商环境。以"高效办成一件事"为牵引，推进关联事项集成办、容缺事项承诺办、异地事项跨域办、政策服务免申办，大幅提升企业和群众办事满意度、获得感。完善"万人助万企"包联服务机制，推动由纾困帮扶向"三化改造""六新突破""双招双引"等专业化服务拓展。全面对接CPTPP等高标准国际经贸规则，大力发展国际金融、会计、法律、咨询以及国际商事调解、商事仲裁等服务业，高质高效服务投资贸易便利化。加强产权和知识产权保护，实施包容审慎监管，加快信用河南建设，打造稳定公平透明可预期的营商环境。

（七）深化污染防治攻坚，推进绿色低碳转型

深入推进生态保护治理。实施"清水入黄河"工程，加快入河排污口溯源整治，推进金堤河等重点河流水质综合治理。加快实施南水北调防洪影响处理工程，启动建设观音寺等调蓄工程，建成郑开同城东部供水一期工程，力争全省供水受益人口达到3500万人。加快历史遗留废弃矿山生态修复治理，完成尾矿库"头顶库"综合治理。造林153万亩。治理水土流失面积1250平方公里。

深入打好蓝天碧水净土保卫战。以降低细颗粒物浓度为主线，大力推进多污染物协同减排，确保到2025年全省$PM_{2.5}$浓度低于42.5微克/立方米。深入推进市县空气质量提升进位行动，推动省辖市在全国重点城市排名整体前移，信阳实现空气质量二级达标。开展重点河流断面、饮用水水源地环境专项治理，深入实施城乡黑臭水体消除行动，到2025年基本消除县级城市及县城建成区、较大面积农村黑臭水体。强化土壤污染源头防控和修复治理。抓好中央生态环境保护督察反馈问题整改，加快建设美丽河南。

全面提高经济绿色化程度。开展传统产业全流程清洁化、循环化、低碳化改造，实施节能降碳改造项目200个以上，基本完成水泥、焦化企业超低排放改造。推动绿色制造标准体系建设，培育省级以上绿色工厂100个，打造一批"超级能效"和"零碳"工厂。加快公转铁、公转水，到2025年重点行业大宗货物清洁运输比例达到80%。培育壮大绿色环保产业，重点发展节能环保装备和资源综合利用装备，引育一批绿色制造服务供应商。加快"无废城市"建设。鼓励园区、企业、社区、学校开展绿色、清洁、零碳引领行动。落实重点产品全生命周期碳足迹、碳标签认证制度，筹建国家碳计量中心。

（八）保障改善民生，不断增进人民福祉

持续强化就业优先导向。做好高校毕业生、退役军人、农民工等重点群体就业工作，强化稳岗扩岗政策支持，新增农村劳动力转移就业40万人，新增返乡创业15万人以上。高质量推进"人人持证、技能河南"建设，完成各类职业技能培训200万人次以上，新增技能人才150万人以上、高技能人才90万人以上。筹备好第三届全国职业技能大赛。

持续办好人民满意教育。推动学前教育普惠扩容，加快推进义务教育优质均衡发展，深入推进普通高中教育教学改革和高考综合改革。深化现代职业教育体系建设改革。引导规范民办教育发展。纵深推进高校"三个调整优化"，加大"双一流"建设和第二梯队创建支持力度。启动河南电子科技大学、郑州航空航天大学、郑州大学医学院建设。加强和改进新时代师德师风建设，培育高素质教师队伍。加强青少年人文关怀，呵护身心健康，促进全面发展。

持续提升全民健康水平。加快建设国家和省级区域医疗中心。深入推进县域医疗中心综合能力提升"百县工程"。依托中心乡镇卫生院建设100个左右县域医疗卫生次中心，达到二级综合医院服务能力。深化紧密型城市医疗集团和县域医共体改革。深入开展爱国卫生运动。加快体育河南建设。

持续传承发展优秀文化。践行社会主义核心价值观，弘扬焦裕禄精神、红旗渠精神、大别山精神，加强群众性精神文明创建。深入实施"非遗点亮计划"。推进仰韶文化遗址、瓷窑遗址、二里头遗址申遗工作。丰富群众文化生活，开展"舞台艺术送基层"等文化惠民活动30万场以上。繁荣文化创作生产，推出一批精品力

作。建成投用示范性新型公共文化空间100个，加快建设书香河南。

持续完善社会保障体系。全面实施个人养老金制度，实现工伤保险基金省级统收统支，推动基本医疗保险省级统筹。以新业态、灵活就业人员为重点扩大社会保险覆盖范围。提高退休人员基本养老金和城乡居民基本医疗保险财政补助标准。做好分层分类社会救助工作。促进银发经济发展，重点解决好老年人居家养老、社区养老、就医用药、康养照护等问题。完善生育支持政策体系，鼓励托幼一体化发展，新增托位数8万个、总数达38万个。办好十项重点民生实事。

（九）守牢安全底线，促进高质量发展和高水平安全良性互动

防范化解经济金融风险。积极开展城商行风险治旧控新，支持中原银行做好改革重组后半篇文章。推动农村中小银行改革化险。依法严厉打击非法金融活动，维护金融秩序稳定。集中力量化解高风险地区债务，清理拖欠企业账款，有序出清重点房企风险，兜住基层"三保"底线。我们要对各类风险保持高度政治敏锐性，压实各方责任，抓早抓小，防止不同类别风险转化传导，坚决守住不发生系统性风险的底线。

防范化解安全生产风险。落实"三管三必须"要求，压实企事业单位法人代表法定责任，紧盯人员密集场所和重点领域，精细化常态化抓好风险隐患排查整治。开展安全生产治本攻坚三年行动，加快危险化学品、煤矿、非煤矿山等领域智能化改造，推动安全生产治理模式由事后处置向事前预防转型。我们要以"时时放心不下"的责任感，坚决遏制重特大事故发生，确保人民群众生命财产安全。

防范化解自然灾害风险。实施一批骨干河道疏浚、重要堤防加固、蓄滞洪区达标建设等重大工程，推进城市排涝设施、基础设施生命线安全工程建设，构建多层次多元化战略和应急物资储备体系。常态化开展综合风险评估预判，加强气象、地震、地质、洪涝等重大灾害防范，做好极端情况下预报预警和应急处置。我们要高度重视气候变化的复杂深刻影响，全面提高防灾减灾救灾能力，构筑起守护人民生命安全的防线。

加强和创新社会治理。深化更高水平法治河南、平安河南建设，坚持和发展新时代"枫桥经验"，深入推进"三零"平安单位（村、社区）创建，健全"四治融合"基层治理体系，完善矛盾纠纷化解机制。推进食品安全放心工程建设攻坚行动，加强药品安全监管。强化社会治安整体防控，推进扫黑除恶常态化，防范打击电信网络诈骗犯罪。走好网上群众路线，打击整治网络谣言，让网络空间健康向上、正气充盈。

加强国防动员和后备力量建设，抓好民兵建设和征兵工作，深化全民国防教育，扎实开展双拥共建，落实军地"双清单"制度，合力谱写军政军民团结新篇章。铸牢中华民族共同体意识，促进民族团结、宗教和睦。支持工会、共青团、妇联、科协、残联、红十字会等群团组织更好发挥桥梁纽带作用。加强外事、侨务、港澳、对台、参事、史志、文史、档案、援疆等工作。扎实做好第五次经济普查。

各位代表！肩鸿任钜初心磐，功不唐捐玉汝成。我们要更加自觉坚定学习贯彻习近平新时代中国特色社会主义思想，悟原理、明方向、学方法、增智慧，不断提高政治判断力、政治领悟力、政治执行力，始终做党的创新理论的坚定信仰者、忠实实践者。更加自觉坚定维护党中央权威和集中统一领导，旗帜鲜明讲政治，切实把拥护"两个确立"转化为做到"两个维护"的思想自觉、政治自觉、行动自觉，确保党中央决策部署不折不扣落地见效。更加自觉坚定践行宗旨、服务人民，树牢造福人民的政绩观，站稳人民立场，厚植为民情怀，践行群众路线，着力解决群众的急难愁盼问题，把好事办好、实事办实、难事办妥。更加自觉坚定依法行政、依法用权，主动接受人大及其常委会监督、政协民主监督和各方面的监督，严格遵循法定权限和程序决策，全面提升政府工作法治化规范化水平。更加自觉坚定求真务实、狠抓落实，强化马上就办的意识，落实"四下基层"制度，坚决纠治形式主义、官僚主义，坚决纠治"面子工程""形象工程"，下大力气解决基层负担重的问题，把工作做实、基础夯实、步子迈实。更加自觉坚定廉洁从政、干净干事，保持自我革命精神，严格落实中央八项规定及其实施细则精神，坚决反对特权思想和特权现象，养成过紧日子的习惯，努力建设让人民满意的法治政府、创新政府、廉洁政府。

各位代表！星光不问赶路人，历史属于奋进者。让我们更加紧密地团结在以习近平同志为核心的党中央周围，在省委坚强领导下，坚定信心、真抓实干，推动中国式现代化建设河南实践不断取得新突破，为强国建设、民族复兴作出新的更大贡献！

湖 北 省
政府工作报告

——2024年1月30日在湖北省第十四届
人民代表大会第二次会议上

省长　王忠林

各位代表：

现在，我代表省人民政府向大会报告工作，请予审议，并请省政协委员提出意见。

一、2023年工作回顾

2023年是全面贯彻党的二十大精神的开局之年，也是三年新冠疫情防控转段后加快恢复发展的重要一年。一年来，面对复杂多变的外部环境，面对交织叠加的风险挑战，全省上下坚持以习近平新时代中国特色社会主义思想为指导，锚定建设全国构建新发展格局先行区的目标定位，在省委坚强领导下，栉风沐雨、砥砺奋进，胜利完成省十四届人大一次会议确定的目标任务，交出了难中求成、竞进有为的高质量发展新答卷。

——经济运行持续向好。主要指标高于全国、领先中部，地区生产总值达到55803亿元，增长6%，高于全国0.8个百分点，在经济大省中增速第1，在中部地区增速第1；固定资产投资增长5%、社会消费品零售总额增长8.5%、一般公共预算收入增长12.5%，分别高于全国2个、1.3个、6.1个百分点，均为中部第1；规上工业增加值增长5.6%，高于全国1个百分点，中部第2。粮食稳产丰收，产量达到555.4亿斤，实现面积、单产、总产"三增"。我省经济加速修复、整体回升，焕发出蓬勃生机活力。

——动能转换持续加快。"51020"现代产业集群加速崛起，营业收入过千亿的产业达到17个，"光芯屏端网"达到8470亿元，汽车制造与服务达到8520亿元，大健康达到8810亿元，加快迈向万亿级。传统产业加速转型，工业技改投资增长7.6%、高于全国2.9个百分点，化工、有色、电气等行业增加值增长均超过20%。新兴产业加速壮大，5大优势产业突破性发展，数字经济增加值占GDP比重提高到47%，软件产业占中部六省的44%，国家创新型产业集群达到16家、全国第3，国家级专精特新企业达到678家、中部第1，5家企业入选国家工业母机链主企业、全国第2，30家企业入选国家级5G工厂名录、全国第3。我省产业加速迈向中高端，发展新动能澎湃奔涌。

——科创优势持续提升。创新实力更加强劲，武汉具有全国影响力的科技创新中心加快建设，以汉江国家实验室为龙头的战略科技力量矩阵基本形成，新晋5位两院院士，总数达到81位、全国第4，4名个人、2个团队获得国家卓越工程师奖，数量全国第5，已建在建国家重大科技基础设施达到8个、全国第5，国家级创新平台达到163家、全国第4，全国首个"科普+科创"论坛东湖论坛成功举办，全国首个国家级光电子产业知识产权运营中心落户湖北。创新主体不断壮大，新型研发机构达到477家、全国第2，国家级科技企业孵化器达到84家、全国第5，高新技术企业达到2.5万家、增长24%，科技型中小企业达到3.5万家、增长47%，新增国家技术创新示范企业7家、全国第1。创新成果加快转化，全球首个人体肺部气体多核磁共振成像系统获批上市，全球首颗智能遥感科学实验卫星成功发射，长江存储闪存芯片世界领先，成为半导体领域"国之重器"，全省技术合同成交额达到4860亿元、增长59.8%，科技成果省内转化率提高到65.2%。科技创新成为驱动发展的强引擎，我省在全国创新版图中的战略地位更加凸显。

——基础支撑持续增强。区域发展整体跃升，三大都市圈竞相发展，武汉总量迈上2万亿台阶，襄阳、宜昌分别位居中部非省会城市第1、第2，8个全国百强县位次普遍前移，城市梯次发展格局进一步优化。项目投资压舱顶梁，全年实施亿元以上项目1.51万个，其中十亿级项目1207个、百亿级项目136个，均创历史新高；民间投资增长3%，高于全国3.4个百分点；工业投资增长10%，对全省投资增长贡献率达到66.5%。枢纽地位更加突出，亚洲最大的专业货运机场花湖机场全面运行，开通国际国内货运航线61条、货运量达到28万吨，打通内陆开放"空中出海口"；超米字形高速铁路网加快形成，拟建在建里程数和投资额均居全国第1；中欧班列（武汉）开行突破1000列，增长64.7%；万吨巨轮直达武汉，武汉港集装箱吞吐量长江中上游第1。湖北在新发展格局中的先行引领和战略支点功能显著提升。

——市场活力持续迸发。营商环境不断优化，全年为企业降成本超过1300亿元，为中小微企业应急转贷续贷超过450亿元，全国工商联"万家民企评营商环境"湖北排名连续三年进位，进入全国前10；新增经营主体161万户、连续三年增长超过百万户，新增"四上"企业14996家、历年最多。重点改革成效明显，省属国企加快由平台向实体转型，营业收入增长41.7%、增幅全国第2，省联投、交投2家企业营业收入过千亿；金融资源向实体经济加速汇聚，全省贷款余额超过8万亿元，社会融资规模突破12万亿元、连续三年每年跨越一个万亿台阶。对外开放纵深推进，黄石棋盘洲综保区通过国家验收，恩施许家坪机场获批正式对外开放；新能源汽车出口额增长117%，规模全国第5；新设外资企业648家、增长35.6%，实际使用外资中部第1；成功举办中国5G+工业互联网大会、世界大健康博览会、汉交会、楚商大会等60多场国际性全国性活动。开放自信的湖北深度链接全球，加速成为对外开放"新沿海"。

——民生福祉持续增进。城镇新增就业92.8万人，吸引高校毕业生就业创业44.1万人，我省就业工作连续两年获国务院通报表扬。居民人均可支配收入增长6.8%，跑赢经济增速，高于全国0.5个百分点。最低工资标准进至全国第7，城乡低保、特困供养提标惠及175万人。免费开展妇女"两癌"、新生儿遗传代谢病等重大疾病筛查4965万人次，72%的县有了三级医院，66%的中小学纳入教联体，优质公共服务加快向基层延伸。建成县级物流配送中心105个、村级网点20744个，寄递物流实现行政村全覆盖，快递进村、农货进城，小寄递连接了大市场、服务了大民生。一年来，我们坚持省市县乡村五级联动，投入资金1030亿元，解决了一批群众急难愁盼问题，年初承诺的促进就业、改善住房、养老育幼等10大类46项民生实事全面完成。

春华秋实，岁物丰成。过去一年，我们顽强拼搏、接续奋斗，在攻坚克难中勇毅前行，在积厚成势中赢得主动，主要做了以下工作。

（一）凝心聚力稳住经济增长基本盘，持续向好态势不断巩固。坚持稳中求进，全力以赴强信心、扩内需、促增长，推动经济保持回稳向上的发展势头。重大项目支撑有力。深入推进项目高质量建设年活动，每季度组织集中开工，常态化开展"三率两量"精准调度，持续掀起大抓项目、抓大项目的热潮。沿江高铁武汉至合肥段、引江补汉及沿线补水工程、金上至湖北特高压等重大基础设施项目加快推进，华星光电t5、比亚迪襄阳产业园、宜昌邦普一体化新材料等重大产业项目建成投产，77个预增产值过10亿的重大增长点实现产值6862亿元，拉动工业增长3.5个百分点。抢抓宏观政策机遇，争取中央预算内资金、增发国债、地方专项债等国家政策资金2409亿元，创历史最好水平。消费市场有力提振。实施"扩内需、促消费"十大行动，推出300亿元消费贷和14亿元消费券，波浪式开展"荆楚购""房交会""车行楚天"等7000多场主题活动，限上批发、住宿、餐饮营业额增长均在15%以上，限上网络零售额增长9.5%，我省"6·16三好节"入选全国促消费十大典型案例。大力促进文旅消费，精心组织中国（武汉）文化旅游博览会、世界华人炎帝故里寻根节、世界武当太极大会、中国长江三峡国际旅游节等重大活动，全年接待游客7.6亿人次、增长30%。市场主体竞相发展。深入开展"解难题、稳增长、促发展"企业帮扶活动，协调解决难点堵点问题9753个，全力为各类经营主体发展创造良好环境，新增企业54万户、达到226万户，新增上市企业21家、达到177家，新增营业收入过百亿的民营企业2家、达到40家，均创历史新高。我省经济承压上行，展现出强劲韧性和广阔前景。

（二）集中精力打好产业转型攻坚战，现代化产业体系加快构建。坚持向科技创新要增长、以动力变革提质效，促进创新链产业链供应链深度融合，着力培育新动能塑造新优势。创新动力显著增强。坚持把科技自立自强当使命，光谷科创大走廊134个重大项目扎实推进，整合中医药领域优质资源新组建时珍实验室，完成18家全国重点实验室优化重组，金字塔式科技创新平台体系更加完善。设立100亿元楚天凤鸣科创天使基金，推进32项"尖刀"技术集中攻关，湖北实验室取得首批53项重要成果。武汉排名国家创新型城市第6，襄阳、黄石入选全国首批创新驱动示范市，潜江、赤壁等4地获批国家创新型县市。产业升级步伐加快。坚持"链长+链主+链创"三链协同，扎实推动优势产业和新兴特色产业发展，以东风、上汽通用、吉利路特斯、小鹏、长城等为骨干的新能源与智能网联汽车企业矩阵加速形成，光电子信息、生命健康、高端装备制造、北斗等产业加快发展。深入实施"技改提能、制造焕新"行动，5834个重点技改项目扎实推进，优特钢营业收入占全省钢铁行业比重超过50%，高端化工占全省化工行业比重超过40%，传统产业涌动新活力。数字经济全面赋能。深入实施数字经济跃升工程，累计建成5G宏基站12万个，千兆光网实现乡镇以上全覆盖；算力与大数据产业营业收入突破千亿、达到1200亿元，武汉超算等13个算力中心、三峡东岳庙等144个数据中心高效运营，45个项目入选国家大数据产业发展示范，上云工业企业超过5万家、覆盖率提高到49%；襄阳获批国家级车联网先导区，荆门智慧城市大脑获评全国十大样板工程。数字产业化、产业数字化双向奔赴，湖北制造向湖北智造加速蝶变。

（三）纵深发力融入国内国际双循环，经济活跃度开放度明显提升。积极融入全国统一大市场，着力打通制约经济循环的关键环节，更好利用国内国际两个市场两种资源。要素市场化配置更加优化。加快推进投资项目绩效综合评价、大财政建设等改革，设立首期200亿元的省政府投资引导基金，撬动社会资本形成4000亿元规模的投资基金群；推广"301"线上快贷模式，面向小微企业的普惠贷款增长21.7%，总量达到1.76万亿元，创历史新高；制造业中长期贷款余额超过5000亿元，5年增长6倍，金融"活水"更好润泽实体经济。积极协调争取项目用地指标，批准建设用地68.5万亩，67个项目纳入国家用地单列，均为历年最多。现代供应链体系加快构建。坚持以搭建供应链重塑产业链、提升价值链，组建华纺链、长江汽车等7大省级供应链平台，服务链上企业1.2万家。建成供应链物流公共信息平台，在全国率先实现"铁水公空仓"五网数据融合。武汉、襄阳、宜昌、黄冈、鄂州、黄石6市获批建设国家现代流通战略支点城市。内外贸一体化加速推进。大力实施外贸稳主体拓增量行动，外贸实绩企业达到8800家、增长11.3%，与东盟、俄罗斯等"一带一路"沿线国家贸易保持高速增长，全省进出口增长5.8%、高于全国5.6个百分点。着力提升国际贸易便利化水平，国际贸易数字化平台实现外贸企业全覆盖，出口通关时间压缩39%。处在陆海空三大"丝绸之路"交汇点上的湖北，正以更加开放的胸怀拥抱世界、奔向未来。

（四）同向同力推进城乡区域一体化，发展空间布局进一步优化。坚持优势互补、协同融通，促进城乡深度融合、区域协调发展。三大都市圈建设全面提速。坚持规划同编、交通同网、科技同兴、产业同链、民生同保，扎实推进都市圈561项年度重点任务，武汉新城、襄阳东津新城、宜昌东部产业新区等标志性牵引性工程加快建设，双柳长江大桥、燕矶长江大桥等17个互联互通重大项目加速推进，武汉至阳新、襄阳绕城等7条高速公路建成通车，34条瓶颈路打通，武鄂黄黄城际铁路实现公交化运营，汉孝随襄十汽车产业走廊、宜荆荆绿色化工产业集群加速迈向万亿级。强县工程深入实施。着力推动县域经济特色发展，实行"赛马制""五色图"综合评价，促进县域工业挖潜，GDP过500亿元的县市区增至37个，规模过百亿元的县域产业集群增至40个，31个重点县工业产值占全省比重达到33%。乡村振兴扎实推进。新建高标准农田350万亩、总面积达到4612万亩，占耕地比重提高到64.8%。十大重点农业产业链加快发展、产值突破7000亿元，新增国家级农业龙头企业16家，仙桃等3个县市区入选国家农业现代化示范区，宜都、大冶等5个县市区获评国家乡村振兴示范县。有序推进乡村建设和治理，创建国家级美丽宜居村庄13个，新建和美乡村200个，新改建农村公路1万公里、农村户厕18.1万户，农村面貌发生明显变化。脱贫攻坚成果持续巩固拓展，19.6万人消除返贫致贫风险，共同富裕路上，我们努力不让一个人掉队。

　　（五）持续加力塑造绿色崛起新优势，高水平保护与高质量发展互促共进。坚持把共抓长江大保护摆在突出位置，做好"绿水青山就是金山银山"大文章，加快生态优势向发展优势转化。流域综合治理深入推进。全面实施流域综合治理和统筹发展规划纲要，率先开展省域总磷排放总量控制，推进十堰茅塔河、恩施带水河等5个小流域综合治理试点，完成营造林295.7万亩。着力构建"荆楚安澜"现代水网，鄂北水资源配置二期、碾盘山水利枢纽等25个重大项目加快建设。荆州崇湖、仙桃沙湖入列国际重要湿地名录，咸宁获批国家级公园城市标准化试点，天门入选全国首批县级水网先导区，房县、安陆等14地成为国家首批自然资源节约集约示范县市。绿色低碳转型成效明显。着力推动产业绿色化发展、能源清洁化利用，23个产业园区纳入国家级循环化改造试点，新增国家级绿色工业园区2家、绿色工厂77家；电力装机规模首次突破1亿千瓦，清洁能源装机占比提高到65%，公共交通系统新能源车占比达到78%，建成公共充电桩17万个、全国第5；在全国率先打通"电—碳—金融"三大市场，"中碳登"注册登记结算系统管理全国2533家企业账户，湖北碳市场累计成交量3.9亿吨、占全国42.7%。生态环境质量持续改善。扎实抓好生态环境突出问题整改，城镇生活污水直排口实现动态清零，国控断面水质优良比例保持在90%以上，长江干流湖北段、丹江口库区水质稳定在Ⅱ类以上。宜昌荣获中国人居环境奖，襄阳、十堰入选国家首批碳达峰试点城市，神农架获评世界最佳自然保护地，南漳、松滋等6地获评国家生态文明建设示范区，罗田、竹山入选全国"两山"实践创新基地。我们坚定践行习近平生态文明思想，"美丽经济"拔节生长，荆楚大地绿意盎然。

（六）用情用力织密民生幸福保障网，人民生活品质不断提升。坚持以人民为中心的发展思想，从老百姓的身边事入手，在"七个有"上狠下功夫，不断实现人民群众对美好生活的期盼。基本民生进一步兜牢。打好援企稳岗扩就业组合拳，实施政府补贴性技能培训86万人次，支持6.6万返乡人员创业、带动20.4万人就近就业，"零工驿站"促进791万人次灵活就业，新增创业担保贷款404亿元、增长62%。社会救助扩围增效，在77个县推行失能特困人员集中照护，为10.8万名残疾人提供适配服务，养老、医保、低保、工伤等保障标准稳步提高。公共服务进一步优化。着力推进教育优质均衡发展，建成1425个义务教育教联体，对75所薄弱县域高中实行托管帮扶，新建32个职业教育产教融合共同体，更多孩子得到更好的教育。大力推动优质医疗服务扩容下沉，"3+5"区域医疗中心建设扎实推进，34家三甲医院对口帮扶72家县级医院，群众在家门口就能享受到大医院的服务。着力解决"一老一小"实际困难，新建社区养老服务综合体100个，改造提升农村互助照料中心200个，建设老年助餐服务点1380个，十堰获批全国居家和社区养老服务提升行动试点城市；新增3岁以下婴幼儿托位6.8万个、公办幼儿园学位1.9万个，武汉、宜昌入选国家儿童友好建设城市，荆门获评全国首批婴幼儿照护示范城市。切实改善群众居住条件，建设筹集保障性住房10.4万套，改造老旧小区4296个、棚户区住房6.5万套，完成特殊困难家庭适老化、适残化改造3.6万户，支持老旧住宅加装电梯2159部，更多群众住有所居、居有所安。不断丰富群众文化体育生活，开展"文化进万家"等惠民演出2万多场，新时代文明实践中心实现城乡全覆盖；长征、长江国家文化公园湖北段加快建设，荆楚大遗址传承发展工程圆满完成，新闻出版、广播影视、文学艺术、哲学社会科学事业繁荣发展；第十六届省运会成功举办，湖北健儿在杭州亚运会上勇创佳绩，奖牌数创历史新高。社会治理进一步加强。扎实推进美好环境与幸福生活共同缔造，基层治理水平进一步提高。积极防范化解重点领域风险，高风险金融机构连续两年动态清零，房地产市场平稳运行，地方债务总体可控。全面开展安全隐患排查整治，系统提升应急处置能力，没有发生重大及以上安全生产事故。常态化推进扫黑除恶和禁毒反诈斗争，有力有效化解信访积案。恩施土家族苗族自治州成立40周年活动隆重举办，对口援藏援疆工作走深走实，工会、共青团、妇联、残联、科协、红十字会等群团和社会组织作用有力发挥，国防动员、双拥共建等工作取得长足进步。全省上下同心同德、共同努力，我省社会大局保持和谐稳定，平安湖北建设迈向更高水平。

（七）实处着力推进政府治理现代化，自身建设取得积极成效。 坚持刀刃向内、自我革命，加快转变职能、提升效能，努力建设人民满意政府。政治建设持续加强。扎实开展学习贯彻习近平新时代中国特色社会主义思想主题教育，"以学铸魂、以学增智、以学正风、以学促干"取得明显成效。严格落实中央八项规定及其实施细则精神，不断深化"下基层、察民情、解民忧、暖民心"实践活动，力戒形式主义、官僚主义，政治生态持续向好，干群关系更加密切。依法行政扎实推进。强化法治政府示范创建，将政府工作全面纳入法治轨道，依法接受人大及其常委会法律监督和工作监督，自觉接受政协民主监督，广泛接受社会各界监督。提请省人大常委会审议地方性法规8件，制定省政府规章5部，办理人大代表建议707件、政协提案726件，政府决策科学化、民主化、法治化水平进一步提高。工作效能不断提升。着力推进"高效办成一件事"改革，政务服务"一事联办"事项达到52项、数量全国第2，鄂汇办APP获评全国地方政务平台"掌上好办"标杆。修订省政府工作规则、常务会议议事规则，加强重点工作"月调度、季通报、年考评"，过去一年我省有31项工作在全国作经验交流，拼搏赶超、笃行实干成为全省工作主旋律。

各位代表！过去一年形势错综复杂，取得这样的成绩十分不易，根本在于以习近平同志为核心的党中央领航掌舵，根本在于习近平新时代中国特色社会主义思想科学指引，是省委坚强领导、正确决策的结果，是省人大、省政协和社会各界有效监督、鼎力支持的结果，是全省上下勠力同心、团结奋斗的结果。在此，我代表省人民政府，向全省各族人民，向人大代表、政协委员、各民主党派、各人民团体和各界人士，向驻鄂人民解放军、武警官兵、中央驻鄂单位，向关心支持湖北发展的海内外人士，致以崇高的敬意和衷心的感谢！

回顾一年来的工作，我们更加深切体会到，前进的道路上，必须始终把坚持党的全面领导作为最高政治原则，坚定捍卫"两个确立"，坚决做到"两个维护"，时时处处与习近平总书记关于湖北工作的重要讲话和指示批示精神对标对表，不折不扣把党中央、国务院决策部署和省委工作要求落到实处，确保湖北发展沿着正确方向胜利前进。必须始终把推动高质量发展作为首要任务，牢牢把握推进中国式现代化这个最大的政治，坚持高质量发展这个新时代的硬道理，把心思和精力集中到想发展、谋发展、促发展上来，以自身确定性应对外部不确定性，不断筑牢中国式现代化湖北实践的坚实根基。必须始终把为民造福作为最大政绩，坚定同人民站在一起、想在一起、干在一起，着力在发展中保障和改善民生，扎实推进共同富裕，最大程度把人民群众的智慧和创造激发出来，团结6100万荆楚儿女同心干，汇聚无往不胜的磅礴力量。必须始终把坚持系统观念作为成事之道，积极应对"一难两难多难""既要又要还要"的多重挑战，善于前瞻性思考、全局性谋划、整体性推进，统筹施策、协同发力，努力推动高质量发展、高品质生活、高水平安全、高效能治理等多重目标动态平衡、互促共进。必须始终把敢于斗争、善于斗争作为制胜法宝，激扬不畏艰难、勇争一流的志气锐气，坚持"快"字当头，对确定的目标、议定的事项紧盯不放，雷厉风行、日清日结；坚持"实"字为本，说实话、出实招、办实事，一切奔着解决问题去、奔着取得实效去；坚持"敢"字为要，敢与高的比、敢与快的赛、敢与强者竞高低，逢山开路、遇河架桥，依靠顽强斗争把牢工作主动权、打开发展新天地。

在看到成绩的同时，我们也清醒认识到，当前发展中还面临不少困难挑战：外部环境的不稳定不确定性因素仍然较多，投资和消费需求不足的矛盾仍然突出，部分中小微企业经营困难，惠企政策落实力度和效果有待进一步加强，保持经济稳定向好需要付出更大努力。制约高质量发展的深层次结构性问题仍然较多，汽车、钢铁、化工等传统产业转型任务紧迫，一些关键领域"卡脖子"问题亟待解决，影响产业链供应链安全稳定的风险不容忽视，营商环境与市场主体的期盼还有差距。民生领域还有不少短板，稳就业增收入面临新的挑战，教育、医疗、养老、生育等公共服务优质资源不足、分布不均衡，生态环境治理薄弱环节仍然不少，一些市县财力比较紧张。形式主义、官僚主义现象仍然存在，一些干部能力作风跟不上高质量发展的要求。对这些问题，我们一定高度重视，采取有效措施认真加以解决，决不辜负人民期待。

二、2024 年工作思路和重点任务

今年是新中国成立 75 周年，是实现"十四五"规划目标任务的关键一年。今年工作的总体要求是：坚持以习近平新时代中国特色社会主义思想为指导，全面贯彻党的二十大、二十届二中全会和中央经济工作会议精神，认真落实省第十二次党代会和历次全会精神，坚持稳中求进工作总基调，完整、准确、全面贯彻新发展理

念，着力推动高质量发展，全面深化改革开放，深入推进以流域综合治理为基础的四化同步发展，统筹扩大内需和深化供给侧结构性改革，统筹新型城镇化和乡村全面振兴，统筹高质量发展和高水平安全，切实增强经济活力、防范化解风险、改善社会预期，巩固和增强经济回升向好态势，持续推动经济实现质的有效提升和量的合理增长，加快建设全国构建新发展格局先行区，加快建成中部地区崛起重要战略支点，奋力推进中国式现代化湖北实践。

经济社会发展的主要预期目标是：地区生产总值增长6%；城镇新增就业70万人以上，城镇调查失业率5.5%左右；居民消费价格涨幅3%左右；居民收入增长和经济增长同步；粮食产量500亿斤以上；单位GDP能耗降低2.5%左右。

确定经济增长6%的预期目标，体现了责与能的有机统一、时与势的科学研判、稳与进的辩证把握、立与破的战略统筹，兼顾了需要与可能，有利于稳定预期、提振信心、凝聚力量，实现这个目标有条件有基础。从全球看，国际环境总体于我有利。和平发展仍然是时代主题，合作共赢始终是大势所向，中国的发展离不开世界，世界的发展也需要中国，我国发展面临的外部环境仍然是战略机遇和风险挑战并存，但有利条件强于不利因素。从全国看，发展形势总体向好。我国经济回升向好、长期向好的基本趋势没有改变，支撑高质量发展的有利条件持续集聚，韧性强、潜力大、活力足的优势更加凸显。从我省看，发展基础更加坚实。经过这些年的固本培元、锻长补短，我省经济发展迈上更高能级，产业基础夯得更加坚实，创新优势得到更好发挥，枢纽地位实现更大提升，干事创业激情更加昂扬，进入了聚势提升的关键时期。做好今年工作，稳是大局和基础，进是方向和动力，我们要坚持稳中求进、以进促稳、先立后破，抢抓一切有利时机、利用一切有利条件，在高质量发展上奋楫前行、提速竞进，不断推动湖北发展迈上新台阶、开辟新境界。重点抓好以下方面工作。

（一）聚焦塑造发展新动能新优势，切实做强科技创新硬核支撑。坚持把创新驱动作为引领经济高质量发展的关键，以建设武汉具有全国影响力的科技创新中心为牵引，充分激发创新第一动力。更大力度聚合创新资源。做强高能级科创平台，争创东湖综合性国家科学中心，支持汉江国家实验室高质量运行，推动10个湖北实验室多出成果、创建国家实验室，加快8个国家重大科技基础设施、163个国家级创新平台建设发展，打造集聚人才、集聚产业、集聚资本、集聚技术的创新高地。探索建立国际科技创新合作平台、离岸创新中心，办好东湖论坛、中非创新合作大会，积极融入全国全球创新网络，让更多创新要素与湖北发展嫁接共赢。更大力度增强创新动能。坚持以市场需求和产业应用为导向，深入实施基础研究特区计划、"尖刀"技术攻关工程，着力构建数字经济、人工智能、绿色发展等优势领域"核心技术池"，集中力量突破高端AI芯片、智能数控机床、高端医疗装备等"卡脖子"技术，前瞻谋划生物合成、空天技术等千亿级规模的科创"核爆点"，构筑创新赛道的"卡位"优势。完善政产学研金服用协同机制，建好用好科技创新供应链平台，以需定研、以研促产，推动科技成果更多更快地走向生产线、转化为生产力，技术合同成交额达到5500亿元以上。更大力度优化创新生态。坚持教育、科技、人才一体融合发展，系统推进职务科技成果赋权、灵活引才育才用才聚才等体制机制改革，加强科创学院、卓越工程师学院建设，深入实施"楚天英才""博士后倍增"等人才高地计划，积极推动高校、科研机构、企业联合共建产业链人才链创新链。完善多元化科创投入机制,用好政府主导的4000亿元投资基金群,推行科创众包、揭榜挂帅等新模式,引进培育更多风投基金、耐心资本,投早、投小、投未来,全社会研发投入增长14%以上。强化企业创新主体地位,鼓励科技领军企业牵头组建创新联合体、新型研发机构,高新技术企业新增5000家以上,科技型中小企业达到4.5万家以上,让科技创新的满天繁星汇成高质量发展的璀璨星河。

(二)聚焦培育壮大新质生产力,加快推进新型工业化。深入实施新型工业化大推进战略,统筹推动传统产业、新兴产业、未来产业"三线并进",做大做强"51020"现代产业集群,规上工业增加值增长7%以上。**加快传统产业转型升级。**深入实施技改焕新行动,鼓励企业产品换代、生产换线、设备换芯,加快东风商用车D600、宝武高端硅钢、荆门石化油转特等重大牵引性项目建设,打好汽车、钢铁、化工产业转型三大战役,推动传统行业高端化、智能化、绿色化升级,技改投资增长10%以上,以科技创新助力传统产业脱胎换骨、绽放新神采。**加快新兴产业发展壮大。**实施战略性新兴产业倍增计划,推动光电子信息、高端装备制造等5大优势产业突破性发展,支持算力与大数据、量子科技等新兴特色产业发展,"光芯屏端网"、汽车制造与服务、大健康三大产业达到万亿级规模。抢抓国产替代、"国货国用"等机遇,加快集成电路、商业航天、工业软件等领域全链条突围,扎实推进武汉奕斯伟半导体、荆州先导科技、孝感楚能新能源等重大项目建设,推动更多新兴产业串珠成链、聚势成群,高技术制造业增加值增长10%以上。深入推进先进制造业和现代服务业融合发展,制定支持研发设计、金融物流、人力资本等现代服务业高质量发展行动计划,促进制造业向服务化转型、服务业向制造端拓展，规上服务业企业达到1万家以上。加快未来产业前瞻布局。推进未来产业发展行动计划，实施6G创新工程、人形机器人突破工程，加快生命科学、AI大模型、前沿材料、未来能源等领域产业布局，建设一批概念验证中心、中小试基地、众创空间，推动形成"新技术突破—新场景应用—新物种涌现—新赛道爆发"的正反馈循环。加快数字经济创新提质。实施"数化湖北"行动，推进算力存力运力倍增，加快"5G+工业互联网"规模化应用，拓展应用场景100个以上，建设细分行业"产业大脑"，培育数字经济标杆园区10个以上，新建无人工厂、数字孪生工厂等200家以上，数字经济增加值增长15%以上。数字化浪潮奔涌向前，我们要乘数而上、向新而行，奋力竞逐新赛道、扬帆新蓝海。

（三）聚焦持续扩大有效需求，推动形成消费和投资相互促进的良性循环。坚持供需协同发力，更好统筹投资和消费，切实筑牢稳增长的坚实支撑。着力扩大有效益的投资。开展重大项目攻坚突破年活动，强力推进"十百千万"工程，加快建设三峡水运新通道、集度汽车等10个五百亿级项目、100个百亿级项目、1000个十亿级项目、10000个亿元级项目，全年实施亿元以上项目1.52万个，投资增长8%以上。着眼构建现代化产业体系，加快襄阳中化学新能源产业园、荆门亿纬超级工厂等7200个重大产业项目建设，年度投资8000亿元以上；着眼打造新时代"九州通衢"，加快呼南高铁宜昌至常德段、京港澳高速湖北段改扩建等1100个重大交通物流项目建设，年度投资3000亿元以上；着眼筑牢新经济发展底座，加快千兆光网、物联网、充换电设施等970个新基建项目建设，年度投资2000亿元以上；着眼强基础补短板，加快推进城市建设、水利设施、能源管网等领域重大项目建设，年度投资1.3万亿元以上。抢抓国家优化重大生产力布局机遇，争取国家在湖北布局集成电路、汽车核心零部件、工业母机等战略性产业基地，粮食、煤炭、原油等战略性物资储备基地，国家算力枢纽节点、荆汉运河等战略性基础设施，努力在新一轮区域发展中抢占先机。着力激发有潜能的消费。推动消费从疫后恢复转向持续扩大，实施消费保稳提质工程，持续开展"惠购湖北"、大学生消费季等系列促消费活动，稳定和扩大传统消费；实施消费潜能挖掘工程，有效提振住房、新能源汽车、电子产品等大宗消费，发掘乡村消费、银发经济等增长点；实施消费供给优化工程，着力打造一批精品景区、精美旅游线路、精致旅游城市，大力促进数字消费、绿色消费、健康消费等新型消费，积极发展首店首发经济、时尚休闲消费等新业态新模式，精心推出更多爆款品牌；实施消费环境提升工程，支持武汉打造国际消费中心城市，支持襄阳、宜昌等地打造区域消费中心城市，加快商业"圈街楼店网"系统改造提升，培育一批特色商业街、网红消费地标，开展放心消费示范创建，社会消费品零售总额增长9%以上。着力促进投资和消费有效协同。找准投资和消费同向发力的结合点，着眼解决青年人、老年人、老旧小区和危旧房居民等群体住房需求，加快推进保障性住房建设、"平急两用"公共基础设施建设、城中村改造"三大工程"，积极探索房地产发展新模式；围绕城市地下管网建设、高质量教育供给、农民工市民化、优质医疗服务供给、养老服务五大领域，谋划实施一批示范性带动性强的重大项目，以增进民生幸福为导向构建供给新体系、打开发展新空间。

（四）聚焦激发发展动力活力，不断深化高水平改革开放。坚持用改革的办法破解发展难题、用开放的手段汇聚全球资源，着力营造内外循环有效联动、高端要素加速集聚的强磁场。持续打造一流营商环境。以控制成本为核心、以"高效办成一件事"为抓手优化营商环境，深入实施市场化改革示范、法治化建设升级等五大行动，推进"双千"企业振兴工程，完善政企常态对接沟通、惠企政策直达快享等机制，为企业降低成本1000亿元以上，新增"四上"企业1万家以上、上市公司20家以上。坚持"两个毫不动摇"，实施促进民营经济发展壮大十大行动，出台破除制约民营经济发展障碍的"十不准"，落实政府和社会资本合作PPP新机制，在市场准入、要素获取、公平执法、权益保护等方面精准施策，激活民营经济"一池春水"。楚商有情怀、有梦想、有担当，一直是推动湖北发展的重要力量，我们全力支持广大企业家深耕湖北，在新时代的广阔舞台上大显身手、竞展风采。持续推进重点领域改革。深化财政体制改革，全面推行投资项目绩效综合评价，不断提高资金、资产、资源效益。深化国资国企改革，实施省属国企高质量发展十大行动，增强核心功能、提升核心竞争力。深化要素市场化配置改革，加快数据要素市场发展，推行工业用地"先租后让""标准地+"等模式，健全煤电容量电价、工商业分时电价机制，深化金融供给侧结构性改革，更好服务实体经济，全年新增贷款8000亿元以上。持续扩大高水平对外开放。深度融入共建"一带一路"，系统提升开放枢纽功能，推动天河机场、花湖机场客货运"双枢纽"联动发展，依托花湖机场谋划打造国际自由贸易航空港、货邮吞吐量达到120万吨，依托黄金水道加快建设长江中游航运中心，争创中欧班列中部集结中心，以大通道大枢纽促进大开放。 协同推进外贸外资增量提质，开展新一轮"千企百展出海拓市场"行动，建好用好境外经贸产业园、国际贸易数字化平台，扩大新能源汽车、光电子信息等优势产品出口，大力发展海外仓、跨境电商等外贸新业态，进出口增长8%以上；用心打造"优选湖北"品牌，着力推进产业链招商、国际化招商，高水平办好世界500强对话湖北、中法城市可持续发展论坛、华创会等重大活动，引进外资企业500家以上。加快构建现代供应链体系，推动7大省级供应链平台高效运行，促进上下游、产供销、内外贸全面畅通。荆楚大地海纳百川、生机勃发，欢迎世界各地的朋友来感受湖北魅力、共享湖北机遇。

（五）聚焦强化区域协同融通，促进城市和产业集中高质量发展。紧扣一体化和高质量，统筹龙头带动和各扬所长，统筹硬件联通和机制协同，着力构建优势互补、协调联动的区域发展格局。全面提升三大都市圈发展能级。坚持规划引领，促进都市圈基础设施互联互通、产业发展集群集聚、生态环境共保共治、公共服务共建共享、体制机制改革创新。加快建设武汉新城、襄阳东津中央商务区、宜荆荆世界级磷化工产业集群等10大标志性工程，打造武鄂黄黄快速通道、宜昌融入西部陆海新通道、鄂州花湖机场多式联运体系等10大功能性工程，增强都市圈核心竞争力和辐射带动力。全面提升城市和产业发展集中度。坚持人口集中、产业集聚、功能集成、要素集约，支持各市州在中心城区重点打造3—5个特色优势主导产业，支持襄阳小河临港经济区、孝感首衡城、随州国家应急产业示范基地等20个特色产业集聚区加快发展，做强109家国家级省级高新区、开发区，深化枝江、京山、利川等10个城市和产业集中高质量发展试点建设，统筹推进"人、产、城"融合发展。深入实施城市更新行动、城市生命线工程，加快城市数字公共基础设施布局，着力建设宜居韧性智慧城市。全面提升县域发展竞争力。纵深推进强县工程，加快千亿县扩容、百强县进位，重点支持40个县域特色产业集群建设，推动县域经济突破性发展。加快推进以县城为重要载体的就地城镇化和以县域为单元的城乡统筹发展，聚焦"衣食住行、生老病死、安居乐业"12个字，着力强化县城就业、教育、养老、医疗、住房等公共服务供给，提高城市功能品质和综合承载能力。全面提升区域合作水平。支持革命老区、民族地区加快发展，做好援藏援疆工作。加强与京津冀、长三角、粤港澳大湾区、成渝等地区发展协作，深化鄂港交流，加强湘鄂赣三省合作，促进长江中游城市群联动发展。当前区域发展百舸争流，我们要坚持全省一盘棋，同频共振、携手共进，以一域增光为全局添彩，聚万众之力促全省之兴。

（六）聚焦推进乡村全面振兴，加快农业农村现代化。坚持农业农村优先发展，学习运用"千村示范、万村整治"工程经验，促进农业更高效、农村更美丽、农民更富裕。强化粮食和重要农产品稳产保供。守牢耕地保护红线和粮食安全防线，新建高标准农田150万亩以上，实施新一轮粮食产能提升行动，支持公安、沙洋等县市创建国家超级产粮大县，增强生猪、油料、淡水产品等基础生产能力，让荆楚粮仓更加盈实、鱼米之乡更加丰饶。强化农业产业化发展和品牌化培育。树立大农业观、大食物观，坚持粮经饲统筹、种养加一体、一二三产融合，着力把农业建成现代化大产业。大力推进十大重点农业产业链延链补链强链，加快7个国家级优势特色农业产业集群建设，新增省级以上农业产业化龙头企业50家，农产品加工业产值增长10%以上。走好品牌强农之路，做优做强潜江龙虾、黄冈蕲艾、随州香菇、楚天好茶等区域公用品牌，用好中国粮食交易大会、湖北优质农产品展销中心等平台，持续擦亮"荆楚优品"金字招牌。强化农业科技和农村改革双轮驱动。深入推进农业科技服务"五五工程",加快"武汉·中国种都"建设。深化农村土地制度改革,开展第二轮土地承包到期后再延长30年试点,盘活利用"三地一房",推进集体林权制度、供销社等改革,发展新型农村集体经济,培育更多新型农业经营主体、农业产业化联合体,完善联农带农机制,持续促进农业增效、农民增收。强化乡村建设和乡村治理协同推进。巩固拓展脱贫攻坚成果,健全防止返贫动态监测和帮扶机制,坚决守住不发生规模性返贫的底线。持续整治提升农村人居环境,加快农村公路、饮水、供电等基础设施提档升级,深化拓展寄递物流、冷链物流体系,实现5G网络行政村全覆盖。扎实推进乡村善治,涵养文明乡风,打造宜居宜业的和美家园,绘就乡村振兴的锦绣画卷。

（七）聚焦全面绿色低碳转型,走好生态优先绿色发展之路。坚决扛牢共抓长江大保护责任,协同推进降碳减污扩绿增长,加快建设人与自然和谐共生的美丽湖北。切实推动绿色产业发展。紧扣绿色制造方向,加快钢铁、石化、建材等9个重点行业节能降碳改造,实施节能环保产业高质量发展五大行动,围绕绿色建材、风电装备、绿色智能船舶等优势领域,重点培育6家省级产业园区,打造城市矿产、秸秆利用、废旧电池回收利用等10条循环经济产业链,推动产业生态化、生态产业化协同发展。切实推进全面绿色转型。着眼优化产业、能源、交通运输、用地四大结构,加快构建清洁能源、低碳交通、绿色城乡等10大体系,扎实推进华中氢能产业基地、大幕山抽水蓄能电站、枣阳风电产业园、汉川电厂四期等76个重点能源项目,实施低碳城市、"气化长江"等重点工程,依托"中碳登"系统打造具有全球影响力的碳市场,完善绿色金融、生态补偿、生态价值实现等机制，促进生产生活方式绿色化低碳化。切实筑牢生态安全屏障。深入实施长江高水平保护提质增效十大行动，持续抓好长江"十年禁渔"，深化洪湖、梁子湖、斧头湖治理攻坚，扎实推进小流域综合治理、沿江化工企业关改搬转、废弃矿山生态修复，加快建设三峡坝区绿色低碳发展示范区、丹江口库区绿色可持续发展先行区。绿色生态是湖北的宝贵财富、最美底色，我们要持续加力、久久为功，用心守护大美湖北好山好水好风光。

（八）聚焦保障改善民生，推动发展成果更好惠及人民群众。坚持把增进民生福祉、提高人民生活品质作为工作的出发点和落脚点，不断增强人民群众获得感幸福感安全感。促进高质量充分就业。落实就业优先战略，深入实施"才聚荆楚"工程、"百县进百校"行动，做好高校毕业生、退役军人、农民工等重点群体就业工作，新增高校毕业生就业创业40万人以上。加强劳动者技能培训，促进多渠道灵活就业，强化困难群体就业帮扶，深化根治欠薪专项行动，努力为辛勤付出的劳动者稳岗位、增收入、保权益。加强社会保障服务。积极应对人口老龄化，强化"一老一小"服务保障，织密社区养老服务网络，优化生育政策，完善普惠托育服务体系，着力构建老年友好型和生育友好型社会，新增养老床位1万张、婴幼儿托位4.5万个，完成家庭适老化改造2.5万户以上。落实企业职工养老保险全国统筹，加强农村留守儿童、留守妇女、留守老人和城乡低保户、特困人员、残疾人等群体关心帮扶，兜住兜牢民生底线。办好人民满意教育。推进义务教育优质均衡发展，加强农村薄弱学校改造提升，深化"双减"工作，以数字化赋能教联体扩面提质。加强普通高中建设，支持每个县办好一所优质高中。推进高校双一流建设和职业院校提质行动，鼓励高校发挥所长办好新文科、新工科、新农科、新医科，探索组建现代产业学院、未来技术学院，促进100个产教联合体加快发展，着力构建支撑高质量发展的高等教育新格局。守护群众生命健康。加快建设国家区域医疗中心、重大传染病防治基地、医疗健康大数据中心，积极争创国家医学中心。促进医保、医疗、医药协同发展，加快推动基本医保省级统筹，支持建设100个国家级省级临床重点专科，大力推进国家中医药传承创新发展示范试点建设。优化医疗资源均衡布局，持续抓好公共卫生补短板工程，加快县域三级医院建设，开展数智化病理服务体系建设试点，推动紧密型医共体、远程诊疗服务县域全覆盖。深化重大疾病防治"323"攻坚行动，抓好全民健康教育和健康促进工作，落实国家学生饮用奶计划，不断提升全民健康水平。丰富群众文体生活。推进文艺精品创优、文化场馆升级，办好长江文化艺术节、湖北艺术节、全国第七届大学生艺术展演活动，加快长江博物馆、石家河国家考古遗址公园等重点项目建设，加强非物质文化遗产保护传承，完善全媒体传播体系，持续提升文化服务水平。开展公共文化新空间建设行动、全民健身双创工程，优化15分钟文化体育圈，更好满足群众多层次需求。

各位代表！人民政府为人民，我们所做的一切工作都是为了更好满足人民群众对美好生活的向往。今年我们继续实施10大类52项民生实事，涵盖就业、教育、医疗、养老、育幼、安居、出行等领域，努力让人民群众收获更多实实在在、可感可及的幸福。

（九）聚焦建设高水平"平安湖北"，着力统筹发展和安全。坚决贯彻总体国家安全观，推动高质量发展与高水平安全良性互动，以湖北之稳为全局之安作出贡献。防范化解重大风险。坚持防爆雷、减存量、控增量、综合施策、精准拆弹，积极防范化解地方债务、房地产、金融等领域风险，牢牢守住不发生区域性系统性风险的底线。加强煤电油气保供，开展新一轮找矿突破行动，提高能源资源保障水平。守牢安全生产防线。实施安全生产治本攻坚三年行动，强化消防、危化、燃气、交通、矿山、食品药品等重点领域监管，坚决遏制重特大事故发生。强化洪涝干旱、森林火灾、地质灾害、地震等防范应对和气象服务，推进国家华中区域应急救援中心、应急物资供应链与集配中心建设，加快应急宣传广播体系建设，健全预警"叫应"、转移避险等机制，提高防灾减灾救灾和应急处置能力。加强和创新社会治理。坚持系统治理、依法治理、综合治理、源头治理，畅通信访渠道，加强矛盾纠纷排查化解，推动常态化扫黑除恶斗争向纵深发展，严厉打击电信网络诈骗，打好新时代禁毒人民战争。支持国防和军队现代化建设，做好国防教育、国防动员、双拥共建、退役军人服务保障工作，扎实推进军民融合深度发展。做好第五次经济普查，加强民族宗教、外事侨务、港澳台、档案保密、参事文史等工作，支持工会、共青团、妇联、残联、科协、红十字会更好发挥作用。持续深化美好环境与幸福生活共同缔造，健全完善纵向到底、横向到边、共建共治共享的社会治理体系，让社会更安宁、发展更安全、人民更安康。

三、全面加强政府自身建设

大道如砥，初心如磐。新形势新任务对政府工作提出了新的更高要求，我们要知重而担、知责而行，永葆政治本色，坚持守正创新，勇于开拓进取，着力提升政府治理现代化水平，加快建设人民满意的服务型政府。

（一）**铸牢忠诚之魂，坚定做到旗帜鲜明讲政治**。始终把讲政治摆在第一位，坚定拥护"两个确立"，坚决做到"两个维护"，不断提高政治判断力、政治领悟力、政治执行力，始终在思想上政治上行动上同以习近平同志为核心的党中央保持高度一致。持续巩固拓展主题教育成果，坚持不懈用习近平新时代中国特色社会主义思想凝心铸魂，凡事善于从政治上考量、始终坚持在大局下行动，对党中央决策部署心领神会，一丝不苟推动习近平总书记关于湖北工作的重要要求落实落地，以实际行动、实干成效诠释绝对忠诚。

（二）**恪尽为民之责，坚定做到全心全意惠民生**。树牢造福人民的政绩观，坚持民有所盼、政有所为，切实把解民忧、暖民心、顺民意的工作做到群众心坎上，把保障改善民生与扩内需、稳增长、促发展更好结合起来，理顺理清千头万绪的事、办好办实千家万户的事、抓紧抓细千行百业的事，让现代化建设成果更多更公平惠及全省人民。坚定走好新时代群众路线，真诚倾听群众呼声，虚心向群众请教，把一切能够调动的积极因素调动起来，团结凝聚群众办成事、办大事，共同创造美好生活。

（三）**夯实法治之基，坚定做到尊法崇法促善治**。深入贯彻习近平法治思想，坚持法无授权不可为、法定职责必须为，全面深化法治政府建设，将法治思维、法治要求贯穿政府工作始终。依法接受人大及其常委会法律监督和工作监督，自觉接受政协民主监督，主动接受社会和舆论监督，强化审计监督、统计监督，始终坚持在阳光下行使权力，善于通过监督不断改进工作。高质量办好人大代表建议和政协提案，全力支持人大代表、政协委员履职履责。扎实推进"八五"普法，让办事依法、遇事找法、解决问题用法、化解矛盾靠法的理念深入人心、成为共识。

（四）砥砺奋进之志，坚定做到真抓实干建新功。强化狠抓落实的工作导向，争当行动派、实干家，不折不扣抓落实、雷厉风行抓落实、求真务实抓落实、敢作善为抓落实，确保最终效果符合党中央意图、顺应人民期待。弘扬"四下基层"传统，大兴调查研究之风，察实情、谋实招、求实效，使出台的政策措施更加符合省情实际、更好适应高质量发展需要。坚持学习提能、实践强能，增强专业素养、锤炼过硬本领，善于用系统观念、改革思维、市场办法破解难题、促进发展。保持"拼抢实"的状态和作风，从头抓紧、干在实处，努力把思路变出路、把愿景变实景，持续奏响快干实干最强音。

（五）坚守为政之要，坚定做到清正廉洁葆本色。始终保持"自我革命永远在路上"的警醒，严格履行管党治党政治责任，一以贯之、全面从严推进政府系统党风廉政建设。严格落实中央八项规定及其实施细则精神，驰而不息纠治形式主义、官僚主义，靶向施治为基层松绑减负，集中精力谋发展、办实事。坚决落实"习惯过紧日子"的要求，把财政资金更多用在为民生增福祉、为发展增后劲上。纵深推进反腐败斗争，坚决铲除腐败土壤，加强新时代廉洁文化建设，营造山清水秀、正气充盈的良好政治生态。

各位代表！弄潮儿向涛头立，风起正是扬帆时。新征程充满光荣和梦想，没有捷径，唯有实干。让我们更加紧密地团结在以习近平同志为核心的党中央周围，在省委坚强领导下，团结一心、锐意进取，为加快建设全国构建新发展格局先行区、奋力推进中国式现代化湖北实践作出新的更大贡献！

湖 南 省

政府工作报告

——2024年1月24日在湖南省第十四届
人民代表大会第二次会议上

省长 毛伟明

各位代表：

现在，我代表省人民政府，向大会作政府工作报告，请予审议，并请各位政协委员提出意见。

一、过去一年工作回顾

2023年是全面贯彻党的二十大精神的开局之年，是三年新冠疫情防控转段后经济恢复发展的一年。全省上下坚持以习近平新时代中国特色社会主义思想为指导，深入贯彻党的二十大和二十届二中全会精神，认真落实党中央、国务院决策部署，在中共湖南省委坚强领导下，锚定"三高四新"美好蓝图，扎实开展主题教育，深入推动"走找想促"，全力打好"发展六仗"，全省经济稳中有进、进中提质，高质量发展扎实推进，全面建设中国式现代化湖南新篇章迈出坚实步伐。全年地区生产总值迈上新台阶，总量突破5万亿元，增长4.6%，两年平均增速高于全国0.3个百分点。地方一般公共预算收入增长8.3%。全体居民人均可支配收入增长5.5%，持续跑赢经济增速。粮食再获丰收，总产达613.6亿斤。

——发展态势回稳向好。克服一季度增速回落影响，实现二三季度逐步趋稳，四季度全面回升，当季增长6%、高于全国平均水平。规模工业增加值增长5.1%，高于全国0.5个百分点。工业投资增长8.1%，"四个十大"项目年度投资任务全面完成。社会消费品零售总额突破2万亿元，增长6.1%。各项贷款余额增长10.9%，新增社会融资规模突破1.1万亿元，新上市及过会企业达14家。

——发展质效持续提高。高新技术产业增加值1.1万亿元、增长8.9%，先进制造业增加值增长6.8%、占制造业比重达51.3%。数字经济增长15%、总量突破1.7万亿元，占地区生产总值的34%。工业税收增长15.7%。非税占比34.3%，下降1.1个百分点。规模以上服务业企业利润增长20%以上。单位GDP能耗降幅居全国前列。

——发展动能稳步增强。全社会研发经费投入增长14.2%，增速居全国第5位。"智赋万企"全面起势，国家级跨行业跨领域"双跨"平台数量居全国第7位，省级工业互联网平台达92个，上云上平台企业新增14.6万家，工业企业数字化研发设计普及率达81.1%。国家新型工业化产业示范基地达19个，居中部首位。国家级专精特新"小巨人"企业新增116家，高新技术企业净增2000家以上，科技型中小企业突破3万家。

——发展基础持续夯实。高速成网、高铁成环、枢纽成型的效应放大，长沙四小时航空经济圈、省内两小时高铁通勤圈基本形成。5G基站总数达13.3万个、居全国第8位，总算力超5200PF、增长30%。新增电力装机1245万千瓦，其中新型储能装机达266万千瓦、居全国第2位，成功应对夏季4165万千瓦历史最大负荷考验。

——发展环境进中更优。"走找想促"活动和"三送三解三优"行动解决各类问题超20万个。"湘易办"注册用户突破3000万、汇聚服务事项1.7万项，"一网通办"1.2万项。实有经营主体达712.8万户、增长12.2%，三湘百强民营企业营业收入和资产总额均突破1.1万亿元。2023年度全国工商联"万家民营企业评营商环境"，全省及长沙市继续位居全国前列、中西部第1位。

主要抓了以下八个方面的工作：

一是多措并举稳定经济增长。从容应对各种不确定性因素，全力打好经济增长主动仗，形成了以月保季、以季保年的绵密攻势。创造性落实政策。打出稳增长20条、促消费20条、文旅振兴20条、民营经济发展30条等政策"组合拳"。全年新增减税降费及退税缓费超500亿元，金融让利212亿元，发放失业保险稳岗返还资金超8亿元。高效率推进项目。集中开工1158个重大项目，实际完成投资2197.6亿元，带动在建亿元以上项目7693个，完成投资1.5万亿元。争取中央预算内资金、专项债、新增国债超2000亿元。重点项目用地实现应保尽保。多途径激活消费。聚焦汽车、家居、餐饮等重点领域，组织开展各类促消费活动1000余场，通过发放消费券等形式拉动市场消费，限额以上生活类商品零售额和餐饮营业额分别增长8.1%、16.5%。成功举办第二届湖南旅游发展大会，全省旅游接待人数、总收入分别增长51.3%、47.4%。张家界游客接待量、旅游总收入均创历史新高。大力度建强园区。"三生融合、三态协同""五好"标准成为园区建设新范式；全省园区规模工业企业突破1.2万家，高新技术企业达1.1万家，园区贡献了35.6%的税收。

二是标志工程引领"三个高地"建设。滚动实施11大标志性工程，持续增强"高地"带动效应。以重点产业驱动制造强基，前瞻布局"4×4"现代化产业体系，持续推进产业发展"万千百"工程，汽车制造、通用设备制造增加值分别增长16.5%、8.7%，北斗产业产值增长18.4%。进入中国制造业企业500强和新增百亿工业企业各8家，三一集团海外营收大幅增长，长沙比亚迪新能源汽车产量达72.3万辆、增长64.3%。中联智慧产业城、湘潭吉利远程超级VAN、邵阳邵虹基板玻璃、益阳信维电子科技产业园等投产运营，岳阳石化百万吨乙烯等重大项目开工建设。以重大平台支撑创新突破，"4+4科创工程"全部实体化运行，湘江科学城启动建设，长沙全球研发中心城市建设稳步推进，科技赋能文化产业创新工程加快实施，牵头建设的全国重点实验室增至11家，中国工程科技发展战略湖南研究院、鹏腾生态湖南创新中心落地建设。新引进高层次科技人才和团队208人（个）。"十大技术攻关项目"累计突破关键核心技术147项，取得"首"字"最"字号成果17项，涌现了铁建重工世界首台可变径斜井岩石隧道掘进机、中电科48所8英寸碳化硅外延设备、衡变深远海风电输变电装备等国际领先技术成果。技术合同成交额增长超过50%。以重点举措深化改革开放，圆满完成全域低空空域管理改革试点任务，湖南自贸试验区形成首创成果16项，获批全国内外贸一体化试点，上交所科创板企业培育中心（中部地区）落户长沙；湖南银行、数字湖南公司、港航水利集团组建；全省国有"三资"清查处置收益超千亿元，发放科技型企业知识价值信用贷款超170亿元。主动融入粤港澳大湾区建设、长江经济带发展、海南自由贸易港建设等重大国家战略，积极推进长江中游三省协同和湘赣边区域合作。第三届中非经贸博览会签约项目120个、金额103亿美元，对非贸易额达556.7亿元、居中西部第1位。世界计算大会、第二届北斗规模应用国际峰会等重大活动成功举办。中欧班列（长沙）开行量居全国第一方阵，怀化国际陆港开行国际班列455列、增长两倍。湘商回归新注册企业1360家，到位资金5915.2亿元。在湘投资的世界500强企业达211家。马拉维共和国驻长沙总领事馆正式开馆。

三是集成发力强化发展支撑。一体布局电力、算力、动力建设，基础设施承载能力整体增强。强网络，交通网、水利网、物流网加密提质，新增高速公路200公里、总里程达7530公里，提质改造国省干线300公里、总里程达3.2万公里，邵永高速铁路开工建设，长沙机场改扩建工程加快推进，湘西边城机场、娄底桥头河通用机场等建成通航；城陵矶港全面整合、虞公港建设顺利推进，洞庭湖生态疏浚工程、金塘冲水库开工建设，莽山、毛俊水库主体工程完工，涔天河灌区建成达效；衡阳、永州国家骨干冷链物流基地获批。强功能，100个数字新基建标志性项目加快推进，中国电信中南智能算力中心投产运营，人工智能算力达1200PF，长沙超算中心算力达200PF、重归国际一流水平。强支撑，新型电力系统"三区三厅"布局启动，"宁电入湘"开工建设，华容电厂全部并网发电，犬木塘水库电站首台机组顺利投产，益阳电厂和常德石门电厂三期有序推进，3个抽水蓄能电站核准开工。

四是持之以恒巩固"三农"地位。学习运用"千万工程"经验，部署实施"五千工程"，推进乡村全面振兴。脱贫攻坚成果得到新提升。实施脱贫人口持续增收三年行动，消除返贫风险9万户、23万人，脱贫地区农村居民人均可支配收入增速高于全省2个百分点。成功举办"十八洞"减贫与发展论坛,向世界分享湖南减贫经验。保障粮食安全彰显新担当。新建和改造高标准农田345万亩。"西子3号"成为国家审定的首个镉低积累水稻品种,推广种植低镉改良品种107万亩,水稻、油茶种植面积和总产均居全国第1位。农业产业发展迸发新活力。农产品加工业营业收入增长7%、达2.3万亿元,国家级农业优势特色产业集群达7个,建设国家产业强镇10个、居全国前列,农民合作社、家庭农场分别突破12万家、21万户。农机装备补短板和农业机械稳链强链工作获国家肯定。"和美湘村"建设呈现新变化。村庄规划质量提升,农村人居环境改善,创建国家乡村振兴示范县4个、全国乡村治理示范镇5个,美丽乡村示范村占比达43%。第二轮土地延包、农村宅基地改革试点稳步推进。

五是优势互补促进区域发展。"一核两副三带四区"协同并进格局加快形成,城镇化率提高到61.2%。一体化推进长株潭都市圈建设。三年行动计划部署推进,奥体公园、花博园等绿心增值项目加快布局,三市经济总量占全省41.5%、规模工业增加值增速高于全省2个百分点。差异化推动片区发展。衡阳连续三年上榜先进制造业百强城市,岳阳跻身全国创新驱动示范城市,新时代洞庭湖生态经济区规划获批,湘南湘西承接产业转移示范区实际到位内资增长18.9%,大湘西脱贫地区高质量发展先行区建设取得新进展。特色化壮大县域经济。全国"百强县"达4个,经济总量超500亿元的县市达8个,地方一般公共预算收入10亿元以上的县市达46个。

六是想方设法增进民生福祉。民生支出占比超过70%,十大重点民生实事全面完成。持续加温民生保障。城镇新增就业76.5万人，城乡居民收入分别增长4.1%、7%，基本养老、城乡低保、公共卫生补助等稳步提标。100所县域普通高中"徐特立项目"全面开工，411所乡镇标准化寄宿制学校建成使用，本科录取人数增加7600人。国家医学中心、区域医疗中心建设顺利推进，乡村医生层级管理开展试点，普通门诊异地结算、行政村卫生室医保定点实现全覆盖。持续加力生态环保。有序推进碳达峰碳中和，连续7年开展污染防治"夏季攻势"，全力打好长江保护修复、洞庭湖总磷治理、"锰三角"矿业污染整治等标志性战役，坚决扛牢"守护好一江碧水"的政治责任。绿色发展指数进入全国前十，国考断面水质优良率、空气质量优良天数分别居中部第1位、第2位，洞庭湖总磷浓度下降10%。我省在国家污染防治攻坚战成效考核中，位列优秀等级、居中部第1位。

七是有力有效维护社会安定。统筹发展与安全两件大事，全年未发生重特大事故。枕戈待旦打好安全生产翻身仗，全面推行专家诊查、行业互查、企业自查、曝光突出问题"三查一曝光"硬举措，深化居民自建房安全专项整治，排查整治非煤矿山、危化品、道路交通、特种设备、城市运行、消防等领域风险隐患，安全生产事故起数、死亡人数分别下降6.3%、7.5%，取得洪涝灾害"零死亡"历史最好结果。积极主动打好防范化解风险阻击仗，认真开展PPP项目、"半拉子"工程等清查整治，稳妥处置非法集资案件，超额完成化债任务，交付"保交楼"项目451个、交付率居全国前列。常抓不懈确保社会大局和谐稳定，落实意识形态工作责任制，抓好领导干部接访、下访、包案化解工作，全域推进"网格化+信访"工作，从严打击电诈犯罪，深入开展"利剑护蕾"及"清朗"行动，刑事、治安案件分别下降5.4%、13.6%。

八是忠诚担当提高政府效能。政府系统党的建设全面加强，治理能力和治理水平不断提升。始终坚持依法行政，依法举行新任命国家工作人员宪法宣誓，办理省人大代表建议1392件、省政协提案941件，提请审议地方性法规议案13件，制定省政府规章7件。大力开展督查问效，深入推进统计造假、违规举债虚假化债等专项治理，强化审计监督，完善督查激励机制，获国家层面督查激励项数、次数均居全国前列。持续推进正风肃纪，从严查处违规举债、不合规PPP项目、套取挪用惠农补贴等背后的腐败与作风问题，深入开展招投标等重点领域突出问题综合整治。坚决整治形式主义、官僚主义，扎实开展高质量发展大调研活动，以省政府名义下发的文件、召开的会议做到"只减不增"，"三公"经费持续下降。

我们大力加强精神文明建设。毛泽东同志诞辰130周年系列纪念活动隆重举行，十八洞村、沙洲村等成为新时代红色地标，《问苍茫》等一批精品力作广受欢迎，湖南数字博物院启动建设，基层文化场所"乡有一站、村有一中心"加快推进。

我们大力推动各项事业发展。档案史志、外事侨务、港澳台事务、民族宗教、机关事务、社会科学、参事文史、地震气象、广播电视、体育、驻外联络等工作取得新进展，老龄、慈善、工会、青少年、妇女儿童、残疾人、红十字、计生协等事业取得新成效。

我们大力支持国防和军队现代化建设。全省各级国防动员委员会按新体制运行，统筹加强兵员征集、后备力量建设，以及国防教育、人民防空和军事设施保护，促进军民深度融合，扎实做好退役军人服务保障工作，奋力谱写了鱼水情深的时代华章。

各位代表！

过去一年的成绩来之不易。这是以习近平同志为核心的党中央坚强领导的结果，是中共湖南省委正确领导的结果，是各级人大、政协和监察、司法机关监督支持，以及社会各界关心帮助的结果，是全省人民团结奋斗的结果。在此，我代表省人民政府，向全省各族人民，向各民主党派、工商联、无党派人士、各人民团体，向驻湘人民解放军指战员、武警部队官兵、政法干警、民兵预备役人员、消防救援人员，向中央驻湘单位，向关心支持湖南高质量发展的海内外各界人士，表示诚挚的感谢！

各位代表！

过去的一年，我们在疫情防控转段中稳健开局，在市场预期偏弱中激发内生动力，在风险挑战叠加中行稳致远。我们深刻认识到，必须始终坚持以习近平新时代中国特色社会主义思想为根本遵循，坚决贯彻习近平总书记关于湖南工作的重要讲话和指示批示精神，锚定"三高四新"美好蓝图，贯彻落实省委决策部署；必须始终坚持高质量发展这一新时代的硬道理，完整、准确、全面贯彻新发展理念，着力构建新发展格局，推动经济实现质的有效提升和量的合理增长；必须始终坚持用好改革开放关键一招，统筹推进深层次改革和高水平开放，有效激发和增强社会活力；必须始终坚持以人民为中心的发展思想，想群众之所想、急群众之所急、忧群众之所忧，促进改革发展成果更多更公平惠及人民群众；必须始终坚持发展和安全良性互动，以高水平安全保障高质量发展，坚决守牢安全发展底线。

我们也清醒地看到，全省经济社会发展还存在不少困难和问题。主要是：经济恢复向好基础尚不牢固，有效需求不足、社会预期偏弱，部分行业领域仍面临较大下行压力，地区生产总值、规模工业、投资、进出口等指标与年初预期存在一定差距；风险隐患依然较多，安全生产、防灾减灾、生态环保等领域还存在不少短板，政府债务还本付息、非法集资防范处置、"三保"支出、"保交楼"等压力较大；民生保障还有不足，教育、医疗、养老等还存在弱项，就业总量和结构性矛盾并存；担当作为有待加强，有的地方政绩观存在偏差，锐意进取、干事创业的精气神还需增强，服务企业、服务群众、服务基层的意识和水平有待提升。对此，我们要勇于面对，迎难而上，采取有效措施，认真加以解决。

二、关于2024年工作

今年是中华人民共和国成立75周年，是实现"十四五"规划目标任务的关键一年。我们一定要看到，我国经济回升向好、长期向好，韧性强、潜力足、回旋余地广，加快高质量发展其略已定、其势已成。一定要看到，"三高四新"为我省绘就了美好蓝图，取得了丰硕成果，加快高质量发展正逢其时、恰逢其会。一定要看到，我省创新活力迸发、发展动能澎湃，各方纷纷看好湖南、投资湖南，加快高质量发展氛围正浓、动力正劲。我们要抓住一切有利时机，利用一切有利条件，以高质量发展实效唱响中国经济光明论。

今年工作总的要求是：以习近平新时代中国特色社会主义思想为指导，全面贯彻落实党的二十大、二十届二中全会和中央经济工作会议精神，深入落实习近平总书记关于湖南工作的重要讲话和指示批示精神，坚持稳中求进工作总基调，完整、准确、全面贯彻新发展理念，积极服务和融入新发展格局，锚定"三高四新"美好蓝图，着力推动高质量发展，全面深化改革开放，加快创新驱动发展，统筹扩大内需和深化供给侧结构性改革，统筹新型城镇化和乡村全面振兴，统筹高质量发展和高水平安全，切实增强经济活力、防范化解风险、改善社会预期，持续推动经济实现质的有效提升和量的合理增长，增进民生福祉，保持社会稳定，推动现代化新湖南建设取得新的更大进展。

今年经济社会发展主要预期目标是：地区生产总值增长6%左右，地方一般公共预算收入增长6%，规模工业增加值增长7%，固定资产投资增长5%，社会消费品零售总额增长6%，进出口总额增长6%，城镇新增就业70万人，居民收入增速高于经济增速，居民消费价格涨幅3%左右，节能减排和碳排放强度下降完成国家下达任务，粮食产量615亿斤左右。

完成今年的预期目标，我们要贯彻好中央精神，落实好省委部署，坚持稳中求进、以进促稳、先立后破，做好"十个统筹"，大力实施产业培塑、创新提升、激发需求、改革攻坚、主体强身、区域共进、安全守底、民生可感"八大行动"，一以贯之坚持"稳、进、高、新"，并赋予新的内涵和要求。要夯实"稳"的基础，以信心稳、政策稳、工作稳确保经济稳、市场稳、就业稳，巩固和增强经济回升向好态势；激发"进"的动力，在转方式、调结构、提质量、增效益上积极进取，使"进"的方向更明、活力更足、质效更好；抬升"高"的坐标，聚焦打造"三个高地"，统筹高质量发展、高水平安全、高品质生活；争创"新"的业绩，开辟发展新赛道，增强发展新动能，拓展发展新空间，以优异成绩庆祝中华人民共和国成立75周年。重点做好以下工作：

（一）着力推动经济持续回升向好

更好统筹消费和投资，多途径激发市场活力，增强经济发展动能。

持续激发有潜能的消费。推动消费从疫后恢复转向持续扩大。培育消费热点。大力发展数字消费、绿色消费、健康消费，提振新能源汽车、电子产品等大宗消费，培育智能家居、文娱旅游、国货"潮品"、湘品湘用等新增长点。调整优化房地产政策，大力支持刚性和改善性住房需求。挖掘消费潜力。优化产城融合公共服务配套，推动农村消费扩容升级，开展大规模设备更新和消费品以旧换新，丰富养老、托育、家政、教育服务供给，以高质量供给引领和创造新需求。搭建消费平台。加快打造长沙国际消费中心城市，统筹推进城市和县域商业体系建设，打造一批夜间消费集聚示范区和城市一刻钟便民生活圈，完善农村电商与快递物流配送体系。加强消费者权益保护，创造良好消费环境。

持续扩大有效益的投资。更好发挥政府投资的带动放大效应，更有效激发社会投资，形成投资和消费相互促进的良性循环。扩大产业投资，聚焦升链、延链、补链、强链，重点抓好岳阳乙烯炼化一体化、邵虹基板玻璃、涟钢冷轧硅钢、广汽埃安新能源车、中通货运航司现代物流、中伟先进功能型粉体材料基地、吉利新能源乘用车及电池、衡阳绿色盐碱产业基地、益阳信维多层陶瓷电容器、新能源动力和储能产业基地等十大产业项目建设。放大基础设施投资，不断优化和夯实铁路网、公路网、水路网、电力网、算力网，重点抓好渝长厦和呼南高铁湖南段工程、G4京港澳高速公路扩容项目、长沙机场改扩建工程、宁夏至湖南特高压直流输电工程（湖南段）、新型电力系统工程、全省多式联运系统能力提升工程、高标准农田、水利枢纽项目、长株潭物流枢纽、"四算"新型基础设施等十大基础设施项目建设。加大民生领域投资，加快推进保障性住房建设、"平急两用"公共基础设施建设、城中村改造等

"三大工程";推进常德西洞庭湖灌区、娄底梅山灌区等农田水利项目建设;实施一批降碳、减污、扩绿等生态项目。建立健全领导干部"一对一"抓重点项目、抓产业链等工作机制,规范实施政府和社会资本合作新机制,让社会资本敢投、会投、能投。

持续激发经营主体活力。加大综合施策力度,进一步提振信心、稳定预期。强化主体培育。摸排一批十亿、百亿、千亿潜力企业开展梯度培育,支持领军企业开展重大项目布局、战略性并购重组,力争全年新增百亿企业10家、省级以上专精特新中小企业800家、单项冠军企业100家以上。强化精准帮扶。常态长效开展"三送三解三优"行动,不折不扣落实减税降费政策,建立完善支持政策"免申即享"机制,制定纳税大户企业激励扶持政策,支持重点企业发展并纳入"白名单"重点保障。强化服务保障。做好用工、用能、用地等保障工作,落实供水供电供气接入工程延伸投资政策,切实提升企业全生命周期服务水平。

持续夯实园区支撑。更好发挥园区主阵地作用,提升园区产业集聚度和经济贡献度。优化调整主特产业,稳妥推进调区扩区,培育特色产业园区,推动国家级园区进位争先。强化质量效益导向,完善"五好"园区综合评价指标体系,盘活园区低效闲置资产资源,提高园区亩均效益,力争园区规模工业占比达到74%、亩均税收增长10%以上。创新园区管理和运行机制,推进以剥离社会事务、岗位聘用制、绩效薪酬制、市场化建设运营等为主要内容的园区体制机制改革。在对口帮扶机制中借鉴推广"雨溆共建"园区模式。

推动金融高质量发展。坚持经济和金融一盘棋,增强金融服务实体经济的能力和水平。做好金融"五篇大文章",聚焦重点领域、重点项目和民生短板，精准对接市场融资需求，加大金融投放和减费让利力度。壮大金融主体实力，积极推进省内法人金融机构改革，打造"全牌照"金融服务体系。持续推动企业上市"金芙蓉"跃升行动，加快建设多层次资本市场，高标准建设上交所科创板企业培育中心（中部地区），扩大直接融资规模。做大产业基金规模，发展产业链、供应链金融，推广银税互动、银保合作、政银担合作等模式，提升企业融资便利度。落实好属地风险处置和维稳责任，加强监管协同，及时处置中小金融机构风险，依法稳妥处置重大非法集资案件，推进涉众金融重大风险主体"清零"。

高质量发展能快则快，唯强者先、唯勇者胜。我们要以敢作敢为、善作善成的奋进姿态，担起经济大省真正挑大梁的责任。

（二）着力建设现代化产业体系

以先进制造业高地三大标志性工程为牵引，推动产品向高端进军、产业基地向高地迈进。

改造提升传统产业。加快技术改造和设备更新，实现扩能提质增效。现代石化产业重点聚焦石油、盐氟等基础材料，合理优化园区布局，加快头部企业培育招引。绿色矿业重点围绕有色金属、精品钢材、绿色建造等，推动产品结构调整和高端化发展。食品加工产业重点发展农副产品精深加工、食品制造、酒饮茶等，打造"湘字号"知名品牌。轻工纺织产业重点围绕电器制造、智能家居、纺织服装等领域，培育一批"三品"标杆企业、外贸特色产业集群和加工贸易梯度转移重点承接地。推进烟花爆竹产业转型发展。

巩固延伸优势产业。强化产业链上下游配套，打造彰显湖南特色优势的国内外一流产业集群。工程机械产业重在围绕特种工程机械、特色农机装备产业，强化零部件配套，大力发展再制造，提升主导优势产品国际竞争力。轨道交通产业重在推动国铁、城轨、磁浮、智轨"四轨一体"发展，大力发展高端整车，推动磁浮交通应用和产业化，打造世界一流的轨道交通装备研发中心。现代农业重在大力推进种业振兴，推动农业优势特色产业全链条发展。文化旅游产业重在发展文化创意、全域旅游，优化文化旅游产品供给，推动文旅深度融合。

培育壮大新兴产业。加快融合化集群化发展，打造一批根植湖南、竞争力凸显的新兴产业集群。数字产业紧扣发展先进计算、新一代半导体、新型显示、智能终端，加快打造全国重要的先进计算产业基地。新能源产业紧扣新能源汽车、新能源装备、新型储能发展，密切跟踪氢能、固态动力电池产业发展趋势，促进新能源产业链上下游融合，力争在新赛道上取得新优势。大健康产业紧扣中医药、现代医药、医疗器械、美妆、健康服务等领域，加快成长为重要支柱产业。空天海洋产业紧扣航空装备、北斗产业、商业航天、通用航空、海洋装备等发展，积极配合实施航空发动机和燃气轮机"两机"专项，加快打造世界一流的空天海洋产业集群。

前瞻布局未来产业。加强集成电路、工业母机、基础软件等关键技术突破，抢占新一轮科技革命和产业变革制高点。人工智能产业聚焦推进工业机器人、服务机器人等关键软硬件研发与制造，拓展重点领域应用，形成一批应用标杆案例。生命工程产业着力推动人工生物设计、脑机接口、类脑芯片等领域研发创新，发展生物制造产业。量子科技产业强化在先进计算、智能制造、检测计量等领域的应用场景建设。前沿材料产业重点围绕3D打印材料、超导材料、纳米材料等领域开展技术攻关。

加快推进新型工业化。推动工业化、信息化"两化融合"，加快"智赋万企"进企业、进车间、进班组步伐，新增智能制造标杆企业10家、标杆车间40家以上，数字经济增长15%。推动先进制造业、现代服务业"两业共融"，推进服务型制造，大力发展金融、物流、工业设计、检验检测认证等专业化服务，力争生产性服务业占服务业比重超过42%。推动原地倍增、招引新增"两增并举"，实施存量企业扩能工程，支持优势企业就地扩能升级，精准开展产业链、基金和以商招商，提高招商引资质量和能级。

推进现代化，核心竞争力是产业现代化。我们要以对历史负责的高度责任感，加快构筑现代化产业体系的"四梁八柱"，形成制胜未来的强大竞争力。

（三）着力强化创新驱动发展

加快科技创新高地五大标志性工程建设，培育发展新质生产力。

打造高能级创新平台。强化长株潭国家自主创新示范区机制创新和试点示范，推进湘江科学城重点项目建设，支持长沙加快建设全球研发中心城市。扎实推进"4+4科创工程"，推动岳麓山实验室全面建成投用，岳麓山工业创新中心完善科研基础和创新网络体系，湘江实验室"四算一体"攻关取得突破，芙蓉实验室创新医疗技术研发；实现国家超算（长沙）中心服务用户1000个以上，大飞机地面动力学试验平台开展试验运行、研发成果转化和配套产业孵化，力能实验装置、航空发动机冰风洞装置尽快开展科研试验。支持有条件的地区创建国家创新型城市、国家高新区。

推进高水平科研攻关。全社会研发经费投入增长12%以上。结合国家所需、发展所急、湖南所能，紧盯35个领域需攻克的"卡脖子"技术清单，力争在集成电路、半导体、先进装备等领域取得一批原创性成果。大力推进楚天科技医用高端机器人、中车株机混合动力机车、湖南石化特种环氧树脂、湖南农科院耐盐碱水稻、湖南高创翔宇新型飞行器核心部件、株洲太空星际北斗多源融合时空增强、株洲中车时代半导体IGCT功率器件、宇环数控高精度平面磨床、湖南林科院高品质油茶新品种、航空航天3D打印装备等十大技术攻关项目。布局建设关键零部件、关键材料、关键设备等产业备份基地。推动"大校、大院、大企业"协同创新，开展校企合作"双进双转"，加强高新区与高等院校常态化对接，建好用好潇湘科技要素大市场，建设一批中试平台（基地）和孵化器，深化高校科技成果转化。推进知识产权强省建设，加强知识产权全链条保护。强化企业科技创新主体地位，支持骨干龙头企业牵头组建创新联合体、新型研发机构，落实"五首"产品奖励支持政策，推进规模以上工业企业创新研发全覆盖，净增高新技术企业1000家以上。

建强高素质人才队伍。加快推动教育、科技、人才一体化布局。积极引育人才，持续实施"芙蓉计划"和"三尖"创新人才工程，培育更多战略科学家、领军人才、创新团队和高技能人才队伍。放手激励人才，落实"两个70%"激励政策，健全以创新价值、能力、贡献为导向的科技人才评价体系，完善以增加知识价值为导向的分配制度。诚心留住人才，积极为科技工作者排忧解难，让广大人才潜心科研、安心创业、顺心发展。

创新，是推动高质量发展的必然选择。我们要锚定打造具有核心竞争力的科技创新高地，努力掌握创新规律，集成最大创新优势，选择最佳创新路径，取得最优创新成果。

（四）着力全面深化改革开放

以改革开放高地三大标志性工程为抓手，推动改革开放向纵深发展。

深化重点领域改革。加快要素市场化配置改革，积极推进长株潭要素市场化配置综合改革试点，着力探索数据要素市场化配置机制，加快推进全国统一大市场建设。稳步推进国企改革深化提升行动，加快国有经济布局优化和结构调整。深化投融资领域改革，加强财政金融政策协同联动。深入推进国有"三资"清查处置与管理改革，规范处置程序，合理分配收益。强化路省合作，推动铁路运输体制机制改革创新。用好全域低空空域管理改革成果，发展壮大低空经济。

扩大高水平对外开放。坚持"走出去"与"引进来"双向发力，打造对外开放的"强磁场"。提升平台能级，发挥湖南自贸试验区平台功能，高标准建设中非经贸深度合作先行区，积极争取中非新型易货贸易试点，力争对非贸易额实现翻番。办好第十三届中国中部博览会、第十一届全球湘商大会等重大经贸活动。拓展开放渠道，统筹做好国家物流枢纽、现代流通战略支点、骨干冷链物流基地等建设，支持长沙建设中欧班列集结中心、区域特色国际航空枢纽，支持怀化国际陆港高质量发展。稳定外贸外资，支持外贸主体创新发展，积极发展跨境电商、市场采购等新业态，加大全球招商引资力度，力争实际利用外资增长10%以上。发挥驻外机构、商协会等作用，大力推动湘商回归、校友回湘、湘智兴湘，引进更多社会资本和战略投资者来湘发展。

打造"三化"一流营商环境。抓好优化营商环境三年行动，持续擦亮营商环境"金名片"。推进降本减负，以降低综合运营成本为主攻方向，综合运用政策、金融、服务等手段，降低企业制度性交易、物流、融资、用能、用工等成本，打造低成本"洼地"。

促进公平竞争，全面落实市场准入负面清单制度，建立统一规范的行业公共资源交易规则，清理规范招商引资中的恶性竞争行为。强化法治护航，开展拖欠民营企业账款专项清理，严格规范涉企行政执法行为，推进"首违不罚"柔性执法，依法保护民营企业产权和企业家权益。优化政务服务，以"湘易办"为总引擎，深化数字政务改革，协同推动全省政务数据"应融尽融"、系统"应联尽联"，推进"高效办成一件事""一网通办"。着力建设诚信政府，开展新官理旧账行动。完善社会信用体系。

改革开放永无止境，必须时不我待、时刻在线，把主动权牢牢抓在手上，让内陆地区改革开放高地成为湖南鲜明的标识。

（五）着力促进区域协调发展

充分发挥"一带一部"区位优势，加快构建支撑高质量发展的区域协调发展格局。

对接融入国家战略。深度融入粤港澳大湾区建设，承接重点领域产业转移，加强与泛珠三角区域省份合作。积极对接长三角一体化，吸引跨国公司、知名企业、行业龙头企业落户湖南。全面落实促进中部地区崛起和长江经济带发展战略，推进岳阳长江经济带绿色发展示范区、湘赣边区域合作示范区建设。不断加强与海南自由贸易港合作，推动湘琼先进制造业共建产业园建设。

推动区域协同联动。强化"一核"引领，破除利益联结、要素流通等方面存在的瓶颈，持续推进长株潭一体化发展，促进产业创新协力协同、基础设施互联互通、公共服务共建共享、生态环境共保共治。增强"两副"支撑，提升衡阳、岳阳省域副中心城市能级，加快输变电装备国家先进制造业产业集群和石化产业基地建设。促进"四区"协同，统筹区域协调发展政策，支持洞庭湖区建好大湖生态经济区、湘南地区南向对接发展、大湘西地区主动对接成渝双城经济圈。

推进新型城镇化建设。推动新型城镇化和乡村全面振兴有机结合，形成城乡融合发展新格局。完善城镇化推进机制，加快推进以县城为重要载体的新型城镇化，分类开展试点，推进农业转移人口市民化。实施城市更新行动，推进燃气、供水、排水等老化管网改造，实施城市基础设施生命线安全工程，改造提升老旧小区3150个。加快建设宜居韧性智慧城市，完善一体化管理服务平台，提升水务、环卫、桥梁等管理数字化水平，加强城市住宅小区协同治理，增强城市防灾减灾能力。

促进县域经济高质量发展。深入挖掘县域发展特色优势，培育壮大县域主导产业集群。增强县城和中心镇的综合承载力，打造一批重点中心镇和特色产业镇。创新县域财源建设激励机制，完善资金配套政策。开展"湘伴而行"协作帮扶行动，支持一批欠发达地区与较发达地区开展产业、教育、医疗等结对帮扶，科学布局生产要素和教育、医疗资源。

区域共进，棋局日新。我们要点面互动、区际互融，让各地在推动高质量发展中各展所长、齐头并进。

（六）着力抓好"三农"工作

锚定农业强省目标，深入实施"五千工程"，有力有效推进乡村全面振兴。

夯实粮食安全根基。落实粮食安全党政同责，坚持最严格的耕地保护制度，确保粮食播种面积稳定在7135万亩以上。加强基础设施建设损毁耕地复垦，深化耕地"非农化""非粮化"专项整治，实施千万亩农田产能提升工程，新建和提质改造高标准农田

300万亩以上。实施种业科技创新行动，加大镉低积累、耐盐碱水稻品种研发应用，提升丘陵山区先进适用农机具应用水平。

提升农业产业发展水平。实施千亿优势特色产业升级工程，打造一批特色农业产业集群，建设一批现代农业产业园、农业产业强镇、"一村一品"示范村镇，加快乡村产业发展。发展现代设施农业，加快推进农业机械补短板、强链式，健全农业社会化服务体系。统筹规划和推进畜禽养殖业发展，做强做优油茶、水果、竹木等产业，完善农产品出村进城冷链物流仓储保鲜设施网络。加强与国内外农产品加工龙头企业合作，促进农产品加工业高质量发展。实施农业生产"三品一标"行动，推动"湘品出湘"。支持永州、郴州、衡阳等打造供港澳蔬菜基地。

建设更多"和美湘村"。坚持塑形与铸魂并重，科学编制村庄规划，扎实推进农村人居环境整治、千村美丽示范建设工程，创建省级美丽乡村示范村300个、全国美丽宜居村庄20个以上。深入推进城乡供水一体化，持续建设"四好农村路"。加快乡村人才振兴，培育新型农民。实施千镇万村治理效能提档工程，发挥村民综合服务中心作用，涵养文明乡风、良好家风、淳朴民风。严格控制村级债务。

实施千万农户增收共富工程。持续巩固拓展脱贫攻坚成果，健全防返贫监测预警和帮扶机制，守住不发生规模性返贫底线，确保脱贫地区农村居民人均可支配收入增速高于全省。深入开展"三湘护农"行动，落实各项惠民惠农政策。推进第二轮土地承包到期后再延长三十年整省试点。激活农村各类资源要素，盘活利用闲置宅基地和闲置住宅，将土地增值收益更多留在农村、留给农民。

乡村美、乡亲富、乡味醇，是我们的共同心愿。要以新的思维、新的举措，奋力推动新时代"山乡巨变"。

（七）着力建设文化强省

推动湖湘文化创造性转化、创新性发展，打造更多具有全国影响力的文化标识。

践行社会主义核心价值观。铸牢中华民族共同体意识，深入实施精神文明建设"五个一工程"、公民道德建设工程，加强新时代廉洁文化和湖湘家风建设。持续推进长征国家文化公园（湖南段）建设。一体推动大中小学思想政治教育，加强红色教育，深入开展"我的韶山行"红色研学活动。繁荣哲学社会科学，发展参事文史、档案史志事业。强化网络空间治理，培育积极健康、向上向善的网络文化。

提升公共文化服务品质。创新实施文化惠民工程，加强文化精品创作生产，深化"雅韵三湘"等群众文化活动。推进文化遗产系统性保护利用，实施非遗数字化保护工程，加强古建筑、古村落、古树名木和历史文化街区保护，支持湖南博物院创建世界一流博物馆。全面发展体育事业，推进全民健身场地设施建设，积极申办第十六届全运会。

推进文化产业创新发展。大力推动文化与科技融合，发展数字文博、音视频产业，做强文化投资、影视传媒、创意设计等核心业务，力争音视频产业规模超过2500亿元。拓展湘版图书、演艺娱乐、动漫游戏等品牌优势，力争文化产业增加值占地区生产总值比重5.3%以上。推动湖南文化走出去，提升"湘字号"文化产品影响力。办好"马栏山杯"国际音视频算法大赛。

促进文化旅游融合。力争旅游业总收入突破万亿元。办好第三届湖南旅游发展大会，推出一批精品路线、精品民宿、网红打卡地，建设一批文旅产业千亿市、百亿县、亿元镇。培塑户外旅居露营、低空飞行、康养、演艺等体验式文旅新业态。搭建智慧文旅平台，加强旅游基础设施建设，升级旅游配套体验服务。

文而化之，旅乐三湘。我们要奏响古文新韵，兴旺文旅产业，让"三湘四水·相约湖南"成为令人难忘的心灵之旅。

（八）着力发展社会民生事业

坚持尽力而为、量力而行，兜住、兜准、兜牢民生底线。

突出就业优先导向。积极推动稳岗拓岗，开展高校毕业生就业攻坚行动，统筹抓好退役军人、农民工、脱贫人口和城镇困难人员等群体就业，确保零就业家庭动态清零。支持高校师生创业，推进外出经商务工人员返乡创业。建立培训与就业紧密衔接机制，加强重点企业、重点项目用工服务保障。

办好人民满意教育。推进教育强省建设，加快构建更高质量更加公平的教育体系。优化中小学、幼儿园布局和教师配置，建设350所乡镇标准化寄宿制学校，引导长沙等地优质教育资源支援大湘西教育事业发展。推进"双一流"建设，优化学科专业结构，扩大本科教育资源供给，改善高校办学条件。大力发展职业教育，打造一批产教融合共同体。深入发展老年教育。规范发展民办教育。深化教育评价改革试点，加强师德师风建设。巩固提升"双减"成果，促进学生身心健康。

加快建设健康湖南。促进医保、医疗、医药协同发展和治理，加快国家医学中心、区域医疗中心、国家中医药综合改革示范区建设，推动公立医院高质量发展。提升基层医疗水平，注重村医培养，实施大学生乡村医生专项计划，加强脱贫地区乡、村医疗卫生机构基本医疗设施配备，引导湘雅等优质医疗资源支援大湘西卫生事业发展。健全食品药品监管体系，确保食品药品安全。促进人口高质量发展，完善生育支持政策体系，提高人均预期寿命。发展银发经济。深入开展爱国卫生运动。

织密扎牢社会保障网。推动基本养老、工伤、失业保险扩面提质，大力发展多层次、多支柱养老保险体系，推进基本医疗保险省级统筹、企业年金覆盖扩面。健全分层分类社会救助体系，稳步提高城乡低保标准保障水平。弘扬公益慈善文化，发展志愿服务，加强和保障残疾人、孤儿和事实无人抚养儿童等特殊人群基本民生。着力解决困难家庭、新市民、青年人等群体住房困难问题。

持续办好"十大重点民生实事"。①建成100所县域普通高中"徐特立项目"，开展1万场家庭教育指导服务。②推进新生儿疾病免费筛查与诊断服务全覆盖，新增普惠性托位4万个。③城市低保标准提高到700元/月，农村低保标准提高到不低于5400元/年，残疾人"两项补贴"标准提高到90元/月，散居和集中养育孤儿补贴标准分别提高到1150元/月和1600元/月。④妇女"两癌"免费检查100万人，康复救助残疾儿童2万名，完成困难重度残疾人家庭无障碍改造3万户。⑤城镇新增就业70万人。⑥建设老年助餐服务点500个，提质改造"爱晚"老年学校100所。⑦提供法律援助案件5万件，提升基层防灾能力，加强市县两级应急广播建设。⑧实施数字政务提质增效惠民工程，推进社会保障卡居民服务"一卡通"。⑨改造城镇老旧小区2000个，建设保障性租赁住房4万套。⑩提质改造农村公路3500公里，建设农村公路安防设施26000公里，精细化提升普通国省干线1000公里；恢复和改善农田灌溉能力；新增农村蓄水能力8500万方，完成1000个农村千人以上集中饮用水水源地突出环境问题整治。

万家灯火，枝叶关情。我们要不断为幸福"加码"，让现代化建设成果更多更公平惠及全省人民。

（九）着力推进美丽湖南建设

一体推进污染防治、生态保护、产业转型，促进人与自然和谐共生。

抓好污染防治攻坚。巩固拓展中央交办突出问题整改成果，持续开展"夏季攻势"，深入打好蓝天、碧水、净土保卫战。加强长株潭等重点城市大气污染联防联控，提高行业清洁生产水平，力争提前完成"十四五"空气质量指标。扎实推进长江治污治岸治渔，实施洞庭湖总磷污染控制与削减攻坚行动，全面完成国家下达的生态环境指标计划。加快锰渣、铅锌渣、含铍废渣等处置技术攻关，持续抓好"锰三角"矿业污染整治和"四水"流域涉重金属深度治理，加强地下水安全管控，确保受污染耕地、重点建设用地安全利用率达到国家要求。

提升生态系统功能。统筹推进生态保护修复、地质灾害防范等工作。推进河长制、林长制、田长制协同治理，巩固长江十年禁渔成效，提升生物多样性保护水平。实施山水林田湖草沙一体化保护和修复，加强湘江两岸规划管控，推进洞庭湖山水工程和邵怀、郴衡生态修复示范工程建设。开展国土绿化行动，推动"两山"实践创新基地建设，深化重要江河源头区、重要水源地和水土流失重点防治区治理。打造绿心中央公园等标志性工程，推动设立南山国家公园。强化"三区三线"刚性约束，健全生态补偿、损害赔偿、使用有偿制度，深化集体林权制度改革。

加快绿色低碳转型。有序实施"碳达峰十大行动"，协同推进降碳、减污、扩绿、增长，促进绿色低碳技术创新和成果转化。抓好郴州国家可持续发展议程创新示范区建设。调整优化产业、能源、交通运输、用地等结构，积极培育清洁能源等绿色低碳产业，加快构建废旧物循环利用体系。加快风电、光伏和抽水蓄能开发建设，基本建成新型电力系统"三区三厅"示范工程。倡导绿色低碳生活方式，形成崇尚生态文明的社会氛围。

天蓝日丽，山灵水秀，是我们共同守护的目标。我们要持续发力、攻坚克难，为子孙后代留下永续生存发展空间。

（十）着力筑牢安全发展底线

以"时时放心不下"的责任感，持续有效防范化解重点领域风险，构筑坚强有力的新安全格局。

守牢安全生产底线。聚焦实现"三坚决两确保"，紧盯自建房、交通运输、建筑施工、城镇燃气、危化品与烟花爆竹、城市运行、消防等重点领域，纵深推进"三查一曝光"措施，深入排查整治风险隐患。健全山洪、地质灾害等防御机制，抓好防洪设施安全隐患排查整治，加强监测预报预警、巡查排险、转移避险。建强专业救援队伍，充实基层应急救援力量。

守牢不发生系统性风险底线。坚持举债有度、用债有效、还债有方、管债有规，逐步消化债务存量，严禁新增政府隐性债务，加快平台公司转型，坚决完成年度化债任务。深入开展"半拉子"工程排查整治，加强专项债券全生命周期管理。推进金融支持化债。全力抓好"保交楼"工作，加快构建房地产发展新模式。

守牢社会稳定底线。坚持发展好新时代"枫桥经验"，持续践行"四下基层"，推进领导干部下访和信访工作法治化。深入开展平安创建，突出抓好网络安全和打击治理电信网络诈骗、黄赌毒等工作，持续开展"利剑护蕾"行动，推进扫黑除恶常态化。建立全省统一的风险监测信息化平台。加强和创新社会治理，确保社会大局安全稳定。

扎实做好外事、侨务、对台工作，支持工会、共青团、妇联、贸促会、红十字会等人民团体和社会组织更好发挥作用。促进民族团结、宗教和谐。认真开展第五次全国经济普查工作。

高质量发展和高水平安全"一体两翼"，缺一不可。我们要"稳"字当头，让人民安居乐业，让社会安定祥和。

开创国防动员和后备力量建设新局面。深入贯彻习近平强军思想，大力支持国防和军队现代化建设，进一步释放国防动员体制改革效能，持续推进军民融合发展，完善退役军人服务保障体系，推进民兵荣誉体系建设，深入开展"双拥"共建，加强全民国防教育，持续巩固坚如磐石的军政军民团结。

三、加强政府自身建设

加快推进政府治理体系和治理能力现代化，推动政府自身建设再上新台阶。坚定政治立场，深刻领悟"两个确立"的决定性意义，增强"四个意识"、坚定"四个自信"、做到"两个维护"，把坚持党的领导贯彻落实到政府工作各方面全过程。坚持依法行政，加强法治政府建设，落实重大行政决策程序制度，高质量完成机构改革任务。坚持高效履职，强化实干实绩导向，持续发挥督查激励"指挥棒"作用，建设高效能服务型政府。坚持廉洁从政，习惯过紧日子，锲而不舍落实中央八项规定精神，持之以恒推进党风廉政建设和反腐败斗争。

各位代表！

方向已明、目标已定，关键在大抓落实！

我们要在贯彻党的决策中把牢大抓落实的方向。抓落实的最终效果，要符合党中央决策意图。我们要不折不扣、雷厉风行、求真务实、敢作善为，不变形走样、不层层加码，真正体现党的意志、贯彻中央意图，做到党中央有部署、湖南见行动。

我们要在实现人民期盼中激发大抓落实的动力。我们的目标，归根到底就是让老百姓过上更好的日子。要清楚三湘人民的呼声在哪里、真实的想法是什么，把人民群众"想的事"变成政府"干的事"，把政府"在干的事"变成人民群众"支持的事"。

我们要在把握时代要求中锤炼大抓落实的本领。新征程是充满光荣和梦想的远征，前行路上有风也有雨。我们要在攻坚克难中创新方法、在敢于斗争中锻造能力、在真抓实干中强健作风，使我们的工作始终体现时代性、把握规律性、富于创造性。

我们要在肩负使命任务中凝聚大抓落实的合力。坚持把推进中国式现代化作为最大的政治。以党的创新理论武装头脑，以建设现代化新湖南事业鼓舞人心，营造蓬勃向上的干事氛围，拓展包容活跃的创新空间，让干部敢为、地方敢闯、企业敢干、群众敢首创。

各位代表，我们要更加自觉落实全过程人民民主，主动接受人大依法监督、政协民主监督，自觉接受纪检监察、司法、社会和舆论监督，强化审计监督、统计监督，广泛听取民主党派、工商联、无党派人士和各人民团体意见，始终让权力在阳光下运行。

各位代表，新时代是奋斗者的时代！让我们更加紧密地团结在以习近平同志为核心的党中央周围，在中共湖南省委坚强领导下，坚定信心、同心同德，埋头苦干、开拓前进，为推动高质量发展、谱写中国式现代化湖南新篇章而努力奋斗！

广 东 省
政府工作报告

——2024年1月23日在广东省第十四届
人民代表大会第二次会议上

省长　王伟中

各位代表：

现在，我代表省人民政府，向大会报告工作，请予审议，并请各位政协委员和其他列席人员提出意见。

一、2023年工作回顾

刚刚过去的2023年，是全面贯彻党的二十大精神的开局之年，是三年新冠疫情防控转段后经济恢复发展的一年。习近平总书记亲临广东视察，殷切寄望广东锚定强国建设、民族复兴目标，围绕高质量发展这个首要任务和构建新发展格局这个战略任务，在全面深化改革、扩大高水平对外开放、提升科技自立自强能力、建设现代化产业体系、促进城乡区域协调发展等方面继续走在全国前列，在推进中国式现代化建设中走在前列，赋予粤港澳大湾区"新发展格局的战略支点、高质量发展的示范地、中国式现代化的引领地"的全新定位，并先后向文化强国建设高峰论坛、"读懂中国"国际会议（广州）、从都国际论坛致贺信，极大振奋了全省上下奋进新征程的信心决心。我们坚持以习近平新时代中国特色社会主义思想为指导，深入贯彻习近平总书记对广东系列重要讲话和重要指示精神，坚决贯彻党中央决策部署，认真落实国务院工作安排，在省委正确领导下，在省人大及其常委会、省政协监督支持下，完整、准确、全面贯彻新发展理念，服务和融入新发展格局，守正创新、苦干实干，推动经济社会发展取得新成效。

——这一年，我们紧紧围绕实现习近平总书记赋予的使命任务，认真落实省委"1310"具体部署，推动中国式现代化的广东实践迈出坚实步伐。省委召开十三届三次全会，作出锚定"走在前列"总目标、激活改革开放创新"三大动力"、奋力实现"十大新突破"的具体部署。我们按照省委确定的施工图和任务书，以"再造一个新广东"的闯劲拼劲再出发，推进新阶段粤港澳大湾区建设、实施"百县千镇万村高质量发展工程"、坚持制造业当家、实现高水平科技自立自强、推进海洋强省建设、推进绿美广东生态建设、推进文化强省建设、推动共同富裕、推进法治广东平安广东建设、加强党的全面领导和党的建设等工作全面铺开，奏响走在前列、当好示范的时代强音。

——这一年，我们坚持把高质量发展作为实现现代化的奋进之路，凝聚方方面面的力量，形成推动高质量发展的鲜明导向。省委、省政府在春节后上班第一天召开全省高质量发展大会，各地、各部门现场亮决心、比干劲，全省上下击鼓催征、聚力前行，经济发展"量"、"质"齐升。三次产业比重调整为4.1∶40.1∶55.8，制造业增加值占地区生产总值比重达32.7%，现代服务业增加值占服务业比重达65%，金融业增加值突破1.2万亿元。规模以上工业企业超7.1万家、高新技术企业超7.5万家，均居全国首位。"深圳—香港—广州"科技集群连续4年被世界知识产权组织评为全球创新指数第二名，全省研发经费支出约4600亿元、占地区生产总值比重达3.39%，区域创新综合能力连续7年全国第一。

——这一年，我们坚决扛起经济大省勇挑大梁的责任担当，全力以赴拼经济、抓项目、促发展，全省经济在攻坚克难中回升向好。地区生产总值达到13.57万亿元、增长4.8%，是全国首个突破13万亿元的省份，总量连续35年居全国首位，广州经济总量突破3万亿元；地方一般公共预算收入达1.39万亿元、增长4.3%；社会消费品零售总额达4.7万亿元、增长5.8%，深圳成为广东第二个万亿元消费城市；进出口顶住压力、逆势实现正增长。规模以上工业增加值突破4万亿元、增长4.4%，工业投资连续36个月保持两位数增长，佛山成为广东第二个规模以上工业总产值突破3万亿元的城市。全省经营主体突破1800万户、全年净增172.8万户，其中个体工商户突破1000万户，企业达780万户、占全国1/7，呈现出韧性强、活力足的良好势头。

事非经过不知难。一年来，我们主要做了以下工作：

一是纵深推进新阶段粤港澳大湾区建设，有力牵引全省全面深化改革开放。国务院出台《河套深港科技创新合作区深圳园区发展规划》，批复横琴粤澳深度合作区总体发展规划、前海深港现代服务业合作区总体发展规划，大湾区建设迎来新的重大机遇。我们扎实推进基础设施"硬联通"，广州站至广州南站联络线、南珠（中）城际、广河高铁机场段开工建设，深中通道主线全线贯通、今年通车后深圳与中山之间只需半小时、芭洲港澳客运码头投入运营、开辟跨境水上新通道，港珠澳大桥车流量创历史新高、开通旅游试运营。全面加强规则机制"软联通"，启动"数字湾区"建设，发布110项"湾区标准"，108项高频政务服务事项实现粤港跨境通办，"港车北上"、"澳车北上"、"经珠港飞"、人才签注、利率"互换通"等落地实施，港澳律师大湾区内地执业试点期限获批延长三年，三地居民在大湾区工作生活更加便利。大力推进深圳先行示范区建设，综合改革试点22条创新举措和典型经验获全国推广。扎实推进重大合作平台建设，推动出台横琴粤澳深度合作区发展促进条例、南沙深化面向世界的粤港澳全面合作条例，实施"横琴金融30条"、"前海金融30条"，将266项省级行政职权调整由几大平台实施。横琴放宽市场准入特别措施、鼓励类产业目录等顺利落地，产业项目加快导入，中医药省实验室正式揭牌，"分线管理"配套财税政策和海关监管办法出台实施，"二线"通道建成并通过验收，允许符合条件的澳门居民携带动植物产品进入合作区。前海累计引进全球头部服务商152家，港澳专业人士备案执业范围增至22类，全国首家"双牌照"境外银行正式落地。南沙开发建设加力提速，国家出台支持南沙放宽市场准入与加强监管体制改革意见，国际通用码头工程开工，中国企业"走出去"综合服务基地正式挂牌，累计落户港澳企业近3000家、投资总额超千亿美元。河套香港科学园深圳分园顺利开园，首批16家香港科创机构、企业及服务平台入驻。抓住改革开放45周年契机，深入推进创造型引领型改革，实施部分财政资金"补改投"改革试点，地方国企改革、省级政府质量工作获评国家A级，大湾区国际一流营商环境建设三年行动全面启动，广东连续4年获评全国营商环境最佳口碑省份。

《东莞深化两岸创新发展合作总体方案》获国务院批复。广东自贸试验区高水平对外开放门户枢纽作用凸显，成为我国对接国际高标准推进制度型开放的试点区域。积极参与共建"一带一路"，中欧班列开行数量增长31.2%。国际友城和外国驻穗总领馆分别增至208对和68家，广东对外交往"朋友圈"越来越大，国际影响力和竞争力不断提升。

二是以头号力度实施"百县千镇万村高质量发展工程"，城乡区域协调发展开启新图景。学习运用"千万工程"经验，制定实施"1+N+X"政策体系，选取22个县（市、区）、110个镇、1062个村（社区）作为首批典型，更好统筹县的优势、镇的特点、村的资源，加快把短板变成潜力板。抓住县域这个重要发力点，实施创先、进位、消薄行动，大力发展食品加工、文化旅游等强县富民产业，推进33个县域商业示范县建设，新增全国休闲农业重点县2个，县域特色优势产业发展亮点纷呈。推进扩权强县、强县扩权改革，将60项省级行政职权调整由市县实施，财政省直管县改革扩围至全部57个县（市），县级资源整合使用自主权进一步扩大。推进新型城镇化建设，建强中心镇、专业镇、特色镇，112个镇入选全国千强镇。实施乡村建设行动，农村规模化供水工程覆盖率从78%提高到83%、惠及5200多万群众，供销公共型农产品冷链骨干网组网投产，新建和改造提升农村公路6958公里，新增国家乡村振兴示范县3个、累计达7个，新增中国美丽休闲乡村10个、累计达62个。启动实施"田长制"，建成高标准农田169.8万亩、超额完成国家下达的100万亩年度任务，垦造水田5.31万亩，有序推进撂荒耕地复耕复种，河源灯塔盆地灌区近期工程建成通水、缓解近20万亩耕地缺水问题。农业强省建设取得新进展，新创建国家优势特色产业集群2个、国家现代农业产业园3个，菠萝、柚子等特色农产品产销两旺，油茶生产任务超额完成，水稻、生猪育种全国领先，水产种苗产量、水产品总产量、农产品进出口总额均居全国首位。认真落实习近平总书记"荔枝产业要发展，不解决保鲜问题不行"的重要指示，推广荔枝保鲜全链集成技术，部分品种保鲜时间从6天延长至1个月，荔枝鲜果远销欧美，出口总量增长59.2%。农村居民人均可支配收入增长6.5%，城乡居民收入比缩小至2.36∶1。深化国家级宅基地制度改革试点，推进农村集体经营性建设用地入市试点，云浮等地积极探索新型农村集体经济的实现方式，全省基本消除年收入10万元以下的集体经济薄弱村。涉农贷款增长21.4%，创10年新高。推进全域土地综合整治试点，已动工农用地整理6.1万亩、建设用地整理6.4万亩、生态保护修复13.1万亩。新增全国乡村治理示范镇5个、示范村49个，乡村风貌不断提升。把产业有序转移作为实施"百千万工程"的重要抓手，设立总规模240亿元的省产业转移基金，安排1万亩用地指标支持15个主平台建设，新承接产业转移项目超650个、总投资超3200亿元。建立帮扶协作新机制，实现对粤东粤西粤北市县两级横向帮扶全覆盖，全面启动百校联百县"双百行动"，成功举办珠三角与粤东西北经贸合作招商会。推动出台深汕特别合作区条例，制定支持梅州对接融入大湾区加快振兴发展的若干措施，老区苏区振兴发展和民族地区高质量发展步伐加快。"百千万工程"一年开局起步目标任务顺利完成，强县促镇带村如火如荼，县镇村高质量发展其势已成、其兴可期。

三是坚持实体经济为本、制造业当家，现代化产业体系建设取得重要进展。制定高质量建设制造强省的意见，推动出台制造业高质量发展促进条例，大力实施"五大提升行动"，扎实推进新型工业化。实施"大产业"立柱架梁行动，提质壮大8个万亿元级产业集群，加快把新能源、超高清视频显示、生物医药、高端装备制造等打造成新的万亿元级、5000亿元级产业集群。广汽埃安智能生态工厂入选全球唯一新能源汽车"灯塔工厂"，深汕比亚迪汽车工业园、小鹏汽车广州工厂等全面投产，肇庆小鹏智能智造研究院建成运营，全省新能源汽车年产量达253万辆，全国每4辆新能源汽车就有1辆是"广东造"。出台推动新型储能产业发展系列政策，组建全国唯一的国家地方共建新型储能创新中心，新型储能在建项目100个、总投资2290亿元，肇庆宁德时代二阶段工程等项目动工建设，佛山宝塘新型储能电站建成投运、是我国一次性建成最大的电网侧独立储能电站，新型储能电站装机规模突破160万千瓦，广东成为全国储能电池产业配套最全的地区。深入实施"广东强芯"工程、汽车芯片应用牵引工程，两条12英寸芯片制造产线、高端光掩模产线等建成投产，全力打造中国集成电路第三极。实施"大平台"提级赋能行动，高标准打造一批"万亩千亿"园区载体，加快7个大型产业集聚区建设，省产业园新增2个、基本实现粤东粤西粤北县域全覆盖，划定工业用地控制线601万亩，实施村镇工业集聚区升级改造近7000亩，为产业发展和转型升级腾出新空间。新增10个国家级工业设计中心，佛山入选国家服务型制造示范城市。实施"大项目"扩容增量行动，抓好投资50亿元以上的制造业重大项目建设，对投资5000万元以上的先进制造业项目用地指标应保尽保，全年批准建设用地40.4万亩、增长38%。投资约700亿元的揭阳中石油炼化一体化项目全面投产，成为国内一次性建设规模最大、可生产全品类石化产品的炼化一体化项目。投资超500亿元的惠州中海壳牌三期、投资约300亿元的茂名石化升级改造项目开工建设，湛江巴斯夫、惠州埃克森美孚项目年投资额均超100亿元。实施"大企业"培优增效行动，累计培育国家级制造业单项冠军132家、专精特新"小巨人"企业1528家，19家企业进入世界500强，A股上市公司总量、新增境内外上市公司数量均居全国第一。实施"大环境"生态优化行动，出台推动民营经济高质量发展、培育扶持个体工商户、发展融资租赁、降低制造业成本等惠企政策，新增减税降费及退税缓费超2000亿元，制造业贷款规模突破3万亿元、增长24.4%。推动"个转企"1.9万家、创5年新高，推动"小升规"超7000家。省财政新增10亿元支持中小企业数字化转型，推动超5000家规模以上工业企业数字化转型，深圳、东莞入选国家中小企业数字化转型试点城市。出台"技改十条"，推动超9300家工业企业开展技术改造，技改投资增速创6年新高。广东正以更高更强的姿态挺起现代化建设的产业"脊梁"。

四是一体推进教育强省、科技创新强省、人才强省建设，高水平科技自立自强释放强大动能。以粤港澳大湾区国际科技创新中心建设为牵引，加快构建"基础研究+技术攻关+成果转化+科技金融+人才支撑"全过程创新链，全省研发人员数量、发明专利有效量、高价值发明专利拥有量、有效注册商标量、PCT国际专利申请量均居全国首位。打造科技体制改革示范地，启动科技体制改革三年攻坚，创新构建使命导向的科技计划评价体系，职务科技成果管理改革试点深入推进。打造重要的原始创新策源地，将1/3以上的省级科技创新发展战略专项资金投向基础研究，鹏城、广州国家实验室全面顺利运行，获批组建15家全国重点实验室，人类细胞谱系、先进阿秒激光、冷泉生态系统等重大科技基础设施获批立项。打造关键核心技术发源地，扎实推进核心软件攻关、"璀璨行动"

等重大科技工程，在新一代通信、终端操作系统、工业软件、储能与新能源等领域取得一批突破性成果，麒麟高端芯片实现自主规模应用，体外膜肺氧合系统、高端核磁共振设备、高端手术机器人等打破国外垄断，企业技术创新活力强劲。打造科技成果转化最佳地，推进粤港澳大湾区国家技术创新中心"1+9+N"体系布局建设，在生物、纳米领域获批建设2家国家产业创新中心，广州、深圳入选首批国家知识产权保护示范区建设城市，预计全省企业享受研发费用税前加计扣除金额超6800亿元，技术合同认定登记金额超4400亿元、约占全国1/10。打造科技金融深度融合地，推动省创新创业基金实体运作，开展"补投贷"联动试点，新增50家科技型企业上市，科技信贷余额超2.3万亿元、规模居全国首位，科技保险为8.96万家企业提供风险保障2万亿元，知识产权质押融资达2307亿元、同比翻了一番。打造粤港澳大湾区高水平人才高地，28所高校的220个学科入围ESI全球排名前1%、27个学科入围前1‰，华南理工大学、南方科技大学获批建设国家卓越工程师学院，中山大学等6所高校立项建设省高等学校基础研究卓越中心，香港科技大学（广州）首次招收本科生。深圳、佛山入选首批国家市域产教联合体，深圳职业技术大学成为"十四五"期间全国首家获批的公办本科层次职业学校。全省高层次、高技能人才分别达94万人、690万人，有效持证外国人才达4.5万人，一大批海内外人才纷至沓来。

五是千方百计扩内需稳外需，链接国内国际双循环功能进一步增强。充分发挥投资关键作用，狠抓项目前期工作，创新实施并联审批、联合验收等工作机制，争取地方政府专项债券4633亿元、居全国第一，争取增发国债资金254.7亿元，向民间资本推介146个优质项目，全省固定资产投资增长2.5%。加快重大基础设施项目建设，深南高铁、梅武高铁开工建设，贵广高铁完成提质改造，从埔高速、惠龙高速、惠州机场飞行区扩建等项目顺利建成，开通广州直飞巴布亚新几内亚航线、成为我国内地与南太平洋岛国的首条定期商业航线。广州白云站建成启用，标志着广东再添一个世界级综合交通枢纽。时速350公里的广汕汕高铁开通运营，广州到汕头缩短至1.5小时左右，粤东地区加速融入大湾区"一小时交通圈"。水利投资在全国率先突破1000亿元，环北部湾广东水资源配置工程进入全面施工阶段，总投资354亿元的珠三角水资源配置工程即将通水。加快韶关数据中心集群等新型基础设施建设，新增5G基站5.6万座、公共充电桩11万个。出台"促消费7条"、扩大汽车消费、促进家电消费等政策，省市联动举办重大促消费活动超340场，发放消费券5.7亿元、拉动消费83.9亿元，带动文旅、餐饮、住宿、夜间消费加快恢复，网上零售额增长9.4%、规模位居全国第一。打好"五外联动"组合拳，出台"稳外贸8条"、"加工贸易13条"等政策，成功举办高交会、加博会、中博会和"粤贸全球"系列展会，广交会全面恢复线下举办、出口成交额440亿美元、展览总面积和参展企业数量均创历史新高，六大进口基地首批32个项目建设全面启动，商品集散和资源配置能力进一步增强。粤港澳大湾区全球贸易数字化领航区和广州知识城综保区、佛山综保区获批落地，跨境电商进出口总额突破8000亿元、占全国超1/3，电动汽车、锂电池、太阳能电池"新三样"产品出口分别增长229%、15.9%、22.6%。出台"招商引资20条"、"制造业外资17条"，成功举办中国—海合会经贸合作论坛、华侨华人粤港澳大湾区大会、中国侨商投资（广东）大会、世界粤商大会、世界客商大会等重大活动，2023粤港澳大湾区全球招商大会达成项目859个、总金

额2.24万亿元，全省实际利用外资1591.6亿元，制造业利用外资增长11.7%、占比自2019年以来首次超过3成，广东已形成汇聚全球高端要素的强大引力场。

六是加强陆海统筹、山海互济，海洋强省建设迈出重大步伐。 实施海洋强省建设三年行动，海洋生产总值占比达14%、总量连续29年居全国首位。制订现代化海洋牧场建设发展总体规划，全力推进3个国家级渔港经济区建设，新开工现代化海洋牧场项目40个、总投资超120亿元，潮州饶平花鲈鱼种苗培育填补省内空白，全国最大的水体自然交换型养殖工船"九洲一号"开工建设，全国首个风渔融合智能化养殖平台阳江"明渔一号"、全国首台自升式桁架类网箱正式投产。大力发展临港工业，全省首个近浅海油田油气上岸项目湛江乌石油田群建设取得新进展，惠州大亚湾石化区炼化一体化规模位居全国前列。加快发展海上风电，阳江国际风电城初具规模，汕头国际风电创新港、汕尾海工基地、揭阳运维基地加快建设，风电整机制造年产能约1000台（套），新增海上风电装机规模超200万千瓦、总量突破1000万千瓦。推动海工装备集聚发展，全球首艘具有自主航行功能和远程遥控功能的智能型海洋科考船"珠海云"号交付使用，LNG单一燃料动力船舶运力规模居全国第一。建立涉海项目审批联动机制，实现"拿海即开工"，全年批准用海26.36万亩、增长20%。实施海洋生态保护修复"五大工程"，7个海岛入选全国"和美海岛"。成功举办2023中国海洋经济博览会等活动，推动全域参与、全域行动经略海洋，广东蓝色引擎动能澎湃、潮头正劲。

七是大力推进绿美广东生态建设，生态环境质量持续改善。 牢固树立绿水青山就是金山银山的理念，严格落实"三区三线"，深入实施河湖长制、林长制，推进绿美广东生态建设"六大行动"，加快从"绿起来"向"美起来"转变。突出林分优化、林相改善，超额完成林分优化提升、森林抚育提升"两个200万亩"任务，新建成森林乡村104个、碧道1064公里，累计开放城市绿地5.4万亩，"城在林中、林在城中"的优美环境加快形成。积极创建南岭国家公园、丹霞山国家公园，推进华南国家植物园和4个万亩级红树林示范区建设，国际红树林中心正式落户深圳。广东国土空间规划获国务院批复，这是我省首部"多规合一"的规划。处置批而未供土地近40万亩、闲置土地4.43万亩，节约集约用地水平位居全国前列。紧盯源头打好蓝天、碧水、净土保卫战，PM$_{2.5}$平均浓度为21微克/立方米，空气质量优良天数比率达94.8%，地表水国考断面水质优良率达91.9%、劣Ⅴ类国考断面全面消除，新建城镇污水管网超8000公里，新增生活垃圾日处理能力4100吨，在国家污染防治攻坚战成效考核中连续3年获优秀等次。完善产品碳足迹标准体系，广州、深圳和肇庆高新区成为国家首批碳达峰试点，全省碳排放配额累计成交额稳居全国区域碳市场首位，绿色贷款余额超过3万亿元、两年翻了一番。传统产业绿色转型步伐加快，国内首套百万吨级氢基竖炉项目在湛江宝钢点火投产，同等规模铁水产量每年可减少二氧化碳排放50万吨以上，标志着钢铁行业绿色低碳发展取得新突破。开工建设陆丰核电6号机组和肇庆浪江、惠州中洞抽水蓄能项目，惠州太平岭核电二期获批核准，全省清洁能源装机占比达62.6%。南粤大地天更蓝、地更绿、水更清。

八是全力以赴防范化解重大风险，社会大局保持平安稳定。严密防范和严厉打击敌对势力各类渗透颠覆捣乱破坏活动，常态化开展扫黑除恶斗争，依法严惩电信网络诈骗等违法犯罪，深入推进禁毒攻坚行动，社会治安环境持续净化。启动信访问题源头治理三年攻坚，有效化解一批重点领域信访类案和久拖不决的信访积案。稳妥推进房地产企业风险化解，巩固中小金融机构改革化险成果，政府债务风险总体安全可控。全力保障煤炭、天然气等供应，新增电源装机超2100万千瓦，在最高用电负荷创历史新高的情况下未发生拉闸限电。以"时时放心不下"的责任感抓好安全生产工作，开展重大事故隐患专项排查整治，生产安全事故起数下降7.6%，没有发生重特大事故。省级政府食品安全工作连续5年获评国家A级。对849座病险水库除险加固、提前两年完成国家下达的攻坚任务，潖江蓄滞洪区、西江干流治理主体工程基本建成。有效应对30轮强降雨、6个台风和大范围低温冰冻影响，特别是台风"苏拉"、"海葵"连续影响我省长达17天，多地降雨突破历史极值，粮食生产克服各种极端天气影响、超额完成国家下达的粮食播种面积和总产量任务，全省齐心协力打好打赢防汛防台风硬仗，把灾害损失降到最低，有力守护了群众平安、江河安澜。

九是丰富高品质文化供给，文化事业和文化产业繁荣发展。加快建设新时代文化设施，广州国家版本馆特色版本体系不断完善，白鹅潭大湾区艺术中心主体工程基本完成，建成广州文化馆、广州粤剧院、广州美术馆和深圳美术馆等一批文化新馆，累计打造"粤书吧"、"粤文坊"等小而美的公共文化新空间4000多家。实施文艺精品创作扶持计划，推出电视剧《珠江人家》、舞剧《咏春》等一批广受好评的岭南精品力作，粤剧电影《白蛇传·情》《谯国夫人》分别荣获中国电影华表奖、金鸡奖。实施早期岭南探源工程，强化云浮郁南磨刀山和清远英德青塘、岩山寨等遗址考古发掘，完成"南海Ⅰ号"水下考古发掘、创全国单个考古项目文物发掘数量之最，潮州入选国家文物保护利用示范区。发展数字创意、线上演播等新业态，国家级文化产业示范园区增至3家、居全国第一，文化及相关产业增加值连续19年居全国首位。成功举办超1000场岭南特色文旅活动，建成江门赤坎华侨古镇等项目，潮州被联合国教科文组织授予"世界美食之都"称号，清远磁浮旅游专列上线试运行，全省接待游客7.77亿人次、旅游总收入超9500亿元，均居全国首位。岭南文化正以其独特的魅力绽放出新的时代光彩。

十是倾情倾力实施"民生十大工程"，人民生活品质稳步提升。坚持财力向民生倾斜、向基层倾斜，民生类支出占一般公共预算支出比重保持在七成，基层"三保"底线兜实兜牢，省政府承诺的十件民生实事全部兑现。出台"稳就业16条"，促进高校毕业生、就业困难人员等重点群体就业，"粤菜师傅"、"广东技工"、"南粤家政"三项工程培训134万人次，在广东就业的农民工新增117万人、总数达4365万人，城镇新增就业139.3万人、超额完成国家下达的110万人任务，城镇调查失业率均值为5.3%。大力推进基础教育提质工程，办好乡镇"三所学校"和县域高中，新增学前教育公办学位超6万个、义务教育公办学位超30万个、普通高中公办学位超5万个，平稳完成义务教育招生365万人、创近年新高。启动卫生健康高质量发展示范省建设，新增3家医院入选国家区域医疗中心，新增三甲医院6家，全省三甲医院实现100%开设互联网医院，首家中医类全国重点实验室落户广东。深化疾控体系改革，新冠疫情防控实现平稳转段。全面落实医疗保障待遇清单制度，完成职工医保门诊共济保障改革，率先实现基本医保门诊特定病种省内跨市异地认定和住院支付方式改革，异地就医费用实现可结算项目、联网医疗机构、结算人群3个全覆盖，全省药品价格指数下降17.55%。突出抓好"一老一小"保障，率先实施集中供养儿童照料护理补贴，开展商业养老金融业务试点，累计建成"长者饭堂"3431家、让更多老年人在家门口吃上"暖心饭"。推进社保扩面提质，全省域开展新就业形态就业人员职业伤害保障试点，稳步提升企业退休人员养老金、城乡居保基础养老金最低标准，城乡低保、特困人员基本生活保障水平进一步提高。"拆、治、兴"并举实施城中村改造，开工改造2000个城镇老旧小区，新筹建保障性租赁住房27.1万套（间）。改扩建一批体育公园，举办群众性体育赛事活动超15万场，中山沙溪队、东莞大朗队分别获得2023年全国和美乡村篮球大赛（村BA）总决赛冠亚军，广东健儿在第十九届亚运会勇夺30枚金牌，打破1项世界纪录、3项亚洲纪录。国防动员新格局加快构建，全民国防观念不断深化，兵员征集质量不断提升，退役军人服务保障不断增强，拥军优属力度持续加大。援藏援疆、东西部协作、对口合作继续走在全国前列。民族宗教、工会、共青团、妇女儿童、残疾人、参事文史、地方志、档案、地震、气象等事业扎实推进。人民群众在一个个"小切口"中感受到"大变化"，幸福生活更有质感、更有温度。

　　一年来，我们扎实开展学习贯彻习近平新时代中国特色社会主义思想主题教育，深刻领悟"两个确立"的决定性意义，增强"四个意识"、坚定"四个自信"、做到"两个维护"，牢牢把握"学思想、强党性、重实践、建新功"的总要求，在以学铸魂、以学增智、以学正风、以学促干上取得扎实成效。坚持向省人大及其常委会报告工作，向省政协通报情况，办理省人大代表建议799件、省政协提案683件。加强法治政府建设，修订省政府工作规则，完善重大行政决策听证规定，完成"十四五"规划实施中期评估。扎实推进数字政府2.0建设，推动出台全国首部政务服务数字化条例，数据资源"一网共享"、政府运行"一网协同"能力有效提升，省级政府一体化政务服务能力连续5年居全国首位。坚持政府带头过紧日子，省直部门运转性支出压减10%。做好常态化"经济体检"，推动审计查出问题整改到位。认真落实中央八项规定及其实施细则精神，坚决反对"四风"，落实"四下基层"制度，大兴调查研究，帮助基层解决实际问题，对真抓实干成效明显的地市和部门加大倾斜支持力度，形成干事创业、共促发展的强大合力。

各位代表！过去一年任务艰巨繁重、工作稳中求进、成绩来之不易。我们面对的是世界经济复苏乏力、地缘冲突不断加剧的冲击影响，面对的是经济周期性、产业结构性问题叠加的严峻挑战，面对的是新旧矛盾相互交织、两难多难问题增多的复杂局面。经过全省上下共同努力，广东经济运行持续好转、内生动力持续增强、社会预期持续改善、风险隐患持续化解。这些成绩的取得，根本在于习近平总书记作为党中央的核心、全党的核心掌舵领航，根本在于习近平新时代中国特色社会主义思想科学指引，是省委正确领导、全省人民团结奋斗的结果。在此，我代表省人民政府，向全省人民，向各位人大代表、政协委员，向各民主党派、各人民团体、各界人士，向驻粤中央有关单位和人民解放军、武警官兵、公安民警、消防救援指战员，以及港澳台同胞、海外侨胞、国际友人，表示衷心的感谢！

同时，我们也清醒认识到，广东经济社会发展还面临一些困难和挑战：我省经济持续回升向好的基础还不稳固，特别是经济外向度高，受外部环境冲击影响更直接。有效需求不足，社会预期偏弱，一些企业经营困难。新动能培育有待加强，关键核心技术"卡脖子"问题仍然突出。城乡区域发展不协调不平衡局面尚未扭转，就业、教育、医疗、养老、育儿等领域还存在不少短板。节能减排降碳任务依然艰巨，污水治理、垃圾处理等环境基础设施还有一些欠账。房地产、金融等领域还存在风险隐患，部分市县财政收支矛盾突出。一些干部干事创业精气神有待加强，政府行政效能还需进一步提升。我们必须正视这些问题，增强忧患意识，竭尽全力战胜前进道路上的一切困难和挑战。

二、2024年工作安排

今年是中华人民共和国成立75周年，是实现"十四五"规划目标任务的关键一年。综观国内外形势，世界百年变局加速演进，外部环境的复杂性、严峻性、不确定性上升，战略机遇和风险挑战并存。广东发展的韧性强、活力足、潜力大，面临的有利条件强于不利因素，经济回升向好、长期向好的基本趋势没有改变。我们要保持战略定力、增强信心底气，聚焦经济建设这一中心工作和高质量发展这一首要任务，准确识变、科学应变、主动求变，以自身工作的确定性应对形势变化的不确定性，在推进中国式现代化的广东实践中展现新作为、创造新业绩。

今年政府工作总体要求是：以习近平新时代中国特色社会主义思想为指导，全面贯彻落实党的二十大、二十届二中全会和中央经济工作会议精神，深入贯彻落实习近平总书记视察广东重要讲话、重要指示精神，围绕落实省委"1310"具体部署，加强党的全面领导和党的建设，坚持稳中求进工作总基调，完整、准确、全面贯彻新发展理念，服务和融入新发展格局，着力推动高质量发展，全面深化改革开放，推动高水平科技自立自强，统筹扩大内需和深化供给侧结构性改革，统筹新型城镇化和乡村全面振兴，统筹高质量发展和高水平安全，持续推动经济实现质的有效提升和量的合理增长，增进民生福祉，保持社会稳定，奋力在推进中国式现代化建设中走在前列。

今年经济社会发展的主要预期目标是：地区生产总值增长5%；固定资产投资增长4%，社会消费品零售总额增长6%，进出口总额增长1%；规模以上工业增加值增长5%；地方一般公共预算收入增长3%；居民人均可支配收入增长与经济增长同步，居民消费价格指数上涨3%左右；城镇调查失业率5.5%左右，城镇新增就业人数110万人以上；粮食产量1270万吨；空气质量优良天数比率和地表水水质优良率均完成国家下达任务。

做好今年的工作，必须始终牢记习近平总书记殷殷嘱托，按照省委十三届四次全会暨省委经济工作会议要求，认真落实省委"1310"具体部署，永葆"闯"的精神、"创"的劲头、"干"的作风。要以"走在前列"总目标统领广东各项工作。把坚持高质量发展作为新时代的硬道理，坚持深化供给侧结构性改革和着力扩大有效需求协同发力，坚持依靠改革开放增强发展内生动力，坚持高质量发展和高水平安全良性互动，把推进中国式现代化作为最大的政治，以走在前列的奋斗与业绩，再创让世界刮目相看的新的更大奇迹。要坚持稳中求进、以进促稳、先立后破。稳是大局和基础，经济大盘、民生就业、社会预期等该稳的一定要稳住，为实现"进"创造有利条件。进是方向和动力，要在转方式、调结构、提质量、增效益上积极进取，不断巩固稳中向好的基础。处理好"立"与"破"的关系，立字当头、先立后破，做好新旧模式之间的衔接和切换，确保经济社会发展行稳致远。要坚决扛起"经济大省要真正挑起大梁"的责任。抓住一切有利时机，利用一切有利条件，看准了就抓紧干，能多干就多干一些，广州、深圳、佛山、东莞等经济大市要真正挑起大梁，其他各市要比学赶超、奋发有为，共同为推动高质量发展、"再造一个新广东"作出应有的贡献。重点抓好十二个方面：

（一）做实"一点两地"全新定位，加快建设世界级的大湾区、发展最好的湾区，更好发挥粤港澳大湾区支撑带动作用

扎实打造新发展格局的战略支点。充分发挥大湾区联结内外循环的优势，坚持软硬联通一起抓，持续增强全球资源配置能力。推进"轨道上的大湾区"建设，做好广珠澳高铁前期工作，加快皇岗、沙头角等口岸重建和改扩建，打造国际性综合交通枢纽集群。用好管好港珠澳大桥，打造经贸新通道。优化完善"港车北上"、"澳车北上"，稳妥推进"粤车南下"。优化大湾区营商环境，扩大"湾区标准"清单和"湾区认证"项目范围，推广"湾事通"综合服务平台，加快打造"数字湾区"。建设大湾区保险服务中心，支持广州、深圳建设国际商事仲裁中心。扩大"组合港"、"一港通"试点，强化大湾区贸易、航运枢纽功能。加强粤港澳大湾区建设与京津冀协同发展、长江经济带发展、长三角一体化发展、黄河流域生态保护和高质量发展以及雄安新区、海南自由贸易港、成渝地区双城经济圈建设等国家重大战略的协同联动。

加快打造高质量发展的示范地。深入推进粤港澳大湾区国际科技创新中心、大湾区综合性国家科学中心建设，抓好粤港澳联合实验室建设，打造5G、集成电路、纳米、生物医药等产业创新高地。落实横琴合作区总体发展规划，建设"专精特新"高端制造产业园、澳门品牌工业园，抓好澳门专业人士执业资格认可、澳门机动车"一检两认"、横琴跨境资金"电子围网"建设等工作，再导入一批产业项目，加快实现全岛封关运作，确保完成第一阶段目标任务，以优异成绩迎接澳门回归祖国25周年。推动修订前海合作区条例，实施"全球服务商计划"，做优做强国际金融城、国际法务区、国际人才港，强化跨境人民币业务创新试验区功能，打造融资租赁、航运服务、海工装备、国际咨询等集聚区。编制实施南沙新一轮总体发展规划，推动制订南沙金融改革开放方案，开展土地管理综合改革试点，加快南沙先行启动区建设，取得更多实质性突破。推动出台河套深圳园区条例，强化"一河两岸"、"一区两园"统筹开发利用，开展科研资金跨境流动监管和便利化改革，推动出入境"白名单"、税收优惠等政策落地实施。我们要始终牢记服务港澳初心，积极对接香港北部都会区建设和澳门"1+4"适度多元发展策略，以产业科技合作为重点，把横琴、前海、南沙、河套这几个龙头舞起来，加快打造引领高质量发展的重要动力源。

全力打造中国式现代化的引领地。从粤港澳三地发展所需、民生所盼出发，持续推进就业、教育、医疗、社保等领域合作，支持港澳更好融入国家发展大局。支持广州实现老城市新活力、"四个出新出彩"，强化中心城市门户枢纽功能，推进中新知识城、广州东部中心、北部增长极等重大平台建设，开展服务业扩大开放综合试点，在高质量发展方面发挥领头羊和火车头作用。锚定目标建设好深圳先行示范区，落实综合改革试点第二批授权事项清单，推进西丽湖国际科教城、光明科学城、深圳湾超级总部基地等建设，打造社会主义现代化强国的城市范例。高水平推进五大都市圈建设，形成区域互补、协调发展新优势。支持惠州加快构建绿色低碳产业体系、打造广东高质量发展新增长极，支持中山建设珠江口东西两岸融合发展改革创新实验区，推动珠海鹤洲、佛山三龙湾、东莞滨海湾、江门大广海湾、肇庆新区等建设，推进广佛全域同城化、广清一体化，加快汕头、湛江省域副中心城市发展，支持梅州建设苏区融湾先行区。

今年是粤港澳大湾区发展规划纲要发布5周年。我们要把大湾区建设作为广东深化改革开放的大机遇、大文章抓紧做实，举全省之力办好这件大事，携手港澳打造融入国内国际双循环、走出高质量发展之路、彰显中国式现代化特质的大湾区。

（二）统筹新型城镇化和乡村全面振兴，推动"百县千镇万村高质量发展工程"建设加力提速，促进城乡融合和区域协调发展

全面增强县域经济综合实力。引导各县依托资源禀赋和产业基础，走好特色化差异化发展之路，打造好22个典型县（市、区）、培育更多典型县（市、区），创建更多经济强县。壮大工业经济，推进工业入园，支持与当地主体功能定位相匹配的产业园区提质增效，重点扶持一批十亿元级企业、建设一批亿元级项目。以"粮头食尾"、"农头工尾"为抓手，培育农产品加工业集群，向一二三产业融合发展要效益。加快发展大城市周边县城，培育成为大城市的卫星城。优化县域商业体系，建设一批县级商贸中心、镇级商贸网点，加快仓储保鲜、冷链物流等建设。推进以县城为重要载体的新型城镇化建设，加快补齐县城公共服务设施、市政公用设施、环境基础设施、产业配套设施和产城融合等领域短板，提升县城综合承载能力和治理能力。县域是"百千万工程"的主战场，我们要乘势而上、加速破题，以攀高比强、跨越赶超的劲头角逐县域经济新赛道。

聚力提升城镇建设能级。建设好110个典型镇、新培育一批典型镇，打造一批工业重镇、商贸强镇、文旅名镇、农业大镇，培育更多全国经济强镇。开展"五美"专项行动，推进圩镇环境整治和品质提升，推动农贸市场提档升级，统筹镇村连线成片建设乡村振兴示范带，因地制宜建设美丽圩镇。推动全域土地综合整治扩面提质，统筹开展农用地、建设用地、生态用地整治和利用。深化驻镇帮镇扶村，继续开展"千企帮千镇、万企兴万村"行动，持续巩固拓展脱贫攻坚成果，确保不发生规模性返贫。

有力有效推进乡村全面振兴。强国必先强农，农强方能国强。要大力建设农业强省，提升乡村产业发展水平、乡村建设水平、乡村治理水平。将农业建成现代化大产业，做好"土特产"文章，发展特色种养、林下经济，培育预制菜产业，发展农业生产托管社会化服务，加快乡村产业全链条升级，推进乡村产业带建设。加强农业科技创新，加快农机装备研发推广，发展现代设施农业、智慧农业，深入实施"粤强种芯"行动，推进生物育种产业化应用。树立大农业观、大食物观，农林牧渔并举，抓好"菜篮子"农产品稳产保供，强化生猪等稳定供给，让老百姓餐桌更加丰盛、更有保障。强化农民增收举措，选育标杆农民合作社、家庭农场各1000个，发挥农产品"12221"市场营销体系作用，打造更多叫得响的"粤字号"强村富民农业品牌。深入实施农村人居环境整治提升行动，统筹落实乡村布局规划、村庄建设规划、农房风貌规划，培育好1062个典型村（社区）、新培育一批典型村（社区），打造一批现代化岭南新乡村。抓好农村厕所、垃圾处理和生活污水"三大革命"，以超常规力度推进农村生活污水治理，因村施策选择治理模式，力争年底前治理率超75%。实施乡村补短板工程，推进农村电网巩固提升，完成农村公路新改建工程超5000公里、改造农村公路危旧桥梁240座，推动农村规模化供水工程覆盖率提升至87%，让父老乡亲喝上"放心水"。强化乡村治理，发挥好村规民约作用，持续推进农村移风易俗，滋养文明乡风、良好家风、淳朴民风。我们要加快建设具有南粤风韵的宜居宜业和美乡村，让农民就地过上现代文明生活，让乡村成为人人向往的美好之地。

深入推进产业有序转移。落实"1+14+15"政策体系，制定重点承接产业引导目录，创新协作双方成本分担、利益共享和联合招商机制，以"总部+基地"、"研发+生产"、"生产+服务"等形式，推动跨区域产业共建。坚持产城一体、城产融合，高标准建设承接产业有序转移主平台，布局产业转移合作园区、"反向飞地"，统筹土地、财政、金融、环保和用能等要素保障，打造更多百亿元级、千亿元级园区。加快推进交通等基础设施的区域互联互通，推动粤东粤西粤北地区办事标准、流程、时效与珠三角地区接轨趋同。推进深汕特别合作区、广清经济特别合作区建设。做好援藏援疆、东西部协作、对口合作工作，推进珠江—西江经济带开发开放和粤桂合作特别试验区建设，进一步拓展经济纵深。产业有序转移不是简单的空间转换，而是结构升级、动能再造的蝶变过程，要在"持续用力"上下功夫，在"互利共赢"上求实效，牵引带动全省产业发展布局优化、竞争力整体提升。

持续深化县镇村体制机制改革。深入推进扩权强县和强县扩权改革，强化镇街体制改革。加快县城公共基础设施和公共服务向乡村延伸覆盖，完善公共资源、公共服务与人口增减挂钩机制，推进农业转移人口市民化，促进县域城乡融合发展。探索新型农村集体经济的实现方式，深入开展农村职业经理人等试点，推动农村集体经济组织引入现代企业制度，鼓励农村集体经济组织同各类经营主体合作发展、联动发展。扩大第二轮土地承包到期后再延长30年试点，抓好承包地、宅基地和集体经营性建设用地"三块地"改革，持续深化集体林权制度改革、供销合作社综合改革。加强涉农资金统筹整合，促进各类要素双向流动，为县镇村发展注入源源不断的强大动力。

"百千万工程"是广东推动高质量发展的头号工程。我们要学习运用"千万工程"蕴含的发展理念、工作方法和推进机制，因地制宜、分类施策，循序渐进、久久为功，建设焕然一新的县镇村，奋力开创城乡区域协调发展新局面。

（三）坚持实体经济为本、制造业当家，建设更具国际竞争力的现代化产业体系，加快形成新质生产力

传统产业、新兴产业、未来产业并举。制定新时期加快推进新型工业化的实施意见，引导资源要素向先进制造业集聚，争创国家新型工业化示范区。支持食品饮料、纺织服装、家电家居等传统产业提质增效，实现增品种、提品质、创品牌。发展集成电路、新型储能、前沿新材料、超高清视频显示、生物制造、商业航天等新兴产业，推进粤芯三期、华润微、广州增芯、方正微等芯片项目建设，推动肇庆宁德时代一期、江门中创新航一期等项目稳产达产。发展低空经济，创新城市空运、应急救援、物流运输等应用场景，加快建设低空无人感知产业体系，推进低空飞行服务保障体系建设，支持深圳、广州、珠海建设通用航空产业综合示范区，办好第十五届中国国际航空航天博览会，打造大湾区低空经济产业高地。实施五大未来产业集群行动计划，超前布局6G、量子科技、生命科学、人形机器人等未来产业，创建国家未来产业先导区。人工智能是引领新一轮科技革命和产业变革的战略技术，要抢抓风口机遇，发挥我省算力设施、产业规模、数据要素、应用场景等优势，统筹做好技术研发、产业培育、安全性评价、行业治理等工作，集中力量突破底层技术，鼓励大模型行业创新应用，打造通用人工智能产业创新引领地，开辟新赛道、抢占制高点，努力赢得未来！

推进产业基础高级化、产业链现代化。深入实施重大技术装备攻关工程，大力发展工业母机、精密仪器、检验检测等高端装备制造业。实施汽车零部件产业强链工程，发挥整车制造企业引领带动作用，拓展新能源汽车产业链，推动智能网联汽车测试应用，推进燃料电池汽车示范应用城市群建设。深入实施工业投资跃升计划，做好制造业重大项目跟踪服务，推动广州华星T9工厂、东莞OPPO智能制造中心等项目建成投产。开展工业技改"百企千项"示范行动，推动超9000家工业企业开展技术改造。完善优质企业梯度培育体系，深入实施"链长制"，遴选一批"链主"企业和专精特新企业，新培育超250家省级制造业单项冠军企业，新推动5500家以上企业"小升规"，让广东大企业"顶天立地"、中小企业"铺天盖地"。

促进制造业智能化、绿色化、融合化发展。抓好中小企业数字化转型城市试点工作，新推动9200家规模以上工业企业数字化转型，聚力打造制造业数字化"链式转型"省域样本。大力发展数字经济，创新发展大数据、云计算等数字产业，抓好IPv6规模部署，推进粤港澳大湾区国家枢纽节点韶关数据中心集群建设。推动钢铁、石化、有色、建材、造纸等行业绿色化改造，创建绿色工厂、绿色园区、绿色供应链管理企业。支持韶关建设国家老工业城市和资源型城市产业转型升级示范区。实施工业设计赋能行动，创办国际设计大赛。推动现代服务业同先进制造业深度融合，出台促进生产性服务业发展的政策文件，积极发展服务型制造、定制生产、柔性供应等新模式，不断提高广东制造的"含智量"、"含绿量"、"含金量"。

加强质量支撑和标准引领。创建质量强国标杆城市和全国质量品牌提升示范区。构建高水平质量基础设施体系，推进国家和省级质量标准实验室、质检中心建设。实施战略性产业专利标准领航工程，开展国家标准化创新发展试点，制定发布新一批制造业标准体系规划与路线图，加强国际标准化产业联盟和国际标准化组织培育。深化实施企业首席质量官制度，强化重点工业产品的全面质量管理，提高产品、工程和服务质量，加快实现"人有我优"、"人优我强"，让广东制造成为高质量的代名词。

实体经济是广东经济的脊梁。我们要坚定不移推进制造强省建设，不断壮大代表新技术、创造新价值、塑造新动能的新质生产力，把"走在前列"的产业根基夯得更实、筑得更牢。

（四）深入实施创新驱动发展战略，加快构建全过程创新链，打造具有全球影响力的产业科技创新中心

加强应用基础研究和前沿研究。推动出台科技创新条例。深入实施基础与应用基础研究十年"卓粤"计划，完善稳定支持和长周期评价机制，扩大省市、省企联合基金规模，鼓励更多社会资金投入。持续实施基础与应用基础研究重大项目，有组织推进战略导向的体系化基础研究、前沿导向的探索性研究、市场导向的应用性基础研究，以颠覆性技术和前沿技术催生新产业、新模式、新动能。优化鹏城、广州国家实验室管理机制，争取更多全国重点实验室在粤布局，推动省实验室体系建设优化调整。开工建设散裂中子源二期、先进阿秒激光等重大科技基础设施，推动江门中微子实验站、未来网络试验设施（深圳分中心）建成运行，积极争取人体蛋白质组导航国际大科学计划，推进粤港澳大湾区量子科学中心、粤港澳应用数学中心等建设，努力实现更多"从0到1"的突破。

加快推进关键核心技术自主可控。探索关键核心技术攻关新型举国体制的广东实践，争取国家在大湾区部署若干科技重大项目和重大工程，联合港澳科技力量深度参与重大科研攻关任务。深入实施"广东强芯"、核心软件攻关、"璀璨行动"等工程，加快破解"卡脖子"技术。推进省重点领域研发计划，在新型储能与新能源、海洋科技等领域布局一批重大专项旗舰项目，加大源头性技术创新和储备。强化企业科技创新主体地位，鼓励科技领军企业牵头组建创新联合体，探索原创性引领性科技攻关项目经理人制改革，推广应用"业主制"、"板块委托"等项目组织管理方式，形成科技创新揭榜领题、赛龙夺锦的生动局面。

提高科技成果转化和产业化水平。推进粤港澳大湾区国家技术创新中心建设，布局一批概念验证中心和中试平台，打造"有组织科研+有组织成果转化"于一体的科技创新枢纽。完善科技孵化育成体系，用好研发费用加计扣除、高新技术企业所得税优惠等政策，优化制造业创新中心、企业技术中心、高水平创新研究院等平台布局。支持高校、科研事业单位全面开展职务科技成果单列管理改革，赋予科研人员职务科技成果所有权或长期使用权。推进知识产权强国先行示范省建设，加大知识产权保护力度，开展专利转化运用专项行动，盘活高校和科研机构存量专利。科技成果转化是创新价值链跃升的"最后一公里"，要推动更多首台（套）设备、首批次新材料、首版次软件、首测试场景在省内率先使用，着力畅顺从科技强到企业强、产业强、经济强的通道。

大力发展科技金融。建立覆盖天使投资、创业投资、并购重组投资的科技创新投资基金体系，强化省市创新创业基金引导撬动作用，引导更多金融机构"投早投小投科技"。加强科技成果与资本市场对接，支持科技型企业通过发行上市、再融资及并购重组等方式实现更快发展。积极发展技术交易市场，推进区域股权市场"科技创新专板"和"专精特新专板"建设。打造符合科技企业特点的科技信贷产品体系，优化省市联动科技信贷风险分担和补偿机制。深入开展知识产权质押融资，发展科技保险，优化科技金融产品，提升深交所科技成果与知识产权交易中心发展能级。

加快建设粤港澳大湾区高水平人才高地。深入推进高等教育"冲一流、补短板、强特色"提升计划，加强新工科、新医科、新农科、新文科建设，推动集成电路、工业软件人才培养扩容提质，造就拔尖创新人才。推进产教融合试点城市建设，加强高水平职业院校建设。优化实施省市重大人才工程，引进培育一批战略科技人才、科技领军人才、青年科技人才和高水平创新团队，壮大高水平工程师和高技能人才队伍。加强国际科技合作，深入实施外国人来华工作许可和外国人才签证制度，完善外国专家管理服务机制，用好大湾区个人所得税优惠政策，推进外籍"高精尖缺"人才认定标准试点。加快建立以创新价值、能力、贡献为导向的人才评价体系，赋予科研人员更大技术路线决定权、经费支配权、资源调度权。弘扬科学家精神，营造鼓励创新、宽容失败的良好氛围。高质量推动科学普及，提高全民科学素质。

科技创新是制胜未来的关键变量。我们要以应用牵引增强科技创新能力，推动产业与科技互促双强，把创新落到企业上、产业上、发展上，加快实现高水平科技自立自强。

（五）立足扩大内需这个战略基点，促进发展更高水平的国内大循环，在服务构建全国统一大市场中赢得更大市场

发挥有效投资关键作用。全年安排省重点建设项目1508个、年度计划投资1万亿元。发挥好政府投资的带动放大效应，重点支持关键核心技术攻关、新型基础设施、节能减排降碳，加快推进保障性住房建设、"平急两用"公共基础设施建设、城中村改造等"三大工程"，新增筹集建设配售型保障性住房1万套、保障性租赁住房不少于18万套（间），新开工改造城镇老旧小区1100个以上。做深做实项目前期工作，实行优质要素集成供给，提升项目成熟度。深化企业投资项目落地便利化改革，推广运用审批告知承诺制，探索低风险项目极简审批和投资成本分摊机制。用足用好中央预算内投资、增发国债等资金，额度分配向项目准备充分、投资效率较高的地区倾斜。加快基础设施领域REITs发行扩募和不动产私募投资基金试点，提高存量资产盘活效率。完善投融资机制，实施政府和社会资本合作新机制，细化出台鼓励民间投资重点行业目录，持续向民间资本推介示范项目和应用场景，让民间投资进得来、退得出、有得投、投得好。

完善现代化基础设施体系。统筹推进传统基础设施与新型基础设施建设，优化基础设施布局、结构、功能和发展模式。进一步打通跨江跨海和出省大通道，打造交通强国先行示范省。铁路方面，开工建设漳汕、合湛高铁和西丽高铁枢纽、广州东至新塘五六线等项目，建成梅龙高铁、新白广城际铁路等，推进广清永高铁前期工作，加快广湛、深江、珠肇、深南、梅武等高铁和粤东城际、南珠（中）城际、莞惠城际小金口至惠州北段等建设。公路方面，

建成深中通道、黄茅海通道和信丰至南雄、龙川至寻乌高速公路，推进狮子洋通道、惠肇高速惠城至增城段、阳春至信宜高速公路等建设，加快广深、广澳、广昆、京珠南高速等拥堵路段改扩建，开工建设跨汕头湾新通道，推进普通国省道提挡升级。机场方面，开工建设珠三角枢纽（广州新）机场，推进广州白云机场三期、深圳机场三跑道等扩建工程。水利航道方面，推进全省水网建设，加快环北部湾广东水资源配置工程和粤东水资源优化配置工程二期建设，规划建设雷州半岛输水储水网络，开工建设北江航道扩能升级上延工程，加快西江肇庆、云浮和北江韶关、清远等港区内河码头建设。新型基础设施方面，推进物联网、工业互联网等信息基础设施建设，加快建设智能交通、智能能源等融合基础设施，布局重大科技、科教、产业技术等创新基础设施。城市基础设施方面，建设一批地下管网，完善城市防涝排涝工程体系，打造宜居、韧性、智慧城市。

提振和扩大消费。加快建设大湾区国际消费枢纽，支持广州、深圳建设国际消费中心城市，培育6个区域消费中心城市，加强消费基础设施布局，建设示范智慧商圈、特色步行街。培育壮大新型消费和服务消费，大力发展数字消费、绿色消费、健康消费，推动直播电商、智慧零售等健康发展。促进新能源汽车、电子产品、家电家居等大宗消费，推动消费品以旧换新，培育发展商贸流通骨干企业。更大力度释放农村消费潜力，加强农村充换电设施建设，大力发展农村电商，便利优质工业品下乡和鲜活农产品进城。积极发展夜间经济，培育文娱旅游、体育赛事、国货"潮品"等新的消费增长点，提高"食在广东、游在广东、购在广东"美誉度，引领消费新潮流、新时尚。我们在教育、养老、医疗、地下管网、保障性住房等方面有庞大的需求，要善于把握这些领域涌现出的发展机遇，更好统筹消费和投资，形成需求牵引供给、供给创造需求的更高水平动态平衡。

服务构建全国统一大市场。坚决破除地方保护和市场分割，清理妨碍统一市场和公平竞争的政策，优化经营主体省内迁移通办服务，打造大湾区统一大市场公平竞争先行区。持续规范招标投标工作，推动各类公共资源交易纳入统一平台体系，促进要素和资源市场统一、商品和服务市场统一。完善"双随机、一公开"监管，强化反垄断和反不正当竞争执法。健全以信用为基础的新型监管机制，真正让监管对诚信守法者"无事不扰"、对违法失信者"无处不在"。

我们要发挥市场规模大、市场化程度高的优势，激发有潜能的消费，扩大有效益的投资，形成消费和投资相互促进的良性循环。

（六）深化重点领域改革攻坚，持续建设市场化法治化国际化一流营商环境，进一步激发高质量发展的动力活力

促进民营经济发展壮大。坚持"两个毫不动摇"，落实国家"民营经济31条"和省"民营经济30条"，"快、准、实"出台惠企政策，各地各部门要多出有利于稳预期、稳增长、稳就业的政策，审慎出台收缩性、抑制性举措，清理和废止有悖于高质量发展的政策文件，增强政策取向一致性，确保同向发力、形成合力。推进"个转企、小升规、规转股、股上市"培育计划，促进大中小企业融通发展。优化经营主体反映问题快速响应处理机制，加大对民营企业纾困力度，健全防范化解拖欠中小企业账款长效机制，依法保护民营企业产权和企业家权益。大力弘扬企业家精神，构建亲清政商关系。民营经济占全省经济的"半壁江山",只能壮大不能弱化,各级政府要亮明态度、毫不含糊,鼓励支持民营经济发展壮大、"枝繁叶茂"。

大力实施"降成本"行动。深化营商环境综合改革,开展涉企违规收费整治,降低经营主体制度性交易成本。加快产业园区转供电改造,减少供电层级,严控新增转供电。推进工业用地"标准地"出让,鼓励采用长期租赁、先租后让、弹性年期供应等方式供地。有效降低物流成本,健全港区、园区等集疏运体系,鼓励支线机场发展航空货运,引导大宗货物中长距离运输"公转铁"、"公转水",发展铁水、江海等多式联运,推进货物多式联运"一单制"、集装箱运输"一箱制"应用试点。加快国家物流枢纽和骨干冷链物流基地建设,推动大型物流企业面向中小微企业提供普惠性服务。降成本是广大经营主体的共同心声,我们要努力打造政策高地、成本洼地,最大限度帮助企业降成本、强信心、添活力。

推动金融高质量发展。积极做好科技金融、绿色金融、普惠金融、养老金融、数字金融五篇大文章。提高金融服务实体经济水平,培育高质量上市公司群体,丰富融资租赁服务手段,促进社会综合融资成本稳中有降。健全绿色金融体系,引导金融机构支持企业降耗升级、绿色发展,推动广州期货交易所上市多晶硅等期货品种,深化工业硅、碳酸锂期货功能作用。优化普惠金融服务,开展中小微企业融资促进行动,完善农村基础性金融服务体系,推动更多金融资源下沉到农村重点领域。做强养老金融,发展"保险产品+养老服务",鼓励保险资金投资养老产业。促进数字金融发展,支持广州、深圳建设数字金融聚集区,推广数字人民币应用。

深化财税国企改革。推进实施新一轮财税体制改革,提升财政治理效能。深化预算管理改革，巩固提升年初预算到位率。扩大财政资金"补改投"改革试点范围，提升财政资金使用绩效。持续深化省以下财政体制改革，完善转移支付制度体系，压实市县支出责任，兜牢基层"三保"底线。推进智慧税务建设，构建税费征管新体系。实施国有企业改革深化提升行动，健全中国特色现代企业制度，遴选10家左右国有企业打造现代产业链龙头企业，在食品、新能源等领域推进省属国企战略性重组和专业化整合。完善国有企业科技创新机制，"一企一策"推进原创技术策源地建设。落实以管资本为主的国资监管体制要求，强化国有资本经营预算管理，健全协同高效的国有资产监管体系。

加快数字政府建设。深化省域治理"一网统管"，推动数字政府基础能力均衡化发展，健全本质安全体系。深化政务服务"一网通办2.0"建设，推广"民意速办"综合服务体系，推动政务服务标准化规范化便利化，让服务"零距离"、便利不"打烊"。深化数据资源"一网共享"，加强公共数据开发利用，完善数据流通交易管理机制，推动制定数据条例。做强广州、深圳数据交易所，布局数据要素集聚发展区，建设湾区数据要素市场。

我们要把有效市场和有为政府结合起来，打造一批首创性、标志性改革品牌，让敢闯敢试、敢为人先成为广东继续前行的强大动力、闪闪发光的时代标识。

（七）扩大高水平对外开放，打好"五外联动"组合拳，建设更高水平开放型经济新体制

深入实施招商引资"一把手"工程。制定更大力度吸引和利用外资政策，引进一批标志性的好项目、大项目，打造"投资广东"品牌。强化招商引资工作统筹，促进招商政策、活动、资源等协同优化，完善部门协调、省市联动招商新机制，优化重大项目省内布局。大力开展产业链招商、驻点招商、以侨引商，鼓励以投带引、"飞地"招商。扩大粤港澳大湾区全球招商大会影响力，建强经济技术开发区、高新区、大型产业集聚区、省产业园、中外合作园区等招商引资主阵地。加快湛江巴斯夫、惠州中海壳牌三期等重大外资项目建设，推动惠州埃克森美孚乙烯一期等建成投产，鼓励和支持现有项目增资扩产。我们要着力招强引优，用招商引资的累累硕果为高质量发展蓄势赋能。

推动外贸提质增效。高水平办好广交会、高交会、加博会、中博会等重大展会和"粤贸全球"系列展会，扩大电子信息、新能源汽车等优势产品出口，拓展中间品贸易，稳住欧美日韩等市场，加大力度开拓东盟、中东、非洲、俄罗斯、拉美、南太平洋岛国等新兴市场。推进大宗商品、电子元器件等进口基地建设，加快培育南沙、黄埔和前海国家进口贸易促进创新示范区。大力招引全球贸易商、采购商，支持广东企业设立海外销售公司，培育本土有实力的供应链龙头、平台企业。加快大湾区全球贸易数字化领航区建设，争创跨境电商示范省和国家服务贸易创新发展示范区，发展"跨境电商+产业带"模式，加强海外仓布局，力争跨境电商进出口规模突破万亿元。稳定和提升加工贸易，支持汕头、湛江建设大型出口加工区，促进保税维修等新业态发展。大力建设智慧口岸，优化重点海运航线，推动中欧班列提质增效。健全贸易摩擦应对机制，提高涉外法律服务水平。

加快内外贸一体化发展。落实全国首批内外贸一体化试点任务，对标国际先进水平，加快调整完善相关规则、规制、管理、标准，打通阻碍内外贸一体化的制度堵点。推动内外贸产品同线同标同质，支持龙头企业和相关机构主导或参与各级标准制定，促进内外贸标准衔接、检验认证衔接、监管衔接，助力企业在国内国际两个市场顺畅切换。支持外贸企业与商贸平台、电商平台合作，积极打造内销品牌，促进出口转内销，让更多的广东创新技术、优质产品、品牌服务畅销全国、服务全国。

深化对外开放合作。落实我国支持高质量共建"一带一路"八项行动，用好区域全面经济伙伴关系协定（RCEP），发挥中国企业"走出去"综合服务基地作用，稳步推进境外经贸合作园区建设，支持优势产业在境外合理有序布局，健全全球经贸合作网络。畅通国际商务人员往来，积极提供入出境、停居留等便利。实施广东自贸试验区提升战略，对标全面与进步跨太平洋伙伴关系协定（CPTPP）、数字经济伙伴关系协定（DEPA）等国际高标准经贸规则，深入开展制度型开放试点，推动自贸联动发展区创新发展。做好新时代"侨"的文章，坚持老侨新侨并重，深化汕头、江门便利华侨华人投资制度专项改革试点，助推汕头华侨经济文化合作试验区建设、激活经济特区活力。扩大对外友好交流，用好国际友城平台，加强产业、文化、教育、卫生等领域务实合作。

以开放促改革、促发展是广东的宝贵经验。我们要坚定不移把开放的大门越开越大，汇聚全球高端资源，巩固拓展多元国际市场，在参与国际竞争合作中掌握主动、赢得先机。

（八）坚持向海而兴、向海图强，全面建设海洋强省，打造海上新广东

优化海洋经济发展格局。出台省海岸带及海洋空间规划，建立低效用海退出机制，保障重大项目用海需求。着力完善港航基础设施，开工建设汕头广澳港区三期、珠海港高栏港区国能散货码

头，推进广州港南沙港区国际通用码头、深圳港盐田港区东作业区集装箱码头一期、茂名港博贺新港区30万吨级航道等建设，加快汕头港、湛江港、阳江港、揭阳港等疏港铁路建设，做好揭惠铁路前詹支线前期工作。推动内河航运与海洋运输贯通，助力港口航运通江达海。推进琼州海峡港航一体化，把徐闻港打造成连接粤港澳大湾区和海南自由贸易港的现代化水陆交通运输综合枢纽，推进琼州海峡一体化高质量发展示范区建设，推动与海南相向发展。强化港产城整体布局，推进广州海洋创新发展之都、深圳全球海洋中心城市建设，支持珠海、汕头、湛江、阳江、汕尾等市建设特色型现代海洋城市，高标准规划打造环珠江口100公里"黄金内湾"。我们要统筹优化全省港口资源、促进协同发展，把14个沿海城市的"蓝色动力"充分激发出来。

加快壮大现代海洋产业。大力发展海洋电子信息、海洋新材料、海洋生物医药等新兴产业，聚力打造海洋清洁能源、海洋船舶与海工装备等千亿级产业集群。加快建设国家海洋综合试验场、国家深海科考中心等创新平台，推动大洋极地综合保障基地落户广东，提升海洋科技支撑能力。规模化开发海上风电，推进阳江青洲、汕头勒门、汕尾红海湾等项目建设，新增装机规模200万千瓦，打造广东海上风电基地。加大海洋油气资源勘探开发力度，推进湛江乌石、恩平油田群建设和南海天然气水合物开采，加快深圳LNG应急调峰站、珠海LNG扩建项目二期、惠州LNG接收站等建设，提升油气供应保障能力。坚持"疏近用远、生态发展"，耕海牧渔，建设海上牧场、"蓝色粮仓"，大力发展深远海养殖和智慧渔业，推动海洋渔业向信息化、智能化、现代化转型升级。

提升海洋生态品质。推进海洋生态保护修复"五大工程"，加强海洋环境监测，强化岸线精细管控和生态修复，深化入海排污口整治、海水养殖尾水治理、港口和船舶污染防治，稳步提升近岸海域水质。高标准建设深圳国际红树林中心，加快建设江门台山、湛江雷州和徐闻、惠州惠东等万亩级红树林示范区，像爱护眼睛一样守护好红树林。强化海岛分类保护利用和滨海湿地恢复，打造魅力沙滩、美丽海湾。

广东海洋资源禀赋得天独厚，广袤的海洋蕴藏着无限的发展潜能。我们要把握蓝色机遇、培育蓝色引擎，向海洋要动力、要未来，奋力绘就海上新广东的壮美图景。

（九）深入推进绿美广东生态建设，加快发展方式绿色转型，促进人与自然和谐共生

构建广东全域绿美大格局。推进绿美广东生态建设"六大行动"，深入开展林分优化、林相改善，实施林分优化提升200万亩、森林抚育提升200万亩，系统谋划北部沿南岭、南部沿海、中部沿江区域造林绿化格局。持续推进全域创建国家森林城市、国家园林城市，提升县镇村绿化水平，抓好绿美城市公园建设，优化生态廊道、绿道、碧道、古驿道，加强古树名木保护，建设一批村庄公园、山地公园、郊野公园。推进南岭国家公园和丹霞山国家公园创建，高标准建设华南国家植物园。打造绿美碧带，建设幸福河湖。开展历史遗留矿山生态修复，探索新旧采矿用地挂钩制度。发扬"岳山造林"光荣传统，引导全民参与植树造林、爱林护林，充分利用"四旁"、"五边"，因地制宜见缝插绿、留白增绿、拆违还绿，打造推窗见绿、行路成荫、四时常绿、处处皆绿的美丽家园，让群众身边绿起来、美起来。

着力提升生态环境品质。坚持山水林田湖草沙一体化保护和系统治理，衔接国土空间规划和用途管制，加强生态环境分区管控。全面实施空气质量持续改善行动，狠抓臭氧治理，强化氮氧化物和挥发性有机物协同减排，打好"车、油、路、港"协同治理组合拳，基本消除重污染天气。深入实施碧水攻坚行动，推进城镇污水管网建设，开展干支流协同治理、水塘河道清淤，确保地表水国考断面水质优良率稳定在90%以上，县级以上集中式饮用水水源地水质100%达标。打好净土保卫战，加强建设用地土壤环境联动监管，推进化肥农药减量增效和农业面源污染综合防治，促进垃圾分类和减量化、资源化，规范建筑垃圾处置管理，深化塑料污染治理，完善废旧动力电池回收利用体系，加强重金属污染防控和新污染物治理，建设全省域"无废城市"。

积极稳妥推进"双碳"工作。围绕能源、工业等重点领域稳步实施碳达峰行动，布局发展一批低碳零碳负碳新材料、新技术、新装备，推进国家碳计量中心建设。开展粤港澳大湾区产品碳足迹试点，扩大碳排放交易与绿电交易规模。推广节能技术装备，开展用水权、排污权等交易，加强资源节约集约循环高效利用。全力消化处置批而未供和闲置土地，扎实开展低效用地再开发试点。大力发展节水产业，推动绿色水经济蓬勃发展。完善生态环境保护财政激励政策和生态环境损害赔偿制度，积极稳妥推进生态环境导向开发模式创新。

我们要深入践行绿水青山就是金山银山的理念，将绿美广东生态建设作为百年大计推进，守护好南粤大地的一草一木、万水千山，建设美丽中国先行区、打造绿色低碳发展高地，让绿色生态优势源源不断转化为高质量发展优势。

（十）推进文化自信自强，加快文化强省建设，更好满足人民精神文化生活新期待

广泛践行社会主义核心价值观。深入实施习近平新时代中国特色社会主义思想传播工程，巩固壮大奋进新时代的主流思想舆论。保护用好中共三大会址、农民运动讲习所等红色资源，厚植爱党爱国爱社会主义的情感，铸牢中华民族共同体意识。加强公民道德建设，拓展新时代文明实践中心建设，弘扬中华传统美德，提升全社会文明程度，加快建设"志愿广东"，涵养向上向善、刚健朴实的文化。实施哲学社会科学创新工程，做好参事文史、地方志等工作。建设全媒体传播体系，打造具有强大影响力和竞争力的新型主流媒体，向世界讲好中国故事、传播湾区声音、展示广东精彩。

推动文化事业繁荣发展。深入实施早期岭南探源工程，加强文物和文化遗产保护利用，推进"南澳二号"考古发掘。加强历史文化名城名镇名村及历史文化街区、历史建筑、传统村落整体保护，加强国家级客家文化（梅州）生态保护区建设，擦亮岭南戏曲、岭南美术、广东音乐等特色品牌，保护传承醒狮、龙舟、粤绣、广彩、木雕、石雕、陶艺、端砚等传统民俗和民间工艺。引进培育更多文艺名家、领军人才，创作一批展现时代魅力和岭南风韵的精品力作。建好用好广州国家版本馆、白鹅潭大湾区艺术中心等文化新地标，加快建设省水下文化遗产保护中心、粤剧文化中心等重点文化场馆，建设智慧图书馆、数字文化馆，打造更多具有人文底蕴的公共文化新空间。实施乡村文化更新计划，丰富乡村公共文化服务供给，让乡村文化大放异彩。

推进文旅体产业融合发展。做优做强数字创意、网络视听、文化制造等产业，大力发展数字文化贸易，打造高水平演艺集聚区。推进岭南民族特色高质量发展廊道规划建设，打造民俗游、文化游、红色游、乡村游、工业游、滨海海岛游、森林康养游等特色精品路线，擦亮"活力广东·时尚湾区"文旅品牌，打造粤港澳大湾区世界级旅游目的地。加强国家级文化产业示范园区、国家体育产业基地等建设，吸引重大文旅体项目、国际国内重大赛事落户。推进公共体育场地设施建设和免费低收费开放，构建更高水平全民健身公共服务体系。推进体教融合，增强青少年体质，加强竞技体育后备人才培养。全力备战2024年巴黎奥运会等重大赛事，携手港澳筹备好第十五届全运会和残特奥会。

广东是岭南文化发祥地、传承地。我们要深入贯彻习近平文化思想，坚持物质文明和精神文明协调发展，让广东成为展示中华民族现代文明的重要窗口。

（十一）始终坚持以人民为中心的发展思想，在高质量发展中增进民生福祉，大力促进共同富裕

更加突出就业优先导向。深入开展高校毕业生就业创业十大行动，支持就业容量大的行业企业稳岗扩岗，促进农民工、就业困难人员等重点群体稳定就业。抓好"粤菜师傅"、"广东技工"、"南粤家政"三项工程，实施技工教育"强基培优"计划，推广"技培生"等制度，培养能工巧匠、大国工匠。强化欠薪问题源头治理，加强平台企业就业监管监测，维护新就业形态劳动者合法权益。提升就业公共服务水平，建成全省就业信息资源库和就业信息平台，完善创业和灵活就业保障制度，让高质量就业连接起千家万户的幸福。

发展更加公平更高质量教育。落实立德树人根本任务，推进大中小学思想政治教育一体化建设。实施学前教育科学保教示范工程，积极创建国家义务教育优质均衡发展县和学前教育普及普惠县，推进县域普通高中发展提升，增加人口流入地、中心城区基础教育公办学位供给，打造一批城乡教育共同体和教育集团，巩固落实"双减"成果。促进特殊教育优质融合发展，加强专门教育工作。深化教育评价改革，推进"新强师工程"，培养高素质教师队伍。我们要坚持教育优先发展，办好人民满意的教育，让每个学生都能享有人生出彩的机会。

建设更高水平的健康广东。加快建设卫生健康高质量发展示范省，推动国家医学中心、区域医疗中心和高水平医院联动建设，争取新增一批国家级临床重点专科，促进优质医疗资源扩容和区域均衡布局。积极创建国家区域公共卫生中心、国家重大传染病防治基地，加快建设国家紧急医学救援基地。全面推进国家中医药综合改革示范区建设，加快建设国家中医药传承创新中心、国家中药种质资源库，完善中医治未病服务网络。发展壮大乡村医疗卫生人才队伍，加强乡镇卫生院和村卫生室服务能力建设，让广大农民群众就近获得更加优质的医疗卫生服务。进一步配足医护人员力量，下大力气补齐医疗护理等服务短板。持续深化医药卫生体制改革，加强对药品、医疗器械委托生产的监管，建立灵敏有度的医疗服务价格动态调整机制，完善医药价格形成机制，应用推广医保码、电子处方、移动支付、信用就医等便民服务。广泛开展爱国卫生运动，形成人人参与健康行动、全民共建健康广东的良好局面。

推动人口高质量发展。加快造就符合现代化要求的高素质、高水平人力资本，促进人的全面发展。推进生育友好省建设，完善生育支持政策体系，保持适度生育水平和人口规模。发展普惠托育服务体系，降低家庭生育、养育、教育等成本。加快儿童友好城市建设，加强妇女儿童权益保护，推进儿童福利机构优化提质。促进家庭教育健康发展。积极应对人口老龄化，健全城乡养老服务网络，加强无障碍环境建设和适老化改造，增加居家社区、医养结合养老服务供给，提供日间照料、膳食供应、护理保健等一站式养老服务，完善长期护理保险试点。实施老年健康促进行动，大力发展银发经济，推动老年产品开发，开展"智慧助老"，帮助老年人跨越"数字鸿沟"。老人和孩子牵动亿万家庭，我们要用心用情呵护好"一老一小"，做好民生保障大文章。

织密扎牢社会保障网。推进多层次、多支柱养老保险体系建设，发展企业年金、职业年金和第三支柱养老保险，实施个人养老金制度，拓展社保卡居民服务"一卡通"应用范围。稳步推进基本医保省级统筹，加强医保基金使用监管，深化按病组和病种分值付费改革。持续完善工伤保险、失业保险省级统筹。健全社会救助标准动态调整机制，创新综合救助体制机制。大力发展慈善事业。推进城市社区嵌入式服务设施建设试点。

巩固发展军政军民团结。支持国防和军队现代化建设，加强军地协同创新，深化全民国防教育、推动国防教育基地建设，加快国防动员和后备力量建设。构建退役军人常态化作用发挥机制，做好优抚安置工作。深化优抚事业单位和军供保障体系改革，加强拥军支前体系建设，开展新一轮双拥模范城（县）创建，营造军民鱼水情深的氛围。

扎实办好十件民生实事。一是提升就业服务能力和强化产业技能人才支撑，二是提高乡镇"三所学校"、县域高中办学质量和提升青少年心理健康服务水平，三是实施基层医疗卫生人才帮扶行动，四是扎实推进城镇保障性安居工程建设，五是提升"一老一小"综合服务水平，六是深入推进"四好农村路"建设和增强高速公路配套基础设施服务能力，七是加快推进农村和城镇生活污水治理，八是开展食品药品质量安全放心重点行动和提升消费者权益保护效能，九是提高低保、特困人员、孤儿基本生活和残疾人两项补贴保障水平，十是提高惠企利民服务便捷度和深入推进电信网络诈骗源头治理。

民心是最大的政治。我们要把握和处理好发展经济与改善民生的关系，深入实施"民生十大工程"，及时回应人民群众合理诉求，把好事办好、实事办实、难事办妥。

（十二）统筹发展和安全，建设更高水平的法治广东、平安广东，推动高质量发展和高水平安全良性互动

确保粮食、能源资源、重要产业链供应链安全。全面落实耕地保护和粮食安全党政同责，稳定粮食播种面积，推动大面积提高粮食单产，保障粮食和重要农产品稳定安全供给。守住耕地这个命根子，加大高标准农田建设投入和管护力度，推进耕地集中连片整治和盐碱地综合利用，抓好撂荒耕地复耕复种，坚决遏制耕地"非农化"、防止耕地"非粮化"，确保耕地数量有保障、质量有提升。构建新型能源体系，科学合理布局调峰、热电联产和分布式气电项目，推进惠州太平岭核电、廉江核电一期和陆丰核电5、6号机组建设，加快汕尾陆河、茂名电白、云浮水源山、梅州二期等抽水蓄能项目建设，推动藏粤直流等跨区输电项目，加强与省外电力余缺互济。深入实施"百链韧性提升"专项行动，"一链一策"拓长补短，打牢基础零部件、基础工艺、关键基础材料等基础，构建自主可控、安全可靠的产业链、供应链。

持续有效防范化解重点领域风险。坚持市场化法治化原则，积极稳妥化解头部房地产企业风险，优化房地产政策，一视同仁满足不同所有制房地产企业的合理融资需求，扎实做好保交楼工作，促进房地产市场平稳健康发展。严格实施政府债务限额管理，坚决遏制新增隐性债务。稳慎推进中小金融机构风险化解和改革转型，推动非法集资陈案化解，稳步推进P2P网贷清理整顿、私募基金分类整治、第三方财富管理公司规范管理。健全经济安全风险监测预警体系、信息共享机制和应急处置制度，牢牢守住不发生系统性风险的底线。

强化安全生产和防灾减灾救灾。全面开展安全生产治本攻坚三年行动，加强道路交通、自建房、危化品、非煤矿山、城镇燃气、消防、玻璃幕墙、"三无"船舶等安全隐患排查整治，强化新业态新领域安全监管。完善应急救援体系和物资保障体系，建成国家东南区域应急救援中心，加快推进粤北省级区域应急救援中心建设，加强消防综合救援、森林防灭火、应急航空救援等基础能力建设，健全应急物资征用和跨区域调度机制。实施堤防达标加固三年攻坚行动，开展县域防洪达标建设。加强"三防"工作，提高自然灾害监测预警水平，强化气象防灾减灾第一道防线作用，加强防台风、暴雨、洪水、地震、地质灾害等应急演练，增强应急处突救援能力。

维护社会大局平安稳定。坚定不移贯彻总体国家安全观，深化反渗透、反颠覆、反恐怖、反分裂、反邪教斗争，坚决守好政治安全"南大门"。推进常态化扫黑除恶斗争，严厉打击涉枪涉爆、严重暴力、电信网络诈骗、涉未成年人等突出违法犯罪，持续整治毒品问题，大力维护网络安全，加强网络空间治理，全面净化社会治安环境。坚持和发展新时代"枫桥经验"，促进各类调解协调联动，推进信访工作法治化，全面提升城乡社区治理效能。深化法治

2

建设"四级同创"，健全现代公共法律服务体系，打造更多岭南特色普法品牌。

安全是发展的前提，是老百姓最基本最朴素的期待。我们要全力防范和化解各类风险挑战，守护好万家灯火、社会安宁，以新安全格局保障新发展格局，以高水平安全保障高质量发展。

各位代表！新征程、新使命，对政府治理体系和治理能力提出了新要求。我们要坚持全面从严治党永远在路上，党的自我革命永远在路上，全面加强政府自身建设，努力建设人民满意的政府。坚持"两个确立"、做到"两个维护"。巩固拓展学习贯彻习近平新时代中国特色社会主义思想主题教育成果，深刻领悟"两个确立"的决定性意义，把"两个维护"作为最大的大局、首要的"国之大者"，任何时候任何情况下都忠诚核心、拥戴核心、维护核心、捍卫核心，不断提高政治判断力、政治领悟力、政治执行力，自觉在思想上政治上行动上同以习近平同志为核心的党中央保持高度一致。坚持依法行政、依法履职。主动向省人大及其常委会报告工作，自觉接受人大监督、政协民主监督、纪检监察专责监督，广泛听取民主党派、工商联、无党派人士和各人民团体意见。扎实推进地方机构改革工作，确保如期高质量完成。有序开展第五次全国经济普查，全面准确摸清广东经济"家底"。深入推进法治政府示范创建，出台省政府立法工作规定，落实重大行政决策法定程序，开展提升行政执法质量三年行动，用法治给行政权力定规矩、划界限。坚持廉洁用权、艰苦奋斗。常态长效落实中央八项规定及其实施细则精神，加强关键岗位廉政风险防控，更好发挥审计监督、统计监督职能作用。健全财会监督体系和工作机制，严肃财经纪律。党政机关要习惯过紧日子，坚持勤俭办一切事业，"三公"经费和政府购买服务支出再压减5%，展会论坛财政支出压减一半以上，把宝贵的财力用在发展紧要处、民生急需上。

各位代表！今天的南粤大地生机勃勃、万物竞发。全省各级政府要旗帜鲜明唱响中国经济光明论，不折不扣抓落实、雷厉风行抓落实、求真务实抓落实、敢作善为抓落实，当好执行者、行动派、实干家。要树牢为民办事、为民造福的政绩观。坚决纠治形式主义、官僚主义，坚决反对"一刀切"、"运动式"抓落实，坚决防止劳民伤财的"形象工程"、"面子工程"，不能让"一时的政绩"成为"长期的包袱"。要锤炼干字当头、实字托底的硬作风。大兴调查研究，当好"施工队长"，推进"高效办成一件事"，能马上办的就马上办，能当天办完的就不要拖到第二天。要锻造事不避难、勇于担当的铁肩膀。"新官要理旧账"，该做的事一往无前地做，该担的责义无反顾地担，以热火朝天的生动实践推动高质量发展步步向前、人民美好生活节节攀高！

各位代表！潮起珠江再出发，奋楫扬帆正当时。让我们更加紧密地团结在以习近平同志为核心的党中央周围，以习近平新时代中国特色社会主义思想为指导，全面贯彻落实党的二十大精神和习近平总书记对广东系列重要讲话、重要指示精神，在省委正确领导下，按照省委"1310"具体部署，振奋精神加油干、团结一心加油干、攻坚克难加油干、脚踏实地加油干，奋力在推进中国式现代化建设中走在前列，以优异成绩迎接中华人民共和国成立75周年，为强国建设、民族复兴作出广东新的更大贡献！

附件1：2024年省十件民生实事

一、提升就业服务能力和强化产业技能人才支撑。开发超6万个就业见习岗位，帮助高校毕业生和失业青年提高就业能力。建设122个"就业驿站"，就近提供岗位推荐、就业政策咨询服务，提高就业公共服务可及性。重点打造5家省级标准化零工市场，带动全省因地制宜开展零工市场规范建设，促进零工对接服务更加快速有序。强化"百县千镇万村高质量发展工程"、高质量建设制造强省技能人才支撑，开展"粤菜师傅"培训4万人次以上，新增取得职业资格或技能等级证书劳动者50万人次以上，开展"南粤家政"培训16万人次以上。新增25个省级技工教育优质专业，技工院校招生规模稳定在19万人以上。

二、提高乡镇"三所学校"、县域高中办学质量和提升青少年心理健康服务水平。学前教育生均拨款最低标准从每生每年500元提高到600元。普惠性幼儿园在园幼儿占比达85%以上。新增建设40个城乡学前教育一体化管理资源中心，带动镇域内幼儿园开展教研活动、规范园所管理、提高办园质量。乡镇中心小学、寄宿制初中学校标准化覆盖率达到100%。改善30所县域高中办学条件。建立227所县域高中与市域优质高中结对帮扶机制，提升县域高中办学质量。建设200家12355青少年服务站点，成立200支心理健康志愿服务队伍，完成50所义务教育学校心理辅导室标准化建设。

三、实施基层医疗卫生人才帮扶行动。推动73家城市三甲公立医院组团式帮扶60个县（市、区）的113家县级公立医院，受援医院基本达到国家县级医院医疗服务能力推荐标准。推进"万名医师下乡"工程，遴选100名卫生首席专家、2000名执业医师服务基层。向粤东粤西粤北地区订单定向招录培养2000名以上本科、专科医学生。

四、扎实推进城镇保障性安居工程建设。新增筹集建设配售型保障性住房1万套、保障性租赁住房不少于18万套（间），发放公租房租赁补贴不少于4万户，新开工改造城镇老旧小区不少于1100个。

五、提升"一老一小"综合服务水平。为3.1万户特殊困难老年人家庭实施适老化改造，提前一年完成"十四五"规划确定的8.6万户改造计划。深化"长者饭堂"建设，开展特殊困难老年人助餐服务提升行动，全面保障特殊困难老年人助餐服务需求。持续增加医养结合机构数，推进家庭医生签约服务，65岁及以上老年人医养结合服务率提高到38%、城乡社区规范健康管理服务率提高到63%。免费为58.8万名孕妇提供地中海贫血、唐氏综合征、严重致死致残结构畸形的产前筛查。采取公益捐赠方式，为全省超1700家已备案托育机构统一购买在托婴幼儿意外责任保险。

六、深入推进"四好农村路"建设和增强高速公路配套基础设施服务能力。新改建农村公路超5000公里，改造农村公路危旧桥梁240座，完成农村公路安全生命防护工程1000公里。新建和加密建设、改造提升高速公路服务区超20个，高速公路服务区充电基础设施总车位达到小型客车停车位总数的10%。

七、加快推进农村和城镇生活污水治理。因地制宜实施农村生活污水治理，新增完成1000个以上自然村生活污水治理提升工程，全省自然村生活污水治理率达到75%以上。新建和改造城镇污水管网超1800公里，新增城镇污水处理能力超30万吨/日。

八、开展食品药品质量安全放心重点行动和提升消费者权益保护效能。食品抽检量达到每千人6.4批次，271家学生集体用餐配送单位现场检查评价和风险排查实现全覆盖，大宗食材、餐食成品、餐用具抽检监测超2650批次，食用农产品快检超800万批次。

完成药品监督抽检超1.5万批次，省内生产的国家集中招采中标品种抽检覆盖率达到100%。新增放心消费承诺单位超12000家、线下无理由退货承诺店超4000家，在热点消费领域推行合同示范文本和消费投诉信息公示，12315平台投诉按时办结率和举报按时核查率保持在98%以上。

九、提高低保、特困人员、孤儿基本生活和残疾人两项补贴保障水平。逐步缩小城乡社会救助差距，农村低保标准占城镇低保标准的比例达到75%以上，城乡低保补差水平不低于当地现行水平。特困人员基本生活标准不低于当地最低生活保障标准的1.6倍。困难残疾人生活补贴、重度残疾人护理补贴标准分别从每人每月195元、261元提高到202元、270元。集中供养孤儿基本生活保障省定最低标准从每人每月2017元提高到2295元，散居孤儿（含艾滋病病毒感染儿童）从每人每月1359元提高到1484元，集中供养、散居事实无人抚养儿童分别按照集中供养、散居孤儿的保障标准执行。

十、提高惠企利民服务便捷度和深入推进电信网络诈骗源头治理。优化提升粤省心12345热线平台服务水平，推广"民意速办"改革，梳理细化超500项高频民生诉求事项职责清单，诉求转派速度提升10%。"湾事通"综合服务平台上线提供出入境、养老、教育等服务超70项，迭代更新接入城市特色服务超100项。建立多层次反电信网络诈骗体系，一体推进"打、防、管、治、建、宣"六项措施，强化源头治理，推动实现万人发案数同比下降10%。

附件2：名词解释

1."千万工程"经验：习近平总书记在浙江工作时亲自谋划

推动"千村示范、万村整治"工程，从农村环境整治入手，由点及面、迭代升级，20年持续努力造就了万千美丽乡村，造福了万千农民群众，创造了推进乡村全面振兴的成功经验和实践范例。

2."补改投"改革：选取部分省财政安排支持经济社会发展且能形成经营性资产的无偿补助资金，探索改为股权投入，推动积累公共资产，规范财政资金管理，增强可持续发展能力。

3."补投贷"联动：政府部门借助创投、银行等金融机构力量，构建"财政补助+创业投资+科技信贷"联动机制，在重点领域遴选一批成长潜力突出的科技型企业，帮助其发展壮大。

4.打好"五外联动"组合拳：打好外贸、外资、外包、外经、外智组合拳。

5.海洋生态保护修复"五大工程"：海岸线整治修复工程、魅力沙滩打造工程、海堤生态化工程、滨海湿地恢复工程、美丽海湾建设工程。

6."四下基层"：宣传党的路线、方针、政策下基层，调查研究下基层，信访接待下基层，现场办公下基层。

7."组合港"、"一港通"试点："组合港"试点指粤港澳大湾区沿海沿江分属不同关区的港口可共享港口代码，货物可实现各码头间直接调拨；"一港通"试点指以广州港南沙港区为枢纽港、珠江内河码头为支线港的港口群组合形式，进出口货物可实现"一次申报、一次查验、一次放行"。

8.横琴跨境资金"电子围网"：横琴合作区金融机构多功能自由贸易分账核算业务遵循"一线放开、二线管住、同名有限'渗透'"原则，其中"跨一线"资金自由划转，"跨二线"资金划转视同跨境交易管理，"跨二线"同名账户资金划转实行额度管理、允许有限"渗透"。

9.五大都市圈：广州都市圈、深圳都市圈、珠江口西岸都市圈、汕潮揭都市圈、湛茂都市圈。

10.农产品"12221"市场营销体系：依托"1"个农产品大数据，组建销区采购商和培育产区供应商"2"支队伍，拓展销区和产区"2"大市场，组织采购商走进产区和供应商走进销区"2"场活动，实现产销两旺、品牌打造、产业振兴、农民增收等"1"揽子目标。

11."反向飞地"：指产业基础相对薄弱、产业资源相对匮乏地区，打破传统地域空间限制，到相对发达地区建设招商平台、招才平台、研发平台、投融资平台和推介平台等，享受对方的市场、技术、资金、人才优势，推动产业协作、共赢发展。

12."有组织科研+有组织成果转化"：将科研与成果产业化一体化设计，聚焦国家重大战略需求，发挥新型举国体制作用，打造概念验证、中试熟化、科技金融、人才培养为一体的服务体系和政策环境，破解关键核心领域"市场机制失灵"、"被动等成果"等难题，提升科技成果产业化支撑能力。

13.基础设施领域REITs：即基础设施领域不动产投资信托基金，是一种国际通行、行之有效的存量资产盘活工具，是以收益稳定的基础设施项目为底层资产，以公开发行的基金为重要载体，主要在证券交易所上市交易的标准化金融产品，其实质为存量基础设施项目的上市。

14.工业用地"标准地"：根据不同工业门类，在供地条件中设定固定资产投资强度、容积率、亩均税收、研发经费投入强度、就业贡献等指标，并结合区域评估结果和规划要求，在同一区域内按照统一的标准进行供应和监管的国有工业用地。

15.货物多式联运"一单制"、集装箱运输"一箱制":货物多式联运"一单制"指货物运输凭一份多式联运运单,实现托运人一次委托、费用一次结算的组织机制;集装箱运输"一箱制"指集装箱运输实现全程不换箱、不开箱、"一箱到底"的服务模式。

16."四旁"、"五边":"四旁"为村旁、宅旁、路旁、水旁;"五边"为山边、水边、路边、镇村边、景区边。

广西壮族自治区
政府工作报告
——2024年1月22日在广西壮族自治区第十四届
人民代表大会第二次会议上

自治区主席　蓝天立

各位代表：

现在，我代表自治区人民政府，向大会报告政府工作，请予审议，并请自治区政协委员和列席会议的同志提出意见。

一、2023年工作回顾

2023年是全面贯彻党的二十大精神开局之年，是三年新冠疫情防控转段后经济恢复发展的一年，也是我区高质量发展迈出新步伐的一年。习近平总书记时隔两年再次亲临我区视察，给全区各族干部群众巨大奋斗感召和信心力量。我们以学习贯彻习近平新时代中国特色社会主义思想主题教育为强大动力，聚精会神促发展，集中攻坚打硬仗，全力推动经济回升向好，各方面发展呈现新气象。

初步统计，全区地区生产总值增长4.1%，一、二、三产业增加值分别增长4.7%、3.2%、4.4%，规模以上工业增加值增长6.6%，外贸进出口总额增长7.3%，一般公共预算收入增长5.7%，粮食生产再获丰收，物价水平总体平稳。

一年来，新旧动能加速转换，装备制造业、高技术制造业增加值分别增长5.3%、8.3%。战略性新兴产业增加值占规模以上工业比重提高到20%左右。设施农业占农业总产值比重超三分之一。规模以上高技术服务业营业收入增长19.4%。工业投资占固定资产投资比重由2020年的21.3%升至38.7%。开放合作加速拓展，第20届东博会、峰会成果丰硕，首次举办制度型开放主题边会和世界林木业大会。获批建设沿边临港产业园区，迅速启动建设中国—东盟产业合作区，加快打造国内国际双循环市场经营便利地。北部湾港货物吞吐量增速居全国沿海亿吨港口第二，海铁联运班列实现西部地区全覆盖。重大战略加速实施，平陆运河全线建设，黄桶至百色铁路、环北部湾广西水资源配置工程开工建设。贵南高铁、防东铁路开通运营，所有设区市实现通高铁动车。绿色发展加速推进，非化石能源消费比重高于全国平均水平，可再生能源利用率排全国前列。生态质量指数连续两年全国第二，生物多样性丰富度全国第三。城市环境空气质量优良天数比例97.9%，地表水水质优良比例98.2%，近岸海域优良水质面积比例94.5%。前三季度9个设区市断面水环境质量进入全国前30，柳州保持第一、桂林升至第二。民生福祉持续改善，城镇、农村居民人均可支配收入分别实际增长4.3%、7%。城镇新增就业39.9万人，城镇调查失业率5.5%。失业保险实现自治区级统筹。人民群众安全感提高到98.54%。成功举办首届全国学青会。中山一院广西医院等3家国家区域医疗中心和4家自治区区域医疗中心全面运行。新增50个县、264.88万农村义务教育学生纳入营养改善计划，所有县（市、区）431.48万农村义务教育学生全部吃上营养餐！

过去一年，面对严峻复杂的外部环境和艰巨繁重的改革发展稳定任务，我们在自治区党委的坚强领导下，重实效、强实干、抓落实，聚焦"五张清单"和"双向清单"早抓快干，开展高质量发展"四个专项行动"和"六个攻坚行动"，各方面工作取得新进展。

（一）聚焦优化指挥调度，全力以赴推动经济平稳健康发展。狠抓国家各项政策举措落实，出台78项重点配套措施，清单化、专班化、节点化推进。深入开展实体经济调研服务，解决企业提出的问题9100多个。筹措财政贴息资金实施"桂惠贷"，新增贷款2816亿元、惠及经营主体13.4万户、降低融资成本53.5亿元。新增减税降费及退税缓费超300亿元。地方级税收增长16.3%。全社会用电量增长10.5%，本外币存、贷款余额分别增长9.6%、11.4%，客货运输周转量增长11.9%。实有经营主体总量436.5万户，其中企业突破120万户、增长6.6%，企业活跃度保持在72%以上。

（二）聚焦制造业转型升级，全力以赴推进工业振兴。统筹一般公共预算资金和政府债券331.8亿元用于工业发展，加快推进上汽通用五菱"一二五"等标志性工程，实施"双百双新"项目578个、"千企技改"项目1228个，新投产惠科电子北海产业新城一期、翅冀精品高效钢材等一批投资百亿元以上项目。有色金属、电力产业产值分别突破3000亿元、2000亿元。工业对经济增长的贡献率提高到33.4%，工业利润总额增长14.9%。实施科技"尖锋"行动重大项目170项。有效发明专利3.72万件，增长18.1%。柳工欧维姆入选"世界一流专精特新示范企业"，玉柴混动电驱无级变速总成、"三环"大型民航轮胎、氮化镓激光器芯片、真三轴六面顶液压机等科技创新取得重大进展。工业振兴三年行动圆满收官，工业投资总量三年超万亿元、年均增长17.3%，新建项目对工业增长贡献率超50%。新增工业产能规模超7500亿元，工业增加值增量近2000亿元、规模以上工业增加值年均增长6.5%，规模以上工业企业突破万家。工业税收占全区税收比重39.8%，对税收增长贡献率提高到50.6%。产业体系进一步健全，新能源汽车形成较为完整的产业链，本地配套率超60%。风力发电机组、叶片等新能源装备实现本地化生产。我区成为全国最大的锰基新能源材料基地，超纯不锈钢、特种陶瓷、光伏压延玻璃等填补广西空白。航空航天、电子3C等领域高端铝精深加工能力不断增强。园区能级明显提升，产业集聚度比2020年提高6个百分点，千亿、五百亿、百亿园区分别增加2家、4家和9家，防城港经开区工业总产值突破2000亿元。入选国家中小企业特色产业集群9个、排西部第二。工业经营主体突破11万家，龙头企业、链主企业分别增加212家、30家，新增高新技术企业1255家、国家级知识产权示范和优势企业133家。国家级专精特新"小巨人"企业累计达101家，自治区级专精特新中小企业737家、瞪羚企业180家。组建新能源汽车等3家自治区实验室。制造业数字化转型指数由2021年81.2升至91.3，是全国进步最快的五个省份之一，实现规模以上工业企业上云全覆盖。新增智能工厂示范企业243家、数字化车间197家。成功创建广西（柳州）国家级车联网先导区。三年来，我们以前所未有的决心和力度抓工业，为高质量发展注入了新动能！

（三）聚焦农业增效农民增收，全力以赴推进乡村振兴。安排衔接推进乡村振兴补助资金188.6亿元，实施巩固脱贫成果和乡村振兴项目2.43万个，脱贫人口务工规模293.5万人，脱贫人口人均纯收入增长12.5%，62.4%的监测对象稳定消除风险。粤桂东西部协作、"万企兴万村"行动深入推进。2022年度巩固脱贫成果后评估考核获综合评价"好"的等次，东西部协作考核居西部省份第一。实施水库移民项目1783个。新建和改造高标准农田211万亩。粮油种植面积完成国家下达任务，粮食产量1395.4万吨、连续四年面积和产量双增长。糖料蔗丰收，蔗农收入稳步提升，蔗糖产量占全国近六成，自主选育品种成为种植主力军，为保障国家食糖安全作出广西贡献。肉类、蔬菜、水产品、茶叶、蚕茧、中药材产量均较快增长，水果产量保持全国第一。百色芒果、梧州六堡茶列入全国农业品牌精品培育名单，14个地理标志品牌入选中国品牌百强、数量居全国第二。建设国家储备林257.2万亩，新造油茶林88万亩、改造46.8万亩。新增自治区级农业产业化重点龙头企业81家。大力发展设施农业、乡村旅游、农村物流，建成冷藏保鲜设施713个。完成2000多个"多规合一"实用性村庄规划编制。新增8000多个自然村屯通3.5米以上硬化路，实施农村供水工程2535个，自来水普及率88%，生活污水治理率提高8个百分点，卫生厕所普及率94.1%，生活垃圾收运处置覆盖率95%。抵边自然村全部通邮。在全国率先实现所有行政村5G+千兆宽带"双千兆"网络覆盖，应急广播覆盖所有县。田东县、浦北县、北流市、宾阳县入选国家乡村振兴示范县创建名单。62个村落列入第六批中国传统村落名录。宜居宜业和美乡村建设成效显著，八桂大地呈现山清水秀、天蓝地绿、村美人和的美丽画卷！

（四）聚焦供需两端协同发力，全力以赴恢复和扩大消费。
实施"约惠广西——2023消费提振年"行动，开展"33消费节"

等促销活动，限额以上新能源汽车零售额增长35.8%，实物商品网上零售额增长9.5%，批零住餐营业额较快增长。广西供销大集带动农产品销售额超350亿元、增长20.4%。贵港、贺州、河池新获批建设全国城市一刻钟便民生活圈试点。推进41个现代服务业集聚区建设。电子商务、研发与设计等服务业营业收入分别增长36%、18.9%。实施县域商业体系建设行动，加快建设县、乡商贸服务中心和村级便民商店。电信、邮政业务总量分别增长16.8%、18.9%，快递揽收量增长23.3%。机场货邮吞吐量增长31.8%。加快建设广西世界旅游目的地，《桂林世界级旅游城市建设发展规划》获国务院批复，实施文旅重大项目262个。旅游市场持续火爆，国内游客和旅游收入分别增长81.7%、70%。中越德天（板约）瀑布跨境旅游合作区成功试运营，成为全国第一个跨境旅游合作区。

（五）聚焦提速重大项目建设，全力以赴扩大有效投资。优化重大项目统筹调度，建立"四个一"推进机制，实行"审批直通车"。自治区层面统筹推进重大项目新开工488项、竣工328项，完成投资5285亿元。争取中央预算内投资125.4亿元，发行新增专项债券983.8亿元。新增高速公路796公里，总里程突破9000公里。新增运营高铁329公里，总里程突破2200公里。推进水利水运项目22个，下六甲灌区、桂江航道工程开工建设，大藤峡水利枢纽、西江干流治理、来宾至桂平2000吨级航道工程顺利完工。建成20万吨级自动化集装箱码头，北部湾港新增年通过能力3700万吨。南宁机场改扩建工程稳步推进，国际客运航线实现东盟十国全覆盖。国投钦州电厂等能源项目加快建设，页岩气开发成功出气点火，海上风电实现零的突破，防城港红沙核电3号机组投产发电。220千伏变电站覆盖所有县域。累计建成5G基站超10万座，落户我区首家卫星应用产品检测实验室。累计建成汽车充电桩16.5万个，实现高速公路服务区全覆盖。

（六）聚焦扩大对内对外开放，全力以赴服务和融入新发展格局。紧抓沿边临港产业园区建设机遇，加快建设中国—东盟产业合作区，形成"三方案一政策"体系，推进在建项目超700个、计划投资额超万亿元，中越智慧口岸、中国—东盟水果交易中心等项目落地实施，与15家央企签署合作协议18项。北部湾港新开国际集装箱航线6条、实现东南亚主要港口全覆盖，集装箱吞吐量增长14.3%，北海铁山东港区开港运营。广西自贸试验区开展"六个自由便利"制度创新，设立5个协同发展区。北斗遥感、灾害监测等数字应用场景在东盟国家落地。面向东盟的金融开放门户210项改革试点任务全面落实，设立全国首家个人数字人民币外币兑换窗口。东盟国家标准化合作交流中心揭牌运营。推动外贸扩量提质，对RCEP其他成员国贸易增长23.7%。边境贸易增长27.6%，保税物流增长24.3%，"新三样"产品出口增长185.6%。梧州综合保税区封关运营，友谊关、龙邦、峒中口岸扩大开放通过国家验收。制造业实际利用外资增长62.7%。招商引资到位资金增长15.2%，其中制造业到位资金占比57.6%。新签四类500强企业投资项目296个。清理一批不符合全国统一大市场建设的文件。切实落实"两个毫不动摇"，实施国有企业改革深化提升行动，国资委系统企业利润增速居全国前列，落实促进民营经济发展壮大政策措施，规模以上民营工业企业增加值增长6.8%。政务服务事项基本实现"最多跑一次"、全程网上可办率86.1%。我区成为全国推进个体工商户分型分类精准帮扶先行先试省份。在全国工商联发布的民营企业调查结论中，我区成为营商环境进步最明显的五个省份之一。

（七）聚焦生态文明建设，全力以赴推进绿色低碳转型。加强空气、水和土壤污染防治，协同推进降碳、减污、扩绿、增长。污染防治成效国家考核获优秀等次。九洲江、南流江国控断面水质全部达到或好于Ⅲ类，县级以上集中式饮用水水源地水质达标率100%。治理水土流失面积1972平方公里，全国水土保持及最严格水资源管理考核均获优秀。河湖长制实施获国务院督查激励。土壤环境质量总体稳定向好。中央生态环境保护督察反馈问题整改全面落实。西南岩溶国家公园创建扎实推进，南宁国家植物园列入国家植物园体系布局。完成生态保护修复面积48万亩，植树造林417万亩，新增和修复红树林1.67万亩。完成石漠化综合治理76.3万亩、互花米草防治4095亩，松材线虫病疫情面积下降25.6%。新发现桂北琴蛙、琼楠等动植物100多种。完善"双碳"政策体系，推动重点领域节能降碳技术改造。建成1157家节约型机关。非水可再生能源装机占比提高7.4个百分点。在河池等地开展生态产品总值核算试点。新建18座自治区级绿色矿山，创建29家国家级绿色工厂、4个绿色园区。马山、阳朔、资源3县获批国家生态文明建设示范区，新增忻城县"绿水青山就是金山银山"实践创新基地。北海银滩、南宁那考河入选国家级美丽海湾、美丽河湖优秀案例，桂林会仙喀斯特、北海金海湾红树林入选国际重要湿地名录，防城港西湾红沙环海堤生态化建设入选全球八大海岸带生态减灾协同增效国际案例，桂林获评中国人居环境综合奖。

（八）聚焦完善基本公共服务，全力以赴保障和改善民生。民生支出4849亿元、占比稳定在八成左右。开展高校毕业生等青年就业攻坚，实施第二批乡村振兴村级协理员专项计划，离校未就业高校毕业生就业率96.8%。为退役军人提供就业岗位20.6万个。

农民工务工规模达到1441万人，保障农民工工资支付工作考核连续4年获全国A级等次。全区一、二、三类地区月最低工资标准分别上调9.9%、16.5%和18.2%。新建、改扩建中小学和幼儿园7536所次，新增学位15.45万个。扶持5392所普惠性民办幼儿园，惠及86万儿童。深入实施义务教育质量提升行动，扎实推进教育稳边固边示范带建设。持续推进普通高中结对帮扶。与教育部签署战略合作协议，共同打造面向东盟的职业教育开放合作创新高地。新增高职院校2所。持续推进高校"双一流"建设，南宁教育园区15所学校开工建设，13所学校投入使用，在校学生12.8万人。新增中小学教职工编制1.7万个，补充教职工4.48万人。安排各类学生资助资金75.73亿元，受益学生431.8万人次。推进卫生健康基础设施项目687个、新增床位1.6万张，县级三甲医院实现零的突破、达到5家，乡镇卫生院和社区卫生服务中心中医馆覆盖率98.2%。基本医疗保险参保率保持在97%以上，边境0—20公里范围内居民人人享有政府全额参保补助等医保待遇。实施区内异地就医"免备案"等"五免五减"医保改革。药品和医用耗材集中带量采购为群众就医减负超130亿元。大病保险在基本医保报销基础上提高19.5%。试管婴儿相关医疗服务项目纳入医保报销。新增婴幼儿托位数4.42万个。企业职工基本养老保险全国统筹工作扎实推进。街道养老服务中心实现全覆盖。发放困难群众救助补助资金128.7亿元，惠及低保对象283.5万人、特困救助供养对象26.6万人。保障性租赁住房新开工6.58万套，棚户区改造基本建成5.36万套。46.85万户家庭获得公租房保障。改造城镇老旧小区18.6万户、背街小巷2898条，更新改造供水管网293.2公里、燃气管道515公里，建设改造生活污水管网721公里。建筑业总产值增长4.2%。免费开放文化场馆超1500家。

首获茅盾文学奖、中国摄影金像奖。建设基层公共体育设施项目644个，举办全民健身赛事活动1190多项。获得世界三大赛金牌22枚、亚洲大赛金牌26枚、全国大赛金牌79枚，创近六年最好成绩。十大为民办实事工程全面完成。

（九）聚焦防范化解重大风险，全力以赴夯实安全发展基础。全面实行"三保"资金专户管理，兜牢兜实基层"三保"底线。制定实施地方债务风险一揽子化解方案，稳妥推进地方融资平台转型，政府法定债务风险总体可控，政府隐性债务显著下降。构建非法金融活动实时监测预警平台。分级分类防范化解房地产领域风险，保交楼专项借款项目交付率82.47%。能源电力供应平稳有序。扎实推进重大事故隐患专项排查整治2023行动，深入开展城镇燃气、自建房等安全专项整治，没有发生重特大事故。食品安全评价性抽检合格率99.4%，药品质量安全事件"零发生"。妥善应对8轮强降雨、4次强台风、3次大范围高温天气等影响。新冠疫情防控取得重大决定性胜利。强化矛盾纠纷排查化解。重大活动、重要节点安保维稳工作有序有力，常态化扫黑除恶斗争深入推进，"夏季行动"、群众身边"小案"快侦快破等成效明显，社会治安形势稳中向好，社会大局和谐稳定。

一年来，外事、侨务、海关、海事、煤监、地震、监狱管理、消防、人防边海防、反走私、供销、气象、水文、信访、档案、保密、科学研究、地方史志、新闻出版、参事文史、决策咨询、工会、共青团、妇女儿童、老龄、残疾人、红十字、宗教、公益慈善等工作取得新进展。铸牢中华民族共同体意识示范区建设扎实推进，固边兴边富民行动成效显著，少数民族聚居区生产生活条件持续改善，民族团结进步创建"升级版"加快打造。国防动员体系更加健全，国防动员体制改革任务基本完成，全民国防教育、征兵工作、民兵建设、双拥共建取得新成效，军粮供应创多项全国典型，退役军人服务保障水平不断提升，军政军民团结更加巩固。

一年来，我们突出严、实、效开展主题教育，在理论武装、精神洗礼、实践检验、思想解放、作风转变等方面全面加强政府自身建设，夙夜在公、履职尽责。严格落实中央八项规定精神及自治区实施办法，持续纠治"四风"，整治形式主义、官僚主义。落实过紧日子要求，"三公"经费持续压减。法治政府建设扎实推进，提请自治区人大常委会审议地方性法规7项，制定政府规章1项，公布重大行政决策事项目录。深入开展"提质效促落实强本领促发展"能力提升行动，政府工作规范化水平持续提高。广西政府门户网站排名全国省级第二，数字政府服务能力获优秀等级。全面落实国务院大督查、审计监督、统计督察反馈意见整改。依法接受人大及其常委会监督，自觉接受人民政协的民主监督，自治区人大代表建议、政协委员提案全部高质量办结。

各位代表！过去一年是极不平凡的一年。我们深深感受到，获得的每一项成效、取得的每一个突破，根本在于习近平总书记掌舵领航，根本在于习近平新时代中国特色社会主义思想科学指引，根本在于党中央、国务院关心关怀。这些成绩，是自治区党委团结带领全区广大干部群众一起干、一起拼出来的，是各方共同努力、密切协同的结果。在此，我代表自治区人民政府，向全区各族人民、各界人士、驻桂人民解放军、武警部队官兵、消防救援队伍致以崇高的敬意！向关心支持广西发展的港澳台同胞、海外侨胞和国际友人表示诚挚的感谢！

我们也清醒认识到，我区发展还面临不少困难和挑战：地区生产总值增速未达预期，稳增长压力加大；支柱产业数量不多体量不大链条不长，科教资源相对不足；部分企业生产经营困难较多，投资和消费潜力亟待挖掘；区域发展不平衡问题较为突出，巩固拓展脱贫攻坚成果、促进共同富裕任务艰巨；基础设施、基本公共服务、社会治理等民生领域还存在不少短板；一些领域风险防范化解面临新挑战；政府工作存在不足，少数干部缺乏担当实干精神。我们一定直面问题挑战，以更加强烈的责任感使命感紧迫感，全力做好经济社会发展各项工作。

二、2024 年主要工作

今年是中华人民共和国成立75周年，是实现"十四五"规划目标任务的关键一年，做好今年工作意义重大。我们要以习近平新时代中国特色社会主义思想为指导，全面贯彻落实党的二十大、二十届二中全会精神和中央经济工作会议精神，深入贯彻落实习近平总书记对广西重大方略要求，紧紧围绕高质量发展这个首要任务和构建新发展格局这个战略任务，以铸牢中华民族共同体意识为主线，坚持稳中求进工作总基调，完整、准确、全面贯彻新发展理念，统筹扩大内需和深化供给侧结构性改革，统筹新型城镇化和乡村全面振兴，统筹高质量发展和高水平安全，切实增强经济活力、防范化解风险、改善社会预期，巩固和增强经济回升向好态势，持续推动经济实现质的有效提升和量的合理增长，增进民生福祉，保持社会稳定，解放思想、创新求变，向海图强、开放发展，奋力谱写中国式现代化广西篇章。

今年我区经济社会发展的主要预期目标是：全区地区生产总

值增长5%以上，一般公共预算收入增长3%左右，规模以上工业增加值增长6%以上，固定资产投资增长3%以上，社会消费品零售总额增长5%以上，外贸进出口总额增长7%以上，节能减排降碳控制在国家下达目标内，居民人均可支配收入增长与经济增长同步，城镇新增就业30万人，城镇调查失业率控制在5.5%左右，居民消费价格指数涨幅控制在3%以内，粮食产量只增不减。

确定这些目标，综合考虑了支撑条件、完成"十四五"目标等各方面因素，兼顾了需要和可能。在外部环境复杂性、严峻性、不稳定性、不确定性上升的情况下，我们要坚持稳中求进、以进促稳、先立后破，落实全区经济工作会议部署，看准了就抓紧干，能多干就多干一些，铆足干劲抢机遇、求突破。

（一）全力做好强产业文章，加快构建现代化产业体系。全面推进一、二、三产"强产业"三年行动计划，集中优势资源，打造具有较大规模和较强带动力的支柱产业。

深入推进制造业高质量发展。实施新一轮工业振兴三年行动，大力推进新型工业化。推动传统产业高端化智能化绿色化改造。开展糖业高质量发展专项行动，推进糖业提质降本增效，拓展产品高值化利用。加快钢铁、有色金属、石化等行业向精深加工延伸，提升汽车、机械装备等产业关键零部件本地配套率。发展壮大现代轻工纺织产业。深入实施万亿林业产业三年行动，完善林木产业链，推动高端绿色家居全产业链协同发展。瞄准新能源汽车、生物医药、新材料等战略性新兴产业，推进一批标志性牵引性项目。前瞻布局人工智能、生命科学等未来产业。支持各市聚焦特色优势发展主导产业。扩大和优化工业投资，统筹用好财政补助、地方专项债券、政府性投资基金等，以多元化市场化方式支持工业发展，重点支持牵引带动能力强的制造业项目。实施"双百双新"项目500个以上、"千企技改"项目1000个以上。实施产业园区改革增效工程，推动"115"工程重点园区提质扩量。新培育链主型龙头企业40家、百亿企业5家、规模以上工业企业1000家以上。

加快推进服务业扩量提质。推动生产性服务业集聚发展，深入实施先进制造业与现代服务业融合试点。健全完善检验检测等专业化公共服务机构，争取设立国家级知识产权保护中心，培育一批工业设计中心。推进南宁、钦北防、柳州、凭祥国家物流枢纽建设。创建全国供应链创新和示范企业。发展农产品营销、农机作业及维修等农业生产性服务业，创建农村产业融合发展示范园。提升生活性服务业品质，推动家政、托育等服务业提质扩容，大力发展康养产业、银发经济、社区生活服务，深化"中医药+健康产业"融合。

扎实推进现代特色农业发展。发挥我区林果蔬畜糖等特色资源丰富优势，做优做强特色农业产业集群。做好"土特产"文章，打造提升柳州螺蛳粉、梧州六堡茶等一批"桂字号"品牌。科学发展"桂味"预制菜。大力发展设施农业。加强农产品精深加工。发展农业社会化服务。开展小型农业水利设施建设与管护三年攻坚，完善农产品冷链物流设施。

大力发展数字经济。推动制造业智能化改造数字化转型，促进万家企业"上云用数赋智"，打造100个数字化转型典型场景，争创30个国家级试点示范项目。建设南宁国家中小企业数字化转型试点城市、柳州工业互联网示范城市。加快推进中国—东盟数字经济产业园、南宁全业务国际通信出入口局、广西新能源超大型数据中心等建设。强化数据资源安全管理。推进广电5G融合发展，新建5G基站2万座以上。

产业发展是强桂之基、富民之要。我们要紧紧咬住建设现代化产业体系不放，苦干实干，持续发力，不断开创我区产业振兴新局面！

（二）加强科教创新和产业创新融合，发展新质生产力。把科技创新摆到更加突出的位置，推动创新型广西建设，提高科技创新和科技成果转化能力。

加强关键核心技术攻关。实施科技"尖锋"行动攻关项目100项以上。持续推进上汽通用五菱"一二五"、柳钢"四个百万吨"、玉柴规模倍增、铝全产业链价值提升等重点工程。促进10项以上关键核心技术产业化应用。

强化创新平台建设。力争全国重点实验室和国家临床医学研究中心创建取得突破。新增自治区实验室3家以上、自治区级科技创新合作基地10家以上。加快建设面向东盟的科技创新合作区、钦州石化产业创新中心。创建国家、自治区质量标杆企业30家以上。

突出企业科技创新主体地位。大力培育专精特新、单项冠军、瞪羚企业等创新型企业，建立健全"企业出题、科技答题"机制，实施产业类科研项目企业牵头制。深入实施新时代人才强桂战略，支持企业引育创新人才，支持建立企业技术中心，推进人才链、创新链、产业链深度融合。

推动产教科融合发展。鼓励企业与高校、科研院所加强联合技术攻关和成果产业化，新增中试研究基地12家，转化运用专利2300件以上。加强同京津冀、长三角、粤港澳大湾区等地科教合作。建设面向东盟的产教集聚示范区，提高职业教育服务产业发展能力。

（三）着力扩大有效需求，形成消费和投资相互促进的良性循环。深入实施扩大内需战略，狠抓重点领域投资扩容提质，促进消费稳定增长。

积极扩大有效益的投资。实施"三个一万亿"工程。自治区统筹推进重大项目2500个以上、力争完成投资5000亿元以上。平陆运河完成投资200亿元以上，全线建设环北部湾广西水资源配置工程。加快建设交通强国试点，开工合浦至湛江铁路、南宁（牛湾）至贵港3000吨级航道、中南地区（南宁）空中交通管制能力提升工程等项目，建成南宁至玉林城际铁路和贺州至连山等高速公路。打造八桂水网，开工龙江河谷灌区、黑水河灌区、长塘水库及350个以上增发国债水利项目，建成百色水库灌区等工程。开工百色—文山天然气管道等项目，投产防城港红沙核电4号机组，加快首批7个源网荷储一体化试点建设，推动"青电入桂"输电通道、防城港白龙核电等前期工作。加强防灾减灾救灾能力建设，做好地质灾害隐患点监测和治理，除险加固病险水库（水闸）270座，建设主要支流和中小河流治理项目80个，建成覆盖近岸80%海域的海洋防灾减灾观测网。

着力激活民间投资。建立重点民间投资项目库，引导金融机构加强融资支持。加大力度支持民间投资项目前期工作。规范实施政府和社会资本合作新机制，支持社会资本参与新型基础设施等领域重大项目建设。

大力激发有潜能的消费。深入挖掘城市地下管网建设、农民工市民化、教育、医疗、养老等方面潜在需求，提高供给匹配性。稳定和扩大传统消费，推动大规模设备更新和消费品以旧换新，持续开展新能源汽车、家电家居等下乡活动。办好"33消费节"等活动。培育壮大新型消费，大力发展数字消费、绿色消费、健康消费，加快发展电子商务，积极培育智能家居、文娱旅游、体育赛事、国货"潮品"等新的消费增长点。完善消费基础设施，加强县域商业体系建设，加快寄递物流设施补短板。开展"放心消费行动"，加强产品质量安全监管，让广大人民群众能放心消费、便利消费。

推进文化旅游深度融合发展。落实《桂林世界级旅游城市建设发展规划》，加强漓江水体治理和景观保护，深化长征国家文化公园（广西段）建设保护利用，加快恢复发展入境旅游。实施"文化润景"、"景区焕新"，推进景点景区串珠成链，持续提升文旅产品供给和服务水平。建设环广西国家旅游风景道。优化升级"一键游广西"平台。深化生态林业、乡村体育与乡村旅游融合发展。打造一批现象级文旅品牌，促进"流量"变"留量"。

（四）持续扩大对内对外开放，积极打造国内国际双循环市场经营便利地。深化拓展与东盟国家重点领域合作，增强内外联动，有序承接产业梯度转移，建设粤港澳大湾区重要战略腹地。

全面融入国内大循环。积极融入粤港澳大湾区产业链、创新链、供应链、资金链，加强与京津冀协同发展、长江经济带发展、成渝地区双城经济圈等国家区域重大战略对接，提升服务和融入全国统一大市场建设能力。落实我区对内开放合作协议。用足用好沿边临港产业园区政策，加快提升中国—东盟产业合作区承接产业转移能力，力争新招引亿元以上产业项目超120个，新增规模以上工业产值超2000亿元。实施产业园区招商攻坚三年行动，力争全区招商引资项目投资完成增长10%左右。

持续深化与东盟务实合作。办好第21届东博会、峰会，服务拓展中国同东盟乃至东亚地区经贸合作。加强广西自贸试验区、中马"两国双园"、中国—东盟信息港、面向东盟的金融开放门户、防城港国际医学开放试验区等开放平台创新发展，建设中国—柬埔寨产业园、中国—东盟现代工匠学院、中国—东盟统计学院、东盟国家标准化合作交流中心、中国—东盟应急管理合作基地，加快推进中越友谊关和浦寨智慧口岸、中国—东盟水果交易中心等项目。推动北斗遥感应用推广。继续办好中国—东盟视听周。持续打造面向东盟的国际寄递枢纽。落实中越两国领导人会晤成果，试点运营好中越德天（板约）瀑布跨境旅游合作区，加强边境口岸、跨境劳务、涉外法治、绿色电力、生态环境、卫生健康、矿产资源等合作，积极服务构建具有战略意义的中越命运共同体。

高水平共建西部陆海新通道。高标准高质量加快平陆运河建设，同步推进运河经济带规划实施。加快黄桶至百色铁路、广昆高速公路南宁至百色段改扩建等项目建设，实现龙门大桥通车，推进黔桂铁路增建二线项目前期工作。推动北部湾港扩能优服，加快防城港30万吨级、钦州北海20万吨级进港航道等疏港通道建设，提高江铁海多式联运能力和自动化水平，提升集装箱吞吐量和海铁联运班列质效。

推动外贸优结构稳增长。实施"工贸强基"工程，大力发展加工贸易，推动边境贸易转型升级，建设互市贸易"一平台三市场"，深化海运互市试点。加快建设国家进口贸易促进创新示范区，培育大宗商品进口供应链服务平台。促进"跨境电商+产业带"模式发展。深化药食同源通关便利化改革。开展重点开发区外贸外资"破百亿超千万"行动，力争实际使用外资增长10%。

大力发展向海经济。加强山海统筹、陆海联动、江海贯通、边海衔接,大力发展海洋经济、临港产业,打造向海经济北部湾先行区。推动海洋工程装备、船舶等产业集群化发展。建设海洋牧场,打造深远海养殖产业集群和北部湾渔港群,推进国家级沿海渔港经济区建设,壮大海产品精深加工业。培育发展涉海高端服务业,推动船舶代理、货运代理等传统航运服务业转型升级。加快建设海洋强区。

（五）扎实做好"三农"工作,推进乡村全面振兴。学习运用"千万工程"经验,牢牢守住保障粮食安全和不发生规模性返贫底线,提升乡村产业发展、乡村建设、乡村治理水平,加快建设农业强区。

毫不放松抓好粮食和重要农产品稳定安全供给。全面落实耕地保护和粮食安全党政同责。稳妥有序推进耕地恢复,加快高标准农田建设,稳定粮食播种面积。稳住糖料蔗生产,争取良种和机收取得突破。扩大双季稻、油菜、油茶种植,大面积提升单产。稳定能繁母猪210万头。探索实施水库"四方两股一体化"生态养殖。

巩固拓展脱贫攻坚成果和促进农民增收。落实防返贫动态监测和帮扶机制,巩固提升"三保障"和饮水安全成果,建立农村低收入人口常态化帮扶机制。倾斜支持乡村振兴重点帮扶县和易地搬迁安置区。深化粤桂东西部协作,实施"万企兴万村"行动。稳定脱贫人口务工规模,发展新型农村集体经济,发挥帮扶产业项目联农带农作用。

强化农业科技和改革双轮驱动。实施种业振兴行动,持续开展甘蔗等育种联合攻关。开展农业核心攻关技术产业化示范。大力开展适合丘陵山区的农机研发推广。抓好农村产权流转交易规范化整省（区）试点。深化集体林权制度改革。启动农村土地延包整省

（区）推进试点。

推进宜居宜业和美乡村建设。实施"千村引领、万村提升"工程。加快推进实用性村庄规划编制。统筹推进"四好农村路"建设，稳步推进农村改厕、生活垃圾收运处置和生活污水治理。抓好现代宜居农房建设试点，提高自来水普及率，巩固提升农村电网，加快建设乡村"信息高速路"。加强历史文化名镇名村和传统村落保护利用，打造"广西万村篮球赛"等群众文体活动品牌。创新乡村治理模式，培育文明乡风，让乡亲们就地过上更好的现代文明生活！

（六）加快推进新型城镇化建设，促进城乡融合发展。坚持把推进新型城镇化和乡村全面振兴有机结合起来，促进各类要素双向流动，形成城乡融合发展新格局。

推进以县城为重要载体的新型城镇化建设。加快建立"四级三类"国土空间规划体系，全面完成市县级国土空间总体规划审批。推进县域经济特色化差异化发展，培育壮大特色优势产业。实施50个以上县城基础设施"一县一策"试点。

深入实施城市更新行动。稳步推进保障性住房建设、"平急两用"公共基础设施建设、城中村改造等"三大工程"。构建房地产发展新模式。抓好保障性租赁住房、棚户区改造、危旧房改住房、城镇老旧小区改造等建设。推进完整社区、"一老一幼"设施、排水防涝等一批项目。完善新能源汽车充电网络布局。更新改造燃气管道等，加强黑臭水体治理和生活污水集中收集处理，不断提升城市宜居品质和综合承载力。

促进城乡融合和区域协调发展。推进城镇公共服务向乡村延伸、社会事业向乡村覆盖、优质资源向乡村下沉，提升基本公共服务均等化水平。加快农业转移人口市民化。推动大型易地搬迁安置区融入新型城镇化。加快北部湾经济区和珠江—西江经济带开发开放，推进新时代左右江革命老区振兴发展，提升区域协调发展整体效能。

持续推进新时代兴边富民行动。因地制宜发展落地加工等富民产业。推进上思至峒中等6条抵边沿边高速公路建设。提升电网、农村水利等公共服务能力，完成智慧广电固边工程。加快教育稳边固边示范带建设，重点打造80所国门学校。开展边境县（市、区）小城镇建设试点。持续开展"民营企业进边疆"行动。推进智慧边海防建设，完善边海防管控设施，加强海上安全综合治理。

（七）深化重点领域改革，充分激发各类经营主体活力。坚持"两个毫不动摇"，着力破除体制性障碍和机制性梗阻，依靠改革增强内生动力。

持续优化营商环境。以服务实体经济专项行动为抓手，巩固拓展"三升两去三消减"成果。推进跨部门综合监管，提升"智桂通"平台建设运营水平，全面实施"全链通办"，持续提高政务服务全程网上可办率，促进政务服务标准化、规范化、便利化。完善公共资源交易平台。推进数据要素市场化配置改革。完善经营主体反映问题响应处置机制，持续开展"营商广西·桂在便利"专项行动，为各类所有制企业创造公平竞争、竞相发展的良好环境。

深化财税金融改革。推进财政预算改革，抓好财源建设。完善国有资本经营预算制度。推进自治区以下财政体制改革，优化直达资金管理机制。用好用足国家财税优惠政策，落实结构性减税降费政策。持续优化"桂惠贷"政策实施，更好发挥政府投资基金引导带动作用。深化地方中小银行改革，加快组建广西农商联合银行，做好科技金融、绿色金融、普惠金融、养老金融、数字金融五篇大文章。

提升国有企业核心竞争力。推进国有企业改革深化提升行动，做强做优主业，增强核心功能。推动更多国有资本投向实体经济和战略性新兴产业。进一步完善中国特色国有企业现代公司治理和市场化经营机制。

促进民营经济发展壮大。深入开展"服务民营企业解难题"行动，全面落实市场准入、要素获取、公平执法、权益保护等政策举措。引导金融机构加大对民营企业首贷、信用贷等支持。健全防范化解拖欠企业账款长效机制。持续整治涉企违规收费。实施个体工商户分型分类精准帮扶。全面构建亲清统一的新型政商关系，让广大民营企业和个体工商户大胆闯、放手干、活力足、发展好！

（八）加强生态文明建设，守护好美丽山水。统筹好重点攻坚和协同治理，筑牢我国南方生态安全屏障，争创美丽中国先行区，努力把生态优势转化为发展优势。

深入打好污染防治攻坚战。继续打好蓝天碧水净土保卫战，加强饮用水水源地保护和海洋环境保护。不折不扣落实中央生态环境保护督察反馈问题整改。

统筹推进山水林田湖草海湿地一体化保护和系统治理。持续加强漓江等重点流域生态保护和修复。开展石漠化治理。加强历史遗留矿山生态修复。植树造林350万亩。实施生物多样性保护重大工程。加强湿地、红树林、海洋生态保护修复，推进互花米草治理和松材线虫病疫情防控。扎实推进西南岩溶国家公园、南宁国家植物园创建。

推进生产生活方式绿色转型。积极稳妥推进碳达峰碳中和，深入实施碳达峰"十大行动"。持续开展传统产业节能降碳改造，做大节能环保装备等绿色产业。加快构建新型能源体系，提升可再生能源利用率和装机比重。持续开展生态文明示范区和生态文化旅游特色乡（镇）村创建。大力推动EOD项目落地。持续开展节约型机关、绿色社区、绿色出行等创建活动。推进生态产业化和产业生态化，让高颜值的"绿水青山"转化为高价值的"金山银山"！

（九）促进高质量发展和高水平安全良性互动，确保大局和谐稳定。深入贯彻总体国家安全观，巩固发展各族人民团结奋斗的良好局面，守好祖国"南大门"。

有效防范化解重点领域风险。统筹地方债务风险化解和稳定发展，切实保障基层"三保"支出。建设国家综合能源安全保障区，确保能源电力安全稳定供应。健全地方金融组织监管机制，加强地方融资平台公司等领域风险监测和防范化解，牢牢守住不发生系统性风险的底线。

精细化抓好安全生产。开展安全生产治本攻坚三年行动，加强重点领域风险隐患排查整治，强化食品、药品、重点工业产品和特种设备安全监管，坚决防范重特大事故发生。提高重大突发公共事件处置保障能力。统筹抓好防灾减灾救灾工作。普及应急安全常识。

提升社会治理效能。完善基层社会治理模式，创建全国社会治安防控体系建设示范城市，推进"12345热线+一网慧管"。常态化扫黑除恶，严厉打击传统盗抢骗和电信网络诈骗犯罪。深化智慧公安建设，完善新型警务运行模式。践行新时代"枫桥经验"，规范综治中心建设，提升矛盾纠纷排查化解质效。全面推进信访工作法治化，深入开展信访问题源头治理攻坚和信访积案化解。

　　大力支持国防和军队现代化建设。完善国防动员体系，高标准完成征兵任务，高质量推动后备力量建设，统筹推进国防需求重大项目建设，巩固提升党政军警民合力强边固防机制，加强军地协调联动，完善退役军人服务保障体系，持续做好国防教育、双拥共建、军民融合，巩固发展新时代军政军民团结，服务打好实现建军一百年奋斗目标攻坚战。

　　建设铸牢中华民族共同体意识示范区。把持续扎根铸牢共同体意识落实到各项工作中，继续在民族团结进步上走在全国前列、发挥示范带动作用。加强中华民族共同体意识理论研究和宣传教育，讲好民族团结进步广西故事。依法治理民族事务、维护民族团结。以构筑中华民族共有精神家园为引领，推进各民族交往交流交融，建设多民族群众互嵌式社区，弘扬"同顶一片天、同耕一垌田、同饮一江水、同建一家园"的优良传统，让民族团结之花更加绚丽！

　　（十）提升公共服务能力，在发展中保障和改善民生。尽力而为、量力而行、久久为功，解决好人民群众急难愁盼问题。

　　更加突出就业优先导向。加强青年特别是高校毕业生就业工作，推进青年发展友好型广西建设，力争离校未就业高校毕业生就业率90%以上。扎实做好退役军人安置就业。抓好农民工等群体稳定就业，强化困难群体就业帮扶。支持自主创业和灵活就业。实施县域公共就业服务能力提升项目，深入实施技能广西行动。健全根治欠薪制度体系，保障农民工工资支付，切实维护快递小哥等新业态劳动者合法权益。

　　推进教育现代化。提高学前教育普及普惠水平。大力推进义务教育优质均衡与城乡一体化发展。加强县域普通高中建设，推动普通高中育人方式改革，积极稳妥推进高考综合改革。加强现代职业教育体系建设，加快打造面向东盟的职业教育开放合作创新高地。加强高校"双一流"建设，支持高校优化学科专业布局。统筹抓好特殊教育、继续教育。推进民办学校分类管理改革。加强和改进学生心理健康工作。加大中小学紧缺学科教师补充和高校高层次人才引育力度，落实国家银龄教师行动计划。切实保障教师待遇，弘扬教育家精神和尊师重教风尚，留住优秀人才热心从教、精心授业、安心治学。

建设健康广西。促进优质医疗资源扩容提质和均衡布局，加快建设区域医疗中心等重大项目，推进国家中医药传承创新中心、康复中心建设。完善疾病预防控制体系，谋划建设重大传染病防治基地。构建主动健康服务体系。深化公立医院改革，推进紧密型医共体建设。优化医护队伍配比，加强医疗护理员培训和规范管理。新增100种药品和15类医用耗材集中带量采购，新增200项医疗服务项目纳入医保报销、提高800项医保报销比例。跨省联网定点医药机构增至1.7万家。

织密扎牢社会保障网。促进灵活就业人员等重点群体参保。推开个人养老金制度，规范发展第三支柱养老保险。巩固深化企业职工基本养老保险全国统筹，完善失业、工伤保险自治区级统筹。做好被征地农民参加基本养老保险工作。推进长期护理保险制度试点。加快推进社会保障卡居民服务"一卡通"。加强社保基金监管。做好分层分类社会救助工作，适当提高困难群众最低生活保障补助水平。完善积极生育支持政策体系，深入实施统一规范的全区生育保险政策，引导多元主体发展多样化的托育服务。支持发展居家社区养老，推进老年助餐服务，推动旅居养老示范基地、乡镇区域养老服务中心建设。

促进文化繁荣发展。广泛践行社会主义核心价值观。深入推行国家通用语言文字教育。加快图书馆等公共文化设施标准化智慧化建设。弘扬优秀传统文化，建设河池铜鼓文化、桂林桂派戏曲等文化生态保护区。加强城乡历史文化保护传承。以邓小平同志诞辰120周年暨百色起义95周年、湘江战役90周年为契机，打造红色文化品牌。讲好当代广西故事，巩固提升文化品牌。做好第四次全国文物普查工作。发展视听产业。积极备战奥运会等重大赛事，办好环广西公路自行车世界巡回赛等体育赛事，深入开展全民健身运动，建设全国新时代体育高质量发展改革创新试验区。

筹措资金798亿元，实施社保、就业、健康、安居、农补、文体等十大为民办实事工程。抓好第五次全国经济普查工作。支持工会、共青团、妇联等开展工作，继续做好社会福利、慈善、社工、志愿服务、法律援助等工作，依法保障妇女儿童、青少年和残疾人合法权益。

人民对美好生活的向往就是我们的奋斗目标，我们要从群众反映最强烈的事入手，做一件成一件，让各族群众看到更多变化、得到更多实惠！

三、全面加强政府自身建设

进一步解放思想、创新求变，改进作风、转变职能，以奋发有为的精神状态抓好工作落实。

强化政治引领。深刻领悟"两个确立"的决定性意义，增强"四个意识"、坚定"四个自信"、做到"两个维护"，坚定不移贯彻落实习近平总书记对广西重大方略要求，把坚持和加强党的全面领导贯穿政府工作全过程各方面。巩固拓展主题教育成果，更好转化为推动高质量发展的成效。

加强依法行政。大力推进法治政府建设，全面实行政府权责清单制度，严格落实重大行政决策程序，加强重点领域、新兴领域政府立法，扎实推进政务公开，深化综合行政执法体制改革。全面贯彻新修订的行政复议法，强化行政复议监督效能。依法接受人大及其常委会监督，自觉接受人民政协的民主监督，提高人大代表建议和政协委员提案办理质量和效率，主动接受社会和舆论监督。加强审计监督、统计监督。

提升行政效能。全面落实新一轮机构改革部署，形成"高效办成一件事"常态化推进机制，主动跨前一步，加强政策协同联动。各部门在履行职责时要增强服务意识，多踩油门、少踩刹车，多设路标、少设路障。建设高水平数字政府，打造协同高效数字机关，进一步提升政府工作质效。

深化廉政建设。严格履行全面从严治党主体责任，加强政府系统党风廉政建设，持续发力、纵深推进反腐败斗争，锲而不舍落实中央八项规定精神及自治区实施办法，建设清廉政府。严肃财经纪律，加强财会监督，严格转移支付资金监管。坚持过紧日子，严控一般性支出，严格控制庆典、节会、论坛等活动，坚持勤俭办一切事情。

提高抓落实能力。不折不扣、雷厉风行、求真务实、敢作善为落实党中央决策部署。强化正向激励，健全容错纠错机制。落实"四下基层"制度，坚决纠治形式主义、官僚主义，持续推进精文减会，坚决防治"指尖上的形式主义"。重实效、强实干、抓落实，当好执行者、行动派、实干家。

各位代表！新征程催人奋进，新使命召唤担当。让我们更加紧密地团结在以习近平同志为核心的党中央周围，在自治区党委的坚强领导下，昂扬斗志、勇毅前行，奋力谱写中国式现代化广西篇章！

海 南 省
政府工作报告

——2024年1月23日在海南省第七届
人民代表大会第三次会议上

省长 刘小明

各位代表：

现在，我代表省人民政府，向大会报告工作，请予审议，并请省政协委员和其他列席人员提出意见。

一、2023年工作回顾

2023年，是海南推动自贸港封关运作迈出重大步伐、疫后经济重回高质量发展快车道的重要一年。习近平总书记始终倾情牵挂海南自贸港建设，多次向世界宣示扩大海南自贸港高水平制度型开放的鲜明决心，给予强有力的思想引领和方法指导，为我们做好工作提供了根本遵循和强大动力。

一年来，我们牢记总书记殷殷嘱托，心系"国之大者"，在中共海南省委的坚强领导下，全面贯彻党的二十大精神，深入落实党中央、国务院决策部署，完整、准确、全面贯彻新发展理念，牢牢把握高质量发展首要任务和构建新发展格局战略任务，突出"抢人才、抢招商、大开放、大改革"，以攻坚之势破难题、以竞进之姿创亮点，全省经济持续回升向好，高质量发展扎实推进，呈现经济增速全国领先、外向型经济逆势而进、新产业新动能加快成长、民生福祉有力改善的良好态势，蓬勃兴起的自贸港昂扬前行。

2023年，全省地区生产总值增长9.2%，规模以上工业增加值增长18.5%，服务业增加值增长10.3%，地方一般公共预算收入增长8.2%，固定资产投资增长1.1%，社会消费品零售总额增长10.7%，货物贸易、服务贸易分别增长15.3%、29.6%，城镇和农村居民人均可支配收入分别增长6.3%、8.3%，城镇调查失业率控制在5.2%，居民消费价格上涨0.3%，多项指标增速名列全国前茅[1]。

（一）**经济恢复提质加速。**坚持"政策+行动"双轮驱动、"扩需求+强主体"双向发力，落实"按季抓、月跟踪"，全力拼经济、抓项目、促发展。旅游复苏牵引消费市场回暖。环岛旅游公路全线通车。三大机场及琼州海峡旅客吞吐量均创新高，全省接待游客增长49.9%，旅游总收入增长71.9%。博鳌东屿岛跻身国家级旅游度假区。"三大境外消费回流"[2]亮点凸显，第三届消博会参展品牌、发布新品、入场人数超过往届；12家离岛免税店销售额580.9亿元，增长19.3%；乐城新引进国际创新药械86种，临床真实世界数据应用试点加速4个新产品获批上市，医疗旅游人数增长60.1%；黎安国际教育创新试验区获批中外合作办学机构（项目）8个、在校师生超2000人。项目落地拉动投资结构优化。创新项目谋划、推进、保障机制，实施省重点项目204个，其中新开工45个、竣工投产21个。全省工业投资增长6.3%、高技术产业投资增长13%，产业投资占比提高0.5个百分点。13个自贸港重点园区营收跨上2万亿元台阶，主导产业加速聚链成群。惠企政策直达快享激发企业活力。新增减税降费及退税缓费190.6亿元，"海易兑"系统兑付惠企资金23.3亿元，普惠小微贷款增长20%。营商环境优化助力经营主体发展。全面推行"机器管招投标"。政务服务事项网办率超90%。告知承诺涉企经营许可事项数量保持全国第一。全国信用示范区实现零的突破。新增驻琼央企48户，中国通航成为省属首家"中"字头企业，整合新建省属国企4家。省属国企营收增长65.2%，增速全国第一。

（二）**自贸港建设成型起势**。紧盯封关运作"一号工程"，逐月调度、对表交账，总体进展符合预期。封关运作准备全面铺开。以"大会战"姿态全力落实任务、项目、压力测试"三张清单"，31个封关项目主体工程基本完工，33项政策制度设计加快推进，27项压力测试任务实质性开展20项。自贸港政策滚动升级、效能释放。《立法法》增加海南自贸港法规制定权专款。两项调规事项[3]获国务院批准落地。三张"零关税"清单[4]持续扩容增效，新增交通工具及游艇商品22项，"零关税"累计进口货值195.7亿元。离岛免税"担保即提""即购即提"落地实施。洋浦保税港区11项试点政策措施扩大至洋浦全域。加工增值内销免关税政策扩大至全省重点园区，享惠企业翻番，累计内销货值46.7亿元。跨境收支规模873.2亿美元，增长39.5%。境外高等教育机构办学、邮轮港口海上游航线试点等配套政策发布。"游戏出海"试点通过国家评估验收。部省联动推进10项制度集成创新。新发布制度创新案例6项。"一站式政策查询解读平台"上线。开放合作卓有成效。出台支持"两个基地"[5]建设15条核心政策举措。加强与粤港澳大湾区相向发展，在政策、机制、项目等多层面取得新成果。湘琼、粤琼合作产业园[6]开工。省领导率团赴东南亚、中东、欧美等26个国家和地区开展国际大招商，一批外资企业落户。开通2条第五航权航线，恢复和新开境外客货运航线50条，新开通集装箱班轮航线11条。发起全球自贸区（港）伙伴关系倡议，成员达30家。

（三）科技创新和产业升级多点突破。布局创新链、培育产业链，锻长板、补短板，提升科技创新力、产业竞争力。创新驱动发展能力增强。全社会研发投入强度预计提高到1.2%左右。崖州湾实验室入轨工作走在同批次前列。全国首个商业航天发射场一号发射工位竣工。三亚海洋实验室、深空探测实验室文昌基地挂牌成立，海南量子基地开工建设。省种业实验室、深海技术创新中心、航天技术创新中心有序运行。发明专利授权量增长44.3%，技术合同交易额增长46.3%。全职在琼两院院士增至6人。在全国率先建立科技经费跨境支付白名单机制，科研人员职务科技成果所有权或长期使用权试点扩面提质。新型工业聚力起势。百万吨乙烯等一批石化新材料项目密集投产，新增产值260亿元。生物医药加速成果转化，先声药业抗新冠病毒创新药上市，6家企业试行"乐城研用+海口生产"模式。海上风电装备、海工及游艇、新能源专用车、油服装备维修等多领域破题，首条半导体芯片模组生产线投产，可降解高端纸品、临高海上风电场开工，核电二期和小堆示范工程稳步推进，全省最大的集中式光伏基地并网运行。规模以上制造业增加值增长21.8%。新增科技型中小企业594家，在库专精特新企业347家。海口成为全国首批中小企业数字化转型试点城市。现代服务业扩容增效。洋浦港口型国家物流枢纽获批，入籍"中国洋浦港"国际船舶达43艘、总吨位全国第二。空港保税维修进出口值超120亿元。全球首个商用海底数据中心项目一期竣工。数字保税首单完成测试。省检验检测机构整合重塑。全国首家全省统一法人模式的农商行获批筹建。会展业综合收入增长53%。

（四）城乡区域发展更加协调。着眼全局，紧扣一体化和高质量两个关键，增强整体发展合力。重大基础设施提档升级。全国最大港口客滚综合枢纽新海港建成。凤凰、博鳌两个机场三期改扩建项目开工。洋浦区域国际集装箱枢纽港扩建、洋浦疏港高速、环新英湾快速干道等项目开工。红岭水利枢纽工程竣工，天角潭水利枢纽下闸蓄水，牛路岭灌区主体开工。全国首个500千伏省域数字电网开工，"一张网"充换电基础设施全国领先。在全国率先实现行政村千兆光纤、5G网络通达率100%。资源要素支撑保障明显增强。省国土空间规划获国务院批复实施。全省铺开农村集体经营性建设用地入市改革。建立"项目策划+土地超市+极简审批"供地全流程制度，"土地超市"功能拓展到海域、矿产、补充耕地指标、碳汇。年度批而未供和闲置土地处置任务圆满完成。耕地"非粮化"整改复耕15.6万亩，实现高标准农田和永久基本农田"一张底图"管理。乡村振兴扎实推进。加强动态监测、精准帮扶，脱贫户家庭人均纯收入增长12.4%，全面完成农村危房改造。加快农业强省建设，粮食总产、面积、单产实现"三增"，农业重点产业链和"海南鲜品"品牌矩阵加快培育，南繁种业产值首次突破百亿元，新认定"两品一标"农产品18个，创建国家现代农业产业园、优势特色产业集群、产业强镇各1个，农产品加工业总产值增长9%。安排10亿元实施天然橡胶保险保费补贴、良种良法推广，划定25万亩特种胶园。新增深远海养殖水体30万立方米，渔业养捕比优化至4：6，休闲渔业产值增长90%。认定省级共享农庄16家。新建美丽乡村100个。

（五）民生社会事业全面进步。把为民之心落到实打实的行动上，让百姓得实惠、有获得感。10项民生实事全部完成。就业优先政策有效落实。城镇新增就业17.1万人，农村劳动力外出务工149.4万人。建成运行就业驿站238家。引进各类人才16.8万人，"百场万岗"校招活动签约6.9万人。实现全国技能大赛金牌零的突破。教育补短提质打出组合拳。建立高位推动基础教育优质均衡发展工作机制，新增基础教育学位4.6万个、专门学校2所，引进补充紧缺急需学科教师6360人。完成公办中小学教室空调安装5506间、普通高中教室照明改造3710间。青少年儿童总体近视率连续五年下降。首个境外高校独立办学项目海南比勒费尔德应用科学大学正式招生。医疗卫生水平稳步提高。疫情防控实现平稳转段。疾控体系改革稳步推进，省疾控中心异地新建、省公共卫生临床中心和省妇产科医院竣工交付。4个国家区域医疗中心[7]一期全部完工。电子处方中心上线运行。三亚入选国家公立医院改革与高质量发展示范项目，东方建设全国基层卫生健康综合试验区初见成效。建成首个省级多层次医疗救助示范区。公立医院次均住院费用下降12.9%。数字疗法企业落地52家。文体事业蓬勃发展。成功举办省第七届少数民族传统体育运动会、首届东坡文化旅游大会。琼中女足以不败战绩夺得女甲联赛冠军、成功"冲超"。"村VA""村BA""村秀"等群众文体活动"火出圈"。省非遗展示中心、海口湾演艺中心二期、海南疍家博物馆建成，省艺术中心、省美术馆、国际文物艺术品交易中心开工。首次在南海1500米水深发现明代沉船遗址，属世界级重大考古发现。三亚入选国家对外文化贸易基地。中国版权保护中心在海南设立全国首家分中心。社会保障兜牢底线。基本养老金、医保补助完成提标。城乡低保标准分别提高13.1%、20.7%，特困人员基本生活标准提高12.5%。基本养老服务清单、精神障碍社区康复服务实现市县全覆盖。"15+N"种基本蔬菜均价保持稳定。城镇老旧小区开工改造410个，惠及居民3.6万户。安居房开工2.5万套、竣工3.3万套。

（六）绿色低碳转型纵深推进。以争当"双碳"[8]优等生的担当，厚植优势、探路先行，擦亮高质量发展生态底色。全年空气质量优良天数比例99.5%，细颗粒物（$PM_{2.5}$）浓度12微克/立方米，省控地表水水质优良比例95.9%，生态环境质量继续保持全国一流。生态环境整治重拳出击。第三轮中央环保督察反馈问题立行立改，完成国家海洋专项督察年度整改任务。成功申报"中国山水工程"[9]项目，获中央财政20亿元支持。持续开展珊瑚礁保护和修复，成立三沙市海龟救助保育中心，有力维护南海岛礁生态系统。"两山"转化新机制探索完善。出台具有海南特色、陆海统筹的省级生态产品总值（GEP）核算地方标准，发布第一批生态产品价值实现典型案例。首次开展全省流域上下游横向生态保护补偿评估工作。首笔GEP贷、首单蓝碳交易落地，首个6万吨碳捕集项目开工。开发我省红树林碳汇方法学。标志性工程取得新进展。热带雨林国家公园总体规划公布实施，勘界立标一期工作完成。清洁能源装机占比达78.5%。新能源汽车在新增车辆中占比超50%、全国第一，保有量占比全国第二。世界新能源汽车大会成功举办。可降解塑料制品替代率达80.2%。装配式建筑面积占新建建筑比例超70%、全国第二。"六水共治"[10]完成投资203亿元，城区黑臭水体基本消除，农村生活污水治理率高出全国21.3个百分点。博鳌东屿岛零碳示范区具备试运行条件。

（七）风险防控扎实有效。紧盯中央关注的、群众关心的、海南易发的风险领域精准施策，打好风险防控主动战、整体战。自贸港风险防控网越织越牢。压实16个省级风险防控专项工作组责任，梳理出145个风险点，常态化调度、前瞻性预警、闭环式化解。深化打击治理离岛免税"套代购"走私，推进"三无"船舶[11]整治，反走私综合治理能力显著提升。加强金融机构改革化险，不良贷款率下降4.37个百分点。稳妥做好"保交楼"和地方政府债务化解工作。安全生产形势稳定向好。生产安全事故起数、死亡人数分别下降8.4%、12.6%，未发生重大及以上事故，森林火灾受灾面积创新低。省应急物资储备中心开工建设，省航空应急救援中心获批组建。平安海南建设持续深化。智慧海南、诚信海南两大基础性工程应用场景不断拓展，社管平台实战化水平提升。禁毒、打击治理赌诈、未成年人护苗等专项行动发力显效，命案发案数创新低，吸毒人数占常住人口比降至0.4‰。领导干部接访下访常态化，信访源头治理取得新成效。食品药品安全形势稳定向好，海口获评全省首个国家食品安全示范城市。

从严从实抓好政府系统主题教育，推深做实封关运作压力测试攻坚克难专项行动、垦地融合、基础教育综合改革、"一工一农"专项行动[12]，全面开展效能政府建设。公共工程领域腐败问题专项整治纵深推进，法治政府、廉洁政府建设见行见效。省政府参事室组建运行。省政府与省人大常委会定期开展立法协调，提请审议法规议案15件，办理人大代表建议316件、政协提案455件，办结率100%。

国防动员、人防海防、双拥共建、退役军人事务、审计、统计、史志、档案、气象、地质、地震等工作取得新成效，工会、妇女儿童、青少年、慈善等事业实现新进步。

各位代表！在经济恢复波浪式发展、曲折式前进的过程中，我们顶住外部压力、克服内部困难，取得这样的成绩实属不易。这是习近平新时代中国特色社会主义思想科学指引、生动实践的结果，是中央和国家各部门、兄弟省区市指导帮助、大力支持的结果，是省委带领全省人民勠力同心、拼搏进取的结果，是省人大、省政协和社会各界有力监督、同心同行的结果。在此，我代表省人民政府，向全省人民，向人大代表、政协委员，向各民主党派、工商联、人民团体和社会各界人士，向中央和国家各部门、各兄弟省区市，向驻琼部队和武警官兵，向长期关心支持海南发展的港澳同胞、台湾同胞、海外侨胞及国际友人，表示诚挚的感谢！

我们也清醒看到，经济社会发展还存在不少困难和问题。主要是：经济恢复的基础尚不牢固，固定资产投资乏力，消费面临潜力不足和周边竞争的双重压力，实体经济特别是中小微企业困难较多，经营主体活跃度不够高，推动高质量发展仍有不少堵点难点；城乡区域发展差距较大，民生领域还有不少短板弱项，防范化解风险任务艰巨；自贸港制度集成创新能级不够高，营商环境仍有短板，经营主体和百姓获得感还不够强；改革创新、狠抓落实、部门协同、政府效能有待增强，服务群众的能力和水平有待进一步提高；形式主义、官僚主义现象不同程度存在，主动发现问题、主动担当作为不够，部分领域腐败现象易发多发。对这些问题，我们已经采取一系列措施推动解决，今后必须加大工作力度，只争朝夕、加快见效。

二、2024年工作安排

今年是新中国成立75周年,是实现"十四五"规划目标任务的关键一年,也是封关运作的攻坚之年,做好今年政府工作意义重大、责任重大。

今年政府工作的总体要求是:以习近平新时代中国特色社会主义思想为指导,全面贯彻党的二十大、二十届二中全会和中央经济工作会议精神,认真落实省第八次党代会、八届省委历次全会和省委经济工作会议精神,锚定"一本三基四梁八柱"战略框架[13],坚持稳中求进、以进促稳、先立后破,完整、准确、全面贯彻新发展理念,积极融入和服务新发展格局,以高质量发展为主题,以全面深化改革开放为动力,以科技创新为引领,以建设现代化产业体系为支撑,统筹封关运作准备和经济社会发展,统筹扩大内需和深化供给侧结构性改革,统筹新型城镇化和乡村全面振兴,统筹高质量发展和高水平安全,切实增强经济活力、防范化解风险、改善社会预期,巩固和增强经济回升向好态势,持续推动经济实现质的有效提升和量的合理增长,增进民生福祉,保持社会稳定,奋力夺取海南自贸港建设和高质量发展新胜利。

今年经济社会发展主要预期目标是:地区生产总值增长8%左右,地方一般公共预算收入增长7%左右,固定资产投资增长10%左右,社会消费品零售总额增长8%左右,城镇和农村居民人均可支配收入分别增长8%左右、8.5%左右,城镇调查失业率控制在5.5%左右,居民消费价格涨幅控制在3%左右,生态环境质量保持优良,节能减排和碳排放强度下降完成国家下达任务。

今年我们将在做好常规工作的基础上，聚焦关键领域、关键问题，集中力量打好七大攻坚战。

打好封关运作准备攻坚战。这关乎国家重大战略落实和各界对自贸港的预期。必须举全省之力决战封关运作"一号工程"，全面完成软硬件建设，充分开展压力测试，守住风险防控底线，为2025年底前封关运作打下决定性基础。

打好投资扩容增效攻坚战。项目谋划储备不足、前期工作不扎实，是困扰海南多年的发展痛点。必须坚持"项目为王"，强化全周期闭环管理，做实"五张清单"[14]、推进"四个一批"[15]，更好发挥有效投资稳增长、调结构、惠民生的关键作用。

打好国际旅游消费提档升级攻坚战。国际旅游消费中心是海南的重要战略定位。必须正视国内外旅游市场的激烈竞争，加快打造具有引爆效应的旗舰型旅游项目，持续推进"三大境外消费回流"，更好发挥双循环交汇点作用。

打好产业补链强链攻坚战。高质量发展根基在实体经济。必须下功夫做好强产业文章，围绕构建开放型生态型创新型现代化产业体系，紧盯前沿、打造生态、沿链聚合、集群发展，形成龙头链主带动、园区平台支撑、上下游协作配套的产业发展新格局。

打好营商环境整体提升攻坚战。营商环境是决定自贸港建设成败的重要因素。必须紧扣2025年营商环境总体达到国内一流水平的目标，以群众和经营主体满意度为导向，以诚信建设为抓手，以政府数字化转型为手段，推出一批跨部门、跨层级、跨区域的制度集成创新成果，以小切口推动部分领域和区域营商环境率先达到全国一流水平。

打好金融稳进扩量提质攻坚战。金融是国民经济的血脉。必须立足自贸港金融定位，突出服务高水平开放、服务实体经济发展，用足用好各类投融资政策和工具，发挥财政与金融联动作用，做好科技金融、绿色金融、普惠金融、养老金融、数字金融五篇大文章，防范化解金融风险，为自贸港建设营造良好金融环境。

打好外贸外资稳增促优攻坚战。这是自贸港建设的标志性工作。必须着眼国际化，加码"两个基地""两个网络"[16]"两个枢纽"[17]建设，巩固拓展外贸基本盘，深化国际大招商，引进一批破局性、引领性外资项目，争取1—2个纳入国家外贸外资服务协调机制保障范围，推动外贸依存度超过全国平均水平。

每一场攻坚战都是硬仗，必须采取非常措施。我们将成立各攻坚战工作专班，春节前拿出攻坚方案，构建"七要件"闭环运作体系[18]，全省一盘棋推进、省市县同题共答，确保场场出彩、整体精彩。

围绕高质量发展，扎实做好以下九项工作：

（一）更大力度推动经济回升向好

强化政策协同，夯实"稳"的基础、增强"进"的动能、提升"立"的质效，经济增速保持全国前列。

扩大有效益的投资。安排项目前期工作经费10亿元，强化用地、用能、环评等要素提前介入保障机制，推动项目谋划提质、建设提速，重点项目投资占固定资产投资总额50%以上。开工海上风电、文旅消费等一批投资体量大、引领性强的产业项目，工业投资增长8%。用足用好地方政府专项债和PPP[19]等相关政策，推动湛海高铁、G98大三亚段扩容、马村港三期等项目开工，基础设施投资增长10%。建立"链长制"招商机制，开展招商引资大比武，对优秀市县予以资金奖励。

激发有潜能的消费。办好第四届消博会，推动会展业高质量发展。擦亮离岛免税金字招牌，打造品种、价格、服务竞争优势，离岛免税店销售额增长10%。加快乐城"医、药、研、产、城"一体化建设，做强肿瘤、罕见病、医美等特色学科优势，力争医疗旅游人数40万人次、特许药械使用5万人次、营业收入60亿元。打造"留学海南"品牌，启动黎安国际教育创新试验区二期建设，新引进1-2所国内外知名高校，力争园区师生数量翻番；推进莫斯科动力学院、瑞士洛桑酒店管理学院等境外院校独立办学项目。线上线下联动促销，鼓励汽车以旧换新，优化二手车出口流程，促进家电、家居等大宗消费换代，壮大数字消费、绿色消费、健康消费等新型消费，完善县域商业体系。

壮大有活力的主体。顶格落实结构性减税降费政策，全面规范涉企收费，大力清理拖欠企业账款，促进民间投资企稳回升、民营经济发展壮大。建好企业应急续贷资金池，向生产经营正常、信用状况良好但暂时资金困难的企业提供过桥融资。加快培育和提升经营主体，新增规上企业900家、专精特新中小企业60家。实施国企改革深化提升行动，完成4家省属国企战略性重组和专业化整合，推动央企在海南设企业、设总部、增投资、增就业。

（二）更高水平深化改革开放

以自贸港建设引领"大开放、大改革"，激发内生动力活力，形成更多具有自贸港辨识度的标志性成果。

全面完成封关软硬件建设。落实封关方案，推动系列配套文件出台。滚动实施压力测试项目，拓展应用场景、扩大测试样本，对政策制度、封关设施、系统平台、管理能力等进行全方位、全流程压力测试。明确"二线口岸"管理运行机制和通关业务流程，构建前推后移、集约便利的监管模式。开展封关运作软硬件项目查漏补缺。勤俭建设自贸港。专项评估封关运作准备情况。

推动自贸港政策优化扩效。推动出台海关监管办法、进口征税商品目录、禁限类货物物品清单等封关运作核心政策制度，研究推进自贸港企业所得税、个人所得税政策优化，推动延续新增境外直接投资免征企业所得税、新购置资产一次性扣除或加速折旧和摊销等优惠政策。推出一批更具全局性和影响力的制度集成创新成果，加强宣传和复制推广。上线运行多功能自由贸易（电子围网）账户。加强涉外领域法治建设，完善与国际通行规则相衔接的涉外法规。开展加工增值内销免关税政策应用攻坚。

扩大高水平对外开放。加快落实对接国际高标准经贸规则试点任务。进一步优化贸易自由化便利化措施，升级国际贸易"单一窗口"，实现与海关智慧监管平台衔接。大力发展跨境电商、海外仓、离岸贸易、数字贸易等新业态新模式，加快建设数字保税区，努力降低口岸合规成本，力争货物贸易、服务贸易均增长15%。推动出台新版外商投资准入负面清单，实际使用外资增长10%。积极推进中新（海南）绿色低碳领域合作。服务与利用好博鳌亚洲论坛年会，办好全球自贸港发展分论坛，扩容全球自贸区（港）伙伴计划。

聚力打造一流营商环境。突出法治化、国际化、便利化，谋划实施一批"颗粒度"更细的改革举措，优化完善"一件事一次办"主题70个以上，"零跑动"可办事项使用率达80%。全面推行"审管法信"一体联动制度[20]，建立全省统一的公共信用信息数据池，新增50个以上信用应用场景，加快构建以信用为基础的新型监管机制。深化土地、资本、技术、数据等要素市场化配置改革。

完善企业反映问题"接诉即办"机制。优化升级外资企业一站式服务平台，提升外商和外籍人士工作生活便利化水平。

（三）更深层次协同教育科技人才发展

坚持教育科技人才"三位一体"推进、融合协同发力，培育塑造新动能新优势。

构建高质量教育体系。推动基础教育扩优提质，新增基础教育公办学位4万个，新建改扩建公办幼儿园项目30个，新开工特殊教育学校2所。城乡义务教育补助生均公用经费基准定额在国家标准基础上再提标130元。健全集团化办学管理运行机制，强化学校管理和师资队伍建设，大幅提升教研教学水平，加强学生心理健康教育。开工海南大学观澜湖校区三期，三年内建成海南师范大学桂林洋校区，推动海南医学院更名为海南医科大学，力争海南警察学院、海南艺术职业学院正式设立。打造崖州湾科教融汇示范区。深化产教融合，职业学校办学条件达标比例提高30%。

打造科技创新和科技体制改革"双高地"。聚焦生物育种、海洋观测、卫星大数据应用、健康老龄化等重点领域开展技术攻关，在解决卡脖子问题上贡献海南力量。积极争取农业、航天、海洋、材料、生命健康等领域国家级科创平台落地。建设"一带一路"联合实验室等国际科技合作基地1—2个，争取国际大洋发现计划支撑设施落户。培育引进高水平科研团队2—5个。支持科技领军企业、行业链主企业、高校院所牵头组建创新联合体，建立以企业为主体的技术创新体系，大幅提升企业研发投入占比。探索全口径知识产权资源整合，打造海口高新区知识产权综合服务示范区。加强专利转化运用。探索科技成果产权制度改革，试点开展职务科技成果单列管理改革。大力支持青年科技人才承担省级及以上重点研发项目。新增科技型中小企业800家，技术合同交易额55亿元，力争全社会研发投入强度达1.4%左右。

强化人才引育力度。统筹实施"四方之才"汇聚、"南海人才"开发、"技能自贸港"等计划方案，力争引进人才17万人，新增技能人才3万人次。实施全方位引进培养用好人才的政策措施，进一步深化国际人才服务管理改革，加快引育一批具有国际视野、通晓国际规则的经营管理、经贸服务和涉外法律人才。争取创建国家级吸引集聚人才平台。组织人员赴外培训，提升国际化素养。支持青年发展型城市建设。

（四）更高质量培育现代化产业体系

坚持强龙头、延链条、建集群，推进"向海图强""向天图强""向数图强"，加强质量支撑和标准引领，培育更多百亿产业、千亿园区。

主攻先进制造业。加快推进湘琼、粤琼合作产业园建设，启动海上风电制氢和氢能综合利用示范项目，推动石化新材料产业链融通发展，培育风电装备制造、游艇装备修造、清洁能源汽车、半导体等产业链。瞄准创新药、医疗器械、儿童药、南药黎药等领域，放大政策叠加效应，靶向引进头部企业，"乐城研用+海口生产"新增1—2个创新产品。力争规模以上工业增加值增长10%。

培育新质生产力。充分发挥气候温度、海洋深度、地理纬度和绿色生态"三度一色"优势，聚焦种业、深海、航天、绿色低碳、生物制造、低空经济等新领域新赛道，加强政策引导，协同推进技术创新和产业化。商业航天发射场实现常态化发射，落地火箭链、卫星链、数据链项目5—6个。

擦亮旅游品牌。坚持以文塑旅、以旅彰文，推动文化和旅游深度融合发展。开好省旅游发展大会，办好第六届海南岛国际电影节、第二届东坡文化旅游大会。积极创建5A级景区，加快推进三亚邮轮母港建设，从供给侧提质升级海洋旅游、航天旅游、体育旅游、康养旅游、研学旅游、乡村旅游、房车露营等产品体系，围绕环岛旅游公路、热带雨林国家公园，谋划超级文旅大项目。深耕"旅游+演艺""旅游+体育"市场，推出"百场演出、千场赛事"等群众性文体品牌活动。用足用好第五第七航权、59国免签等政策，打造国际航空中转枢纽，境外航线增至62条，入境游客超100万人次。全面推开旅游投诉"先行赔付"，提高游客体验感。全省接待游客人数增长10%、旅游总收入增长14%。

壮大数字经济。加快推进5G、算力、国际通信海缆等数字新基建。丰富游戏出海、卫星数据、区块链等应用场景，探索跨境数据分级分类管理模式，在特定区域开展"两头在外"数据加工业务。引导企业数字化、智能化改造升级，打造数字大健康、数字创意设计、关键核心零部件等优势特色产业，发力车联网、卫星互联网、通用AI等新赛道，力争数字经济核心产业营收增长8%。

健全现代金融体系。海南农商银行挂牌开业。落地1—2家央企财资中心。吸引股份制银行、外资银行、保险、证券等持牌金融机构和长期资本来琼展业。围绕做好金融五篇大文章，优化金融服务。支持融资租赁等地方金融组织规范发展。高标准建设海南国际碳排放权交易中心，支持各类交易场所创新服务模式、上线特色品种。开展不动产投资信托基金试点。

深耕海洋经济。实施海域立体分层设权，鼓励养殖用海与海上风电场、休闲渔业等融合发展，加快建设"南海粮仓"。建成现代渔港2座，打造海洋牧场2个、深远海大型智能化养殖渔场2—3

个，新增休闲渔船90艘。推进海洋油气、油服基地、深海装备、海洋信息、海洋生物医药等项目建设，陵水25-1、乐东10-1气田投产。今年海洋生产总值突破3100亿元，用10年时间再造一个"海上海南"，加快迈向海洋强省。

做强园区平台。深化投融资体制改革，发挥自贸港投资基金撬动作用，增强园区自我"造血"能力。与有实力的企业合作，共同主导园区开发建设。支持园区采取联合招商、利益分成等方式引进优势产业项目，更加注重亩均效益。高质量建设区域合作产业园。

（五）更富成效促进区域协调发展

紧扣"三极一带一区"[21]布局，激发市县发展活力，在高质量发展赛道上比学赶超。

提升核心区域能级。强化自贸港核心区和现代化国际化新海口建设，推动江东新区尽快出形象，带动海口经济圈协同联动发展。三亚经济圈"旅游+科创"双引擎发力，提升在自贸港中的战略位势、硬核实力。全面提速环新英湾自贸港新城建设，推动儋洋经济圈聚合效应充分显现。加大城市更新力度，下足绣花功夫提升功能品质。

推进新型城镇化建设。优化农业转移人口市民化相关政策，推进以县城为重要载体的新型城镇化建设，滨海型、生态型城镇化试点蹚出新路径。引导市县因城施策、精准调控，加快构建房地产发展新模式。开工改造城镇老旧小区268个，竣工安居房1.2万套，筹集保障性租赁住房2700套，发放住房租赁补贴1.3万户。

强化基础设施支撑。加快美兰机场三期、儋州机场、海口经济圈城际轨道交通等项目前期工作，争取三亚新机场、东方机场选址获批，开通三亚至乐东公交化旅游化列车，建成G9812高速公路延长线、新海港片区"二线口岸"集中查验区专用通道等工程。启动新能源汽车租赁体系建设。开工建设三亚羊林抽水蓄能电站、昌化江水资源配置工程、海口经济圈规模化供水工程。

提升要素保障水平。推进国土空间智慧治理，统一全省国土空间基础信息平台和"实景三维·透明海南"基础数据底座，在全国率先构建全域、全要素、全周期的治理型详细规划体系。改进完善耕地占补平衡制度，持续推进耕地"非粮化""非农化"问题整治，推动集中连片造大田，各类新增耕地指标不少于2万亩。

（六）更快步伐推进乡村全面振兴

锚定建设农业强省目标，学习运用"千万工程"经验，建设和美乡村"海南样板"。

促进农业高质高效。建成高标准农田20万亩。划定200万亩标准化胶园。加强热带优异果蔬品种资源引进、研发创新及开发利用，梯次培育17个农业重点产业链，形成一批优中优、特中特、小而精的特色产业，一产增加值增长5%以上。做大南繁"种源+种业+种市"，加快培育种业CRO[22]企业。认定省级共享农庄5家。大力发展农村冷链物流、电商直采、定制农业和精致农业，做强以"海南鲜品"为统领的品牌体系。办好第27届冬交会。

促进农民增收致富。深化农村"三块地"[23]和集体林权制度改革，创建年收益50万元以上集体经济强村100个。推广良种良法良田良机，做精做优"土特产"文章，大力发展林下经济，提高农民经营性净收入。培育农村劳务带头人、致富能人、乡村匠人"三支队伍"800人，做强特色劳务品牌。提升脱贫人口帮扶实效，坚决守住不发生规模性返贫底线。

促进乡村建设治理水平提升。村庄实用性规划应编尽编。实施农村公路漫水桥改造和交通安全设施精细化提升，创建"四好农村路"示范县1—2个。新增农村规模化供水覆盖人口10万人，农村生活污水治理率超过80%，70%以上行政村（居）建成生活垃圾分类投放屋（亭）。大力改善农村人居环境，整治提升清洁乡村2000个，建设和美乡村200个。深化农垦改革试点，构建以资本为纽带的垦地融合新模式，推进垦区民生改善。全面推广运用乡村治理积分制、清单制。

（七）更多精力增进民生福祉

坚持尽力而为、量力而行，加强基础性、普惠性、兜底性民生建设，扎实办好人大代表票决出的10项民生实事，提高百姓在自贸港建设中的获得感。

多措并举稳就业稳物价。完善重点群体就业创业支持政策，城镇新增就业16万人左右，农村劳动力外出务工145万人，高校毕业生毕业去向落实率83%以上、留琼率不低于62%，退役军人就业率不低于90%。优化公共就业服务，完成职业技能培训10万人次。压实"菜篮子"市县长负责制，稳住重要民生商品价格，确保基本蔬菜均价不反弹。

全方位守护人民健康。建成省人民医院南院、海医一附院江东新院区，加快国家区域医疗中心和省级临床医学中心建设。推进城市医疗集团、紧密型县域医共体建设，促进优质医疗资源扩容下沉，村卫生室标准化建设达标率95%以上。启动"三医联动一张网"[24]二期项目和数字健康创新应用示范省建设。实现"2+3"五种疾病[25]目标人群筛查全覆盖，开展新生儿多种遗传代谢病筛查，为20—40岁人群免费接种乙肝疫苗，对认知障碍老年人、孤独症儿童进行数字疗法干预，普及应急救护知识，力争全省人均预期寿命突破80岁。大力开展爱国卫生运动提质年行动，国家卫生乡镇覆盖率达20%以上。

繁荣发展文化体育事业。深入践行社会主义核心价值观，促进哲学社会科学、广播影视、新闻出版等文化事业发展，讲好自贸港故事。加强文物保护、博物馆建设和非物质文化遗产保护传承，擦亮琼崖、黎苗、海洋、华侨、东坡、丘濬、海瑞、南海沉船考古等特色文化标签。办好第十二届全国少数民族传统体育运动会，促进各民族交往交流交融。

织密扎牢社会保障网。继续提高城乡居民基本养老金、最低生活保障和特困人员基本生活标准。实施免费残疾评定，发放困难家庭残疾儿童康复训练生活补助。为确诊"两癌"或癌前病变的城乡困难妇女发放治疗救助金。新建户外劳动者服务站200个。开展社区嵌入式服务设施建设试点。加强老龄工作，重点解决好老年人居家养老、就医用药、康养照护等需求，运用市场机制提供多层次、多样化养老服务，发展壮大银发经济。推动建立长期护理保险制度。大力发展慈善事业。落实积极生育支持措施，新增幼儿托位6250个。

（八）更高标准建设生态文明

探索贯通生态保护、增值、变现全过程的有效机制，建设美丽海南，争创美丽中国先行区，打造绿色低碳发展高地。

整治环境突出问题。高标准抓好第三轮中央环保督察反馈问题整改，杜绝虚假整改、形式整改。实施中央资金海洋生态保护修复项目，推动红树林、珊瑚礁、海草床生态保护修复。探索陆海统筹、山海联动生态修复新范式，实施南部热带区域山水工程子项目

37个。深入打好蓝天、碧水、净土保卫战，确保生态环境质量只能更好、不能变差。

实施标志性工程。启动热带雨林国家公园人工林处置一期项目。推广新能源汽车10万辆以上。加快世界新能源汽车体验中心建设。巩固扩大禁塑成果。装配式建筑面积占新建建筑比例75%以上。以饮水提升、城市污水突出问题整治、镇区黑臭水体治理为重点推进"六水共治"，全面剿灭劣V类水体。

推进"双碳"工作。做强海南国际蓝碳研究中心，深化滨海蓝碳及渔业碳汇应用研究，扩大国际交流合作。探索建立海南重点行业产品碳足迹核算、认证标准，开展碳标签试点。持续建设碳普惠应用场景。推动低碳园区、低碳社区、低碳示范项目建设。深化赤田水库和松涛水库流域生态补偿，创新多元化生态补偿方式。

（九）更强措施统筹发展和安全

坚持底线思维，前置防线、盯住重点、优化机制，坚决筑牢防风险、保安全、护稳定的铜墙铁壁。

把安全保障放在前提位置。贯彻总体国家安全观，把维护政治安全作为首要任务，全面落实重大风险防控三年任务清单。制定颁布海南自贸港反走私条例。健全完善"零关税"进境商品风险防控体系，全要素实战化运行反走私综合执法站，实施离岛免税失信主体联合惩戒，严防规模性、群体性走私。落实关键信息基础设施安全保护和网络安全等级保护制度。统筹化解房地产、地方债务、中小金融机构等风险。

坚决守牢安全生产底线。紧扣"减量控大"[26]目标，开展安全生产治本攻坚三年行动，加强琼州海峡、危险化学品、道路交通"两点一面"重点行业领域安全监管，严格精准执法。深化燃气安全专项治理，更新改造城市燃气老化管网700公里。推进洋浦、东方临港产业园化工集中区整治提升。深化道路交通安全治理，降低道路交通事故万车死亡率。加强监测预警、会商研判和临灾预警，做好台风、暴雨等自然灾害应对。推动"东西南北"区域物资储备中心、防震减灾科技交流中心和巨灾防范工程项目建设。

深化全国最安全地区创建。践行新时代"枫桥经验"，深化"四位一体"[27]机制建设，强化诉源治理和信访工作法治化。纵深推进常态化扫黑除恶斗争，推动反赌诈工作进入全国中上游水平，巩固拓展禁毒工作整体向好态势。深化未成年人护苗专项行动，实现未成年人犯罪和侵害未成年人犯罪双下降。严厉打击串通投标犯罪和旅游市场违法犯罪。落实"两个责任"[28]，强化食品药品安全监管。

各位代表！海南肩负守卫祖国南大门的重任，驻军比例高、拥军氛围浓。我们将坚决贯彻习近平强军思想，全力支持国防和军队现代化建设，健全退役军人工作体系和保障制度，加强军人军属、退役军人和其他优抚对象优待工作，筹建省荣军优抚医院，深入开展全国双拥模范城创建，加强全民国防教育，提升国防动员能力，促进军民深度融合发展，巩固军政军民团结大好局面。

三、大力提升政府效能

面对新形势新任务，全省政府系统将深入学习贯彻习近平总书记关于干部作风能力建设的重要论述，认真落实省委关于进一步加强干部作风能力建设的要求，持续提升"三种能力"[29]、全力锻造"九种作风"[30]、扎实开展"五大行动"[31]、建立健全

"七项机制"[32]，提高站位、谋定快动，持续优化"办成事"的机制、打造"好办事"的环境、形成"办好事"的生态，做有创造力的执行者，以行政效能和攻坚能力的提升促进既定目标实现。

突出"第一时间"落实中央决策部署。巩固拓展主题教育成果，坚定不移把忠诚拥护"两个确立"、坚决做到"两个维护"体现到政府工作全过程各方面，不断提高政治判断力、政治领悟力、政治执行力。始终心怀"国之大者"，坚决纠治形式主义、官僚主义，按照"谋势、明道、优术、笃行"的要求，以"今天再晚也是早、明天再早也是晚"的时间观念和责任感，闻令而动、马上就办，大胆试、大胆闯，勇蹚"深水区"、敢闯"无人区"，不折不扣把习近平总书记关于海南工作的重要指示批示精神和中央决策部署以及省委工作要求落实到位。

突出"把事办成"主动跨前一步履职。健全部门主动沟通、协调配合、统筹联动机制，多一些面对面沟通、少一些文来文往，多一些统筹并联、少一些排队串联，特别是对事关发展大局的重点工作、重大项目，做到超前谋划、齐头并进，决不能坐等工作敲门。各级政府工作人员都要躬身入局而非置身事外，革除旧习气、跳出舒适区，勇于开道超车，在别人下功夫的地方下更大功夫、在别人没下功夫的地方下足功夫，善于成就事业、善于成就别人，在成就别人的同时做最好的自己。

突出"法治诚信"规范权力运行。全面贯彻习近平法治思想，全面提升公务员队伍法治意识和法治素养，增强政府系统依法行政能力。优化完善政府及其部门法律顾问制度。出台政务诚信评价办法和指标体系。开展公共政策兑现和政府履约践诺专项行动，主动加强与法院、检察院联动，扎实推进"新官理旧账"问题办理。加强行政应诉工作，实现行政机关负责人出庭又出声、出声有质量。依法接受人大监督，自觉接受政协民主监督，认真办理人大代表建议和政协提案，主动接受社会和舆论监督，发挥审计、财会、统计监督作用。持续深化综合行政执法体制改革，加强事关群众切身利益的重点领域执法，让行政执法既有力度、又有温度。全面完成地方机构改革任务。

突出"数智赋能"加快数字政府建设。深入开展政府数字化转型"强基提能"五项攻坚行动，坚持小切口大场景，迭代升级"海易办""海政通"平台功能，提升在线办文、办会、办事、交流、督查等支撑保障能力，以数字化驱动政务服务模式、机关运行流程系统性重塑。全面深化数据共享创新应用，形成5个以上具有自贸港辨识度和一定影响力的应用场景，做到实战中管用、基层干部爱用、群众感到受用。

突出"严管厚爱"激励担当作为。深入贯彻全面从严治党战略方针，抓牢清廉自贸港建设的"关键处"，锲而不舍落实中央八项规定精神，驰而不息纠"四风"树新风，深化整治权力集中、资金密集、资源富集领域的腐败，加快推进"机器管"系列，坚决惩治群众身边的"蝇贪蚁腐"，让廉洁用权、干净干事在政府系统蔚然成风。践行"四下基层"[33]，健全为基层减负长效机制，让干部从"文山会海"中解脱出来，腾出更多精力抓落实。完善容错纠错机制，为担当者担当、为负责者负责。坚持"过紧日子"，兜牢"三保"底线，优化政府目标管理绩效考核，今后省里的原则就是"大干大支持、多干多支持、不干不支持"，钱随事走，要素跟着项目走。善于换位思考，凡事多作"该不该办"的价值判断，不简单地只作"可不可办"的技术判断，下功夫解决企业群众的急难愁盼和工作推进的堵点难点，特别是针对应当办好、可以办好而没有办好的事项，奔着问题去、盯着问题改，以政府的有为激发市场的有效，焕发全省人民创造的无限活力！

各位代表！实干托起梦想，奋斗成就未来。让我们更加紧密地团结在以习近平同志为核心的党中央周围，在省委的带领下，坚定信心、笃行实干，加快建设具有世界影响力的中国特色自由贸易港，奋力谱写中国式现代化海南新篇章！

注释

［1］多项指标增速名列全国前茅：地区生产总值增速全国第二，规模以上工业增加值增速、服务业增加值增速全国第一，社会消费品零售总额增速、货物贸易增速全国第五，城镇、农村居民人均可支配收入增速全国第三。

［2］三大境外消费回流：高端购物、医疗、教育境外消费回流。

［3］两项调规事项：根据《国务院关于同意在海南自由贸易港暂时调整实施有关行政法规规定的批复》（国函〔2023〕122号），在海南自由贸易港暂时调整实施《中华人民共和国认证认可条例》《中华人民共和国市场主体登记管理条例》有关规定。

［4］三张"零关税"清单：原辅料"零关税"政策正面清单、交通工具及游艇"零关税"政策正面清单、"零关税"自用生产设备负面清单。

［5］两个基地：中国企业走向国际市场的总部基地和境外企业进入中国市场的总部基地。

〔6〕湘琼、粤琼合作产业园：海南（东方）自贸港先进制造业产业园、广东海南先进制造业合作产业园。

〔7〕4个国家区域医疗中心：北京大学口腔医院三亚医院、上海交通大学医学院附属上海儿童医学中心海南医院、上海交通大学医学院附属瑞金医院海南医院、广东省中医院海南医院。

〔8〕双碳：碳达峰、碳中和。

〔9〕中国山水工程：国家山水林田湖草沙一体化保护和修复工程。

〔10〕六水共治：治污水、保供水、排涝水、防洪水、抓节水、优海水。

〔11〕"三无"船舶：无船名船号、无船舶证书、无船籍港。

〔12〕"一工一农"专项行动：推动规上企业高质量发展大调研大服务专项行动、推进乡村振兴取得新成效专项行动。

〔13〕"一本三基四梁八柱"战略框架：坚持以习近平总书记关于海南工作的系列重要讲话和指示批示精神为根本遵循，以《中共中央、国务院关于支持海南全面深化改革开放的指导意见》《海南自由贸易港建设总体方案》《中华人民共和国海南自由贸易港法》为制度基石，以全面深化改革开放试验区、国家生态文明试验区、国际旅游消费中心、国家重大战略服务保障区为目标定位，以政策环境、法治环境、营商环境、生态环境、经济发展体系、社会治理体系、风险防控体系、组织领导体系为稳固支撑。

〔14〕五张清单：项目盯引、储备、开工、在建、竣工"五张清单"。

〔15〕四个一批：谋划一批、开工一批、建设一批、竣工一批。

〔16〕两个网络：空海国际交通网络和国际经贸合作网络。

［17］两个枢纽：西部陆海新通道国际航运枢纽和面向太平洋、印度洋的航空区域门户枢纽。

［18］"七要件"闭环运作体系：目标、平台、项目、政策、改革、机制、督查考核"七要件"闭环运作体系。

［19］PPP：政府和社会资本合作，即鼓励私营企业、民营资本与政府合作，参与公共基础设施建设。

［20］"审管法信"一体联动制度：依托"互联网+监管"系统，打通审批、监管、执法和信用系统间数据壁垒，开发上线"审管法信"平台，在全国率先实现"审批、监管、执法、信用"全场景数据共享应用。

［21］三极一带一区：海口经济圈、三亚经济圈、儋洋经济圈，滨海城市带，中部生态保育区。

［22］CRO：合同研究组织，即通过合同形式为各类研发企业提供专业化服务的学术性或商业性科学机构。

［23］"三块地"改革：农村土地征收、集体经营性建设用地入市、宅基地管理制度改革。

［24］三医联动一张网：推进医疗、医保、医药"三医"领域改革，加强"三医"体系数据共享与业务联动。

［25］"2+3"五种疾病：高血压、糖尿病和结核病、肝炎、严重精神障碍。

［26］减量控大：减少事故起数和死亡人数，控制较大以上事故灾害。

［27］四位一体：社会管理信息化平台、综治中心、网格化服务管理、矛盾纠纷多元化解"四位一体"。

［28］两个责任：属地政府管理责任和企业主体责任。

[29]三种能力：政治能力、思维能力、实践能力。

[30]九种作风：忠诚担当、心系群众、敢闯敢干、求真务实、马上就办、严谨细致、勤勉敬业、勤俭节约、清正廉洁。

[31]五大行动：封关运作攻坚行动、改革创新"赛马"行动、招商引资比武行动、营商环境优化行动、服务群众暖心行动。

[32]七项机制：培养锻炼机制、比学赶超机制、减负增效机制、工作闭环机制、督考帮一体机制、激励鞭策机制、容纠并举机制。

[33]四下基层：宣传党的路线、方针、政策下基层，调查研究下基层，信访接待下基层，现场办公下基层。

重 庆 市
政府工作报告

——2024年1月21日在重庆市第六届
人民代表大会第二次会议上

市长 胡衡华

各位代表：

现在，我代表市人民政府向大会报告工作，请予审议，并请市政协委员和其他列席人员提出意见。

一、2023年工作回顾

刚刚过去的2023年，是全面贯彻党的二十大精神的开局之年，是全面建设社会主义现代化新重庆的起步之年，也是三年新冠疫情防控转段后经济恢复发展的一年。一年来，在以习近平同志为核心的党中央坚强领导下，在中共重庆市委直接领导下，在市人大、市政协监督支持下，我们坚持以习近平新时代中国特色社会主义思想为指导，全面贯彻党的二十大精神和习近平总书记对重庆的重要指示批示精神，深入贯彻落实党中央、国务院决策部署，认真落实市委六届二次、三次、四次全会精神，坚持稳中求进工作总基调，完整、准确、全面贯彻新发展理念，积极服务融入新发展格局，主动把全市工作放在中国式现代化宏大场景中来谋划，统筹推动高质量发展、创造高品质生活、创新高效能治理，现代化新重庆建设迈出坚实步伐。

——这一年，我们坚持"总书记有号令、党中央有部署，重庆见行动"，全力推动现代化新重庆建设开局起步。系统谋划全面贯彻党的二十大精神的抓手载体，深入推动成渝地区双城经济圈、西部陆海新通道、长江经济带高质量发展等国家战略落地实施，整体布局数字重庆、美丽重庆、平安重庆建设，全面部署新时代制造强市、文化强市、科技创新和人才强市建设，现代化新重庆的美好蓝图一步步变为施工图、实景图。

——这一年，我们牢记"学思想、强党性、重实践、建新功"总要求，全力推动主题教育见行见效。实施党的创新理论"走心走深走实"工程，开展"大学习大调研大服务大落实"行动，实实在在抓好理论学习和调查研究，实实在在检视整改突出问题，实实在在办好便民惠企实事，全市干部群众更加深刻感受到习近平新时代中国特色社会主义思想的真理力量和实践伟力。

——这一年，我们突出稳进增效、除险清患、改革求变、惠民有感工作导向，全力推动各项工作变革重塑。迭代优化目标体系、工作体系、政策体系、评价体系，聚焦改革发展中的紧迫问题实施六大攻坚战，以数字化变革引领全面深化改革，以党建统领"885"机制激发干事创业热情，全市上下保持奋进者姿态、创造性张力，争先创优氛围更浓、劲头更足。

——这一年，我们锚定目标不松劲、不懈怠、不停步，全力推动经济回升向好。年初用较短时间实现疫情防控平稳转段，更好统筹疫情防控和经济社会发展，各项政策靠前协同发力，引导经济逐步摆脱疫情影响、回归常态化增长轨道；妥善应对多重约束条件叠加的复杂局面，高频高效开展经济运行调度，全力以赴强信心、稳投资、扩消费、优结构、抓创新、促开放，地区生产总值迈上3万亿元新台阶、达到30145.79亿元、增长6.1%，规上工业增加值、固定资产投资、社会消费品零售总额分别增长6.6%、4.3%、8.6%，一般公共预算收入增长16%，全体居民人均可支配收入增长5.4%，主要指标符合预期、实现争先进位，全市经济在波浪式发展中稳住了大盘，在承压前行中实现了螺旋式上升。

一年来，主要做了以下工作。

（一）扎实推进成渝地区双城经济圈建设，全市域融入、全方位推进形成新格局。把双城经济圈建设作为"一号工程"和全市工作总抓手总牵引，部署实施"十项行动"，打表推进"四张清单"，18条跨区域协作经验做法在全国推广。重大政策加快落地，联合印发成渝共建"一带一路"科技创新合作区、双城经济圈市场一体化、电子信息先进制造集群培育提升等方案，出台实施先进制造业"渝西跨越计划"，双城经济圈规划政策体系基本形成。重大项目有序推进，渝昆高铁川渝段进入全线铺轨阶段，成渝中线、渝西、渝万、成达万等高铁项目进展顺利，重庆新机场选址获批，川气东送二线项目开工，川渝特高压交流工程提速建设，川渝省际建成及在建高速公路达到21条，248个共建重大项目完成年度投资4138.4亿元。重大平台实现突破，成渝综合性科学中心启动建设，10个毗邻地区合作平台总体方案全部出台，第二批双城经济圈产业合作示范园区获批，全国一体化算力网络（成渝）国家枢纽节点建设扎实推进。重大改革蹄疾步稳，出台经济区与行政区适度分离改革推进方案，发布首批川渝"一件事一次办"和"免证办"事项清单，"川渝通办"事项全面落地。

（二）全力推进稳增长提信心强主体，扩大内需、提振经济取得新成效。消费市场稳定恢复，举办"爱尚重庆·渝悦消费"等系列促销活动，建成投用万象城二期、重庆印象城等一批标志性消费场景，培育引进品牌首店469个，创建中华老字号13个，推动2000余家商贸企业上限升规，汽车、餐饮消费分别增长8.5%、20.6%，过夜游客接待人数突破1亿人次、增长88.1%。投资质量稳中有升，实施抓项目促投资专项行动，藻渡水库主体工程、疆电入渝特高压直流输电工程、丰都栗子湾抽水蓄能电站等项目开工，巫镇高速、万州和黔江机场T2航站楼、长江九朝段航道整治、合川双槐储能电站、永川港桥燃机等项目建成投用，渝西水资源配置工程、乌江白马航电枢纽等项目加速推进，安意法半导体、长安汽车渝北新工厂等26个50亿元级以上产业项目落地建设，全市工业、基础设施投资分别增长13.3%、7%。房地产市场逐步企稳，推出"10+5+10+7"系列支持政策，出台中心城区旧城改造20条举措，调整优化住房公积金、差别化住房信贷等惠民措施，策划"金九银十"促销活动，统筹推进"三保""两久""两改"工作，保交楼项目新交付15.7万套、完成任务总量的90%，全市房地产开发投资连续7个月回升，商品房销售面积连续6个月回升。经营主体活力增强，启动实施高新技术企业和科技型企业"双倍增"行动计划，推进企业上市"千里马"行动和"独角兽"企业培育计划，持续降低企业融资成本，新增减税降费540亿元，科技型企业、高新技术企业、专精特新企业分别达到5.85万家、7565家、3694家，新增上市企业10家,全年新增经营主体64.8万户、增长21.8%。

(三)加快推进新型工业化,产业升级、创新发展迈出新步伐。锚定建设国家重要先进制造业中心目标,紧盯高端化、智能化、绿色化方向,着力构建以先进制造业为骨干的现代化产业体系。制造业发展提质增效,立足产业基础、着眼未来趋势,接续实施智能网联新能源汽车产业集群发展规划,出台食品及农产品加工产业高质量发展意见和十条政策措施,制定新一代电子信息制造业、先进材料等产业集群高质量发展行动计划,深化工业企业技术改造,积极构建"33618"现代制造业集群体系;中国长安线控底盘、吉利动力电池、奥松MEMS传感器等项目落地开工,庆铃博世氢动力系统、海辰储能电池、卡涞新材料、日立能源变压器等项目建成投产;汽车产量升至全国第二,新能源汽车产量达到50万辆,AITO问界系列、阿维塔系列等中高端新车型持续热销,功率半导体及集成电路、传感器及仪器仪表增加值分别增长15%、11.2%,智能手机产量占全国6.7%,光伏玻璃、玻璃纤维等重点产品产量实现两位数增长,先进材料增加值增长12.3%,发布首台(套)重大技术装备96个,规上食品及农产品加工企业增至886家。科技创新能力持续增强,着力构建"416"科技创新战略布局,启动"渝跃行动"和新重庆引才计划,举办首届"一带一路"科技交流大会和重庆国际人才交流大会,完成10个全国重点实验室重组,新增12个国家级科创平台,金凤实验室、国家硅基混合集成创新中心、国家生猪技术创新中心建设成果显现,超级智能汽车平台、18兆瓦集成海上风电机组等一批重大关键核心技术攻关和成果产业化实现突破,重庆造"天目一号"气象星座在轨组网运行,全社会研发投入强度预计达到2.45%。现代服务业加快发展,大力推进西部金融中心和国际消费中心城市建设，启动实施"智融惠畅"工程，成功创建全球设计之都，工业设计、科技服务、金融服务、现代物流等业态增势良好，检测认证、电子商务、服务外包等产业集聚示范区加快建设。数字经济快速成长，建成投用重庆人工智能创新中心，全市算力规模超过1000P；启动实施制造业数字化转型八大行动，新建17个智能工厂、224个数字化车间；深入推进软件和信息服务业"满天星"行动计划，加大"启明星""北斗星"企业培育力度，软件和信息服务业从业人员超过34万人、主营业务收入增长近20%。

（四）统筹推进城乡融合发展，城市品质、乡村面貌发生新变化。城市更新提升行动稳步推进，完成41个区县和开发区国土空间总体规划编制，实施226个城市更新试点示范项目，新开工改造城镇老旧小区4534万平方米、棚户区1.8万户；推进中心城区交通缓堵保畅，轨道交通18号线、9号线二期等60公里线路开通，15个轨道站点步行便捷提升项目投用，新开行小巷公交18条，33个片区完成路网更新，打通未贯通道路50条，新增公共及小微停车泊位8万个；抓好两江四岸治理提升，14个节点公共空间建成开放，新增城市绿地1500万平方米，建成口袋公园117个、山城步道107公里，海绵城市建设达标面积增加106平方公里，沙磁步道等6个项目获中国人居环境奖。乡村振兴"四千行动"启动实施，脱贫攻坚成果巩固拓展，脱贫人口人均纯收入增长14.1%；新建和改造提升高标准农田200万亩，粮食产量连续9年稳定在1050万吨以上；新创建3个全国农业现代化示范区、3个国家农村产业融合发展示范园和2个国家现代农业产业园，麦制品、蔬菜产业入选全国农业优势特色产业集群，农产品网络零售额、乡村旅游经营收入分别增长

12%、11.8%；创建巴渝和美乡村示范村107个，新改建"四好农村路"3360公里，实施农村公路安防工程4102公里，新改造农村危房5759户，2个区县获评全国传统村落集中连片保护利用示范区县；新型农村集体经济持续壮大，村集体经营性收入较快增长。城乡融合发展体制机制持续完善，加快推进国家城乡融合发展试验区重庆西部片区建设，开展国家县城新型城镇化建设示范，启动"小县大城""强镇带村"试点，城乡居民人均可支配收入比缩小至2.28∶1。

（五）全面推进数字重庆建设，数字化变革、重点领域改革释放新活力。布局实施数字重庆"1361"整体构架，梯次推进"三个一批"重大改革项目。数字重庆建设重点能力总体形成，一体化智能化公共数据平台建成投用，"渝快办"全面重构，"渝快政"日活跃用户达到43万，数字化城市运行和治理中心实现三级贯通，上线运行"突发事件直报快响""危岩地灾风险管控""民呼我为"等10个典型应用，"141"基层智治体系覆盖全部镇街。国资国企改革持续深化，央地合作力度加大，市属国企重组整合、经营性国有资产集中统一监管稳步推进，重庆物流集团完成组建，三峡银行股权重组，渝富控股集团改革实质启动，2000亿元产业投资母基金组建运行。民营经济企稳向好，出台促进民营经济高质量发展实施意见，制定优化营商环境激发市场活力108条改革举措，出台构建亲清政商关系行为清单，9家企业上榜中国民营企业500强。重点领域改革多点突破，市级机构改革有序展开，国防动员体制改革落地，园区开发区改革全面推开，制造业"亩均论英雄"改革、投融资多元化改革、强村富民综合改革等取得积极进展，累计完成123项中央部署我市改革试点任务。

（六）大力推进西部陆海新通道建设，通道能级、开放水平实现新提升。制定实施西部陆海新通道五年行动方案，一体打造大通道、大枢纽、大口岸、大物流、大平台，更高水平开放型经济体系加快构建。通道枢纽功能持续完善，西部陆海新通道通达全球120个国家和地区的490个港口，成功开行中老泰国际铁路测试班列，全年运输箱量增长21%；中欧班列（成渝）覆盖欧亚110个城市；果园港大件码头、鱼嘴铁路货运站南货场等建成投用，沪渝直达快线集装箱班轮开行量增长8.9%；江北机场国际航线恢复至33条，旅客吞吐量增长106%；重庆成为全国首个"五型"国家物流枢纽城市。平台支撑能力持续增强，自贸试验区累计培育重点制度创新成果148项，在全国率先实施铁路运输单证金融服务试点；中新互联互通项目新签约政府和商业合作项目61个、金融服务项目29个；两江新区、高新区、经开区等园区开放功能不断完善，永川综保区、两路果园港综保区封关运行。外贸外资结构持续优化，实施"百团千企"国际市场开拓计划，"新三样"出口增长1倍，汽车出口额增长51.9%，市场采购贸易方式出口实现"破冰"，一般贸易占比达到38.9%，全市新设外商投资经营主体782家，实现外贸进出口7137.4亿元。国际交往水平持续提升，成功举办智博会、西洽会、"一带一路"陆海联动发展论坛等活动，设立中希文明互鉴中心，渝港合作会议机制正式建立，新增国际友城和友好交流城市10个。

（七）系统推进美丽重庆建设，生态优先、绿色发展厚植新优势。坚决打好长江经济带污染治理和生态保护攻坚战，持续巩固长江上游重要生态屏障。生态修复力度加大，新建"两岸青山·千里林带"50.5万亩、国家储备林101.5万亩，新增治理水土流失面积2133平方公里、石漠化面积266.7平方公里，缙云山生态环境整治、秀山锰渣场整治成效明显，渝北铜锣山矿区和广阳岛生态修复入选全国山水工程典型案例，忠县三峡橘乡田园综合体获批全国"两山"实践创新基地。污染治理有力有效，强化城镇生活污水治理，实施农村黑臭水体治理清零行动，启动50个美丽幸福河湖建设，加强交通、扬尘、工业、生活污染防治，推进全域"无废城市"建设，城市生活垃圾分类体系全面建立，74个国控断面水质优良比例达到100%，空气质量优良天数达到325天。绿色低碳转型提速，累计创建国家级绿色园区12个、绿色工厂133家，碳市场累计成交4753万吨，全域绿色金融改革创新试验区建设扎实推进，绿色贷款余额超过6800亿元，气候投融资项目入库497个。

（八）深入推进惠民暖心优服行动，民生福祉、生活品质有了新改善。10项主题教育民生项目取得阶段性成效，15件年度重点民生实事全面完成。就业形势保持稳定，落实促进青年就业创业35项措施，城镇新增就业73.9万人，全年城镇调查失业率平均值5.4%。社会保障体系不断健全，城乡养老保险参保人数达到2650万，基本医保参保率超过97%，"渝快保"参保人数超过620万，城乡居民最低生活保障标准稳步提高，"救助通"改革全面推开，新筹集保障性租赁住房8.4万套（间），新配租入住公租房3.5万套，退役军人服务管理保障能力进一步提升。"一老一小"得到更多关爱，制定实施婴幼儿照护服务能力提升三年行动计划，出台基本养老服务清单，推动社区养老服务设施社会化运营和家庭养老床位试点，全市新增公办幼儿园学位1.7万个、托位4万个，新增养老床位4080张，长期护理保险试点覆盖所有区县。教育质量稳步提升，新增基础教育学位6.3万个，义务教育巩固率达到95.8%，打造市域产教联合体4个，获批现代职业教育体系建设新模式试点城市，重庆中医药学院正式招生，重庆科技学院更名为大学，成功承办第八届中国国际"互联网+"大学生创新创业大赛总决赛。健康服务水平持续提高，市区（县）两级疾控局挂牌成立，4个国家区域医疗中心建设项目有序推进，新增三级医院23家、三甲医院8家，免费为符合条件的19.3万女学生接种HPV疫苗，药品和医用耗材集中带量采购累计为群众减负65亿元。文化体育事业蓬勃发展，举办首届长江文明论坛、石窟寺保护国际论坛，启动红岩文化公园二期建设，革命文物保护中心、西部国际传播中心挂牌成立，重庆开埠遗址公园全面开放，永川科技影视片场建成投用，舞剧《绝对考验》获第十三届中国舞蹈"荷花奖"；高质量承办第九届中俄青少年运动会，铜梁龙足球队升入中甲，群众性体育活动广泛开展，重庆体育健儿在杭州亚运会取得历史最好成绩。

（九）持续推进平安重庆建设，安全防线、发展底线得到新巩固。经济金融风险总体可控，深入推进房地产、金融、地方债务等领域风险防范化解攻坚，区县政府债务和平台公司风险治理取得积极进展，高风险金融机构动态清零，完成网络小贷整改规范任务。安全生产形势稳定，坚持遏重大、降较大、减总量，开展安全生产、火灾防控、道路交通、燃气安全、特种设备、食品药品安全等专项整治行动，生产安全亡人事故起数和死亡人数实现"双下降"，全年未发生重特大生产安全事故。防灾减灾基础不断夯实，开展三峡库区危岩地灾治理攻坚战行动，实施河道治理、城市防洪排涝等重大治理工程，动态监测管控灾害风险，加快推进应急避难所建设，有效应对极端暴雨洪涝灾害，"全灾种、大应急"综合灾害防救体系进一步完善。基层治理效能提升，健全媒情网情社情

"三情"联动机制，深化信访工作法治化试点，一体推进信访问题源头治理和突出问题化解攻坚，建成投用"情指行"一体化实战平台，3个区县成功创建国家食品安全示范城市，非法集资、电信网络诈骗等违法犯罪得到有效遏制，八类主要案件发案量持续下降，社会大局保持和谐稳定。

各位代表！过去一年，我们坚持把党的全面领导贯穿政府工作各领域全过程，认真落实强党性九项措施和持续修复净化政治生态十项举措，加快建设新时代"红岩先锋"变革型组织，政府系统党的领导力组织力不断提升。严格执行请示报告制度，主动接受人大和政协监督，办理人大代表建议1141件、政协提案1097件。深入推进法治政府建设，提请市人大常委会审议地方性法规草案12件、立改废政府规章12件，普遍建立行政处罚裁量基准，深化乡镇（街道）综合行政执法改革，推动行政争议实质高效化解。严格落实过紧日子要求，压减财政一般性支出、非急需非刚性支出55亿元。严格贯彻中央八项规定及其实施细则精神，扎实推进清廉重庆建设，守牢意识形态安全底线。国家安全、国防动员、民族宗教、双拥、外事、侨务、港澳台、审计、统计、档案、保密、参事、史志、气象、地震等工作取得新成效，工会、妇女、儿童、青年、老龄、慈善、残疾人、红十字等事业实现新进展。

各位代表！回顾过去一年，我们在困难中承压前行，在挑战中逆势而上，步伐走得很坚实、很有力量、很见神采、很显底气，成绩来之不易。我们深切感到，现代化新重庆建设的每一点进步，巴渝大地的每一处变化，根本在于习近平总书记作为党中央的核心、全党的核心掌舵领航，在于习近平新时代中国特色社会主义思想科学指引，是党中央、国务院亲切关怀和大力支持的结果，是市委团结带领全市干部群众拼出来、干出来、奋斗出来的，每一个平凡的人都作出了不平凡的贡献。在此，我代表市人民政府，向全市各族人民，向人大代表和政协委员，向各民主党派、工商联、人民团体和社会各界人士，向驻渝解放军和武警部队官兵、公安干警、消防救援人员，向关心支持重庆发展的中央各部门、兄弟省区市及港澳台同胞、海外侨胞和国际友人，表示崇高的敬意和衷心的感谢！

我们也清醒看到，对照2023年政府工作报告确定的目标，部分指标没有达到预期，全市发展依然面临一些困难和问题，主要是：经济持续回升向好基础还不够稳固，项目投资存在堵点卡点，居民消费能力和意愿有待进一步提升，外贸外资还需促稳提质；产业转型升级任务依然较重；营商环境还需优化；超大城市治理面临不少难题，乡村全面振兴还有大量工作要做；生态环境仍需持续改善；就业、教育、医疗、托育、养老等民生事业还有不少短板，增加居民收入还要想更多办法；安全生产、防灾减灾不能有丝毫松懈，统筹化风险与促发展、保民生压力较大；政府系统部分干部推进现代化建设的能力素质有待提高。我们要增强忧患意识，增强信心底气，有效应对和解决这些问题。

二、2024年主要任务

今年是实现"十四五"规划目标任务的关键之年，是现代化新重庆建设从全面部署到纵深推进的重要之年，是改革攻坚突破的奋斗之年。做好政府工作的总体要求是：坚持以习近平新时代中国特色社会主义思想为指导，全面贯彻党的二十大、二十届二中全会和中央经济工作会议精神，全面落实市委六届二次、三次、四次全会和市委经济工作会议部署，坚持稳中求进工作总基调，完整、准确、全面贯彻新发展理念，积极服务融入新发展格局，着力推动高质量发展，牢牢把握稳进增效、除险固安、改革突破、惠民强企工作导向，全面深化改革开放，统筹扩大内需和深化供给侧结构性改革，统筹新型城镇化和乡村全面振兴，统筹高质量发展和高水平安全，全面落实国家重大战略，以科技创新引领现代化产业体系建设，切实增强经济活力、防范化解风险、改善社会预期，巩固和增强经济回升向好态势，持续推动经济实现质的有效提升和量的合理增长，增进民生福祉，保持社会稳定，加快建设现代化新重庆，努力为全国大局作出更大贡献。

今年经济社会发展的主要预期目标是：地区生产总值增长6%左右，规上工业增加值增长7%，固定资产投资增长4%，一般公共预算收入增长6%，居民消费价格涨幅3%左右，节能减排降碳指标完成国家下达的目标任务。

上述目标，立足我市发展阶段性特征，统筹考虑增长潜力、现实条件和"十四五"目标要求，是"跳一跳、够得着"的，体现了自我加压、主动作为，力争在实际工作中取得更好结果。实现上述目标，困难不容低估，信心不可动摇，干劲不能松懈。我们要牢记高质量发展是新时代的硬道理，把推进中国式现代化作为最大的政治，聚焦经济建设这一中心工作和高质量发展这一首要任务，在转方式、调结构、提质量、增效益上积极进取。我们要抓住国家战略叠加的机遇期，深入推动成渝地区双城经济圈、西部陆海新通道、长江经济带高质量发展等国家战略落地实施，在服务构建新发展格局中抢位发展。我们要讲求工作推进的方法论，坚持稳中求进、以进促稳、先立后破，强化系统观念、树牢底线思维，深化改革创新、做好存量文章、用好市场力量。我们要把握政策举措的时度效，注重政策取向的一致性，在政策储备上打好提前量、留出冗余度，在政策实施上强化协同联动、放大组合效应。我们要保持奋发有为的好状态，在发展中拼作风、拼干劲、拼决心、拼效率，大胆试、大胆闯，不"躺平"、不"休眠"，努力交出让总书记和党中央放心、让全市人民满意的答卷。

今年，重点抓好十个方面工作。

（一）纵深推进成渝地区双城经济圈建设，合力打造带动全国高质量发展的重要增长极。把握"一体化"和"高质量"两个关键，加快构建"一体两核多点"新格局，当好国家战略腹地建设"排头兵"。

强化双核联动联建。推进公共服务共建共享，实施交通通信、畅游巴蜀等十大便捷行动，扩大高频电子证照跨区域互认、高频事项"免证办"范围，强化成渝政策协同，提升两地公共服务一体化便利化水平。推进文旅融合发展，联合创建文化和旅游区域协同发展国家试验区，加快建设巴蜀文化旅游走廊，合作开发旅游线路，共同打造"宽洪大量""点石成金"等文旅品牌组合，支持体育赛事、演艺活动异地联合举办。推进交通互联互通，启动渝宜高铁、黔江至吉首高铁、重庆站改造、成渝高速扩容、涪江航道整治等项目，加快建设重庆东站等项目，建成渝昆高铁重庆段、渝武复线高速北碚至合川段等项目，联合争取航权航班配额和国际航线。推进产业协同协作，主动服务国家战略性产业基地、战略性物资储备基地和战略性基础设施建设，加强两江新区与天府新区等平台合作，共建成渝综合性科学中心，争创国家级燃料电池汽车示范城市群，深化能源共保互济，加快建设成渝"氢走廊""电走廊"。

促进成渝中部地区高质量一体化发展。依托渝西地区谋划建设国际开放合作平台，提高交通、能源、水利综合保障能力，打造世界级智能网联新能源汽车零部件产业基地和现代农业融合发展示范区。提升涪陵、长寿、南川、綦江—万盛综合实力，支持承接中心城区非核心功能疏解，加快人口和产业集聚，打造新材料、新能源等产业集聚区，建设产城融合、职住平衡、生态宜居、交通便利的现代化新城，更好发挥战略支点作用。加强川渝毗邻地区合作，深化经济区与行政区适度分离、双城经济圈市场一体化等改革，纵深推进毗邻地区合作平台建设，加强产业合作示范园区协作，持续优化成渝中部地区协同发展格局。

"一县一策"推动山区库区高质量发展。支持渝东北生态优先、绿色发展，持续推进万开云同城化，因地制宜打造新材料、清洁能源等特色产业集群，高水平建设长江三峡国际黄金旅游带，做强三峡制造、三峡农家、大三峡旅游。支持渝东南文旅融合、城乡协同，培育壮大中药材、绿色食品等"武陵加工"特色产业集群，打造乌江画廊生态文化旅游示范带和生态康养基地，加快建设世界知名民俗生态旅游目的地。深化区县对口协同发展，建立健全成本共担、收益共享机制，强化联合招商和产业协作，拓展消费帮扶，促进土地、资金、人才等要素协同高效配置，在全面融入双城经济圈建设中互促共进、联动发展。

（二）坚持以科技创新推动产业创新，加快构建现代化产业体系。坚持把制造业高质量发展放到更加突出的位置，持之以恒抓龙头带生态，促进产业集聚、技术创新、融合发展，大力培育新质生产力。

壮大制造业集群。实施重点产业链高质量发展行动和招大引强行动，一体推进稳链强链、基础再造、能级跃升，持续优化产业布局，健全"33618"现代制造业集群体系。智能网联新能源汽车，按照整零协同、软硬结合、共建生态的思路，以长安系、赛力斯等企业为重点加速整车产能释放，推进孔辉空气弹簧、信质驱动电机、青山瑞浦兰钧动力电池等零部件配套项目建设，加快氢燃料电池商用车推广应用，促进新能源汽车与电网融合互动，发展汽车后市场；新一代电子信息制造业，加快推动安意法、芯联等6个晶圆项目，带动芯片设计、封装测试、半导体专用设备及材料等协同发展，加大AI及机器人、算力设备等产业培育，推进仁宝、萤石、三安衬底材料、台达电源转换器等项目建设，拓展电子终端品类，完善产业配套体系；先进材料，加快调结构、育新品，新开工西南铝升级扩能、东方希望玻璃纤维、华峰新材料一体化、万凯新材料PET四期扩能等重点项目，放大产业集群效应；智能装备及智能制造，加快无人机、高速高精工业机器人等项目建设，促进整机与零部件"双提升"；软件信息，深入实施"满天星"行动计划，加快"启明星""北斗星"企业培育和软件人才"超级工厂"建设，持续抓好人才、场所、场景、企业、生态等关键环节，力争主营业务收入超过4000亿元；食品及农产品加工，聚焦7大主要品类，深入实施以"三百"企业为重点的"头羊计划"引育工程，加快推进重点加工园区、重点在建产业项目、重点招商引资项目建设，支持企业开展数字化、智能化改造，狠抓全链条质量安全提升。"一业一策"推动特色优势产业优化升级，提速MLED面板产业化进程，推进绿源电动车、博赛氧化铝升级、顾家整体家居、智睿生物医药产业园、众能太阳能电池组件等项目建设，加快培育产业新增长点。

实施未来产业和高成长性产业发展行动，推动卫星互联网产业园建设，深化北斗规模应用及配套产业发展，加快开辟低空经济、生物制造等新领域新赛道，不断塑造发展新动能新优势。

深化科技赋能。加快构建"416"科技创新战略布局，力争全社会研发投入强度达到2.55%。建强战略科技创新人才队伍，深化"渝跃行动"和新重庆引才计划，建好"渝才荟"数字平台，加强科技人才和卓越工程师培育聚集，营造最优人才生态，让城市与人才双向奔赴。优化科技创新体系，集中力量加快建设西部（重庆）科学城、两江协同创新区、广阳湾智创生态城等科创核心承载区，争取国家实验室重庆基地建设，提质发展10个全国重点实验室，有序建设金凤、嘉陵江、明月湖、广阳湾4个重庆实验室，加快推进超瞬态实验装置、大规模分布孔径深空探测雷达、国家健康战略资源中心、碳基集成电路研究院等项目，提质发展重庆国际免疫研究院等新型研发机构，支持重点高校建设前沿技术交叉研究院。强化企业科技创新主体地位，实施核心软件、高端器件与芯片等5个重大专项和新能源、绿色低碳等8个重点专项，组织开展产学研协同攻关，深入推进"双倍增"行动，力争高新技术企业、科技型企业分别突破8500家和6万家。加快科技成果产业化商业化，升级打造重庆高新技术产业研究院，启动建设重庆市技术转移研究院，发挥重庆产业投资母基金和"产科金"平台作用，推广"产业研究院+产业基金+产业园区"科技成果转化路径，促进创新链产业链资金链人才链"四链"融合。

发展现代服务业。深化服务业扩大开放综合试点，加快构建优质高效的服务业新体系。做强生产性服务业，加快建设西部金融中心，深入实施"智融惠畅"工程，推进绿色金融改革创新试验区建设，一体推动中新互联互通、自贸试验区、西部陆海新通道和渝港金融开放合作，建好西部金融中央法务区，做好科技金融、绿色金融、普惠金融、养老金融、数字金融五篇大文章，提高金融服务重大战略和实体经济质效；完善"五型"国家物流枢纽功能，增强物流协同服务能力；加快全球设计之都建设，强化巴渝特色文化、工业遗产遗存、传统工艺美术保护利用，大力发展工业设计，壮大全链条设计产业集群；大力发展咨询评估、法律服务、检验检测、会计审计、科技服务、税务服务、工程设计等服务业态，推动生产性服务业品质化升级。做优生活性服务业，出台推进高品质生活城市建设政策措施，提质发展餐饮、物业、健康、家政等社区便民服务，以"数字+""智能+"赋能教育、医疗、文娱、商贸等业态升级，塑造"重庆服务"品牌。培育服务业新业态新模式，推进先进制造业和现代服务业融合发展试点，支持组建跨界融合产业集团和产业联盟，推动制造业企业向"产品+服务"解决方案提供商转型，培育个性化定制、共享制造、供应链管理、总集成总承包等新业态，建设高水平服务业创新集聚示范区。

推进数字化转型发展。加快全国一体化算力网络（成渝）国家枢纽节点建设，争取国家支持建设先进制造智能计算重点实验室，打造全市统一算力调度平台，提升信息基础设施能级。加强生成式人工智能等研发，建设开源社区，推动新一代信息技术在生产生活各领域深度植入渗透，拓展数字产业化新空间。健全工业互联网标识解析体系，深化数字化装备、信息系统集成应用，实施"机器人+"行动，扩大"一链一网一平台"试点示范，启动5个行业产业大脑建设，新建5个未来工厂、10个智能工厂和100个数字化车间，加快构建"产业大脑+未来工厂"产业数字化新生态。

（三）多措并举稳投资促消费，充分激发需求潜力和经济活力。 激发有潜能的消费，扩大有效益的投资，形成消费和投资相互促进的良性循环。

持续扩大有效投资。树立大抓项目导向，优化项目时序，做深前期工作，加强精准调度，更好发挥投资的关键性作用。促进工业投资放量，以补链强链、智改数转为重点，提速164个在建重点工业项目，新开工98个重点工业项目，推进新一轮工业企业技改工程，新实施1500个技术改造项目，力争全市工业投资增长14%、技改投资增长15%。稳定基础设施投资，强化跨省域、跨流域、涉安全、补短板等重大项目谋划，加快交通强市建设，力争高铁、高速公路通车里程分别突破1100公里、4500公里；加快现代水网建设，促进水网与水电、航运等功能协同融合发展，推进藻渡、跳磴、向阳水库和渝西水资源配置等工程建设，实施一批农田水利、防洪避险等项目；提速建设两江燃机二期、川渝天然气千亿立方米产能基地、LNG加工基地等项目，力争开工武隆银盘抽水蓄能项目，启动建设一批储煤基地，建成川渝特高压交流工程；提速建设润泽（西南）国际信息港等项目，新增一批大型智能计算中心，新建充电桩2万个。推动房地产投资回暖，深入实施保障性住房建设、"平急两用"公共基础设施建设、城中村改造等"三大工程"，基本完成保交楼任务，开展"两久"项目处置攻坚行动，合理确定供地规模、结构和时序，促进房地产市场平稳健康发展。激发民间投资活力，落实扩大民间投资支持政策，动态调整民间投资清单，加大民间投资增信支持和要素保障，用好政府和社会资本合作新机制，推动基础设施领域REITs试点，支持社会资本参与重点领域项目建设运营。增强招商引资质效，强化制造业为主的产业招商，健全基于

"产业图谱+产业地图"的项目生成招引机制，加强专班招商、驻外招商和产业链精准招商，统筹做好招商项目要素资源配置，实行重大项目提级管理、首报首谈，加强项目全周期全环节服务保障，引进一批链长链主企业和具有牵引性带动性的重大项目，提高招商项目落地转化率。

促进消费扩容提质。以国际消费中心城市培育建设为抓手，强化供需两端发力，丰富消费供给，改善消费环境，持续激发消费潜能，社会消费品零售总额增长7.5%。提振大宗消费，完善落实新能源汽车、电子产品、智能家居、绿色建材等消费促进政策，以提高技术、能耗、排放等标准为牵引，推动大规模设备更新和消费品以旧换新。激活房地产消费，调整个人住房房产税政策措施，优化公积金使用范围和方式，完善二手房交易等政策工具箱，增加改善性住房供给，推动房地产与装修装饰、家电销售、金融信贷等联动，更好满足工薪群体刚性住房需求，激发改善性住房群体、新就业群体、返乡群体等住房需求。扩大文旅消费，支持国家文化产业和旅游产业融合发展示范区建设，积极创建5A级景区和国家级旅游度假区，抓住不夜重庆、研学露营、冰雪避暑、后巷经济等消费热点，加强与周边省市旅游联动，用好便利过境停留、离境退税等政策，开发更多沉浸式消费场景，推出更多国货潮品、文创精品。挖潜农村消费，深入推动工业品下乡和农产品进城，加强乡镇电子商务、商贸设施和到村物流站点建设，开发景观农业、农耕体验等农文旅融合业态，丰富农村消费产品和服务。发展新型消费，深化"巴渝新消费"行动，统筹推进中央商务区、寸滩国际新城建设，提档升级城市商圈和特色商业街区，打造一批品质消费地标和特色消费场景，壮大"四首"经济、楼宇经济、银发经济等新业态，培育数字消费、绿色消费、健康消费、休闲消费等新模式。

（四）加快推动数字重庆建设面上突破，引领带动全面深化改革纵深发展。下决心闯深水区、啃硬骨头，用改革的办法解决前进中的问题，激发高质量发展内生动力。

迭代升级数字化改革。优化"1361"整体构架，探索建立数字重庆标准规范体系，加强数字安全和网络安全治理，推动数字重庆建设整体成势。完善一体化智能化公共数据平台，建强数字资源系统，加强数据归集共享，推动云网迁移和业务专网整合，集成优化"渝快办""渝快政"服务功能。升级数字化城市运行和治理中心，紧扣设施运行、生产生活服务、应急动员等六大板块，开发多跨协同数字化应用场景，构建韧性安全城市体征，推动城市治理"一网通办""一网统管""一网协同"多维融合。丰富六大应用系统，聚焦重要、高频、急迫、多跨事项，做好"一件事"场景谋划，推出100个以上便民利企服务应用。增强基层智治体系实战能力，推动线上智治平台与线下"141"体系深度融合，构建一体贯通、高效协同的履职能力体系，用数字化为发展赋能、为服务提质、为治理增效。

推动"三攻坚一盘活"改革突破。打赢国企改革攻坚战，深化国企"瘦身提质"，加快国有企业战略性重组、专业化整合，"一企一策"明确国企主营业务和经营范围，强化差异化精准考核，培育核心竞争力强的现代新国企。打赢园区开发区改革攻坚战，完成园区开发区优化整合和机构压减，编制园区开发区发展规划，制定园区开发区权责清单，强化发展产业、服务企业功能，分行业分区域推进"亩均论英雄"改革，使园区开发区布局更优、运转更畅、效能更高。打赢政企分离改革攻坚战，分类推进机关事业单位与所属企业全面"脱钩"，构建责权利明确的政企关系，促进经营性国有资产集中统一监管全覆盖。推动国有资产盘活，加强全面预算管理，健全府院联动机制，加大"三资"统筹力度，综合运用特许经营权转让、股权合作、资产置换等方式，引进有实力的央企、民企参与盘活，提升国有资产管理效能、运行效率。

促进民营经济发展壮大。完善落实"两个毫不动摇"的体制机制，激发民营经济发展活力和内生动力。提振民营企业信心，在市场准入、要素获取、公平执法等方面推出一批标志性举措，加强涉企收费长效监管和拖欠账款常态化预防清理，依法保护民营企业产权和企业家权益。完善惠企强企政策，健全科技创新、数字转型、绿色发展等赋能民营企业发展机制，实施新版减负清单，加大融资信贷、场景应用、库存消化、能源保障等支持力度，推动政策精准对接、直达快享。构建新型政商关系，完善领导联系重点民营企业制度，健全民营企业家参与涉企政策制定机制，开展"万家民企评营商环境"活动，营造亲清统一、良性互动的政商交往氛围。大力弘扬企业家精神，迭代升级"龙头引领"行动，落实新时代渝商培养计划，支持民营企业建立现代企业制度，让民营企业敢闯、敢投、敢担风险。

持续优化营商环境。深化营商环境创新试点，做好迎接世行新一轮营商环境评估工作，营造市场化、法治化、国际化一流营商环境。建设高标准市场体系，全面落实市场准入负面清单制度，健全公平竞争审查机制，强化质量支撑和标准引领，深入清理妨碍统一市场建设的政策措施，持续纠治损害营商环境行为，制定降低全社会物流成本行动方案，加快建设西部数据交易中心。完善信用评价体系，落实信用修复协同联动机制，强化守信联合激励和失信联合惩戒，推广信易贷模式，持续打造"信用重庆"升级版。提升政务服务质效，落实企业服务专员制度，用好"企业吹哨·部门报到""渝企零距离"等平台，推进线下办事"只进一门"、线上办事"一网通办"、企业和群众诉求"一线应答"。支持企业做优做强，实施领军企业跨越发展鲲鹏计划，持续开展企业上市"千里马"行动和中小企业多元融资提升行动，梯度培育优质中小企业，推动个转企、小升规、规改股、股上市，新培育专精特新企业400家，新发展经营主体数量增长12.5%。

（五）高水平建设西部陆海新通道，打造内陆开放高地。坚持改革先行、需求牵引、政策支撑，持续扩大高水平对外开放，释放"通道+经贸+产业"联动效应。

增强开放通道带动力。深入实施西部陆海新通道五年行动方案，统筹推动基础设施"硬联通"和规则标准"软联通"。提升运输通道能力，加大增值物流和业务创新力度，探索开行辐射印度洋周边的中老泰马国际铁路专列和公海联运路线，推动重庆—新疆班列常态化开行，探索开行商品车滚装共享公共班轮，提升沪渝直达快线、渝甬班列运输时效和服务品质，促进物流与产业供需适配。完善多式联运体系，优化国家物流枢纽、物流园区、物流中心三级物流网络，加快推进江北机场T3B航站楼及第四跑道、西部陆海新通道集装箱多式联运示范工程等项目，完善重庆公路物流基地综合货运功能，建成新田港二期、龙头港铁路专用线等项目，加强物流通道、节点、园区连接道路建设，促进西部陆海新通道与中欧班列、长江黄金水道、国际航空枢纽高效联动。建设数字陆海新通道，构建"通道大脑+智慧物流链"体系，推动国际贸易"单一窗口"智慧化发展，开展航运贸易数字化改革，加大数字提单推广力度，拓展智慧长江物流重大应用，打造更加经济、高效、便捷、绿色、安全的对外开放大通道体系。

增强开放平台集聚力。深化拓展中新互联互通项目，巩固提升重点领域合作，打造示范性重点项目，推进数字化绿色化转型合作，加快枢纽港产业园、生命科技城建设。深入实施自贸试验区提升战略，对接国际高标准经贸规则，持续开展陆上贸易规则、通关便利化等改革探索，聚焦重点产业开展全链条集成创新，复制推广先进地区制度创新成果，深化联动创新区建设。推动两江新区、高新区、经开区高水平开发开放，加快建设国家外贸转型升级基地、国家加工贸易产业园、进口贸易促进创新示范区，争创"一带一路"国际技术转移中心，完善园区开发区知识产权、科技金融、研发设计等服务功能。充分发挥海关特殊监管区和海关监管作业场所功能作用，加强口岸药品和生物制品检测能力建设，加快建设智慧口岸、智慧综保区，争取设立重庆国际铁路港综保区和鱼嘴铁路货运站海关监管场所，推动符合条件的陆路港口纳入启运港退税试点。

增强开放型经济竞争力。实施多元化国际市场拓展战略，推动外贸外资保稳提质。全力稳住外贸规模，开拓东盟、南美、非洲等新兴市场，挖掘关键设备、高端装备、生物医药、食材原料等进口潜力，探索开展能源、矿产、粮食等大宗商品进口分拨业务；稳住笔电、手机、通机等优势产品出口，实施"渝车出海"行动计划，推动"新三样"产品和成套设备出口，拓展中间品贸易、服务贸易、数字贸易，大力发展市场采购贸易，建设跨境电商综合试验区，促进内外贸一体化发展，全年进出口总值增长3%。更大力度吸引外资，瞄准欧洲、中东、新加坡、日韩、香港等重点地区，深入实施外资招商专项行动，加强外商投资全流程服务，争取引进一批先进制造业、现代服务业重大外资项目，引导存量企业扩大投资规模和经营领域，打造高质量外资集聚地。加快建设中西部国际交往中心，办好智博会、西洽会等活动，推进重庆外交外事历史陈列馆建设，促进澜湄旅游城市合作联盟总部落地，支持墨西哥、越南来渝设立领事机构，争取国际科技组织落户。

（六）深入推进以人为本的新型城镇化，提高城市综合承载能力。加快转变超大城市发展方式，大力推进创新、开放、便捷、宜居、生态、智慧、人文"七个城"建设，打造现代化国际大都市。

优化城镇体系布局。出台实施全市国土空间总体规划，加快构建大中小城市和小城镇协调发展格局。提升中心城区发展能级，强化产业引领、科技创新、门户枢纽、综合服务等核心功能，规划建设一批具有辨识度的重点功能区，优化城市形态、自然生态和滨江业态，保护城市天际线、山脊线、水岸线，规划控制景观视廊和建筑形态，加强街头小景和小微空间设计，增强城市的时代性和现代感。推进以区县城为重要载体的城镇化建设，分类引导区县城特色化差异化发展，完善区县城交通、市政、商贸流通、消费等基础设施，推动医疗、教育、养老、托育等公共服务加快覆盖常住人口，深化"小县大城"试点，促进区县城扩容提质，壮大区县域经济，更好支撑农业转移人口市民化。建设特色名镇强镇，培育发展以文化旅游、食品及农产品加工、商贸物流等为特色的专业功能镇，支持有条件的城镇打造区县域副中心，统筹推进"强镇带村"试点和美丽宜居示范乡镇建设，促进县乡村功能衔接互补。

提升城市功能品质。突出"留改拆增"和"四增三减"，持续改善城市人居环境。推进城市更新，全市域开展城市体检，编制实施城市综合交通体系、15分钟生活圈等专项规划，接续推进城市更新项目，推动109公里两江四岸治理提升，新开工改造城市危旧房7043户，强化城市供排水管网和地下综合管廊建设，创建国家节水型城市。抓好城市缓堵保畅，推进7号线一期、15号线等262公里轨道交通在建项目，持续实施路网更新改造和交通堵点乱点治理，加强次支路网优化提升，深化停车综合治理改革，加快"充储泊配"设施建设，增开一批小巷公交，新建和提档升级一批立体过街设施，完善"轨道+公交+慢行"绿色出行体系，提高城市交通运行效率。促进城市绿化美化，开展国家生态园林城市创建和"四山"保护提升，实施"增绿添园""增花添彩"行动，精心打造"金角银边"，增加城市开敞空间，推动城市绿地更新提质和公园绿地开放共享，擦亮山城步道、山城夜景等"山城品牌"。传承城市文化基因，实施城市历史文化遗产保护行动，加强对老建筑、老巷子、老街区保护和活化利用，建设修缮一批历史文化名城、名镇、名村和传统风貌区，留住重庆记忆、山城味道、烟火气息。

增强城市治理能力。深化城市管理综合行政执法改革，推动市、区县、镇街三级联动执法，建设专业化城市治理队伍。实施"城管进社区、服务面对面"行动，开展城乡环境卫生"拉网"清理整治，启动垃圾分类先锋创建。加强社区物业治理和服务体系建设。推进韧性城市、海绵城市建设，深化拓展城市治理风险清单管理，实施路桥隧安全整治三年行动和城市基础设施生命线安全工程，加强防洪排涝、消防救援、公共卫生、应急处突等能力建设，确保城市安全运行、有序运转。

（七）有力有效推进乡村全面振兴，加快建设巴渝和美乡村。学习运用"千万工程"经验，深入实施"四千行动"，筑牢现代化新重庆建设的乡村底色。

坚决守牢底线红线。全面落实粮食安全和耕地保护党政同责，实施"稳粮扩油"工程和大面积粮食单产提升行动，加强地方储备粮管理和流通监管，抓好重要农产品稳定安全供给。健全耕地数量、质量、生态"三位一体"保护制度体系，完善耕地占补平衡制度，分类稳妥开展违规占用耕地整改复耕，加强撂荒地治理，持续整治"大棚房"，新建和改造提升高标准农田200万亩。健全防止返贫动态监测帮扶机制，提高产业和就业帮扶实效，加大重点区域、重点群体帮扶力度，深化鲁渝协作和中央定点帮扶，研究推动防止返贫帮扶政策和农村低收入人口常态化帮扶政策并轨，确保不发生规模性返贫。

大力发展乡村产业。做好"土特产"文章，聚力打造火锅食材、粮油、生态畜牧三大千亿级产业，壮大预制菜、柑橘、中药材、榨菜、茶叶、重庆小面六个百亿级产业。统筹推进现代农业产业园、农业现代化示范区创建，加快成渝现代高效特色农业带建设，支持区县创建国家农业高新技术产业示范区。鼓励发展农村电商。抓好农业生产"三品一标"建设。做大做强"巴味渝珍""三峡柑橘"等区域公用品牌，支持区县打造特色农业品牌，提升特色农产品附加值和美誉度，把农业建成现代化大产业。

全面提升乡村建设治理水平。深入实施农村人居环境整治提升行动，一体推进农村"五网"建设，深化农村厕所、垃圾、污水"三个革命"。开展"智慧农业·数字乡村"发展行动，抓好"邮运通"试点。实施农村基本公共服务提升行动，加快补齐教育、医疗、养老等社会事业短板。建强农村基层党组织，完善党建统领"四治融合"乡村治理体系，深化乡村建设和乡村治理融合试点，创建全国乡村治理示范村镇。持续推进移风易俗，涵养优良乡风民风，传承活化乡土文化，大力塑造乡村文明新风尚。

深化强村富民综合改革。稳慎推进宅基地制度改革和农村集体经营性建设用地入市试点，扩面深化"三变"改革，推进生产、供销、信用"三位一体"改革，开展农村产权流转交易市场建设先行示范。深化城乡融合发展改革试点，实施规划、科技、经营、资金进乡村和能人、青年、务工人员回乡村"四进三回"行动，促进城乡要素双向流动。鼓励基层改革探索和创新，持续壮大新型农村集体经济，完善联农带农机制，让农民群众的钱袋子尽快鼓起来。

（八）全面融入长江经济带高质量发展战略，扎实推进美丽重庆建设。坚持共抓大保护、不搞大开发，一体推动治水、治气、治土、治废、治塑、治山、治岸、治城、治乡，构建城乡整体风貌大美格局。

深入打好污染防治攻坚战。建设美丽幸福河湖，落实"河湖长制"，"一河一策"加强河流保护，实施流域面积200平方公里以上河流整治，深化入河排污口排查整治，实施高标准治理城市生活污水三年行动，加快污水溢流、侵占岸线、水土流失等问题治理，强化川渝跨界河流联防联治和库区水域清漂，持续改善水环境。守护美丽蓝天，实施空气质量持续改善行动计划，以主城都市区治气攻坚为重点，加强臭氧污染防治、柴油货车污染治理和重污染天气消除攻坚，力争空气质量优良天数稳定在320天以上。打造净土家园，加强土壤污染源头防控，实施农业面源污染防治巩固提升工程，深化限塑减废协同治理攻坚，提高重点建设用地和受污染耕地安全利用率。

加强生态系统保护修复。强化"三线一单"生态环境分区管控，严格执行准入清单。全面落实林长制，持续实施三峡库区腹心地带山水林田湖草沙一体化保护修复等重大工程，做好缙云山生态环境综合提升"后半篇"工作，深入推进锰污染综合整治和锰矿山生态修复，提质建设"两岸青山·千里林带"和国家储备林，打造科学绿化试点示范市。共建"六江"生态廊道，持续推进长江十年禁渔。做好三峡后续工作。支持重庆环境资源法庭建设。完善生态产品价值实现机制，深化集体林权制度改革，升级"长江绿融通"服务系统，优化"碳惠通"平台，拓宽绿水青山转化为金山银山的路径。

实施绿色低碳转型行动。推进工业、城乡、交通等重点领域碳达峰行动计划，加快工业园区循环化和节能降碳改造，坚决遏制"两高一低"项目盲目发展，有序推动能耗"双控"向碳排放"双控"转变，单位地区生产总值能耗下降3%。构建绿色低碳供应链，推动低碳数字能源试点示范，打造绿色工厂和绿色园区，培育壮大节能环保装备、废弃物资源化利用等绿色产业，大力发展绿色制造、装配式建筑，推进智能建造试点城市建设。鼓励绿色低碳产品消费，倡导绿色低碳生活方式。

（九）加快打造新时代文化强市，增强城市文化软实力。学习贯彻习近平文化思想，坚定文化自信、秉持开放包容、坚持守正创新，培育重庆文化新标识，构建文化建设新格局。

巩固壮大主流思想舆论。加强习近平新时代中国特色社会主义思想研究机构和平台建设，实施哲学社会科学创新工程。培育践行社会主义核心价值观，深化新时代文明实践中心建设，开展"渝见有礼"精神文明教育，系统构建红岩精神育人体系。建设全媒体矩阵，完善意识形态工作机制，加强意识形态阵地建设和管理。

繁荣发展文化事业和文化产业。实施重庆历史文化研究工程，推进"考古中国—巴蜀文明进程研究"和巴渝文库出版，高标准建设长江、长征国家文化公园（重庆段），一体保护提升"红色三岩"。创新文艺创作生产全生命周期管理机制，启动筹备第十四届中国艺术节。深化全民阅读活动，健全公共文化场馆免费开放机制，建设一批城乡书房、文化驿站、乡情陈列馆。创建国家级文化生态保护区。建设西部科普中心。推动文化产业高质量发展，打造一批全国知名的文艺院团，发展文创产业、新型媒体、智慧广电、数字出版等新业态，力争文化产业增加值增长7%左右。

扩大对外文化传播。打造西部国际传播中心核心平台，推广"感知重庆"等城市传播品牌项目。大力实施巴渝文化"出海计划"，发挥高校、医院、文艺团体、民间组织作用，打造一批对外文化交流基地，拓展共建"一带一路"国家文化交流平台和渠道，不断提高重庆文化传播力、吸引力、影响力。

（十）更大力度保障和改善民生，提升人民生活品质。坚持尽力而为、量力而行，集中力量抓好办成一批群众可感可及的实事，兜住、兜准、兜牢民生底线，在高质量发展中增进民生福祉。

加强就业服务和社会保障。实施"稳岗扩岗"就业容量拓展工程，城镇新增就业60万人以上、城镇调查失业率控制在5.5%左右，确保高校毕业生、退役军人、农民工等重点群体就业稳定。健全工资合理增长机制，实施中等收入群体倍增计划，全体居民人均可支配收入增长6%以上。实施社保扩面提质专项行动，发展多层次、多支柱养老保险体系。建立健全分层分类的社会救助体系，做好城乡特困人员和全失能低保老年人集中照护服务。加强妇女儿童、残疾人关爱和权益保障。推进全市域青年发展型城市建设。健全退役军人服务保障体系。完善生育支持政策，提升婴幼儿照护服务能力。实施渝悦养老行动，推进乡镇敬老院提档升级，完成特殊困难老年人家庭适老化改造1万户。

推进教育强市建设。优化普惠性学前教育资源供给。实施义务教育城乡一体化计划，推动义务教育薄弱环节改善和能力提升，创建全国义务教育优质均衡发展区县。加快推动县域普通高中特色化高质量发展。办好特殊教育。引导规范民办教育发展。实施职业教育提质领跑行动，推进本科层次职业技术大学建设，支持组建产教联合体和产教融合共同体，高水平建设西部职教基地。加强"双一流"建设和"四新"特色高校建设，筹建重庆柴可夫斯基音乐学院，办好卓越工程师学院和现代产业学院，促进高等教育内涵式发展。深化新时代教育评价改革。推动数字教育迭代升级。

优化卫生健康服务体系。深化医药卫生体制改革，促进医保、医疗、医药协同发展和治理。创建国家医学中心和国家区域医疗中心，建设区县域医疗卫生次中心，深化紧密型城市医疗集团和县域医共体改革。加强疾控机构基础设施建设，开展等级疾控机构创建。实施区县精神卫生中心标准化建设工程。建立职工医保门诊统筹保障制度，将长期护理保险覆盖到中度失能人员，不断扩大普惠性保险保障范围。深化医保支付方式改革，加大药品和医用耗材集中带量采购力度，加强医保基金常态化监管。建立"一人一码一档"全生命周期电子健康档案，推动跨机构检查检验结果数字化互认。实施中医药振兴发展八大工程。深入推进健康中国重庆行动。扎实开展爱国卫生运动。办好市七运会、亚洲青少年乒乓球锦标赛和中韩青少年体育交流活动。

建设更高水平的平安重庆。迭代风险闭环管控机制，防范化解房地产、金融、地方债务等领域风险，守住不发生系统性风险底线。深入推进三峡库区危岩地灾治理攻坚战行动，分类实施工程治理、避险搬迁、加固维护，及时消除隐患点。开展安全生产治本攻坚三年行动，推进安全生产风险隐患专项整治，强化极端天气、洪涝地灾、森林火灾风险防范，完善防灾减灾工程体系，提升应急管理能力和本质安全水平。严格食品药品安全监管。依法管理民族宗教事务。推动国防动员高质量发展，加强双拥工作。完善城乡社区治理体系。深化新时代"枫桥经验"新重庆新实践，开展安全稳定"四最"和四个重点问题专项整治，深入推进信访工作法治化。加强社会治安整体防控体系建设，推行主动警务、预防警务，防范打击电信网络诈骗、跨境赌博等违法犯罪，做好反恐禁毒工作，推动扫黑除恶长效常治，全力守护城市安全、社会安定、百姓安宁。

各位代表！解决老百姓的操心事、烦心事，是政府的分内事。今年，我们将继续加大民生投入，接续实施一批重点民生实事，包括：新开工改造城镇老旧小区4186万平方米；实施100个街头绿地提质项目，建设100公里山城绿道；建设100个口袋公园、10座体育公园；新开工15个轨道站点步行便捷提升项目；新增"错时共享"停车泊位4.5万个；安装1000台化粪池安全监测系统，完成2万个窨井盖专项整治；实施农村公路安防工程4000公里；完成500个农村黑臭水体治理项目；开展农业社会化服务180万亩；新增婴幼儿托位1.1万个；义务教育学校课后服务对有需求的学生保持100%全覆盖；为13万困境留守儿童提供心理健康教育辅导；建设"渝馨家园"100家以上；建设24个妇女儿童综合服务体；启动35个城乡公益性殡葬服务设施建设。每件实事都要量化、细化，所有任务都要责任到人、落实到位，确保把好事办好、实事办实、难事办妥，让老百姓过上更好的日子。

三、全面加强政府自身建设

今年经济社会发展任务重、挑战多，全市政府系统要以忠诚为本、法治为基、发展为重、实干为要，持续提升政府治理能力和水平，奋发有为把现代化新重庆建设推向前进。

（一）强化政治铸魂，做对党忠诚、立场坚定的明白人。始终保持高度的政治敏锐性，坚决拥护"两个确立"、坚决做到"两个维护"。自觉用习近平新时代中国特色社会主义思想凝心铸魂，"第一议题"跟进学习，第一时间贯彻部署，巩固拓展主题教育成果。强化"总书记有号令、党中央有部署，重庆见行动"闭环落实，严格执行市委工作要求，以实际行动站好岗、放好哨、守好土、尽好责。深化肃清流毒影响工作，推动政治生态持续向好。

（二）强化依法行政，做尊法守法、践诺守信的执行者。深入落实法治政府建设实施方案，抓紧抓实地方机构改革重点任务。加强重点领域、新兴领域创制性立法，促进立法与改革相衔接。严格规范公正文明执法，推进"大综合一体化"行政执法体制改革。推动全民守法、精准化普法。做好第五次全国经济普查工作。自觉接受人大监督和政协监督，主动接受监察监督、司法监督、群众监督、舆论监督，加强审计监督、统计监督。强化政务诚信建设，恪守契约精神，政府作出的承诺、制定的政策要说到做到、坚决兑现。

（三）强化效能建设，做紧抓快干、狠抓落实的实干家。把抓落实要求贯穿政府工作全过程各方面，不折不扣抓落实、雷厉风行抓落实、求真务实抓落实、敢作善为抓落实。提升决策效能，注重从中观微观层面找准工作切入点、突破口，打破思维定势，敢于担当任事。提升运转效能，树立"主动跨前一步"思维，加强跨部门跨领域业务协同，围绕"高效办成一件事"合力攻坚。提升服务效能，落实"四下基层"制度，常态化开展"三服务"工作，尽心尽力为企业和群众排忧解难。提升办事效能，用好"八张报表""八张问题清单"，落实"首问责任制""限时办结制"，构建体系化、全贯通、可衡量、闭环式长效机制。做好政府工作，抓落实是基本功，高效率是生产力。全市政府系统要坚持实事求是，力戒形式主义、官僚主义，倡导专业专注，把精力用到办实事、干成事上来，努力让重庆发展的每一步都更出色、更出彩。

（四）强化正风肃纪，做清廉为民、干净干事的行动派。紧扣新时代市域党建新高地目标，深入开展党性党风党纪教育，持续推进清廉重庆建设，压实全面从严治党政治责任。严格执行新修订的纪律处分条例，筑牢中央八项规定精神堤坝，深化细化基层减负具体举措。习惯政府过紧日子，严控"三公"经费，严肃财经纪律，严防"跑冒滴漏"。坚决反对和惩治腐败，加强审批监管、投资融资、工程建设、公共资源交易等重点领域制度建设，深化"以案四说"警示教育和以案促改促治，以为政清廉取信于民。

各位代表！新重庆因拼搏而美丽，新征程因奋斗而精彩。让我们更加紧密团结在以习近平同志为核心的党中央周围，在中共重庆市委领导下，唯实争先、拼搏奋进，努力跑出新速度，积累加速度，为中国式现代化谱写更加壮美的重庆篇章，为强国建设、民族复兴贡献更加强大的巴渝力量！

让我们朝着新重庆的美好明天，向前进，再出发！

四川省
政府工作报告

——2024年1月22日在四川省第十四届 人民代表大会第二次会议上

省长 黄 强

各位代表：

现在，我代表省人民政府，向大会报告工作，请予审议，并请省政协委员提出意见。

一、2023年工作回顾

刚刚过去的2023年，是全面贯彻党的二十大精神、以中国式现代化引领四川现代化建设的开局之年，是三年新冠疫情防控转段后经济恢复发展的一年。习近平总书记亲临四川视察指导工作，提出"四个发力"重要要求，赋予打造"两高地、两基地、一屏障"使命任务。在省委的坚强领导下，新一届省政府坚定以习近平新时代中国特色社会主义思想为指导，深入贯彻落实党的二十大精神和习近平总书记对四川工作系列重要指示精神，认真实施省委"四化同步、城乡融合、五区共兴"发展战略，全力以赴拼经济搞建设，坚定不移推动高质量发展，着力扩大内需、优化结构、提振信心、防范化解风险，较好完成全年经济社会发展目标任务。全省地区生产总值突破6万亿元，增长6%、在前十经济大省中并列第一；地方一般公共预算收入增长13.3%，规模以上工业增加值增长6.1%，全社会固定资产投资增长4.4%，社会消费品零售总额增长9.2%。一年来，主要做了以下工作：

一是着力推动经济恢复回升，实现经济运行整体好转。面对疫情后经济亟待恢复的困难和挑战，打出提振发展信心"36条"、促进消费"22条"、进一步激发市场活力"19条"等政策"组合拳"，办理新增减税降费及退税缓费超过860亿元。把恢复和扩大消费摆在优先位置，落实省委促消费扩内需专题会议部署，实施"三品一创"提质扩容工程，培育"蜀里安逸"消费品牌，打造40个"商文旅体康"融合消费新场景，开展促消费活动近2万场，社会消费品零售总额由全国第六位升至第五位。特别是旅游业强劲复苏，接待游客人次和旅游收入全面超过疫情前水平，世界最大的人工古柏林翠云廊等成为火爆打卡地，14个县上榜全国县域旅游综合实力百强县。西部金融中心建设成效明显，全省存贷比达到86%、创历史新高，各项贷款余额同比增长14.5%、增速居全国前列。以项目为抓手扩大有效投资，纳入国家"十四五"规划"102项重大工程项目"的314个项目加快实施，700个省重点项目完成投资9243.8亿元、年度投资完成率达到130.4%；全年发行新增地方政府债券2565.4亿元，拉动社会投资超过5000亿元；333个政策性开发性金融工具项目基金支出538.2亿元。针对民营经济活力不足，落实省委促进民营经济健康发展专题会议部署，出台"1+2"政策文件，实施政策清理完善、融资难题破解、拖欠账款清理、资源要素保障、政务服务效能提升"五大行动"，新登记各类经营主体149.6万户、增长20.9%。针对外贸承压下行的严峻态势，"一企一策"稳加工贸易龙头企业，组织"川行天下"市场拓展活动，实施扩大进口专项行动，电动载人汽车、锂电材料、太阳能电池等外贸"新三样"进出口分别增长77.6%、44.5%、22.2%，跨境电商增长21.8%，全省进出口总额保持全国第八位。实现合同外资531.2亿元、增长100%，实际到位外商直接投资规模居中西部前列。在川世界500强企业达到381家，居中西部第一位。在川领事机构达23个，成都被称为全国"领馆第三城"。

二是坚持以科技创新推动产业发展，培育经济增长新动能取得重要进展。西部唯一的国家实验室开工建设并当年封顶。新获批2家全国重点实验室，13家全国重点实验室、30家省重点实验室完成重组，首批4家天府实验室实体化运行。国家川藏铁路技术创新中心建成投用，国家高端航空装备技术创新中心、全国先进技术成果西部转化中心揭牌运行，世界最深暗物质实验室锦屏深地实验室二期投入科学运行，稻城高海拔宇宙线观测站通过国家验收，子午工程二期入选2023年度国内十大科技新闻，新一代人造太阳"中国环流三号"入选十大超级工程，18兆瓦海上风电机组入选十大国之重器。在川"两院"院士新增5位，达到67位。制定基础研究十年行动计划，前瞻布局2000个基础研究项目。启动实施轨道交通、钒钛稀土、集成电路与新型显示3个重大科技专项。一批重大关键技术攻关和成果产业化取得突破，运20、C919大飞机机头批量交付，芯片封装载板材料实现国产化，国内首台自主创新产品F级50兆瓦重型燃气轮机成功商用，医用回旋加速器实现核医学影像关键装备国产化。全年技术合同成交额突破1900亿元，山地齿轨旅游列车、北斗三号基带芯片等重大成果在川转化。启动实施创新型企业培育"三强计划"，新增高新技术企业1500家，培育瞪羚企业50家。全省企业研发投入占全社会R＆D比重超过60%。成渝（兴隆湖）综合性科学中心揭牌启动，西部（成都）科学城加快成势。成功举办2023世界科幻大会，成都成为亚洲第二个、中国第一个举办地。中国（绵阳）科技城建设明显提速，在全国城市科技创新百强榜中上升至第十七位。启动建设"一带一路"科技创新合作区，川渝在重庆共同成功举办首届"一带一路"科技交流大会。

落实省委深入推进新型工业化、加快建设现代化产业体系的决定，制定实施六大优势产业提质倍增行动方案及支持政策，六大优势产业增加值增长6.6%。推动产业成链集群发展，3个国家战略性新兴产业集群和3个国家先进制造业集群加快壮大，集成电路、航空航天等23个省级战略性新兴产业集群启动实施，4个产业集群入选国家中小企业特色产业集群，成都、德阳、绵阳、宜宾入选全国先进制造业百强市。开通第三批低空协同管理试点空域，形成贯通环成都和川南、川北的低空飞行网络。推动制造业智能化改造数字化转型，10个场景入选国家人工智能"智赋百景"，东方电气、四川长虹入选国家级跨行业跨领域工业互联网平台，成都超算中心获批建设首批国家新一代人工智能公共算力开放创新平台。新增5G基站4.6万个，千兆光网覆盖家庭能力达到5500万户。新增上云企业5万余户。新增专精特新"小巨人"企业107户。举办系列产业发展大会和投资促进活动，沃尔沃、西门子、京东方等一批重大产业项目开工建设。成功举办中国质量（成都）大会。

绿色低碳发展扎实推进。提速实施多能互补电源项目和互联互济电网工程，13个水电站、21个光伏项目、18个风电项目等加快建设，全球最大水光互补项目柯拉光伏电站并网发电，35项迎峰度夏和度冬电网工程建成投产，年度新增电网供电能力超1000万千瓦，能源电力供应平稳有序、保障有力。全省清洁能源装机容量达到1.1亿千瓦、占比86.7%，其中水电装机容量9759万千瓦、居全国第一位。天然气（页岩气）产量达到552亿立方米，居全国第一位。开展新一轮找矿突破战略行动，在甘孜探获了亚洲规模最大的硬岩型单体锂矿。新创建国家级绿色工厂、绿色工业园区、绿色供应链管理企业38家、7家、1家。累计成交国家核证自愿减排量3828.7万吨，居全国第四位。

三是强化成渝地区双城经济圈建设战略牵引，区域和城乡发展格局持续优化。在重庆璧山、四川绵阳召开两次川渝党政联席会议。248个共建重大项目完成年度投资4138.4亿元，超年度计划20%。推动四川8市和渝西8区相向发展，促进成渝地区中部崛起。川渝万达开地区统筹发展、川南渝西地区融合发展总体方案获国家批复。涪江流域川渝九地协同发展步伐加快。共同打造汽车、电子信息、装备制造、特色消费品等世界级产业集群，四川时代与长安汽车共同投资的30GWh动力电池等一批产业合作项目建成投产。311项"川渝通办"事项累计办理超过1500万件次，"双城"生活更有"同城"体验。成都践行新发展理念的公园城市示范区建设成势见效。启动实施成都都市圈建设成长期三年行动计划，市域（郊）铁路成都至资阳线实现轨通。天府新区和4个省级新区承载能力持续增强。攀枝花共同富裕试验区建设扎实推进。39个欠发达县域托底性帮扶全面铺开。新增江油、宣汉、金堂3个全国百强县。

大力提升城镇功能品质。制定推进以县城为重要载体的城镇化建设实施意见，在37个县（市）开展新型城镇化建设省级试点。出台推动房地产市场企稳回升"10条"，商品房销售面积、销售额分别居全国第四位、第六位。筹集保障性租赁住房10.5万套（间）。成都持续开展城市更新全国试点，11个地级市和10个县级城市（县城）启动省级城市更新试点。新开工改造城镇老旧小区5293个、改造棚户区6.8万套，加装既有住宅电梯4900部，更新改造城镇燃气管道超过1万公里、供水管道2202公里、排水管道4254公里。开工城乡生活污水和垃圾处理项目近2000个，完成投资909亿元。开展历史建筑保护专项行动和古树名木保护专项整治，确定历史建筑2683处，登记在册古树名木7.1万株。

基础设施支撑能力持续增强。铁路、公路建设完成年度投资居全国第一位，新增铁路里程524公里、高速公路里程624公里，新增进出川大通道6条、达到48条。川藏铁路和成渝中线、成达万、渝昆、西渝等高铁加快建设，成自宜高铁建成通车，西部陆海新通道西线铁路通道叙毕铁路开通运营。川青铁路青白江至镇江关段正式通车，结束了川西北高原地区不通铁路的历史。久（治）马（尔康）高速公路川青界段建成通车，首次实现两省高速互通。直连成都双流和天府两个国际机场的地铁19号线建成通车，助推"两场一体"高效运营，时速350公里的高铁下穿天府机场，实现"空铁零换乘"。成都国际航空枢纽年旅客吞吐量近7500万人次，居全国第三位；货邮吞吐量达到76.7万吨，居全国第六位。成都至香港互通直达高铁列车正式开通运营，中欧班列（成渝）开行量保持全国第一位。阆中古城机场、遂宁安居通用机场、北川永昌通用机场建成通航。岷江犍为航电枢纽建成投运。引大济岷等6个项目纳入全国

60项重大水利工程，向家坝灌区一期二步、三坝水库、米市水库等重大工程开工建设。在建水利工程投资规模1500亿元，年度完成投资610亿元。省管大型灌区一体化改革全面完成，水权水价改革有序实施。

四是加快推进乡村全面振兴，打造新时代更高水平"天府粮仓"扎实起步。全面落实田长制，强力推进成都平原和全省耕地保护专项整治，耕地面积净增加50万亩以上，撂荒地动态清零4.2万亩。实施"天府良田"建设攻坚提质行动，实行整市整县整片推进，新建和改造提升高标准农田425万亩。实施主要粮油作物大面积单产提升行动，在90个粮食生产重点县每县建成1个万亩高产示范片。全省粮食产量达到718.8亿斤，创26年来新高；油菜籽产量居全国第一位；出台生猪保供稳价"9条"措施和推进生猪产业现代化意见，生猪出栏量6662.7万头，居全国第一位，超额完成国家下达任务。树立大食物观，启动建设"天府森林粮库"。国内唯一省级综合性种质资源中心库建成投用，国家区域畜禽（生猪）种业创新中心投入运行，5大种业集群加快建设。启动农机装备补短板行动，新增农机装备30万台（套）。新建农产品产地冷藏保鲜设施1000座。启动"天府粮仓·千园建设"行动，新创建国省级农业园区95个、产业集群21个、产业强镇66个。新增家庭农场2万家、农民合作社省级示范社300个，新培育基层供销社示范社287个，农业社会化服务体系加快构建。

学习运用"千万工程"经验，全面启动宜居宜业和美乡村建设。新创建中国美丽休闲乡村12个，培育省级乡村旅游重点村100个。新改建农村公路1.9万公里，乡村"金通工程"车辆达到2.7万辆。新改建农村卫生厕所51.2万户。乡村水务百县建设持续推进。

稳慎推进1市5县农村宅基地制度改革试点，直接拉动乡村产业投资40多亿元。充分发挥监测、增收、帮扶"三大工作体系"作用，151.3万脱贫人口纳入兜底保障，防止返贫监测对象全部落实帮扶措施。对50个乡村振兴重点帮扶县全面落实特殊支持措施。东西部协作和对口支援务实开展，实施年度帮扶项目达到857个。

五是扎实推进民生事业补短板提质效，公共服务供给和保障能力得到提升。全省一般公共预算民生支出占比65.7%。30件民生实事年度任务全部完成。全省城乡居民人均可支配收入分别增长4.6%、7%。

就业形势总体稳定。出台促进青年就业创业"35条"，提供政策性岗位超过30万个，实施以工代赈重点工程375个。全省城镇新增就业104万人，应届高校毕业生就业去向落实率居全国前列，"四类重点人群"高校毕业生基本实现就业，2600多万农民工就业总体稳定，"零就业"家庭实现动态清零。加强新就业形态劳动者权益保护，建设户外劳动者服务站点4684个，"暖心之家"行动惠及43万名货车司机。

社会保障兜得更牢。城乡居民基础养老金、最低生活保障标准在全国排位明显提高。基本建成省、市、县、乡四级联动的低收入人口动态监测预警机制，特殊困难人员得到及时救助。残疾人"两项补贴"标准动态调整。城市居家社区"15分钟养老服务圈"和农村三级养老服务网络基本成型，孤寡老人关爱行动和失能老人照护行动惠及200万困难老年人，为137.5万人次残疾人提供"量体裁衣"式服务。新建、改扩建普惠性托位1.2万个。"明眸皓齿、正心立身"健康工程惠及近900万未成年人。

教育质量稳步提高。与教育部签署战略合作协议，建设中西部教育高质量发展先行省。优化调整中小学（幼儿园）4892所、教学点4352个，"超大班额"全面消除，"双减"工作取得阶段性成效。开工建设公办幼儿园200所。首批6个义务教育优质均衡发展县（市、区）完成国家评估认定实地核查。24个县（市、区）完成学前教育普及普惠国家督导评估实地核查，广安市成为全国首个全域完成该项核查的地级市。新设立3所高等职业学校，新增1所本科职业技术大学，1所独立学院完成转设。开展新一轮高校"对标竞进、争创一流"工作，19所高校101个学科进入全球高水平学科行列。"四川云教"城乡联盟优质资源惠及薄弱学校1700余所。

人民健康更有"医"靠。新增国家区域医疗中心4家，成都、自贡、攀枝花入选国家紧密型城市医疗集团建设试点城市。国家区域医疗中心项目四川省儿童医院一期等投入使用。中医国家区域医疗中心获批建设，新增4个国家中西医协同"旗舰"医院和1个国家中医疫病救治基地。省、市、县疾病预防控制局全部挂牌。在全省落地集中采购药品、医用耗材分别达到450个和13类，价格降幅分别超过50%、80%，啃下口腔种植体"史上最难集采"硬骨头。异地就医直接结算覆盖全部县（市、区）。全面落地医保码全流程应用和医保移动支付，群众就医购药"码上付"，80%医保事项实现"网上办"。

文化体育繁荣发展。三星堆入选首批国家文物保护利用示范区，博物馆新馆建成开放，三星堆文化瑰宝大放异彩。濛溪河遗址和桃花河遗址考古发掘成果，成为皮洛遗址后中国旧石器考古又一重大突破。国家级国际传播最高奖——金熊猫奖永久落户四川，首届评选活动隆重精彩。成功举办中国曲艺节、中国京剧艺术节、中国网络视听大会等国家级文化活动，音乐会、演唱会等城市演艺持续火爆。天府演艺集团挂牌成立，省文化艺术中心竣工投用。川籍运动员在杭州亚运会上获金牌、奖牌数量创历史新高。四川女篮夺得全国联赛、锦标赛冠军。243个公共体育场馆和体育公园向社会免费或低收费开放，开放数量居全国第一位。举办县级以上赛事活动7500多项次，参与群众超4000万人次。

六是主动防范和化解重点领域风险，守牢高质量发展底线红线。认真落实国务院安委会安全生产十五条硬措施，扎实开展重大事故隐患专项排查整治行动，生产安全事故起数、死亡人数同比分别下降13.5%、8.8%，未发生重大及以上生产安全事故。森林草原火灾和人为火灾起数连续3年大幅下降，没有出现人员伤亡。国家西南区域应急救援中心项目即将竣工投用，投资8.3亿元的6个区域性综合应急救援基地全部建成。完成地质灾害全域综合整治三年行动任务，累计消减地质灾害隐患点2.4万余处。芦山、马尔康、泸定等地震灾区灾后恢复重建有序推进。深刻汲取金阳县"8·21"山洪灾害教训，从重从快严肃追责问责，举一反三开展安全领域突出问题专项整治，切实维护人民群众生命财产安全。

坚守生态环境质量"只能更好、不能变坏"刚性底线。持续打好蓝天、碧水、净土保卫战，空气质量指数列全国第十三位、较上年提升三位，203个国考断面水质优良率首次达到100%，土壤环境质量保持稳定。核与辐射安全可控。深化河湖长制工作，宜宾市江之头、阿坝州花湖入选全国美丽河湖，绵阳市芙蓉溪入选全国幸福河湖建设试点。严格生态环境分区管控。将13.7万余家排污单位纳入排污管理，固定污染源排污许可实现全覆盖。高质量建设大熊猫国家公园，若尔盖国家公园创建任务基本完成。9个地区建成第七批国家生态文明建设示范区和"两山"实践创新基地。率先启动省级适应气候变化十大行动，实现全国碳市场配额100%清缴履约。两轮中央督察及"回头看"任务完成95.1%，国家移交的长江黄河生态环境问题整改完成80.9%，曝光和处理典型案件，严厉打击了一批违法犯罪行为。

"三合一"推进地方债务化解、拖欠企业账款清理、"保交楼"工作。制定综合化债方案，扎实推进各类债务风险防范化解，全省债务风险总体可控。清理拖欠企业账款专项工作取得成效。创新和用好政策，"保交楼"交付20.2万套，交付率达到86.4%。重点法人机构风险化解工作稳妥推进，高风险金融机构数量降至近年来最低水平。

依法治理能力和水平持续提升。提请省人大常委会审议地方性法规7件，制定、修订和废止省政府规章10件。天府中央法务区集聚各类法务机构超过300家。开展法治政府建设示范创建，命名省级示范地区14个。启动实施提升行政执法质量三年行动计划，出台省级地方标准4个，推动交通运输、市场监管、税务、土地等领域制定行政处罚裁量基准，推行精准高效监管执法"一目录、五清单"。开展行政复议质量提升年活动，依法受理案件11183件，复议纠错率20.8%。现代公共法律服务体系建设评估居全国第三位。

平安四川建设持续加强。坚决捍卫国家政治安全，深入开展反渗透反颠覆反分裂反恐怖反邪教斗争，筑牢国家安全人民防线。深入贯彻新时代党的治藏方略，涉藏州县依法常态化治理持续推进。启动实施"深耕善治"三年行动计划，立足基层就地解决人民群众反映的各类矛盾问题。深入推进社会治安防控体系建设，常态化开展扫黑除恶斗争，电信网络诈骗、养老诈骗高发势头得到有力遏制，禁毒形势持续向好，刑事、治安案件发案率明显下降。坚持和发展新时代"枫桥经验",深入开展矛盾纠纷"大起底大排查大化解"专项活动,加强信访问题源头治理,信访事项群众满意率不断提高。深化"五社联动"实践,完成城乡社区治理试点示范三年行动计划,建成市域四级社会工作服务站点1.4万个,基层治理现代化持续推进。

七是从严从实开展主题教育,努力改进和提升政府工作。牢牢把握"学思想、强党性、重实践、建新功"总要求,坚持不懈用习近平新时代中国特色社会主义思想凝心铸魂、统揽政府工作,一体贯通推进理论学习、调查研究、推动发展、检视整改和建章立制。树牢正确政绩观,鲜明高质量发展导向,着力解决违反客观规律盲目蛮干、违规举债搞政绩工程、统计数据造假等问题,引导各地把思想和行动转到高质量发展上来。聚焦最突出、最急迫、与先进差距最大、群众反映最强烈的问题大兴调查研究,"小切口、大纵深"推动调研成果转化运用。纠治形式主义、官僚主义,整治大呼隆论坛、检查过多过滥、文山会海等突出问题取得阶段性成效,工作作风持续改进。

一年来,省政府依法接受省人大及其常委会监督,自觉接受省政协的民主监督,依靠各方力量共同做好工作。支持国防和军队现代化建设,完成国防动员体制改革主体任务,全省国防动员体系一新、格局一新。退役军人服务保障水平不断提高,军政军民团结进一步巩固。民族团结进步事业创新发展,依法管理宗教事务深入推进。审计监督更加有力,统计工作提质加强。港澳台和侨务工作深化拓展。工会、青年、妇女儿童、科协、工商联、贸促、残联、友协、侨联等服务和推动发展取得新成效。档案、保密、机关事务等工作得到加强。红十字、慈善事业持续进步。文学艺术、哲学社会科学、语言文字、决策咨询、参事文史、史志等取得新成果。

各位代表!

精彩纷呈的成都大运会,是党的二十大后全国首个重大国际体育赛事、西部地区首个世界综合性运动会。习近平总书记亲临出席开幕式,并宣布开幕。在党中央、国务院坚强领导下,教育部、国家体育总局和四川通力合作,外交部、公安部等部委倾力支持,成都坚决扛起主体责任,全体组织者、建设者、参与者、志愿者共同努力,全省人民积极支持,落实"简约、安全、精彩"的办赛要求,用坚强、用信念、用汗水、用超常付出,向世界呈现了一届具有中国特色、时代气息、青春风采的国际体育盛会。国家主场外交保障有力,安保工作万无一失,人文交流丰富多彩,大熊猫"蓉宝"和珙桐树"鸽子花"成为中国穿越时空的友谊使者,以成都为窗口向世界展示了中国式现代化的万千气象。成都大运会非常圆满成功,受到党中央和全国人民的充分肯定,国际大体联和参赛各国大学生运动员给予高度评价。我们向为成都大运会成功举办作出贡献的所有人士,表示衷心感谢!

各位代表!

过去一年取得的成绩,根本在于以习近平同志为核心的党中央坚强领导,在于习近平新时代中国特色社会主义思想科学指引,是全省各族人民克难奋进、埋头苦干的结果,也是社会各界和海内外朋友大力支持的结果!在此,我代表省人民政府,向全省各族人民,向各民主党派、各人民团体和各界人士,向驻川部队指战员、武警官兵、公安民警、消防救援和民兵预备役人员,向中央驻川单位,向港澳台同胞、海外侨胞和国际友人,表示衷心感谢!

同时,我们清醒认识到,经济社会发展还面临不少困难、问题和挑战。主要是：有效需求不足，经济恢复回升基础还不牢；城乡和区域发展不平衡仍然突出；教育、医疗、养老等基本公共服务与群众的期待还有不小差距；生态环境保护、耕地保护、灾害事故防范任务依然繁重，一些重点领域风险隐患不容忽视；改革攻坚力度需要加大，开放合作水平有待提升，营商环境还需持续改善；力戒形式主义、官僚主义问题还需持续用力，等等。我们一定正视和努力解决这些问题。

二、2024年工作安排建议

今年是中华人民共和国成立75周年，是实现"十四五"规划目标任务的关键一年。做好政府工作，要坚定以习近平新时代中国特色社会主义思想为指导，全面贯彻落实党的二十大精神，深入学习贯彻习近平总书记对四川工作系列重要指示精神，全面落实中央经济工作会议决策部署，坚持稳中求进工作总基调，完整、准确、全面贯彻新发展理念，积极融入和服务构建新发展格局，着力推动高质量发展，认真落实省第十二次党代会、省委十二届历次全会和省委经济工作会议部署要求，扎实推进成渝地区双城经济圈建设，深入实施省委"四化同步、城乡融合、五区共兴"发展战略，深化改革开放，强化科技创新引领，统筹扩大内需和深化供给侧结构性改革，统筹新型城镇化和乡村全面振兴，统筹高质量发展和高水平安全，切实增强经济活力、防范化解风险、改善社会预期，巩固和增强经济回升向好态势，持续推动经济实现质的有效提升和量的合理增长，增进民生福祉，保持社会稳定，奋力谱写中国式现代化四川新篇章。

全省经济社会发展主要预期目标是：地区生产总值增长6%左右；城镇新增就业85万人，城镇调查失业率5.5%左右；居民消费价格涨幅3%左右；地方一般公共预算收入、居民收入增长和经济增长基本同步；粮食产量保持在715亿斤以上；完成国家下达的节能减排和环境保护等任务。

实现全年发展目标，我们必须聚焦经济建设这一中心工作和高质量发展这一首要任务，准确把握和全面运用党中央关于新时代做好经济工作的规律性认识，既客观正视外部环境的复杂性、严峻性和不确定性，又充分看到经济回升向好、长期向好的基本趋势没有改变，四川经济社会发展有良好基础、有较为雄厚实力，还有多个国家战略实施的重大机遇，要进一步增强信心和底气，拿出迎难而上的勇气，提高化危为机的能力。一是坚持把习近平总书记"四个发力"重要要求作为根本遵循，自觉从全国大局把握四川战略地位，坚决扛起"两高地、两基地、一屏障"使命任务。二是坚持以人民为中心的发展思想，始终贴近群众实际感受和现实需要谋划推进工作，推动发展成果更好转化为群众生活品质。三是坚持把高质量发展作为新时代的硬道理，在转方式、调结构、提质量、增效益上积极进取，推动全省高质量发展明显进位。四是坚持稳中求进、以进促稳、先立后破，进一步加强稳预期、稳增长、稳就业政策支持，增强政策取向一致性，确保经济运行在合理区间，切实肩负"经济大省要真正挑起大梁"重任。五是坚持依靠改革开放增强发展内生动力，统筹推进深层次改革和高水平开放，以体制机制改革打通内循环堵点，以更大开放提升外循环质量，激发和增强社会活力。六是坚持发展和安全动态平衡、相得益彰，以高质量发展促进高水平安全，以高水平安全保障高质量发展。重点做好十个方面工作：

（一）推动成渝地区双城经济圈建设走深走实，牵引和带动区域协调发展。坚持川渝"一盘棋"，聚焦"一体化"和"高质量"，围绕强化"四个功能"推进协同发展，做好"相互赋能、相向发展"大文章，以国家战略引领区域布局优化和发展能级提升。

推动川渝共建项目与合作事项加快实施。"清单制+责任制"推动年度重点任务落地，滚动建设300个重大合作项目。统筹推进新型工业化与培育新质生产力，共同打造世界级产业集群，高水平、大力度推进成渝"氢走廊"建设。加快中部地区崛起，落实万达开地区统筹发展、川南渝西地区融合发展总体方案，深化10个毗邻地区合作平台建设。优化"川渝通办"政务服务，更新便民生活行动事项，让群众更好享受便利美好生活。

推动成都都市圈发展能级加快提升。编制推动超大城市加快转变发展方式实施方案，支持成都建设西部经济中心、科技创新中心、对外交往中心和全国先进制造业基地，建设国家中心城市，建设践行新发展理念的公园城市示范区，探索山水人城和谐相融新实践、超大特大城市转型发展新路径。支持成都举办世界园艺博览会。推动成德眉资同城化发展，共建产业生态，共育创新主体，共促开放活力，共筑安全底线，共优生活品质，加快打造具有国际竞争力和区域带动力的现代化都市圈。推进成都都市圈建设成长期三年行动计划、产业建圈强链攻坚行动，加快市域（郊）铁路成都至德阳线、至眉山线建设，建成投用成都至资阳线。推动成德临港经济产业带、成资临空经济产业带、成眉高新技术产业带加快发展，引导产业从中心至外围梯次分布、合理分工、链式配套。

推动省内区域协同发展部署加快落实。实施"五区共兴"系列支持政策，"一中心一方案"支持省域经济副中心和区域中心城市建设，支持川中丘陵地区四市打造产业发展新高地，支持攀枝花建设共同富裕试验区，支持广安深化改革开放探索高质量发展新路子，支持革命老区、脱贫地区、民族地区、盆周山区振兴发展。持续巩固拓展脱贫攻坚成果，强化产业帮扶、就业帮扶和易地搬迁后续扶持，落实39个欠发达县域托底性帮扶十条措施，深化东西部协作、对口支援和革命老区对口合作，完善防止返贫常态化监测帮扶体系，确保不发生规模性返贫。

（二）打造西部地区创新高地，更好服务国家高水平科技自立自强。发挥科教大省、军工强省和产业基础较好的优势，集聚和用好国家战略科技力量，优化科技创新体系，强化企业科技创新主体地位，提高科技进步对经济增长的贡献率。

提升重大创新平台建设质效。支持和保障国家实验室高效运行，出台天府实验室管理办法和支持政策，加快组建第二批天府实验室，做好重点实验室优化重组工作，推动国防科技重点实验室建设。开工建设中国地震科学实验场四川项目、红外太赫兹等大科学装置。高质量运行国家布局在川的重大创新平台，加快建设国家精准医学产业、超高清视频创新中心，争创网络安全、清洁能源等领域国家技术创新中心，布局一批省级技术（产业）创新中心。推动成渝（兴隆湖）综合性科学中心、西部（成都）科学城集聚高端创新资源，支持中国（绵阳）科技城建设中国特色社会主义科技创新先行区。扩大国际科技交流合作，提升"一带一路"科技创新合作区和国际技术转移中心影响力。

加强原创性引领性科技攻关。实施基础研究十年行动计划，实体化运行省自然科学基金，支持一批前沿技术研究。围绕六大优势产业布局整合创新资源，支持龙头企业牵头组建高水平创新联合体。持续实施航空与燃机、钒钛稀土等8个重大科技专项，启动实施核能与核技术应用、先进装备等重大科技专项，突破一批"卡脖子"技术。常态化开展"揭榜挂帅"科技攻关，探索关键核心技术攻关新型举国体制四川路径。

加速科技创新成果转化应用。出台推动科技成果转化和产业化的实施方案及政策措施。持续实施创新型企业培育"三强计划"。深入推进大院大所"聚源兴川"行动，建设概念验证平台，组建省级中试平台公司，布局一批中试熟化和科技成果转化示范项目。推进全国先进技术成果西部转化中心高质量运行，提升国家技术转移西南中心辐射能力。持续深化"天府科技云服务"。完善金融支持创新政策措施，发展创业投资、股权投资，落实并不断完善结构性减税降费政策。实施"天府金泉"科技型企业上市培育计划，大力培育瞪羚企业、独角兽企业。

打造一流创新生态。编制产业、科技、人才、教育一体发展规划。实施高层次人才"倍增计划"、青年科技人才培养和使用"萃青工程"，完善海外急需紧缺人才引进机制，培育领衔科学家和顶尖青年科技人才，壮大高技能人才队伍。推进国家科技成果、科技人才评价改革综合试点，深化职务科技成果权属改革。推进科研项目管理机制改革，优化重大科技项目组织方式。强化知识产权创造、保护、运用。弘扬科学家精神，开展科研减负行动，鼓励和保障科研人员心无旁骛搞科研。

（三）以科技创新引领现代化产业体系建设，加快形成新质生产力。深入推进新型工业化，全面落实六大优势产业提质倍增"10条支持政策"，大力推动传统产业转型升级，前瞻布局和培育发展新兴产业、未来产业，加快构建富有四川特色和优势的现代化产业体系。

发展壮大特色优势产业。推进制造业重点产业链高质量发展，围绕标志性产品编制产业链、创新链图谱，依托"链主"企业推动重点产业链补短锻长。实施产业基础再造工程和重大技术装备攻关工程。推动先进制造业集群高质量发展，开展成渝电子信息等3个国家先进制造业集群培育提升三年行动，遴选一批省级先进制造业集群，建设新型显示、核医药、航空航天装备等高技术转化应用产业基地。培育省级、国家级制造业领航企业，新增一批专精特新中小企业和制造业单项冠军，实施一批重点产业专利导航项目。发展世界级优质白酒产业集群，高水平规划建设四川中国白酒博物馆。开展新一轮找矿突破战略行动，加快战略性矿产资源开发和转化。深化攀西国家战略资源创新开发试验区建设，打造国家钒钛战略材料基地。深入实施"建筑强企"行动，发展智能建造和装配式建筑，建设建筑强省。

积极培育战略性新兴产业。重点布局和大力发展人工智能产业，培育生物技术、卫星网络、新能源与智能网联汽车等新兴产业，力争今年取得实质性进展。加快发展低空经济，支持有人机无人机、军用民用、国企民企一起上，支持成都、自贡等做大无人机产业集群，布局发展电动垂直起降飞行器。推进集成电路、工业软件等领域关键核心技术攻坚及产业化，推动北斗规模应用和产业集聚发展。深入实施战略性新兴产业融合集群发展工程，争创第二批国家战略性新兴产业集群，新布局一批省级集群。加快推动京东方第8.6代生产线、一汽红旗成都新能源整车制造基地、天府软件园二期等重大产业项目建设。谋划建设未来产业科技园，争创国家未来产业先导区、生物经济先导区。

加快发展数字经济。制定数字经济高质量发展实施意见，建设数字经济强省。适度超前建设数字信息基础设施，加快建设"东数西算"工程国家枢纽节点，建设全省算力调度服务平台，构建算力、存力、运力一体化算网融合发展体系。推动制造业智能化改造数字化转型，建设一批数字化转型促进中心和工业互联网平台，加快"5G+工业互联网"规模化应用，培育一批数字领航企业、智能制造示范工厂和优秀场景，支持成都建设全省首条智能驾驶示范道路。推进数据要素市场化配置综合改革，实施"数据要素×"行动。加快发展超高清视频产业。

大力发展现代服务业。推动现代物流、现代金融、科技信息等生产性服务业专业化高端化发展，促进商业贸易、文体旅游、医疗康养等生活性服务业品质化升级，强化大数据服务、人力资源服务、生态环保服务、专业服务等新兴服务业引领驱动。促进平台经济健康规范发展，培育新业态新模式。实施生产性服务业赋能先进制造业、新一代信息技术赋能生产性服务业"双赋"行动，开展先进制造业和现代服务业"两业融合"试点，建设15个服务业高质量发展示范区。加快西部金融中心规划落实，加大金融机构招引和牌照申请力度，争取更多区域总部型、功能性机构在川落地。做好科技金融、绿色金融、数字金融等几篇文章。整合设立省级产业引导母基金，更好发挥财政资金的引导和放大效应。用好沪、深、北交易所西南基地，推动更多优质企业上市和发债融资。推进5个国家物流枢纽、3个综合货运枢纽补链强链和3个国家骨干冷链物流基地建设，支持8个省级区域物流枢纽发展。

（四）着力挖掘和释放内需潜力，形成消费和投资相互促进的良性循环。对接落实财政、金融、就业、产业、区域、科技、环保等国家宏观调控政策，激发有潜能的消费，扩大有效益的投资，使经济增长建立在更为坚实的内需主动力基础上。

精准抓项目扩投资。抢抓国家增发国债、扩大中央预算内投资、发行超长期特别国债等政策机遇，合理扩大专项债券用作资本金范围，大力鼓励民营企业积极参与政府和社会资本合作新建项目。统筹"铁公水空"全面发力，持续推动交通强省建设。加快成渝中线高铁、成达万高铁、西渝高铁、川藏铁路和绵遂内铁路等项目建设，推动汉巴南铁路南充至巴中段、渝昆高铁重庆至宜宾段、川青铁路镇江关至黄胜关段年内建成通车，力争新增铁路运营里程320公里以上。统筹西部陆海新通道、沿江通道等进出川大通道建设，加快实施成渝铁路成都至隆昌段、隆黄铁路隆昌至叙永段、广巴铁路扩能改造。加快成渝高速扩容、川藏高速康定至新都桥等在建高速公路项目进度，力争建成通车、新开工高速公路里程均超过500公里，高速公路通车里程突破1万公里。提质改造成都双流国际机场，加快建设乐山机场、德阳什邡通用机场等。开工建设金沙江乌东德库区库尾航道整治工程。加快规划建设新型能源体系，促进水风光氢天然气等多能互补发展。开工建设阿坝—成都东1000千伏特高压、成都淮州500千伏、道孚和仁和抽水蓄能、广元煤电等项目，建成投用甘孜—天府南—成都东1000千伏特高压、剑科等水电站、45个风光项目和一批燃气机组，加快"三州一市"光伏发电和两河口混合式抽水蓄能等项目进度，大力推进雅砻江等清洁能源走廊建设。完善省市县三级现代水网。积极争取国债水利项目，开工建设引大济岷、黄河干流四川段防洪治理等重大项目，建成向家坝灌区一期一步等水利工程。强化重大项目全生命周期管理，落实省领导协调重大项目落地会商机制，加强用地、用能、环评等要素保障，推动好项目、大项目更快落地。

壮大消费基础支撑。开展"消费促进年"活动，增强消费能力，创新消费场景，优化消费环境，推动消费从疫后恢复转向持续扩大。壮大新型消费，发展数字消费、绿色消费、健康消费，培育智能家居、文娱旅游、体育赛事、国货"潮品"等新的消费增长点。落实带薪休假制度。积极发展首店经济。拓展跨境支付场景，提升外籍人士在川消费支付便利度。稳定和扩大传统消费，出台提振新能源汽车、电子产品等大宗消费措施，实施大规模设备更新和消费品以旧换新。完善"保障+市场"住房供应体系，构建房地产发展新模式。坚持"一城一策"优化调控政策，支持刚性和改善性住房需求。新筹集保障性租赁住房6.5万套（间），把农民工纳入城镇住房保障范围。制定川菜创新发展支持意见，办好"味美四川"川派餐饮汇、世界川菜大会。更好满足"一老一小"消费需求，围绕解决老龄化问题增加养老服务产品供给，发展银发经济，扩大老年助餐服务，支持基层医疗机构建设医养服务中心，加快发展托幼托育服务。支持市场化运作举办消费促进展会活动。支持成都打造国际消费中心城市、省域经济副中心提升消费能级。推进"交商邮供"融合发展，升级改造县级物流配送中心、乡镇商贸中心、农村新型便民商店，积极创建全国县域商业"领跑县"。

保持文旅经济热度。全面提升旅游服务品质，更好满足游客各种消费需求，大幅提高旅游综合收入。办好"引客入川""冬游四川""文旅消费季"等系列活动，实施巴蜀文旅全球推广计划，加大宣传推广力度。支持规划建设三星堆文化旅游发展区。建设大熊猫生态旅游风景道、藏羌彝文化旅游风景道、蜀道三国文化旅游风景道和大渡河风景道，打造国道318"中国最美高原景观大道"和绿色超级充电走廊，推进大峨眉、大香格里拉、大九寨、大蜀道等交旅融合发展，支持华蓥山川渝文旅一体化发展。持续抓好稻城亚丁世界级文旅新地标建设。启动实施"三州"全域旅游创新发展行动，加强农文旅融合，让绿水青山、雪山草甸加快转化为金山银山。发展红色游、冰雪游、文博游、研学游、工业游等，推动旅游演艺、体育赛事、主题公园、节庆会展等业态转型升级，开发医养旅游路线和旅居康养产品。创新实施"天府度假乡村"培育计划。高水平举办四川省文化和旅游发展大会。实施文化产业高质量发展行动计划，推动文化数字化建设。

（五）统筹推进新型城镇化和乡村全面振兴，推动城乡融合发展迈出实质性步伐。按照省委"抓好两端、畅通中间"工作思路，提升县城综合承载能力和服务功能，提升乡村产业发展、乡村建设和乡村治理水平，促进县域经济高质量发展，加快形成城乡融合发展新格局。

推进以县城为重要载体的城镇化建设。树立以人为本的城镇发展新理念，建设宜居、韧性、智慧城市。支持成都有序推进保障性住房建设、"平急两用"公共基础设施建设、城中村改造等"三大工程"。把更多资源、资金、项目向县城倾斜，因地制宜推动大城市周边县城、专业功能县城、农产品主产区县城、重点生态功能区县城差异化发展。突出"面子"和"里子"并重，深入开展城市有机更新工作，实施县城"精修细补十项民生工程"，大力推进城市老旧管网更新改造，务实推进海绵城市建设。新开工改造城镇老旧小区5100个以上，实施729个重要城市易涝点整治，改造棚户区

（城市危旧房）1.1万套（间），加装既有住宅电梯4000部。稳步实施高寒高海拔地区集中供暖供氧工程。赋予县级更多资源要素整合使用自主权。加大对人口净流入县域的支持力度，符合条件的按中等城市规划建设。持续打造200个省级百强中心镇，对镇区常住人口超5万人的镇按小城市规划建设。保护历史文化名城名镇和街区，活化利用历史建筑。

加快建设宜居宜业和美乡村。学习运用"千万工程"经验，统筹推进"五大提升"行动和"五网共建共享"，新培育省级示范村1000个、精品村100个。严格落实耕地保护和粮食安全责任制，坚持稳面积、增单产两手发力，持续实施主要粮油作物单产提升行动，确保粮食播面稳定在9600万亩以上，高水平建设千亩高产示范片1000个。有序推进第二轮土地承包到期后再延长30年试点，逐步扩大解决承包地细碎化试点。推进"天府良田"建设攻坚提质行动，启动第二批整市整县建设示范，新建和改造提升高标准农田425万亩以上。完善耕地占补平衡制度，稳慎有序推进整改和恢复补充流出耕地，坚决遏制耕地"非农化"，坚决防止永久基本农田"非粮化"。加快推进生猪产业现代化，建设100个优质商品猪战略保障基地，确保生猪出栏稳定在6000万头以上。实施制种基地大提升三年攻坚行动，推广"天府良种"。深入实施"天府良机"行动。坚持一二三产融合发展，实施农产品精深加工专项工程，持续开展"天府粮仓·千园建设"行动，支持建设7个国家级和20个省级农业产业集群，大力培育"天府粮仓"省级公用品牌和精品品牌，把农业建成现代化大产业。支持高原特色农牧业高质量发展。新创建国家农民合作社示范社90家，认定第十二批农业产业化省级重点龙头企业1000家，新培育家庭农场2万家。深入实施联农带农助增收专项行动，促进农业增效、农民增收。持续深化供销社综合改革，打造服务"三农"综合平台。加快建设"天府森林粮库"。制定深化集体林权制度改革实施方案，支持依法利用林地空间、林下资源、林缘林地发展绿色富民产业。推进"以竹代塑"，发展壮大竹产业。推进"乡村著名行动"，做好地名设标、采集上图、文化保护等工作。

促进城乡要素平等交换双向流动。抓实抓好县域内城乡融合发展改革试点，支持成都西部片区国家城乡融合发展试验区先试先行。完善城镇开发边界管理、计划指标统筹调剂机制，探索增减挂钩节余指标落地有效途径，扩大城乡用地增量空间。稳步有序扩大省级农用地转用和土地征收审批权委托市（州）行使范围。稳慎推进农村宅基地制度改革试点。深化农村集体经营性建设用地入市试点改革，建立建设用地指标跨区域交易机制，试行县域内跨村组区位调整。统筹推进农民进城和人才入乡，完善乡村人才引育留用机制。健全涉农资金统筹整合机制，提高土地出让收入用于农业农村比例。设立城乡融合发展基金，发展农村数字普惠金融。加快全国首个乡村振兴金融创新示范区建设。深化水权水价改革，统筹推进县域城乡水务一体化。

（六）深化重点领域改革，增强发展内生动力。用好改革关键一招，完善落实"两个毫不动摇"的体制机制，为企业降低成本、为基层减轻负担、为群众排忧解难，推动重点改革取得明显突破。

深化降低企业经营成本改革。针对企业痛点难点堵点，出台以控制成本为核心优化营商环境意见，降低制度性交易成本和企业生产经营涉及的融资、用地、用能、物流、生态环境等要素成本。

深化企业开办、变更、注销等环节跨部门集成办理，持续推进水电气信联合报装全程网办。推动水电气接入"零成本"，整治转供电环节不合理加价行为，开展供水、供电、供气等入户施工环节"潜规则"专项整治。持续清理规范涉企收费，清理整治第三方中介机构乱象。支持企业采取先租后让、长期租赁、混合用地、弹性年限等方式用地，省级及以上开发区新增工业用地实行"标准地"供应。探索建立鼓励社会资本参与找矿的激励机制，完善矿业权出让方式，综合运用招标、拍卖、挂牌方式出让矿业权，规范和优化矿业权协议出让。对符合条件的集装箱运输车辆高速公路通行费用给予优惠。改进检查督查方式，更多采用联合检查，减少对企业干扰。

深化财政金融改革。谋划推动新一轮财税体制改革，深入推进税收征管改革。建立"集中财力办大事"机制，通过调存量、优结构加强部门间资金统筹和政策协同，强化重大战略任务财力保障。深化转移支付改革，突出奖勤罚懒导向，精准推动财力下沉。强化预算安排与绩效管理、财会监督结果挂钩，对高质量发展实绩较好地区加强整体激励，对绩效突出项目加大事后奖补，对引领性示范性领域强化间接引导。提高债券资金使用绩效，从制度机制上遏制和防范政府违规举债、平台公司过度举债。完成省级地方金融管理机构改革，健全权责一致、激励约束相容的风险处置机制，"一行一策"化解地方法人金融机构风险。依法将所有金融活动全部纳入监管，加大对各类非法金融活动和逃废债行为的打击力度。支持四川银行、四川农商联合银行等地方金融机构发展壮大。

深化国企法人治理结构改革。实施国有企业改革深化提升行动，做强做优主业，增强核心功能、提高核心竞争力。健全并严格执行"三重一大"决策机制，落实党委前置研究讨论重大经营管理事项的要求。规范"一把手"行权履职、企业选人用人、重大投资和股权收购、大额资产处置、招投标和物资采购等管理制度，动态优化授权事项。"一企一策"完善绩效管理考核办法，引导做强主责主业，整治拼凑规模、虚增业绩行为。加大"两非两资"处置出清力度，推动成本费用占收入比重持续下降。推动国有平台公司实体化转型，支持参与重要战略资源开发和战略性新兴产业发展。支持有条件的企业依法取得战略性矿产探矿权。新组建数字、科创投资、粮油储备等省属国有企业。

深化公共服务供给改革。针对"城挤、乡弱、村空"问题，调整优化学校布局和师资配备，深化"县管校聘"改革，推进学区制治理和集团化办学。深化新时代教育评价改革，全面完成"双减"三年目标任务，稳妥推进高考综合改革。深化现代职业教育体系建设改革，完善高等职业教育分类考试招生制度。抓好民办教育分类管理改革。深化"就业—招生—培养"联动机制改革，缓解高校毕业生结构性就业矛盾。深化公立医院改革。完善医疗卫生服务体系，启动健康四川示范县建设，推进紧密型城市医疗集团和紧密型县域医共体改革，促进优质医疗资源扩容下沉。打造"健康四川数智大脑"，完善省互联网总医院功能，建成市级互联网分院。深化医疗机构检查检验结果互认，减少重复检查，降低就医费用。实施调剂金模式基本医保省级统筹，扩大药品和高值医用耗材集中带量采购覆盖面，深化医疗服务价格和医保支付方式改革，让群众就医更省心、看病更省钱。

（七）扩大高水平对外开放，构筑向西开放战略高地和参与国际竞争新基地。以高质量共建"一带一路"为引领，融入服务长江经济带发展和西部陆海新通道建设，统筹开放大通道、大平台、大枢纽建设，提升在全国开放格局中的位势和能级。

拓展向西开放新空间。开展"川行天下·向西行"国际市场拓展活动，实施"四川造优势产品出海"行动，深化欧洲、中亚、西亚等重点国别和地区经贸合作。建设中欧班列成都集结中心，巩固提升中欧班列、南向班列、长江班列运营水平，建设第三亚欧大陆桥国际贸易枢纽。恢复开通更多国际航线，构建以成都为中心连通亚洲、欧洲、南美洲等的骨干货运航线网络，打造11小时"亚欧空中货运走廊"和5小时"亚太空中货运圈"。

建设高能级开放平台。开展自贸试验区对标领航行动和产业引领工程，对接国际高标准推进制度型开放，加大压力测试力度，培育一批主业突出、特色鲜明的开放型产业集群。实施海关特殊监管区域赋能提质行动，申建天府国际空港综合保税区。制定出台开发区高质量发展若干措施，实施国家级经开区创新提升行动，引育一批贸易结算、国际供应链总部。深化成都服务业扩大开放综合试点。

更大力度稳外贸稳外资。推进重点外贸企业"百企领航、千企升级"培育攻坚，加快发展一般贸易，大力发展绿色贸易，持续做大外贸"新三样"规模。开展四川整车贸易全球行。深入开展扩大进口专项行动，扩大大宗商品和消费品直接进口。加快发展海外仓、中间品贸易、服务贸易、跨境电商出口，高质量建设国家级服务出口基地。扩大对外工程承包，支持有条件的企业开展对外投资。大力招引世界500强、知名跨国公司、行业领军和小巨人企业，引导存量外资企业利润再投资，引进更多优质外资项目。拓展国际友城和友好合作关系，扩大国际交往和商贸活动，更好发挥民间外交作用。

（八）推进生态文明建设和绿色低碳发展，加快建设美丽中国先行区。 深入贯彻习近平生态文明思想，增强上游意识、扛牢上游责任、强化上游担当，持续筑牢长江黄河上游生态屏障，不断提升巴山蜀水颜值、生态产品价值和人居环境品质。

深入打好污染防治攻坚战。实施最严格的生态环境治理制度。严格抓好中央生态环境保护督察反馈问题和国家移交长江黄河生态环境突出问题整改，深入开展第三轮省级生态环境保护督察。深入推进产业、能源、交通运输结构调整，以降低细颗粒物浓度为主线，开展工业源、移动源、扬尘源等专项整治行动，实施氮氧化物与挥发性有机物协同减排项目600个，确保全省空气质量好于上年。持续推进耕地土壤污染源头防控，严格建设用地土壤环境质量管理，有序实施全省土壤分区管控。系统推进工业、生活、农业面源污染协同治理，持续开展"三磷"、入河排污口、黑臭水体、尾矿库等专项整治，实施小流域综合治理，加快推动建制镇污水直排清零，确保203个国考断面水质全达优良，打造更加清朗洁净、清秀景明、清新怡人的城乡环境。

持续加强生态系统保护修复。严格自然保护地和生态保护红线监管。持续深化河湖长制，深入推进国家级和省级生态文明示范创建，加快15个美丽四川先行县建设，打造一批美丽县城、美丽乡村和美丽河湖。统筹实施山水林田湖草沙冰一体化保护和系统治理。构建以国家公园为主体的自然保护地体系，持续推进大熊猫国家公园建设，积极争取国家批复设立若尔盖国家公园，争创四姑娘山世界地质公园，加强古树名木保护。扎实推进长江十年禁渔。实施林草碳汇项目开发试点，吸引社会资本参与生态保护修复。

加快发展方式绿色低碳转型。探索建立重点产品碳足迹管理体系，积极参与全国碳排放权和全国温室气体自愿减排交易市场建设，开展国家气候适应型城市试点，深化国家低碳城市、国家气候投融资试点。完善生态产品价值实现机制，拓宽绿水青山转化为金山银山的路径。开展工业企业安全环保节能降碳三年攻坚，实施绿色制造工程，持续开展近零碳排放园区、零碳供应链等绿色低碳试点。实施生活垃圾分类提质增效"三年行动"，加快"无废城市"建设，推动西南区域危险废物环境风险防控技术中心建设。深入实施"电动四川"行动，拓展"四川造"动力电池和新能源汽车应用场景。推进国家级大宗固体废弃物综合利用示范和省级园区循环化低碳化改造试点示范，建设国家废旧物资循环利用体系重点城市。加强生态环境分区管控，全面实行排污许可制，开展高耗能企业强制性清洁生产审核。

（九）切实保障和改善民生，提升人民生活品质。民生就在身边，要用心体味和真正聚焦群众最关心、最担心、最闹心、最期待的问题，每年集中力量抓好办成30件群众可感可及的民生实事。

千方百计稳定和扩大就业。突出就业优先导向，积极发展吸纳就业能力强的产业，稳定政策性岗位规模，拓宽市场化社会化就业渠道。在高校毕业生刚进入社会最需要帮一把的时候，帮助他们尽快找到工作。稳定农民工、残疾人等重点群体就业，做好退役军人就业服务。更好实施以工代赈，促进群众就近就地就业。动态消除"零就业"家庭。培育"川字号"劳务品牌，加强公共实训基地、妇女居家灵活就业示范基地建设。建立维护灵活就业和新就业形态群体权益保障机制，让快递小哥、外卖骑手、网约车司机等更安心、更安全。

兜住兜准兜牢民生底线。坚持民生政策标准动态调整机制，逐步提高城乡教育、社会保障、医疗卫生等领域政策保障水平。精准推进灵活就业人员、农民工等重点群体参保，做好为困难群体代缴城乡居民基本养老保险费工作。落实养老保险全国统筹和基本医疗、工伤、失业保险省级统筹制度，稳步推进新就业形态就业人员职业伤害保障试点。及时调整城乡居民医保参保筹资及财政补助标准，巩固医保农村低收入人口和脱贫人口"应保尽保"成果。加强低收入人口动态监测，做好分层分类救助工作。完善残疾人社会保障制度和关爱服务体系，提高困难残疾人生活补贴和重度残疾人护理补贴标准。优化孤寡老年人和失能老年人服务，支持普惠性养老和互助型养老。完善生育支持政策体系，减轻家庭生育、养育、教育开支压力。持续实施"明眸皓齿、正心立身"健康工程。推进青年发展型省份建设。建成投运省妇女儿童中心。深入实施慈善法，促进慈善事业高质量发展，加强公益慈善服务阵地建设。完善落实退役军人相关政策和其他优抚对象优抚政策。强化重要民生商品保供稳价。

提高公共服务品质。坚持教育优先发展，编制实施《教育强省建设规划纲要》，增加教育服务高质量供给，促进教育公平，办好人民满意的教育。实施基础教育资源配置提升工程，推进"十四五"学前教育、义务教育、县域普通高中和特殊教育全面提升。深入实施民族地区"9+3"免费教育计划，开展学前学好普通话2.0行动。做好高校"对标竞进、争创一流"工作，推进高等教育办学条件改善工程，支持"双一流"建设贡嘎计划、"双高计划"和"三名工程"建设。打造"留学中国·学在天府"品牌，吸引更多外国学生来川就学。推进产教融合试点城市建设。支持华西医院开展国家公立医院高质量发展试点，争取更多国家医学中心落户四川,分类推进国家区域医疗中心、国家紧急医学救援基地、国家中医药传承创新中心、国家区域公共卫生中心、重大传染病防治基地落地建设。加快推进5个省级区域医疗中心建设,建设65个县域医疗卫生次中心。逐步提高医护比、床护比,支持有条件的医疗机构增加双人间、单人间病房。持续推进疾控体系改革,加强重大传染病、地方病防治。推动国家中医药综合改革示范区建设迈出更大步伐,首批建设10个中医药强县。举办2024年世界羽毛球团体锦标赛。认真做好2025年成都世界运动会筹备工作。举办四川"三大球"城市联赛、贡嘎杯青少年校园体育联赛、"和美乡村"篮球大赛。加快推进体育公园建设,鼓励学校体育场馆和公共体育场馆免费或低收费开放,不断改善群众健身锻炼条件。

丰富群众文化生活。推动三星堆遗址—金沙遗址申报世界文化遗产,加强皮洛、濛溪河、罗家坝等重要遗址考古发掘和研究阐释。实施文艺创作质量提升工程、巴蜀书画传承创新工程、振兴川剧和曲艺工程、国有文艺院团高质量发展工程,以三星堆、三苏、蜀道、三国文化等为题材创作一批文艺精品,推出一批重点出版项目。推进蜀道博物馆等一批重大文化设施项目建设。支持发展文化创意,打造更多具有巴蜀韵味的文创产品。抓好"书香天府·全民阅读"等品牌活动,构建城市15分钟和农村10里文化圈。打造"地名天府"文化品牌。高质量推进志鉴编修与开发利用。加强科学普及,提升全民科学素质。

(十)构建更高水平安全格局,实现发展和安全动态平衡、相得益彰。发展是基础,安全是底线。要促进高质量发展和高水平安全良性互动,既不能以不作为求安全,也不能以牺牲安全求发展。

严细实抓好安全工作。坚持人民至上、生命至上，坚持以防为主、防胜于救，大力推进安全生产治本攻坚三年行动，不断提升企业本质安全水平。严格落实"三管三必须""四不放过"等要求，压实企业主体责任、地方属地责任、行业监管责任和应急综合监管责任，把安全责任落实到最小工作单元和每个岗位、每个从业人员。抓实矿山、危险化学品、道路交通、寄递物流、建筑施工、消防等重点行业领域安全治理，加快餐饮等经营场所瓶装燃气"瓶改管""瓶改电"。抓好受山洪地质灾害威胁村（居）民避险搬迁，刚性执行从预报预警到处置落实的闭环管理应急机制，严防山洪、地质灾害造成重大人员伤亡。强化森林草原防灭火常态化治理。加强震情监测预警，提升综合防震减灾水平。开展经营性自建房排危除险，推进农村自建房安全专项整治。加强食品安全监管，实施药品安全巩固提升行动，守护群众"舌尖上的安全"。

防范化解重点领域风险。统筹好地方债务风险化解和稳定发展，推动地方债务综合化债工作方案落地，分层分类防范化解债务风险。对违规新增举债严肃追责问责，依法严格管控平台公司债务规模和融资行为，建立市县债务化解激励机制。巩固企业账款清欠成效，依法治理拖欠农民工工资问题。积极稳妥化解房地产风险，一视同仁满足不同所有制房地产企业的合理融资需求，完成"保交楼"年度任务。

持续深化社会治理法治化。加强重点领域、新兴领域立法。高质量推进天府中央法务区建设。持续优化公共法律服务供给，加大法治宣传教育力度。深化基层综合行政执法体制改革，推行"一目录、五清单"精准高效监管执法，常态化开展行政执法突出问题承诺整改活动，保护经营主体合法权益。深入开展民族团结进步创建。提升宗教事务法治化治理水平。

建设更高水平平安四川。全面贯彻总体国家安全观，加快构建国家安全新体系、新格局。严厉打击敌对势力渗透、破坏、颠覆活动，深化涉藏反分裂斗争，坚定维护国家政权安全、制度安全、意识形态安全。健全完善国防动员和双拥工作运行机制，巩固发展军政军民团结。完善公共安全体系，常态化开展扫黑除恶斗争，加强禁毒防艾综合防治，扎实推进社会治安防控体系示范县（区）建设。依法严厉打击电信网络诈骗、养老诈骗、侵犯妇女儿童权益等各类违法犯罪活动。坚持和发展新时代"枫桥经验"，构建一站式矛盾纠纷多元化解机制，全面推进信访工作法治化建设。加强关键信息基础设施和数据安全防护，健全网络安全保障体系。深入推进社会治理，实施城乡社区治理优化提升行动，推动社会工作服务体系提质增效，持续开展基层群众自治创新试点，营造安全稳定的社会环境。

三、加强政府自身建设

面对推进高质量发展的繁重任务和复杂严峻的风险挑战，必须深刻领悟"两个确立"的决定性意义，坚决做到"两个维护"，认真贯彻落实党中央、国务院和省委决策部署，当好执行者、行动派、实干家，以勤勉务实高效的工作为党分忧、为国尽责、为民谋利。

（一）树立和践行正确政绩观。干好造福于民的事，牢记政府工作"千头万绪的事，说到底是千家万户的事"，把群众急难愁盼的"需求清单"作为政府工作尽力而为的"责任清单"。不干劳民伤财的事，坚决反对政绩工程、形象工程、面子工程，严禁违规举债，防止违反客观规律盲目蛮干，不上"两高一低"、低水平重复项目。

（二）加强行政效能建设。围绕"高效办成一件事"合力攻坚，提倡"一次就把工作做对"。深入实施"一网通办"，扩大"区域通办""跨省通办"范围。针对"数据孤岛""数据烟囱"，勇于刀刃向内破壁垒，使各种数据互联畅通。持续治理"文山会海"，整治大呼隆论坛和展会，切实解决检查过多过滥等问题，让基层更为真切感受到"减负"。

（三）提高推动高质量发展能力。发展，必须是高质量发展，只能是高质量发展。要用好高质量发展考核的指挥棒和红绿灯，引导全省各地比一比、赛一赛高质量发展的真成绩。善于发挥自身优势、利用资源禀赋，在推进转型升级、开辟新赛道上想真招出实招。坚决守住耕地保护、生态环境、统计数据真实、安全发展底线，守牢政府债务警戒线。法治是最好的营商环境，要持续推进法治政府建设，善于运用法治思维和手段推动工作。

（四）坚持崇严尚实作风。不折不扣、雷厉风行、求真务实、敢作善为抓落实，以自身工作的确定性应对形势变化的不确定性。"四下基层"转作风，"四不两直"抓督查，了解真情况，找准真问题，真解决问题。严肃财经纪律，严格制度约束，铲除滋生腐败的土壤。习惯过紧日子，把有限的财力用在紧要处。严于律己、严负其责、严管所辖，涵养浩然正气，做到忠诚干净担当！

各位代表！

万里征程风正劲，盛世龙腾再出发。我们一定要更加紧密团结在以习近平同志为核心的党中央周围，在党中央、国务院和省委坚强领导下，坚定信心、奋发有为、扎实工作，坚决完成经济社会发展目标任务，为谱写中国式现代化四川新篇章而团结奋斗！

名词解释

1."四个发力"：2023年7月，习近平总书记来川视察时对四川工作提出的重要要求，即在推进科技创新和科技成果转化上同时发力，在建设现代化产业体系上精准发力，在推进乡村振兴上全面发力，在筑牢长江黄河上游生态屏障上持续发力。

2."两高地、两基地、一屏障"：2023年7月，习近平总书记来川视察时赋予四川的使命任务，即打造西部地区创新高地，打造保障国家重要初级产品供给战略基地，构筑向西开放战略高地和参与国际竞争新基地，筑牢维护国家生态安全的战略屏障。

3."四化同步、城乡融合、五区共兴"：省委十二届二次全会作出的统揽四川现代化建设全局的发展战略，具体指坚持新型工业化主导、信息化引领、城镇化带动、农业现代化固本，推动信息化和工业化深度融合、工业化和城镇化良性互动、城镇化和农业现代化相互协调；进一步破除城乡二元结构，促进城乡资源要素双向流动、优化配置，加快形成工农互促、城乡互补、协调发展、共同繁荣的新型工农城乡关系；高水平推动成都平原、川南、川东北、攀西经济区和川西北生态示范区协同发展。

4.提振发展信心"36条"：省政府印发《聚焦高质量发展推动经济运行整体好转的若干政策措施》，提出强化财税政策支持、加大金融支持力度、推动重点产业加快发展、积极扩大有效投资、促进消费回暖升级、加力稳定外贸外资、促进房地产市场平稳健康发展、帮助市场主体降本增效、全力稳就业稳物价、着力优化营商环境等10个方面36条政策措施。

5.促进消费"22条"：省政府办公厅印发《关于恢复和扩大消费的若干措施》，提出大力促进汽车消费、强化住房家居家电消费、扩大餐饮文旅消费、促进文娱体育会展消费、推进健康服务消费、深挖农村消费、拓展新型消费、优化消费环境等8个方面22条措施。

6.进一步激发市场活力"19条"：省政府办公厅印发《关于进一步激发市场活力推动当前经济运行持续向好的若干政策措施》，提出强化财税政策支持、积极扩大有效投资、加快消费恢复提振、推动外贸提质增效、帮助企业降本减负、推进企业快速成长等6个方面19条政策措施。

7."三品一创"提质扩容工程：省政府印发《关于实施"三品一创"消费提质扩容工程加快培育"蜀里安逸"消费品牌的意见》，提出打造全球消费品质供给集聚地，培育全球消费品尚引领创新地，建设全球消费品味生活宜居地，创建国际一流消费环境高地。

8."1+2"政策文件：省委办公厅、省政府办公厅印发的促进民营经济健康发展的文件，"1"指《四川省民营经济发展环境提升行动方案》，"2"指《关于促进民营企业发展壮大的若干措施》《关于进一步促进个体工商户发展的若干措施》。

9."川行天下"市场拓展活动：四川重点打造的推动企业"走出去"拓展国际市场品牌活动，通过支持四川企业参加国际展会、开展经贸促进活动、建立国际营销网络，提升产品国际知名度和市场占有率。

10.创新型企业培育"三强计划"：科技厅、财政厅联合印发

《实施创新型企业培育"三强计划"打造科技创新体集群行动方案（2023—2024年）》，提出构建"强领军、强主干、强基础"的创新型企业梯次培育体系，即强化培育创新型领军企业，发挥创新发展引领示范作用；强化培育国家高新技术企业，发展壮大创新发展主干力量；强化培育国家科技型中小企业，夯实创新发展基础力量。

11.六大优势产业：省委十二届三次全会提出实施优势产业提质倍增行动，培育形成电子信息、装备制造、食品轻纺、能源化工、先进材料和医药健康等六大万亿级产业。

12."智赋百景"：工业和信息化部发布了国家人工智能创新应用先导区"智赋百景"名单，遴选出100个人工智能典型应用场景。

13."两场一体"：推进天府国际机场、双流国际机场空地一体规划、建设、管理、运行和服务工作，提高两场互联互通水平，打造高品质的联程联运示范枢纽。

14."天府森林粮库"：省政府印发《建设"天府森林粮库"实施方案》，依托全省可用林地空间持续生产多样化的木本粮食、木本油料、森林蔬菜、森林药材、林果饮料、森林畜禽以及林下套种、间种的传统粮油蔬菜等"森林粮食"，在更广泛意义上维护粮食安全，是"天府粮仓"的重要组成部分。

15."天府粮仓·千园建设"行动：到2025年，全省建成国家和省、市级现代农业园区1000个以上，实现有条件的涉农县省级以上园区全覆盖，示范带动建设县级园区1000个；到2027年，建成国家和省、市级现代农业园区1200个以上，示范带动建设县级园区1200个，实现有条件的涉农乡镇县级以上园区全覆盖。

16."千万工程"："千村示范、万村整治"工程的简称。习近平总书记在浙江工作期间，于2003年6月作出了实施"千万工程"的重大决策，从全省选择1万个左右的行政村进行全面整治，把其中1000个左右的中心村建成全面小康示范村，"千村示范、万村整治"应运而生。

17."金通工程"：全国首批乡村运输类交通强国建设试点项目，以车身外观、驾驶员工牌工装、客运标识、监管投诉平台"四个统一"为切入点，系统解决乡村客运、邮政快递、物流和旅游运输问题短板，并不断拓展政策宣传、基层治理、商业开发等功能的综合性运输项目。

18."四类重点人群"：指脱贫家庭、低保家庭、"零就业"家庭以及有残疾的高校毕业生。

19."零就业"家庭：指非农业户籍家庭中所有法定劳动年龄内、具有劳动能力和就业愿望的家庭成员均处于失业状态且进行了失业登记的家庭。

20."暖心之家"行动：指面向广大货车司机，在全省主要货运通道和物流枢纽，分步建成一批集党务、政务、法务、生活服务功能于一体的服务阵地，解决用餐难、休息难、洗澡难、洗衣难等问题，更好地把货车司机群体团结凝聚起来。

21."明眸皓齿、正心立身"健康工程：以未成年人近视、龋齿、心理不健康、扁平足、脊柱侧弯等身心健康问题为核心，采取"慈善+"的模式广泛链接资源，对试点区域内未成年人存在的系列问题进行预防、筛查、治疗费用减免等工作。

22."双减"：指减轻义务教育阶段学生过重作业负担和校外培训负担。

23."对标竞进、争创一流"：省委、省政府推动高等教育提质晋位的工作举措，旨在引导激励全省高校对标国际一流、国内先进、区域标杆的高水平大学，在学科建设、人才培养、科学研究、高层次人才引育、产教融合、科教融汇、国际交流合作等关键领域争创一流、办出特色，营造比学赶超的良好氛围。

24."四川云教"：2018年底启动建设的全公益性优质课堂直录播平台，通过平台将全省优质学校课程向薄弱地区输送。目前，已覆盖中小学及学前教育全学段全学科。

25.精准高效监管执法"一目录、五清单"：指"分类检查事项目录"和"不予处罚、免予处罚、减轻处罚、从轻处罚、从重处罚"清单。

26."深耕善治"三年行动计划：从健全风险防控体系、捍卫政治安全体系、维护社会稳定体系、社会治安防控体系、公共安全治理体系、就地解决矛盾纠纷、法治公安、智慧警务、公安政务服务、专业化建设10个方面发力，进一步完善治理体系、优化治理方式、提升治理效能，推动公安机关社会治理向深耕善治转型。

27.新时代"枫桥经验"：20世纪60年代初，浙江诸暨县枫桥镇干部群众创造了"依靠群众就地化解矛盾"的"枫桥经验"。2003年，时任浙江省委书记的习近平同志指示坚持和发展"枫桥经验"。经过在实践中不断丰富、持续发展，党的十八大以来形成了特色鲜明的新时代"枫桥经验"，具体内涵是坚持和贯彻党的群众路线，运用自治、法治、德治等方式，充分发动群众、组织群众、依靠群众解决群众自己的事情，做到"小事不出村、大事不出镇、矛盾不上交"。

28."五社联动"：指社区与社会组织、社会工作者、社区志愿者、社会慈善资源联动。

29.成渝"氢走廊"：川渝两地充分利用绿色氢能资源，推动双方氢能及燃料电池汽车产业上下游企业以创新合作为重点，共同突破关键技术、提升产品性能、扩大示范运营、构建安全标准体系，优化成渝地区氢能及燃料电池汽车产业链。

30. "聚源兴川"行动：充分发挥中央在川高校和科研院所创新优势，聚焦我省现代产业体系建设，组织实施一批重大科技成果转化和产业化项目，促进产业转型升级发展。

31. "天府科技云服务"：依托"天府科技云"开展的精准科技（科普）服务，旨在应用该平台汇聚的海量科技人才资源、科技服务资源、科技成果资源、权威科普资源等，为广大科技工作者精准提供承接科研课题、转化科技成果、推广高新技术服务，为广大企事业单位精准提供科技服务交易、科技成果转化交易、科技难题攻克交易服务，为社会公众提供"智慧、精准、直达"的权威科普服务，为党和政府科学决策提供精准服务。

32. "天府金泉"科技型企业上市培育计划：按照上市孵化期、冲刺期、成长期等不同阶段，构建分类梯度培育体系，帮助科技型企业通过资本市场获得更多支持。

33. "萃青工程"：为全方位培养和用好青年科技人才，深入实施政治引领、淬火锻造、吸引集聚、平台成就、成长激励、赋能减负、交流提升、便捷入川、暖心关怀"九大行动"，促进更多青年科技俊才脱颖而出、出类拔萃。

34. "东数西算"工程：通过构建数据中心、云计算、大数据一体化的新型算力网络体系，将东部地区的算力需求有序引导到西部地区，优化数据中心建设布局，促进东西部协同联动。

35. "数据要素×"行动：通过推动数据多场景应用，提高资源配置效率，创造新产业新模型，培育发展新动能，从而实现对经济发展的倍增效应。

36."交商邮供"融合发展：指邮政快递与交通运输、商贸、供销等领域融合，通过合作共享农村物流基础设施、运力、装备和人员等资源，以农村物流模式的创新，降低农村物流成本，实现互惠互利、共同发展。

37.绿色超级充电走廊：选取具备条件的交通走廊，统筹布设超级充电桩（充电站），加快推动公路沿线公共充电基础设施建设，提高电动汽车充电服务水平，提升群众采用电动汽车出行的体验。

38."天府度假乡村"培育计划：每年培育不少于10个"天府度假乡村"，引导和推进乡村旅游从观光向观光休闲度假并重转型发展，加快培育乡村度假型旅游业态和服务产品，打造独具四川特色的乡村"微度假"旅游目的地。

39."抓好两端、畅通中间"：省委十二届四次全会就推进城乡融合发展提出的工作思路。"抓好两端"，就是一端抓以县城为重要载体的城镇化建设，把县城建强，提高就地就近城镇化的质量和水平；一端抓以宜居宜业和美乡村建设为牵引的乡村全面振兴，把农村建好，加快实现农业农村现代化。"畅通中间"，就是破除制约城乡融合发展的体制机制障碍，促进城乡要素双向流动、公共资源均衡配置、基层治理高效协同，不断增强城乡融合发展的内生动能和整体活力。

40."五大提升"行动：指农村"厕所革命"提升行动、农村生活污水治理提升行动、农村生活垃圾治理提升行动、面源污染治理提升行动、村容村貌提升行动。

41."五网共建共享"：指农村基础设施建设中将道路、水利、电力、清洁能源和信息化等五大网络共建共享。

42."天府良机"行动：在2023—2025年期间，一体化推进四川农机装备研发制造推广应用，打造具有四川特色的全程全面高质高效农业机械化和农机装备产业。

43."乡村著名行动"：为发挥地名工作在全面推进乡村振兴中的积极作用而部署的专项行动，包括乡村"地名命名、地名设标、地名文化保护、地名信息服务、地名赋能"5个方面。

44."两非两资"：指非主业、非优势业务，低效、无效资产。

45."健康四川数智大脑"：以人工智能、大数据、云计算等新一代信息技术融合为支撑，通过数据融合贯通，构建全人群全生命周期卫生健康数据资源湖和专题分析模型，打造惠民服务、医卫协同、部门联动、政府决策、产业发展等应用场景，以数字化转型赋能四川卫生健康事业高质量发展。

46."百企领航、千企升级"：引育100家龙头外贸企业和供应链"链主"企业，推动1000家省内企业外贸业务从"无"到"有"、从"小"到"大"。

47."无废城市"：国务院办公厅印发《"无废城市"建设试点工作方案》提出，以新发展理念为引领，通过推动形成绿色发展方式和生活方式，持续推进固体废物源头减量和资源化利用，最大限度减少填埋量，将固体废物环境影响降至最低的城市发展模式。无废并不是没有固体废物产生，也不意味着固体废物能完全资源化利用，而是一种先进的城市管理理念。

48."电动四川"行动：围绕充换电基础设施建设、新能源汽车推广应用、动力电池产业培育壮大、新能源汽车产业提档升级等方面，加快推进重点领域电动化进程。

49.民族地区"9+3"免费教育计划：在9年义务教育的基础上，组织民族地区初中毕业生和未升学的高中毕业生到省内优质中等职业学校接受3年免费教育。

50."双一流"建设贡嘎计划：为深入贯彻党中央、国务院关于建设世界一流大学和一流学科（简称"双一流"建设）的重大战略部署，教育厅、财政厅、省发展改革委于2023年联合实施了四川省高等学校"双一流"建设贡嘎计划，旨在以学科为基础，以一流为目标，加强基础学科、新兴学科、交叉学科建设，加快建设中国特色、世界一流的大学和优势学科，为国家重大战略及四川经济社会高质量发展提供有力支撑。

51."双高计划"：教育部、财政部于2019年联合实施中国特色高水平高职学校和专业建设计划，简称"双高计划"，重点支持一批优质高职学校和专业群率先发展，引领职业教育服务国家战略、融入区域发展、促进产业升级，为建设教育强国、人才强国作出重要贡献。

52."三名工程"建设：教育厅、人力资源社会保障厅、财政厅于2021年共同实施四川省中等职业教育名校名专业名实训基地建设工程，项目建设周期为2022—2024年，目标是建设综合实力强、人才培养质量优、社会认可度高，西部一流、全国领先的名中等职业学校、名专业和名实训基地。

53."地名天府"：为进一步挖掘保护四川地名文化资源，传承弘扬四川优秀地名文化而打造的文化品牌。

54."三管三必须"：管行业必须管安全，管业务必须管安全，管生产经营必须管安全。

55."四不放过"：事故原因未查清不放过，责任人员未处理不放过，整改措施未落实不放过，有关人员未受到教育不放过。

56."四下基层"：习近平总书记在福建宁德工作时大力倡导并身体力行形成的工作方法和工作制度，具体指宣传党的路线、方针、政策下基层，调查研究下基层，信访接待下基层，现场办公下基层。

57."四不两直"：即不发通知、不打招呼、不听汇报、不用陪同接待，直奔基层、直插现场。

贵 州 省
政府工作报告

——2024年1月24日在贵州省第十四届
人民代表大会第二次会议上

省长 李炳军

各位代表：

现在，我代表省人民政府向大会报告工作，请予审议，并请省政协委员和其他列席人员提出意见。

一、2023年工作回顾

2023年是全面贯彻党的二十大精神的开局之年，是三年新冠疫情防控转段后经济恢复发展的一年，也是本届政府履职的第一年。全省上下认真贯彻党的二十大精神和习近平总书记视察贵州重要讲话精神，深入落实国发〔2022〕2号文件，按照省委十三届历次全会和省委经济工作会议部署，坚持以高质量发展统揽全局，坚定不移围绕"四新"主攻"四化"、建设"四区一高地"，推动高质量发展迈出坚实步伐！

——经济持续回升向好。全年地区生产总值增长4.9%，一般公共预算收入、一般公共预算支出分别突破2000亿元、6000亿元，城镇和农村常住居民人均可支配收入分别增长4.1%、8.1%。经济实现了质的有效提升和量的合理增长，在加快转型中保持了持续健康发展！

——产业发展成效明显。坚持大抓产业、主攻工业，省级主抓"六大产业基地"，明确各市（州）主导产业，指导县（市、区）选准主导产业，逐一编制"一图三清单"，宁德时代、奇瑞汽车等重大项目建成投产，规模以上工业增加值增长5.9%，工业经济占比达27.2%。工业发展路径更加清晰，挑起了经济增长的大梁！

——牢牢守住了底线任务。牢记"国之大者"，以"时时放心不下"的责任感，牢牢守住不发生规模性返贫底线，守住耕地保护红线和粮食安全底线，守住不发生系统性债务金融风险底线，守住安全生产、生态环境、社会稳定等各方面底线。全省上下付出了大量艰辛努力！

——重点民生事业取得突破。4所省属高校新校区建成投用，省属高校"一校一址"布局调整基本完成，腾出的老校区继续用于办教育。新增高等教育学位6.35万个，高等教育毛入学率突破50%、进入普及化发展阶段。累计获批建设5个国家区域医疗中心，全部实现开诊运营。在财政压力加大的情况下，千方百计增收节支，基层"三保"保障有力，民生事业稳步推进，民生福祉持续提升！

过去一年极不寻常、极为不易，我们面临巨大的外部压力和内部困难，有些困难挑战前所未有。外部形势复杂严峻，疫情"疤痕效应"影响持久，有效需求不足，社会预期偏弱，不稳定不确定因素增多。我省仍处于经济恢复和转型发展的关键期，开年就遭遇疫情甩尾、旱情延续、用能紧张等因素冲击，又遇到房地产市场低迷、企业投资和居民消费意愿不足、守底线任务艰巨等困难"叠加碰头"，对经济社会发展造成严峻挑战。面对新情况新问题，我们保持高质量发展战略定力，坚持一手抓恢复经济增长、一手抓防范化解风险，结合开展主题教育，在调研式推进重点工作中破解难题，一批关系全省长远发展的大事加快推进，一些重大瓶颈制约加快突破，贵州高质量发展和现代化建设的基础更加坚实、动能更加强劲、前景更加光明！

（一）全力建设"六大产业基地"，构建现代化产业体系取得初步成效。省委、省政府召开全省新型工业化推进大会，提出"3533"奋斗目标，加快构建富有贵州特色、在国家产业格局中具有重要地位的现代化产业体系。大力建设新型综合能源基地。深入推进煤炭产业结构战略性调整，煤矿规模化、智能化迈出实质性步伐，能源集团组建运营，建成投产40处井工煤矿和渝南、鑫达露天煤矿，原煤产量达1.53亿吨、增长10.8%。盘江新光燃煤发电项目1号机组建成投产，195万千瓦新型储能示范项目并网运行，开工建设贵阳、黔南抽水蓄能电站，新增新能源装机400万千瓦，电力总装机达8560万千瓦。大力建设全国重要的资源精深加工基地。落实"富矿精开"要求，实施新一轮找矿突破战略行动，新增一批锂矿、磷矿、铝土矿等资源储量。引进青山、华友、华峰磷煤化工一体化项目以及江山、美锦等一批磷化工、煤化工重大项目。推动电解铝行业全面复工复产，带动铝产业稳定发展。锰加工产业转型升级取得新突破。创新建设磷矿资源集中采购供给平台，更好保障企业原料需求、降低生产成本。大力建设新能源动力电池及材料研发生产基地。优化"一核两区"布局，推动重点项目建设，电池制造产能达35GWh。依托新能源电池材料产业基础，启动"电动贵州"建设，围绕龙头企业开展产业链招商，推动从电池材料、动力电池到新能源汽车的全产业链集群发展，新能源商用车、乘用车等项目取得新进展。大力建设面向全国的算力保障基地。数字经济占比达42%左右、增速保持全国前列。依托华为云构建"云服务"生态圈，贵阳大数据科创城集聚企业800家以上，软件和信息技术服务业收入增长20.7%。深入推进"东数西算"，抢抓机遇布局人工智能新赛道，数据中心由存储中心加快向"存算一体、智算优先"转变，华为云、中国电信、中国移动等智算中心落地，智能算力加速突破，智算芯片达7万张以上、位居全国前列。大力建设全国重要的白酒生产基地。持续推动白酒产业转型升级，深化"三个一批"综合整治，清理退出白酒企业632家、提升改造995家，扩大优质产能，开展"黔酒中国行"等活动，带动产销增长，白酒产业增加值增长10.7%，为工业经济增长提供了有力支撑。大力建设全国重要的产业备份基地。加强与中国航空工业、中国航天科工、中国航发、中国商飞合作，引进落地一批重点项目，规划建设贵州航空产业城，航空航天及装备制造业增加值增长6.8%。全省新增国家级"小巨人"企业9户、省级专精特新中小企业422户，安达科技、世纪恒通2户企业成功上市。工业经济的发展壮大，为全省稳增长、优结构提供了强劲动能！

（二）**着力扩大有效需求，经济发展内生动力不断增强。**持续优化投资结构。以"六大产业基地"为重点扩大产业投资，新开工亿元以上工业项目408个、建成投产302个，实施技术改造企业1100余户，产业园区配套基础设施完成投资560亿元，工业投资增长10.7%，占固定资产投资比重达30.9%、提高4.6个百分点。安排200亿元注入"四化"等产业基金，省属国企按市场化原则与央企共同设立总规模110亿元产业发展基金，更好撬动社会资本，民间投资占比达36.8%。制定政府投资项目概算管理办法，形成政府投资管理"1+3"政策体系。加快推进重大项目建设。全力争取国家增发国债和各项债券资金支持，统筹各级财政资金2041亿元支持重大项目建设。开展项目建设年活动，举办重大项目建设现场观摩会，实施省市县三级领导干部领衔推动"四化"项目"十百千"专项行动。贵南高铁建成运营、实现贵阳与周边省会城市高铁直连全覆盖，贵广高铁完成提质改造，叙毕铁路贯通运营，黄百铁路开工建设。建成贵阳经金沙至古蔺、兰海国高重庆至遵义段扩容工程等高速公路452公里、总里程达8784公里，新增省际通道2个、总数达27个。启动实施水网建设三年攻坚行动，建成骨干水源工程95个、供水管网9470公里。新建5G基站3.5万个，实现充电桩高速公路服务区和乡镇全覆盖。大力推进新型城镇化。优化"一群三带"城镇空间格局，省国土空间规划获国务院批复。扎实推进城镇"四改"，完成棚户区改造19.1万套，实施城镇老旧小区改造16.77万户，完成背街小巷改造2047条、地下管网建设改造5062.6公里，城市（县城）新增污水处理能力15.4万立方米/日，开工生活垃圾焚烧处理设施6座。出台房地产"新十条"政策，筹集保障性租赁住房3.05万套，"保交楼"项目交付房屋25.76万套。贵阳轨道交通3号线一期开通运营。推动旅游业加快复苏。围绕"三大要素"，推进"四大行动"，省委、省政府召开全省旅游工作会议，面向经营主体创新举办省旅游产业发展大会、国际山地旅游暨户外运动大会，实施旅游复苏专项行动，全省旅游人次、旅游总收入、游客人均花费分别恢复到2019年的113%、119%和105%。持续丰富产品业态，荔波、黄果树建设世界级旅游景区加快推进，文旅、体旅、桥旅、酒旅融合快速发展，创建正安吉他国家级文化产业示范园区、国家级旅游休闲街区2家、国家级夜间文化和旅游消费集聚区3家，新增五星级饭店3家、品牌连锁酒店63家、全国甲级民宿4家、等级民宿150家。3A级以上景区通三级以上公路占比达72%。适应市场需求变化，创新发展"小车小团""支支串飞"等新模式、"红飘带""伟大转折"等红色旅游新业态。新增规上（限上）涉旅企业152户。盘活闲置低效旅游项目60个。促进消费持续恢复。开展四季促消费行动，利用特色商品开展多种形式消费联动，新增中华老字号8家，打造青云市集等11条省级商业步行街，建成"一刻钟便民生活圈"209个。推进县域商业体系建设，新建改造县域综合商贸服务中心18个、乡镇商贸中心78个、快递进村点5735个，限额以上乡村消费品零售额增长25.6%。成品油市场整治成效明显。社会消费品零售总额增长5.9%。

（三）全面推进改革开放创新，服务和融入国家重大战略持续深入。经过积极争取，国务院批复贵州开展西部大开发综合改革实施方案，在重点领域和关键环节改革上赋予贵州更大自主权。深化重点领域改革。制定实施促进民营经济发展壮大36条政策措施。启动实施国有企业改革深化提升行动。组建民航集团、建投集团、完成黔晟国资、贵旅集团结构性重组，深化习酒集团改革，省国资委监管企业利润总额增长15.8%。稳妥有序推进省以下财政管理体制改革，调动市县发展产业、涵养财源的积极性。公共资源交易平台整合共享深入推进，建成全省统一的公共资源交易"一张网"。稳步推进开发区管理制度、数据要素市场化配置、电力市场化、供水价格、农村、金融、国防动员等领域改革。深化对内对外开放。省党政代表团到两广、江浙沪、云南、川渝等重点地区，学习先进经验，深化务实合作，对接融入"一带一路"、粤港澳大湾区、长江经济带、成渝地区双城经济圈、西部陆海新通道等国家战略。成功举办数博会、酒博会、中国—东盟教育交流周、泛珠三角区域合作行政首长联席会议等重大开放活动。创新招商工作机制，新增产业到位资金3000亿元以上、其中工业占比53%以上。新增经营主体74.43万户。贵阳龙洞堡机场T3航站楼国际区域正式启用，"一局四中心"建成并陆续投用，首条国际货运航线开通。黔粤班列纳入图定运行，开行中老铁路国际货运专列，成立贵州远海陆港公司，贵阳国际陆港实现"一港通"快速通关，集装箱到发量增长107%。贵阳、贵安、遵义三个综保区能级提升，贵安新区获批建设国家级加工贸易梯度转移重点承接地。全省货物贸易进出口总额增长11.5%。推动区域协调发展。深入实施"强省会"行动，省委、省政府召开贵安新区高质量发展大会，贵安新区直管区地区生产总值增长24.1%。支持毕节建设贯彻新发展理念示范区。加快遵义省域副中心建设。发挥比较优势推动民族地区高质量发展。出台大力推动县域经济高质量发展40条政策措施。着力提升创新能力。深入实施六大重大科技战略行动和向科技要产能专项行动。启动黔灵实验室建设，完成特种化学电源全国重点实验室重组，新增国家企业技术中心2家、国家级科技企业孵化器3家，2个团队和1名个人入选首届"国家工程师奖"。攻克黏土型锂资源选冶等一批核心技术。全社会研发投入强度增幅为近年来最大，我们正在创新驱动、转型发展上加速前进！

（四）扎实巩固拓展脱贫攻坚成果，全面推进乡村振兴。加强防止返贫监测和精准帮扶。举一反三抓好国家考核评估反馈问题整改，"3+1"保障问题动态清零。持续实施脱贫人口增收行动，脱贫人口人均纯收入超过1.5万元，提前完成人均纯收入1万元以下脱贫人口动态清零任务。出台政策措施推动大型易地扶贫搬迁安置区融入新型城镇化。深入推进粤黔东西部协作和定点帮扶工作。扛牢耕地保护和粮食安全责任。深入实施粮食生产、储备、加工能力提升行动。有力应对1961年以来最严重的冬春连旱，完成粮食播种面积4160.7万亩、产量1119.7万吨，建成高标准农田193万亩，均超额完成国家下达目标任务。粮油储备规模超额完成国家下达的"十四五"目标任务。粮油日加工能力预计达到3万吨以上，提前完成"十四五"目标任务。狠抓耕地保有量、永久基本农田保护等历史遗留问题整改，大力实施补充耕地专项行动，全力完成国家下达耕地保护目标任务。大力发展农业特色优势产业。茶叶、蔬菜、辣椒、中药材产量分别增长8%、3.8%、3.2%、7%，农业特色优势产业产值增长5%。推进农业"接二连三"，农产品加工转化率达62%。省级以上农业产业化重点龙头企业达1200家。按照"四个一批"要求，先行先试开展农村项目资产盘活，细化"六条盘活路径"，取得阶段性成效。加快建设宜居宜业和美乡村。以"四在农家·和美乡村"建设为载体，深入推进乡村建设行动，新改建农村户厕15万户，30户以上自然村寨生活垃圾收运处置体系覆盖率达70%，农村生活污水治理率20.9%。农村人居环境整治深入推进，乡村面貌发生新变化，乡村文明焕发新气象！

（五）持续推动绿色低碳发展，生态环境优势进一步巩固。省委、省政府召开全省生态环境保护大会。绿色经济占比达46%左右。持续加强污染治理和生态修复。中央生态环保督察反馈问题和长江经济带生态环境警示片披露问题年度整改任务全面完成，扎实开展省级生态环保督察。出台赤水河流域保护综合规划。石漠化和水土流失治理加快推进。中心城市环境空气质量平均优良天数比率98.6%，主要河流出境断面水质优良率保持100%，森林覆盖率达63%。节能降碳成效明显。创建国家级绿色工厂35家、绿色工业园区4个。完成480万千瓦现役煤电机组改造升级。新增和更新的城市公交车、出租车中，新能源汽车占比分别达100%、97.4%。单位地区生产总值能耗降幅居全国前列。加快完善生态文明制度。创新举办生态文明贵阳国际论坛。举办首个全国生态日贵州主场活动。国家生态文明试验区建设31项改革经验被列为国家改革成果案例。与云南、四川共同实施第二轮赤水河流域横向生态保护补偿。开展生态产品价值实现机制试点、林业碳汇（碳票）试点。深入推进河湖长制、林长制。生态产品交易中心挂牌。

（六）坚决守住安全底线，防范化解重大风险取得重要进展。综合施策保障能源安全稳定供应。完善水电联合调度机制，采取"以煤换水、以火保水"等措施，全年供应电煤8750万吨、增长24.4%，年底水电蓄能值73.56亿千瓦时、增长120.7%，实现电厂存煤和水电蓄能"双提升"。完善峰谷分时电价政策，电化学储能电站削峰填谷成效显著，工业企业分时段用电负荷更加均衡。全年发电量2403.7亿千瓦时、增长2.9%，煤电机组平均发电利用小时约5000小时、增长19.4%，电力保供综合成效为近年来最好。千方百计防范化解债务金融风险。制定实施一揽子化债方案，多措并举推进债务化解工作，积极争取国家财政、金融支持缓释债务风险，妥善处置中小金融机构、非法集资等涉众型风险，全省债务、金融风险得到有效管控。持续加大财力下沉力度，下达市县转移支付3366亿元、增长9.8%，保障基层财政平稳运行。抓实抓牢安全生产。下大力气强化安全生产责任，配强产煤市县干部队伍和专业监管力量，紧盯重点行业领域推进重大事故隐患专项排查整治，常态化开展"打非治违"，生产安全事故起数和死亡人数实现"双降"。有力应对各类自然灾害，因灾死亡失踪人数、直接经济损失较前五年均值分别下降65.6%、52.8%。促进社会和谐稳定。定期研究解决信访突出问题，深入排查化解各类矛盾纠纷，着力解决"两拖欠""问题楼盘"等问题，维护群众合法权益，严厉打击各类违法犯罪活动，社会大局持续稳定，实现"五个零发生"。

（七）大力发展社会事业，人民群众获得感幸福感安全感加快提升。十件民生实事全面完成。全面落实就业优先政策。出台实施促进高质量充分就业"1+4"政策，城镇新增就业61.75万人，城镇调查失业率5.4%，高校毕业生初次毕业去向落实率84.34%。完成职业技能培训62.37万人次，完成退役军人接收安置任务，省外务工人员总量保持稳定。用心用力办好人民满意的教育。针对学前教育、义务教育学位供需矛盾，完成新建、改扩建幼儿园、中小学995所，新增基础教育学位12.27万个。云岩区、岑巩县入选教育部义务教育教学改革试验区。全面实施农村学生营养改善计划"提质行动"，学生餐质量明显提升。大力推进省市（州）共建本科高校管理体制改革，6所高校划转为省管。新增2所普通高校。更大力度保护人民生命安全和身体健康。疫情防控实现平稳转段，9个市（州）传染病医院（院区）全部建成。加快建设6个省级区域医疗中心，建成县域医疗次中心50个，多层次医保体系逐步健全，群众看病难、看病远问题得到缓解。我省首次承派的中国援所罗门群岛医疗队获全国援外医疗工作先进集体。强化养老托育等服务供给。完善提升多层次养老保障体系、以居家社区为重点的养老服务体系、老年人健康医疗服务体系，完成20个提质改造标准化养老机构、10个示范型社区日间照料中心建设，养老机构护理型床位占比达62%。每千人口拥有3岁以下婴幼儿托位数达3.79个。城乡低保平均标准分别提高8%、15%。丰富群众精神文化生活。电视剧《丁宝桢》在央视黄金档热播。京剧《阳明悟道》主演获中国戏剧梅花奖。民族民间舞《那山·那水·那人家》《匠心》入围第十四届中国舞蹈"荷花奖"。大松山墓群入选"全国十大考古新发现"。省第十届少数民族传统体育运动会、第七届残疾人运动会成功举办。竞技体育捷报频传，杭州亚运会、亚残运会贵州运动健儿创历史最好成绩。"村超""村BA""路边音乐会"活力四射。各类群众性文化体育活动蓬勃开展，广大人民群众精神文化生活更加丰富多彩！

一年来，我们认真扎实开展学习贯彻习近平新时代中国特色社会主义思想主题教育，坚持不懈强化党的创新理论武装，坚定自觉衷心拥护"两个确立"、忠诚践行"两个维护"。坚持在法治轨道上推进政府工作，召开全省法治政府建设工作会议，认真办理人大代表建议、政协委员提案，自觉接受人大、政协监督以及社会、舆论监督，强化审计监督、财会监督、统计监督。严肃财经纪律，落实过"紧日子"要求，坚决压缩非急需非刚性支出。加强党风廉政建设和反腐败斗争，深入纠治形式主义、官僚主义，努力营造政府系统风清气正的政治生态。

各位代表！过去一年取得的成绩，来之不易、成之惟艰，根本在于有以习近平同志为核心的党中央坚强领导，在于有习近平新时代中国特色社会主义思想科学指引，是中共贵州省委带领全省人民团结奋斗的结果，是各级各方大力支持的结果。在此，我代表省人民政府，向全省各族人民，向全省人大代表、政协委员，向各民主党派、工商联、无党派人士、各人民团体和各界人士，向驻黔人民解放军、武警部队官兵、公安干警和消防救援人员，致以崇高的敬意！向关心支持贵州发展的中央各部门各单位和兄弟省（区、市），向港澳台同胞、海外侨胞和国际友人，表示衷心的感谢！

我们也清醒看到，我省经济社会发展还面临不少困难和挑战。主要是：有效需求仍然不足，稳投资压力大，民间投资信心和居民消费意愿不足，经济回升向好的基础尚不牢固；产业层次总体偏低，科技创新能力较弱，要素成本总体偏高，部分行业和企业发展仍面临不少困难；巩固拓展脱贫攻坚成果任务依然较重，稳就业、促增收压力大，教育、医疗、养老、托育等民生领域还有不少短板；财政收支矛盾较大，解决安全生产、债务、金融等领域风险隐患还需持续用力；政府系统一些干部思想观念、工作作风、工作方法仍需转变，能力本领仍需提升，等等。我们一定正视问题、直面挑战，采取有力措施，切实加以解决和改进。

二、2024 年工作目标和主要任务

今年是新中国成立75周年，是实现"十四五"规划目标任务的关键一年，做好经济社会发展工作意义重大。政府工作的总体要求是：以习近平新时代中国特色社会主义思想为指导，全面贯彻落实党的二十大精神和习近平总书记视察贵州重要讲话精神，认真落实中央和省委经济工作会议部署，深入落实国发〔2022〕2号文件，坚持稳中求进工作总基调，完整、准确、全面贯彻新发展理念，服务和融入新发展格局，坚持以高质量发展统揽全局，守好发展和生态两条底线，坚持围绕"四新"主攻"四化"主战略和"四区一高地"主定位，全面深化改革开放，大力推动科技创新，统筹扩大内需和深化供给侧结构性改革，统筹新型城镇化和乡村全面振兴，统筹高质量发展和高水平安全，深入推进营商环境大改善和产业大招商，切实增强经济活力、防范化解风险、改善社会预期，巩固和增强经济回升向好态势，持续推动经济实现质的有效提升和量的合理增长，增进民生福祉，保持社会稳定，为开创经济兴、百姓富、生态美的多彩贵州新未来，谱写中国式现代化贵州实践新篇章打牢坚实基础。

主要预期目标是：全省地区生产总值增长5.5%左右，其中一、二、三产增加值分别增长3.5%左右、6%左右、5.5%左右；规模以上工业增加值增长6.5%左右；固定资产投资增长4.5%左右；社会消费品零售总额增长6%左右；一般公共预算收入增长3%左右；城镇和农村常住居民人均可支配收入分别增长6%左右和8%左右；城镇新增就业60万人，城镇调查失业率5.5%以内；居民消费价格涨幅3%左右；常住人口城镇化率达到57%左右；单位地区生产总值能耗降低2.8%左右。

做好今年工作，要深入贯彻中央经济工作会议"五个必须"的规律性认识，全面落实省委经济工作会议"六个坚定不移"的明确要求，把坚持高质量发展作为新时代的硬道理，坚持不懈推动"三个转变"，坚持稳中求进、以进促稳、先立后破，在破解多重约束中找到新的发展路径，营造有利于各类要素活力竞相迸发的良好氛围。只要全省上下锚定目标，保持定力、坚定信心，扎扎实实把每一件事情干好，就一定能够在新的起点上创造高质量发展的更大成绩！

实现今年目标任务，要重点抓好以下工作。

（一）全力建设现代化产业体系。锚定"3533"目标，深入推进"六大产业基地"建设，壮大各地主导产业，狠抓"一图三清单"落实，推动现代化产业体系建设不断取得新进展。

巩固提升优势产业。坚持"富矿精开"，把资源优势转化为产业优势。做强现代能源产业。加快推进煤炭矿区规划修编，项目化落实"六个一批"，建成投产35处煤矿，原煤产量达到1.65亿吨以上。建成投产盘江新光2号机组和盘江普定1号机组等燃煤发电项目，加快贵阳、黔南抽水蓄能电站建设，推进现役煤电机组灵活性改造，在乡村合理布局建设分散式风电和分布式光伏项目，电力总装机超过8900万千瓦。强化天然气供应，加大煤层气、页岩气等非常规天然气勘探开发力度。推动清洁能源入黔。强化电煤、电力运行调度，供应电煤8400万吨以上，发电量2500亿千瓦时以上。大力发展矿产资源精深加工。深入实施新一轮找矿突破战略行动，加快在战略性矿产和紧缺急需矿种找矿上取得新突破。用好磷矿资源集中采购供给平台，推动优质矿产资源向"链主"企业、头部企业集中。大力推进优势矿产资源高效开发利用，支持六盘水煤焦电气化等产业发展，加快推动毕节织金磷煤化工一体化、瓮安新材料及电子化学品等项目落地建设，促进磷化工、煤化工、铝加工、锰加工等向高端化延伸，持续推动产业链纵向、横向融合发展，努力构建良好产业生态。加快建设"电动贵州"。发挥宁德时代、比亚迪等龙头企业"链主"作用，推动产业链企业技术和产品升级，提升本地配套能力，新能源电池材料产业增加值增长15%。推动"动力电池+储能电池"双赛道发展，大力发展电池回收梯次利用产业，加快形成完整产业链。推动重点新能源整车项目落地建设，同步开展配套企业招引，加快新能源汽车推广应用，大力推进充换电基础设施建设，新能源汽车产业增加值增长15%左右。推动白酒产业高质量发展。巩固提升"三个一批"综合整治成效，加快推进茅台"十四五"技改、习酒技改、国台改建等重点项目，发展壮大优强白酒企业舰队，不断推进产业转型升级。持续办好"黔酒中国行"、海外展销等活动，积极拓展国内外市场，白酒产业增加值增长10%左右。加快发展先进装备制造业。积极参与国家战略腹地建设，推动战略安全产业加快发展。加快建设贵州航空产业城，推进航发精铸贵安生产基地、中航重机产业园等项目建设，航空航天及装备制造业增加值增长8%。抢抓光伏、风电等新能源产业加快发展机遇，大力发展新能源装备产业。实施中医药产业高质量发展攻坚行动，健康医药产业增加值增长7%。加快生态特色食品产业发展，产业增加值增长5%。

抢抓机遇加快发展数字经济。抓住人工智能重大机遇，推动数字经济实现质的突破，数字经济占比达到45%以上、规模突破万亿元。加快打造全国算力高地。争取国家在我省布局人工智能训练基地，优化数据中心效能，加快华为云、中国电信等智算中心建设，做大智算中心集群，智算芯片达到20万张，努力打造成为全国智算资源最多、能力最强的地区之一。加强算力调度运营，用好"算力券"政策，大力开拓算力市场，算力产业规模突破100亿元。广泛深入推进数智赋能。依托华为云盘古大模型，聚焦酱酒、煤矿、化工、新材料、钢铁、有色、电力、建材等8个重点行业，以及城镇智慧化改造、乡村数字化建设、旅游场景化创新、政务便捷化服务4个重点领域，大力推动行业龙头企业改造升级，加快实施"数智黔乡"工程，形成一批低成本、可复制的数字化转型方案，引领更多企业"上云用数赋智"，三次产业规上（限上）企业数字化改造覆盖率90%以上。构建特色数字产业集群。加快打造数据中心、智能终端、数据应用三个千亿级主导产业集群。打造一批差异化、特色化数字产业园区，贵阳大数据科创城集聚企业1200户。支持华为云做大做强产业生态，加快做大云服务"首位产业"，软件和信息技术服务业收入增长16%以上、规模力争突破1000亿元。全省电子信息制造业增加值增长10%左右。加快抢占未来产业新赛道。发挥智算规模和数据要素优势，加快发展数据标注、模型训练等人工智能基础产业，着力突破旅游等行业大模型产业，大力发展北斗、元宇宙、平台经济、渲染、电竞、动漫等新产业，新兴数字成长型企业突破800家，塑造数字经济发展新优势。

大力发展生产性服务业。以服务制造业高质量发展为导向，推动生产性服务业向专业化和价值链高端延伸。大力发展现代金融业。加快推进科技金融、绿色金融、普惠金融、养老金融、数字金融创新发展。持续推动"引金入黔""险资入黔""基金入黔"。开展企业上市行动，提升直接融资占比。优化政府产业基金运行模式，丰富投资方式，提高运行效率，发挥放大作用，更好引导重点产业发展。常态化开展政金企融资对接，加强融资担保和增信体系建设，做强做实市县级融资担保机构，完善政府性融资担保机构风险补偿机制，推广应用贵州省大数据综合金融服务平台，着力缓解中小微企业"融资难""融资贵"问题。金融机构贷款余额增长12%左右。积极推动"保险+期货"服务乡村振兴。推进贵州农商联合银行组建工作，支持地方法人金融机构做强做优。大力发展现代物流业。优化全省综合物流体系,加快贵阳等4个国家现代流通战略支点城市建设,提升园区物流配套服务能力,加快发展多式联运,A级物流企业达150家以上。制定降低物流成本的综合性措施。加快发展工业设计、检测认证、中介咨询、科技服务、节能环保等产业,推动现代服务业与先进制造业深度融合发展。

(二)着力扩大有效投资、激发消费潜力。坚持深化供给侧结构性改革和着力扩大有效需求协同发力,扩大有效益的投资,激发有潜能的消费,形成投资和消费相互促进的良性循环。

推动有效投资稳定增长。深入推进"一群三带"城镇化发展,深入实施"3个100万",拓展有效投资空间。着力扩大产业投资。建立重点产业项目常态化推送机制,围绕"六大产业基地",加快推进新能源电池材料"一核两区"、"毕水兴"能源产业带等产区重大项目。实施产业配套基础设施建设三年行动计划,加快推进产业园区供电供水供热、产业连接路等基础设施提档升级。工业投资增长10%以上。加大基础设施补短板力度。加快黄百、盘兴等铁路建设,开工建设铜吉、黔桂增建二线等铁路,加快推进泸遵等铁路前期工作。推动龙滩枢纽1000吨级通航设施加快建设。加快贵阳至平塘等13个在建高速公路项目建设,新开工厦蓉国高都匀至贵阳段扩容工程等项目,高速公路通车里程达9000公里。开工建设黔东南州宣威、铜仁市花滩子等大中型水库,新建成骨干水源工程100个,新建或改造供水管网1.2万公里。新建5G基站3万个。互联网出省带宽达5.3万G。新建充电桩6000个。新增天然气输气管道120公里。探索构建房地产发展新模式。推进房地产领域供给侧改革,完善"市场+保障"的住房供应体系,加快解决新市民、青年人、农民工住房困难问题。加快建成交付4.42万套房屋,基本完成

"保交楼"任务。探索建立"人、房、地、钱"要素联动机制，"一城一策"制定方案，因城施策、精准施策，引导鼓励房开企业开发"第四代"住宅和康养、避暑地产，满足群众多样化住房需求。开展未建成交付安置房三年清零行动，探索二手房、库存商品房、保障性租赁住房转化政策，打通房地产市场"一二手房"联动通道。加快推进"三大工程"，启动实施保障性住房3600套，实施城中村改造2万户，加快"平急两用"项目建设。做实项目谋划储备和要素保障。积极对接国家政策，深入谋划、储备一批高质量、有效益的项目，做细做实前期工作，安排省重大工程项目3000个以上。坚持要素跟着项目走，强化资金、用地、用能等方面保障。安排300亿元注入"四化"等产业基金，新增银行贷款2200亿元以上用于项目建设。探索"险资入黔"支持重大项目建设机制。全面加强政府投资项目管理，严格落实项目资金闭环管理措施。

充分释放文旅消费潜力。聚焦"三大要素"，深入推进"四大行动"，加快建设世界级旅游目的地，开展四季旅游产品开发促销行动，旅游人次、旅游总收入均增长10%，逐步提升游客人均花费水平。加大优质产品和服务供给。加快打造荔波、黄果树、赤水等世界级旅游景区和贵阳、安顺一流旅游城市，推动万峰林等创建5A级景区，新增国家级旅游度假区2家。大力推进万山朱砂矿系列文化遗产申遗工作。做好文旅、体旅、桥旅、商旅、酒旅等融合发展大文章，深入研究推动"卖酒"向"卖生活方式"转变的具体措施，因地制宜开展特色鲜明、群众喜闻乐见的文娱活动、体育赛事，更好满足游客多层次需求。大力完善旅游配套基础设施，打造5条景区美食街区，新增五星级饭店3家、等级民宿150家，加大力度推广"小车小团""支支串飞"交旅融合模式，推出一批贵州特色旅游商品，打造一批购物综合店。制定推广"黔菜标准"，培育打造黔菜公共品牌，推动特色生态黔菜全国连锁发展。着力培育优强旅游企业。支持贵旅集团打造成为贵州旅游专业运营主体、贵州全域旅游集成服务商。加快市（州）级旅游运营集团组建。加大旅游上市公司培育力度。新增规上（限上）涉旅市场主体100家。全力培育拓展客源。办好省旅游产业发展大会、国际山地旅游暨户外运动大会，更加突出面向企业、面向游客办会。制定省外、境外游客导入优惠政策，用好融媒体资源，加大长三角、粤港澳、成渝等重点客源市场旅游宣传推介力度，与星辰旅游城市联盟开展旅游客源互送。加快复航日韩、东南亚等主要境外客源地航线，加密"一场三站"到重点景区旅游客运直达线路，推进景区内"微交通"提升。完善提升"一码游贵州"等平台。盘活闲置低效旅游项目70个左右。

持续扩大重点领域消费。稳定和扩大传统消费。常态化开展酒商、酒车、酒菜联动促销。扩大新能源汽车消费，鼓励汽车"以旧换新"，长效推进成品油市场整治，持续推动绿色、智能家居家电换新，提振汽车、成品油、家庭装修等消费。支持各地开展各类餐饮促消费活动。培育壮大电商等新型消费。深入实施电子商务发展"十百千万"工程，持续扩大头部电商平台贵州商品销售规模，推动本土电商企业做大做强，新增3个电商产业园、20个直播示范基地，大力加强电商人才培养引进，网络零售额增长20%以上。积极培育数字消费、绿色消费、健康消费等新的消费增长点，助力消费结构升级。持续优化消费环境。示范提升省级商圈5个、商业步行街3条、夜间消费集聚区2家，加快贵阳、遵义等国家级"一刻钟便民生活圈"试点城市建设，升级改造5个县级物流配送中心、

30个农贸市场，支持农村快递物流综合服务站"多站合一、一站多能"建设。开展放心消费行动，营造安全放心的消费环境。

（三）大力开展营商环境大改善和产业大招商行动。坚持招商、安商、稳商并重，打造市场化、法治化、国际化一流营商环境，大力开展精准招商，培育壮大经营主体，不断增强发展新动能。

全力打造一流营商环境。实施新一轮营商环境三年行动计划，对标世界银行新一轮营商环境评估和中国营商环境评价指标体系，开展营商环境监测分析和评价考核。全面落实营商环境突出问题整治方案，加快整治拖欠企业账款、承诺不兑现、融资难融资贵、要素保障不到位、民营企业受到不公平对待等问题。进一步优化12345便民热线、服务民营企业直通车、"贵商易"等涉企服务平台，清单化闭环办理企业诉求事项。持续深化"五个通办"，拓展"企业之家"服务，打造便捷高效的政务服务环境。持续建好用好公共资源交易"一张网"，健全招标投标制度规则体系，降低经营主体制度性交易成本。建立健全常态化政企沟通交流机制，广泛听取企业家的意见和诉求，推动企业家参与涉企政策制定。领导干部要成为优化营商环境的"关键少数"，解放思想、创新求变，"软件""硬件"一起抓，下大力气改善贵州的营商环境！

深入开展产业大招商。新增产业到位资金3200亿元。发挥比较优势招商。依托各地能源、矿产、生态、生物、气候等比较优势，以资源引投资、以市场换产业，精心谋划引进一批市场需求大、带动性强的项目。大力开展产业链招商。用好工业"一图三清单"，加快制定农业、旅游业、生产性服务业"一图三清单"，紧盯拟招企业特别是龙头企业、"链主"企业，着力引进一批补链延链强链项目。办好贵州省与央企产业协作座谈会、全球贵商大会等活动，建立政府与商协会常态化沟通机制，大力推进市场化招商，大力开展央企、民企、外企招商。优化招商工作机制。健全"省带头、市推动、县（园区）落实"招商协同推进机制，构建全省"一盘棋"大招商格局。建立更加注重实效的考核机制、奖惩机制，激励市县党政领导干部在招商中发挥带头示范作用。积极承接产业转移。办好2024中国产业转移发展对接活动，以合作共建园区为重点积极承接产业转移项目，注重转移产业合理布局，创建国家承接产业转移示范区。支持黎从榕"桥头堡"面向粤港澳大湾区开展产业转移招商。提升招商引资质量。严格落实重大招商项目事前评估及责任追究办法，大力整治招商引资中的恶性竞争。

（四）围绕产业发展大力推动科技创新。 坚持有所为、有所不为，聚焦"六大产业基地"，深入实施六大重大科技战略行动和向科技要产能专项行动，以科技创新推动产业创新，加快形成新质生产力。

建设高能级科技创新平台。通过新建布局一批、优化提升一批、整合重组一批、调整淘汰一批，打造一批高能级科技创新平台。推进5个国家重点实验室参与全国重点实验室重组，加快推进航空动力领域国家实验室贵州创新中心建设，争取建设国家技术创新中心、国家制造业创新中心。

加强关键核心技术攻关。对重大科技项目实施"揭榜挂帅"，制定重点工业产业科技创新图谱，组织实施一批重大科技攻关项目，重点攻关锂、稀土、锰、磷等战略性矿产资源开采、高效利用和固废无害化处理等关键技术，加快在先进装备制造、大数据电子信息、现代能源等产业核心技术方面实现突破。

　　强化企业科技创新主体地位。深入实施企业研发活动扶持计划，力争规上工业企业中有研发活动企业占比达37%。新增省级专精特新中小企业100户以上、高新技术企业100户以上。在企业布局建设更多创新平台，支持以企业为主体联合高校、科研院所建立创新联合体，开展关键核心技术联合攻关。强化知识产权保护，激发企业创新活力。加强质量支撑和品牌建设。

　　加快科技成果转化。制定促进科技成果转化的改革措施。建立贵州技术交易市场，设立科技成果转移转化专门岗位，培育技术成果转化经纪人队伍300人以上，推动更多省内外科技成果落地贵州，技术合同成交额增长15%以上。

　　聚焦产业发展需要加强人才培育引进。推进高等教育和职业教育办学思路、办学定位、办学模式、学科专业优化调整，聚焦重点领域深化产教融合、科教融汇、职普融通，推动"产业导师"更好服务产业发展，培养更多创新型、应用型人才。大力推进"科技入黔"，积极争取院士来黔兼职。深入实施"百千万人才引进计划"，引进一批科研机构、创新平台、顶尖人才及团队。办好第十二届贵州人才博览会。全力推进青年友好型成长型省份建设。落实好"优才卡"等政策，让各类人才在贵州安心发展、大展宏图！

　　（五）统筹推进重点领域改革和扩大对外开放。深入落实贵州开展西部大开发综合改革实施方案，坚定不移推进全方位对外开放，不断增强发展动力活力。

　　深化重点领域和关键环节改革。深化国资国企改革。深入推进国有企业改革深化提升行动，采取更大力度推动国有企业战略性重组、专业化整合，进一步聚焦主责主业、增强核心竞争力。推动磷化集团、能源集团向千亿级企业迈进，支持黔晟国资更好发挥资源配置、资本运作、战略投资作用，在一些重点领域研究组建专业化企业，"一企一策"推进困难国企改革脱困。加大力度推动融资平台市场化、实体化转型发展。深化财税金融改革。推动市（州）调整完善市对下财政管理体制，有序推进完善省以下财政事权和支出责任划分相关政策、省直管县动态调整机制等配套措施。加快构建天使投资、风险投资、股权投资基金支持链，更好发挥基金投资激发创新创造和产业发展的带动力。深入开展省级绿色金融试点县建设。深化要素市场化改革。推动出台数据流通交易促进条例，开展数据基础设施建设试点、公共数据授权运营试点。稳慎推进农村宅基地制度改革试点，积极推进农村集体经营性建设用地入市改革试点，积极稳妥盘活利用农村闲置宅基地和闲置住宅。持续推进工业项目"标准地"和混合用地改革试点。深化集体林权制度改革，开展分区分类探索国有林场经营性收入分配激励机制试点。深化价格机制改革。实施煤电容量电价机制，推动煤电联营、煤电和新能源联营。出台水利工程供水价格管理办法，鼓励和吸引社会资本参与水利工程投建运管。加快建立城镇供水与水利工程供水价格联动机制。出台农村供水价格管理办法。深化污水处理收费机制改革。健全完善油气管道运输、城市地下综合管廊有偿使用和集中供热价格机制。深化开发区管理制度改革。

促进民营经济做大做优做强。落实"两个毫不动摇"，召开全省民营经济高质量发展大会，深入落实支持民营经济发展的政策措施，推动民营经济加快发展壮大。建立全省重点民间投资项目库，常态化向民间资本推介项目，"四化"等产业基金支持民间投资项目的资金占比不低于40%。落实好政府和社会资本合作新机制，支持社会资本参与高速公路、污水处理和污水管网、新型基础设施等领域建设，民间投资占比达到40%左右。各级领导干部要放下"官架子"，当好服务企业的"店小二"，全面构建亲清政商关系，依法保护民营企业产权和企业家权益，让广大民营企业在贵州大胆投资、放心发展！

推进县域经济高质量发展。落实推动县域经济高质量发展政策措施，召开全省县域经济高质量发展大会，加快增强县域经济综合实力。发展壮大县域主导产业。立足比较优势和产业基础，重点发展1—2个主导产业，打造一批工业强县、特色农业县、旅游名县等，力争72个县工业增加值占全省比重达到68%以上。以县城为重点增强城市综合承载能力。深入实施城市更新行动，新开工城镇老旧小区改造8.58万户，建设改造城镇地下管网2400公里。加快完善城市生活污水垃圾处理设施，补齐城镇污水管网短板，城市（县城）新增污水处理能力8.84万立方米/日，设市城市和县城建成区基本消除生活污水直排口和收集处理设施空白区，城市（县城）生活污水处理率保持97%以上、生活垃圾无害化处理率保持95%以上。加强县域财源建设。完善省对县转移支付分配办法，落实促进县域经济高质量发展财政激励奖补机制，激发地方发展产业内生动力，做大财政收入总量，提升财政收入质量。

加快提升开放型经济水平。加快沿着"一带一路"走出去，更好运用国际市场、国际资源，拓展发展新空间。强化对外开放基础支撑。持续开行黔粤班列、西部陆海新通道班列、中欧班列和中老班列，推动有机衔接、降费增效。提升贵阳国际陆港运营水平，完善"一局四中心"功能，拓展全货机航线航班。支持贵阳打造西南地区重要的货运枢纽。大力培育开放产业。实施外贸提质增效行动，紧盯东南亚、南亚和中亚地区市场需求，组织生产、出口适销对路的产品，持续增强新能源电池、白酒、化肥、轮胎、茶叶、吉他等重点产品出口竞争力，建好汽车出口基地，加快发展服务贸易、加工贸易、跨境电商、保税维修等业态模式。持续开展组团出海拓市场争订单促招引行动，推动更多贵州产品走向国际市场，货物贸易进出口总额增长10%以上。实施外贸主体培育行动，新增进出口企业100家以上。更大力度吸引外资。围绕重点产业、目标企业引进外资，探索在香港设立贸易投资及旅游推广机构，办好"贵州·香港投资贸易活动周"等活动，实际使用外资增长10%以上。深化国际贸易"单一窗口"建设，不断优化通关环境，提升投资贸易便利化水平。高质量办好重大开放活动。

（六）不断夯实"三农""压舱石"。学习运用"千万工程"经验，集中力量抓好办成一批群众可感可及的实事，不断夯实农业基础，推进乡村全面振兴。

毫不放松巩固拓展脱贫攻坚成果。严格落实"四个不摘"，加强防止返贫动态监测和精准帮扶，切实抓好"3+1"保障，坚决防止发生规模性返贫。强化就业和产业帮扶，加大劳务输出、以工代赈等力度，确保脱贫地区农民人均可支配收入增速高于全国和全省平均水平。抓好易地扶贫搬迁后续扶持，推动大型易地扶贫搬迁安置区加快融入新型城镇化。基本完成农村项目资产盘活任务，加强后续管理，确保持续发挥效益。深化粤黔东西部协作和定点帮扶。推动统一战线"地域+领域"组团式帮扶形成更多成果。

始终扛牢耕地保护和粮食安全责任。量质并重加强耕地保护和建设，开展耕地占补平衡专项整治，落实"长牙齿"的硬措施，确保耕地保有量不少于5028.04万亩、永久基本农田保护面积不少于3613.97万亩。完善多元投入机制，提高建设投入标准，新建和提质改造高标准农田260万亩以上。坚持稳面积、增单产两手抓，以良田良种良机良法增单产，力争粮食和油菜单产均提升2%左右，全面完成国家下达粮油生产任务。确保粮食储备安全和稳定供应。落实"菜篮子"市长负责制，扎实做好肉禽蛋奶和蔬菜等重要农产品稳产保供。悠悠万事，吃饭为大。粮食安全任何时候都不能有丝毫松懈！

提升乡村产业发展质效。聚焦品种品质品牌，推进标准化、规模化、绿色化、市场化，发展壮大茶叶、辣椒、刺梨、蔬菜、中药材等种植业，大力发展肉牛产业，推广秸秆饲料化收储加工利用，加大畜禽养殖等到户类产业扶持力度，农业特色优势产业产值增长4%左右。加快发展农产品精深加工，农产品加工转化率达到66%。积极发展农村电商、乡村旅游，推进农村一二三产业融合发展。加大先进农机研发推广力度，主要农作物耕种收综合机械化率达到55%。培育壮大农业新型经营主体，持续培育100家引领型龙头企业。

深入推进"四在农家·和美乡村"建设。持续推进农村人居环境整治提升，实现村庄规划管控全覆盖，整村推进改厕、改圈和农村生活垃圾、生活污水治理，农村生活污水治理率达到24.5%，30户以上自然村寨生活垃圾收运处置体系覆盖率达到80%。持续推进农村移风易俗，革除陈规陋习，倡导文明新风。

（七）持续加强生态文明建设。坚持生态优先、绿色发展，奋力在推进人与自然和谐共生的现代化中走前列作示范。

深入打好污染防治攻坚战。持续抓好中央生态环保督察反馈问题、长江经济带生态环境警示片披露问题整改，扎实推进省级生态环保督察，以零容忍态度查处环境违法行为。实施城乡生态环保设施补短板、工业固废综合治理、重点河湖污染治理、秸秆综合利用"四大攻坚突破"，加快磷石膏、赤泥、锰渣等尾矿渣及冶炼废渣历史遗留问题治理，主要河流出境断面水质优良率保持100%，9个中心城市环境空气质量平均优良天数比率达到国家下达目标要求。

扎实推进生态保护和修复。完成武陵山区"山水工程"建设任务。持续推进国土绿化行动，完成营造林280万亩、石漠化治理600平方公里、水土流失综合治理3000平方公里，建设国储林省级示范基地10个以上，森林覆盖率达63.3%左右。持续抓好长江"十年禁渔"。全面完成我省赤水河流域小水电清理整改任务。加快创建梵净山国家公园、西南岩溶国家公园。

加快推进节能降碳。扎实推进碳达峰十大行动。推动煤炭清洁高效利用。坚决遏制"两高一低"项目盲目发展。积极探索"零碳工厂""零碳园区"建设。公共领域新增和更新车辆新能源汽车占比不低于90%。持续推动大宗货物运输"公转铁""公转水"，加快形成绿色低碳交通运输方式。实施"以竹代塑"发展计划。

深化生态文明制度改革。加快完善生态产品价值实现机制，建好用好生态产品交易中心，编制生态产品目录清单。严格落实赤水河等八大流域横向生态保护补偿办法。

（八）坚决维护社会安全稳定。树牢底线思维，全力防范化解各领域重大风险，以高水平安全保障高质量发展。

持续强化本质安全建设。深入开展安全生产治本攻坚三年行动。严防严控重点领域安全风险，强化煤矿、非煤矿山、道路交通、消防、旅游景区、城镇燃气、危化品、建筑施工、自建房、食品药品等重点领域隐患排查整治，开展农村道路交通安全专项整治、开展木质房屋连片村寨消防安全改造。加快推进地质灾害避险搬迁和应急物资保障体系建设，提高防灾、减灾、救灾、抗灾能力。我们要压紧压实各方安全生产责任，把责任和措施落实到每一台设施设备、每一个环节、每一名人员，严防安全生产中的形式主义！

着力防范化解债务金融风险。统筹各类资金资源资产，稳步推进存量债务化解。坚决遏制违规新增隐性债务，逐步推动债务和财政管理进入良性循环。全面加强金融监管，稳妥处置中小金融机构等风险，严厉打击非法集资等各类非法金融活动，坚决守住不发生系统性风险底线。

确保社会和谐稳定。坚持和发展新时代"枫桥经验"，坚持和完善各级政府定期听取信访维稳工作机制，注重从源头上减少信访问题发生，努力把矛盾纠纷解决在基层、化解在萌芽状态。依法严厉打击电信诈骗、盗窃等各类违法犯罪，努力实现刑事警情和治安警情"双下降"、打击犯罪和服务发展能力"双提升"、政治安全和治安形势"双向好"！

（九）用心用情办好民生实事。坚持尽力而为、量力而行，采取更多惠民生、暖民心举措，兜住、兜准、兜牢民生底线，不断增进民生福祉。

多措并举稳就业促增收。大力实施"六六就业稳岗计划"，抓好高校毕业生、农民工、易地搬迁群众、退役军人等重点群体就业，2024届高校毕业生初次毕业去向落实率达到80%以上，省外务工劳动力稳定在600万人左右。推动零工市场向乡镇、村（社区）延伸服务，整合省外劳务协作站资源，构建公共就业服务平台"一张网"。深入实施"技能贵州"行动，大力推进"四项工程"，完成职业技能培训60万人次。完善农民工实名制管理和工资支付监控预警一体化监管平台功能，加大根治欠薪工作力度。农民工的"血汗钱""辛苦钱"绝不能拖欠！

　　加快提升教育质量。结合人口变化趋势，精准测算、统筹推进基础教育学位供给保障，加大公办普惠性幼儿园和城镇中小学扩容建设力度，加快构建普及普惠、优质均衡的公共服务体系。普惠性幼儿园覆盖率达84%，公办幼儿园在园幼儿占比达60%。支持赤水市、麻江县、荔波县创建国家义务教育优质均衡发展县。支持推动职业教育扩容提质、特色发展，有序推进贵州交通职业大学等4所高校设置，建设3—5个市域产教联合体和行业产教融合共同体。全面完成省市（州）共建本科高校管理体制改革。深入实施理工科学科专业建设强化行动，优化学科专业布局，理工科本科在校学生占比不低于32%。支持高校"双一流"建设。加强与高水平大学交流合作，推动提升我省高校办学质量。开展学生心理健康教育和千万师生阳光体育运动，强化校家社协同，促进学生身心健康。统筹实施"特岗计划"，完善农村教师队伍补充机制，以县为单位深入开展"国培计划"，强化师德师风建设，提升教师队伍整体素质。

　　持续提升卫生健康服务水平。健全完善省市县乡村五级优质医疗服务体系，加快构建分级诊疗格局。保障5个国家区域医疗中心良好运行，力争北京协和医院贵州医院获批建设，做强省级龙头医院，提升全省疑难重症救治能力，带动专科建设和人才培养。推动6个省级区域医疗中心加快运行，深入推进紧密型县域医共体建设，提升村卫生室服务能力，让更多老百姓就近看好病。大力实施中医药振兴发展重大工程，促进中医药传承创新发展。加快疾控体系改革，持续抓好重点传染病防控，提升监测预警和应对处置效能。建成国家紧急医学救援基地（贵州）。深入实施"医疗卫生援黔专家团""黔医人才计划""银龄计划"，提升卫生健康队伍整体素质。促进医保、医疗、医药协同发展和治理，合理有序调整医疗服务价格项目。

织密扎牢社会保障网。强化"一老一小"服务保障，大力推进城市社区嵌入式养老、托育服务设施建设，提质改造20个标准化养老机构，每千人口拥有3岁以下婴幼儿托位数达到4个以上。落实全民参保计划，医保参保率稳定在95%以上。城乡低保平均标准分别提高6%、12%。健全分层分类的社会救助体系。加强对农村留守儿童、留守妇女、留守老年人和城镇困难职工等特殊群体的关心关爱。

大力发展文化体育事业。深入推进"四大文化工程"。加快长征、长江国家文化公园贵州段项目建设。加强文化遗产保护传承，开展好第四次全国文物普查和第九批全国重点文物保护单位申报工作。推动中国（贵州）智慧广电综合试验区建设提质升级。支持"动静""天眼"等新媒体平台提升创新力传播力影响力，唱响主旋律，传播贵州好声音。支持市（州）重点打造1—2项群众性文体赛事活动，加强"村超""村BA""路边音乐会"等活动服务配套。推进国家足球青训中心建设。持续推进铸牢中华民族共同体意识模范省建设，组织开展民族团结进步模范评选表彰工作，推动民族地区高质量发展。

积极支持国防和军队建设，做好国防动员、退役军人事务、双拥工作。支持工会、共青团、妇联等群团组织更好发挥作用，大力发展妇女、儿童、老龄、残疾人、慈善、红十字等事业，扎实做好外事、侨务、宗教、档案、史志、气象、地震、参事等工作。

民之所望，政之所向。今年将继续统筹财力，扎实办好"十件民生实事"。（1）促进重点群体就业增收，完成高职院校"订单班"就业1.8万人、专升本1.2万人，县、乡级就业公共服务机构覆盖率达100%，村级就业公共服务覆盖率达80%左右，农业特色优势产业科技特派员实现乡镇全覆盖。（2）增强教育质效，新建、改扩建60所城镇义务教育学校，新增学位5万个以上，引进1500名以上省外校长、教师开展教育教学帮扶。（3）提高卫生健康水平，新建50个县域医疗次中心。（4）完善养老服务体系，启动2万户、完成6000户特殊困难老年人家庭适老化改造，打造100个示范性社区老年助餐点。（5）优化托幼服务，新建、改扩建50所公办幼儿园，新增学位1万个以上，对5个市（州）级儿童福利机构进行优化提质、增加床位300张。（6）强化农村公路安全隐患治理，实施农村公路安全生命防护工程3750公里，整治提升农村公路事故多发路段1500处，改造普通公路危桥200座。（7）开展木质房屋连片村寨消防安全改造，对全省500个50户以上农村木质房屋连片村寨实施"水改""电改"。（8）丰富文化体育生活，完善100个基层综合文化站（中心）设施设备，建成250个社区健身路径或3人制篮球场，农体工程器材补充维护更新400个。（9）打造宜居环境，新建、改建17万户农村户用卫生厕所，完成50个行政村生活污水治理，新增城市（县城）公共停车位2万个。（10）改善生活配套设施，创建10个农村"客货邮"融合发展试点县，新增定制公交线路100条。老百姓的事都是大事，我们要时刻放在心上，切实把实事办好，办到老百姓心坎上！

各位代表！新时代新征程新使命，对政府工作提出了新的更高要求。全省政府系统要更加坚定自觉衷心拥护"两个确立"、忠诚践行"两个维护",坚持不懈用习近平新时代中国特色社会主义思想凝心铸魂,坚决贯彻中央重大决策,全面落实省委部署要求,把党的领导贯穿政府工作全过程各方面。要始终坚持依法行政,严格执行重大行政决策程序,严格规范公正文明执法,自觉接受各方面监督,不断增强政府公信力,确保政府工作始终在阳光下运行、在法治轨道上运行。要始终坚持全面从严治党,纵深推进政府系统党风廉政建设和反腐败斗争,加强廉洁政府建设,让廉洁用权、担当作为在政府系统蔚然成风!

政府的权力是人民赋予的,只能用来为人民谋福祉。我们要树牢造福人民的政绩观。始终把人民放在心中最高位置,牢记老百姓是我们的衣食父母,一切要为人民打算,绝不能为了一己私利,搞劳民伤财的"形象工程""政绩工程"!我们要深入转变工作作风。坚决纠治形式主义、官僚主义,不解决问题的会议不开,没有实质性内容的文件不发,不切实际的要求不提,走过场、作秀式的调研不搞!我们要切实改进工作方法。凝聚起狠抓落实的合力,遇到问题要主动跨前一步、协调解决,绝不能后退半步绕着走。要大兴调查研究,多到基层去、到群众中去,广泛听取意见建议,共商发展良策,绝不能闭门造车、脱离实际!我们要实实在在为基层减负。坚决取消不必要的督查考核,切实把基层干部从文山会海、报表材料中解脱出来。各级都要负起各自的责任,上下同心、想在一起、干在一起,绝不能简单把责任层层往下压、层层往下推!我们要真正习惯过"紧日子"。牢记财政的钱是人民的钱,一分一厘都不能乱花,坚决压减不必要的支出,严厉惩处大手大脚、挥霍浪费行为,把有限的资金用在发展上,用在老百姓身上!

各位代表！大道至简，实干为要。惟有全力奋斗，方能不负重托！让我们更加紧密地团结在以习近平同志为核心的党中央周围，以习近平新时代中国特色社会主义思想为指导，在中共贵州省委坚强领导下，脚踏实地、埋头苦干，加快推动经济社会高质量发展，奋力谱写中国式现代化贵州实践新篇章！

云 南 省
政府工作报告

——2024年1月24日在云南省第十四届
人民代表大会第二次会议上

省长　王予波

各位代表：

现在，我代表省人民政府，向大会报告工作，请予审议，并请省政协委员和列席人员提出意见。

一、2023年工作回顾

2023年是全面贯彻党的二十大精神的开局之年，是三年新冠疫情防控转段后经济恢复发展的一年，也是本届政府依法履职的第一年。以习近平同志为核心的党中央给予云南极大关心支持，习近平总书记对云南工作作出重要指示批示、致信祝贺云南大学建校100周年，为云南高质量发展进一步指明前进方向、注入强劲动力。我们坚持以习近平新时代中国特色社会主义思想为指导，全面学习、全面把握、全面落实党的二十大精神，牢牢把握高质量发展首要任务，完整、准确、全面贯彻新发展理念，坚持"三个定位"，锚定"3815"战略发展目标，大力发展资源经济、园区经济、口岸经济，坚定不移推进市场化、产业化、法治化、生态化、数字化进程，深入实施系列三年行动，难中求进、干中求进、变中求进、稳中求进，经济持续恢复向好，发展质量稳步提升，重点领域的一系列趋势性方向性变化得到巩固拓展，迈出了"三年上台阶"的坚实一步。地区生产总值增长4.4%，规模以上工业增加值增长5.2%，第一、第三产业增加值分别增长4.2%、5.7%，社会消费品零售总额增长6.7%，地方一般公共预算收入增长10.3%，居民人均可支配收入增长5.5%，粮食总产量1974万吨、创历史新高。新时代以来，我省经济总量继2012年迈上1万亿元台阶后，用6年时间、在2018年迈上2万亿元台阶，面对世纪疫情等超预期因素影响，用5年时间、在2023年首次突破3万亿元大关，站在了新的发展起点上。

（一）产业转型升级迈出新步伐。坚持大抓产业、主攻工业，改造提升烟草、有色、化工等产业，以硅光伏和新能源电池为代表的电子行业连续18个月保持25%以上增速，高技术制造业增长21.2%，开发区规上工业增加值增长7.7%，推动工业由传统产业拉动向传统产业、战略性新兴产业"双轮驱动"转变。花卉、中药材等育种创新水平全国领先，"云岭农科110"创新服务平台上线运行，有机农产品获证数居全国第2位，打造6个国家现代农业全产业链标准化示范基地，农产品加工产值突破1.4万亿元。狠抓旅游市场秩序整治和服务质量提升，新增2个国家文旅融合发展示范区，普洱景迈山古茶林文化景观成功申遗，"有一种叫云南的生活"引领旅游发展新时尚，接待游客10.42亿人次、旅游总收入达1.44万亿元。现代物流业总收入突破8500亿元。金融业增加值增长4.5%。

成功举办2023腾冲科学家论坛，颁发首届"腾冲科学大奖"。新增"两院"院士3名。获批新建全国重点实验室3个。高新技术企业增长25%、总量突破3000户，培育专精特新"小巨人"企业74户、国家级制造业单项冠军6户。

（二）**投资结构优化实现新突破**。制定实施高质量做好项目工作的指导意见，全力推动项目建设提质提效。省委、省政府坚持每个季度调度重大产业项目，集中开工项目2751个，产业投资增长10.5%、占全部投资比重首次过半、达50.4%，产业民间投资增长8.7%、占全部民间投资的65.8%，投资增长由房地产开发、基础设施拉动向产业投资拉动转变。工业投资增长19.1%、规模和增速均居全省各行业第1位，能源、农业、旅游投资规模均居全国前列。渝昆高铁、滇中引水、昆明长水机场改扩建等重大项目扎实推进，滇藏铁路丽香段、叙毕铁路云南段开通运营，124个县（市、区）通高速公路。

（三）**对外开放合作打开新局面**。务实推进面向印度洋国际陆海大通道建设，创新开行"沪滇·澜湄线""澜湄蓉渝欧快线""中欧+澜湄线"国际货运班列，中老铁路发展远超预期，累计发送旅客超2500万人次、运输货物超3000万吨，运输范围覆盖全国31个省区市、12个"一带一路"共建国家，成为我国联通中南半岛及环印度洋地区的铁路大动脉。智慧口岸建设走在全国前列，全省口岸进出口货运量增长32.2%，磨憨铁路口岸成为我国对东盟的第一大铁路口岸。我省投资建设运营的暹粒吴哥国际机场如期通航，在周边国家实施58个"小而美"民生项目。加快推进昆明、曲靖承接产业转移园区和磨憨、河口、瑞丽沿边产业园区建设，沪滇临港昆明科技城建成开园。成功举办南博会、旅交会、产业转移系列活动等，省外产业招商到位资金增长16%，实际利用外资增长20.7%。

（四）全面深化改革激发新活力。 推动市场、创新、政务、法治、人文"五大环境"全面提质，市场准入效能评估试点经验向全国推广，政务服务事项网上可办率98.02%、全程网办率81.97%。创新建设中小企业融资综合信用服务平台，受到国家充分肯定并在全国推广。信用建设荣获全国进步单位、特色单位称号。在全国率先启动国企改革深化提升行动，国有企业利润总额增长15.4%。制定实施加快民营经济高质量发展的意见，建立政企常态化沟通交流机制，新增减税降费及退税缓费超450亿元，民营经济增加值占GDP比重达52.3%。实有经营主体632.26万户、为2020年底的1.7倍，每千人拥有经营主体数首次超过全国平均水平，企业增长37.2%，"四上"企业增长17.7%。

（五）区域城乡发展呈现新面貌。 省、州（市）、县（市、区）国土空间总体规划和村庄规划全部编制完成。昆明区域性国际中心城市和曲靖副中心城市建设加快推进，昆玉、昆楚协同发展取得实效，滇西一体化和滇东北开发持续提速，沿边城镇带产业和人口集聚能力不断增强。建成10个健康美丽文明智慧幸福县城。开工保障性租赁住房5万套、城镇老旧小区改造18.19万户，新建改造地下管网6757公里。地级城市黑臭水体基本消除。实施学习推广浙江"千万工程"经验三年行动，新增3个国家乡村振兴示范县创建单位、33个全国乡村治理示范村镇、2个全国村庄清洁行动先进县，10个县（市、区）被评为"四好农村路"全国示范县。农业水价综合改革走在全国前列。

（六）生态环境保护取得新成效。 不折不扣推进中央生态环境保护督察反馈问题和长江经济带生态环境突出问题整改。依法治湖工作取得重大进展，九湖水质总体向优向好。地表水国控监测断面优良比例94.1%、创历史最好，六大水系出境跨界断面水质100%达标，赤水河（云南段）入选全国美丽河湖优秀案例。地级城市空气质量优良天数比率97.4%、细颗粒物平均浓度21.8微克/立方米，继续保持全国前列。绿美云南建设全面提速，完成营造林418万亩，新增绿化面积13.73万亩，新建成绿美乡镇100个、绿美村庄200个、绿美河湖296个。新增5个国家生态文明建设示范区和2个"绿水青山就是金山银山"实践创新基地。建成10个绿色低碳示范产业园区。清洁发电量占比为83.6%，非化石能源消费占能源消费总量比重为43%左右。

（七）人民生活水平再上新台阶。74.3%的财政支出用于民生。消除"三类"监测对象风险65.19万人，脱贫劳动力转移就业327.97万人，人均纯收入8500元以下且有劳动能力的脱贫户和监测户实现动态清零。农村劳动力转移就业1573.76万人，农村居民人均可支配收入增长8%。城镇新增就业53.98万人，城镇调查失业率5.3%。新增退役军人就业1.54万人、残疾人就业1.37万人。新建、改扩建214所幼儿园，教师"省管校用"向初中延伸，普通高中帮扶实现县域全覆盖，职业教育"提质效"、高等教育"121"工程扎实推进。基本医保参保率连续稳定在95%以上。兜底保障361.7万困难群众基本生活。373个小区、19.67万户实现交房即交证。"双提升"工程建设任务全部完成，1368家基层医疗卫生机构服务能力提质达标，16个州（市）达到新版国家卫生城市标准，血吸虫病历史性实现传播阻断。亚运会参赛成绩历史最好。累计创建137个全国民族团结进步示范区示范单位、居全国第2位，建成374个现代化边境幸福村。主题教育期间完成民生实事1.41万件。10件惠民实事全部办结。

（八）安全发展能力得到新提升。 恢复和新增耕地350万亩，新建改造高标准农田380万亩。煤炭产量增长11.2%，火电出力创10年来最好水平，新能源成为第二大电源、投产并网规模突破2000万千瓦、为2022年的14倍，坚决落实"西电东送"任务，最大限度实现能源安全与经济增长"双保双赢"。地方债务风险有序化解，守住了不发生区域性系统性风险的底线。开展重大事故隐患专项排查整治2023行动，生产安全事故起数和死亡人数分别下降15.2%、10.9%。配合国家举行高山峡谷地区地震救援演习，建立重特大地震灾害"123"快速响应机制，科学应对隆阳5.2级、芒市5.0级地震。全力抗大旱防大汛，安全处置33起森林火灾，有效应对17轮强降雨。全面建成覆盖省市县乡村的应急广播体系。完善边境立体化防控体系，坚决打击电信网络诈骗等跨境违法犯罪，边境地区安全稳定。强化普法强基补短板，推进"护校安园"和防学生溺水等行动，开展民生诉求大排查大接访大化解，起底整治交通安全和社会治安风险隐患，群众安全感综合满意率再创新高。

一年来，我们始终坚持以政治建设为统领，扎实开展学习贯彻习近平新时代中国特色社会主义思想主题教育，认真开展贯彻落实习近平总书记考察云南重要讲话精神和重要指示批示"回头看"，弘扬"四下基层"优良传统，不断强化抓落实的立场、品质、能力和意志，纵深推进政府系统党风廉政建设，持续加强法治政府建设，自觉接受人大监督和政协等各方面监督，提请审议地方性法规4件，制定修改废止政府规章3件，高质量办理人大代表建议746件、政协提案617件，满意度持续保持100%。

过去一年的奋斗充满艰辛、成绩殊为不易，是在有力应对1961年有记录以来最严重气象干旱、能源供需紧张和房地产、综合交通、水利三大行业投资下行等多重困难中取得的，是在克服经济发展周期性结构性矛盾中取得的，是在经过艰苦卓绝三年抗疫斗争后取得的。实践证明，做好政府工作，必须深学细悟笃行习近平新时代中国特色社会主义思想，深刻领悟"两个确立"的决定性意义，进一步增强"四个意识"、坚定"四个自信"、做到"两个维护"，始终沿着习近平总书记指引的方向阔步前进。要坚持党的全面领导，在旗帜鲜明讲政治上树立更高标准、落实更严要求，始终保持高度的政治敏锐性，不断提高政治判断力、政治领悟力、政治执行力，确保党中央决策部署和省委工作要求一贯到底、落地见效。要坚持高质量发展，一切符合新发展理念的都大胆地干，一切不符合新发展理念的都坚决不干，从实际出发、按规律办事，突出"六个大抓"，打基础、利长远、增后劲，加快培育发展新动能新优势。要坚持竭诚为民，树牢造福人民的政绩观，始终把人民放在心中最高位置，站稳人民立场，厚植为民情怀，走好群众路线，切实把好事办好、实事办实、难事办妥，让各族人民更加幸福安康。要坚持实干兴滇，深化"两场革命"，全面落实"三法三化"，树牢"十种鲜明导向"，坚定当好执行者、行动派、实干家，依靠顽强斗争和过硬本领打开新局面、创造新业绩。

各位代表！这些成绩的取得，是以习近平同志为核心的党中央坚强领导的结果，是习近平新时代中国特色社会主义思想科学指引的结果，是省委团结带领广大干部群众苦干实干、奋力拼搏的结果。在此，我谨代表省人民政府，向全省各族人民，向全体人大代表、政协委员，向各民主党派、工商联和无党派人士、各人民团体，向驻滇解放军、武警部队官兵、公安干警和消防救援指战员，致以崇高敬意！向所有关心支持云南的中央各部门各单位和兄弟省区市，向港澳台同胞、海外侨胞和国际友人，表示衷心感谢！

我们也清醒认识到，发展中还有不少困难和挑战：有效需求不足，社会预期偏弱，部分中小企业经营困难，营商环境还要持续优化；产业层次和外向度偏低，创新支撑与发展需求不匹配；生态环境保护结构性、根源性、趋势性压力尚未根本缓解；巩固拓展脱贫攻坚成果还需加力提效，乡村振兴任务艰巨；基本公共服务还有短板；地方债务、房地产、中小金融机构风险交织，统筹化风险与促发展、保民生的压力较大。部分指标与去年初预期目标有差距。特别是，能源电力供大于求的状况发生了根本性变化，靠房地产和综合交通建设支撑经济增长的状况发生了根本性变化，依靠高负债拉动经济增长的状况发生了根本性变化，发展方式需要加快转变，新旧动能需要加快转换。对此，我们将综合施策，有力应对和解决。

二、2024 年总体要求和主要目标

今年是中华人民共和国成立75周年，是实施"十四五"规划的关键一年，也是我省实现"3815"战略发展目标"三年上台阶"的承上启下之年，做好全年工作意义重大。政府工作的总体要求是：以习近平新时代中国特色社会主义思想为指导，全面贯彻落实党的二十大精神和中央经济工作会议精神，深入学习贯彻习近平总书记考察云南重要讲话精神，按照省委十一届五次全会和省委经济工作会议部署，坚持稳中求进工作总基调，完整、准确、全面贯彻新发展理念，更好服务和融入新发展格局，坚持高质量发展这个新时代的硬道理，推进科技赋能，全面深化改革，不断扩大开放，大力发展资源经济、园区经济、口岸经济，纵深推进系列三年行动，切实

增强经济活力、防范化解风险、改善社会预期，增进民生福祉，保持社会稳定，不断巩固和增强经济稳中向好态势，坚定不移加快推进经济转型升级，为实施"3815"战略发展目标奠定更加坚实的基础。

经济社会发展的主要预期目标建议为：地区生产总值增长5%左右，规模以上工业增加值增长7%左右，产业投资增长10%以上，社会消费品零售总额增长7%左右，进出口总额增长30%左右，城镇调查失业率5.5%以内，居民消费价格涨幅3%左右，地方一般公共预算收入增长3%，居民人均可支配收入增长与经济增长同步，粮食总产量稳定在1939.5万吨以上，单位地区生产总值能耗降低完成国家考核时序进度。

实现上述目标，要切实把思想和行动统一到党中央决策部署和省委工作要求上来，把新时代做好经济工作"五个必须"的规律性认识与全省发展实践紧密结合起来，立足经济转型升级攻关期、政策叠加机遇期、后发赶超奋斗期的阶段性特征，坚持稳中求进、以进促稳、先立后破，持续壮大"三大经济"，提速市场化、产业化、法治化、生态化、数字化进程，推动"三个定位"建设不断取得新进展，一步一个脚印向建设富强民主文明和谐美丽的社会主义现代化新云南迈进。

（一）准确把握"必须把坚持高质量发展作为新时代的硬道理"的重要要求，在加快经济转型升级中实现质与量的协调增长。聚焦经济建设这一中心工作和高质量发展这一首要任务，紧盯"到2025年把经济转型的'形'立起来""到2030年实现经济全面转型升级"的目标，按照守底线、稳支撑、增动力、上台阶的总体思路，以效率变革、动力变革促进质量变革，持续推动经济实现质的有效提升和量的合理增长。

（二）准确把握"**必须坚持深化供给侧结构性改革和着力扩大有效需求协同发力**"的重要要求，推动供需在更高水平上实现良性循环。统筹推进扩大内需和优化供给，一体推进产业强省、企业兴省、就业稳省，以科技创新推动产业升级发展，引导经营主体扩大有效益的投资，加快建设符合省情的现代化产业体系，促进居民就业增收，激发有潜能的消费，更好服务和融入国内大循环，深度参与国际循环。

（三）准确把握"**必须坚持依靠改革开放增强发展内生动力**"的重要要求，统筹推进深层次改革和高水平开放。坚持社会主义市场经济改革方向，坚持有效市场和有为政府更好结合，全面破除制约高质量发展的体制机制障碍，创造性落实国家支持云南加快建设辐射中心的意见和承接产业梯度转移等重大政策，把区位、资源、生态、劳动力等优势整合塑造为综合优势，打造沿边开放新高地，不断解放和发展社会生产力、激发和增强社会活力。

（四）准确把握"**必须坚持高质量发展和高水平安全良性互动**"的重要要求，推动发展和安全相得益彰。全面贯彻落实总体国家安全观，在推动高质量发展中解决矛盾问题、应对风险挑战，不断壮大安全发展的物质技术基础，坚决守住重点领域安全底线，加快塑造有利于发展的安全环境，建设好美丽家园，维护好民族团结，守护好神圣国土，以高质量发展促进高水平安全，以高水平安全保障高质量发展。

（五）准确把握"**必须坚持把推进中国式现代化作为最大的政治**"的重要要求，扎实推进中国式现代化的云南实践。在推进中国式现代化进程中找准定位、明确方向，紧扣中国式现代化5个方面的中国特色，切实挖掘好、培育好、发挥好人力资源优势，努力缩小区域、城乡和收入差距，不断构筑中华民族共有精神家园，筑牢祖国西南生态安全屏障，为构建周边命运共同体作出云南贡献，走稳走好中国式现代化云南实践之路。

三、2024 年重点工作

主要抓好9个方面：

（一）着力发展实体经济，加快建设现代化产业体系

闯出新型工业化新路。围绕"四大支撑性工程"，实施制造业重点产业链高质量发展行动，发展"绿电+先进制造业"，培育国家级先进制造业集群，推动"云南制造"品牌升级，加快建设制造强省。推动绿色铝向精深加工和终端制造延伸产业链，产值达到1300亿元。加速硅光伏产业垂直一体化布局，增加值增长15%。大力发展动力和储能电池，新能源电池产业增加值增长30%。打造生物制品产业基地，推进中医药振兴发展重大工程，生物医药产业力争实现营业收入3600亿元。促进卷烟结构优化、形象升级、价值提升，烟草制品业增加值增长4%。实施传统产业技改升级行动。积极争取安宁中石油"减油增化"项目落地。大力培育新材料、稀贵金属、先进装备制造、光电等新兴产业，布局发展人工智能、生物制造、卫星应用、低空经济、氢能及储能等未来产业，形成新质生产力。

做强做优高原特色农业。聚焦"1+10+3"重点产业，健全"六个一"推进机制，壮大生态农业、设施农业、高效农业、共享农业。振兴"滇系"种业，完成40万亩生物育种产业化应用示范。推

动粮经作物协同发展，持续创建国家农业绿色发展先行区、现代农业产业园，探索建设智慧农业人工智能试验示范区，申建全国休闲农业重点县，加快农村一二三产融合发展先导区建设。高水平打造一批专业化特色农产品交易市场。加快实现农业龙头企业"三个全覆盖"。第一产业增加值增长5%以上。

推动文旅产业高质量转型升级。深入实施旅游高质量发展"六项行动"，持续规范市场秩序，建设"两线一带一区"，加快培育世界级旅游景区和度假区。打造乡村旅游升级版，建设最美乡愁旅游带，培育一批农文旅融合示范点。完善"有一种叫云南的生活"品牌传播矩阵。推出200个以上高水平文化旅游体育招商项目，新增新业态企业120户、营业收入超亿元的旅行社10家。旅游总收入突破1.5万亿元。

加快开发区提档升级。深化管理体制改革，引进一批专业化运营商，强化主导产业培育和创新能力提升。做好开发区国家公告目录修订，加快培育7个千亿级省级开发区，做强9个国家新型工业化产业示范基地。推进国家级园区"七通一平"、省级园区"五通一平"，建设以园区为核心的交通物流枢纽。开展土地集约利用评价，提高亩均投资、亩均效益、亩均税收。开发区规模以上工业增加值增长8%左右。

推进数字经济与实体经济深度融合。加快建设面向南亚东南亚国际通信枢纽和空间信息国际交流合作中心。完善公共数据资源体系。推进5G融合应用"扬帆"行动，申建国家级大数据产业试点示范项目。打造10个工业互联网平台、10个数字化转型标杆企业、20个中小企业数字化转型"小灯塔"。数字经济核心产业营业收入增长15%以上。

提升金融服务实体经济质效。疏通资金进入实体经济渠道，保持信贷总量合理充裕。盘活被低效占用的金融资源，加强重大战略、重点领域和薄弱环节金融支持，做好科技金融、绿色金融、普惠金融、养老金融、数字金融五篇大文章。进一步缓解中小微企业和民营企业融资难问题，加快构建与房地产发展新模式相匹配的金融服务模式，满足居民合理消费信贷需求。

（二）着力稳投资促消费，持续有效激发内需潜力

强化产业投资主引擎地位。完善产业链图谱和在建项目、在谈项目、拟招企业清单，推进重点产业投资基金落地实施，引进超10亿元产业项目115个以上，加强要素保障，形成签约、落地、纳规、入统全闭环管理，产业投资占投资比重保持在50%以上，工业投资占投资比重保持行业领先。叫响"有一种叫云南的机遇"，坚持全省招商引资"一盘棋"，深入推进务实招商三年行动，加快全球华商聚云南活动、民企助推云南高质量发展大会、滇商大会等成果转化，省外产业招商到位资金增长20%以上，实际利用外资增长10%以上。

全力扩大民间投资。引导并依法保护民间资本参与交通、市政、环保、水利、能源、新型基础设施等领域项目建设，参与盘活国有存量资产。多层级向民间资本推介项目，定期发布重大项目、产业项目、特许经营项目清单，将重大民间投资项目纳入省级推进有效投资重要项目协调机制。产业民间投资增长15%以上，民间投资占投资比重46%左右。

加强重点基础设施项目建设。精准对接国家政策导向，强化项目储备，做实项目前期。加快大瑞铁路、渝昆高铁、昆明西客站、文蒙铁路、昆玉铁路扩能改造和6个机场改扩建等项目建设。

科学把握高速公路建设规模和节奏，稳步建设普通国省道和"四好农村路"。推进金沙江、澜沧江、右江航运基础设施建设。大力推进滇中引水工程和现代化灌区建设，开工重点水利项目100件以上。

推动消费提质扩容。分类培育消费中心城市，实施县域商业体系建设行动，促进农村客货邮融合发展。推动大规模设备更新和消费品以旧换新。开展放心消费行动，提振大宗消费，发展数字消费、绿色消费、健康消费，挖掘智能家居、体育赛事、国货"潮品"等消费增长点，持续打造滇菜品牌。实施人均旅游消费倍增计划，调整优化景区管理，积极发展夜间经济和银发经济。

（三）着力深化重点领域改革，扩大高水平对外开放

深度融入全国统一大市场。推动产权保护法治化规范化，创新市场准入效能评估结果应用范围，深入开展市场分割、地方保护等问题专项治理，落实不当市场干预行为防范事项清单，强化社会信用激励约束。推进排污权、用能权、用水权、碳排放权市场化交易。全面推行包容审慎监管。争创全国质量品牌提升示范区和质量强国标杆城市。加快电力市场化改革，完善电价市场化形成机制。深化预算管理制度改革，稳妥推进省以下财政体制改革，提高财政政策效能和资金效益。

有序有效承接产业转移。构建"2+3+N"沿边产业园区发展格局，动态优化支持政策，加快配套基础设施建设，每个园区落地一批重大产业项目。深化部省、省际、央地合作，积极承接长江经济带下游地区外溢产业，推广托管、飞地、园中园等跨区域合作模式，推动标志性产业链建设。

一体推进营商环境优化和经营主体倍增。开展营商环境争创一流年行动。聚焦"高效办成一件事"优化政务服务。强化民营经济高质量发展系列政策措施跟踪问效，实施民营企业培优扶强专项行动和"梧桐树"工程，民营经济增加值占GDP比重保持在52%以上。围绕"管理、发展、脱困、改革"，推进国企改革发展"八项行动"，加快形成"一业一企"新格局。推动融信服平台数据全归集、服务全覆盖、政策全上线，力争新增解决企业融资需求1000亿元。强化专精特新、单项冠军等优质中小企业梯度培育。净增企业20万户、"四上"企业3000户、规上工业企业400户。

畅通大通道带动大物流。搭建面向印度洋国际陆海大通道实体化运营和组织中心，推进中老泰引领示范通道和中缅通道建设，配合做好中越跨境标准轨铁路联通，打造智慧口岸云南标准，推动跨境多式联运常态化运行，进一步降低物流成本。提速昆明国际陆港建设，构建"双核两翼"集疏运体系。申建新一批国家物流枢纽和骨干冷链物流基地。推进全国供应链创新与应用示范创建，国家A级物流企业超150户，现代物流业总收入增长8%。

提高开放型经济发展水平。"一国一策"深化同周边国家经贸合作。推进自贸试验区高质量发展三年行动，推动各类开放平台政策叠加、联动发展。深挖RCEP项下货物和服务贸易潜力，持续创建国家加工贸易梯度转移重点承接地，创新跨境电商"展仓播"一体化发展模式。实施内外贸一体化企业领跑者行动。拓宽吸引外资渠道。全面提升会展活动市场化专业化水平。

（四）着力建设科教强省，强化基础性战略性支撑

加快建设高质量教育体系。实施立德树人工程和云岭思政"个十百千万"工程，以张桂梅思政大讲堂为引领培育一批思政教育品牌。坚持"五育"并举，加强和改进学生心理健康、劳动教育工作。实施学前教育和特殊教育普惠行动。创建义务教育优质均衡发展县。做实部省高校结对帮扶，提升高等教育质量水平，建设高等研究院和现代产业学院，促进西南联合研究生院实体化高质量发展。深化产教融合、校企合作，建设职业教育优质示范学校和专业（群）。健全中小学校长教师四级培训和教研体系。实施省级银龄教师行动计划。

加强科技创新赋能。强化企业科技创新主体地位，高新技术企业超3500户。围绕"四链"融合，强化关键核心技术攻关，持续提高全社会研发投入强度。打造科技引领产业发展示范县。争创生物种业、稀贵金属、生态安全领域国家级创新平台，推动筹建锡铟等云南实验室。完善科技成果转化政策体系。加快新型研发机构建设。提升"彩云汇"科创品牌影响力，打造科技入滇升级版，打响腾冲科学家论坛"科技达沃斯"品牌。

积极打造高水平区域人才中心。推进优势产业人才聚集行动，推动科技副总、产业导师扩围增效。扩大领军企业自主认定高层次人才试点范围。制定高精尖人才认定标准和岗位目录，大力实施兴滇英才支持计划，统筹推进高层次人才招引行动。实施高技能领军人才培养计划，建强产业工人队伍，推进中国昆明人力资源服务产业园建设。

（五）着力抓好"三农"工作，有力有效推进乡村全面振兴

严格落实耕地保护和粮食安全责任制。推动耕地占补平衡改革落地见效，坚决整治乱占、破坏耕地违法行为。加大高标准农田建设投入和管护力度，新建改造300万亩。加强良田良种、良机良法、绿色农资集成推广，推进全链条节粮减损，稳步提高粮食单产，确保完成粮食、大豆、油料播种任务。

巩固拓展脱贫攻坚成果。完善动态监测帮扶机制，巩固提升"三保障"和饮水安全水平。建立农村低收入人口和欠发达地区常态化帮扶机制，加强对乡村振兴重点帮扶县、易地搬迁集中安置区、边境地区等支持，增强脱贫地区和脱贫人口内生发展动力。深化东西部协作和定点帮扶，提高"万企兴万村"实效。

持续增加农村居民和脱贫人口收入。按照"巩固、升级、盘活、调整"的思路推动帮扶产业提质增效，中央和省级财政衔接资金用于产业比重分别不低于65%、53%，用好脱贫人口小额信贷，完善新型经营主体联农带农益农机制。培育农村致富带头人，激励带头致富、带领群众致富。开展技能培训50万人次，大力培养新型职业农民，脱贫劳动力转移就业320万人以上。实现人均纯收入1万元以下且有劳动能力的脱贫户和监测户动态清零。农村居民人均可支配收入增长6%以上。

扎实推进乡村建设和治理。分类建设乡村振兴示范村和提升村，办成一批群众可感可及的实事。健全长效管护机制，农村卫生厕所和生活垃圾处理设施覆盖率分别提高到75%、88%，生活污水治理率达55%。新打造100个绿美乡镇、200个绿美村庄、50个绿美河湖。新改建农村公路1万公里，农村危房和农房抗震改造应改尽改。深化集体林权、农垦、供销社改革。实施村级事务阳光工程，深入推进乡风文明培育行动，提高乡村善治水平。

（六）着力提高新型城镇化水平，推动区域协调发展

优化城镇空间布局。加快国土空间规划"一张图"建设和应用。构建滇中城市群"一主四副、通道对接、点轴联动"空间格局，建设以昆明为中心的1小时经济圈、以节点城市为中心的半小时经济圈，持续提升省域副中心城市、区域中心城市能级。加快建设口岸城市和边境中心城镇。

推动以县城为重要载体的新型城镇化建设。持续推进"五城共建"，分类建设一批特色强县，加大改革支持和要素保障力度，因地制宜补齐产业配套、公共服务设施等短板。抓好批而未供闲置土地特别是超期未开发土地处置，确保闲置土地总量下降、处置比例提高。

提升城市功能品质。一体推进城市体检与城市更新，打造一刻钟便民生活圈，开展社区嵌入式服务设施建设试点。力争城市生活污水集中收集率达68%，县级城市建成区黑臭水体消除比例达80%。加快城市生命线安全工程建设，完成燃气、供排水等地下管网新建改造3500公里。

积极构建房地产发展新模式。适应房地产市场供求关系发生重大变化新形势，稳市场、防风险、促转型。加大保交楼工作力度，妥善解决涉及民生的存量烂尾楼问题、严防新增。以市场为信号、以需定建，贯彻"人、房、地、钱"要素联动机制，加强房屋从开发建设到维护使用的全生命周期监管。加快推进"三大工程"，解决好新市民、青年人、农民工住房问题。开工保障性租赁住房4万套、城镇老旧小区改造13万户以上。

（七）着力加强生态文明建设，争创美丽中国先行区

坚决筑牢长江上游生态安全屏障。深入推进长江污染治理"4+1"工程和"八大行动"，实施赤水河流域（云南段）保护治理和高质量发展"双十"工程，扎实推进长江"十年禁渔"。金沙江干流国控断面和赤水河水质稳定保持Ⅱ类以上，六大水系出境跨界断面水质保持100%达标，磷石膏综合利用率提高到70%。

持续深入打好污染防治攻坚战。实施空气质量持续改善行动

计划，加强区域联防联控，确保地级城市空气质量优良天数比率保持全国前列。严格落实九湖保护条例，"一湖一策"精准施治，一体推进"三治一改善"，稳步提升地表水优良水体比例，实现杞麓湖水质脱劣。实施土壤污染源头防控行动，确保土壤环境质量总体稳定。加强固体废物综合治理，推进无废城市建设，提升新污染物治理能力。

统筹推进生态系统保护修复。严格生态环境分区管控。加强"三屏两带多点多廊"生态系统保护和修复，做好石漠化、水土流失综合治理和历史遗留矿山修复，加快创建国家公园和国家植物园。强化高黎贡山生物生态安全风险防范和保护。新增绿化面积8万亩以上，完成营造林260万亩、种草改良25万亩。

大力推动绿色低碳发展。全面加强资源节约集约循环高效利用，加快形成绿色生产生活方式。做好碳汇资源调查评估、核算和产品开发。开展重点产品碳足迹核算试点示范。创建6个零碳园区。推动绿电溯源和绿证核发全覆盖，推进绿电、绿证市场建设。加强绿色矿山建设。推进生态产品价值转化试点。加快自然资源资产所有权委托代理机制试点成果转化。大力发展林下经济和"以竹代塑"产业。

（八）着力保障和改善民生，让老百姓过上更好的日子

促进高质量充分就业。持续做好高校毕业生、退役军人、农民工、零就业家庭、残疾人等重点群体就业工作，城镇新增就业50万人以上。打造"七彩云南"系列劳务品牌，农村劳动力转移就业1500万人以上。实施"创业云南"建设行动和青年创业兴乡行动，培育创业创新带头人和乡村工匠。

加快健康云南建设。打造"家门口"的好医院，加快建设医疗高地、专科高地。推进"百县工程"，实施62个重点中心乡镇卫生院提质建设，新增350个基层心脑血管救治站。促进中医药传承创新发展。全面提升疾病预防控制专业能力。深化医保、医疗、医药协同发展和治理。巩固提升爱国卫生运动成效。大力开展全民健身。完善妇幼和老年人健康服务体系，促进人口长期均衡发展。

完善养老托育服务体系。提升养老服务保障能力，深入实施惠老阳光工程，发展老年助餐服务。分类提供普惠托育服务，每千常住人口拥有3岁以下婴幼儿托位数4个以上。提升留守儿童、困境儿童和留守老人关爱服务质量。

健全多层次社会保障体系。实施社会保险扩面提质增效三年行动，落实企业职工基本养老保险全国统筹要求，继续推进失业保险、工伤保险省级统筹。稳妥有序推动个人养老金发展。深化基本医保参保扩面攻坚。做好分层分类社会救助。

深入推进文化兴滇。坚持用党的创新理论教育、引导、鼓舞人民，全面贯彻习近平文化思想，实施文化强省建设"十大工程"，一体建设城乡公共文化服务体系。办好第三届全民阅读大会。加快国家文化公园和国家考古遗址公园建设，加强国家方志馆南方丝绸之路分馆和国家级文化生态保护区建设管理，创建国家文物保护利用示范区。建成云南革命军事馆、云南民族文化宫。培育10个文化产业园区，争创国家级影视基地、视听产业园。

铸牢中华民族共同体意识。深入实施"枝繁干壮""幸福花开""石榴红"等重点工程，推进各民族交往交流交融"三项计划"，深化民族团结进步全域创建，将各项工作都赋予铸牢中华民族共同体意识的内涵和意义。不断丰富我国宗教中国化的云南实践，加快推进"润土培根"工程，依法加强宗教事务管理，引导宗教与社会主义社会相适应。

继续办好10件惠民实事。

（九）着力筑牢安全防线，维护社会和谐稳定大局

稳能源电力。增煤电、扩光伏、优水电、配储能、强电网，力争供应电煤3500万吨以上，开工和投产新能源项目各1600万千瓦，加快抽水蓄能项目建设，确保托巴水电站投产，力争红河电厂建成发电。推动"水火风光储"多能协同和"源网荷储一体化"发展，加快打造国家清洁能源基地和全国新型电力系统示范区。

全力防范化解经济金融风险。加强全口径地方债务风险动态监测预警和处置，"一地一策、一企一策、一债一策"化解风险，兜牢基层"三保"底线。压降融资平台公司数量，推动分类转型发展。加强金融监管，强化金融机构风险早期纠正硬约束，稳妥处置中小金融机构风险，切实推动金融高质量发展。

提升安全生产和防灾减灾救灾能力。坚决贯彻落实习近平总书记重要指示精神，全力做好镇雄"1·22"山体滑坡抢险救援、受灾群众安置和灾后恢复重建工作。开展安全生产治本攻坚三年行动，持续提升城乡抗震设防能力，加快构建覆盖全灾种、全过程、全方位的自然灾害防治体系，防范遏制重大人员伤亡事件发生，切实保障人民群众生命财产安全。

打造新时代强边固防升级版。深入实施守边固边工程，保持对跨境违法犯罪严打高压态势。统筹推进兴边富民稳边固边，开展现代化边境幸福村巩固提升行动，推进智慧广电固边工程，深入打造"心联通 云南行""边民大联欢""跨国春晚"等特色品牌。

加强和创新社会治理。坚持和发展新时代"枫桥经验"，深化"四下基层"实践，推进信访工作法治化建设，深入实施矛盾纠

纷多元化解"十百千万"工程。提高市域社会治理能力。支持群团和社会组织参与基层治理。倡导婚育新风、生态安葬。提升食品药品安全治理水平，打好禁毒和防艾人民战争，完善社会治安防控体系，推动公共安全治理模式向事前预防转型。

进一步做好参事文史、地方志、哲学社会科学、决策咨询、港澳台侨、搬迁安置、档案、科普、测绘、地震、气象、慈善、红十字等工作，切实保障妇女、儿童、残疾人合法权益，深入实施中长期青年发展规划和职工普惠服务行动计划。抓好军民融合、国防动员、国防教育、双拥、退役军人等工作。

各位代表！各级政府的一切职责是抓落实、一切任务是抓落实、一切要求是抓落实！要不折不扣抓落实，坚持把学思想作为第一要事，把凝心铸魂作为第一要求，聚焦习近平总书记指出的重点精准发力、运用习近平总书记指导的方法开拓进取，确保党中央重大决策部署和省委工作要求完整准确全面落实。要雷厉风行抓落实，增强马上就办的意识，统筹把握时度效，更多为发展想办法、为群众办实事、为企业助把力，看准了就抓紧干，能多干就多干，以自身工作的确定性应对形势变化的不确定性。要求真务实抓落实，下大力气坚决纠治形式主义、官僚主义，立足实际、干在实处、务求实效，把每一项工作都抓得实实在在，做到说一件干一件，确保干一件成一件。要敢作善为抓落实，充分激发干部干事创业的精气神，不断提升在复杂环境、多重约束下解决现实问题的能力，主动跨前一步、积极担当作为、力求最好效果。各级政府要习惯在监督下开展工作，依法接受人大及其常委会的法律监督、工作监督，自觉接受人民政协的民主监督，强化审计、统计、司法、财会监督，主动听取民主党派、工商联、无党派人士和社会各界意见。要推动法治政府建设提速提质提效，加快转变政府职能，提高行政立法质量，依法科学民主决策，严格规范行政执法，扎实开展"八五"普法，维护社会公平正义，有力促进政府治理规范化程序化法治化。要一刻不停推进全面从严治党，持之以恒正风肃纪反腐，坚持长期过紧日子，不该花的钱一分都不花，永葆忠诚干净担当的政治本色。

各位代表！为者常成，行者常至。让我们高举中国特色社会主义伟大旗帜，更加紧密地团结在以习近平同志为核心的党中央周围，在省委领导下，坚定信心、勇毅前行，不断书写中国式现代化云南实践新篇章！

西藏自治区
政府工作报告

——2024年1月7日在西藏自治区第十二届
人民代表大会第二次会议上

自治区主席　严金海

各位代表：

现在，我代表自治区人民政府，向大会报告政府工作，请予审议，并请各位政协委员和列席的同志提出意见。

一、2023年工作回顾

2023年是全面贯彻党的二十大精神的开局之年，也是本届政府全面履职的第一年。我们坚持以习近平新时代中国特色社会主义思想为指导，全面贯彻习近平总书记关于西藏工作的重要指示、新时代党的治藏方略和致"2023·中国西藏发展论坛"重要贺信精神，认真落实党中央、国务院决策部署，在区党委坚强领导下，聚焦"四件大事"聚力"四个创建"，紧紧依靠全区各族人民，踔厉奋发、勇毅前行，迈出了西藏长治久安和高质量发展的新步伐。

——社会大局安定和谐。坚决维护国家政治安全，持续开展反分裂斗争，全区未发生重大政治性、群体性和暴力恐怖案件。"四大工程""六项行动"成效明显，七地（市）全部建成全国民族团结进步示范市。"三个意识"教育深入人心。寺庙财税监管实现全覆盖。优化维稳指挥调度体系，实现全区"一张网、一平台、全覆盖"。从严开展治安、交通、消防、安全生产等整治行动，深入落实食品安全"两个责任"，有效防范化解金融风险，群众安全感满意度保持99%以上。

——经济运行持续向好。预计地区生产总值超2300亿元、增长9%左右，人均突破6万元。城乡居民人均可支配收入突破5万元和2万元，分别增长6.5%和10%左右。居民消费价格涨幅、城镇调查失业率分别控制在3%和5%以内。固定资产投资、社会消费品零售总额、进出口总额分别增长30%、22%和130%以上，主要经济指标增速位居全国前列。

——发展动能稳步增强。"狠抓投资落实年"成效明显，川藏铁路、G318提质改造等重点项目有序推进，普兰机场、贡嘎机场第二跑道和国际航站楼建成投运，湘河水利枢纽投产发电。金沙江上游、藏东南纳入国家水风光一体化示范基地。出台促消费政策"24条"，提振消费专项行动效应凸显，"西藏味道"美食街烟火渐旺。区域开放进一步扩大，15个传统边贸点获批恢复。吉隆、普兰、樟木、里孜口岸全面实现客货双通。

——特色产业提质增效。建立重点产业链链长制。粮食、蔬菜、肉蛋奶产量分别达108万吨、95万吨、93万吨。"飞地种粮"喜获丰收，首批新米入藏上市。新增国家农民合作社示范社30家。高原炊具首年销售67万件，"炊具革命"闯出高原轻工新路径。电力装机突破700万千瓦，外送电量增长189%。旅游接待人次和收入历史性突破5500万和650亿元。通航产业高点起步，藏医药、边贸物流等产业持续发展。预计规上工业、数字经济增加值分别增长10%和15%以上。

——城乡区域更加协调。高质量编制区市县三级国土空间规划。实施保障性安居工程2.19万套（户）、老旧小区改造65个。预计常住人口城镇化率达38%以上。完成人畜分离7.7万户、户厕改造4万户，建设宜居宜业和美乡村220个，1308个村（居）旧貌换新颜，树立农牧民新风貌行动得到国家乡村振兴局充分肯定。强化动态监测和后续帮扶，脱贫户人均纯收入增长15%以上。

——营商环境持续优化。全力推进优化营商环境"一号工程"，打造援藏"双招双引"品牌，招商引资到位资金突破500亿元。开展"四最"对标行动，行政审批事项减少近半。改革优化国省道检查站查验模式，过往车辆实现"读秒"通行。新增减税降费、退税缓费46.2亿元。清欠中小企业账款46亿元。实施企业上市"格桑花行动"，直接融资135亿元。以前所未有的力度调油价、降电价，昌都、阿里成品油价格与拉萨价差明显缩小，全区居民和工商业综合用电成本分别调降13%和14%，边境乡镇电价减半收取，高原特色产业目录电价最高调降64%，预计每年降本减负5亿元。

——民生福祉保障有力。出台居民增收"16条"。农牧民转移就业64.7万人、劳务收入65.6亿元。应届高校毕业生区外就业3605人，创历史新高。西藏班新增招生计划605名。推进医联体医共体建设，新增国家区域医疗中心2个。包虫病应治尽治，大骨节病愿治尽治。基本医保率先实现省级统筹。体育健儿获得重大赛事奖牌

109枚。西藏美术馆、大剧院投入使用，文化惠民活动深入开展。

——生态底色越发厚实。完成营造林120万亩，其中拉萨南北山绿化24万亩。修复治理退化草原614万亩。完成冰川（冰雪）、冰湖资源本底调查。全面开展矿业权清理整顿，依法无偿收回矿业权217个。加强中央生态环保督察整改。完成首笔国际绿证交易、林草碳汇交易。环境空气质量优良天数比例达99%以上，主要江河湖泊水质达到或优于Ⅲ类标准。新增国家生态文明建设示范区4个，七地（市）生态文明示范创建目标提前实现。

——兴边富民卓有成效。米林、错那撤县设市。兴边富民行动中心城镇加快建设，智慧边防有力推进。边境乡村硬化路通达率分别达97%和87%，建制村用电覆盖率、幼儿园覆盖率分别达96%和96.5%。边境人口稳定增长，边民收入稳步提升。

各位代表！一年来，我们成功举办第五届藏博会、第三届"环喜马拉雅"论坛、首届西藏铸牢中华民族共同体意识论坛、首届南迦巴瓦论坛，联合发布《新时代党的治藏方略的实践及其历史性成就》白皮书，向世界展示了一个日益团结富裕文明和谐美丽的社会主义现代化新西藏。

各位代表！一年来，我们坚持国防建设和经济建设协调发展，狠抓国防动员、双拥共建和退役军人服务保障。引进高层次人才146人，为历年之最。着力深化对口支援和"组团式"援藏，76个中央单位和援藏省市相继进藏考察、签署协议，为高原经济高质量发展注入了新的活力。

各位代表！一年来，我们全面加强党的领导，扎实开展学习贯彻习近平新时代中国特色社会主义思想主题教育，大兴调查研究，解决实际问题6100余个。进一步改进作风、狠抓落实，不断健全政府系统全面从严治党体系。推进法治政府建设，修订政府工作规则，出台政府规章4件，提请人大常委会审议法规议案8件。办理人大代表建议235件、政协委员提案254件。完成驻区外办事机构清理整合，精简和撤销各级机构82家。

各位代表！一年来，我们始终聚焦发展所需、群众所盼，攻坚克难、看准就干，在持续承压中走出了一条回升向好的复苏曲线，破除了一些事关长远的瓶颈难题，办成了一批看得见摸得着的实事好事。取得这样的成绩，是习近平总书记掌舵领航、特殊关心的结果，是党中央、国务院亲切关怀和全国人民无私支援的结果，也是区党委团结带领全区各族干部群众奋发进取的结果。在此，我代表自治区人民政府，向全区各族人民，向人大代表、政协委员，向中央驻藏机构、援藏省市和单位、离退休老同志、驻藏部队、武警官兵、政法干警和消防救援队伍，向所有关心和支持西藏发展的各人民团体和社会各界朋友，表示诚挚的感谢！

同时，我们也清醒地认识到，在"四个创建"展现蓬勃生机的同时，反分裂斗争须臾不可放松，民族团结进步创建需要持续深化；高原经济高质量发展必须进一步抢抓机遇、深挖潜力；生态环境保护、固边兴边富民还存在不少短板弱项，民生领域仍有一些问题亟待解决；个别干部担当精神不够、奋勇争先意识不强，构建一体推进"三不腐"的长效机制任重道远。这些问题，我们将高度重视，有效应对和解决。

二、2024年工作安排

今年是实施"十四五"规划的关键之年，也是落实自治区第十次党代会部署、推进"四个创建"的攻坚之年。今年政府工作的总体要求是：坚持以习近平新时代中国特色社会主义思想为指导，全面贯彻落实党的二十大和二十届二中全会及中央经济工作会议精神，深入贯彻落实习近平总书记关于西藏工作的重要指示和新时代党的治藏方略，按照自治区第十次党代会和区党委十届三次、四次、五次全会部署，全面加强党的领导，坚持以铸牢中华民族共同体意识为主线，完整准确全面贯彻新发展理念，服务和融入新发展格局，聚焦"四件大事"聚力"四个创建"，坚持"三个赋予一个有利于"总要求，统筹扩大内需和深化供给侧结构性改革，统筹新型城镇化和乡村全面振兴，统筹高质量发展和高水平安全，不断提高社会治理体系和治理能力现代化水平，奋力推进长治久安和高质量发展，加快建设社会主义现代化新西藏。

主要预期目标是：地区生产总值增长8%左右，固定资产投资增长13%左右，社会消费品零售总额增长10%左右，城镇居民收入增长与经济增长保持基本同步，农村居民收入增长快于城镇居民，居民消费价格涨幅、城镇调查失业率分别控制在3%和5%以内。

各位代表！今天的西藏正处在迈向高质量发展的战略机遇期，政治优势、政策优势、资源优势、人口优势、后发优势等叠加释放，全区上下拼搏实干的精气神持续提振，发展的条件更加有利、前景无限广阔。我们必须把坚持高质量发展作为新时代的硬道理，聚焦"四件大事"聚力"四个创建"，用好"八对抓手"，打好主动仗、下好先手棋。一要统筹当前长远，超前谋划重大布局和重大平台，围绕国家生产力布局优化调整，前瞻性规划国土空间、产业发展和基础设施，高质量建设各类园区、创新平台、开放节点，因势利导发展边境经济、路衍经济、河谷经济，努力在厚植发展优势上实现新突破。二要聚焦瓶颈制约，坚定推进重大政策和重大改革，围绕发展面临的主要矛盾和突出问题，处理好"稳"和"进"的关系，把握好"立"和"破"的顺序，切实依靠政策协同和深化改革解决"成长中的烦恼"，努力在增强发展动能上实现新突破。三要抢抓战略机遇，加紧实施重大工程和重大项目，围绕国家定位和西藏需要，积极用好国债、专项债等有利政策，全力服务和保障重大工程，加快实施"十四五"规划项目，超前谋划"十五五"重点项目，努力在夯实发展基础上实现新突破。我们坚信，只要心中有数、手中有策、行动有力，明天的西藏一定会焕发出更加多彩绚丽的姿颜。

今年，将着力抓好以下七个方面工作。

（一）坚持聚人心促团结，全力维护和谐稳定

不断促进民族团结。深化民族团结进步模范区创建，挖掘红色资源和当代典型，讲好"茶和盐巴"的故事，持续提高群众使用国家通用语言文字的意识和能力，做好新时代新阶段援藏工作，更好促进各民族交往交流交融。

依法管理宗教事务。坚持"五个有利于"标准，深入推进藏传佛教中国化，狠抓宗教政策法规贯彻落实。深化拓展"三个意识"教育，建强"三支队伍"，强化寺管会职能，加强宗教活动场所管理。

坚决维护社会稳定。深化法治西藏、平安西藏建设，严密防范严厉打击各类分裂渗透破坏活动。坚持和发展新时代"枫桥经验""浦江经验"，不断提高基层治理现代化水平。毫不放松抓好安全生产、灾害风险隐患排查整治和食品药品监管，全力维护人民群众生命财产安全。

我们要把铸牢中华民族共同体意识作为各项工作的主线，多谋长久之策、多行固本之举，以高水平安全保障高质量发展。

（二）坚持稳投资扩消费，不断塑造发展新优势

保持投资稳定增长。落实中央政府投资800亿元。加快推进川藏铁路西藏段、G4218狮泉河镇至昆莎机场段、G219墨脱至察隅段和G318提质改造等重大项目建设，实现拉日高速全线通车。力争开工建设波密至然乌段铁路、青藏铁路格拉段电气化改造项目。新开工建设10个通用机场和47个临时起降点。持续推进金沙江上游、藏东南等清洁能源基地及电力外送通道建设。实施好帕孜、旁多引水等水利工程。在社区、景区和国省道沿线，加快布局充电基础设施。

充分释放消费潜力。继续安排专项资金促进消费。开展汽车家电家具下乡活动，鼓励新能源汽车和电子产品消费，完善以旧换新补贴政策。打造夜间特色消费街区，做强"中华美食·西藏味道"美食街品牌，支持开设首店、连锁店、便利店。整区推进农村电商发展，建设空港新区冷链物流基地，用好西藏供销集团主渠道，依托"交邮融合""邮快合作"，构建城乡共同配送体系，加快提升物流通达水平和配送时效，带动农产品进城、消费品下乡，力争社会消费品零售总额突破千亿元。

我们要进一步扩大有效益的投资、激发有潜能的消费，让发展的预期更稳、信心更强、活力更足。

（三）坚持育企业强产业，深度挖掘潜力优势

强化扶持育企业。落实"一产一策""一企一策"，大力实施龙头企业引培工程。持续实施"格桑花行动"，积极有序建设现代资本市场。力争培育龙头企业10家、专精特新中小企业10家，新增上市企业2家。引导金融机构更好支持小微企业和民营经济发展。狠抓减税降费政策宣传解读、落地落实，确保广大经营主体应知尽知、应享尽享。政府和国有企业带头清欠中小企业账款，确保上半年应清尽清。

突出特色强产业。压紧压实产业链链长制，大力实施延链、升链、建链、补链行动。依托国家战略工程，以"整体推进"模式谋划区域产业布局，以大工程振兴大产业、带动大发展。制定推进新型工业化实施意见，规上工业和数字经济增加值均增长10%以上。设立以专项债为主的清洁能源产业专项资金，确保建成电力装机增长25%以上。加强铜、锂等战略资源绿色开发，实现优势矿产上产扩能、提质增效。加快文化强区建设，培育壮大文化产业。发挥文旅康养等特色优势，寻找新增长点，完善G318、G219、G349等线路旅游配套设施，打造10个以上精品景区（点），推出藏医药康体瘦身、跨境游等10个以上特色产品，改造提升15个特色乡村。持续抓好旅游市场整治和品牌形象提升。力争文化产业产值增长20%以上，旅游接待人次和收入均增长13%以上。

我们要切实加强质量支撑和标准引领，持续优化一产、壮大二产、提升三产，让高原特色产业在新领域新赛道上各尽其能、各展所长。

（四）坚持兴城镇带乡村，持续推进协调发展

狠抓乡村振兴。建设高标准农田20万亩，确保粮食总产量保

持100万吨以上。建成高产饲草基地6万亩，探索"飞地种草"新模式。建立助农兴农包保机制，打造一批特色农牧产业示范点。出台激励政策，促进专业合作社、家庭农牧场、龙头企业规范有效发展，培育"千万元社"10家、国家级示范社30家，力争农畜产品加工业总产值增长10%以上。深入落实防返贫动态监测和帮扶机制，坚决守住不发生规模性返贫的底线。学习运用"千万工程"经验，"点对点"抓好乡村振兴典型示范，大力实施"千村示范"、树立农牧民新风貌等七大行动，完成人畜分离3.8万户、户厕改造2.2万户，建设宜居宜业和美乡村300个。

加快城镇发展。聚焦交通干线、河谷沿线、边境一线，实施中心县城和节点城镇基础设施、公共服务补短板行动，打造10个旅游名县名市和一批明珠城镇。启动实施拉萨古城保护和旧城改造提升工程。积极推进防洪排涝抗灾基础设施建设。因地制宜、加快推进清洁能源供暖供氧工程。新建续建保障性安居工程3.95万套（户），改造老旧小区38个，完善流动人口管理服务，常住人口城镇化率达到39%以上。

推动区域协调。建成"五城三小时经济圈"综合立体交通网络。引导七地（市）发挥比较优势，不断拓展新的增长点。支持拉萨、山南两市深度融合，推动拉萨金融商务区、物流集散地建设。支持那曲、阿里大力发展绿色有机畜牧业，支持日喀则建设国际陆地港和面向南亚开放的中心城市，支持林芝加快改革开放先行、建设特色有机农牧业保供基地，支持昌都打造藏青川滇交通枢纽和重要开放通道。

我们要统筹推进新型城镇化和乡村全面振兴，绘就城乡融合新画卷，形成协调发展新格局。

（五）坚持借外力生内力，更大力度改革创新

深化重点领域改革。深化农业农村改革。落实新一轮财税体制改革。以明确"五权"为目标，着力推动国企"一盘棋"战略性重组和专业整合。推进全区电价形成机制和民航旅客票价改革。继续全面从严推进矿业权竞争出让改革。有效防范化解各类风险隐患。落实"两个毫不动摇"，在市场准入、要素获取、公平执法、权益保护等方面坚决做到一视同仁。加快政府数字化转型，提升"互联网+政务服务"效能。建立优化营商环境工作考核机制。开展"诚信政府建设年"专项行动，对侵害经营主体合法权益的政府行为一律坚决整改、反面典型一律公开通报。

扩大对内对外开放。继续实施招商引资百日攻坚行动，主动承接援藏省市产业转移，招商引资到位资金500亿元以上。建立跟进机制、强化要素保障，确保项目真正落地、建成投产。积极融入成渝地区双城经济圈，支持省际交界市县跨区域合作、发展区域经济。落实高质量对外开放措施，力争进出口总额增长10%以上。打造一批特色进口商品展销店。支持西藏优势产品开拓国外市场。加快推进智慧口岸建设，完善吉隆、普兰、里孜、贡嘎机场空港等口岸功能，推动中缅吉太传统边贸点提档升级。高标准推进樟木镇恢复重建，尽早重现昔日繁华。

加快推动创新发展。深入实施人才强区战略和"珠峰英才"计划。优化布局一批重点实验室和重大创新平台，加大清洁能源、高原特色轻工、特色农牧等技术攻关力度，加强科研成果和应用技术的引进推广。建立财政科技投入稳定增长机制，确保今年财政科技投入实现翻一番。

我们要坚定不移行改革之道、走开放之路、推创新之举，确

保经济当前有活力、未来有潜力。

（六）坚持办实事惠民生，不断改善群众生活

狠抓就业增收。推广高校毕业生区外"组团式"就业新模式，全面拓宽市场化就业新渠道，力争应届高校毕业生就业率95%以上、市场化就业率70%以上。大力培养新型产业工人，力争技能人才增加1.5万人以上。完善400万元以下政府投资项目交由当地农牧民施工队实施的政策，在重点项目实施中推广以工代赈，提升农牧民转移就业组织化程度，实现农牧民转移就业63万人以上。

狠抓公共服务。大力实施基础教育扩优提质行动、职业教育提质培优行动和高等教育振兴计划。进一步扩大西藏班招生规模。推动西藏大学与自治区第二人民医院、西藏藏医药大学与自治区藏医院"科教医"融合发展。实施基层医疗卫生人员培训提升计划，加快"互联网+医疗健康"项目建设，实现全区紧密型县域医共体建设全覆盖。落实"五个针对"要求，开展卫生健康"八项行动"。健全现代公共文化服务体系，加快实施国家文化数字化战略支撑性项目，推进文化惠民、文化润边和智慧广电工程，加大文物和文化遗产保护利用，完成全区非遗资源普查。繁荣发展文学艺术、哲学社会科学和档案等事业。积极备战全国冬运会、民运会，精心筹办跨喜马拉雅国际自行车极限赛。

狠抓民生实事。坚持尽力而为、量力而行，深入实施"十大民生工程"。在落实中央既定政策基础上，安排资金121.4亿元，实施21项民生实事。对教育"三包"、城乡居民基本医疗保险补助、孤儿和事实无人抚养儿童基本生活保障、老年人高龄和失能补贴、困难残疾人生活和重度残疾人护理补贴、边民补助等13项补贴补助予以提标；对基层供暖运行、高海拔供氧、优化群众膳食结

构、森林保险试点等8项工作予以支持。

我们要着眼解决好事关西藏长远发展的人口、人心、人才问题，集中力量办成一批群众可感可及的实事，切实在发展中改善民生、在民生改善中凝聚力量。

（七）坚持护生态固边疆，切实筑牢安全屏障

筑牢生态安全屏障。全面实施青藏高原生态保护法，深化生态文明示范创建。继续科学开展大规模国土绿化行动和城市庭院绿化行动，加快实施拉萨南北山绿化、雅江中游贡嘎机场周边及拉萨河城区段综合治理等重大生态工程。新增营造林95万亩以上，修复治理退化草原550万亩。积极推进以"珠峰"等国家公园为主体的自然保护地体系建设。狠抓地质灾害综合治理和历史遗留矿山生态修复，加快实施冰湖灾害监测预警。持续深入打好蓝天碧水净土保卫战。优化能源消费结构。推进"无废城市""无废细胞"建设。抓好生态环保督察问题整改。稳步扩大国际绿证交易，不断加快生态产品价值转换。

筑牢国家安全屏障。加强国家安全教育。加快推进边境区域公共服务中心、安置点及配套设施建设，加快实施电网、公共服务、智慧边防等工程，完善边境产业支持政策，实施边民增收专项行动，努力让边民早日享受优于腹心地区的公共服务，始终保持高于腹心地区的收入增长。

各位代表！我们要切实保障妇女、儿童、青少年、老年人、残疾人合法权益，支持群团组织发展，认真抓好军民融合、国防动员、双拥共建、退役军人事务、对口援藏等各方面工作。

各位代表！我们将坚持全面从严治党，严守纪律规矩，践行绝对忠诚，坚定捍卫"两个确立"，坚决做到"两个维护"。我们

将认真落实"四个抓落实"的重大要求,弘扬"四下基层"的优良作风,切实当好执行者、行动派、实干家,努力干出好成效、干出新气象。我们将严格依法行政,深化法治政府建设,加大普法力度,自觉接受人大、政协、监委和社会各界监督,加强司法、审计、统计监督,始终让权力在阳光下运行。我们将进一步改进作风,持续精文减会,节约办庆办展,严控一般性支出,坚持过紧日子,把更多的资金向基层倾斜、向民生倾斜。

各位代表!未来已来,时不我待!让我们更加紧密地团结在以习近平同志为核心的党中央周围,坚持以习近平新时代中国特色社会主义思想为指导,在区党委的坚强领导下,以团结凝聚力量,以奋斗成就梦想,为强国建设、民族复兴伟业作出新的更大贡献!

陕 西 省
政府工作报告

——2024年1月26日在陕西省第十四届
人民代表大会第二次会议上

省长 赵 刚

各位代表：

现在，我代表省人民政府向大会报告工作，请予审议，并请省政协委员提出意见。

一、2023年工作回顾

在全面贯彻党的二十大精神开局之年，习近平总书记两次亲临陕西，勉励我们"要有勇立潮头、争当时代弄潮儿的志向和气魄"，赋予我们"在西部地区发挥示范作用""奋力谱写中国式现代化建设的陕西新篇章"重大战略使命，三秦儿女备受激励和鼓舞，深感温暖与荣光。

首届中国—中亚峰会在西安成功举办，充分体现了以习近平同志为核心的党中央对陕西的极大信任、极大关怀。我们牢记"国之大者"，扛起政治责任，精心精细做好服务保障，向全世界展示了恢弘的中国气派和绚丽的陕西风采，为推进新时代中国特色大国外交贡献了力量。

一年来，面对经济恢复的波浪曲折和结构调整的艰巨任务，面对科技革命和产业变革的加速演进，面对风险挑战相互交织的复杂局面，我们全面贯彻党的二十大和二十届二中全会精神，扎实开展学习贯彻习近平新时代中国特色社会主义思想主题教育，贯通落实习近平总书记历次来陕考察重要讲话重要指示，在省委坚强领导下，围绕构建"六个体系"、争做"六个示范"目标，深入开展"三个年"活动，大力发展县域经济、民营经济、开放型经济、数字经济，经济结构持续优化、内生动力显著增强、高质量发展扎实推进。全年生产总值达到33786亿元、增长4.3%，城镇调查失业率平均为5.2%，一般公共预算收入超过3400亿元，粮食产量突破1300万吨。

主要做了6个方面工作：

（一）紧盯关键环节，稳定经济运行。坚持能源与非能稳产并举抓工业，巴拉素等10处煤矿建成、释放产能3145万吨，延长气田扩产一期项目新增产能18.9亿方，新增电力装机1520万千瓦、其中光伏809万千瓦，新能源装机总量突破4000万千瓦，外送电量797亿千瓦时、增长32%，镇安抽水蓄能电站1号机组调试发电，陕皖电力通道获批，榆能40万吨乙二醇项目建成，4个千亿级现代能化项目前期工作取得实质性进展，汽车、太阳能电池、集成电路圆片产量分别增长33.4%、154.5%、7.4%，新增规上工业企业1000家左右，规上工业增加值增长5%，其中装备制造业增长12.5%。强化"四个一批"项目全周期动态管理，投资130亿元的比亚迪扩产项目当年开工、当年投产，G8.5+基板玻璃项目建成，延榆高铁开工建设，西延、西十、西渝高铁和西安东站、西安咸阳国际机场三期等重大项目按时间节点推进，丹凤至山阳高速公路通车，引汉济渭工程实现供水。举办"秦乐购"消费促进活动，新能源汽车销售额增长100.3%，限上住宿业、餐饮业营业额分别增长24.4%、19.6%，游客人数、旅游收入分别增长106.5%、150.6%，文旅重点产业链年综合收入达到7729亿元。

（二）坚持创新驱动，推动产业升级。出台西安"双中心"建设支持政策，高精度地基授时系统主体完工，阿秒激光项目获批。一体推进省级"两链"融合专项和"揭榜挂帅"项目，攻克关键核心技术363项，延长煤油气综合利用项目获中国工业大奖，隆基太阳能电池转换效率刷新世界纪录，宝石机械特深井自动化钻机等一批国际首台（套）装备成功研制并应用，国内首条千吨级高品质镁示范线建成投产。以"三项改革"放大秦创原效能，创新平台帮助企业解决难题900余个，新增国家级科技孵化器10个，科研人员成立转化企业1051家，科技型中小企业、高新技术企业分别增长37%、33%，新增国家专精特新"小巨人"企业40家。全省发明专利授权2.2万件、增长16.1%，有效发明专利拥有量突破10万件，专利质押融资1204项、54.7亿元，技术合同成交额达到4120亿元、增长34.9%，就地转化技术合同占比提高11个百分点。加快发展先进制造业和战略性新兴产业，制造业、科学研究和技术服务业企业投资分别增长10.1%、46.2%，制造业重点产业链产值突破1万亿元、增长10.2%，乘用车（新能源）、太阳能光伏等9条产业链产值增速超过两位数。大力发展数字经济，国家超算西安中心、未来人工智能计算中心等新型算力基础设施建成投用，5家企业入选全国智能制造示范工厂揭榜单位，数字产品制造重点行业增加值增长18%。

（三）推进改革开放，释放市场活力。 大力发展民营经济，推广运用"陕企通""秦务员""秦政通"一体化服务平台，上线"一件事一次办"服务事项15个，"跨省通办"政务事项达到154项。实施"三整治四提升"专项行动，加大清理拖欠企业账款力度，通报10起破坏营商环境典型案例，经营主体满意度达到94.4%。新增减税降费及退税缓费超490亿元，普惠小微贷款、制造业中长期贷款分别增长26.2%、26.9%，实有企业156.5万户、增长12.1%，净增"五上"民营企业1182家，新增上市企业7家。持续推动"亩均论英雄"综合改革，供应工业"标准地"316宗3.6万亩，"交地即交证"项目676个，要素保障和土地集约利用水平进一步提高。启动新一轮国企改革深化提升行动，组建水务发展集团，省属企业实现利润799.4亿元，居全国第6位。积极落实中国—中亚峰会涉陕成果，实现中亚五国通航全覆盖，对中亚出口增长221.9%。大力发展开放型经济，中欧班列开行量突破5300列、增长15.3%，出口陕西货值增长26.1%，自贸试验区4项改革创新经验在全国推广，新增有业绩的外贸企业368家，陕汽重卡、新能源汽车出口分别增长101.4%、1154%。高水平举办丝博会、欧亚经济论坛、杨凌农高会等，赴长三角、粤港澳大湾区开展招商推介，西安闪存芯片、咸阳高端铜箔材料、杨凌麦肯食品、太古里文化商业等一批重大外资项目相继落地，新设外商投资企业增长29.9%，实际使用内资增长12.6%。

（四）统筹城乡区域，推动融合发展。 大力发展县域经济，对83个县（区）根据产业定位实施分类管理和考核，支持首位产业和产业园区发展，优化调整现代农业产业链，苹果、木耳、茶叶农业产值分别增长3%、24.5%、12.8%，新增国家级现代农业产业园2个，县域生产总值达到1.6万亿元，西部百强县新增1个、达到8个。启动实施"千村示范、万村提升"工程，脱贫人口人均纯收入增长15.2%，集体经济薄弱村降至10%以内，农村卫生户厕、自来水普及率分别达到81.7%、95.6%。新建改建高标准农田230万亩，克服"烂场雨""强秋淋"不利影响，粮食总产和单产均创历史新高。启动实施西安都市圈建设三年行动，西安—咸阳一体化纵深发展，连通两市城区的地铁1号线和高新大桥等标志性项目开通。陕北煤化工产业加快发展，榆林能源革命创新示范区创建取得积极进展。陕南新能源和旅游康养业蓬勃发展，核准抽水蓄能建设项目4个、总装机540万千瓦，柞水县朱家湾村入选2023年联合国世界旅游组织"最佳旅游乡村"。

（五）**加强生态治理，促进绿色转型。**推动秦岭七省（市）跨区域保护，修订秦岭区域产业准入清单，秦岭陕西段环境优良面积达99.3%，商洛被纳入全国气候生态产品价值实现试点市。全面启动荒漠化综合防治和黄河"几字弯"攻坚战，治理沙化土地94.9万亩。开展黄河流域清废行动，提标改造县级以上污水处理厂114座，黄河干流水质稳定达优。加强南水北调中线工程水源地保护，陕南硫铁矿污染整治成效明显，汉丹江出省断面水质稳定保持在Ⅱ类。下硬茬解决关中地区大气污染问题，西安、咸阳、渭南3市空气质量得到阶段性改善。加快推进碳捕集利用与封存研究、示范应用项目，新能源交易163亿千瓦时、绿电交易22亿千瓦时，绿电供给占比达到26.8%。

（六）**强化夯基兜底，增进民生福祉。**开展就业创业十大行动，发放稳岗资金9.2亿元、创业担保贷款63亿元，城镇新增就业

43万人，全省居民人均可支配收入增长6.7%。加强优质教育资源均衡供给，投入35.1亿元改善1646所义务教育学校办学条件。高等教育第三方评估第一层次学科增长89%，国家级教学成果获奖数全国第3，高校承担企事业单位委托经费（理工农医类）全国第4。有效实施防控救治和"乙类乙管"，疫情防控实现平稳转段。持续深化综合医改，西安交大一附院榆林医院获批建设国家区域医疗中心，83个县启动建设紧密型县域医共体。城乡低保标准分别提高5%和11%，51种慢性病、地方病纳入医保范围。建成乡镇（街道）区域养老服务中心300个。新开工改造城镇老旧小区2016个，惠及居民23.14万户。促进文化事业繁荣发展，承办首届亚洲文化遗产保护联盟大会、第四届中国考古学大会，举办第十届陕西省艺术节、孙思邈中医药文化节，古树名木保护全面加强，延安革命文物国家文物保护利用示范区建成，霸陵殉葬坑入选2023"世界十大考古发现"，旬邑西头遗址入选"全国十大考古新发现"，陕西历史博物馆秦汉馆、黄河文化博物馆、石峁博物馆建成开放，话剧《路遥》等5部作品入选新时代舞台艺术优秀剧目，陕北民歌音乐会全国巡演成功，《长恨歌》《驼铃传奇》《无界·长安》《延安保育院》等一批演艺精品市场火热。我省体育健儿在大运会、亚运会获金牌数、奖牌数均创历史新高。严厉打击电信网络诈骗等违法犯罪，社会治安群众满意率达到98.8%。提升信访法治化水平，强化源头治理和积案化解，富平县税费矛盾调解等3项案例获评全国新时代"枫桥经验"先进典型。全力防范、精准化解房地产、政府债务、金融等领域风险隐患，有效应对暴雨洪涝灾害，安全转移44.3万群众，实施村道安全生命防护工程4259公里，扎实推进重大事故隐患专项排查整治2023行动，生产安全事故起数、死亡人数分别下降

11.4%、6.9%。

民族、宗教、侨务、国防动员、退役军人事务、地震、气象、测绘、档案、地方志等工作取得新成效。

过去一年，省政府深入推进自身建设，办理人大代表建议701件、政协提案709件，提请省人大常委会审议地方性法规10件，废止省政府规章20件，全省行政机关负责人出庭应诉率提升15.7个百分点。以行政许可事项和备案事项清单为抓手深入推进审批制度改革，加强重点领域监管，认真整改国家审计、统计、环保等督察检查及省委巡视反馈问题，大力整治形式主义、官僚主义，进一步压减"三公"经费预算，大兴调查研究，深入基层解决堵点难点问题，法治政府、效能政府、廉洁政府建设取得新的成效。

各位代表！回望过去一年，形势复杂多变、工作难中求成、成绩来之不易。我代表省政府，向全省人民，向各位人大代表、政协委员，向各民主党派、工商联、无党派、各人民团体和各界人士，表示衷心感谢！向中央驻陕单位、解放军指战员、武警官兵、公安干警和消防指战员，表示衷心感谢！向关心支持陕西发展的海内外朋友，表示衷心感谢！

我们也清醒认识到，经济社会发展还面临不少困难挑战，高质量发展的支撑点、增长极还不够多，产业结构调整还不到位，一些涉及群众切身利益的难题亟待解决，生态环境保护任重道远，关中地区大气污染治理仍面临较大压力，重点领域风险隐患依然严峻，守牢安全底线的任务艰巨繁重，政务服务、营商环境与企业需求和群众感受还存在不小差距。我们一定直面问题、勇于担当，竭尽全力做好政府工作，决不辜负全省人民期待！

二、2024 年工作总体要求和预期目标

今年是中华人民共和国成立75周年，是实现"十四五"规划目标任务的关键一年。做好政府工作要以习近平新时代中国特色社会主义思想为指导，全面贯彻落实党的二十大和习近平总书记历次来陕考察重要讲话重要指示精神，认真落实中央经济工作会议部署要求，坚持稳中求进工作总基调，完整、准确、全面贯彻新发展理念，更加主动融入和服务构建新发展格局，着力推动高质量发展，统筹扩大内需和深化供给侧结构性改革，统筹新型城镇化和乡村全面振兴，统筹高质量发展和高水平安全，深化拓展"三个年"活动，大力发展县域经济、民营经济、开放型经济、数字经济，切实增强经济活力、改善社会预期、增进民生福祉、防范化解风险、保持社会稳定，巩固和增强经济回升向好态势，努力实现质的有效提升和量的合理增长，奋力谱写中国式现代化建设的陕西新篇章。

今年发展主要预期目标是：生产总值增长5.5%左右，一般公共预算收入增长3%，城乡居民人均可支配收入分别增长5.5%、6.5%，城镇新增就业40万人以上，城镇调查失业率5.5%左右，居民消费价格涨幅3%左右，粮食产量1260万吨以上。单位生产总值能耗降低2.5%以上，力争"十四五"以来累计降低10%左右。

当前，外部经济环境仍存在不确定性，我省正处于结构调整、转型升级的关键时期，实现预期目标并不容易。我们要按照省委十四届五次全会暨省委经济工作会议要求，坚持稳中求进、以进促稳、先立后破，抓住主要矛盾，突破瓶颈制约，注重前瞻布局，努力完成全年各项任务，并争取更好结果。工作中要注重

把握好三点：

（一）**紧盯高质量发展不动摇**。坚持高质量发展是新时代的硬道理，就是要始终把新发展理念作为"红绿灯""指挥棒"，摒弃思维定势，摆脱路径依赖，深化科技创新推动产业创新，深化"稳控转"厚植能源优势，深化融合赋能促进大文旅繁荣，最大限度把资源要素向高质高效、彰显特色的领域倾斜，以产业项目和社会资本投资为重狠抓高质量项目，以新产业新模式新动能发展新质生产力，着力破解发展方式、增长动力、要素配置等方面的突出矛盾，在高质量发展中谱写陕西新篇、争做西部示范。

（二）**增强政策协同性有效性**。政策贵在管用有效。要坚持系统观念和实践标准，准确把握国家政策取向，主动顺应行业发展趋势，紧密结合地方具体实际，扎实做好财税、金融、区域、产业、科技等政策配套衔接和预研储备，以企业和群众为本强化政策效果评估和立改废释，多谋牵引性撬动性政策，多出有利于稳预期、稳增长、稳就业的政策，谨慎出台收缩性抑制性举措，清理有悖于高质量发展的政策规定，兼顾点线面、把握时度效、留出冗余度，着力解决现有政策简单重复、过时失准、相互掣肘、执行偏差等问题，切实提升政策支持高质量发展的效果。

（三）**筑牢守稳安全发展底线**。守住底线不仅仅是对实现高水平安全的硬性要求，更是对发展观念的系统重塑。要把底线思维贯穿到政府工作全过程，把风险意识落实到各领域各环节，守牢安全生产生命线，不碰生态、耕地、文物保护高压线，远离债务风险预警线，坚决杜绝因盲目发展积累安全隐患。当然，也决不能以不作为求安全，必须在推动发展中固本强基、补短强弱，实现高质量发展和高水平安全良性互动、相得益彰。

三、2024 年重点工作

（一）强化创新引领，加快构建现代化产业体系

加快建设科技强省。坚持教育科技人才协同发力，实施科技创新"八大行动"，培育创新驱动新引擎，不断向科技创新要发展新动能、要经济贡献力。加快西安"双中心"重点项目建设，推动分子医学转化等大科学装置早日建成，积极创建国家工业母机创新中心，启动建设能源陕西实验室，探索释放重大科技基础设施溢出效应。实施新一轮秦创原建设三年行动计划，用好科技、人才、资本三个市场，打造20个左右省级秦创原未来（新兴、特色）产业创新聚集区，拓展放大总窗口效能。推动"三项改革"政策向科研院所、国有企业、医疗卫生机构等延伸，强化科技经纪人队伍建设，支持西部科技创新港发展。启动实施重大关键核心技术攻关计划，强化企业科技创新主体地位，全省研发经费投入强度达到2.4%，技术合同成交额突破4200亿元。深入实施"登高、升规、晋位、上市"四个工程，全年入库科技型中小企业2.5万家，高新技术企业达到1.85万家。

塑造产业链群新优势。加快推进新型工业化，推动重点产业链群做优做强做大，加强质量支撑和标准引领，持续提升产业链供应链韧性和安全水平，规上工业增加值增长6%。坚持稳煤、扩油、增气并举，夯实能源基本盘，煤炭、原油、天然气产量7.8亿吨、2470万吨、350亿方以上，稳步扩大电力外送规模，新增新能源装机1000万千瓦以上，能源工业增加值增长5%。把发展制造业作为重中之重，深入实施链长制，加快产业基础提升和重大技术装

备攻关，乘用车（新能源）、太阳能光伏、输变电装备、半导体及集成电路产业链产值分别突破2500亿元、1800亿元、1000亿元和1000亿元，推动有色、冶金、食品、纺织等传统产业工艺升级、数字赋能、管理创新，支持铜川铝产业、宝鸡钛产业、榆林镁铝产业、商洛钒产业延链强链，非能工业增加值增长7.5%。培育壮大战略性新兴产业，打造氢能、光子、低空经济、机器人等新增长点，前瞻布局人工智能、量子信息、生命科学等未来产业，大力发展研发设计、知识产权服务等生产性服务业，力争战略性新兴产业增加值增长8%。擦亮"三秦四季"文旅品牌，大力发展赛事经济、会展经济，打造商旅名街15条，游客人数、旅游收入分别增长8%、8.5%，文旅重点产业链年综合收入达到8500亿元。

抢滩数字经济新蓝海。聚力培育软件和信息服务、物联网等10个重点数字产业集群。充分发挥国家超算中心作用，深度拓展数实融合空间，加快推动制造业"智改数转网联"，深入实施中小企业"赋能、赋智、赋值"专项行动，培育工业互联网平台10个，打造制造业数字化改造样板100个。开展"信号升格"专项行动，加快"双千兆"网络部署和IPv6改造，力争5G基站总量达到12万个。

（二）坚持综合施策，着力扩大有效需求

扩大有效益的投资。树牢大抓项目、大抓招商的鲜明导向，健全项目考核激励和督导问效机制，狠抓前期谋划和产能释放，做好省级重点项目动态管理和全生命周期管理。坚持高端化、多元化、低碳化方向促进煤化工产业发展，推动陕煤1500万吨煤炭分质利用、国能循环经济煤炭综合利用两个千亿级项目开工。聚焦产业项目特别是工业项目抓投资，加快闪存芯片、比亚迪扩产和隆基100GW硅片等项目建设，实施好240个工业投资和技术改造重点项目，新增产能项目释放产值1000亿元，制造业投资增长6.5%。加强交通、能源、水利等基础设施建设，加快延榆等5条高铁、眉太等13条高速、西安咸阳国际机场三期、东庄水利枢纽、王瑶水库扩容等在建项目进度。做好延长1000万吨炼化、榆林煤制清洁燃料、西安地铁四期、宝鸡机场等项目前期工作，积极谋划一批专项债和超长期国债项目，力争更多重大项目纳入国家盘子。用好"投资中国"品牌，策划组织重大境内外招商活动，提高招商引资精准度、有效性，抓好招商项目入库管理、落地建设，实际使用内资增长10%。运用PPP新机制，激发民间投资活力，全年社会（企业）资本投资增长5%。

激发有潜能的消费。持续实施"秦乐购"消费促进活动，稳定和扩大传统消费，推动汽车、电子产品等消费品以旧换新，提升西凤白酒、洛川苹果、富硒食品、茯茶等陕西品牌知名度。大力发展数字消费、绿色消费、健康消费，积极培育智能家居、国货"潮品"等新的消费增长点。推动知名电商在陕设立公司，开展网络消费促进行动，限上网络零售额增长10%。完善农村电子商务和快递物流配送体系，重点支持15个县开展县域商业建设行动，鼓励发展乡村旅游。社会消费品零售总额增长5.5%。

（三）深化改革开放，进一步激发内生动力

抓好重点领域改革。主动融入全国统一大市场，推进市场监管领域准入准营"一件事"改革，加强跨部门综合监管，常态化通报破坏营商环境典型案例。深化国有企业改革，加大资产盘活力度，推进省属国企战略协同、专业重组，健全现代公司治理，完善市场化经营机制，建设世界一流企业。分类推进开发区改革，优化总体布局，注重协同联动，加快政企分离，管控债务风险，提高运营效率。发挥市场机制促进优胜劣汰作用，推动产能向先进生产力集聚。深化电力市场改革，逐步降低全社会用电成本，保障电力安全稳定供应。严格落实"四水四定"要求，建立健全与人口、产业布局相匹配的水资源配置机制。夯实财政"三保"兜底机制，完善省对市县转移支付制度，确保基层财政平稳运行。

提升开放型经济水平。深度融入共建"一带一路"大格局，抓好中国—中亚峰会涉陕成果落地，落实一批"小而美"民生项目合作。支持西安建设国际航空枢纽，加快恢复国际航线，增强中欧班列西安集结中心辐射能级，西安国际港站吞吐量49万标箱以上，力争省内货值增长15%。实施自贸区提升战略，开展制度型开放先行试点。更好发挥上合组织农业基地作用。推动外贸增量提质，开展"陕耀全球"百团千企拓市场抓订单活动，开拓RCEP区域等新兴市场，巩固半导体、光伏、新能源汽车等产品出口优势，扩大纺织服装、电子产品等日用消费品出口规模，培育锂电池、特色农产品等出口增长点，积极发展中间品贸易、服务贸易、数字贸易、跨境电商出口，净增有业绩的外贸企业500家，进出口总值增长8%。高水平办好丝博会、杨凌农高会、榆林煤博会等品牌展会，深化苏陕协作机制，加强与京津冀、长三角、粤港澳大湾区、黄河流域省份等的合作，积极有序承接东部沿海地区产业转移，抓好456个项目落地。

推动民营经济加快发展。健全服务民营经济高质量发展体系，完善惠企政策直达快享机制，常态化办好政企恳谈会，深入开展"三整治四提升"专项行动，全面清理政府拖欠企业账款，保障民营企业在市场准入、要素获取、公平执法、权益保护等方面的权利。扩大中小企业公共服务体系覆盖面，培育认定省级公共服务示范平台30家、人才服务基地25家。深入开展"十行千亿惠万企"融资专项行动，为中小微企业新投放信贷资金不少于2000亿元。落实好结构性减税降费政策，重点支持科技创新和制造业发展，新增规上工业企业1000家，国家级专精特新"小巨人"、"单项冠军"企业均增长20%以上。增强金融服务实体经济特别是科技型企业的能力，提高直接融资比重，加大上市后备企业遴选培育力度，力争新增上市企业10家。

（四）推进乡村振兴，加快农业农村现代化

促进农业高质高效。坚决扛起耕地保护和粮食安全政治责任，坚持稳面积、增单产两手发力，坚决整治乱占、破坏耕地违法行为，加大高标准农田投入和管护力度，新建和改造提升200万亩以上，粮食种植面积稳定在4500万亩以上，新增耕地20万亩以上。推进特色现代农业产业链建设五年行动，聚力品种培优、品质提升、品牌打造和标准化生产，做优做强苹果、蔬菜、茶叶、畜禽、中药材5个千亿级和乳制品、食用菌、猕猴桃3个百亿级产业链群，水果产量达到2110万吨，蔬菜和食用菌达到2100万吨，茶叶保持在14万吨左右。创建省级农村产业融合发展示范园30个，推动渭南、咸阳、榆林发展现代化大农业。强化科技和改革双轮驱动，加快农业关键核心技术攻关，持续推进种业振兴"五大行动"，做好新一轮土地承包期延长工作，推广应用涉农信用信息系统，深化集体林权和宅基地制度改革，充分激活农村各类资源要素。

促进乡村宜居宜业。以"千村示范、万村提升"工程推进乡村全面振兴，新创建500个以上产业强、农民富、环境美、农村稳的省级示范村。有序推进"多规合一"实用性村庄规划，深入推动农村人居环境整治提升，高质量完成22.9万座户厕改造任务，生活垃圾收运处理自然村达到93.7%。持续推进农村移风易俗，发挥村规民约激励约束功能，倡导婚事新办、丧事简办、孝老爱亲，推动新时代文明实践向村庄、集市等末梢延伸。

促进农民富裕富足。千方百计拓宽农民增收致富渠道，全面落实各项益农惠农政策，完善联农带农机制，让农民深度嵌入产业链条、分享增值收益。深化农村集体经济"消薄培强"行动，加大合作社质量提升、示范家庭农场创建力度，集体经济薄弱村降至5%以内、较强村超过10%。毫不放松巩固拓展脱贫攻坚成果，推动防止返贫帮扶政策和农村低收入人口常态化帮扶政策衔接并轨，落实落细乡村振兴重点帮扶县、镇、村支持政策，加大易地搬迁人口后续帮扶力度，确保不发生规模性返贫。

（五）夯实县域支撑，增强区域发展均衡性协调性

发展壮大县域经济。分类施策推动产业功能县、农产品主产县、生态功能县特色化差异化发展，加大力度激励质效提升，明确思路托低帮扶，力争县域经济增速高于全省增速1个百分点。深入实施产业园区三年提升工程，稳妥推进"园区托管"，推动产业进园集聚，县域园区工业产值增长7%。加快补齐县城基础设施短板，分类推进100个省级乡村振兴示范镇建设，培育一批工业大镇、商贸强镇、文旅名镇和特色小镇，新创建10—15个县城建设示范县。

深入推进以人为本的新型城镇化。推动转移支付、要素配置等与农业转移人口市民化挂钩，促进未落户常住人口均等享有基本公共服务。加快西安—咸阳一体化发展，完善西安都市圈交通体系。推进保障性住房建设、"平急两用"公共基础设施建设、城中村改造"三大工程"，实施城市更新行动，深入推进城市运行精细化管理，打造宜居、韧性、智慧城市。

推动三大区域相互赋能。严格执行省市县三级国土空间规划。推动关中平原城市群高质量发展，支持关中地区以科技创新和先进制造为牵引，提升产业层次和城市能级，增强对陕北陕南的辐射带动能力。加快建设榆林能源革命创新示范区、延安现代能源经济示范区，打造陕北高端材料基地，开工建设陕北至关中第三输电通道，做好电力跨区域统筹调配。鼓励引导陕南壮大旅游康养和毛绒玩具、小电子、预制菜等消费品制造业，开工建设山阳、勉县、佛坪3个抽水蓄能电站，探索生态产品价值实现机制。依托"飞地经济"深化跨区域产业协作，健全区际利益补偿和区域合作利益分享机制。

（六）践行"两山"理念，不断提升绿色发展水平

更好服务全国生态保护大局。健全秦岭常态长效保护机制，实施守护祖脉秦岭三年行动，持续巩固"五乱"、小水电等治理成效，加快建设生态监测网络，抓好林业病虫害防治和生物多样性保护。坚持把黄河流域生态保护作为高质量发展的基准线，加快黄河西岸、渭河沿岸生态建设，加强渭北旱腰带生态修复，修编"三北"工程六期规划，以毛乌素沙地、白于山区为重点，大力推进荒漠化防治，全力打好"几字弯"攻坚战，完成沙化土地治理93万亩，治理水土流失4000平方公里，全省水土保持率不低于70.8%。强化南水北调中线工程水源地保护，大力开展生态清洁小流域建设，抓好汉丹江重点流域矿产开发综合整治，确保"一泓清水永续北上"。

深入打好污染防治攻坚战。制定贯彻国家《空气质量持续改善行动计划》实施方案，持续开展关中地区大气污染治理专项行动，以减排、减煤、减卡为重点推动产业结构、能源结构、运输结构调整，提升重点行业减排绩效，新增B级及以上企业100家左右，削减关中地区电煤消费160万吨，力争煤炭主产区铁路运输比例达到90%，国考10市PM$_{2.5}$平均浓度降至36.2微克/立方米、优良天数达到299.1天。统筹水资源、水环境、水生态治理，加强陕北、关中地区地下水保护与超采治理，开展入河排污口排查溯源和整治，深化延河、石川河、泾河等流域综合治理。加强土壤污染源头防控，强化畜禽养殖污染防治，深入排查整治耕地周边重金属污染，推动土壤资源永续利用。

推动发展方式绿色低碳转型。积极稳妥推进碳达峰碳中和，坚决遏制"两高"项目盲目上马，促进节能降碳先进技术研发利用，深化煤电、建材、化工等重点行业领域节能降碳，大力发展绿色低碳产业，积极推动地热资源利用。探索开展用能权有偿使用和交易试点，积极参与全国碳排放权交易，完善绿电交易市场等平台建设。深入实施全面节约战略，扎实推进生活垃圾分类，构建废弃物循环利用体系，积极倡导绿色低碳生活方式。

（七）发挥资源优势，积极推进文化强省建设

加强文化遗产保护传承。深度参与中华文明探源工程，积极推进石峁申遗，深入推进太平遗址、秦东陵等重点考古研究。建好用好长城、长征、黄河国家文化公园，打造中华文明重要标识地。加强文物古迹、古树名木和历史文化名城、街区、村镇等整体保护和活态传承，提高大遗址保护利用水平，做好革命文物集中连片保护和整体展示，促进西安鼓乐、咸阳茯茶、汉中藤编等特色非遗传承发展。扎实开展第四次全国文物普查，健全不可移动文物保护机制。发挥丝绸之路考古合作研究中心作用，深化国际文化交流合作。

大力促进文艺繁荣发展。提升文艺作品质量，开展青年艺术家创作扶持计划，推出更多既具秦风秦韵、又叫好叫座的精品力作，进一步擦亮"文学陕军""长安画派""西部影视""陕北民歌"等特色文化品牌。振兴秦腔艺术，办好2024中国秦腔优秀剧目会演活动。提升丝路国际艺术节影响力，支持传统剧院拓展网上剧场。

完善公共文化服务体系。持续提升公共图书馆、文化馆、博物馆服务水平，鼓励延长开放时间。深入实施智慧广电乡村工程，深化电视"套娃"收费和操作复杂治理。推动文旅惠民平台扩容提质，创新开展"戏曲进乡村""文化进万家"等活动，鼓励社会组织和企业参与公共文化服务供给，增强服务均衡性、可及性。

（八）突出可感可及，扎实办好民生实事

全力稳就业促增收。大力发展吸纳就业能力强的产业，支持经营主体稳岗拓岗，扎实开展职业技能提升、劳务品牌培育、就业服务提质三项工程和大学生基层就业行动计划，建强产业工人队伍，拓宽跨区域劳务协作、公益性岗位安置等就业渠道，促进高校毕业生、退役军人、农民工、就业困难人员等重点群体稳定就业。深入实施城乡居民收入稳定增长行动，持续缩小城乡居民收入差距。根治农民工欠薪，切实维护劳动者合法权益。

推进教育强省建设。落实立德树人根本任务，推进大中小学思想政治教育一体化建设。推动义务教育优质均衡发展，巩固"双减"成效，引导规范民办教育发展。完善普惠性学前教育保障机制。加大省级标准化和示范普通高中创建力度。实施高职"双高计划"和中职"双示范"建设，推进职普融通。扎实推进"双一流"

建设，加大高校优势特色学科发展支持力度。完善高校毕业生就业与招生计划联动机制，及时调整优化学科专业结构。

深化健康陕西建设。持续深化"三医"协同发展和治理，扎实推进国家医学中心、区域医疗中心建设，支持铜川开展国家中医药传承创新发展示范试点，加强特色专科医院建设，推广智慧医疗，推动医疗机构检验检查结果互认。加快优质医疗资源扩容和区域均衡布局，壮大基层医疗卫生人才队伍，力争每万人拥有全科医生数达到4人。深入开展爱国卫生运动，扎实做好传染病防控和地方病防治。统筹推进竞技体育、群众体育、青少年体育发展，支持商洛办好2024国际沙滩排球U19世界锦标赛。

健全多层次社会保障体系。推动职工基本养老保险全国统筹，推进基本医疗保险、失业保险、工伤保险省级统筹，提高城乡居民养老待遇水平。加快推进分层分类的社会救助体系，建立经济困难家庭失能老人补贴制度，提高困难残疾人生活补贴标准，开展留守儿童和困境儿童关爱三年行动，做好临时救助和兜底保障。推进普惠托育机构建设，力争每千人托位数达到3.8个。推广老年助餐和就近医疗服务，大力发展银发经济。

（九）聚焦重点领域，有效防范化解风险隐患

筑牢经济安全屏障。积极稳妥化解地方政府债务风险，推动一揽子化债方案落地落实，分级实施债务率管控，加快融资平台分类转型，严禁超财力铺新摊子上新项目，确保按期完成高风险地区债务规模和债务率"双降"任务。推动地方中小金融机构提质增效，严厉打击各种非法金融活动，加大不良贷款清收处置力度，确保风险水平总体可控。一视同仁满足不同所有制房地产企业合理融资需求，加强在建项目预售资金监管，防止出现新的房地产风险。

提升安全生产水平。扎实开展安全生产治本攻坚三年行动，狠抓重大隐患排查整治，加快推进城镇燃气管道更新改造，深入做好煤矿、非煤矿山、危化品、道路交通、建筑施工、特种设备、消防、森林草原防火等领域风险防控，力争C类煤矿消降40%，城市易涝点消除比例达到80%，坚决防范遏制重特大事故发生。加强自然灾害、突发事件风险预警和防控机制建设，提高防灾减灾救灾能力。

维护社会和谐稳定。坚持和发展新时代"枫桥经验"，健全城乡基层治理体系，深化信访问题源头治理，强化"三到位一处理"工作机制。抓好食品、药品安全全过程监管，守护群众"舌尖上的安全"。深化社会治安综合治理，常态化开展扫黑除恶斗争，严密防范化解安全稳定风险隐患，依法严厉打击突出违法犯罪行为，坚决守护人民群众幸福安宁。

各位代表！面对新形势新任务，我们将更加注重政府自身建设，进一步巩固拓展学习贯彻习近平新时代中国特色社会主义思想主题教育成果，深入推进法治政府、效能政府、廉洁政府建设，全面提升政府履职水平。要坚持依法行政，深入推进法治政府建设"六大工程"，完善重大事项行政决策机制，推行行政执法事项清单制度，规范涉企行政执法，聚焦人民群众反映强烈问题开展专项整治。切实做好政务公开、行政复议、行政应诉工作，自觉接受党内监督，主动接受人大、政协和各方面监督。要提升工作效能，扎实推进数字政府建设，加快推进跨地区跨层级政务服务事项标准化建设，在更多领域更大范围推动"高效办成一件事"。增强履职尽责本领，注重调查研究、提炼经验、树立典型、试点示范，充分调动各方面的积极性、主动性、创造性。持续精文减会提效，发管用的文、出能落地的政策，真正把时间和精力用在实处。要永葆清正廉洁，锲而不舍落实中央八项规定实施细则精神，驰而不息纠"四风"、树新风，纵深推进党风廉政建设和反腐败工作。树牢过紧日子意识，严控一般性支出，加大对资金资源密集领域的监管力度，严肃财经纪律，维护预算刚性，该花的钱要花足，不该花的钱一分都不能乱花。

各位代表！解放军驻陕部队、武警官兵为陕西改革发展稳定作出了重要贡献。我们要一如既往支持国防和军队建设，全面提升国防动员能力，扎实做好双拥共建、优抚安置等工作，不断巩固军政军民团结，为推进强国强军事业贡献更大力量。

各位代表！目标鼓舞人心，使命催人奋进。让我们更加紧密地团结在以习近平同志为核心的党中央周围，全面贯彻习近平新时代中国特色社会主义思想，深刻领悟"两个确立"的决定性意义，增强"四个意识"、坚定"四个自信"、做到"两个维护"，在省委坚强领导下，牢记嘱托、感恩奋进，锐意进取、勇毅前行，奋力谱写中国式现代化建设的陕西新篇章！

甘 肃 省

政府工作报告

——2024年1月23日在甘肃省第十四届
人民代表大会第二次会议上

省长　任振鹤

各位代表：

我代表省人民政府，向大会报告工作，请予审议，并请省政协委员和其他列席人员提出意见。

一、2023年工作回顾

刚刚过去的一年，是全面贯彻党的二十大精神的开局之年，是三年新冠疫情防控转段后经济恢复发展的一年，也是本届政府履职的第一年。在党中央坚强领导和省委直接领导下，全省上下坚持以习近平新时代中国特色社会主义思想为指导，深入贯彻党的二十大精神，坚定不移落实习近平总书记对甘肃重要讲话重要指示批示精神，坚持稳中求进工作总基调，以构建"一核三带"区域发展格局、实施"四强"行动为牵引，以开展"三抓三促"行动为抓手，着力稳增长、调结构、抗大灾、惠民生、化风险，圆满实现经济社会发展主要预期目标，全面建设社会主义现代化幸福美好新甘肃迈出坚实步伐。

过去一年工作中，以下几个方面尤为突出、格外难忘：

——主要指标进位争先，增速稳居全国前列。全省地区生产总值11863.8亿元、增长6.4%，高于预期目标0.4个百分点，增速居全国第6位。规模以上工业增加值、固定资产投资、社会消费品零售总额分别增长7.6%、5.9%、10.4%，增速居全国第4位、第7位、第6位。一般公共预算收入增长10.6%，其中税收收入增长19.9%。经济运行稳中有进、进中提质、质量齐升、效速兼取，保持了"十四五"以来向上向好的积极态势。

——能源开发多点突破，潜力优势加速释放。煤炭产能达到1.17亿吨、产量6160万吨，分别较上年增加2865万吨和285万吨。环县发现储量超亿吨级整装大油田。原油产量、加工量分别达到1165.6万吨、1466.5万吨。发电总装机突破8000万千瓦，发电量2112.9亿千瓦时。新增新能源装机1200万千瓦，总量突破5000万千瓦，占总装机比重61.3%、居全国第2位，开工8个抽水蓄能项目，数量和规模均居全国第3位，风光大省加快迈向风光强省。

——如意甘肃火爆出圈，招商引资成果丰硕。文旅市场强劲复苏，景区景点游人如织，接待游客、旅游综合收入分别增长187.8%和312.9%。兰洽会、文博会、药博会精彩纷呈，招商引资签约金额突破万亿、到位资金5961.3亿元，分别增长44.1%、41.8%。各方看好甘肃、投资甘肃的热度持续升温。

——交通建设再传捷报，瓶颈制约加快破解。中川机场三期扩建工程主体完工。兰州轨道交通2号线一期建成投用。通渭、积石山、张家川、清水、灵台、崇信、华池、东乡8个县高速公路建成通车，通高速县市区达到80个。建成10个高速公路"开口子"工程。老区人民期盼多年的平庆铁路开工建设。

——民生福祉加力提质，扶弱济困温润陇原。全体居民人均可支配收入增长7.5%，增速居全国第2位，比上年前移8位。10件为民实事高质量完成。"结对帮扶·爱心甘肃"工程播撒真情，25.1万名干部与26.3万名关爱对象结对认亲。完成生态及地质灾害避险搬迁年度任务，4.04万户、14.1万人搬出了安全、搬出了幸福。

——抗震救灾打赢首战，守望相助彰显大爱。积石山6.2级地震发生后，习近平总书记情牵灾区人民，第一时间作出重要指示，李强总理亲赴灾区慰问指导。在党中央、国务院深切关怀下，坚持人民至上、生命至上，众志成城、勠力同心，与时间赛跑，与严寒抗争，以最快速度打赢打胜抗震救灾遭遇战攻坚战，使灾区社会秩序迅速恢复，群众生活得到最大程度保障，灾后重建全面有序推进。此时此刻，我们不能忘记的是，在这场艰苦卓绝的大战大考面前，人民子弟兵闻令而动、挺膺担当，各方救援力量不畏艰险、火速驰援，兄弟省份和社会各界奉献大爱、倾力相助，广大干部群众团结一心、忘我奋战，共同创造了抗震救灾的甘肃速度，生动诠释了伟大抗震救灾精神，充分彰显了社会主义大家庭的无比温暖，极大凝聚了全省人民感恩奋进、勇毅前行的磅礴力量。我们谨向投身参与、支持帮助抗震救灾的所有救援人员和各方援助者，致以崇高的敬意！

一年来，困难比预料的多，挑战比预想的大，结果比预期的好。主要做了以下工作：

一是精准施策稳增长。制定出台一揽子政策措施，强化调度、挖潜增效，经济运行一季度"开门红"、上半年"双过半"、三季度"拓增量"、全年"超预期"。组织重大项目集中开工和督查活动，开工重大项目1073个，287个省列重大项目完成投资2690亿元。建成高速（一级）公路508公里。新增自然村组通硬化路1.02万公里。金川、通渭、成县、会宁获评"四好农村路"全国示范县。嘉峪关酒泉机场完成飞行区改扩建，天水、夏河机场成功复航。甘肃中部生态移民扶贫开发供水工程建成投用，景电二期提质增效工程开工建设。新建5G基站2.12万个。组织季季有主题、月月有载体的促销活动9731场次。武威汉唐天马城、张掖甘泉文化旅游区、酒泉印象文化艺术休闲区入选国家级夜间文化和旅游消费聚集区。平凉入选"2023避暑旅游优选地"。首个"落地签"外国旅游团包机落地敦煌。各项贷款余额增长8.3%，直接融资增长57.8%，"险资入甘"落地资金145.5亿元。政银企保对接活动授信2420.7亿元。兰州助剂、定西高强挂牌新三板。全省首款"科创贷"落户金昌。争取中央财力性转移支付1433.6亿元、增长14.5%。中央开展的21个竞争性项目中我省成功入围15个。

二是创新驱动强产业。9家全国重点实验室重组成功。新获批国家和省部级创新平台15个，新增企业创新联合体2家。无氧铜制备等一批关键核心技术取得重大突破。培育国家级专精特新"小巨人"企业5户，认定省级专精特新中小企业207户。建成科技成果转化综合服务平台，技术合同成交额增长38.3%，科技进步贡献率首次达到60%。1名科学家当选中国工程院院士，一人一团队荣获"国家工程师奖"。实施"三化"改造项目300个，酒钢集团炼钢焦炉、金川集团铜阳极泥、白银集团白银炉等重点项目完成改造。

兰州石化年产120万吨乙烯改造项目预可研报告获得批复。白银集团20万吨高导新材料生产线一期建成投产。金昌镍铜钴新材料、白银废弃资源综合利用被认定为全国中小企业特色产业集群，金川集团镍盐公司入选"创建世界一流专精特新示范企业"。重点工业品产量实现突破，精炼铜、电解铝、集成电路产量首次分别突破100万吨、300万吨、600亿块。工业投资增长30.1%，增速继续保持在全国前列。新增规模以上工业企业421户。规模以上工业装备制造业、战略性新兴产业增加值分别增长17%、7.1%。出让矿业权107宗、收益20.3亿元。新庄、五举、东水泉煤矿建成投产，平山湖、吐鲁东、安家庄、唐家河、九龙川煤矿获国家核准。常乐电厂二期工程建成投产，甘谷电厂、连城电厂全面复产，正宁电厂、灵台电厂、张掖电厂二期加快建设。陇电入鲁工程全面开工。兰州高新区生物医药制品制造创新型产业集群获批建设。庆阳数据中心集群引进落地数字经济企业101家。兰州国家级互联网骨干直联点建成。天水经开区、金昌经开区跻身国家级经开区百强方阵，排名第52位、第65位，较上年分别提升52位、56位；张掖经开区排名提升6位，保持全国中游序列。

三是巩固成果促振兴。克服河西地区60年不遇的旱情影响，实现粮食丰产、成果巩固、产业提质、农民增收。建立"1+3"政策体系，新建高标准农田377.2万亩。粮食总产量达到254.58亿斤、增长0.6%。全面落实"四个不摘"要求，建立"一键报贫"机制。安排衔接补助资金247.14亿元，东部协作省市和中央定点帮扶单位援助资金38.54亿元、消费帮扶88.59亿元。"万企兴万村"新增投资25.86亿元。启动脱贫人口增收三年行动，脱贫地区农村居民人均可支配收入增长8.4%，高于全省城乡居民收入增幅。完成跨省域交易建设用地增减挂钩节余指标1.48万亩、资金44.4亿元。创建2个国家现代农业产业园、3个国家农业现代化示范区。建成1325个绿色标准化种植基地，获批创建苹果、马铃薯国家级优势产业集群，与农业农村部成功举办马铃薯大会。"甘味"品牌荣获中国区域农业形象品牌影响力指数排行榜三连冠。学习运用"千万工程"经验，制定和美乡村建设政策体系，认定省级和美乡村94个。获批3个国家乡村振兴示范县、7个乡村旅游示范县、6个中国美丽休闲乡村。成功举办美丽乡村国际论坛。甘南扎尕那村荣获"世界最佳旅游乡村"。制定实施城乡融合发展三年行动计划。金昌城乡融合发展示范区建设深入推进。全省城镇化率达到55.49%，比上年提高1.3个百分点，提升幅度居全国第5位。

四是系统治理优生态。祁连山生态治理成效持续巩固，区域生态环境质量稳步改善。黄河流域兰西城市群生态建设行动全面实施。黄河流域甘肃境内41个国控断面水质优良比例92.68%，干流出境断面水质稳定在II类。启动"三北"工程攻坚战，70个县纳入建设范围，首批开工重点项目22个。完成造林402万亩、种草改良941万亩、沙化土地综合治理398万亩。空气质量平均优良天数比率达到96.2%。74个地表水国控断面水质优良比例95.9%。土壤环境质量总体稳定。我省在国家污染防治攻坚战成效考核中获得"优秀"等次。平凉、天水推进海绵城市建设成效明显。碳达峰碳中和"1+N"政策体系基本形成，创建国家级绿色工业园区1个、绿色工厂17户。全面完成两轮中央生态环保督察整改任务，第三轮督察问题整改扎实推进。

五是改革开放激活力。开展"优化营商环境攻坚突破年"和"引大引强引头部"行动。新签央地合作项目72个、金额1443.6亿元。与工信部联办中国产业转移发展对接活动。出台支持民营经济发展"30条"，100名优秀民营企业家获省级表彰。新设经营主体32.7万户、增长18.3%，其中新设立企业增长24%。新增减税降费及退税缓费超270亿元。16.77万名干部包抓联企业31.24万户，帮助解决问题4万多项。启动国企改革深化提升行动，完成省属煤电、水利、环保等领域专业化整合，省属企业资产总额和净利润分别增长5.6%、10.9%。加快推进数字政府建设，持续提升"一网通办"水平，全面开展数据直达基层试点，全省"甘快办"可办事项32.2万项，政务服务事项网上可办率100%。建成公共资源交易"全省一张网"，实现"一门进入、一网交易"。标准地出让71宗8171亩。我省6个案例入选全国地方全面深化改革典型案例。兰州、张掖、金昌成功创建国家社会信用体系建设示范区。发运国际货运班列598列、增长38%。新开通3条国际货运航线。新建运营6个海外仓。外贸出口增长3.8%，高于全国3.2个百分点。跨境电商交易额增长6.3%。新增国际友好城市3对。兰州入选国家综合货运枢纽补链强链支持城市。兰州新区获批国家进口贸易促进创新示范区、加工贸易梯度转移重点承接地。

六是用情用力惠民生。 11类民生支出3569.5亿元，占财政总支出的79%。与人社部签署部省合作协议，全面落实就业优先战略，实现城镇新增就业32.01万人。输转城乡富余劳动力523.2万人，其中脱贫劳动力199.9万人。新开工改造城镇老旧小区1251个，加装电梯800部，改造燃气老旧管网600多公里。开展城市集中供热专项整治，供热保障能力显著提升。与教育部共建国家基础教育综合改革实验区、新时代振兴中西部高等教育改革先行区。建成农村教师周转宿舍1030套。新增义务教育学位2.8万多个。新建、改扩建农村中小学食堂493个、厕所280个。新增公办幼儿园园位1.6万个。新增托育机构827家、托位4.48万个。获批建设3个国家区域医疗中心和兰大二院国家紧急医学救援基地。86家县医院新增标准化重症救治床位896张。建成乡镇综合养老服务中心100个、村级互助幸福院300个。敦煌研究院获联合国教科文组织"杰出贡献奖"。甘肃简牍博物馆建成开放。礼县发现大型秦代礼制性建筑基址群获评国内十大考古新闻。我省体育健儿在杭州亚运会、亚残运会各获2枚金牌。举办第十届全省少数民族传统体育运动会。退役军人关爱基金会工作体系实现省市县全覆盖。嘉峪关获评新华社"2023中国最具幸福感城市"。

七是主动创安保稳定。健全社会矛盾纠纷多元预防化解机制，调处矛盾纠纷38万件。民族团结进步创建工作取得新成效。宗教依法治理水平持续提升。意识形态工作责任制全面落实。国防动员和后备力量建设持续加强。"双拥"共建水平全面拓展。制定实施防范化解地方债务风险"1+10"方案，疏解融资平台债务1048.4亿元。清收处置不良资产571.6亿元，完成年度目标的126.1%，不良贷款率下降1.32个百分点。按期完成清理拖欠企业账款任务。"保交楼"交付住房6.83万套，占总任务量的84.4%。打掉涉黑涉恶组织24个，刑事发案连续下降，现行命案连续5年全破。兰州、嘉峪关成功创建国家食品安全示范城市。全面推进安全生产五大体系建设，生产安全事故起数、死亡人数、受伤人数、直接经济损失分别下降13.26%、10.71%、11.54%和30.67%。

同时，妇女儿童、残疾人、红十字、慈善等工作实现新提升，老龄、工会、青少年、关心下一代等事业取得新进步，统计调查、气象、机关事务、地方志、参事、文史研究、社科、供销等工作迈上新台阶。

各位代表，过去一年，我们扎实开展学习贯彻习近平新时代中国特色社会主义思想主题教育，在以学铸魂、以学增智、以学正风、以学促干上取得明显成效。各级各部门抓学习促提升、抓执行促落实、抓效能促发展的氛围日益浓厚，比学赶超、争创一流的干劲更加充盈。法治建设和司法行政工作实现新突破，制定、修改和废止政府规章29件，行政复议改革"甘肃模式"在全国推广。开展审计项目4279个，促进增收节支45.23亿元。自觉接受省人大及其常委会法律监督、工作监督和省政协民主监督，提请省人大常委会审议颁布地方性法规4件，办理省人大代表建议547件、政协委员提案654件、政党协商意见建议211条。从严履行"一岗双责"，廉政建设得到新加强。

各位代表！过去一年，极不平凡、殊为不易。面对复杂严峻的外部环境和多年少有的困难挑战，我省发展承压而上、克难奋进，各方面工作整体进步、全面提升。这是习近平新时代中国特色社会主义思想科学指引的结果，是习近平总书记对甘肃重要讲话重要指示批示精神统揽指向的结果，是省委带领全省人民团结拼搏、苦干实干的结果。我谨代表省人民政府，向全省各族人民，向人大代表、政协委员，向各民主党派、工商联、无党派人士、各人民团体，向驻甘人民解放军指战员、武警官兵、公安干警、消防指战员和中央在甘单位，向东部协作省市和中央定点帮扶单位，向所有关心甘肃发展的各界人士和海内外朋友，表示衷心的感谢！

实践中，我们也清醒认识到，全省发展还面临不少困难和问题：破解"三个不平衡"需要持续发力，两难多难问题不时出现；经济恢复的基础不够牢固，大宗商品价格波动挤压企业利润，部分企业生产经营存在困难；美丽甘肃建设任重道远，解决缺水难题尤为紧迫；民营经济占比不高，改善预期还需加力；债务化解和风险处置任务艰巨；政府自身建设尚需进一步拓展，一些干部运用法治化思维、市场化手段破解难题、推动工作的能力亟需提升，等等。我们一定直面挑战、正视不足，采取有力措施逐步加以解决。

二、2024年工作总体要求和预期目标

今年是中华人民共和国成立75周年，是实现"十四五"规划目标任务的关键一年。在世界百年变局加速演进的大背景下，我国经济回升向好、长期向好的基本趋势没有改变，中国式现代化宏伟蓝图正一步步变成美好现实。甘肃正处于国家重大战略机遇叠加和自身优势加速释放的历史交汇期，发展基础不断夯实，发展动能积厚成势，发展环境持续优化，发展活力勃发奔涌，中国式现代化甘肃实践潜力无限、前景广阔。我们要保持信心定力，抓住一切有利时机，利用一切有利条件，在新发展格局中赢得高质量发展新优势。

今年政府工作的总体要求是：以习近平新时代中国特色社会主义思想为指导，全面贯彻党的二十大和二十届二中全会精神，深入落实习近平总书记对甘肃重要讲话重要指示批示精神，坚持稳中求进工作总基调，完整、准确、全面贯彻新发展理念，加快构建新发展格局，着力推动高质量发展，统筹扩大内需和深化供给侧结构性改革，统筹新型城镇化和乡村全面振兴，统筹高质量发展和高水平安全，加力实施"四强"行动，深入做好"五量"文章，扎实推进积石山县地震灾区灾后重建，促进经济运行持续向好、动力活力持续增强、社会预期持续改善、风险隐患持续化解、民生福祉持续

增进、社会大局持续稳定，推动经济实现质的有效提升和量的合理增长，奋力谱写全面建设社会主义现代化幸福美好新甘肃崭新篇章。

今年经济社会发展的主要预期目标是：地区生产总值增长6%左右，在实际工作中争取更好结果。固定资产投资增长6%左右，规模以上工业增加值增长7%，社会消费品零售总额增长8.5%，一般公共预算收入同口径增长6%。居民消费价格涨幅3%左右。城镇调查失业率5.5%左右。城乡居民人均可支配收入分别增长6%和7%。粮食产量稳定在240亿斤以上。主要污染物排放完成国家下达目标。

做好今年政府工作，我们将牢牢把握高质量发展这个新时代的硬道理，把"稳中求进、以进促稳、先立后破"的要求贯穿各项工作之中。坚持以争先志气、赶超意识积蓄高质量发展势能。抢抓战略机遇，放大比较优势，立足国家所需，发挥甘肃所能，跳起摘桃，争先进位，以一域之光为全局添彩。坚持以科技引领、产业升级厚植高质量发展根基。加快转方式、调结构、提质量、增效益，超前布局未来产业，大力发展新质生产力，塑造现代化产业体系新优势。坚持以改革办法、市场手段释放高质量发展活力。用好"关键一招"，抓住"最大机遇"，破解要素制约，打通发展堵点，加大机制创新，充分激发各类经营主体内生动力和创新活力。坚持以福祉增进、品质提升夯实高质量发展底色。用心用情保障改善民生，标本兼治保护生态环境，高效统筹发展和安全，让全省人民的获得感幸福感安全感更加充实、更有保障、更可持续。坚持以实干担当、敢作善为凝聚高质量发展合力。善于抓主抓重，讲求策略方法，政策协同发力，工作同频共振，唱响高质量发展"大合唱"。

三、2024年重点工作

围绕上述总体要求和预期目标，重点抓好8个方面工作。

一要更大力度实施"四强"行动。把"四强"行动作为高质量发展的核心抓手，加大统筹实施力度，促进发展质量和综合实力整体跃升。

赋能增效强科技。开展科技创新"六大行动"。实施兰白两区新一轮发展规划纲要。优化整合各类科技创新平台，培育建设全国重点实验室、国家技术创新中心、"一带一路"联合实验室。深入推动振兴中西部高等教育改革先行区建设。争创国家高等研究院，建设高校产业研究院。支持兰州大学、中科院等在甘院校开展关键核心技术攻关。引导创新型企业向专精特新、"隐形冠军"发展，高新技术企业达到2400家以上。建设重点产业中试和应用验证平台，技术合同成交额达到500亿元。深度参与"一带一路"科技创新行动计划。完善多元化科技投入机制，力争全社会研究与试验发展经费支出占地区生产总值比重达到1.43%。

聚势向新强工业。深入推进新型工业化，全面实施"六大行动"，打造工业强省、产业兴省"升级版"，重振老工业基地雄风。深化推进产业链链长制。实施"三化"改造重点项目300个以上。推动石化产业"减油增化增特"，加快冶金、有色产业向高端延伸。加快实施兰州石化年产120万吨乙烯改造、庆阳轻烃深加工、巨化集团硅氟新材料等重点产业项目。争创石化化工、冶金有色、新能源及新能源装备制造等3个国家级先进制造业产业集群，打造装备制造、数字经济、生物医药等省级先进制造业集群，培育认定5个省级中小企业特色产业集群。推进中小企业"智改数转网联"行动。加快军民融合产业高质量发展。持续抓好庆阳"东数西算"产业园建设。支持天水打造集成电路封测产业聚集区。支持金昌打造全国重要的新能源电池及电池材料生产供应基地。

提速加力强省会。加大政策落实力度，支持兰州提升首位度、打造增长极、当好排头兵。着力构建"3+2"现代产业体系，打造"6+X"先进制造业产业集群。开展省会综合交通大会战，加快建设全国性综合交通枢纽城市。推进国家综合货运枢纽补链强链城市建设。高标准建设榆中生态创新城。高质量推进兰北现代城规划建设。高水平创建兰州大学校友经济示范基地。支持兰州新区打造千亿级绿色化工产业集群、百万吨级新能源新材料"储能之谷"。在推进强省会的同时，支持各地立足资源禀赋，发挥比较优势，培育壮大产业，加快民族地区、革命老区、资源型地区发展，努力形成错位互补、多点发力的发展格局。

夯基固本强县域。积极推进以县城为重要载体的新型城镇化建设，开展城乡融合发展三年行动，加快农业转移人口市民化。完善"一县一方案、一季一调度、一年一清单"机制，统筹更多政策、资金、力量向县域倾斜。挖掘潜力优势，发展"飞地经济"，力争地区生产总值超百亿县域达到40个。提升开发区发展能级，完善综合考核评价体系，力争地区生产总值超百亿开发区达到11个，省级及以上开发区经济总量占全省比重超过22%。

二要更大力度促进有效投资。用足用好多重政策机遇，补短板、调结构、增后劲，发挥有效投资的关键性作用。

强化重大项目建设。建成兰张三四线中武段、中川环线铁路、中川机场三期，加快建设兰合、天陇、西成（甘肃段）、平庆铁路，积极推进兰张三四线武张段、平凉机场项目。卓尼、临潭新通高速公路。适时启动建设三大高速公路新通道。实施全省水网建设规划，开工建设黄河甘肃段河道防洪治理、白银兴电灌区续建配套与现代化改造工程，加速推进阿克塞生态保护及城乡供水项目建设，争取获批白龙江引水工程，全力做好河西走廊水资源配置等项目前期工作，配合做好黑山峡水利枢纽、南水北调西线工程项目前期工作。加快推进新型基础设施建设。有序实施城市更新行动。促进旅游基础设施完善提升。

促进能源开发利用。加快风光电大基地项目建设，新增新能源装机1200万千瓦。争取再开工2—3个抽水蓄能项目。支持酒泉打造全国重要的新能源及新能源装备制造基地、甘南建设甘肃南部新能源基地。争取陇电入鲁早日投产、陇电入浙开工建设、陇电入川核准推进。深入实施新一轮找矿突破战略行动，促进矿业权常态化出让。争取核准建设12处煤矿，新增煤炭产能3540万吨。抓好陇东综合能源化工基地建设。建成西气东输三线中段过境管道，开工建设河口至临夏天然气管道工程。力争全省原油产量超1180万吨、天然气产量超8亿立方米。

提高项目谋划水平。抢抓中央优化重大生产力布局、加强战略腹地建设机遇，深化前瞻性研究，在建设重点产业集群、重要物资储备基地和重大基础设施上超前谋划、主动作为。围绕破解"三个不平衡"，积极配合国家做好相关重大工程研究论证，精准谋划储备一批事关长远发展的大项目、好项目。紧盯国家政策导向，做实项目前期工作，争取更多项目资金支持。

三要更大力度释放消费活力。落实扩内需促消费政策措施，改善消费条件，优化消费环境，推动消费从疫后恢复转向持续扩大。

稳定扩大传统消费。有效促进汽车、住房、家装家居、电子产品等大宗消费。加大充电基础设施建设，支持新能源汽车下乡。大力开展各类促销活动，带动消费提质扩容。持续培育兰州、酒泉、天水、张掖、庆阳 5 个区域消费中心城市。加快建设一刻钟便民生活圈。改造提升一批步行街、特色餐饮街区，做靓各地美食名片。

培育壮大新型消费。打造热点商圈，发展演艺经济，创建夜间消费聚集区品牌。发展即时零售、智慧商店等新零售业态。培育绿色低碳消费市场。力争冶力关创建国家 5A 级景区、和政古生物化石景区通过 5A 级景观质量评价。支持张掖七彩丹霞建设世界级旅游景区。推进敦煌国家文化产业和旅游产业融合发展示范区建设。大力发展研学旅游、户外运动和冰雪经济。释放体育消费潜力，继续办好兰州国际马拉松赛。抓好兰州、酒泉—嘉峪关、庆阳国家现代流通战略支点城市建设。

提质升级农村消费。加强县域商业体系建设，推进实施 22 个县域商业建设行动，改造提升 14 个县域农产品综合批发市场。开展绿色产品下乡，推动特色产品进城。完善农村电子商务和寄递物流配送体系，实施快递进村、"一村一站"工程，提升电商、快递进农村综合水平。举办全省电商大赛。打造 10 个县域直播电商基地。推进兰州、张掖、天水国家骨干冷链物流基地建设。

四要更大力度推进乡村振兴。锚定农业强省目标，聚焦"两确保、三提升、两强化"，加快农业农村现代化建设。

持续巩固拓展脱贫攻坚成果。严格落实"四个不摘"要求，持续实施防止返贫动态监测帮扶，坚决守住不发生规模性返贫底线。精准落实产业帮扶政策，力争覆盖 65% 以上监测对象，带动脱贫户140万户以上。持续推进脱贫人口增收三年行动。主动加强与东部协作省市和中央定点帮扶单位沟通对接,继续办好"津陇共振兴""鲁企走进甘肃"活动。

致力建设农业现代化大产业。严守耕地红线,抓好高标准农田建设、撂荒地整治和盐碱地治理,推进石羊河流域整区域高标准农田建设试点,确保粮食播种面积稳定在4000万亩以上。支持张掖打造全国玉米制种基地、加工基地、集散中心和价格形成中心。实施优势特色产业提质增效行动,力争两年内打造10个百亿级产业大县,创建果、薯2个五百亿级和牛、羊、药、菜4个千亿级产业集群。加快预制菜产业发展。培育营业收入过千万农产品加工企业100家。

描绘和美乡村新画卷。深化运用"千万工程"经验,认定100个左右省级和美乡村,创建500个左右乡村建设省级示范村。深入实施农村人居环境整治提升五年行动,扎实推进"八改"工程,提升农村条件便利度和群众生活舒适度。开展新一轮乡村治理试点示范,推进移风易俗,培育文明乡风。深化张掖乡村振兴示范区创建工作。我们要持续建、年年干,打造更多村庄美、产业兴、百姓富、治理好、乡风和、集体强的和美乡村,使陇原大地更具特色魅力、更显勃勃生机。

五要更大力度建设美丽甘肃。坚定不移走生态优先、绿色发展之路,协同推进降碳、减污、扩绿、增长,让甘肃的天更蓝、地更绿、水更清。

全面推进生态保护治理。深入落实黄河国家战略,着力开展水源涵养和生态修复,扎实推进黄河流域兰西城市群甘肃片区生态建设,抓好沿黄流域水土保持和廊道绿化。强化祁连山生态环境常态化监管。高质量推进大熊猫、祁连山、若尔盖3个国家公园创建工作。健全"天空地"一体化生态环境监测网络体系。科学开展大规模国土绿化行动。全面推进"三北"工程，打好河西走廊—塔克拉玛干沙漠边缘阻击战、黄河"几字弯"攻坚战，加快实施34个重点项目。支持陇南创建"两山"实践创新基地、武威建设全国防沙治沙综合示范区、平凉创建国家生态文明建设示范区。编制节水型社会建设规划，推动全面深度节水。

深入打好污染防治攻坚战。开展重污染天气防控、柴油货车污染治理等空气清洁行动，推进钢铁、水泥、焦化等重点行业及燃煤锅炉超低排放改造。加强流域综合治理和水环境质量管控，消除劣Ⅴ类水体。推进重点河流入河排污口排查整治。巩固城市黑臭水体治理成效。大力实施土壤污染源头防控行动，深入开展农村生活污水处理设施问题排查专项整治。坚决抓好中央生态环境保护督察反馈问题、黄河流域生态环境警示片反映问题等整改落实，开展省级生态环境保护督察。

稳妥有序推动绿色低碳转型。严把建设项目准入关口，促进能耗双控逐步转向碳排放双控。积极参与全国碳市场建设，开展重点行业企业碳排放核查，推动国家温室气体自愿减排量项目开发交易。争创国家第二批碳达峰试点城市和试点园区。建立气候投融资项目库。加快兰州、金昌、天水、兰州新区"无废城市"建设。深入推进生活垃圾分类。

六要更大力度深化改革开放。坚持以改革激活力、增动能，以开放拓路径、促发展，加快融入新发展格局和全国统一大市场。

大力发展民营经济。坚持"两个毫不动摇"，全面落实中央《意见》及我省《若干措施》，开展 "优化营商环境提质增效年"行动。持续加强数字政府建设，深化拓展平台应用，强化数据共享支撑，深入推进"高效办成一件事"。大力实施"五转"工程，提升经营主体发展质量。提振民间投资信心，规范实施政府和社会资本合作新机制，坚决取消民间资本准入不合理限制。推行审慎监管，实行柔性执法，真心服务企业，拓展包容活跃的创新空间，让企业真正有实实在在的获得感。

深化重点领域改革。实施国企改革深化提升行动，优化国有资本布局结构。支持兰州新区先行先试、改革创新，更好发挥国家级平台带动作用。推进企业投资项目"标准地"改革和信用承诺制改革。实施煤电容量电价机制，建立新能源上网电价市场化形成机制。有序推进公用事业价格改革。推进排污权、用能权市场化交易。抓好新一轮财税体制改革。深化农村集体产权、集体林权制度改革，健全农村产权流转交易市场体系，稳步推进农村集体经营性建设用地入市试点，高质量完成陇西县农村宅基地制度改革国家级试点任务。完成省市县三级机构改革。

扩大高水平对外开放。推动兰州新区综保区、国家级经开区、铁路航空口岸等平台联动发展。优化完善国际货运班列补贴政策，积极开辟国际货运、客运新航线，争取建设国际物流分拨中心。建设中川机场三期配套口岸查验设施设备项目。深入推进兰州、天水跨境电商综试区建设。支持敦煌申报国家文化出口基地。支持肃北县马鬃山兴边富民特色小镇建设，积极争取口岸复通。

提升招商引资质效。继续实施"引大引强引头部"行动，坚持招商引资同招商选资相结合，细化"一图谱三清单"，瞄准"三个500强"、上市公司、头部企业，引进更多高技术、高成长性、高附加值企业和项目。借助承接产业转移、东西部协作、省际合作等机制，积极开展产业链招商、资源招商、基金招商、金融招商、以商招商。高水平办好兰洽会、文博会、药博会。强化全生命周期服务，提高资金到位率和项目落地率。

七要更大力度提升民生品质。坚持以人民福祉为念，把群众的"点滴小事"当成"心头大事"，兜住、兜准、兜牢民生底线。

全力抓好灾后重建。把积石山县地震灾区灾后重建作为重大政治任务，加强固定性转移安置点精细化服务，维护良好生产生活秩序。科学编制灾后重建规划，坚持政府主导、群众主体，在充分尊重群众意愿的基础上，集中安置与分散安置相结合，优化公共服务设施布局。管好用好救灾资金和物资，做到节约高效、公开透明。我们要上下一条心、干群齐努力，加快恢复重建进度，力争在庆祝中华人民共和国成立75周年之前，让受灾群众搬进新居。

落实就业优先战略。落细减负稳岗扩就业政策，开展"援企稳岗·服务千企"系列专项行动。输转城乡富余劳动力500万人以上，其中脱贫劳动力190万人以上。抓好高校毕业生、农民工、退役军人等重点群体就业，深入开展青年就业服务攻坚行动，支持多渠道灵活就业。提升青年发展型城市建设水平。

健全社会保障体系。广泛持久推进"结对帮扶·爱心甘肃"工程建设，让暖心善举蔚然成风。完善社会救助政策措施，做深做实分层分类社会救助工作。健全工伤保险省级统筹制度。完善基本医保筹资和待遇调整机制。发展居家社区养老服务，拓展老年助餐服务。加快构建普惠托育服务体系。

扎实办好社会事业。加快实施省属高校"双一流"突破和综合改革试点工程。整省推进全国基础教育综合改革实验区建设。创建数字化战略行动助推教育现代化实验区。合理优化农村教育资源布局，办好必要的农村小规模学校。加快"一核两翼三中心"医疗高地建设，打造4个国家区域医疗中心。推动县域5大急危重症救治中心全覆盖，建设县域5大临床服务中心。提升基层卫生健康服务水平。推动"八个一"文化品牌建设工作。实施陇原文艺高峰攀登工程。加快建设敦煌研究院"典范""高地"。推动河西走廊国家遗产线路建设，打造"世界遗产廊道"文化地标。建设长城、长征、黄河国家文化公园和大地湾国家考古遗址公园。实施省博物馆扩建工程。加强历史文化名城名镇名村、历史街区、历史建筑及传统村落保护。办好公祭伏羲大典。做好第四次全国文物普查。编纂扶贫志、全面小康志。

各位代表，为民造福是人民政府的永恒追求。我们将继续办好10件为民实事：一是实施中小学"强县中增学位建宿舍扩食堂"工程，全面提升20所县属高中办学能力，增补学位2万个，新建、改扩建教师周转宿舍900套、食堂400个；二是支持1万名未就业普通高校毕业生到基层就业，城镇新增就业30万人以上；三是利用乡村闲置资源，改造建设100个乡镇综合养老服务中心和300个村级互助幸福院；四是继续对困难家庭子女普通高校入学给予资助，录取到本科院校的一次性补助1万元、专科（高职高专）院校的一次性补助8000元；五是启动实施万名低保困难老年人白内障复明工程；六是完成5000户困难重度残疾人家庭无障碍改造，改造乡镇街道闲置资源建设20个残疾人日间照料中心；七是对20万名城乡妇女进行"两癌"免费检查；八是建成投用景电二期提质增效工程，加固改造总干渠44.1公里，改造延伸向民勤调水工程干渠72.68公里，最大限度缓解白银、武威地区生态生活生产用水矛盾；九是继续实施农村水利惠民工程，建设水库（池）10座，新建淤地坝40座，配套建设高标准农田蓄水池300座，建成小微型调蓄设施550座；十是继续实施生态及地质灾害避险搬迁工程，让2万户、6.4万名群众远离危险、福暖四季。

八要更大力度统筹发展安全。坚持促发展和保安全两手齐抓，持续推进主动创安、主动创稳，以高水平安全保障高质量发展。

推动金融高质量发展。坚持把金融服务实体经济作为根本宗旨，全面做好金融"五篇大文章"。实施企业挂牌上市"玉如意计划"，提高直接融资比重。建立金融机构招引激励机制，创新金融招商模式，深入推进"险资入甘"。更好发挥金融顾问作用。建成甘肃智慧金融平台。全面落实化债方案，建立全口径地方债务监测监管体系，稳妥推进农合机构改革，加快解决中小金融机构历史遗留问题，用发展的办法、改革的举措使高风险机构有序退出，力争清收处置不良资产450亿元左右。按期完成"保交楼"任务，促进房地产市场平稳健康发展。

提升社会治理效能。坚持和发展新时代"枫桥经验"，建设更高水平"平安甘肃"。以铸牢中华民族共同体意识为主线，纵深推进民族团结进步创建"一廊一区一带"行动和"七+N进"活动。坚持我国宗教中国化方向，积极引导宗教与社会主义社会相适应，提高宗教工作法治化水平。深化国防动员红色文化品牌打造，做好"双拥"工作。推进"陇原红色物业"建设行动。支持工会、共青团、妇联、红十字会等群团组织开展工作。做好第五次全国经济普查。健全完善立体化信息化社会治安防控体系，常态化开展扫黑除恶，依法严厉打击各类违法犯罪活动。

完善落实安全生产体系。全面提升安全生产五大体系建设水平，深入推进治本攻坚三年行动，深化重点行业领域风险隐患专项整治，坚决遏制重特大事故发生。继续实施城镇危旧房改造、燃气管道老化更新改造和城市内涝治理，加快安全发展示范城市创建。加强应急救援能力建设，推进自然灾害应急能力提升工程，建成国家西北区域应急救援中心。强化食品药品安全监管，守护好人民群众"舌尖上的安全"。

四、强化政府自身建设

各位代表，面对艰巨繁重的发展任务，我们要把抓落实作为政府工作最鲜明的底色，不折不扣抓落实，雷厉风行抓落实，求真务实抓落实，敢作善为抓落实，坚定当好党中央、国务院及省委决策部署的执行者、行动派、实干家。

永葆政治本色。深刻领悟"两个确立"的决定性意义，增强"四个意识"、坚定"四个自信"、做到"两个维护"，把党的领导贯穿到政府工作全过程各领域。深化拓展主题教育成果，坚持不懈用党的创新理论武装头脑、指导实践、推动工作。始终把习近平总书记对甘肃重要讲话重要指示批示精神作为全部工作的"纲"和"魂"，胸怀"两个大局"，心系"国之大者"，推动党中央决策部署落地生根。

坚定厉行法治。忠实履行宪法和法律赋予的职责，落实法治建设"一规划两方案"，开展法治政府建设示范创建活动。严格执行重大行政决策法定程序，突出重点领域行政立法，开展提升行政执法质量三年行动。深化拓展行政复议改革。自觉接受人大法律监督、政协民主监督和各方面监督，严格执行省人大及其常委会决议决定，认真办理人大代表建议和政协委员提案，强化审计监督与其他监督贯通协同，确保政府权力行而有规、监督有力。诚信是政府的立身之本、履责之基，各级政府一定要有言必行、有诺必践、有约必守，以政务诚信为社会诚信树标杆、作表率。

强化实干担当。树牢造福人民的政绩观，坚持尽力而为、量力而行，多做打基础、利长远、增后劲的工作，多办人民群众可感可及的实事，坚决防止"政绩工程""面子工程"，坚决防范纠治"新形象工程"。深化"三抓三促"行动，始终保持奋发有为的精神状态，善于把中央精神同自身实际结合起来，创造性开展工作。大兴调查研究，落实"四下基层"制度，用脚步丈量民情，在一线破解难题，靠实干创造业绩。

恪守清正廉洁。发扬彻底自我革命精神，加强新时代廉洁文化建设，深入开展集中性纪律教育，推动政府系统党风廉政建设和反腐败斗争走深走实，打造廉洁政府。认真履行"一岗双责"，紧盯重点领域和关键环节，强化标本兼治，堵塞制度漏洞。习惯过紧日子，看好"钱袋子"、管好"账本子"，该花的钱一分不少，不该花的钱一分不花，把有限的财力全部用在推动发展、改善民生上。

各位代表！拼搏成就梦想，实干创造辉煌。让我们更加紧密地团结在以习近平同志为核心的党中央周围，全面贯彻党的二十大精神，在省委的领导下，坚定信心、锐意进取，埋头苦干、只争朝夕，为全面建设社会主义现代化幸福美好新甘肃而努力奋斗！

青 海 省
政府工作报告

——2024年1月24日在青海省第十四届
人民代表大会第二次会议上

省长　吴晓军

各位代表：

现在，我代表省人民政府向大会报告工作，请予审议，并请各位政协委员和列席会议的同志提出意见。

一、2023年工作回顾

2023年是全面贯彻党的二十大精神的开局之年，是三年新冠疫情防控转段后经济恢复发展的一年，也是本届政府依法履职的第一年。面对复杂严峻的外部环境和艰巨繁重的改革发展稳定任务，我们在以习近平同志为核心的党中央坚强领导下，按照省委部署要求，抢抓机遇促发展，担当实干抓落实，经济波浪式发展、曲折式前进，全年经济运行呈现前高、中扬、后稳态势，总体回升向好，主要目标任务圆满完成，全省生产总值增长5.3%，全体居民人均可支配收入增长5.9%，城镇调查失业率5.5%，居民消费价格上涨0.5%，高质量发展扎实推进，发展的稳定性、协调性、可持续性进一步增强，现代化新青海建设迈出坚实步伐。

——生态保护展现新作为。出台实施打造生态文明高地总体规划，深入开展国家公园示范省巩固提升行动，发布三江源国家公园总体规划，祁连山国家公园设园在即，青海湖国家公园创建任务全面完成，成功举办第二届国家公园论坛，率先建立自然保护地制度标准体系，国家公园建设继续走在全国前列。木里矿区以及祁连山南麓青海片区生态环境综合整治全面收官，以"壮士断腕"的勇气从严从快推进中央生态环保督察反馈问题整改，做到不留死角、不留空白、不留余地。统筹山水林田湖草沙冰一体化保护和系统治理，完成国土绿化455万亩、防沙治沙146万亩、退化草原改良526万亩，荒漠化和沙化土地面积"双下降"，玉树隆宝滩成功申报国际重要湿地。藏羚羊、普氏原羚、雪豹等野生动物种群数量持续增加，青海湖裸鲤蕴藏量恢复到12万吨。空气质量优良天数比例96.6%，长江、黄河干流、澜沧江出省境断面水质保持在Ⅱ类及以上，地表水国考断面水质优良比例持续保持100%，土壤环境清洁稳定，党中央、国务院考核我省污染防治攻坚战成效结果为优秀。稳步实施"碳达峰十大行动"，构建金融支持"碳账户"体系，一批技术先进、绿色低碳企业入驻零碳产业园区，智慧双碳大数据中心挂牌成立，建成首个绿电溯源感知平台，新能源公交车占比过半。果洛州、西宁市城西区、乌兰县入选全国生态文明建设示范区，玉树市、同德县成为全国"绿水青山就是金山银山"实践创新基地，"中华水塔"更加坚固丰沛，绿水青山成色更足，高原大地处处呈现人与自然和谐共生美好图景。

——经济运行呈现新气象。以助企暖企"春风行动"开局，开展抢抓机遇促发展"1+9"系列活动，打出系列政策组合拳，37名省领导联点领衔、1300多家机关单位广泛参与、1万余名助企联络员"一对一"帮扶，协调解决各类企业反馈问题5000余项，社会预期持续改善，市场信心不断增强。农牧业量质齐升、再获丰收，一产增加值增长4.7%。工业新动能加快成长，规模以上工业增加值增长5.6%，装备制造业、高技术制造业增加值分别增长45.3%和62.2%、占规模以上工业增加值比重均超26%，建成全球单体最大高性能碳纤维生产基地。服务业全面恢复向好，金融机构存贷款余额分别增长3.6%、7.2%，客运量、货运量分别增长1.4倍、16.7%，电信、快递业务量、规模以上服务业营业收入均增长20%以上。财税金融支撑有力，地方一般公共预算收入增长15.9%，一般公共预算支出增长10.8%，绿色金融发展呈现"一高一优一先一新"态势，绿色信贷覆盖率全国领先。市场需求恢复扩大，实施投资攻坚行动，制造业、电力投资分别增长26.4%和7.4%。西宁机场三期航站楼主体完工，兰新客专恢复达速运行，"复兴号"动车驶上青藏铁路，新改建普通省道和农村公路3600公里，提前两年实现高速和一级公路里程突破5000公里规划目标。引大济湟工程全线通水，蓄集峡、西纳川等一批水库建成蓄水。开展消费恢复提振行动，社会消费品零售总额增长17.3%，网络购物交易额532.2亿元、增长11.8%，限额以上批零住餐零售额增长20%以上。数字经济加快发展，以全国最快速度建成国家级互联网骨干直联点并开通运行，京东青海数字经济产业园开园运营，在全国率先发布绿色算力地方标准，数字经济产业规模超过1100亿元、核心产业增加值增长20%。全省经济在风浪中强健了体魄、壮实了筋骨，发展韧性和后劲显著增强。

——产业"四地"释放新动能。世界级盐湖产业基地加快建设，逐步形成钾、钠、镁、锂、氯五大产业集群，全年生产钾肥706万吨、占全国总产量的77%以上，碳酸锂11万吨、增长49.4%，卤水提锂技术国际领先，成功攻克氯化镁脱水这一世界性难题。国家清洁能源产业高地建设势头强劲，新增清洁能源装机980万千瓦、总装机规模突破5100万千瓦，三批大型风电光伏基地加速建设，李家峡电站扩机工程投运，玛尔挡水电站下闸蓄水，哇让、同德、南山口抽水蓄能电站开工，世界最大液态空气储能示范项目落地，首个绿电制氢项目投产，昆仑山750千伏输变电工程投运，电网形成东部"日"字形、西部"8"字形骨干网架，青海"绿电"点亮杭州亚运会场馆。国际生态旅游目的地开创新局，加快构建"一芯一环多带"生态旅游发展格局，青海湖示范区创建成效显现、接待游客首次突破300万人次大关，新增38家A级景区，大柴旦星空、祁连天境圣湖营地入选国家4C级自驾营地，旅游人次、旅游总收入分别增长1.1倍、2倍。绿色有机农畜产品输出地建设多点发力，有机监测草原面积突破1.5亿亩，青薯9号位居全国马铃薯推广面积榜首，油菜良种推广占北方春油菜主产区总面积85%以上，鲑鳟鱼产量占全国近四成，建成一批供港澳蔬菜基地，全年输出绿色有机农畜产品价值168.2亿元。全省上下撸起袖子加油干，具有青海特色的现代化产业体系建设提质提速，高原资源能源优势正在源源不断转化为高质量发展新动能。

——改革开放激发新活力。省属国有企业专业化整合加快推进，交控集团整合重组路桥公司，西钢集团重整计划执行完毕、进入转型发展新阶段，省国资委监管企业国有资产保值增值率

101%。细化落实促进民营经济发展壮大政策措施，新增减税降费及退税缓费73.6亿元。全面实行许可事项清单管理，"一件事一次办"综合窗口覆盖全省所有政务服务中心，政务服务事项网上可办率93%以上，经营主体开办时间压缩至2个工作日以内，新设立经营主体增长27%，营商环境持续优化。十大国家级科技创新平台建设稳步推进，冷湖天文观测基地新引进8台天文望远镜，"墨子"开启巡天观测，全国首个省级新型电力系统技术创新中心落地青海，新认定国家级高新技术企业99家、省级科技型企业188家。与9省市区和有关央企签订战略合作协议，举办国资央企助力青海高质量发展、知名跨国企业青海行等活动，全面开启"数据援青"，实施支援协作帮扶项目近900项。青洽会、国际生态博览会、"一带一路"清洁能源发展论坛成果丰硕，招商引资到位资金568亿元。开行国际货运班列154列，外贸进出口总值增长20.3%，太阳能电池、锂电池出口分别增长2倍、3.6倍，对外交流合作成效显著，改革推动、开放带动、创新驱动能力不断增强，发展动力活力持续迸发。

——安全保障实现新加强。制定实施一揽子化解地方债务举措，年度化债任务圆满完成，全省债务和金融风险总体可控。加强粮食安全保障和耕地保护，粮食总产、单产均创历史新高，新建和改造提升高标准农田22万亩，整治耕地"非粮化"19.6万亩，青海种质资源复份库成为国家核心库。统筹煤电油气运联保联供，疆煤入青量增长72%，电力中长期合同电量666亿千瓦时，天然气合同气量40.4亿立方米。深入开展城乡自建房、燃气、矿山、危化品等领域事故隐患专项排查整治行动，"一点一策"加强地质灾害隐患点管控，建立以气象灾害预警为先导的应急联动机制，"叫醒""叫应"机制直达基层，汛期提前转移涉险群众7.89万人，有效防范了重特大安全事故发生。扎实推进平安青海建设"十个一"工作，强化社会治安综合防控，深入开展"防风险、除隐患、降发案、保平安"专项行动，市县乡三级社会治理综合服务中心、县级"一站式"矛盾纠纷调解中心实现全覆盖，海东市司法局、海晏县金滩乡、达日县检察院入选全国"枫桥式工作法"单位，社会大局和谐稳定，人民群众安全满意度连续11年提升，社会治理体系和治理能力现代化水平不断提高，青海大地处处绽放平安幸福之花。

——民生福祉得到新提升。财政用于民生支出占比达76%，"三保"底线持续兜牢，年初确定的十大类41项民生实事全部完成。加力推进巩固拓展脱贫攻坚成果同乡村振兴有效衔接，较真碰硬整改国家考评反馈问题，脱贫人口收入增速高于全省农牧民收入增速，全省农牧民收入增速高于全国平均水平。城镇新增就业、农牧区劳动力转移就业年度目标超额完成，高校毕业生登记就业率90%，城乡居民人均可支配收入分别增长4.3%、8%，收入差距继续缩小。义务教育巩固率、高中阶段毛入学率提前实现"十四五"规划目标，新增基础教育学位1.1万个，青海理工大学校园全面建成，青海职业技术大学加快组建。落实新冠病毒感染"乙类乙管"防控措施，高原医学研究中心正式组建，重大疫情救治基地、省妇幼保健院建成运行，二甲公立医院实现县域全覆盖，集中采购药品耗材价格平均降幅50%，在全国率先制定出台藏蒙医疗制剂医保目录，居民健康素养同比提升2.35个百分点。养老、失业、工伤等参保覆盖面逐步扩大，建成运营56个社区养老服务站点、131个农村互助养老站点，婴幼儿托育机构、托位数分别增长3.3倍、2.7倍。改善农牧民居住条件4万户，城镇4.56万户住房困难群众圆了"安居梦"。以我省牧民生活变迁为题材的长篇小说《雪山大地》获茅盾文学奖,纪录片《雪豹和她的朋友们》获中国电影金鸡奖,原创歌剧《青春铸剑221》获中国歌剧优秀剧目奖,切阳什姐夺得奥运亚运竞走"双金"、实现我省奥运金牌零的突破,环湖赛越办越好,新闻出版、广播影视、参事文史、地方志等事业取得新进步。新增11个全国民族团结进步示范区和示范单位,打造388个"石榴籽家园"社区,民族团结进步持续走在全国前列,中华民族共同体意识深入人心,各族群众守望相助、和睦共处,像石榴籽一样紧紧拥抱在一起,共同创造美好生活。

各位代表!面对去年突如其来的积石山6.2级地震,习近平总书记第一时间作出重要指示,李强总理、张国清副总理深入一线看望慰问受灾群众、现场指导抗震救灾,极大鼓舞了全省上下战胜灾害的信心和决心。我们坚持人民至上、生命至上,闻震而动、同心发力,与时间赛跑、与严寒抗争、与群众一起,震后10分钟专业救援队集结赶往灾区、1小时开展地毯式排查搜救,196名受伤群众连夜得到及时转运救治,震后9小时通信基站和光缆全部抢通,1天内供电线路全部恢复通电、受灾群众全部住进帐篷安置点,2天内受损道路全部实现正常通行,6天内受灾群众转移到板房安置点,1周内学校实现复课复学、2周内实现线下复课。集中安置受灾群众9803户45218人,安置点实现水电、采暖、公厕、生活垃圾收集设施、党群工作站、医疗服务"六有",做到安置点点长、指挥调度、安全巡查排查、互帮互助互爱、矛盾调处化解、志愿服务工作"六到位",让受灾群众住得安心、生活暖心,抗震救灾取得阶段性成果,灾后重建工作全面启动,18个教育、卫生领域项目先期开工。中央和国家部委、兄弟省区市给予大力支持,社会各界无私援助、奉献爱心，灾区群众自觉升国旗、唱国歌、感党恩，发自内心表达对习近平总书记的热爱和拥戴，凝聚起抗震救灾、重建家园的强大力量。

过去一年，我们扎实开展学习贯彻习近平新时代中国特色社会主义思想主题教育，牢牢把握"学思想、强党性、重实践、建新功"总要求，一体推进理论学习、调查研究、推动发展、检视整改和建章立制，深化以案促改、作风突出问题专项整治，建立完善30余项制度机制，有效破解了一批制约生态保护和高质量发展的难点堵点，以学铸魂、以学增智、以学正风、以学促干取得显著成效。深入推进法治政府建设，提请省人大常委会审议地方性法规5件、修改废止7件，自觉接受人大及其常委会法律监督、工作监督和政协民主监督，认真听取各民主党派、工商联、无党派人士和人民团体意见，人大代表建议和政协提案全部办复、满意率100%，政府治理体系和治理能力现代化实现新提升。

各位代表！回顾过去一年，我们在应对挑战中主动作为，在爬坡过坎中砥砺奋进，一仗接着一仗打、一关接着一关闯，付出了艰辛努力，取得了来之不易的成绩，广大干部群众信心更加坚定、精神更加昂扬、动力更加强劲。我们更加深刻感到，新时代新征程青海发展取得的每一项成绩、发生的每一个变化，最根本在于习近平总书记的战略擘画、关心厚爱，在于习近平新时代中国特色社会主义思想的科学指引，是省委团结带领全省人民接续奋斗、奋力拼搏的结果，是省人大、省政协有效监督和大力支持的结果，大家都在挥洒汗水，每一个平凡的人都作出了不平凡的贡献。在此，我代表省人民政府，向全省各族人民，向人大代表、政协委员，向各民主党派、工商联、无党派人士、人民团体和社会各界人士，向驻青人民解放军、武警官兵和消防救援队伍指战员，向所有关心支持青海发展的中央和国家部委、支援协作和兄弟省区市，港澳台同胞、海外侨胞和国际友人，表示崇高敬意和衷心感谢！

总结成绩的同时，我们也清醒地看到，发展底子薄、发展不平衡不充分仍然是青海当前阶段性特征。生态文明建设仍处于压力叠加、负重前行的关键期，生态环境保护治理任重道远；经济持续回升向好的基础仍需巩固夯实，科技创新引领能力亟待提升，新旧动能转换尚需时日；统筹城乡融合、区域协调发展的任务艰巨，基本公共服务均等化水平还需提高；少数干部思想观念、能力素质、工作作风还不能完全适应新形势新要求，一些领域腐败问题时有发生，等等。我们一定直面问题、克难奋进，更加有力有效加以解决，决不辜负全省人民的期望与重托！

二、2024年目标任务和重点工作

今年是中华人民共和国成立75周年，是实现"十四五"规划目标任务的关键一年。做好政府工作，要坚持以习近平新时代中国特色社会主义思想为指导，全面贯彻党的二十大和二十届二中全会精神，深入落实中央经济工作会议部署，不折不扣落实习近平总书记对青海工作的重大要求，认真落实省第十四次党代会和省委历次全会精神，立足"三个最大"省情定位和"三个更加重要"战略地位，坚持稳中求进工作总基调，完整准确全面贯彻新发展理念，加快融入新发展格局，着力推动高质量发展，全面深化改革开放，统筹扩大内需和深化供给侧结构性改革，统筹新型城镇化和乡村全面振兴，统筹高质量发展和高水平安全，践行"干部要干、思路要清、律己要严"要求，开拓创新、锐意进取，不断推进生态文明高地和产业"四地"建设取得新成就，奋力谱写中国式现代化青海新篇章。

今年发展的主要预期目标是:全省生产总值增长5%左右；城镇新增就业6万人以上，农牧区劳动力转移就业106万人次以上，城镇调查失业率控制在5.5%左右；全体居民人均可支配收入增长与经济增长同步；居民消费价格涨幅3%左右；粮食总产量保持在107万吨以上；长江、黄河干流、澜沧江出省境断面水质稳定保持在Ⅱ类及以上，空气质量优良天数比例达到96%以上；能耗强度在"十四五"规划期内统筹完成国家规定目标，主要污染物总量减排完成国家下达目标。实际工作中，我们将尽最大努力，争取更好结果。

实现上述目标，必须坚持把高质量发展作为新时代的硬道理，稳中求进、以进促稳、先立后破，突出重点，把握关键，扎实做好八个方面工作。

（一）聚焦创建美丽中国先行区，奋力推动更高水平保护。坚持生态保护第一，加快打造生态文明高地，坚定不移做"中华水塔"守护人，谱写美丽中国建设青海篇章。

高质高效推进国家公园示范省建设。编制实施国家公园示范省建设总体规划，建设管理好三江源国家公园，推动设立祁连山国家公园，高标准编制实施青海湖国家公园"1+10"规划，做好昆仑山国家公园和西宁国家植物园创建工作，深化体制机制创新，持续开展自然保护地"绿盾"行动。创新特许经营模式，积极培育国家公园文化，努力把国家公园建设得更有特色、更有魅力、更有品质，成为展示美丽中国的亮丽名片。

坚持不懈推进生态保护治理修复。抓好全面推进美丽青海建设实施意见落实见效，深化巩固提升生态环境保护成效三年行动，全面彻底整改中央生态环保督察典型案例和反馈问题。实施三江源、祁连山、青海湖等重要生态系统保护和修复重大工程，扎实推进湟水山水工程，加强木里矿区生态环境综合整治后期管护，加大湿地保护修复力度，全力打好"三北"工程攻坚战，科学推进国土绿化三年行动、黑土型退化草原治理五年行动，强化禁牧区和草畜平衡管理，推广"草光互补"、光伏治沙，完成国土绿化及生态修复治理550万亩以上。深入开展生物多样性保护行动，严格"一江一河一湖"禁渔管理。落实空气质量持续改善行动计划，推进城乡生活污水垃圾综合治理，加快湟水流域治污设施建设，以更高标准打好蓝天、碧水、净土保卫战，让青海生态更美、环境更靓，不断展现山清水秀、天蓝地绿的美丽画卷。

积极稳妥推进碳达峰碳中和。加快实施减污降碳协同工程，统筹推进工业、交通、建筑等重点领域碳达峰，建好零碳产业园区，加快重点行业企业绿色低碳节能改造，推进公共领域车辆电动化先行先试，深化清洁取暖试点城市和示范县建设，推动能耗双控逐步转向碳排放总量和强度双控。加快构建新型电力系统和绿色电力消费体系，落实国家统一的碳排放权交易管理和产品碳标识认证制度，深化林草碳汇试点，为国家实现"双碳"目标作出青海贡献。

科学有序推进生态保护治理体系建设。深入贯彻实施青藏高原生态保护法等法律法规，强化国土空间用途管制，完善环评源头预防管理体系。织密"天空地"一体化生态环境监测网络，加强气候变化、生态系统监测预警，优化"河湖长制+林草长制"联动机制，构建更高标准生态环境评价体系。深化生态价值核算结果应用，推动湟源、祁连等8个县生态产品价值实现机制试点，完善黄河、湟水流域跨区域生态保护补偿机制，进一步提升绿水青山的颜值，更好实现"金山银山"的价值。

（二）聚焦构建现代化产业体系，加力推进绿色低碳高质量发展。坚持以产业"四地"为牵引，推动传统产业转型升级、新兴产业强筋壮骨、支柱产业聚链成群，加快形成新质生产力。

更大力度推动创新强链。实施产业创新引领工程，全面提升十大国家级科技创新平台建设质效，强化生态环境、盐湖资源、清洁能源、特色农牧、生物资源等领域关键技术攻关，促进第二次青藏科考成果转化。深入实施"昆仑英才"行动计划，创新"项目+人才+平台"科技人才培养引进机制，加强科学技术普及，开展促进大中小企业融通创新"携手行动"，完善知识产权保护体系，大幅提高科技成果转移转化成效。实施新能源、新材料等重点产业链高质量发展行动，加强质量支撑和标准引领，进一步提高制造业特别是高技术制造业和装备制造业占比，积极谋划未来产业，培育产业新赛道。

更实举措加快转型提质。编制实施世界级盐湖产业基地规划，健全标准体系和行业规范，规划建设格尔木盐湖绿色产业园，加快推进电池级碳酸锂、基础锂盐等项目，推动盐湖资源有序开发、产业绿色发展。构建清洁能源"五位一体"推进格局，推动三批大型风电光伏基地并网发电，建成投运玛尔挡、羊曲水电站，推动柴达木沙漠基地格尔木东、冷湖夜间风电项目建设，清洁能源新增装机突破1500万千瓦。建成红旗、丁字口750千伏输变电工程，建设玉树果洛联网第二回330千伏线路工程，实施青豫直流满送三年行动，开工建设第二条特高压外送通道。深化储能多元化打造行动，推进绿氢应用试点示范，加快天合光能全产业链等项目建设，光伏制造业产值力争突破千亿元。全面打造"一芯一环多带"生态旅游发展格局，高质量创建青海湖示范区，推进茶卡盐湖、金银滩—原子城5A级景区创建，实施国际化标准景区建设工程、旅游大环线提质升级工程和文旅深度融合工程，培育发展生态观光、高原康养、冰雪旅游。实施农畜产品提质扩输行动，加快建设现代农业全产业链标准化示范基地、绿色有机原料生产基地、高原冷凉蔬菜基地，新增有机草原监测面积3000万亩以上，新认证绿色、有机和地理标志农产品80个，不断擦亮优质"青"货招牌。

更高水平强化数字赋能。围绕"东数西算""东数西储""数据援青"，落实"数据要素×"三年行动计划，协同推进数字产业化和产业数字化，实施绿色算力基地建设工程，组建绿色算力研究中心，拓展西宁国家级互联网骨干直联点应用支撑能力，建好雨色大数据灾备中心、亿众"丝绸云谷"低碳算力产业园，引进更多大数据产业骨干龙头企业，建设清洁能源和数字经济融合发展基地，开展"人工智能+"行动，打造数字产业集群。深入开展中小企业数字化赋能专项行动，推动生活服务业数字化转型升级，打造数字经济发展新引擎，让人民群众更好畅享"数智"美好生活。

（三）聚焦扩大有效需求，全力推动经济持续稳定增长。更好统筹投资和消费，扩大有效益的投资，激发有潜能的消费，形成投资和消费相互促进的良性循环。

千方百计拓展有效投资空间。围绕国家重点投向，实施重大项目攻坚行动，做好国家新增1万亿国债项目资金衔接落实，谋划储备生成一批优质投资项目，深挖清洁能源、数字经济、新型工业化等领域投资潜力。建成西宁机场三期，推进共和机场建设，加快西成铁路、格库铁路扩能改造、青藏铁路格拉段电气化改造等项目，建成加定至西海、官亭至大河家2条省际高速公路通道，力争建设格尔木至那曲公路，公路通车里程突破9万公里。扎实推进高原水网工程，开工建设黄河干流防洪二期工程，做实做细引黄济宁、引通济柴、南水北调西线上线工程前期。开展民间投资提升促进行动和"招商引资攻坚年"活动，实施政府和社会资本合作新机制，建立重点产业常态化项目推送机制，引导民间投资由"活"而强、向"新"而行。

多措并举促进消费持续扩大。落实落细扩大中等收入群体政策措施，多渠道增加居民收入，持续增强消费能力。实施服务业赋能融合计划，推动养老、育幼、家政等服务扩容提质，落实支持社会力量提供社区服务政策。以"消费促进年"为主线，办好惠民消费季、电商节等促消费活动，推进城市消费集聚区和县域商业体系建设，推动充电基础设施体系提质增效，提振新能源汽车、电子产品等大宗消费，发展数字消费、绿色消费、健康消费，培育智能家居、文娱旅游、体育赛事等新的消费增长点，促进假日经济、夜间经济发展。实施降低物流成本行动、农村寄递"一村一站"工程，建制村寄递物流综合服务站设置率达50%以上。优化消费环境，开展放心消费行动，不断提升消费便利度、舒适度、满意度。

积极有为强化财税金融支撑。统筹整合省级专项资金，优化财政支出结构和省以下财力分配，提高财政资金配置效率和使用效益。严肃财经纪律，精打细算过紧日子，一般性支出和"三公"经费压减10%以上，集中财力保障"三保"和重大战略、重大项目实施，能省的钱必须省，不该花的一分都不乱花！落实好结构性减税降费政策，重点支持科技创新和制造业发展。坚持金融服务实体经济，大力发展科技金融、绿色金融、普惠金融、养老金融、数字金融，开展中小微企业融资促进行动、企业上市挂牌"高原红"行动，促进综合融资成本稳中有降。

（四）**聚焦深化改革开放，聚力增强发展内生动力**。统筹推进深层次改革和高水平开放，以深化改革促进开放，以扩大开放倒逼改革，不断增添发展新动力、拓展新空间。

深化重点领域改革攻坚。落实市场准入"全国一张清单"制度，推进要素市场化配置改革，全面清理妨碍统一市场和公平竞争的卡点壁垒。深化省以下财政事权和支出责任划分改革，实施零基预算管理三年行动。落实金融体制改革，加快推进省农信联社、村镇银行改革。深化园区改革创新，做优做强主导产业。做好第五次全国经济普查工作。深化农村土地制度改革，稳慎推进宅基地改革。深化集体林权制度、农业水价综合改革，实施供销社培育壮大工程。

有效激发各类经营主体活力。坚持"两个毫不动摇"，实施国有企业改革深化提升行动，培育壮大省属龙头型、牵引型国有企业，完善国有资本经营预算制度。全面落实中央促进民营经济发展壮大31条政策和我省33条具体措施，实施营商环境改进提升行动，常态长效助企暖企，建立"高效办成一件事"常态化推进机制，健全中小微企业和个体工商户公共服务体系，推动惠企利民政策和服务免申即享、直达快享，积极为民营企业在发展上解忧、环境上解压、帮扶上解渴。

持续推进高水平对外开放。落实支持高质量共建"一带一路"八项行动，加快构建"南下、西出"开放大通道，巩固中尼贸易陆路通道合作，提升综合保税区和跨境电商综试区功能，加快推进格尔木国际陆港枢纽工程，推动国际货运班列和铁海联运专列提质扩容。突出内外贸一体化发展，开展"投资中国"青海行动和"青字号"产品走出去行动，积极发展中间品贸易、绿色贸易，新培育20家有进出口实绩的外贸企业。整合办好青洽会、国际生态博览会，加强外事侨务工作，更大力度吸引和利用外资，以高水平开放促进高质量发展。

（五）聚焦乡村全面振兴，着力推进农业农村现代化。学习运用"千万工程"经验，有力有效推进乡村全面振兴，集中力量抓好办成一批群众可感可及的实事。

毫不松懈抓好粮食生产。健全耕地数量、质量、生态"三位一体"保护制度体系，实施粮食单产提升行动，粮油播种面积稳定在665万亩以上，加大高标准农田建设投入和管护力度，开展盐碱地综合利用试点，健全种粮农民收益保障机制。落实耕地占补平衡制度，防止"大棚房"问题反弹。加快推进高原特色种业振兴行动，做好牦牛、藏羊本品选育和提纯复壮，建设农作物良种制繁基地30万亩以上。树立大农业观、大食物观，构建多元化食物供给体系。

精准务实培育乡村产业。围绕巩固拓展脱贫攻坚成果，深化"一书一单一承诺"，落实防止返贫动态监测帮扶机制，扎实推进乡村特色产业高质量发展、农牧民增收促进、防止返贫就业攻坚等行动，加快建设牦牛、藏羊、青稞、油菜、枸杞、藜麦等优势产业集群，做优做精冬虫夏草、黄菇、蕨麻、中藏药材等特色产业，创新培育"美丽乡村+"农业、文化、旅游等新业态，实施好村集体经济"强村"工程，多形式完善联农带农机制，提升消费帮扶助农、直播电商助农行动实效，打造200个乡村产业示范村，不断拓宽增收致富渠道，让广大农牧民腰包越来越鼓、日子越过越红火。

扎实有序推进乡村建设治理。统筹高原美丽乡村建设和农村人居环境整治提升行动，健全生活垃圾分类收运处置体系，农村生活污水治理管控率达20%以上，因地制宜新建一批户用卫生厕所，实施供水水质提升专项行动，改善农牧民居住条件4万户，建设300个高原和美乡村。深入实施农牧区电网巩固提升工程，年内实现天峻县苏里乡电网延伸覆盖，加快推进玉树州9个大电网未覆盖乡的电网延伸和微电网供电工程。推广积分制、清单制等务实管用治理方式，深化移风易俗综合治理，创建100个乡村治理示范村，努力把农村牧区建设成农牧民心有所栖、心有所依的美好家园。

（六）**聚焦融合联动共享，用力推动区域协调发展。**深度融入和实施国家重大区域战略，加快推进城乡融合发展，进一步推动优势互补、特色发展。

突出特色激发地区发展动力。围绕"两核一轴一高地"区域总体布局，发挥西宁、海东、海西支撑全省发展的关键作用，实施西宁—海东都市圈一体化发展规划，落实支持海西州经济高质量发展若干措施，加快格尔木全省副中心城市建设，积极推进国家战略腹地建设。增强泛共和盆地、环湖地区生态旅游、生态农牧、清洁能源、大数据产业等绿色发展动能，支持青南地区在高水平保护的基础上发展壮大绿色产业，充分发挥各地比较优势，共同为全省高质量发展贡献力量。

以人为本推进新型城镇化建设。完善"一群两区多点"城镇化空间体系，落实新型城镇化战略行动，实施城市更新行动和城市生命线工程，加快完善地下管网，改造城镇老旧小区住房2.75万套，持续推动解决中心城区停车难问题，打造宜居韧性智慧城市。实施县城补短强弱行动，发展绿色低碳县域经济，提升中心城镇辐射带动作用，推动未落户常住人口平等享受城镇基本公共服务，逐步将城镇常住人口纳入住房保障政策范围，让城乡距离更近、环境更美、生活更好。

互利共赢深化合作交流。深度融入黄河流域生态保护和高质量发展、长江经济带高质量发展等国家战略，全方位提升对口援青和东西部协作能级，统筹推进教育、医疗、智力、产业、科技"组团式"援青，推动与国家部委、央企、对口援青省市、周边省区战略合作框架协议落地落实，持续深化生态保护、清洁能源、数字经济、科技创新、人才引育、基础设施、文化交流等领域务实合作。抓实落细兰西城市群建设各项任务，协同共建国家综合货运枢纽补链强链城市。

（七）聚焦群众所需所盼，努力提高人民生活品质。始终把人民放在心中最高位置，在高质量发展中增进民生福祉，扎实推进共同富裕，让现代化新青海建设成果更多更公平惠及全省各族人民。

更加突出就业优先导向。深入实施就业创业提质增效行动，打造"青海e就业"特色品牌，开展高校毕业生就业创业推进计划、就业服务攻坚行动，提供高质量就业岗位1万个以上，高校毕业生登记就业率保持在85%以上。加大以工代赈项目实施力度，持续做好就业兜底帮扶，确保零就业家庭动态清零。实施职业技能提升行动，开展有效实用的补贴性技能培训9万人次。做优拉面、青绣、家政等特色劳务品牌，推动公益性零工市场建设，让零工等活不再"站马路"，让就业服务更有温度。

办好人民满意的教育。全面推进立德树人工程，深入实施学前教育普惠保障、义务教育优质均衡、普通高中发展提升行动，巩固"双减"成果，强化特殊教育普惠发展，新建改扩建幼儿园、中小学200所以上，推进城乡学校共同体建设。实施高等教育内涵提升、职业教育提质培优工程，开展博士、硕士学位点申报攻坚行动，加快实施3所高职院校改迁建项目，打造省级市域产教联合体、行业产教融合共同体，力争青海理工大学、青海职业技术大学获批招生。深化教育领域综合改革，推动教师资源配置优化和管理制度改革，健全学校家庭社会育人机制，加快推进教育现代化，努力让每个孩子都能健康成长，都能成为社会有用之才。

更好保障人民健康。大力推进爱国卫生运动和健康青海行动，实施疾病预防控制能力提升行动，加大包虫病、鼠疫、肺结核等传染病防控力度。深化拓展医药卫生体制改革，建成运行高原医学研究中心，加快建设国家区域医疗中心、国家中医区域医疗中心，深入推进公立医院高质量发展促进行动，全面加强紧密型县域医共体建设，扎实开展全面提升医疗质量行动，完善分级诊疗体系，推动基本医疗保险省级统筹，扩围提质药品耗材集中带量采购，推动中藏医药事业和产业融合发展，促进医保、医疗、医药协同发展和治理，努力为各族群众提供全方位全周期健康服务。

加强社会保障服务。健全城乡居民基本养老保险"多缴多得、长缴多得"激励机制，落实个人养老金制度，完善失业、工伤保险省级统筹，推动网约车司机、快递员、外卖小哥等群体更多参加社会保险。健全城乡社区养老服务网络，建设100个具备助餐和日间照料功能的村级互助养老站，为1500户困难老年人家庭进行适老化改造，积极培育银发经济。落实生育支持政策措施，实施普惠托育服务专项行动，加强婴幼儿照护服务。完善中小学校、幼儿园周边配套设施，为接送孩子的家长提供更多便利。做好流动儿童、留守儿童、妇女、老年人、残疾人等关心关爱服务。加强低收入人口动态监测，健全分层分类社会救助体系，把民生兜底保障安全网织得更密、扎得更牢。

繁荣发展文体事业。健全现代公共文化服务体系，实施中华优秀传统文化传承发展工程，加强非遗项目系统保护传承，挖掘和弘扬高原各民族优秀传统生态文化，建好河湟、热贡等文化生态保护实验区，推动设立昆仑国家文化公园，加快黄河、长江、长城国家文化公园青海段建设，加强文物古籍保护利用。推进文艺精品创作生产"昆仑计划"，实施智慧广电进乡村工程，深入开展文艺进乡村、大美青海文艺轻骑兵下基层活动，促进广播影视、网络视听、新闻出版、档案史志等事业出新出彩。打造城镇社区15分钟健身圈，持续办好环湖赛等品牌赛事，促进"四季村晚"、乡村足球篮球等群众性文体活动健康发展，创造积极向上、文明健康的高品质生活。

铸牢中华民族共同体意识。以创建全国民族团结进步示范省为牵引，开展铸牢中华民族共同体意识"十进"活动，更加有形有感有效打造民族团结进步"青海样板"。持续开展各民族交往交流交融"三项计划""十项行动"，构建"两平台、四载体"，深化城市民族工作，打造一批共有精神家园标志性成果。加快实施少数民族发展项目，培育壮大民族地区特色产业品牌。深入推进我国宗教中国化"青海实践"，积极引导宗教与社会主义社会相适应，全面巩固民族和睦、宗教和顺、社会和谐的良好局面。

全面完成地震灾后恢复重建。坚持国家指导、省级统筹、市县主责，更加用心用情做好群众过冬安置，加强地质灾害点监测除险，落实国家恢复重建规划和我省实施方案，多方筹措用好重建资金，不等不靠，抓早抓实，扎实推进先期开工的教育、卫生等领域项目，其他项目3月份全面开工，12月底前完成损毁住房重建及搬迁工作，做到党中央认可、群众认可、历史认可，让受灾群众新家园更美、好日子更甜。

各位代表，我们将瞄准群众急难愁盼问题，继续安排实施十大类44项民生实事，不断将民生领域的"关键小事"办成百姓心头的"温暖大事"，努力让各族人民的获得感成色更足、幸福感更可持续、安全感更有保障。

（八）聚焦强保障防风险，大力促进更高水平安全发展。坚持底线思维、极限思维，全面落实总体国家安全观，深化"十个一"工作，持续加力建设更高水平的平安青海。

强化能源资源安全保障。完善能源产供储销体系，稳定疆煤入青渠道，加大政府可调度煤炭储备，推进桥头、格尔木、鱼卡等火电支撑性、调节性电源建设，有序组织跨省电力交易，全力保障电力供需平稳。实施涩北气田稳产示范等项目，推动政府储气设施建成运营，天然气产量保持在58亿立方米以上。深入开展新一轮找矿突破战略行动、资源综合利用提质增效行动，加强战略性资源储备保护和有序利用。

防范化解经济领域风险。统筹好地方债务风险化解和稳定发展，严格落实一揽子化债措施，坚决遏增量，妥善化存量，全面完成年度化债任务，建立同高质量发展相适应的政府债务管理机制。全面加强金融监管，严厉打击非法金融活动，稳妥推进中小金融机构改革化险。因城施策满足刚性和改善性住房需求，完善和落实产业园区租购并举住房支持政策，持续抓好保交楼工作，促进房地产市场平稳健康发展。

抓好安全生产和防灾减灾。深入开展安全生产治本攻坚"八大行动"，强化风险隐患源头管控、动态管理、超前治理，坚决防范遏制重特大安全事故。严格食品药品质量安全监管。实施自然灾害应急能力提升工程，建强应急指挥、物资保障、抢险救援体系，完善地震、洪涝、干旱、地质灾害、森林草原火灾等防御体系，健全灾害性天气递进式预警、分等级调度"叫醒""叫应"机制，坚决守护人民群众生命财产安全。

提升社会治理效能。坚持和发展新时代"枫桥经验"，落实"四下基层"制度，建立接访下访、服务基层长效机制，协同推进信访工作法治化，依法及时解决群众合理诉求，提高城乡社区为民服务能力和水平。深入推进"八五"普法，健全乡村公共法律服务体系。完善立体化、全天候社会治安防控体系，重拳打击电信网络诈骗、涉黑涉恶、"盗抢骗""黄赌毒"等违法犯罪，绘出平安青海建设新"枫"景。

各位代表，我们将一如既往全力支持国防和军队建设，扎实做好全民国防教育、国防动员和后备力量建设、退役军人服务保障、优待抚恤、"双拥"共建、人民防空、军事设施保护等工作，推动军民融合高质量发展，始终让军政军民团结坚如磐石，为巩固提高一体化国家战略体系和能力贡献青海力量。

三、切实加强政府自身建设

奋进新征程，必须把推进中国式现代化作为最大的政治，更加懂青海、爱青海、兴青海，全力抓落实、促落实、保落实，切实做到干部要干、思路要清、律己要严，坚定当好贯彻党中央决策部署的执行者、行动派、实干家。

强化政治建设抓落实。坚持把政治建设摆在首位，巩固拓展主题教育成果，深刻领悟"两个确立"的决定性意义，增强"四个意识"、坚定"四个自信"、做到"两个维护"，在思想上政治上行动上同以习近平同志为核心的党中央保持高度一致，不断提高政治判断力、政治领悟力、政治执行力，把党的领导贯穿政府工作全过程各领域。坚持"第一议题"制度，完善传达学习、研究部署、督促检查、结果报告全流程工作闭环，更加有力有效落实党中央决策部署。

坚持依法行政抓落实。持续推进法治政府示范创建，全面落实机构改革任务，深入推进政府职能转变，严格落实重大行政决策程序制度，全力推进提升行政执法质量三年行动。依法接受人大法律监督、工作监督，自觉接受政协民主监督，主动接受社会和舆论监督，高质量办理人大代表建议和政协提案，支持工会、共青团、妇联等群团组织更好发挥作用，持续深化政务公开，让政府工作更加阳光透明。

提高能力本领抓落实。始终用改革的办法和创新的思维解决发展问题，打破思维定势和路径依赖，多做打基础利长远的实事好事，持续增强推动高质量发展、服务群众、防范化解风险本领，敢于斗争、善于斗争，抓住一切有利时机，利用一切有利条件，雷厉风行、快干实干，铆足"比"的劲头、增强"学"的主动、激发"赶"的动力、强化"超"的追求，定一件干一件、干一件成一件，推动各项工作争先进位、提质创优。

改进工作作风抓落实。坚决筑牢贯彻落实中央八项规定及其实施细则精神的堤坝，持续深化以案促改专项教育整治和作风突出问题专项整治，切实将纠治"四风"进行到底。树牢造福人民的政绩观，把心系群众、情系百姓体现到履职尽责全过程各方面，推动调查研究经常化制度化，自觉问需于民、问计于民，扑下身子当好"施工队长"，完善督查激励措施，持续为基层减负赋能、为实干撑腰鼓劲。

加强廉政建设抓落实。坚决扛牢全面从严治党主体责任，从严从细落实"一岗双责"，严格执行责任清单、约谈提醒、履责报告等制度，开展好集中性纪律教育，加大审计、统计、财会监督力度，深化整治金融、国企、能源、医药和基建工程等领域腐败问题，切实提高不敢腐、不能腐、不想腐一体推进能力和水平，干干净净为人民做事。

各位代表！青海人民勤劳勇敢、朴实聪慧，高原大地生机盎然、前景广阔，我省处在历史最好发展时期。让我们更加紧密地团结在以习近平同志为核心的党中央周围，牢记嘱托、感恩奋进，团结奋斗、勇毅前行，在强国建设、民族复兴新征程上书写更加精彩的青海新篇章！

宁夏回族自治区
政府工作报告

——2024年1月23日在宁夏回族自治区第十三届人民代表大会第二次会议上

自治区主席　张雨浦

各位代表：

现在，我代表自治区人民政府向大会报告工作，请予审议。请各位政协委员和其他列席人员提出意见。

一、2023年工作总结

2023年，是全面贯彻党的二十大精神的开局之年，也是新一届政府依法履职的第一年。我们坚持以习近平新时代中国特色社会主义思想为指导，深入贯彻习近平总书记重要讲话指示批示精神、党的二十大和二十届二中全会精神，坚决落实党中央、国务院决策部署，在自治区党委领导下，按照自治区第十三次党代会要求，突出统筹发展和安全两件大事，团结奋进、合力攻坚、砥砺前行，先行区建设取得重大进展，现代化建设迈出坚实步伐。

　　（一）圆满完成目标任务，主要指标增速进入第一方阵。牢牢抓住高质量发展首要任务，实施一系列稳增长、促发展重大举措，在2022年高基数情况下，特别是在三重压力、疫后恢复、特大事故、金融隐患、政府债务等不利因素集中叠加影响的特殊条件下，多项指标实现历史性突破，整体指标完成情况为历年最好，成为2023年重大亮点。

　　从主要经济指标看，全年实现地区生产总值5315亿元，增长6.6%，增速全国第五，连续7个季度稳居全国第一方阵，人均GDP首次超过7万元，达到7.3万元，均为历史最好成绩。一、二、三产业增加值分别增长7.7%、8.5%、4.7%，规上工业增加值增长12.4%，其中一产、二产及工业增速均居全国第二，为历史最高水平；固定资产投资增长5.5%，全国第八，其中民间投资增速、占全部投资比重均居全国第五，房地产开发投资增速全国第三。地方一般公共预算收入增长9.2%，首次突破500亿元，达到502亿元。"十四五"规划总体实现时间过半、任务过半，23项主要指标达到或快于预期，9项约束性指标全部达到或好于预期。

　　从重点质效指标看，全体居民人均可支配收入增长6.8%，全国第五，其中城镇和农村居民人均可支配收入分别增长5.5%和8.2%，居全国第八位和第五位。城镇调查失业率保持在5.3%以内，居民消费价格涨幅控制在3%，均好于预期；全社会研发投入增幅沿黄省区第一；$PM_{2.5}$浓度下降比例全国第五。城镇化率达到67%，高于全国平均水平，位居沿黄省区第二。人口持续增长，全区人口总数增至729万，人口自然增长率3.4‰，位居全国前列。全区高质量发展综合绩效评价指数明显提升。这些指标变化，既体现了发展速度与规模的增长，更体现了发展质效与格局的提升；这些数字背后，凝结着全区人民的辛勤付出和拼搏奉献。这也是我们的信心所在、底气所在！

（二）着力推动提质升级，经济发展稳中有进、稳中向好。以先行区建设特别是经济高质量发展为导向，创建纵贯五级、横盖市地的"1+1+9"目标政策体系，年初启动"六大提质升级行动"，年中部署"六个高效统筹"，全年持续推动经济发展向质量效益型转变。

项目建设成效显著。扎实开展"五比"活动，全区实施重点项目1313个，完成投资1567亿元，特别是一批标志性产业项目集中落地。宁夏历史上产业投资规模最大的"宁电入湘"工程，全国最大的300万吨级CCUS碳利用项目、100万吨烯烃项目、100吉瓦时锂离子储能全产业链项目、年产1亿千米金刚线项目和全国首个千万千瓦级"沙戈荒"风光基地等项目先后启动，全球首座乳业全数智化工厂、首套百兆瓦级全人工地下压缩空气储能项目、总功率最大的磁悬浮飞轮储能项目、单体规模最大的单晶硅生产基地项目等加快建设或投产。这些大项目好项目，对我区高质量发展具有重要引领和支撑作用。

消费需求稳步恢复。启动"消费需求促进年"活动，举办全国旅行商大会、中国面食博览会、宁夏美食文化节等活动700余场次。安排扩大消费财政资金近3亿元，撬动社会资金60多亿元。积极应对不利因素影响，社会消费品零售总额增长1.2%，实现由负转正。住宿餐饮业加快恢复，营业额增长14%。启动实施"文旅创新升级工程"，集中推出"宁夏二十一景"联游，15条线路入选国家级精品线路。建成银川文化城、沙湖不夜城、悠阅城、枸杞小镇等一批商文旅融合消费新场景，开工建设兰溪谷14个商务酒店集群等补短板项目。全年游客人次、旅游收入分别增长80%和114%，创历史最高增幅。

产业体系优化升级。启动实体经济、新型工业和制造业强区联动计划，"七大产业基地""十条产业链"逐步形成，"六新六特六优"产业加快壮大。高技术制造业增加值实现40%以上增长，芳纶产能全国第一，绿氢、氨纶等产能进入全国前列，单晶硅和煤制烯烃产能分别占全国的1/4、1/5，煤制油产量连续3年超过400万吨。着力提升农业综合生产能力，高标准农田规模突破1000万亩，达到耕地总面积的58%，超过全国平均水平，粮食生产实现"二十连丰"，播种面积、单产、总产实现"三个增长"。成功创建3个国家级优势特色产业集群和农业现代化示范区，设施蔬菜、冷凉蔬菜、预制菜和适水产业等加快发展，奶牛存栏量增速、牛奶产量、肉牛饲养量增速、蛋种鸡市场份额等全国领先，宁夏菜心、盐池滩羊、塞尚厚乳、大窑饮品等一批好产品在市场上持续畅销，宁夏葡萄酒产区品牌上升至中国第一、世界第四，酒庄酒产量全国首位。

数字经济加速发展。全面实施数字宁夏战略，完成规划、组织、政策、平台、标准"五大体系"顶层设计，组建并高效运营数字宁夏公司。成功举办中国算力大会和"西部数谷"算力产业大会，建成全国首个万卡级智算基地、人工智能芯片适配基地和西北首条高端智能服务器生产线适配基地，服务器上架率达到77%，上云企业总量达2000家，实现翻一番目标。我区算力资源环境指数、互联网光纤接入端口占比均居全国第一，5G用户渗透率全国第二，电信业务总量增长全国第三，"双中心"地位明显提升，第一增长极作用初步显现。

民营经济活力增强。召开我区历史上规模最大的民营经济高质量发展暨营商环境全方位提升大会，开展金融服务实体经济、助企纾困等系列行动。为民营企业和个体工商户降低成本150多亿元，受益近80万户次；新增贷款810多亿元，为历史最高水平。扎实开展清欠专项行动，完成2000多笔企业无分歧欠款清理任务。新登记市场主体13.6万户、增长17.2%，其中民营企业3.4万户、增长11.6%。巨能机器人、威力传动成功上市，成为北交所智能制造第一股、中国风电减速机第一股，全区境内外上市公司及新三板企业达到49家。民营经济撑起全区经济的"半壁江山"，创造了50%税收、60%研发投入、70%就业、90%市场主体数量，为宁夏发展作出重大贡献。

（三）聚焦增强发展动能，改革开放取得重要突破进展。狠抓改革任务落实，力推开放合作升级，高质量发展动力活力进一步增强。

重点领域改革持续深化。聚焦政府职能转变，积极推进159项国家和自治区级改革试点，形成38项可推广经验。自然资源资产所有权改革试点、农村集体产权制度改革整省试点和国企改革三年行动圆满完成。"六权"改革制度体系基本形成，在全国率先建立生态公益林政府回购机制，碳排放权改革优秀案例在《联合国气候变化框架公约》缔约方大会上交流。一体化政务服务、行政许可清单管理等走在全国前列，企业开办时间压缩到平均0.5个工作日，全程网办、一证通办、区内通办、跨省通办全部高效运行，我区营商环境评价位列全国第一方阵。

对内对外开放全面推进。聚焦"一带一路"和中阿经贸合作，成功举办第六届中阿博览会、国际葡萄与葡萄酒产业大会、第三届中国（宁夏）国际葡萄酒文化旅游博览会、第三届宁夏国际友好城市论坛、"央企宁夏行"等重大活动，创历史最好水平。自治区党政代表团赴沪浙苏闽推进合作，与25个国家部委、央企和省份新签合作协议。全区招商引资实际到位资金1960亿元。加强陆海空立体交通物流网建设，开通俄罗斯、东南亚及天津港班列，复飞香港、迪拜航线，银川机场扩建项目有效推进，包银高铁宁夏段全线完成铺轨。宁夏民航客运量增长108%，银川火车站旅客发送量突破1200万人次、增长165%。银川市成为国家综合货运枢纽补链强链支持城市，两个"多式联运"项目被评为国家示范工程，县域物流配送中心实现全覆盖。启动"外资三年外贸五年倍增计划"，新设外商投资企业23家，实际利用外资增长20%，国际友城达62个，开放型省区建设取得新进展。

（四）持续夯实基础支撑，教育科技创新水平稳步提升。坚持教育、科技、人才融合发展，大力推进科教兴宁战略，助推发展能力不断增强。

教育质量明显提高。全区教育经费投入占GDP比例达5.4%，超过全国平均水平。着力加强基础教育，新扩建幼儿园、中小学校舍130所，新增基础教育学位3万个，培育特色高中10所。"双减"工作满意率达97%以上。组织开展爱心助学活动，惠及学生72万人次。成功创建全国"互联网+教育"示范区，教育数字化走在全国前列。全面加强高等院校建设，新建现代产业学院18所，宁夏卫生健康职业技术学院、交通职业技术学院建成，宁夏闽江应用技术学院开建，宁夏师范学院更名大学通过评审，全国首个部区共建的高等研究院落成，我区高等教育实现历史性跃升。

科技创新成果丰硕。积极建设全国东西部科技合作引领区，实施合作项目221项。启动高技能人才培育计划，出台人才柔性引进政策，开展宁夏首届"塞上工匠"选树活动。全区科普人员占比全国第一，全民科学素养持续提升。围绕葡萄酒、枸杞产业更好发展，建成两个国家级产品质量检验检测中心、两个全国特色农业气象服务中心。我区气候预测质量排名全国第一。地理信息数据库项目首获全国金奖。新建六盘山实验室、宁夏人工智能重点实验室、宁夏高性能钛研究中心等32个科研机构。新培育国家高新技术企业、科技型中小企业、专精特新"小巨人"企业共计1231家。全国首台超大型采煤输送装备、首套特大型风电轴承装备、首条氮化铝全产业链、首批高产长寿奶牛等一批关键核心技术取得突破。全球首次发现的耐碱基因研究成果，入选全国十大科技新闻；全球最大的工业级铸造砂型3D打印机，荣获"全国铸造装备创新奖"；400万吨煤制油成套技术创新开发及产业化团队，荣获首届"国家卓越工程师团队"称号，创新创造为高质量发展注入了强劲动能。

（五）全力守护绿水青山，生态文明建设得到全面加强。坚决贯彻习近平生态文明思想，制定生态文明建设30个重点领域政策措施，美丽宁夏建设取得新成效。

"四水四定"实现重大突破。自觉落实习近平总书记"全方位贯彻'四水四定'原则"的重要指示，主动争取在全国率先开展"四水四定"先行先试。以"四水四定·爱水节水"为年度主题，成功举办首届"黄河流域生态保护主题宣传实践月"活动，宁夏成为黄河流域第一个与上下游省区建立生态补偿机制的省份，在全国第一个出台"四水四定"实施方案、第一个制定节水评价技术导则、第一个实现跨省域水权交易，受到全国节水办和水利部通报肯定。全区高效节水灌溉面积达到580万亩，规上企业建成节水型企业达到90%，5个地级市全部达到国家节水型城市标准。银川东中线、清水河流域、海原西安等供水工程通水，220多万群众受益。全国省级水网先导区、国家数字孪生水利算力枢纽节点、全国首家灌区测控一体化检测基地落地宁夏，世界灌溉工程遗产展示中心建成，"互联网+城乡供水"经验在联合国水大会上交流。黄河宁夏段河道治理工程等重点项目获得国家资金支持，特别是全区人民期盼多年的黑山峡水利枢纽工程库区已下达"停建令"，立项前期工作取得重大进展。

生态环境治理步伐加快。迅速全面启动黄河"几字弯"宁夏攻坚战，造林种草及荒漠化治理等380万亩，超额完成年度任务，得到国家林草局通报表扬。加快推进"一河三山"工程，黄河干流宁夏段保持Ⅱ类进出，贺兰山东麓防洪治理工程开工建设，六盘山国家"山水"工程启动实施，罗山国土绿化示范工程全面完成，区域生物多样性明显提升。地级市空气质量优良天数比例保持在80%以上。新打造美丽河湖7个，劣Ⅴ类水体、城市黑臭水体实现动态清零，垃圾焚烧发电、城市噪声自动监测实现地级市全覆盖。中央环保督察反馈问题整改年度任务全面完成，全国污染防治攻坚战考核首次获得优秀等次。

绿色低碳发展扎实推进。构建碳达峰"1+N+X"政策体系，提前两年完成主要污染物减排"十四五"目标。创建绿色园区、工厂、矿山和绿电园区等172个，开发区亩均效益提升25%以上。建成全国第一个废水近零排放工业园区、西北第一个"绿电小镇"、宁夏第一条近零碳智慧高速公路和第一个煤层气利用项目。全区新能源装机占比达51%、利用率达97%，成为全国单位国土面积新能源开发强度最大、人均装机最高的省区。

（六）不断优化空间布局，城乡区域协调发展态势良好。全面建立国土空间规划体系，一体推进城乡山川建设，协同发展格局加快形成。

城市城镇发展加快升级。城市功能不断完善，各市县共获批全国海绵城市、食品安全示范城市、城市体检样本城市等28个国家级示范试点；宁东基地高质量发展水平连续两年位列全国化工园区第五。县域经济占比超过50%，灵武市在全国综合实力百强县中位次提升。25个重点小城镇开工建设，2.2万农业转移人口落户城镇。首次开展39个完整社区、未来社区建设试点，当年进入国家级试点数量位列全国第四。

乡村振兴战略加快实施。在全国率先全部完成"多规合一"的村庄规划编制，率先制定乡村全面振兴样板区目标评价体系。学习运用"千万工程"经验，新建美丽宜居村庄50个，完成农村公路提升工程4670公里，20户以上自然村全部通上硬化路，农村自来水普及率达97%。"一村一年一事"行动位列全国民生示范工程案例榜首，全国乡村治理整省域示范区创建任务全面完成。深化拓展闽宁协作，290个项目落地实施，被国家部委誉为全国乡村振兴和劳务协作典范。脱贫人口小额信贷覆盖率全国第一，巩固拓展脱贫攻坚成果考核位居全国第一方阵，乡村全面振兴样板区建设迈出重要步伐。

（七）切实增进人民福祉，保障改善民生工作扎实有效。坚持把人民幸福作为发展的根本目标，启动实施"七项民生工程"，75%以上的财力用于民生事业，43件民生实事高标准完成。

居民就业增收迈上新台阶。全面启动"就业创业促进年"活动，培育创业实体1.7万个，发放创业贷款、稳岗补贴20多亿元，稳定岗位130多万个。新增城镇就业8万多人，转移农村劳动力83万多人。全区高校应届毕业生毕业去向落实率超过90%，创历史最高水平。多措并举根治拖欠工资问题，为2.7万名农民工追回工资。城乡居民收入差距进一步缩小，脱贫人口人均纯收入增长16.2%，全国第三，实现了"两个高于"目标。

医疗健康事业取得新进展。全区三级疾病预防控制局全部挂牌成立，8个城市医疗集团和14个县域医共体一体化运行，急诊急救"五大中心"县域全覆盖。新增三甲医院6家，国家区域医疗中心北大第一医院宁夏妇儿医院、自治区重大疫情救治基地投入运营。着力解决群众看病床位偏紧、费用偏高问题，新增医疗床位800多张，600多种药品集采价格平均降幅50%以上。全面启动职工跨省异地门诊医疗费直接结算，门诊共济标准为西北最高。"互联网+医疗健康"示范区通过国家验收。人均预期寿命提高到超过77岁，群众健康水平进一步提高。

社会保障水平实现新提升。率先在全国建立养老金集中统发新模式，率先在全国实现机关企事业单位退休人员养老金调增3.8%目标，城乡居民基础养老金每人年度提高120元，医保补助提高到640元，残疾人"两项补贴"标准为西北第一，机关企事业单位退休人员取暖费全部足额发放。低保边缘人口、因病致贫重患等9类困难群众全部纳入救助范围。"一老一幼"保障水平持续提高，80周岁以上老人高龄津贴全覆盖，在全国第二个实行全省域育儿补贴制度，兑付奖励扶助资金1亿元。每千人口托位数超过全国平均数。养老服务满意度全国第六，人社政务服务好评率全国第一。

城乡居住环境得到新改善。改造城镇老旧小区、农村危房危窑和抗震农房2.5万户，惠及6万多群众。筹建保障性租赁住房等

1.2万套，为2万多新市民解决了住房困难。担当破解"办证难"问题，为11万户居民容缺办理房产证；主动破解"屋子冷"问题，95%的城市集中供热用户室温达到20℃最低标准；加力破解"烂尾楼"问题，保交楼工作走在全国前列；积极破解"行车堵停车难"问题，实施疏堵提畅工程72个，新增停车位4万多个，高速路服务区充电设施100%覆盖。新建小微公园、小市场等"十小便民工程"3700多个，城市"一刻钟便民生活圈"建设走在全国前列。

文化体育事业增添新成果。城乡文化惠民示范项目实现县级全覆盖，12个县区、乡镇活动入选全国"四季村晚"示范展示点。推出百年"宁夏十大考古发现"，苏峪口瓷窑址入选全国6项重要考古成果。新建9个体育公园、32个多功能运动场，实现体育公园县级全覆盖。成功举办自治区第十六届运动会、首届残特奥运动会等赛事。固原三营镇篮球队获得全国"村BA"总决赛季军，石嘴山恒利足球队荣获全国五甲联赛冠军。我区运动员何杰，实现中国队亚运史上男子马拉松金牌零的突破。

（八）坚决筑牢发展底线，安全治理体系持续完善强化。深入贯彻总体国家安全观，牢固树立安全发展理念，全力提高保障人民群众生命财产安全能力。

生产安全形势持续好转。深刻汲取富洋事故惨痛教训，制定37个重点领域安全生产政策措施，全面开展重大事故隐患专项排查整治2023行动，扎实开展"四防"常态化督查，制定实施"六查"倒查机制。在财力紧张的条件下，累计投入安全领域资金92亿多元，为我区历史最高水平。全面下调燃气初装费，改造燃气等四类管线850多公里，完成燃气用户"三件套"应改尽改任务，建成全区瓶装液化气全链条安全监管信息系统。完成2600公里公路"生命安全防护提升工程"、1470多所"幼儿园安全提升工程"、1700多栋自建房隐患整治。积极争取国家消防救援局在宁夏增设机动支队。全年未发生重大森林草原火灾、洪涝地质灾害和道路交通、食品药品安全事故。第一时间驰援甘肃积石山地震灾区,受到国务院抗震救灾指挥部和中国红十字会通报表扬。

经济安全保障有力加强。着力强化能源保供,制定宁夏煤炭硅石及关联产业安全发展十年战略规划,马儿庄等6个煤矿采矿权集中挂牌出让,新增1000万吨产能。域内原油、天然气年产量加快提升,分别增至160万吨和2亿立方米。自治区"虚拟电厂"启动运行,宁东、石嘴山等重点电力保供项目投运。逐项破解历史形成的重大风险,重点企业风险处置工作取得突破性进展;圆满完成年度政府化债任务,实现债务规模、债务率、债务风险等级"三个下降",化债力度和额度为历年最大。

社会安全大局和谐稳定。坚持以铸牢中华民族共同体意识为主线,坚持我国宗教中国化方向,在全国率先实现民族团结进步创建示范市、县(区)两级全覆盖。积极支持推动社会组织、公益慈善、志愿服务工作健康发展。信访"一重点两重复双交办"机制成为典型经验。全区治安案件结案率明显提升,刑事案件明显下降,命案破案率达100%。全面加强双拥共建工作,完善军人军属优待政策,成立退役军人关爱基金会,在全国率先建立全生命周期"崇军链",军政军民团结持续巩固。

过去一年,政府自身建设明显加强。突出政治建设,扎实开展主题教育,严格落实"第一主题""第一议题"制度,建立党风廉政建设"一岗双责"等18项制度,牵头完成群众反映强烈的看病就医等10个问题专项整治,集中办成一批难事实事,受到中央主题教育领导小组办公室通报表扬。加强法治建设，全面推行政府党组会议学法、常务会议会前学法制度，"学法讲法考法述法"经验在全国交流。制定修订废止政府规章等40件，年度立法任务全部完成。277件人大代表建议、546件政协提案办复率达100%。行政机关负责人出庭应诉率提高到99%，行政复议决定履行率提高到100%。自觉接受法律监督和民主监督。切实加强审计监督和统计监督。建立完善与民主党派、工商联和无党派人士联系工作机制。积极支持"工青妇"等群团组织和参事文史工作。狠抓作风建设，大力提倡"十个抓落实"作风，着力开展为基层减负"十减行动"，自治区政府文件压减16%，议事协调机构精简70%；"三公"经费和"三项费用"分别压减21%、26%，其中因公出国（境）费用压减67%，非刚性支出压减力度为近年来最大。数字政府建设、政务服务改革、政府透明度等走在全国前列，多次受到国务院通报表扬，政府工作质效明显提升。

各位代表！过去一年取得的成绩，根本在于习近平总书记掌舵领航、在于习近平新时代中国特色社会主义思想科学指引，也是自治区党委正确领导，自治区人大、政协大力支持和全区人民共同奋斗的结果。在此，我代表自治区政府，向全区各族人民，向人大代表、政协委员、各民主党派、工商联和各界人士，向中央驻宁单位、驻宁人民解放军指战员、武警部队官兵和消防救援队伍指战员，向所有关心支持宁夏发展的国家部委、兄弟省区市、港澳台同胞、海外侨胞和国际友人表示衷心感谢！

在肯定成绩的同时，我们也清醒地认识到差距和问题。一是发展不平衡不充分矛盾仍然突出，改革开放不足，产业结构偏重，消费和进出口恢复较慢，部分企业经营困难等问题仍然影响发展质效；二是社会事业、民生领域还有许多短板弱项，城乡居民收入依然偏低，许多人民群众急难愁盼问题还没有及时解决到位；三是安全生产形势依然严峻，基础工作、责任落实、隐患整治等亟待加强；四是政府自身建设仍需进一步加强，有的干部理念、能力、作风尚不适应现代化建设需要，等等。对这些发展中的问题，我们必须高度重视、加力解决。

二、2024 年目标任务

2024年是新中国成立75周年，是实现"十四五"规划目标任务的关键一年，也是充满机遇和挑战的一年。做好今年工作任务艰巨、意义重大。今年政府工作总体要求是：坚持以习近平新时代中国特色社会主义思想为指导，全面贯彻党的二十大和二十届二中全会、中央经济工作会议精神，深入落实习近平总书记视察宁夏重要讲话指示批示精神，按照自治区第十三次党代会及历次全会部署，坚持稳中求进工作总基调，深入贯彻新发展理念，全面融入新发展格局，以现代化建设为中心任务，以铸牢中华民族共同体意识为工作主线，以高质量发展为首要任务，以先行区建设为目标牵引，高效统筹各项工作，巩固发展良好态势，重点抓好"六个坚持六个突出"，奋力开创高质量发展新局面。

今年主要预期目标是：地区生产总值增长6%左右，力争达到6%以上。一产、二产、三产增加值分别增长6%、8%、5%左右，规上工业增加值增长8%左右，固定资产投资、社会消费品零售总额、进出口总额分别增长6%、5%、6%左右，地方一般公共预算收入增长5%左右，城镇调查失业率5.5%左右，居民消费价格涨幅控制在3%左右，全体居民人均可支配收入增长6%以上，资源能源消耗、生态环境质量等指标全面完成国家下达的目标任务。

今年重点工作是：

（一）坚持稳中求进，突出经济发展质量效益。坚决落实习近平总书记"必须把坚持高质量发展作为新时代的硬道理"的重要指示，聚焦经济建设这一中心工作，加快构建现代化产业体系，着力实现质的有效提升和量的合理增长。

一是加力推进投资消费提质增效。坚持深化供给侧结构性改革和扩大有效需求协同发力，全面深化"扩大内需提质升级行动"。坚持把扩大有效益的投资作为主要拉动力，启动"项目投资攻坚年行动"，计划实施重点项目1300个，力争实现投资2000亿元以上。突出抓好关键核心技术攻关、新型基础设施、节能减排降碳、培育发展新动能、加快经济社会薄弱领域补短板、防洪排涝抗灾基础设施等重点领域投资。积极争取国债资金，迅速启动首批防洪防涝、农田水利等145个增发国债项目。全面优化高质量项目评价体系、高效率审批服务机制、高标准项目储备库和高精度招商引资政策，更大力度激发民间投资、吸引国企投资、扩大利用外资，力争实现全年招商引资实际到位资金1800亿元以上。坚持把激发有潜能的消费作为重点突破口，深入实施"现代服务业扩容提质工程"，稳定消费预期、增强消费能力、提升消费供给质量。加快促进传统消费，实施"县域商业体系建设提升行动"，支持打造城市"五大特色街区"、乡镇"十大特色集市"；持续推动新能源汽车、电子产品等大宗消费，支持公共领域车辆电动化试点，实现新建社区充电设施全覆盖；积极发展假日消费、夜间消费、冬季消费市场，有效拓展消费时间和空间，努力让宁夏呈现更加旺盛的"烟火气"。加快培育新型消费，大力发展绿色消费、健康消费等新消费产业，积极发展电子商务、直播经济、"互联网+服务"、线上线下深度融合等新业态、新模式，不断提升各类消费市场繁荣度。加快繁荣文旅消费，持续推进"文旅创新升级工程"，全面构建"一轴一廊、一核三区"文旅发展"全景图"，启动"云游宁夏"项目。着力提高"宁夏二十一景"品质，突出强化沙漠游、红色游、酒庄游、冰雪游、乡村游等大规模、大流量旅游基础条件，主动融入西部联游大环线、全国旅游大市场，全年游客人次、旅游收入均增长10%以上，积极创建国家级文旅产业融合发展示范区。坚持以游客为中心，突出高水平创新、高标准供给、全要素保障、全方位联动，下功夫学先进、增特色、强服务、降物价，不断提升驻留率、回头率，齐心协力推动宁夏的美食美酒美景红火起来。

二是加力推进新型工业提质增效。坚持把新型工业化作为现代化建设的关键任务，大力推动"工业强区""质量强区"建设，围绕"九化"转型升级，启动"工业及制造业双倍增行动"，力争到2030年实现"两个翻番"。实施"产业链升级工程"，围绕"十条产业链"，推进"四大改造"，加强质量支撑和标准引领，建设高性能金属、储能材料、硅基材料等300个延链补链建链项目，全面提升产业链供应链安全和效益水平。开展国家产业转移对接活动，积极争取一批重要企业项目落地，努力成为先进产业链节点地区。加快建设新型材料等"七大产业基地"，着力打造"中国氨纶谷""中国新硅都"和"世界葡萄酒之都"。实施"制造业集群发展工程"，加快先进制造业和现代生产性服务业融合发展，重点培育现代化工、新型材料两个2千亿级产业集群，建构装备制造、数字信息、轻工纺织三个1千亿级产业集群，力争进入国家先进制造业集群方阵。实施"园区提质升级工程",深化开发区体制机制改革,建立园区高质量发展评价体系,完善园区协同共享发展机制,创建宁东基地两千亿级园区,建成13个百亿级园区,尽快形成支撑高质量发展的"四梁八柱"。

三是加力推进科技创新提质增效。坚持把科技创新作为培育新质生产力和提升综合竞争力的主导力量,以科技创新引领现代化产业体系建设,积极推动创新链、产业链、资金链、人才链深度融合,高水平建设全国东西部科技合作引领区。加大招才引智力度,高度重视人才这个第一资源,实施更加灵活、更有针对性的人才政策,大力培养引进科技领军人才、青年科技人才和关键核心技术攻关人才,积极鼓励支持各类人才创新创业,充分激发创新创造活力。加大平台建设力度,着力强化企业家创新精神和企业科创主体地位,充分发挥国家和自治区重点实验室作用,确保六盘山实验室、宁夏上海科创中心启动运行,宁夏高等研究院如期招生。积极推进贺兰山实验室组建、林木资源全国重点实验室重整、稀有金属国家重点实验室重组。加大成果转化力度,坚持以产学研用结合为突破口,加强政策支持,突出加大科技研发经费投入力度,实施"三个100"科技项目。健全知识产权保护体系,完善"揭榜挂帅""股权投资"等制度,提升科研成果转化应用效益,努力在宁夏大地上绽放更多创新之花、结出更多发展之果。

四是加力推进数字经济提质增效。坚定不移加大产业数字化、数字产业化推进力度,充分发挥数字的叠加和倍增效应,力争数字经济增加值占GDP比重达到36%以上,推动数字红利惠及全区人民。实施数字产业化量级提升行动,全力打造"四大基地",加快建设七大数据中心,力争新增标准机架6万架以上,更好发挥宁夏"东数西算"枢纽节点作用，努力把"交换中心""算力中心"变成"投资中心""效益中心"。实施产业数字化质效提升行动，大力发展"数字+""数字×"产业，大力推进传统产业智能升级计划、中小企业数字赋能计划，新建工业互联网平台20个，新增上云企业1000家，规上企业数字化转型比例达到55%，以算力高质量发展赋能经济高质量发展。实施数据平台能力提升行动，启动宁夏全域智慧管理平台建设，开展5G信号升格专项行动，实现人口密集区5G信号全覆盖。推动公共数据资源有序开发、高效共享，提升数据安全治理效能，全面加强数字政府建设。坚持采取非常规举措、支持非常规产业、实现非常规发展，全力打造"中国算力之都"。

五是加力推进市场主体提质增效。坚持"两个毫不动摇"，着力优化市场准入、要素获取、公平执法、权益保护等举措，切实做到平等对待国企、民企、外企，更好发挥市场主体高质量发展主力军作用。启动"民营经济高质量发展三年行动计划"，以今年为新起点，加快推动民营经济向"三分天下有其二"的战略性目标迈进。召开第二次全区民营经济高质量发展暨营商环境全方位提升大会，全面落实保障民营企业健康发展的政策措施，大力选树一批代表高质量发展水平、具有导向性作用的示范企业，大力支持发展一批小而精、小而强的中小企业，力争经营主体总量达85万户左右，其中民营企业达到22万户左右。启动"企业梯次培育计划"，构建科技型、创新型、示范型企业"三个培育体系"，开展"三个100"企业评选工作，力争到2027年实现"科技型企业倍增"目标。深化"企业纾困帮扶专项行动"，一企一策帮助关停企业恢复生产，完善企业帮扶机制和政企沟通机制，区、市、县政府主要领导至少每半年召开一次企业家恳谈会或集中办公会，深入调研掌握真实情况，及时解决企业发展中的问题。落实减免缓税费政策，降低实体经济成本100亿元以上，完成年度企业账款清欠任务。用好"12345"政务服务热线，"7×24"小时受理企业诉求，努力让政府的政策信息第一时间直达企业、企业的问题意见第一时间直达政府，为各类企业放心放手发展创造更好条件。

（二）坚持生态优先，突出打好环保攻坚战役。坚决落实习近平总书记"深入推进生态文明建设和绿色低碳发展"的重要指示，坚持山水林田湖草沙一体化保护和系统治理，全面落实"1+4"系列文件部署，启动开展"自然资源资产管理和生态环境保护领域突出问题专项整治行动"，加快建设"四水四定"示范区，争创美丽中国先行区。

一是打好全域"四水四定"主动战。召开"四水四定"专题推进会议，统筹水资源、水生态、水环境综合治理，突出抓好银川市、宁东基地及惠农区、利通区、盐池县、隆德县、海原县等7个试点，力争年底完成80%试点建设目标。全面实施水资源刚性约束制度，着力构建节水型社会，70%县（区）建成全国节水型社会达标县（区），100%工业园区实行建设项目水资源论证制度。加大农业、工业节水降耗力度，提高再生水规模化利用水平。加快现代水网建设，实现从"水源头"到"水龙头"全过程用水管控。开工建设黄河宁夏段河道治理工程，早日实现黄河堤防全线闭环目标。力争黑山峡水利枢纽工程正式立项，让黄河之水更多更好福泽两岸人民。

二是打好黄河"几字弯"宁夏攻坚战。抢抓宁夏全境地处黄河"几字弯"攻坚战片区和"三北"工程区域的"双覆盖"机遇，加快荒漠化综合防治和"三北"工程建设，以"防沙治沙·增绿护绿"为年度主题，开展"黄河流域生态保护主题宣传实践月"活动。坚持"九定"原则，全面实施"123456"计划，完成"三北"工程治理面积150万亩、水土流失治理130万亩任务。加快创建贺兰山、六盘山国家公园。积极探索推广绿水青山转化为金山银山的路径，建立完善生态产品价值实现机制。加强全国防沙治沙综合示范区建设，努力让宁夏治沙用沙的经验和产业走向世界。

三是打好蓝天碧水净土保卫战。坚持精准治污、科学治污、依法治污，开展自治区生态环境保护督察。深入推进大气污染防治，启动"空气质量持续改善行动"，银川、吴忠、固原、中卫的19个县区城区清洁取暖率达100%。实施饮用水水源地保护行动，集中开展黄河流域"清废行动"，深入推进水污染治理，动态消除城市、县城黑臭水体，城市再生水利用率提高到45%。整县推进农业面源污染综合防治，深入实施"土壤污染源头防控行动""化肥农药减量化行动"。如期完成中央生态环保督察反馈问题整改，让全区人民享受更多的好山好水好空气。

四是打好绿色低碳发展整体战。坚持把绿色低碳发展作为解决生态环境问题的治本之策，推动能源双控逐步向碳排放双控转变。全面实施节能减排"十大重点任务"，全面推进能源清洁高效利用，坚决遏制"两高一低"项目盲目发展，新建一批绿色园区、绿色工厂，建成宁东"绿氢产业示范基地"。全面推动形成绿色低碳生活方式，积极创建生态文明建设示范区、"两山"实践创新基地，加快"无废城市""海绵城市""园林城市"建设，大力倡导垃圾分类、绿色出行和公共机构节能，让绿色低碳生活成为宁夏新时尚。

（三）坚持改革开放，突出增强发展动力活力。坚决落实习近平总书记"必须坚持依靠改革开放增强发展内生动力"的重要指示，以高标准改革、高水平开放推动高质量发展。

一是持续深化重点改革。坚持把改革作为破除发展障碍的"开山斧"、破解发展难题的"金钥匙"，把改革创新作为宁夏高质量发展的"关键变量"。坚持先立后破，深化简政放权，激发市场活力，在市场准入机制、行政执法体制、生态环保、社会建设、"六权"改革等方面进一步加大攻坚力度。深化财税体制改革，实施财源建设工程，优化财力分配结构，提高资金使用效益，提升为民理财水平。深化农业农村改革，稳步推进农村承包地、宅基地、集体经营性建设用地改革，完善耕地占补平衡制度，有效激发农业农村资源活力。深化国有企业改革，实施新一轮国企改革深化提升行动，持续强化现代公司治理机制，深化产业工人队伍建设改革，全面提升国有资本和国有企业的竞争力和贡献率。深化政务服务改革，围绕提升行政效能，全面推行"高效办成一件事"，减掉一切能减可减的环节，让企业和群众办事更方便。全面增强改革的系统性、整体性、协同性和实效性，让改革强劲的东风成为高质量发展的强大动力。

二是持续强化对外开放。坚定"不沿边、不靠海照样可以搞开放"的信心决心，坚定落实高质量共建"一带一路"八项行动，加快国家"三个试验区"建设，积极融入国内国际"双循环"，着力发展开放型经济、建设开放型省区。加强区域深度合作，深化东西协作，创新西部合作，全面加强与西部省区资源能源、生态环保、交通物流等方面共建共享，更好融入西部大开发新格局。持续推动与沿黄地区、京津冀、长三角、粤港澳，特别是福建、内蒙古等省际合作协议落实。加强国际交流合作，巩固欧美韩日等传统市场，拓展东盟等新兴市场，推动与蒙古、中亚五国务实合作，促进中国加入国际葡萄与葡萄酒组织（OIV）。深化对阿经贸合作，全面落实中阿博览会成果。加强服务贸易合作，坚持内贸外贸一体推进、整体升级，深入实施"外资三年外贸五年倍增计划"，支持更多企业走出去、引进来，力争实际利用外资增长8%以上，新增外资企业20家、进出口企业30家以上。加强开放通道合作，加快融入西部陆海新通道，着力构建"3211"国际国内大通道。加密铁海联运班列，力争中卫至固原（宝中铁路中卫至固原段）、银川至中卫（包兰铁路银川至中卫段）铁路开工建设，包银高铁宁夏段建成，银昆高速公路通车，银川机场扩建加快推进。全面构建现代物流体系，持续降低物流成本，加快建设银川—西安国家综合货运枢纽、国家骨干冷链物流基地及物流示范园区，努力把宁夏"地理中心"的区位优势转化为全面开放发展优势。

三是持续优化发展环境。着力强化政策统筹协调，及时出台有利于高质量发展的政策，及时废止有悖于高质量发展的政策，打好政策提前量，留足政策冗余度，切实增强各类政策取向的一致性。推动构建亲清统一的新型政商关系，营造政商合力发展的良好生态。全面加强诚信政府建设，加快建设法治化营商环境，建立健全诚信履约和失信惩戒制度。坚决清理各类显性和隐性壁垒，高效融入全国统一大市场建设。加大经济宣传和舆论引导，用事实讲好宁夏发展故事，提升各方面在宁创业发展信心。全面强化处处是环境、事事是环境、人人是环境的主人翁意识，真正把环境作为宁夏经济的温度计、宁夏干部的试金石、宁夏发展的竞争力。

（四）坚持城乡融合，突出提升"三农"工作水平。坚决落实习近平总书记"坚持农业农村优先发展，坚持城乡融合发展"的重要指示，统筹新型城镇化和乡村全面振兴，加快农业农村现代化建设步伐。

一是加快推动乡村全面振兴。坚持把乡村全面振兴作为新时代新征程"三农"工作的总抓手，深入学习运用"千万工程"经验。坚决做到"两确保"。确保粮食安全，实施"粮食单产提升和耕地保量提质工程"，严格抓好粮食储备工作，新建和改造高标准农田95万亩，发展高效节水农业73万亩，改造利用盐碱地20万亩，播种面积、粮食产量分别稳定在1035万亩、75亿斤以上；确保不发生规模性返贫，深入开展"防止返贫就业攻坚行动"，落实防止返贫监测帮扶机制，加大重点帮扶县支持力度，深化拓展闽宁协作和社会定点帮扶，建设20个闽宁乡村振兴示范村。努力实现"三提升"。提升乡村产业发展水平，实施现代农业"十强行动"，加快建设国家农业绿色发展先行区，科学构建农林牧渔并举、粮经饲统筹、产加销贯通、农文旅融合的现代乡村产业体系，尽快实现我区农产品品质好、卖得好、效益好相统一的目标；提升乡村建设水平，开展"乡村建设行动"，一体推进农村户厕改造、垃圾处理、污水治理，建成高质量美丽宜居村庄50个；提升乡村治理水平，推进"整省域乡村治理示范三年提升行动""一村一年一事行动"，着力打造乡风文明、乡村善治的"宁夏样板"。扎实推进"两强化"。强化科技和改革双轮驱动，加大农业关键核心技术攻关，实施良好农业规范，突出良田良种良机良法，加快建设西部种业强区，抓好国家级改革试点，着力培育壮大多元化新型经营主体；强化农民增收举措，持续壮大村集体经济，完善联农带农富农机制、脱贫人口增收机制，多为农民农村办实事，全力实现"两个高于"增收目标，为加快建设乡村全面振兴样板区奠定坚实基础。

二是加快促进城乡融合发展。深入落实主体功能定位，大力支持"五市一地"创新发展，积极破除城乡二元结构，促进各类要素双向流动，不断缩小城乡差距、山川差距。着力提升城市承载能力，积极推进城市更新行动，做实做细城市体检，建设城市运行管理服务平台，打造好房子、好小区、好社区、好城区，努力让城市更宜居、更韧性、更智慧。积极承担国家战略腹地建设任务。着力提升县区综合实力，构建以县城为枢纽、以小城镇为节点的县域经济体系，开展强县强区评选活动，支持县区创建"全国百强""西部百强"，力争县域经济占比超过52%。着力提升城镇发展能力，围绕新型城镇化，切实抓好重点小城镇、专业功能镇建设，推动城乡全域一体化发展；把加快农业转移人口市民化进程摆到更加突出位置，争取全区常住人口城镇化率达到68%，使城镇化成为现代化的战略支点。

（五）坚持安全第一，突出防化重点风险隐患。坚决落实习近平总书记"必须坚持高质量发展和高水平安全良性互动"的重要指示，重点抓好"四大安全"，不断增强统筹发展和安全的实效。

一是切实强化生产安全。坚决落实"十五条硬措施"和"三管三必须"要求，全力抓好国家"安全生产治本攻坚三年行动"，深入落实"1+37+8"系列文件，全面强化应急指挥体系，全力打好翻身仗，坚决守住不发生重大安全事故底线。全面启动本质安全建设三年专项行动，着力提高从人到物、从设计到操作等系统性安全保障水平，开展本质安全达标单位创建活动、国家安全发展示范市创建活动，实施"宁夏全域智慧安全工程"，织密安全生产"防护网"。全面启动企业主体责任落实专项行动，把严格落实企业主体责任摆在首位，全面加强企业负责人和一线员工教育培训，着力提升企业全员安全意识和安全能力。全面开展隐患排查整治专项行动，落实"四防"督查、"六查"倒查机制，切实抓好矿山、化工、燃气、交通、建筑、教育、住房、人员密集场所等重点领域安全隐患排查整治，加快实施化工园区、煤矿企业标准化建设，确保重大事故隐患动态清零。健全地震应急体系，提高城乡抗震韧性，开展地震应急演练等工作。全面开展全民安全素质提升专项行动，广泛深入开展安全知识宣传教育，形成"人人讲安全、个个会应急"的良好局面，完善全社会参与的应急管理机制，筑牢安全生产人民防线。

二是切实强化金融安全。坚持把金融服务实体经济作为根本宗旨，坚持把防控风险作为金融工作的永恒主题，加快建设现代金融体系，深化做好科技金融、绿色金融、普惠金融、养老金融、数字金融"五篇文章"。认真履行政府监管责任，统筹抓好地方政府债务、重点企业债务和中小金融机构风险处置化解工作。严格规范政府投资项目。牢牢守住不发生新增隐性债务、债务违约和系统性风险三条底线。

三是切实强化能源安全。有效实施资源能源增产扩能计划，切实加强产业及产业链供应链安全。加快实施域内6个新矿开工、域外"疆煤进宁"等重点工程，大力支持央企投资宁夏，加快推动国能"西部能源公司""西部铁路公司"等落户宁夏，加快建设宁东大型煤炭集散中心。加快盐池千亿级大型气田和油田开发建设，加快400万千瓦光伏、100万千瓦抽水蓄能系列项目建设，尽快实现全区煤炭总产能超过1.4亿吨、电力总装机超过7200万千瓦、新能源总装机达到4000万千瓦、油气当量达到200万吨的目标。大力推进新一轮找矿突破战略行动，加快六盘山盆地、银川盆地油气勘探等工作。力争国家新能源综合示范区建设走在全国前列。坚持把资源能源优势作为宁夏较长时期、十分重要、不可替代的支撑点、增长点。

四是切实强化社会安全。坚持和发展新时代"枫桥经验"，全面落实维护社会稳定责任制，着力推进信访工作法治化。加强社会治安防控体系建设，严防严打电信网络诈骗等各类犯罪活动，全面强化"平安宁夏"建设。着力落实"四个最严""两个责任"要求，切实加强食品药品安全监管，全力保障群众"舌尖上的安全"。

（六）坚持人民至上，突出多办民生实事好事。坚决落实习近平总书记"在高质量发展中增进民生福祉，兜住、兜准、兜牢民生底线"的重要指示，深入实施"六大提升行动"，扎实推进"八项民生工程"，投入100亿元左右，全力办好群众急难愁盼的35件民生实事，努力让发展成果更多惠及人民群众。

一是深化就业创业优先工程。坚持把就业作为最大民生，更加突出就业优先导向。深化"技能宁夏"行动，持续开展政府补贴性职业技能培训，带动失业人员再就业5万人以上。深化"创业宁夏"行动，发放创业担保贷款10亿元，培育创业实体1万个，劳务协作输入输出3万人。确保重点人群就业稳定，力争高校毕业生毕业去向落实率保持全国领先，城镇新增就业8万人，农村劳动力转移就业80万人。新开发各类公益性岗位2.2万个，确保"零就业家庭"至少有一人稳定就业。

二是深化居民增收致富工程。坚持把增加全体居民收入作为政府最硬最实的责任目标。着力强化增收政策，拓展增收渠道，落实工资动态调整机制，提高全区最低工资标准，保障医务、教育、社区等基层工作者待遇。落实农民"四项收入"增收计划，保障农民工工资按时足额发放。千方百计扩大中等收入群体，全面提高城乡居民收入水平，力争居民收入增长快于经济增长，扎扎实实推动共同富裕。

三是深化教育质量提升工程。坚持教育优先发展，实施基础教育扩优提质计划，计划新改扩建各类学校（幼儿园）90所左右，新增幼儿学位2000个、义务教育学位6000个、高中学位4200个，科学有效扩大普通高中招生规模，为每一名学生创造公平的受教育机会，满足人民群众上好学的愿望。实施现代职业教育体系建设改革计划，积极发展技工教育，打造10个以上产教融合体，加大"双师型"教师队伍建设力度，加快培养专业技能型实用人才。实施高等教育办学能力提升计划，支持区内高等院校"双一流"建设，力争宁夏职业技术学院升格本科，加快建设宁夏闽江应用技术学院。实施教育数字化计划，启动教育大数据中心建设，积极创建全国教育数字化转型发展试验区。实施新时代强师计划，大力弘扬教育家精神，加强师德师风建设，培养高素质专业化创新型教师队伍。实施全民终身教育计划，发展继续教育，规范民办教育，抓好老年教育，促进特殊教育，全面提升全民受教育水平。

四是深化医疗健康保障工程。坚持全方位全周期保障人民健康，高水平建设"健康宁夏"。构建优质均衡的医疗服务体系，全面推开紧密型县域医共体建设，实现市级三甲医院、县级二甲医院全覆盖，80%的乡镇卫生院服务能力达到国家标准，健全城市社区医疗卫生服务网点，有效解决医疗床位结构性短缺问题。加快建设省级区域医疗中心、中西医协同"旗舰"医院和中医特色重点医院，加强重大疾病防控。深化公立医院高质量发展，推进药品耗材集采和统一规范使用，进一步降低群众就医负担。构建平急结合的公共卫生体系，完成自治区疾控中心迁建，积极推进国家传染病防治基地项目，加快建设国家紧急医学救援基地、宁夏重大传染病疫情监测预警平台。构建全民全程健康保障体系，加强全科医生培养，提升出生缺陷防治和医养结合能力，全面推动人口高质量发展。

五是深化住房安居宜居工程。因城施策优化完善房地产政策，更好满足工薪群体刚性住房需求和城乡居民多元化改善性住房需求，加快构建房地产健康发展新模式。改造老旧小区2万户（套），筹建保障性住房4000套，有效解决好新市民、青年人、农民工等重点群体住房困难问题。坚持"危房不住人、用房无隐患"原则，深化城乡危旧房、自建房隐患排查整治，实现农村危房危窑动态清零。持续推动化解"回迁难"、"办证难"、供热达标等专项工作，努力让群众住房更加安全温暖舒适。

六是深化养老育幼服务工程。持续创建全国示范性老年友好型、青年发展型、儿童友好型社区和城市。强化智慧养老、农村养老和老年助餐、就医出行等服务。发展银发经济，支持各类养老服务机构发展，养老机构护理型床位占比达到55%以上，社区养老服务设施覆盖率达到85%以上，努力让失独、空巢、独居等特殊困难老人安享晚年。加快完善生育支持政策体系，减轻生育养育教育负担，提高每千人口托位数。落实未成年人保护责任，争取县级未成年人救助保护机构覆盖率达到75%以上，让每一个孩子都能安全健康成长。

七是深化文体惠民提升工程。加快建设国家公共文化服务体系示范区，打造100个新型公共文化空间。实施新时代精品艺术创作和宁夏戏曲振兴工程。抓好第四次全国文物普查。加快推进宁夏长城非物质文化遗产展览馆、水洞沟国家考古遗址公园建设，实施姚河塬遗址、张家场城址等重大考古研究项目。积极发展体育健康事业，新建便民运动场所50个，支持开展"村晚""村BA"等群众性文体活动，办好第十届全区民族传统体育运动会，大力提升群众体育和竞技体育水平。

八是深化社保扩面提质工程。健全覆盖城乡全体居民的社会保障体系、分层分类的社会救助体系，进一步扩大基本养老、医疗、失业、工伤保险参保人数，加强新就业形态劳动者权益保障，织牢织密社会保障网。提高居民医保和基本公共卫生经费，城乡居民基础养老金每人每年提高60元，低保标准每人每年分别提高到8280元、6120元。残疾人"两项补贴"每人每年分别提高到1380元、1560元，建好宁夏盲人按摩医院和街道乡镇残疾人服务设施。着力实施"社区规范化标准化建设三年行动"，持续推动完整社区、未来社区试点提质扩面，抓好城市社区嵌入式服务设施建设试点。大力支持国防和军队建设，建成自治区民兵训练基地，提升退役军人服务保障水平，开展新一届全国双拥模范创建活动。积极支持妇女儿童、社会福利、公益慈善、志愿服务、社会工作等事业高质量发展。坚决守住"三保"底线，高度关注关心每一个特困群体乃至每一名特困群众，决不能在群众基本生活保障上出现任何问题。

各位代表！作为民族地区，我们必须坚持把铸牢中华民族共同体意识作为政府各项工作的主线，并全面贯穿到"六大建设"之中、体现到"五项职能"之中、落实到各项发展规划和政策之中，着力推进铸牢中华民族共同体意识示范区建设。必须坚持我国宗教中国化方向，不断提高宗教事务法治化治理水平，积极引导宗教与社会主义社会相适应。必须持续巩固民族和睦、宗教和顺、社会和谐的良好局面，努力形成最大向心力、画出最大同心圆。

各位代表！新形势新任务提出了新要求。面对多种矛盾集中显现、多种风险相互叠加的考验，我们必须牢记"打铁必须自身硬"，全面加强政府自身建设。必须始终保持绝对忠诚的政治品格，坚持把政治建设放在首位，坚持把推进中国式现代化作为新时代最大的政治，不断提高政治能力和发展本领。认真抓好巡视反馈问题整改及成果运用，全面加强政府系统党的纪律教育，切实把坚决拥护"两个确立"、坚决做到"两个维护"落实到政府具体工作和实际行动上。必须始终恪守依法行政的基本准则，召开全区法治政府建设推进会议，启动法治政府建设工程，深化"八大提升行动"，实施"提升行政执法质量三年行动"。依法接受人大监督、自觉接受政协民主监督，努力实现人大代表议案建议、政协提案办复率全部达到100%；力争政务公开率（应公开）、行政机关负责人出庭应诉率全部达到100%。必须始终践行为民服务的根本宗旨，坚持施政为民、发展为民，带头落实"四下基层"制度，高度重视人民建议、网民留言、基层反映，坚持问需于民、问计于民，努力使政府各项决策和政策更加符合民心民意。必须始终弘扬勤政廉政的优良作风，坚持"四个抓落实"的重要要求，高质量落实党中央决策部署，坚决纠治形式主义、官僚主义，坚持带头树立正确的政绩观、带头过紧日子、带头为基层减负，切实把主要精力财力物力，用在大事要事实事上。纵深推进政府系统党风廉政建设，切实做到政府清廉、政风清明。本届政府将始终坚持不搞形象工程、面子工程，不搞违规项目、违规投资，不搞统计造假、数据造假。真诚欢迎社会各界和人民群众监督。

各位代表！百舸争流奋楫者先，千帆竞发勇进者胜。在新的一年，更需凝聚奋斗奋进的合力，更需汇集创新创造的智慧，更需增强决战决胜的信心。让我们更加紧密地团结在以习近平同志为核心的党中央周围，在自治区党委领导下，坚持践行"社会主义是干出来的"伟大号召，以实干推动发展，以实效兑现承诺，奋力谱写中国式现代化美丽新宁夏壮丽篇章！

新疆维吾尔自治区
政府工作报告

——2024年1月30日在新疆维吾尔自治区第十四届人民代表大会第二次会议上

自治区主席　艾尔肯·吐尼亚孜

各位代表：

现在，我代表自治区人民政府，向大会报告工作，请予审议，并请自治区政协委员提出意见。

一、2023年工作回顾

过去一年，是我区发展史上极不寻常、具有里程碑意义的一年，也是新一届政府依法履职的第一年。习近平总书记心系新疆稳定发展、情系新疆各族人民，时隔一年再次莅临新疆，听取自治区和兵团工作汇报、发表重要讲话，为我们完整准确全面贯彻新时代党的治疆方略提供了根本遵循；党中央、国务院专门出台更好紧贴民生凝聚人心推动新疆经济社会高质量发展的实施方案，确定了新疆在国家全局中的"五大战略定位"，提出了一系列支持新疆高质量发展的重要举措，为我们更好建设美丽新疆注入了强大动力；国务院批准设立中国（新疆）自由贸易试验区，为新疆加快经济社会高质量发展提供了重大历史机遇，全区各族干部群众倍受激励和鼓舞，倍感振奋和温暖，倍增信心和力量！

一年来，面对严峻复杂的形势和艰巨繁重的任务，在以习近平同志为核心的党中央坚强领导和关心关怀下，我们坚持以习近平新时代中国特色社会主义思想为指导，全面贯彻落实党的二十大和二十届二中全会精神，贯彻落实习近平总书记关于新疆工作重要讲话重要指示批示精神，完整准确全面贯彻新时代党的治疆方略，锚定新疆在国家全局中的战略定位，认真落实自治区党委十届历次全会工作部署，坚持稳中求进工作总基调，更好统筹发展和安全、统筹开放和稳定，积极服务和融入新发展格局，紧贴民生推动高质量发展，圆满完成了自治区十四届人大一次会议确定的目标任务，保持了社会大局稳定、经济平稳健康发展、人民安居乐业的良好局面。全区地区生产总值增长6.8%，规模以上工业增加值增长6.4%，一般公共预算收入增长15.3%，固定资产投资增长12.4%，社会消费品零售总额增长18.8%，进出口贸易总额增长45.9%，城乡居民人均可支配收入分别增长5.6%、8.4%。绝大部分经济指标增速居全国前列，是近年来我区经济社会发展质效最好的一年。

一年来，我们主要做了以下工作：

一是大力发展现代农业，为保障国家粮食和重要农产品安全做出新贡献。粮食种植面积4237.2万亩、新增586.3万亩，总产2119.2万吨、增加305.7万吨，占全国增量的34.4%，新增种植面积、产量均居全国第一，为保障国家粮食安全做出重要贡献。油料作物播种面积207.2万亩。持续推进优质棉基地建设，棉花品质不断提升，总产511.2万吨、占全国91%，国家级棉花棉纱交易中心挂牌成立。实施林果业提质增效工程，林果产量1378万吨，蔬菜总产量1600万吨以上。深入实施畜牧业振兴行动，肉、蛋、奶产量分别增长9.4%、4.3%、4.6%。水产品产量达18.4万吨，稳居西北五省区第一。完成545万亩高标准农田年度建设任务，累计建成高标准农田5558万亩、占永久基本农田的67.6%。深入实施种业振兴行动，玉米制种面积达169万亩。加快构建现代农业产业体系，新增国家级现代农业产业园3个、农业产业强镇8个。

二是培育壮大特色优势产业，发展潜力得到进一步释放。原油产量3270.1万吨、增长1.6%，天然气产量417.3亿立方米、增长2.5%，油气当量连续三年稳居全国首位。推动炼油炼化向精细化工转变，独石化塔里木120万吨/年二期乙烷制乙烯等一批重大项目落地建设。新增煤炭产能6257万吨，原煤产量4.57亿吨、增长10.7%，"疆煤外运"突破1亿吨、增长26.7%。加快煤化工产业发展，哈密1500万吨/年煤炭分级分质利用项目落地建设。大力发展新能源产业，新增新能源装机2261万千瓦、增量位居全国前列，新能源总装机达到6443.1万千瓦、占全区电力总装机44.6%。"疆电外送"1263亿千瓦时。推动重点矿产资源开发利用，和田火烧云铅锌矿、大红柳滩稀有金属矿开发建设取得重要进展，若羌6万吨/年碳酸锂项目建成投产。加快硅基、氢能产业发展，工业硅、多晶硅产量分别增长27.3%、26.8%，全国规模最大的库车绿电制氢项目投产。新形成铁、钛、锂等12个大型资源基地，出让探矿权227个、占全国的40.6%，矿产资源勘探开发实现重大突破！

三是坚持创新驱动发展，科技、人才工作取得新进展。怀柔实验室新疆基地揭牌，光伏材料与电池全国重点实验室获批建设。

阿克苏阿拉尔高新技术产业开发区挂牌成立，实现南疆国家级高新区"零"的突破。由"两院"院士牵头的智能装备研究院、枣产业发展研究院落地新疆，与中国气象局共建新疆空中云水资源开发利用创新研究院。聚焦油气、煤炭、矿产等特色优势产业实施重大科技项目126项。大力推进企业科技创新，新增国家级专精特新"小巨人"企业9家、高新技术企业529家，分别增长21.4%、38.7%，新增自治区企业技术中心85家。推动科技成果转化应用，技术合同成交额达73.73亿元、增长129.8%。大力实施"2+5"重点人才计划，支持培养引进高层次人才5600余人，柔性引进各类高层次人才和急需紧缺人才9427人，新增高技能人才3万人。

四是强力推动重大项目建设，投资拉动作用更加有力有效。全社会固定资产投资增速位居全国前列，重点项目累计完成投资3230亿元、增加400亿元，已建成和在建的十亿元级项目分别为41个、583个，开工建设百亿元级项目12个、千亿元级项目1个。新增地方政府专项债券611.8亿元，支持918个重点项目建设。"疆电外送"第三通道、罗若铁路、星星峡至哈密至吐峪沟高速公路改扩建、巴里坤机场、环塔750千伏输变电工程、策勒河昆仑水利枢纽等一批重大项目开工建设。玉龙喀什水利枢纽、乌鲁木齐至尉犁高速公路、哈密抽水蓄能电站等一批重大项目加快建设。奇台机场、将淖铁路、G580线阿克苏至阿瓦提公路、乌昌750千伏输变电工程等一批重大基础设施项目建成投运，莫莫克水库、尼雅水库下闸蓄水，西北首台抽水蓄能机组——阜康抽水蓄能电站1号机组正式投产发电。

五是多措并举扩大消费，旅游业实现高速增长。加快实施旅游兴疆战略，成功举办上合组织2023旅游年论坛，开展新疆文旅主题宣传营销活动，冰雪游、自驾游、特种游进入全国"第一方阵"，全区接待游客2.65亿人次、增长117%，创历史新高，实现旅游收入2967.15亿元、增长227%，机场旅客吞吐量首次突破4000万人次、增长143.8%。新建续建酒店项目146个、投资超过440亿元，新建旅游厕所241座，"一部手机游新疆"平台实现赋能升级。中国新疆国际艺术双年展、环塔拉力赛、草莓音乐节等系列活动精彩纷呈，打造了天山明月城、和田约特干故城等一批沉浸式文旅项目，"文旅+演艺"成为新时尚，旅游扩大就业、促进消费、富民惠民作用进一步显现。充分发挥金融业对经济发展的促进作用，推动出台金融支持"八大产业集群"建设若干措施，社会融资规模存量增长10.5%，各项贷款余额增长10.7%。出台恢复扩大消费政策举措，大力发展夜间经济，持续开展消费促进年活动，餐饮收入、商品零售额分别增长19.3%、18.7%，其中汽车类商品零售额增长44.3%、商品房销售额增长32.1%、电商网络零售额增长23.7%。

六是深化重点领域和关键环节改革，对内对外开放取得历史性突破。启动新一轮国企改革深化提升行动，加快推进国有企业战略性重组和专业化整合，组建5家自治区级产业集团，国有资本布局不断优化。出台促进民营经济发展壮大若干政策措施，实施民营企业培优工程，新设经营主体40.9万户、增长25%。持续推进实施营商环境优化提升三年行动，开展涉企违规收费专项整治，新增减税降费323.3亿元。落实共建"一带一路"倡议，组团出访中亚五国和欧洲、非洲、拉美、东盟、中东等有关国家和地区，组团赴周边省区和援疆省市、港澳地区，取得一系列务实合作成果，推动我区对内对外开放水平全面提升。全区外贸进出口总额达到3573.3亿元、增速位居全国第二，引进区外到位资金增长16.5%，实际利用外资增长48.3%。2023（中国）亚欧商品贸易博览会规模和成效创历史新高。过境中欧（中亚）班列14397列、增长8.5%，占全国一半以上；始发班列1517列、增长5.3%。恢复新开乌鲁木齐至13个国家16个城市国际定期客运航班，实现中亚五国全覆盖。喀什、霍尔果斯经济开发区新一轮总体发展规划获批实施，"两区"进出口贸易额分别增长67.5%、79.4%，招商引资到位资金分别增长53.56%、17%。4个综合保税区贸易额增长71.4%、占全区外贸总额40.8%，跨境电商贸易额增长61.8%。制定实施口岸建设三年行动方案。全国首创的"公路口岸+属地直通"模式在阿拉山口口岸正式运行，通关成本下降60%、时间缩短90%。

七是协同推进降碳减污扩绿增长，生态文明建设取得新成效。"乌—昌—石"区域大气污染深度治理成效明显，区域空气质量优良天数累计增加109天，重污染天数累计减少41天，$PM_{2.5}$平均浓度下降10.4%，圆满完成区域环境治理年度目标任务。加强水资源统筹调配和开发利用，地下水开采控制在127亿立方米以内，探索形成"总量保障+弹性配置"的水资源优化配置模式，在主要河流来水较上年减少10%的情况下，农业灌溉供水增加13.8亿立方米，水库蓄水增加13.4亿立方米，洪水利用率达86%。加强生态建设和荒漠化治理，完成造林165.8万亩、种草改良450万亩、荒漠化治理550.7万亩、水土流失治理304.4万亩。塔克拉玛干沙漠边缘阻击战全面启动，"三北"工程攻坚战新疆第一批重点项目全面实施。积极推动节能减排和绿色低碳发展，克拉玛依市和库车市被列入国家首批碳达峰城市和园区试点。

八是用心用情用力办好民生实事，各族群众福祉持续增进。全力做好普惠性、基础性、兜底性民生工作，财政支出的77.4%用于民生领域。落实就业优先政策，安排各项就业补助资金23.55亿元，实现城镇新增就业48.2万人，区属高校应届毕业生去向落实率达93%，就业困难人员实现就业3.4万人，脱贫人口就业109.3万人，开展就业培训249.9万人次，城镇零就业家庭保持动态清零。推进教育高质量发展，新建、改扩建幼儿园31所、新增幼儿学位9090个，支持61所县域普通高中改善办学条件，新建3所职业院校，阿拉尔大学城、和田学院加快建设。实施健康新疆战略，公立医院综合改革全面推开，基层医疗卫生服务体系建设扎实推进，常态化开展药品耗材集中带量采购、累计为患者节省医疗费用超过150亿元，群众看病难、看病贵、看病远的问题得到有效缓解。调整提高基本养老保险、工伤保险待遇和城乡最低生活保障标准，持续扩大跨省异地就医、兵地间异地就医直接结算范围，发放困难群众救助补助资金90.68亿元。新建改建社区老年人日间照料中心119个，完成困难重度残疾人家庭无障碍改造8870户。开工改造城镇老旧小区1152个、惠及居民21.91万户。圆满完成27.95万户"煤改电"（二期）工程年度改造任务。2023年自治区十件民生实事全部如期完成，厚植了民生底色、涵养了民生情怀！

九是深入开展文化润疆，中华民族共同体意识不断增强。加强公共文化服务体系建设，新疆非物质文化遗产馆、西域都护府博物馆等一批重点工程取得阶段性进展。创作推出40余部优秀作品，新疆文学作品《本巴》荣获茅盾文学奖。成功举办新疆文化艺术节、中国新疆国际民族舞蹈节和自治区第十四届运动会、第七届残疾人运动会。实施文化惠民工程，开展群众文化活动9.3万场次、惠及6200万人次。深入推进青少年"筑基"工程，开展首届"祖国情·中华行"新疆青少年爱国主义参观学习活动。完成169.3万青壮年农牧民国家通用语言文字学习培训。深入推进民族团结进步示范创建，已建成全国民族团结进步示范区示范单位90个、全国民族团结进步教育基地14个。组织2653所学校、399.8万名青少年学生与其他省区市青少年结对子、交朋友，促进各民族交往交流交融。稳步推进新疆伊斯兰教中国化，积极引导宗教与社会主义社会相适应。全面落实宗教信仰自由政策，信教群众的正常宗教需求和合法宗教活动依法得到保障。依法依规加强宗教事务治理，促进了宗教和睦和谐。

十是充分尊重和保障人权，各族群众获得感幸福感安全感不断提升。人民幸福生活就是最大的人权。党和国家始终高度重视和支持新疆工作，中央财政对新疆转移支付力度不断加大，2023年转移支付5657.3亿元、增长14.4%，占地方财政预算支出72.1%。我们始终坚持各民族一律平等，充分保障各族人民在政治、经济、文化等方面的权利，实行民族区域自治的地方行政长官均由自治民族的公民担任，各族人民平等参与管理国家事务的权利得到依法保障。始终紧贴民生推动高质量发展，坚持以人民为中心的发展思想，历史性地解决了绝对贫困问题，稳步推进脱贫攻坚成果与乡村振兴有效衔接。依法保障各族群众劳动就业权，在充分尊重劳动者就业意愿的前提下，坚持劳动者自主就业、市场调节就业、政府促进就业和鼓励创业相结合，促进劳动就业成为最大的民生工程。大力改善城乡人民生活质量，建立了较为完备的教育体系、社会保障体系、医疗卫生体系和社会救助体系，南疆四地州实行从幼儿园到高中15年免费教育，全区人均预期寿命提高到76岁。工会、妇女、儿童、青少年、老龄、红十字、慈善、残疾人等事业取得新进步。新疆人权状况好不好，新疆人民最有发言权！今日的新疆，各族群众日子越过越好、生活充满奔头、未来充满希望。新疆开放的大门越开越大，真诚欢迎更多各国朋友到新疆实地参访、旅游观光、投资兴业，亲身感受美丽和谐、繁荣稳定的新疆。

十一是统筹发展和安全，有效防范化解各类风险。始终把维护社会稳定摆在首位，扎实推进反恐维稳法治化常态化，深化平安新疆建设，严厉打击群众反映强烈的各类违法犯罪，社会大局保持持续稳定，各族群众的安全感得到前所未有的提升，公众安全满意度达到99.3%、居全国第二位。强化财政金融风险防范化解，守住了不发生区域性、系统性金融风险底线。促进房地产市场平稳健康发展，"保交楼"住房交付率达到84.2%、超额完成70%的目标任务。农民工欠薪治理取得实效。坚持和发展新时代"枫桥经验"，加快推进信访工作法治化，昌吉市、温宿县被列为全国首批试点县市。加强道路交通、矿山、消防等重点领域安全监管，深入实施重大事故隐患专项排查整治行动，着力提升防灾减灾救灾能力，积极应对地震等各类自然灾害，有效保障了人民群众生命财产安全。

各位代表！一年来，我们扎实开展学习贯彻习近平新时代中国特色社会主义思想主题教育，忠诚捍卫"两个确立"，坚决做到"两个维护"，不断提高政治判断力、政治领悟力、政治执行力。全面贯彻落实法治政府建设实施纲要，持续开展"法治讲堂·逢九必讲"法治培训，提请审议地方性法规13部，制定政府规章4部，备案审查行政规范性文件130件。建立行政执法减免责清单，推广"综合查一次"柔性执法，对112项行政执法事项、661项行政许可事项和301项行政备案事项进行合法性审核。自觉接受人大及其常委会法律监督、工作监督和政协民主监督，广泛接受社会各界监督，400件人大代表建议、541件政协委员提案全部办结。加快数字政府建设，优化提升新疆政务服务一体化平台，"新服办""新企办"移动端APP投入使用，实现社保、公积金、办税缴费等115项高频政务服务事项移动端办理，各族群众、经营主体办事更为便利、更加高效。严格落实中央八项规定及其实施细则精神，驰而不息纠治"四风"，持续转变作风，坚持"四不两直"，深入开展调查研究，着力为基层减负，大幅精简会议和文件，压减和规范督查考核事项，让基层干部把更多精力用在干事创业、服务群众上。

各位代表！新疆生产建设兵团是自治区的重要组成部分。一年来，我们全力支持生产建设兵团改革发展，兵地双方共同推动建设了一批重要基础设施项目，共同组建了一批大型国有企业集团，在粮食安全、资源开发、产业发展、城镇建设、生态环境、教育医疗、公共文化、民族团结等多领域优势互补、合作共赢、互融互通，有力促进了兵地全方位深度融合发展，生产建设兵团综合实力显著增强，生产总值增长6.9%，一般公共预算收入增长14.6%，居民人均可支配收入增长6.4%。生产建设兵团的发展壮大，为新时代新疆经济社会高质量发展发挥了重要作用、作出了重要贡献！

各位代表！对口支援新疆饱含着党中央和全国人民对新疆的特殊关怀和殷切期望。一年来，我们认真贯彻第八次、第九次全国对口支援新疆工作会议精神，充分发挥主体作用，积极配合援疆省市、国家部委、中央企业、高校和科研机构做好对口援疆工作。深化与对口援疆省市务实合作，谋划实施了一批引领带动效果好的重点项目。19个援疆省市投入援疆资金170亿元，80%以上向民生、基层倾斜，办成了许多暖民心、惠民生的实事好事。广大援疆干部无私奉献、辛勤付出，为新疆各项事业发展作出了重要贡献！

各位代表！全力支持国防和驻疆部队建设是地方政府的神圣

职责。我们圆满完成国防动员体制改革，着力加强国防教育，全面做好拥军优属、优待抚恤和退役军人安置就业、褒扬激励、权益维护、服务管理等各项工作，巩固发展军政军民团结，军民并肩携手，确保了边疆安宁稳固，共同谱写了新时代双拥共建的新篇章！

各位代表！回顾过去的一年，成绩来之不易。这是以习近平同志为核心的党中央坚强领导和亲切关怀的结果，是习近平新时代中国特色社会主义思想、特别是新时代党的治疆方略科学指引的结果，是中央和国家机关、中央企业大力支持和援疆省市无私援助的结果，是自治区党委带领全区各族人民共同团结奋斗的结果，凝结着人大代表、政协委员以及社会各界的辛勤努力。在此，我代表自治区人民政府，向全区各族人民，向各位人大代表、政协委员，向各民主党派、无党派人士，向人民团体和社会各界人士，表示诚挚的感谢！向驻疆人民解放军和武警部队指战员、公安干警，向中央驻疆单位、援疆省市及所有援疆干部，表示诚挚的感谢！向所有关心、支持新疆稳定发展的朋友们，表示诚挚的感谢！

在肯定成绩的同时，我们也清醒认识到我区经济社会发展仍面临不少困难和挑战：维护社会稳定的任务依然艰巨；现代化产业体系发展滞后，科技创新能力不强、产业结构不优、产业链短、竞争力不强问题依然突出；巩固脱贫攻坚成果任务繁重，就业、教育、养老、托幼等一些民生领域存在不少短板；生态环境保护治理任重道远；数字政府建设相对滞后，营商环境尚需进一步改善；部分干部能力水平与推进高质量发展要求还有差距，形式主义、官僚主义仍然突出，一些领域、行业、地方腐败问题仍有发生。我们一定直面问题挑战，以更加强烈的责任感使命感，全力做好工作，决不辜负人民期待！

二、2024年主要工作

2024年是中华人民共和国成立75周年，是实现"十四五"规划目标任务的关键一年，做好今年政府工作意义十分重大。

今年政府工作的总体要求是：坚持以习近平新时代中国特色社会主义思想为指导，全面贯彻落实党的二十大和二十届二中全会精神，坚决贯彻落实习近平总书记关于新疆工作的重要讲话和重要指示批示精神，完整准确全面贯彻新时代党的治疆方略，认真落实自治区党委十届历次、特别是十届十次全会部署，坚持以铸牢中华民族共同体意识为主线，坚持稳中求进工作总基调，完整、准确、全面贯彻新发展理念，紧紧围绕高质量发展这个首要任务，更好统筹发展和安全、统筹开放和稳定，牢牢把握新疆在国家全局中的战略定位，不断赋予经济社会发展更多政治意义，更好服务全国发展大局，扎实推进事关新疆长治久安的根本性、基础性、长远性工作，切实增强经济活力、防范化解风险、改善社会预期，巩固和增强经济回升向好态势，持续推动经济实现质的有效提升和量的合理增长，确保新疆社会大局持续稳定长期稳定，在中国式现代化进程中更好建设美丽新疆。

做好今年工作，要注重把握好以下几个方面：一是坚持把推进中国式现代化作为最大的政治，从战略上审视和谋划新疆工作，牢牢把握新疆在国家全局中的战略定位，扎实推进中国式现代化新疆实践，在强国建设、民族复兴进程中发挥新疆优势、展现新疆作为、贡献新疆力量。二是坚持把高质量发展作为新时代的硬道理，聚焦经济建设这一中心工作和高质量发展这一首要任务，积极服务和融入新发展格局，加快构建体现新疆特色和优势的现代化产业体系，推动新疆迈上高质量发展的轨道。三是坚持赋予经济社会发展更多政治意义，深刻认识发展和稳定、发展和民生、发展和人心的紧密联系，紧贴民生推动高质量发展，推动发展成果落实到改善民生、增进团结、凝聚人心上。四是坚持把铸牢中华民族共同体意识作为新疆各项工作的主线，始终把是否有利于强化中华民族共同性、增强中华民族共同体意识作为首要考虑，积极引导各族群众牢固树立休戚与共、荣辱与共、生死与共、命运与共的共同体理念，为建设美丽新疆汇聚强大力量。五是坚持更加有效统筹发展和安全，加强抓稳定和促发展两方面工作的统筹结合，持续巩固来之不易的社会稳定局面，有效防范化解各类风险，实现高质量发展和高水平安全良性互动，为推进新疆各项事业全面发展进步提供坚实基础。

今年经济社会发展主要预期目标是：地区生产总值增长6.5%左右；规模以上工业增加值增长8%左右；固定资产投资增长10%左右；社会消费品零售总额增长8%左右；进出口总额增长20%左右；一般公共预算收入增长10%左右；新增城镇就业46万人以上，城镇调查失业率控制在5.5%以内；城镇居民人均可支配收入增长6.5%左右，农村居民人均可支配收入增长7.5%左右；居民消费价格涨幅保持在3%左右；节能减排指标控制在国家下达的目标范围内，生态环境质量持续改善。

自治区党委十届十次全会对今年工作进行了全面安排部署。我们要按照"稳中求进、以进促稳、先立后破"的要求，着眼全局、统筹兼顾、突出重点、把握关键，着重抓好以下工作。

（一）坚持农业农村优先发展，扎实推进乡村全面振兴

积极建设农业强区。全面落实粮食安全党政同责，实施粮食产能提升行动，落实4230万亩粮食和190万亩油料种植任务，力争新增粮食产量100万吨以上。持续加强优质棉基地建设，推动棉花生产进一步向优势区域集中，加快全疆棉花统一市场建设，棉花总产保持在500万吨以上。大力推进林果业提质增效，发展优质高端特色果品，林果产量稳定在1350万吨左右。科学利用戈壁、沙漠等发展设施农业。深入实施畜牧业振兴行动，肉、奶产量分别增长8.5%、6.5%。加强耕地保护和建设，逐步推动永久基本农田全部建成高标准农田，分区分类开展盐碱地治理改良。持续加强水资源集中统一管理，大力推广农业高效节水技术，提高地表水综合高效利用水平。

学习运用"千万工程"经验推进乡村全面振兴。持续巩固拓展脱贫攻坚成果，完善防止返贫监测帮扶机制，坚决守住不发生规模性返贫底线。以产业振兴带动农牧民增收，推进现代农业产业园、产业强镇、乡村特色产业示范村镇建设，精准务实培育乡村产业，确保中央衔接资金用于产业发展比重达65%以上。发展多种形式的农业适度规模经营，因地制宜发展新型农村集体经济。完善乡村治理体系，推动力量向基层下沉、资源向基层倾斜、服务向基层延伸。深入实施农村人居环境整治提升行动，统筹推进农村厕所革命、生活垃圾和污水治理，加快农村基础设施建设补短板，深化"四好农村路"建设，提升乡村建设水平，让农民更多分享发展成果，让乡村更好集聚人气，让农村更加充满希望和活力！

（二）聚焦"八大产业集群"，积极构建具有新疆特色和优势的现代化产业体系

立足资源禀赋、区位优势和产业基础，推动建设一批自治区千亿元级、百亿元级重大产业项目，着力打造若干符合国家战略、特色优势显著、具有核心竞争力的产业基地。培育壮大油气生产加工产业集群,着力打造大型油气生产加工和储备基地,重点推进大型油气田建设和煤层气勘探开发,实现油气增储上产,新增煤层气产能5亿立方米以上;加快推进乌石化PX装置50%扩能和200万吨/年PTA项目、独石化塔里木120万吨/年二期乙烷制乙烯项目建设。加快发展煤炭煤电煤化工产业集群,进一步释放煤炭优质产能,加大准东、哈密、吐鲁番、准南等地煤炭勘探开发,推动一批支撑性煤电项目建设,开工建设一批煤制烯烃、煤制气项目,推动煤炭分级分质清洁高效利用,力争原煤产量达到5亿吨,着力打造国家大型煤炭供应保障基地和煤制油气战略基地。积极建设绿色矿业产业集群,实施新一轮找矿突破战略行动,加快战略性矿产资源勘探开发,推动和田火烧云千万吨级铅锌矿、大红柳滩百万吨级稀有金属矿等重点矿山投产见效,着力发展黑色金属、有色金属、能源金属加工制造产业链,积极保障国家能源和关键矿产资源安全。着力推动建设粮油产业集群,统筹谋划粮食生产、流通、加工、存储和消费,加快推进主食产业化和粮油精深加工,提高粮油产品附加值和市场竞争力。加快建设棉花和纺织服装产业集群,高标准建设国家优质棉纱基地,高质量运营棉花棉纱交易中心,推动棉花加工企业兼并重组、做大做强,着力补齐化纤、印染、服装、家纺、针织及设计等产业链供应链短板,促进棉花产业和化纤产业耦合发展,拓展棉花和纺织服装产业发展空间。打造绿色有机果蔬产业集群,优化特色果蔬产业布局,推进绿色有机林果产业集群示范园和示范区建设,加快葡萄酒、番茄加工、特色林果加工等产业发展,促进林果产品加工高端化,加快建设中药产业化基地、中药材种植基地。建设优质畜产品产业集群,推进优质饲草料基地、标准化养殖基地、畜禽种业基地建设，促进资源要素向优势产业、产区、企业集聚，打造全国重要的畜产品生产基地。大力发展新能源新材料等战略性新兴产业集群，加快推动哈密北、准东、喀什、若羌等一批千万千瓦级新能源基地和乌鲁木齐、伊犁、克拉玛依、哈密等4个氢能产业示范区建设，全年新增新能源装机规模力争达到2000万千瓦；推动铝基、铜基、钛基、锂基等产业链延伸发展，加快发展新能源装备、高端输变电、新型农牧机械等先进制造业。

（三）深入实施创新驱动发展战略，为高质量发展提供科技教育人才支撑

大力实施科技兴疆战略。充分发挥科技创新的基础性、战略性支撑作用，着力提升区域科技创新能力，以科技创新引领现代化产业体系建设，大力发展数字经济，加快推动人工智能、生物医药、绿色算力、电子信息、动力电池、航空器制造、低空经济等新兴产业发展，推进创新链、产业链、资金链、人才链深度融合，着力培育新质生产力。深化"四方合作"和科技援疆机制，以丝绸之路经济带创新驱动发展试验区和乌昌石国家自主创新示范区为引领，打造面向中亚的区域科技创新中心。全力推进怀柔实验室新疆基地、阿克苏阿拉尔高新技术产业开发区建设。积极培育全国重点实验室、国家技术创新中心、"一带一路"联合实验室等国家级创新平台，高质量建设新疆实验室、自治区技术创新中心。自治区本级筹集20亿元科技计划项目资金，聚焦"八大产业集群"实施一批重大科技项目，攻克一批"卡脖子"技术难题。设立创新驱动发展引导资金，引导全社会加大研发投入。强化企业科技创新主体地位，大力培育高新技术企业、专精特新"小巨人"企业，推动规上国有工业企业研发机构全覆盖。高质量运营新疆科技成果（技术）

交易中心，推动新技术、新成果转化应用。广泛深入开展科普活动，不断提高全民科学素质。

加快推进教育强区建设。全面落实加快推进教育强区建设三年行动方案，加强高质量教育体系建设，提升教育对高质量发展的支撑力、贡献度。实施基础教育扩优提质行动，分类优化教育资源配置，支持生源明显增长地区新建、改扩建一批标准化普通高中。持续深化现代职业教育体系建设，大力实施职业学校办学条件达标工程，打造产教融合共同体。加强新疆大学、石河子大学"双一流"建设和高水平研究型大学建设，以南疆为重点布局建设理工类、应用型本科高校，逐步实现"地地有本科教育"目标。

深入实施人才强区战略。用好人才发展基金，强化科研人员激励和保障机制，全方位培养、引进、用好、留住人才。加快培养引进战略科学家和科技领军人才，支持科研人员兼职创新、离岗创业、在职创办企业，鼓励各类科技人才积极投身经济社会发展主战场，让更多优秀人才竞相涌现，让知识财富充分涌流，以人才赋能推动高质量发展！

（四）大力促进服务业提质增效，培育消费新业态和增长点

深入实施旅游兴疆战略。加强旅游景区、风景道、度假区建设，实施一批重点景区、精品线路基础设施建设提升项目，打造红色游、乡村游、民俗文化游、旅游演艺等特色业态，积极创建边境旅游试验区和跨境旅游合作区。吸引大企业、大集团参与旅游景区开发运营，加快培育文旅龙头企业。深化"同心护旅"专项行动，持续优化文化旅游市场秩序。推动文旅深度融合发展，唱响"新疆是个好地方"品牌，力争接待游客3亿人次，推动新疆由旅游资源大区向旅游经济强区迈进。

大力发展现代服务业。加快乌鲁木齐、喀什、阿克苏、塔城等国家、区域物流枢纽和骨干冷链物流基地布局建设，统筹推进乌鲁木齐、伊宁、库尔勒、喀什等现代流通战略支点城市建设，推动建设高效畅通的物流网，有效降低物流成本。继续深化金融服务高质量发展专项行动，引导金融机构加大对重点产业、小微企业支持力度，大力发展科技金融、绿色金融、普惠金融、养老金融、数字金融。推动服务业创新发展，运用新一代信息技术促进旅游、商贸、物流、住宿餐饮等传统服务业转型升级，推进先进制造业和现代服务业融合发展试点工作。千方百计优化消费环境，稳定和扩大传统消费，提振新能源汽车、电子产品等大宗消费，培育壮大数字消费、绿色消费、健康消费等新型消费，积极培育智能家居、文娱旅游、体育赛事、国货"潮品"等新的消费增长点。大力发展银发经济，解决好老年人居家养老、就医用药、康养照护等急难愁盼问题，让老年人安享幸福晚年。

（五）积极扩大有效投资，加快构建现代化基础设施体系

发挥有效投资关键作用。落实"六重清单"，强化资金、用地、用能等要素保障，促进涉企服务精准化、便利化，推动更多基础设施和产业项目落地建设。发挥投资项目在线审批监管平台功能，提高项目审批效率，管好用好中央预算内投资、地方政府专项债券、国债等各类政府投资，发挥带动放大效应。形成鼓励民间资本参与的项目清单并加强推介，用好政府和社会资本合作新机制，积极引导社会资本参与重大项目建设。进一步完善政银企对接合作机制，鼓励金融机构加大对重点项目建设融资支持，探索建立"引导基金+市场化基金+投贷联动"多元化投融资体系，提高直接融资比重。

加快构建现代基础设施体系。认真研究谋划，编制"十张网"实施方案，积极打造东联西出的铁路网、通行便利的公路网、干支联通的航空网、调控有力的水利网、内供外联的电力网、覆盖广泛的天然气管网、高效畅通的商贸物流网、绿色低碳高效的算力网、集约便捷的地下管网、联通欧亚的跨境网。加快交通设施建设，建成格库铁路扩能改造、巴里坤机场、乌鲁木齐绕城高速西线等项目，完成乌鲁木齐国际机场改扩建工程，加快罗若铁路、将淖铁路增建二线、昭苏至温宿公路等项目建设，推动梧桐水至淖毛湖铁路、高昌至托克逊至巴仑台高速公路、伊宁机场迁建等项目开工，做好伊宁至阿克苏铁路、精伊霍铁路增建二线、鄯善至敦煌铁路、库车至沙雅至阿拉尔铁路、富蕴至塔克什肯铁路、独库高速公路、皮山机场等项目前期工作。加快水利设施建设，落实新疆水网建设规划，持续推进大石峡、玉龙喀什、库尔干水利枢纽等一批重点工程建设，完成博斯腾灌区等大中型灌区续建配套和现代化改造项目，开工建设叶城县台斯水库、于田县吐米亚水库等工程，提高空中云水资源开发利用能力。加快能源设施建设，推进"疆电外送"第三通道、"西气东输"四线（吐鲁番至中卫段）、环塔750千伏输变电工程和阜康、哈密、布尔津、和静、若羌抽水蓄能电站等项目建设，建成投产一批750千伏输变电工程，加快推动"疆电外送"第四通道等重大工程前期工作。加快新型基础设施建设，围绕"数字丝绸之路"和自贸试验区建设，布局谋划绿色算力先导区，试点推进与东部地区共建算力联动机制，提升算力网络传输效能，积极融入全国一体化算力网络体系。加强重点领域基础设施数字化改造，加快推进5G、千兆光网等规模部署，加大充电桩建设力度。

（六）加快"一带一路"核心区建设，扩大高水平对内对外开放

高标准建设自贸试验区。建立健全权责清晰、统筹高效的自贸试验区管理体制机制。全面落实自贸试验区建设实施方案，高质量推进乌鲁木齐、喀什、霍尔果斯片区建设，推动落实总体方案确定的129项改革试点任务，确保今年落地实施率达50%以上。加快《中国（新疆）自由贸易试验区条例》立法，推进"丝绸之路经济带法务区"建设，形成一批标志性、突破性制度创新成果。发挥自贸试验区综合试验平台作用，加快推进投资贸易便利化、金融创新和产业开放，引进一批重大项目、重要平台、龙头企业和专业机构，努力把自贸试验区打造成为改革开放的新高地。

高质量推进"一带一路"核心区建设。积极提升中欧班列开行质效，加快中欧班列集结中心建设，推动乌鲁木齐国际陆港区资源整合，大力培育商贸物流、跨境电商等产业。实施喀什、霍尔果斯经济开发区新一轮总体发展规划，大力培育优势产业集群，建设好核心区南北两个重要支点。加快塔城重点开发开放试验区建设。推进跨境电商综合试验区建设，培育海外仓。加快口岸基础设施建设，打造"智慧口岸"，不断优化通关流程，提高通关过货能力。实现别迭里口岸对外开放，加快推进红其拉甫口岸常年开放。

高水平推进对内对外开放。推动第三届"一带一路"国际合作高峰论坛、中国—中亚峰会成果落地，加强与周边国家特别是中亚五国的务实合作，推进优质企业跨境人民币结算便利化试点，建立完善与中亚国家科技合作机制，加强与周边国家数据信息交流合作，支持企业在特色农牧业、能源资源、装备制造、交通运输等领

域"走出去"。深入推进内外贸一体化试点和市场采购贸易方式试点发展，加快国家外贸转型升级基地建设，着力提升各类开放平台功能作用和协同水平，拓展中间品贸易、服务贸易、数字贸易出口。加快培育壮大边境小额贸易主体，推动边民互市贸易创新发展。持续深化同中央企业、援疆省市和周边省区交流合作。高质量举办第八届中国—亚欧博览会。

（七）深化重点领域改革，大力营造市场化法治化国际化营商环境

推进重点领域和关键环节改革。深入实施国有企业改革深化提升行动，加快国有经济布局优化和结构调整，着力提高国有企业创新能力和价值创造能力，做强做优做大国有资本和国有企业。认真落实促进民营经济发展壮大若干政策措施，建立健全促进民营经济发展工作协调机制、企业家参与涉企政策制定机制、民营企业投诉维权办理机制，建立亲清统一的新型政商关系，充分激发各类经营主体发展活力。审慎稳妥推进农村集体经营性建设用地入市试点和农村宅基地制度改革试点，深化农业水价综合改革。加快推进自治区以下财政体制改革，完善国有资本经营预算制度。深化金融体制改革，积极稳妥推进新疆农信社改革改制。

深化营商环境综合改革。深入实施营商环境优化提升三年行动，着力营造公平透明高效的市场化环境、有力度更有温度的法治化环境、统一开放平等的国际化环境，打造"投资新疆"品牌。加快融入全国统一大市场，全面清理废除妨碍统一市场和公平竞争的规定和做法，稳定市场预期、提振市场信心。推进重点领域诚信建设，完善信用修复机制，建立健全政务失信记录和惩戒制度。推行信用监管和"互联网+监管"改革，对守信企业"无事不扰""有求必应"。积极推行包容审慎监管，完善行政执法减免责清单和"首违不罚"清单，对轻微违法行为建立容错机制。持续加大拖欠企业账款清理力度，健全防范和化解拖欠企业账款长效机制，年底前台账内欠款全部清偿到位！

（八）坚持以南疆为重点，促进城乡融合和区域协调发展

大力培育南疆发展新增长极。用足用好中央支持南疆发展的特殊优惠政策，落实自治区促进南疆高质量发展政策措施，加快编制环塔里木经济带发展规划，用好100亿元南疆发展专项资金。坚持打破常规、特事特办，谋划落实一批百亿元级重大产业项目，健全南疆产业体系，提高群众就业收入水平。开展"科普边疆行"活动，更好培育各族群众特别是青少年的现代文明理念。实施南疆教育质量提升行动，加强教师队伍素质能力建设，进一步加快阿拉尔大学城建设，推进和田学院、新疆工业学院等高等院校建设，为南疆发展提供智力支持和人才支撑。南疆发展正处在一个千载难逢的机遇期，南疆各族人民必将迎来更加幸福美好的明天！

积极推进以人为核心的新型城镇化。高质量规划建设乌鲁木齐、伊宁、喀什等中心城市，加快库尔勒、阿克苏、和田、阿拉尔、图木舒克等区域重点城市建设。推进以县城为重要载体的城镇化建设，发展壮大县域经济，加强沿边重点城镇、兴边富民中心城镇和抵边新村建设。深化户籍制度改革，落实促进农村群众融入城市的政策举措，加快农业转移人口市民化。实施城市更新行动，推进城镇老旧燃气、供排水、供热等地下管网更新改造，提升城市载体功能和城市品质。

（九）坚持绿色低碳发展，推进污染防治和生态建设

加强生态环境保护建设。坚持山水林田湖草沙一体化保护和系统治理，严格落实"三线一单"分区管控制度，完善生态环境分区管控方案，落实林长制、河湖长制。加快推进塔里木河干流、和田河流域等5个重点区域生态保护修复项目，加强艾比湖流域生态保护和修复。全力打好"三北"工程攻坚战、塔克拉玛干沙漠边缘阻击战，完成造林120万亩、种草改良470万亩、荒漠化治理450万亩。科学推进水土流失综合治理，水土保持率达到49.38%。在塔克拉玛干、古尔班通古特沙漠边缘区域布局建设光伏治沙项目。全力做好卡拉麦里、昆仑山国家公园创建工作。

持续加强污染防治。深化源头治理、综合治理、协同治理，持续改善空气环境质量。统筹水资源、水环境、水生态治理，强化重点流域综合治理，推进城镇污水收集、处理设施建设。深入推进农用地土壤污染防治和安全利用，加强农田地膜污染治理。强化固体废物环境管理和新污染物治理，加大噪声污染防治力度。深入开展自治区级生态环境保护督察，推动中央生态环境保护督察反馈问题全面整改落实。

推动绿色低碳发展。优化能耗"双控"管理，推动工业节能降碳技术改造，支持煤炭、油气、矿产等重点产业高端化、绿色化、低碳化发展。加强城市和工业污水循环利用，推进生活垃圾分类和资源化利用。促进农业绿色发展，实施化肥农药减量增效，推广种养循环模式。

（十）深入推进文化润疆，有形有感有效铸牢中华民族共同体意识

大力推进民族团结进步事业。坚定不移走中国特色解决民族问题的正确道路，深入开展民族团结进步创建和铸牢中华民族共同体意识示范创建，巩固发展各民族大团结的良好局面。办好5个自治州、6个自治县成立七十周年庆祝活动。广泛开展疆内外各族青少年交往交流交融活动，让各族群众像石榴籽一样紧紧抱在一起。

促进宗教和睦和谐。坚持新疆伊斯兰教中国化方向，保护合法、制止非法、遏制极端、抵御渗透、打击犯罪，积极引导宗教与社会主义社会相适应。加强"三支队伍"建设特别是宗教教职人员培养培训，提升宗教事务治理能力。全面贯彻党的宗教信仰自由政策，依法保障信教群众正常宗教需求和合法宗教活动。依法推进去极端化，实现宗教健康发展。

扎实推进文化润疆。深入开展中华民族共同体意识教育，扎实推进青少年"筑基"工程，引导各族干部群众牢固树立正确的"五观"，增进"五个认同"，推动构筑中华民族共有精神家园。全面推进国家通用语言文字教育和普及使用，持续巩固提升各学段国家通用语言文字教育教学成果，大力开展面向基层干部、青壮年劳动力等人群的国家通用语言文字培训。加快推进现代公共文化服务体系建设。实施"歌舞之乡"品牌塑造计划，打造一批精品力作。实施一批重点遗迹遗址保护利用项目，全面推进新疆非物质文化遗产馆建设，深化文化和旅游对外交流合作，让文物和文化遗产"活起来"，生动讲好新疆故事。

（十一）加强以改善民生为重点的社会建设，不断提升各族群众生活品质

更加突出就业优先导向，持续抓好高校毕业生、退役军人、农民工等重点群体就业，积极拓宽市场化社会化就业渠道，突出强化公共就业服务，开展多元化有针对性的职业技能培训，努力使城乡有劳动能力的人都能实现就业。加快健康新疆建设，积极高效推进3个国家区域医疗中心和4个自治区级区域医疗中心建设，全面推进紧密型县域医共体建设，推动优质医疗资源扩容下沉、均衡布局，加强老年、妇幼等重点人群健康服务，持续提升中医药服务能力。提升社会保障水平，持续推动社会保险扩面，做好企业职工基本养老保险全国统筹，完善失业保险、工伤保险省级统筹，推进医疗保险省级统筹。健全社会救助体系，加强低收入人口动态监测预警，开展城乡困难群体法律援助，切实兜住兜准兜牢民生底线。改善群众生活条件，推进城镇老旧小区、棚户区和城中村改造，加大保障性住房建设和供给，推动养老托育、社区服务、家政便民、健康服务、体育健身等城市公共服务有机嵌入社区，努力打造让各族群众满意的幸福家园！

全力抓好2024年十件民生实事。一是继续推进"乌—昌—石"区域大气环境整治，扎实推进产业、能源、交通绿色低碳转型，深化工业源和面源污染治理。二是全面推进南北疆天然气利民管道扩建工程，建成阿勒泰、塔城、伊犁、博州和阿克苏5个天然气利民管道项目，完成"煤改电"（二期）工程改造任务。三是推进城乡抗震安居工程建设，全面排查城乡居民住房和越冬放牧点安全隐患，重点对地震等自然灾害易发多发地区达不到抗震设防标准的房屋进行加固改造。四是积极帮扶和确保困难群体就业，持续开展"送岗位、送服务、送政策、送温暖"活动，实施农民工安"薪"无忧工程。五是开展数字便民利企行动，扩大"疆内通办""跨省通办"范围，推动更多高频政务服务事项提供延时服务，推进不动产登记"带押过户"。六是实施道路交通运输安全整治行动，加强道路本质安全建设，规范设置交通警示标识，推进城市道路交叉口精细治理，强化道路安全监管与执法。七是实施中小学生爱眼护齿行动，启动全区中小学教室健康照明改造工程，做好中小学生定期视力监测和建档工作，关爱中小学生牙齿健康。八是开展居家社区养老服务，因地制宜建设1万个老年助餐服务点，实施1万户特殊困难老年人家庭适老化改造，建成100个乡镇（街道）区域养老服务中心和社区老年人日间照料中心。九是实施残疾儿童康复救助，为残疾儿童和孤独症儿童基本康复训练、手术、辅助器具适配提供救助服务。十是开展文化科技惠民活动，开展"文化进万家""四季村晚""流动博物馆巡展"等文化惠民活动，开展"科技入农户""科普进乡村"活动。

（十二）统筹发展和安全，努力营造安定和谐的社会环境

始终把维护社会稳定放在首位，保持依法严打高压态势不动摇，扎实推进维稳工作法治化常态化，推动反恐维稳向规范精细常态转变，确保社会大局持续稳定长期稳定。加强和创新社会治理，坚持和发展新时代"枫桥经验"，全面提高基层治理能力，强化社会治安综合治理，扎实推进信访工作法治化，及时回应、有效解决群众诉求，推动平安新疆建设。有效防范化解经济领域风险，统筹做好房地产、地方债务、中小金融机构等重点领域风险排查化解工作，牢牢守住不发生系统性风险的底线。毫不放松抓好安全生产和防灾减灾，压紧压实属地管理责任、部门监管责任、企业主体责任，加强重点行业领域风险隐患排查整治，强化安全生产监管，坚决防止发生重特大生产安全事故。加强自然灾害综合监测预警能力建设，提升综合防范和应急处置能力，切实保障各族群众生命财产安全。加强食品药品安全监管，全力守护人民群众"舌尖上的安全"。

各位代表！新疆生产建设兵团在实现高质量发展、建设美丽新疆中发挥着不可替代的重要作用。我们要牢固树立"兵地一盘棋"思想，全力支持生产建设兵团深化改革、发展壮大，充分发挥兵团特殊作用。全面促进兵地全方位深度融合发展，共同培育壮大"八大产业集群"、建设产业园区；推进兵地国有企业双向进入、互相参股，在能源、化工、矿业、物流、现代农业、文化旅游等领域落地一批重点合作项目；推动兵地在交通、水利、能源、通信等领域同步建设一批重大基础设施，构建兵地一体化现代基础设施体系；同防同治、联防联控，共同推进重点区域大气污染防治；深化兵地教育、医疗、文化等领域共享合作，推动形成兵地设施共建、资源共享、深度嵌入、优势互补的生动局面！

各位代表！对口支援新疆是党中央作出的重大战略决策。我们要全面贯彻落实第九次全国对口支援新疆工作会议精神，充分发挥自身主体作用，高质量开展对口援疆工作。统筹用好援疆资源力量，集中力量办大事。深入推进以就业为导向的产业援疆，积极承接东中部地区产业转移。推动"组团式"援疆从教育、医疗向产业发展、园区管理和科技、农业、文化、考古等领域扩展，全面提升对口援疆综合效益，切实把党中央的关怀、全国人民的无私支援转化为推动新疆团结进步、繁荣发展的强大动力！

各位代表！新疆是维护国家地缘安全的战略屏障，边疆的稳固和安宁离不开钢铁长城的捍卫。我们将深入贯彻习近平强军思想，加强和完善国防教育，全力支持国防和部队建设，积极主动为部队官兵家属就业、就学、就医解除后顾之忧，认真做好退役军人服务保障工作，深入开展"双拥"共建，共同开创国防和部队建设新局面！

三、切实加强政府自身建设

始终把坚持高质量发展作为新时代的硬道理，把为民造福作为最重要的政绩，全面依法履行好政府职责。

（一）坚持党的集中统一领导。深刻领悟"两个确立"的决定性意义，增强"四个意识"、坚定"四个自信"、做到"两个维护"，完整准确全面贯彻新时代党的治疆方略，自觉在思想上政治上行动上同以习近平同志为核心的党中央保持高度一致。坚持把党的领导贯穿政府工作全过程各领域，坚决按照自治区党委部署要求，不折不扣抓落实、雷厉风行抓落实、求真务实抓落实、敢作善为抓落实，真正把"党委有部署、政府有行动"落到实处。

（二）扎实推进法治政府建设。深入践行习近平法治思想，全面落实依法治疆要求，持续推进法治政府建设示范创建活动，创新和改进法治督察方式。严格落实重大行政决策程序规定，深化落实政府法律顾问和公职律师制度。全面推进严格规范公正文明执法，加大对违规执法典型案件曝光力度，坚决纠治重复执法、多头执法、逐利性执法、选择性执法等行为。尊重和保障人权，提升人权法治化保障水平，依法维护好各族群众政治、经济、文化、社会、宗教信仰自由等权利。支持工会、共青团、妇联等群团组织更好发挥桥梁纽带作用，大力发展妇女、儿童、老龄、残疾人和红十字等事业。深入开展"八五"普法，增强全民法治观念。依法接受人大及其常委会监督，自觉接受政协民主监督，主动接受监察监督、社会和舆论监督，广泛听取各民主党派、工商联、无党派人士和各人民团体意见，不断提高人大代表建议和政协提案办理水平，以实际行动践行全过程人民民主。

（三）**高效推进服务型政府建设。**始终把为民服务作为政府的天职，尽最大努力解决好老百姓关心的急难愁盼问题。扎实推进政府机构改革、转变政府职能，着力提升服务质效，加快数字政府建设，深化政务服务一体化平台应用，进一步优化流程、提高效率，推动"高效办成一件事"。大力解放思想、守正创新，打破思维定势，摆脱路径依赖，用改革的思路、开放的举措、创新的办法，善于找准"牵一发而动全身"的突出问题精准发力，推动行政效能大提升，进一步提高服务群众、服务企业、服务经济社会高质量发展的本领能力。

（四）**从严推进廉洁政府建设。**锲而不舍落实中央八项规定及其实施细则精神和自治区党委实施办法，深入推进政府系统党风廉政建设和反腐败斗争，严肃惩治侵害群众利益的不正之风和各类腐败问题，切实抓好巡视、巡察、审计、督察等发现问题的整改。牢固树立和践行正确政绩观，大力弘扬求真务实优良作风，坚持问题导向，践行"四下基层"，持续防范和纠治形式主义、官僚主义，坚决不开没有实际意义的会议、坚决不发没有实质性内容的文件、坚决不搞不解决问题的调研、坚决不干脱离实际的项目。进一步规范公共资源交易和招投标，加大审计、财会、统计监督力度，深入推进政务公开。各级政府要把过"紧日子"作为习惯、变成常态，勤俭办一切事业，把更多资金用在为民造福上，让各族群众过上"好日子"。

各位代表！力量源于团结，实干铸就辉煌。让我们更加紧密地团结在以习近平同志为核心的党中央周围，高举中国特色社会主义伟大旗帜，以习近平新时代中国特色社会主义思想为指导，完整准确全面贯彻新时代党的治疆方略，在自治区党委的坚强领导下，牢记嘱托、感恩奋进，踔厉奋发、勇毅前行，全力推动高质量发展，在新征程上奋力谱写好中国式现代化的新疆篇章！

下 篇

计划单列市

大 连 市
政府工作报告

——2024年1月6日在大连市第十七届
人民代表大会第三次会议上

市长　陈绍旺

各位代表：

现在，我代表市政府向大会报告工作，请予审议，并请市政协委员提出意见。

一、2023年工作回顾

2023年是全面贯彻落实党的二十大精神开局之年，是三年新冠疫情防控转段后经济恢复发展的一年，是实施全面振兴新突破大连行动的首战之年。习近平总书记再次亲临东北考察，主持召开新时代推动东北全面振兴座谈会并发表重要讲话，对新时代推动东北全面振兴进行系统性谋划、作出战略性安排、擘画发展新蓝图，为我们指明了前进方向、提供了根本遵循、注入了强大动力。

一年来，我们坚持以习近平新时代中国特色社会主义思想为指导，全面贯彻党的二十大精神，坚定不移落实习近平总书记关于东北、辽宁、大连振兴发展重要讲话和指示批示精神，坚决执行党中央、国务院及省委、省政府的决策部署，在市委的坚强领导下，锚定"两先区""三个中心"战略定位，勇当新时代东北振兴"跳高队"，聚焦《大连市对标习近平总书记重要讲话精神 加快"两先区"高质量发展提升清单》，较好完成市十七届人大二次会议确定的年度目标任务。预计，地区生产总值增长6%以上；一般公共预算收入增长12%；规模以上工业增加值增长10%以上；社会消费品零售总额增长9%；城乡居民人均可支配收入与经济增长基本保持一致；居民消费价格上涨0.6%；能耗强度比2020年累计下降13%以上。振兴发展呈现提质增效、稳中有进良好态势，主要经济指标好于全国，一批具有牵引作用的重大项目取得突破性进展，"两先区""三个中心"高质量发展成势见效，全面振兴新突破大连行动实现首战告捷。

（一）全力推进经济回升向好，综合经济实力持续壮大。 积极扩投资促消费。创新实施项目建设"三项机制"，重大优质项目加快建设，金州湾国际机场正式启动建设，大石化搬迁改造取得阶段性重大成果，辽东半岛水资源配置工程纳入国家布局；恒力临海装备制造基地项目投产，石墨谷项目落户金普新区；地铁5号线、大连湾海底隧道两条跨海城市交通大动脉建成运行，旅顺中部通道、大连北站综合交通枢纽建成投运，梭鱼湾足球场交付使用。文旅消费强劲复苏，举办文旅产业发展大会，"海上游大连"项目正式运营，天津街、俄罗斯风情街、渔人码头等特色街区全新升级，冰山慧谷、金石滩景区成为"国家级示范"。全年接待游客1.36亿人次，实现旅游收入1493亿元，分别恢复至2019年的148%

和175%。加快构建现代化产业体系。扎实做好结构调整"三篇大文章",制造业和高技术产业投资合计占全市投资比重39.3%。装备制造业加快向高端化迈进,超大型集装箱船、全球最大级别穿梭油轮等重大装备成功交付,奇瑞汽车配套产业园开工建设,冰山集团启动建设国内首家冷热装备制造行业分中心,大机车等3家企业获评国家级智能制造示范工厂。石化产业加速向全产业链延伸,恒力聚酯科技产业园部分项目投产达效,鼎际得高端新材料项目签约落地,长兴岛(西中岛)石化产业基地入围"全国高质量发展化工园区30强"。战略性新兴产业持续壮大,软件信息、清洁能源、生命安全领域一批项目开工建设,战略性新兴产业增加值、数字经济核心产业增加值占GDP比重分别升至13%和9.5%。多措并举稳外资稳外贸。更大力度吸引利用外资,成功举办对外开放暨招商引资大会、数交会、夏季达沃斯论坛大连之夜、中俄投资发展与贸易合作大会,招商引资"朋友圈"不断扩大,实际利用外资9.6亿美元,省外到位内资1885.6亿元、增长15.1%。高质量建设跨境电子商务综合试验区,新培育跨境电商105家,我市获批全国促进跨境贸易便利化专项行动试点城市;深度融入共建"一带一路",对共建国家进出口额占全市比重达42.6%,对日本、韩国、俄罗斯进出口分别增长2%、20%、80%。稳增长、扩投资、促消费取得积极成效,经济发展质量和效益稳步提升。

(二)深入实施科教兴市战略,创新发展能力显著增强。办好人民满意的教育。统筹推进基础教育、职业教育、特殊教育、高等教育创新发展。新开办公办幼儿园13所,增加学位3180个;新建、改扩建义务教育学校7所,增加学位8000个,中山区被教育部评为完善普惠性学前教育保障机制实验区;深化产教融合、市校协同，金普新区入选首批国家级市域产教联合体，大连理工大学和海事大学4个学科列入全国"双一流"。推进科技自立自强。加快创新平台建设，英歌石科学城建设进入快车道，首批235个细分领域实验室确定入驻，先进光源大科学装置预研项目主体完工，辽宁滨海实验室、黄海实验室投入使用，水路交通控制全国重点实验室正式获批，我市全国重点实验室增至5个，大连人工智能计算中心获批国家新一代人工智能公共算力开放创新平台。加强创新主体培育，新增科技企业孵化平台15家，新注册科技型中小企业2093家。加速科技成果转化，技术合同成交额增长18.4%，科技成果本地转化率达42.2%。开展关键核心技术攻关，实施"揭榜挂帅"132项，"大连1号"卫星成功发射，高铁轴承等技术取得实质性突破，全社会研发投入增长10%、占GDP比重达3.2%。建设科技人才高地。深入实施"兴连英才计划"，引进"带土移植"团队13个，新增高层次人才792人，成功举办第24届海创周。开展"青年学子留连来连高校行"等活动，接收应届高校毕业生6.5万人、增长27%。教育、科技、人才三位一体、协同发力，正在成为"两先区"高质量发展的基础性、战略性支撑。

（三）坚定不移推进改革开放，发展内生动力有效释放。着力优化营商环境。开展市委、市政府主要领导"致企业家一封信"活动，推出28项70条升级举措。推进"一件事一次办"，发布"办事不找关系"指南，推出"免申即享"政策40项，300个事项"全市通办"；"一网协同"实现全覆盖，政务服务事项"网上办"达93%，"一网统管""一网协同"系统入选全国数字城市创新成果。纵深推进重点领域改革。坚决落实"两个毫不动摇"，推进17户市属国有企业"一企一策"改革，重工集团重组整合实现逆势超常规发展，高佳化工改革后实现质效双升，瓦轴集团、检验检测集团混改稳妥推进，太平湾国资国企综合改革特别示范区建设取得成效。召开民营经济发展大会，出台支持中小微企业发展15条措施，制定政商交往正负面清单，开展领导干部"双进双促"行动，全年新登记各类经营主体13.89万户、增长16.68%，新增户数创历史新高，新增国家级专精特新"小巨人"企业12家、省级专精特新中小企业159家。深化产业园区改革，建立高新区与旅顺口区联合支持旅顺经开区发展体制机制。持续扩大高水平对外开放。自贸试验区推出30项首创性制度创新成果，2项成果入选国务院改革试点经验在全国复制推广。拓展RCEP（大连）国际商务区功能，公共服务平台上线运行，跨境商品展贸中心启动运营。发挥辽宁沿海经济带"一核引领"作用，六市协同发展持续走深走实，50个事项"区域通办"。加速推进"三个中心"建设。提升航运中心能级，开通大连—符拉迪沃斯托克、大连—羽田航线，全年空港吞吐量1613万人次、增长153%，增速超过全国平均水平，出台促进航运物流发展政策，集装箱吞吐量增速居全国沿海港口前列；完善物流中心体系，畅通海陆大通道，开展"一单制"先行先试，开通大庆至大连海铁联运班列，海铁联运量占比居全国前列；增强金融中心辐射力，2家企业成功上市，2家企业新三板挂牌，大商所实现化工板块期货期权工具全覆盖，我市"全球金融中心指数"评分和排名连续四期实现双提升。

（四）推进城乡融合陆海统筹，区域协调发展呈现新局面。大力发展海洋经济。海洋能源产业加速发展，华能、三峡海上风电项目相继启动；"蓝色粮仓"加快建设，新建国家级海洋牧场3个，数量和规模居全国首位，新认定国家级、省级良种场6个，鑫玉龙国家级刺参种质资源场建成运行。全市海洋经济总产值4200亿元、增长9%以上。强力推进非法违规占用海域、滩涂、岸线问题清理整顿，盘活海岸线54.3公里，清理整治海域面积9万公顷，整治环境"脏乱差"问题284项，近岸海域优良水质比例99.1%，形成统一策划、统一管理、统一营销的良好局面。扎实推进乡村振兴。坚决扛起粮食安全责任，新建改造提升高标准农田7万亩，实施保护性耕作63.5万亩，完成粮食播种面积402.1万亩，粮食总产量实现"八连丰"。大力发展乡村产业，我市国家级现代农业产业园、农业现代化示范区、乡村振兴示范县数量居副省级城市首位，"大连大樱桃"等4个地标农产品获得国家级博览会金奖。瓦房店市、金普新区纳入国家农村集体经营性建设用地入市试点。推进宜居宜业和美乡村建设，完成农村公路大中修200公里，94处农村黑臭水体整治全部完成，全市农村生活污水治理率达到70.5%，创建省级美丽宜居村161个。全面提升城市品质。完善城市基础设施，升级改造重点道路35条，新增停车泊位4万个，建成"口袋公园"116处，建设海绵城市项目24个。实施城市更新行动，加快推进保障性住房建设、"平急两用"公共基础设施建设、城中村改造等"三大工程"，改造燃气管网1350公里、老旧供热管网276公里、老旧排水管网111公里，筹集保障性租赁住房6036套，实现公租房应保尽保；沙河口区兴社社区成为国家完整社区建设试点。改造老旧小区192个、1100万平方米，惠及15万户居民，"十四五"规划确定的老旧小区改造任务提前两年完成。

（五）加快推进美丽大连建设，绿色发展取得积极成效。深入推进环境污染防治。扎实推进中央生态环保督察、国家海洋督察整改任务落实，持续打好蓝天、碧水、净土保卫战，空气质量优良天数319天，13个国考河流断面水质优良比例达100%，重点建设用地安全利用率、危险废物安全处置利用率保持100%。我市被生态环境部评为"真抓实干成效明显的地方"，生态文明建设经验在全国交流推广。加强生态环境保护和修复。统筹推进山水林田湖草沙一体化保护和修复，创新实施"土壤修复+开发建设"模式试点，深入实施"绿满大连"工程，完成人工造林2万亩，复绿废弃矿山1.5万亩，庄河市被生态环境部命名为"生态文明建设示范区"，长海县被评为国家首批自然资源节约集约示范县。加快发展方式绿色转型。推进碳达峰碳中和，全市规上工业能耗总量、强度实现"双下降"，入选全国首批碳达峰试点城市。推动产业结构、能源结构、交通运输结构优化调整，非化石能源发电量占比达73.8%。大力发展循环经济，高质量建设"无废城市"，绿色低碳生产生活方式成为大连人的新时尚，蓝天常驻、绿水长清、青山蕴翠、碧海流云成为大连最鲜明的底色。

（六）发展民生和社会事业，人民生活水平不断提高。强化就业优先政策。健全就业公共服务体系，开展助企稳岗扩岗促就业活动，突出抓好高校毕业生、退役军人等重点群体就业创业，完成城镇新增就业12.5万人，零就业家庭动态清零。兜牢民生保障底线。着力解决人民群众急难愁盼问题，15项重点民生实事高质量完成。城乡居民最低生活保障标准、城乡特困供养人员基本生活标准全面提升；企业职工养老保险全国统筹有序推进，社会保险参保覆盖面持续扩大，职工基本医疗保险门诊共济保障政策落地实施。加强养老托育服务，市场化养老产业集群快速发展，区、街、社区三级联动的居家和社区养老服务设施网络初步形成，新建家庭养老床位1000张，普兰店区获评全国首批未成年人保护示范区，西岗区北岗社区获评示范性全国老年友好型社区。推进健康大连建设。巩固"三医联动"改革成果，新增国家临床重点专科5个；发热门诊、住院楼建设等10个项目投入使用，市民就医条件明显改善，公立医院"一院多区"改革入选全国典型案例。提升文化服务水平。实施文化惠民工程，开展"艺术点亮城市"等惠民文化活动410场，建成城市书房、非遗工坊等新型公共文化空间20个，音乐剧《国之韶华》等一批精品力作获全国、全省大奖。开展全民健身运动，大连国际徒步大会和马拉松赛成功举办。老铁山和长山群岛候鸟栖息地通过世界遗产中心评估，我市正式获颁"东亚文化之都"，城市知名度和美誉度进一步提升。

（七）科学统筹发展和安全，坚决守牢不发生系统性风险底线。积极防范化解重点领域风险。摸清全口径地方债务底数，统筹用好国家政策，制定并实施化债方案，多措并举打好防范化解地方债务风险攻坚战，有效降低了地方债务风险。加强金融领域风险研判预警处置，重拳整治非法集资。加强房地产市场监管，13个保交楼项目稳妥推进，有力维护了群众的合法权益。着力提升公共安全水平。压实安全生产责任，开展重大隐患排查整治，强化重点领域安全监管，生产安全事故起数、死亡人数分别下降23.4%、20.3%。加强食品药品安全监管，国家食品安全示范城市创建成果持续巩固。常态化推进扫黑除恶斗争，刑事案件破案率提升19.5个百分点，治安案件结案率提升23.9个百分点，社会治安持续向好。高效推进基层社会治理。坚持和发展新时代"枫桥经验"，坚持"四下基层"，开展矛盾纠纷"大排查、大化解"专项行动，矛盾纠纷化解率99.2%，甘井子区中华路街道被评为全国新时代"枫桥式工作法"单位；弘扬践行"浦江经验"，落实领导干部接访下访和"包案"制度，信访总量下降20.3%，"万件化访"交办台账化解率100%。有效解决了一批群众关心的操心事、烦心事、揪心事，群众的获得感、幸福感、安全感持续提升。

（八）大力加强政府自身建设，现代化治理水平进一步提升。
坚持把政治建设放在首位。把坚定拥护"两个确立"、坚决做到"两个维护"作为最高政治原则和根本政治规矩，始终同以习近平同志为核心的党中央保持高度一致。扎实开展学习贯彻习近平新时代中国特色社会主义思想主题教育。切实履行全面从严治党主体责任，不折不扣贯彻落实党中央及省委、市委决策部署。纵深推进依法行政。建立党政主要负责人履行法治建设第一责任人职责清单，实现党政机关主要负责人述法率100%。健全法律顾问、公职律师参与重大行政决策机制，为政府依法决策提供法治保障。推行"四张清单"，让经营主体感受到有温度的执法。主动接受人大、政协监督，高质量完成建议提案办理。持续改进工作作风。严格落实中央八项规定及其实施细则精神，坚持不懈纠四风、树新风。发扬敢于斗争、善于斗争精神，引导政府系统党员、干部敢闯敢干加实干，在新时代大连全面振兴中勇担当、善作为、求实效。坚持精打细算、严控开支，市级"三公"经费预算总量只减不增，公用经费按定额标准压缩10%。强力推进反腐倡廉。一体推进不敢腐、不能腐、不想腐。强化对市政府各部门、各地区"一把手"和领导班子监督。紧盯重点问题、重点对象、重点领域，严肃查处新型、隐性腐败，坚决惩治群众身边"蝇贪"，大力营造风清气正的政治生态。

民族宗教、国防动员、外事、侨务、对台、档案、气象、仲裁、残疾人事业、民兵预备役和边海防等工作取得新进展。

　　各位代表，过去一年取得的成绩，根本在于以习近平同志为核心的党中央坚强领导，根本在于习近平新时代中国特色社会主义思想科学指引，是市委带领全市广大干部群众团结拼搏、接续奋斗的结果。在此，向给予政府工作大力支持的人大代表和政协委员，向各民主党派、工商联和无党派人士，向离退休老同志，向中省直各部门和兄弟省市驻连机构，向驻连部队、武警官兵和消防指战员，向关心支持大连振兴发展的海内外朋友，致以崇高敬意和衷心感谢！

　　在肯定成绩的同时，我们也清醒认识到发展面临的矛盾和问题。有效需求不足问题仍然存在，消费恢复持续承压，投资增长乏力，出口下行压力加大，固定资产投资、外资外贸增长低于预期。一些重点领域存在风险隐患，房地产市场形势严峻，保交楼任务依然艰巨；一些地区政府债务风险和财政收支平衡压力加大，部分金融领域风险不容忽视。科技创新支撑能力需加快提升，新兴产业集群偏少，科技成果转化亟待加强，高端创新人才不足，产业结构转型升级仍需加大力度。民生和社会治理领域还有短板，区市县财政增长困难，基层"三保"压力加大，优质公共服务供给还需加力。政府自身建设需进一步加强，形式主义、官僚主义整治还要持续用力，个别领域腐败问题还有发生，服务管理效能仍需提高。我们要直面问题、迎难而上，采取有力举措加以解决。

二、2024 年政府工作目标和主要任务

　　今年是中华人民共和国成立 75 周年，是实施辽宁全面振兴新突破三年行动的攻坚之年，也是"两先区"高质量发展提质升级的关

键之年，做好各项工作意义重大。当前，大连正处在多重机遇交织叠加、多方力量集中汇聚、多扇窗口同时打开的振兴发展黄金期。我们要坚定信心、抢抓机遇，埋头苦干、砥砺奋进，全力打好打赢三年行动攻坚之年攻坚之战，以率先实现全面振兴新突破的优异成绩，向全市人民交上一份合格答卷。

今年政府工作的指导思想是：坚持以习近平新时代中国特色社会主义思想为指导，全面贯彻落实党的二十大和二十届二中全会精神，一体贯彻落实习近平总书记关于东北、辽宁、大连振兴发展的重要讲话和指示批示精神，特别是在新时代推动东北全面振兴座谈会上的重要讲话精神，认真落实中央及省委、市委经济工作会议部署，坚持稳中求进、以进促稳、先立后破，完整、准确、全面贯彻新发展理念，牢牢把握维护国家"五大安全"重要使命，牢牢把握高质量发展首要任务和构建新发展格局战略任务，统筹扩大内需和深化供给侧结构性改革，统筹新型城镇化和乡村全面振兴，统筹高质量发展和高水平安全，聚焦"六个建设"目标任务，精准落实《提升清单》，在转方式、调结构、提质量、增效益上积极进取，增强经济活力、防范化解风险、改善社会预期，推动经济实现质的有效提升和量的合理增长，奋力谱写"两先区"高质量发展新篇章。

全市经济社会发展主要预期目标是：地区生产总值增长6%左右，规模以上工业增加值增长7.5%，固定资产投资增长8%左右，社会消费品零售总额增长8%，一般公共预算收入增长6%，外贸进出口增长7%，居民消费价格涨幅控制在3%左右，城乡居民收入增长与经济增长基本同步，能耗强度较2020年累计下降12%。

重点抓好以下几个方面工作：

（一）全力推进高质量发展，建设实体经济发达的现代化产业体系。坚持工业立市、产业强市，加快推进新型工业化，以科技创新引领现代化产业体系建设。

实施新质生产力培育行动。发展壮大战略性新兴产业，重点打造新一代信息技术、生命安全、清洁能源等产业集群，战略性新兴产业增加值占GDP比重达到14%。做强做大数字经济核心区，加快先进电子信息制造业、软件和信息技术服务业高端化发展，推进中国电子集团、大连数谷、SK海力士、贝特瑞等重点项目建设，新一代信息技术产业产值达到1800亿元；培育生物医药产业和先进医疗装备产业集聚区，推进复星疫苗生产基地、欧姆龙医疗器械基地、美罗中药医药产业园等项目建设投产，生命安全产业产值达到440亿元；建设风光火核储一体化能源基地，推进庄河核电、海上风电和抽水蓄能电站建设，发展普兰店、瓦房店和长海风电项目，促进融科储能全钒液流电池储能项目规模化应用，加快氢能开发利用，推动制、储、运、加、用全产业链发展，规划建设绿电产业园，清洁能源产业产值达到620亿元；培育以通用航空和无人机为重点的低空经济产业，在金普新区建设通用航空产业园。前瞻布局未来产业，围绕新一代人工智能、元宇宙、第三代半导体及柔性电子、深海开发等领域，超前谋划新技术、新产品研发，加快实现技术产品化、产品产业化，开辟新领域新赛道，掌握发展先机和主动。

加快传统优势产业转型升级。推动新一代汽车、高端轴承、先进轨道交通装备及高端数控机床等高端装备制造业集群式发展，产值达到1900亿元，省内平均配套率超过43%。推动"15+N"条产业链双向延伸，提升产业链供应链韧性和安全水平。以长兴岛、松木岛、大孤山为重点，加快石化产业向中下游发展，化工产业精细化工率达到10%，打造世界一流的绿色石化产业基地。承接国家重大生产力和战略科技力量布局，建设船舶与海工装备、核电装备战略基地。

坚定实施扩大内需战略。围绕建设城市地下管网、农民工纳入城镇住房保障范围和有效增加高质量教育服务、医疗服务、适老服务供给五大领域内需市场，积极谋划项目，加快推进实施。坚决扩大有效投资，围绕关键核心技术攻关、新型基础设施、节能减排降碳、培育发展新动能等方向，积极争取政策资金，发挥好政府投资带动放大效应；更大力度吸引社会资本，实施政府和社会资本合作新机制，破除民间资本准入门槛和隐性壁垒。着力激发有潜能的消费，实施服务业经营主体培育发展壮大若干政策措施，全年培育限上商贸和规上服务业企业1000家左右；发展智能家居、文娱旅游、体育赛事、国货"潮品"等新型消费，提振住房改善、新能源汽车、电子产品等大宗消费，培育假日经济、会展经济、夜间经济、冰雪经济、银发经济；持续推进西安路、中华路、俄罗斯风情街等重点标志性商圈提质升级，东关街活化利用全面运营，完成天津街国家级示范步行街验收，全力打造国际消费中心城市。

强力推进重大项目建设。坚持"抓实项目就是抓实工作"理念，落实好项目建设"三项机制"，加快建设金州湾国际机场主体工程、地铁4号线一期等重大基础设施项目。开工建设辽东半岛水资源配置工程、长海大桥等基础设施项目。加快推进大石化搬迁改造、大船搬迁、中粮油脂等项目，开工建设通用大连机床关键功能部件基地、奇瑞汽车二期等60个产业项目。开工建设星海湾整体改造提升、石灰石矿生态修复利用、东港主题乐园、老虎滩虎鲸小镇等系列文商旅综合体项目。全年谋招推建重大项目3800个，切实以重大项目建设夯实"稳"的基础、增强"进"的动能，支撑大连高质量发展实现新跃升。

（二）聚力高水平科技自立自强，建设具有全国影响力的区域科技创新中心。坚持创新驱动发展战略，依靠科技创新实现动力变革和赛道转换，培育壮大新动能。

加强重大科创平台建设。全力推进英歌石科学城建设，依托大连化物所、大连理工大学等优势科研力量，打造科技创新策源地，力争挖掘科技成果200项、转化30项。积极推动国家级平台建设，推进先进光源大科学装置纳入国家建设规划，建设化学动力学、精细化工等领域全国重点实验室，力争新增国家级创新平台2—3家。高水平建设地方特色实验室，辽宁滨海实验室、黄海实验室和大连凌水湾实验室全面投入运营，大连金石湾实验室开工建设。

强化企业创新主体地位。实施企业梯度培育工程，新认定高新技术企业900家，新备案雏鹰瞪羚独角兽企业300家。支持头部企业组建实质性产学研联盟、新型研发机构，新增新型创新主体100家。开展关键核心技术攻关，实施"揭榜挂帅"等研发项目70项，全社会研发经费投入增长10%。

加快科技成果本地转化。深入落实科技成果联合挖掘、中试小试基地协同发展等9项科技成果转化机制。加强产学研协同，在洁净能源、高端制造、精细化工等领域，建设科技成果转移转化基地。打造英歌石科技成果转化服务平台，推广概念验证中心，建设中试基地，培育成果转化服务机构10家。完善"高校院所+科技园区"转化模式，打通科技成果转化最后一公里。推动科技成果转化对接，举办对接活动100场，推进新技术、新产品、新成果示范应用。科技成果本地转化率达到43%，技术合同成交额超过500亿元。

营造良好科技创新生态。完善科技创业孵化体系，推广一站式双创街区"大连硅巷"，新增市级以上科技孵化平台10家。建立科技金融深度融合机制，综合运用"贷、投、保、担"等金融资源，为科技创新主体提供全生命周期资金支持。构建人才引育用留体系，落实中央支持东北人才振兴专项政策，争建国家引才引智示范基地；落实"兴连英才计划"，实施"人才+团队+项目""带土移植"工程，支持各类科技人才项目200项以上，引育拔尖创新人才300人、高水平人才团队10个，新增高技能人才1万人；发挥海创周引才平台作用，打造更多"类海外"人才港和国际人才街区，建设青年发展型城市。加强科普能力建设，不断提升全民科学素质。

（三）厚植开放合作新优势，建设内畅外联的高水平开放门户枢纽。强化开放思维、发挥开放优势、释放开放潜能，推进高水平制度型开放，深度融入国内国际双循环。

打造高能级开放合作平台。深入实施自贸试验区提升战略，积极争取国家政策支持，推进大连片区整合提升，高标准对接国际经贸规则，完善以投资贸易自由化便利化为核心的开放型制度体系，打造面向世界的高水平开放平台。拓展RCEP（大连）国际商务区功能，完善公共服务平台数据库，加强对进出口企业的培训，扩大与成员国投资和进出口规模。完善海关特殊监管区功能，申建大窑湾保税物流中心。高水平办好夏季达沃斯论坛、海博会、数交会等重大活动，持续提升国际影响力。

推进"三个中心"提质升级。加快智慧绿色港口升级改造，建设绿氨、绿色甲醇制造储运加注基地。做优做强RCEP区域航线，拓展俄罗斯远东重点城市及"一带一路"国家航线。加快建设东北海陆大通道，打造中欧班列沿海集结中心，建设大连港全球中心仓、邮件处理中心、日韩商品集散中心和分拨基地；完善"北粮南运"物流服务体系，建设东北粮食集散和加工基地；推进多式联运"一单制"试点，拓展国际贸易"单一窗口"功能，提升口岸通关能力和便利化程度。推进金融功能区建设，新增金融机构及地方金融企业10家，推动企业上市挂牌5家；加大信贷投放力度，新增贷款投放600亿元，普惠型小微企业贷款余额达到930亿元；支持大商所期货期权新品种上市。

开创外资外贸发展新局面。大力推进向北开放，拓展与俄罗斯在能源、矿产、粮食、渔业、木材、汽车等领域合作，办好中俄投资发展与贸易合作大会，对俄进出口额超过450亿元；持续推进向东开放，深化与日本、韩国在高端装备制造、电子信息、节能环保、海洋经济等领域合作，高标准建设中日（大连）地方发展合作示范区，高水平办好日本"大连周"；加强与"一带一路"国家经贸合作，进出口额超过2000亿元；大力培育外贸新动能，扩大原油、矿石、LNG等大宗商品国际中转规模，建设具有国际竞争力的东北汽车出口综合服务基地，推进服务贸易创新发展，加快跨境电子商务综合试验区建设，跨境数字贸易额增长15%以上。着力优化利用外资结构，探索实施海外并购、境外上市等进资路径，吸引跨国公司在连设立区域总部、研发中心、结算中心等功能性机构，推动外资重点投向先进装备制造、精细化工、数字经济、健康医疗等新兴产业领域，全年实际利用外资增长12%以上。

积极对接国家重大区域发展战略。主动对接京津冀协同发展、长三角一体化发展、粤港澳大湾区建设等国家重大区域发展战略，更好融入全国统一大市场。深化沪连对口合作，在科技创新、国企合作、产业互动、对外开放等领域释放合作潜力。加强与沈阳、长春、哈尔滨等市交流合作，发挥沿海经济带"一核引领"作用，在产业发展、科技创新、制度创新、文化旅游等领域合作实现新突破。围绕产业规划、重大基础设施、重大民生项目，锚定头部企业、行业领军人才团队、产业基金等投资机构，开展产业链招商、精准招商、专业招商、以商招商，提供基础设施、科技、金融、数据、人才等全要素供给，切实提高利用社会资本和外部资源推动高质量发展的能力，全年实际到位内资增长12%以上。

（四）抢占经略海洋制高点，建设陆海统筹发展的现代海洋城市。向海图强、向海而兴，编制实施现代海洋城市建设规划，积极争取政策支持，释放"蓝色引擎"强大动能。

大力发展海洋经济。壮大高技术船舶及海洋工程装备产业集群，培育海洋生物医药、新材料、新能源及海水淡化等新兴产业，推进海上风电、滩涂光伏、潮汐能开发利用；打造海上"蓝色粮仓"，创建长山群岛海洋牧场示范区，推动海洋渔业向深海、集约、高端转型，加快建设"中国海鲜预制菜之都"，打造北方特色渔业种业基地。做大做强海洋信息、涉海金融、航运服务等现代海洋服务业。

提升海洋科技创新能力。建设涉海领域创新研发载体，推进海岸和近海工程全国重点实验室重组，争取海洋工程环境实验与模拟设施纳入国家大科学装置战略布局，加快深海工程科技创新实验基地建设，在海洋智能装备、海洋资源开发利用、海洋环境生态保护等领域突破一批核心技术，海洋领域"揭榜挂帅"等研发项目不少于20项，新增海洋科技型企业100家以上，推动海洋科技成果落地转化。

提高海洋生态治理水平。构建海洋碳汇核算计量体系，创建海洋碳汇产业国家级试验区，成立贝藻蓝碳国家级交易平台。打好黄渤海综合整治攻坚战，近岸海域优良水质比例不低于96.9%。全面完成非法违规占用海域、滩涂、岸线问题清理整顿，固化成功经验，优化海洋资源要素配置，让美丽海湾、蓝色海岸、滩涂资源成为促进海洋经济高质量发展的重要支撑。

（五）深化重点领域改革，建设近悦远来的营商环境标杆城市。坚持"两个毫不动摇"，推进改革整体谋划、系统集成、协同高效，着力破除制约发展的体制机制障碍。

打造营商环境升级版。制定优化营商环境5.0版实施方案，深化"一件事一次办"改革，拓展"一网通办""一网统管""一网协同"应用场景，全面提升政务服务水平。开展营商环境问题整治，为各类经营主体创造稳定公开透明可预期的市场化、法治化、国际化一流营商环境。加强诚信政府和诚信社会建设，清理整治合同协议违约、惠企政策不兑现、拖欠中小企业账款、履职尽责不到位等问题，实现经营主体和群众获得感、满意度显著提升。

推进国有企业提质增效。开展新一轮国有企业改革深化提升行动，深入推进"一企一策"改革。深化"三项制度"改革，加快建立现代企业制度，聚焦主责主业，减少经营层级，消减非主责主业企业，开展经理层成员任期制和契约化管理；稳妥推进混合所有制改革，支持民营资本参与国企混改。创新央地合作模式，争取央企在连设立以子公司、区域总部为主的分支机构，支持央地企业合作设立多元化股权企业。大力开展国有"三资"清查盘活行动，让国有资源资产切实发挥应有效用。

发展壮大民营经济。全面落实促进民营经济发展壮大支持政策，推动公有制经济和非公有制经济在信息获取、市场准入、政策优惠等方面实现机会均等。推动服务民营经济"四机制两清单"有效运行，开展政企常态化沟通交流，落实政商交往正负面清单，加大民营企业诉求办理力度。完善优质中小企业梯队培育体系，重点支持科技创新和实体经济。落实好结构性减税降费政策，提升民营小微企业金融服务水平，助力民营企业健康发展。

加快要素市场化改革。制定落实建设全国统一大市场部署总体实施方案，健全要素市场化配置机制。深化土地管理制度改革，建立建设用地使用权转让、出租、抵押二级市场，开展国家农村产权流转交易规范化建设试点，完成旅顺口区农村宅基地制度改革试点任务。制定数据要素市场化配置改革方案，组建市大数据公司。

积极培育产业园区。增强先导区引领示范带动作用，金普新区锚定"一地一极三区"建设目标，辐射带动普兰店区等周边地区加快发展。高新区推广复制与旅顺经开区联合发展机制，带动旅顺口区各产业区联动发展。加快长兴岛世界级石化产业基地、太平湾合作创新区建设，与瓦房店市共同构建产城融合、协同联动的一体化发展新格局。临空经济区与金州湾国际机场同步规划，加快完善基础设施，合理有序开发，打造临空经济产业集群。深化"一园一策"改革，切实把产业园区打造成为引领振兴发展的强力引擎。

（六）优化城市环境和功能品质，建设宜居宜业宜游的国际滨海旅游目的地。 打造宜居、韧性、智慧城市，彰显时尚浪漫魅力，提升城市美誉度和影响力。

推进文体旅深度融合发展。健全全域旅游规划体系，统筹海洋、海岛、湾区、岸线资源开发，高水平承办全省文体旅产业振兴大会。实施南部滨海旅游带等规划，推动长山群岛争创国家级旅游度假区、旅顺太阳沟争创5A级景区、四时鲸语等项目争创国家等级民宿；完善邮轮码头改造及配套设施建设，鼓励邮轮企业开辟访问港、挂靠港航线。开展文体旅四季联动活动，推出10条都市漫步旅游、乡村休闲旅游等精品线路。加快发展冰雪运动，高水平筹办2024中体联足球世界杯。

建设人与自然和谐共生美丽家园。牢固树立和践行绿水青山就是金山银山理念，打好蓝天、碧水、净土保卫战，空气质量优良天数占比88%左右，国考河流断面水质达标率100%、县级及以上饮用水水源水质优良比例保持100%，危险废物安全处置率保持100%。加强生态保护和修复，深入实施"水润大连""绿满大连"工程，建设具有大连特色的公园体系、绿色网络和滨海空间。积极稳妥推进碳达峰碳中和，推进低碳城市试点，推动能耗"双控"向碳排放"双控"转变；积极探索生态产品价值实现机制，推动碳排放、用能权、用水权交易。倡导绿色生活方式，开展绿色创建行动，深入推进"无废城市"建设，全力打造长海县绿色低碳示范岛。

提升城市功能和文化软实力。实施城市更新行动，升级改造市政基础设施，实施居民小区供水旧管网改造1万户、城市供水旧管网改造30公里。加强城市精细化管理，扎实开展拆违治乱和背街小巷等市容环境整治，建设"口袋公园"100个，创建垃圾分类样板小区200个，着力解决"停车难"问题。繁荣发展城市文化，完善公共文化服务体系，实施文化惠民工程，打造新型文化空间20

个，开展公益文化活动400场、"东亚文化之都"活动100场；加强文物保护利用和非物质文化遗产保护传承，创建国家历史文化名城。

（七）坚持农业农村优先发展，打造现代化大农业发展先行地。 把推进乡村全面振兴作为新时代新征程"三农"工作的总抓手，加快推进农业农村现代化。

把保障粮食安全作为首要担当。坚持稳面积、增单产两手发力，提高粮食综合生产能力。新建及改造提升高标准农田17万亩，完成保护性耕作49万亩。确保粮食和重要农产品稳产保供，实现粮食种植面积400万亩以上、产量25亿斤以上。树立大农业观、大食物观，构建粮经饲统筹、农林牧渔结合的多元化食物供给体系。推进设施蔬菜基地建设和改造提升，抓好"菜篮子"保供稳价。

发展壮大县域经济。统筹城乡融合发展，推进新型工业化与新型城镇化融合发展，加快县域产业聚集和转型升级，推动瓦房店、庄河在全国县域经济百强榜中争先进位。发展优势特色农业，建设一批现代农业产业园、农业产业强镇、优势特色产业集群；推动一二三产业融合，发展农产品初加工和精深加工，培育农业龙头企业10家以上；加快农业全产业链数字化转型，累计培育智慧农业应用基地7个；实施种业振兴行动，支持普兰店建设种质资源引育中心，提升"大连海参""大连大樱桃""大连苹果"等品牌知名度。

建设宜居宜业和美乡村。践行"千万工程"经验，加强和改进乡村治理，分类建设乡村旅游重点村、"五好两宜"和美乡村、乡村振兴示范带，创建省级美丽宜居村130个。深化农村人居环境整治，推进生活污水、生活垃圾、黑臭水体治理攻坚。完善农村公共基础设施，推进农村电网装备升级，加快农村充电桩建设，实施村内道路硬化和村庄绿化亮化，大中修农村公路100公里，创建美丽农村路100公里。

（八）持续增进人民福祉，让发展成果更多惠及全体人民。 积极回应多层次多样化民生需求，扎实办好15项重点民生实事项目，持续提高人民生活品质。

更加突出就业优先导向。落实稳就业18项措施，完善公共就业服务体系，健全就业促进机制，开展促就业系列活动，实现城镇新增就业12.7万人以上。突出抓好高校毕业生、退役军人等重点群体就业，实施大学生就业"万岗计划"，开发岗位7万个以上，帮助10.7万名困难群体实现就业。

织密扎牢社会保障网。实施全民参保计划，重点做好中小微企业、灵活就业人员、农业转移人口等群体参保工作。完善多层次养老保险制度，确保养老金按时足额发放。深化医保支付方式改革，优化职工医保门诊统筹政策。加大社会救助力度，提高城乡低保和各类困难群众救助保障标准。建立居家社区协调、医养康养结合的养老服务体系，开展国家级安宁疗护试点，新增家庭养老床位1000张，评定等级养老机构数量达到100个，建成老年友善医疗机构30家。

推动人口高质量发展。推进优生优育全程服务，扩大普惠托育服务供给，持续降低生育养育教育成本。建设高质量教育体系，打造"学在大连、教在大连"高地，大力发展基础教育、职业教育，新开公办幼儿园10所、增加学位2500个，新改扩建中小学5所、增加学位5000个，筹建高职院校2所；深化市校协同发展，支持在连高校"双一流"建设。

推进健康大连建设。深化医药卫生体制改革，推动"三医联动"协同发展。实施医学重点专科"登峰计划"，争创国家级、省级临床重点专科，提高医疗诊治水平。推进优质医疗资源扩容和合理布局，加快市中心医院等医疗机构改造升级，推进紧密型医疗集团、县域医共体发展，启动县域医疗卫生次中心建设，县域就诊率达到90%。

（九）统筹高质量发展和高水平安全，全力维护社会大局稳定。切实履行维护国家"五大安全"重要使命，强化忧患意识，提高防控能力，守住城市安全发展底线。

有效防范化解金融债务风险。加强金融监管，排查金融风险隐患，持续修复和净化金融发展生态；严厉打击非法金融活动，稳妥解决重点非法集资案件。建立健全债务常态化监测机制，严格落实化债方案，积极化解存量债务，严控新增隐性债务，有效化解地方债务风险，兜牢基层"三保"底线。

积极防范化解房地产市场风险。扎实推进保交楼、保民生、保稳定，满足不同所有制房地产企业的合理融资需求，坚决防止爆发债务违约风险。适时调整优化房地产政策，加快构建房地产发展新模式。大力推进保障性住房建设、"平急两用"公共基础设施建设、城中村改造等"三大工程"，实施金普新区、甘井子区等重点地区城中村改造，建设配售型保障性住房2170套，促进房地产市场平稳健康发展和良性循环。

全面提升公共安全水平。压实安全生产责任制，落实国务院安委会"十五条"硬措施，深化"四项机制"和"安全三日"长效机制运行，扎实推进安全生产分级分类和场景化监管，深入开展风险隐患排查整治，坚决防范遏制重特大事故发生。强化食品药品全链条监管，深化国家食品安全示范城市创建。强化社会治安整体防控，常态化推进扫黑除恶斗争，严厉打击损害公平竞争、扰乱市场秩序、影响振兴发展的违法犯罪，建设更高水平的平安大连。

着力增强社会治理效能。完善社会治理体系，健全问题联治、工作联动、平安联创工作机制；深化城市治理"一网统管"，实现市区两级平台全覆盖。坚持和发展新时代"枫桥经验""浦江经验"，健全矛盾纠纷多元化解体系，推进信访问题源头治理和积案化解，矛盾纠纷化解率、信访台账案件化解率保持在95%以上，全力维护社会大局和谐稳定。

继续做好民族宗教、国防动员、外事、侨务、对台、档案、气象、仲裁、残疾人事业、民兵预备役和边海防等工作。

三、建设新时代人民满意的服务型政府

坚持把党的全面领导贯穿政府工作各领域全过程，始终牢记"三个务必"，以更大力度推进政府治理体系和治理能力现代化。

（一）以政治建设锤炼忠诚品格。把坚定拥护"两个确立"、坚决做到"两个维护"作为最根本的要求摆在首位，坚持用习近平新时代中国特色社会主义思想凝心铸魂，持续巩固深化主题教育成果，始终在思想上政治上行动上同以习近平同志为核心的党中央保持高度一致。

（二）以法治建设规范权力运行。加强法治政府建设，全面推进严格规范公正文明执法，让依法依规、公开透明、公平公正在政府系统蔚然成风。依法接受市人大及其常委会监督，主动接受政协民主监督，自觉接受社会和舆论监督，高质量办好人大代表建议和政协提案。

（三）**以作风建设激励担当作为。**树立和践行正确政绩观，增强斗争精神，激励干部担当作为、干事创业。强化市级统筹能力和水平，建立市区两级沟通、会商、研判工作协调机制。坚持"四下基层"，大兴调查研究，不折不扣、雷厉风行、求真务实、敢作善为抓落实，确保党中央决策部署及省委市委工作要求落地落细落到位。

（四）**以廉政建设坚守廉洁底线。**严格履行全面从严治党主体责任，锲而不舍落实中央八项规定及其实施细则精神，驰而不息整治形式主义、官僚主义。加强党风廉政建设，一体推进不敢腐、不能腐、不想腐，做到清廉自守、廉洁从政、干净做事，涵养海晏河清的政治生态。

各位代表！目标在前，使命在肩，唯有实干笃行。让我们更加紧密地团结在以习近平同志为核心的党中央周围，在市委的坚强领导下，顽强拼搏、勇毅前行，奋力谱写中国式现代化大连篇章，为全面推进强国建设、民族复兴伟业贡献大连力量！

青 岛 市
政府工作报告
——2024年1月29日在青岛市第十七届
人民代表大会第三次会议上

市长　赵豪志

各位代表：

现在，我代表市人民政府向大会报告工作，请予审议，并请各位政协委员和其他列席人员提出意见。

一、2023年工作回顾

2023年是全面贯彻党的二十大精神的开局之年，是三年新冠疫情防控转段后经济恢复发展的一年。我们坚持以习近平新时代中国特色社会主义思想为指导，深入学习贯彻党的二十大和二十届二中全会精神，认真贯彻落实习近平总书记对山东、对青岛工作的重要指示要求，在省委省政府和市委的坚强领导下，牢牢把握高质量发展这个首要任务，着力扩大内需、优化结构、改善民生、防范化解风险，持续推进实体经济和招商引资、城市更新和城市建设、提升作风能力和优化营商环境等重点工作，经济社会保持平稳健康发展，新时代社会主义现代化国际大都市建设迈出新步伐。

全市生产总值达到15760.3亿元，同比增长5.9%；一般公共预算收入增长5.1%；全体居民人均可支配收入增长6%；完成节能减排降碳任务。

（一）**经济向好态势更加稳固**。着力扩内需稳外需，出台实施四批308项政策举措，经济发展稳中有进。助企惠企精准有效。全面落实减税降费政策，减轻经营主体税费负担376亿元。实施金融服务实体经济行动，制造业中长期贷款、普惠小微贷款分别增长26.8%、27.1%。项目投资支撑有力。423个省、市重点项目完成投资超过3300亿元，达到年度投资计划的148%。争取的499亿元政府专项债券全部使用到位。固定资产投资增长5%。消费拉动作用持续增强。大力开展"亿惠青岛消费年"促消费活动，社会消费品零售总额超过6300亿元。高水平承办省旅游发展大会，全年接待游客1.3亿人次，创历史新高。对外贸易稳增提质。深入实施拓市场攻坚行动，货物进出口总额增长4.6%，占全省比重提高到26.8%。对上合组织国家进出口额增长34.4%。

（二）**实体经济根基更加坚实**。加力提速工业经济高质量发展，连续3年居全国先进制造业百强市第7位。优势产业扩能升级。智能家电、新能源汽车、海洋装备、食品饮料等产业增加值均增长10%以上。海尔卡奥斯工业互联网生态园首座工厂竣工投产。奇瑞汽车生产基地两款新能源车型顺利下线。中船重工船舶设计研究中心落户，潍柴（青岛）海洋装备制造中心一期竣工。新兴产业加快壮大。规上工业战略性新兴产业增加值增长8.6%。集成电路、新型显示等8个新兴产业专业园区加快建设。晶圆制造项目二期主体完工，物元半导体先进封测项目落地建设。歌尔虚拟现实整机和光学模组项目一期建成投用。京东方移动显示模组制造工厂产能加快释放，海信全球首款8K超高清激光电视成功上市。阿斯利康吸入气雾剂生产基地增资项目签约落地。现代服务业扩量提质。服务业增加值近1万亿元，增长6.1%。本外币贷款余额超过3万亿元、增长11.7%，存贷比达到111%、提高4个百分点。新增上市及过会企业10家，上市公司总数达到85家。空港型国家物流枢纽成功获批，集装箱海铁联运量连续9年保持全国沿海港口首位。"工赋青岛"纵深推进。数字经济核心产业增加值增长20%以上。卡奥斯连续5年居全国"双跨"工业互联网平台首位，柠檬豆入选新一批全国"双跨"平台，特定行业平台达到53家。完成1000家企业数字化改造。入选全国首批中小企业数字化转型试点城市。建成全省首个人工智能计算中心。5G基站总数超过3.7万个。

（三）创新发展动能更加强劲。全社会研发投入增长12.8%，在世界知识产权组织发布的全球百强科技集群排名中居第23位、提升11个位次。重大创新平台加快建设。崂山实验室实现规范化运行。国家重大科技基础设施"仲华"热物理试验装置总控数据中心主体封顶。3家全国重点实验室获批建设，总数达到8家。联合国"海洋十年"海洋与气候协作中心正式启用。山东能源研究院建成投用。科技创新成果持续涌现。24个项目获得中国专利奖，80个项目获得省科学技术奖，分别占全省的50%和40%。万人发明专利拥有量达到69件。国家高速列车技术创新中心、国家高端智能化家用电器创新中心、国家虚拟现实创新中心（青岛）突破12项行业共性关键技术。成功研制我国首台超大型金属陶瓷材料热处理装备。企业创新能力不断提升。新增省级以上企业技术中心19家、工程研究中心22家，总数分别达到239家、129家。规上工业企业研发机构覆盖率达到85%。企业承担国家和省级重大科技专项38项。高新技术企业、科技型中小企业、国家级专精特新"小巨人"企业分别达到7900家、9300家、190家。创新创业生态持续优化。70%以上的关键技术攻关实行"揭榜挂帅"制度。引进集聚各类人才26.3万人，总量达到278万人。设立"青岛工匠日"，涌现128位省级以上劳模工匠。第12次获评"外籍人才眼中最具吸引力的中国城市"。

（四）改革开放优势更加彰显。重点领域改革深入推进。开展"深化作风能力优化营商环境"专项行动。在全国工商联"万家民营企业评营商环境"中位列全国前十。蝉联全国十大海运集装箱口岸营商环境测评第一。推进"高效办成一件事"改革，263个服务场景实现"一次办好"，102个场景实现免实体证照办理。区域性国资国企综合改革试验深入推进，市属企业营业收入、利润分别增长6.5%、13.2%，匹配城市发展战略能力持续增强。出台服务民营经济高质量发展"29条"，新登记经营主体28.5万户、总量超过213万户。青岛港作为离境港的启运港退税政策落地实施。10项金融试点政策获国家批准施行。对外开放水平持续提升。上合示范区建设扎实推进，上合组织经贸学院实体化运作，青岛国际能源交易中心投入运营，空港综合保税区开关运行，开行中欧班列863列、增长11.4%。自贸试验区青岛片区5项制度创新成果在全国推广，货物进出口额增长15.4%，改革开放综合试验平台作用不断增强。实施重点产业链全球招商计划，新引进世界500强投资项目31个。港口货物、集装箱吞吐量分别突破7亿吨、3000万标箱。青岛都市圈发展规划获批实施。与甘肃陇南、定西的东西部协作持续深化。国际友城增至89个。成功承办第四届跨国公司领导人青岛峰会、"中国+中亚五国"产业与投资合作论坛、上合组织"三会一展"、中日韩合作国际论坛等重大活动。

（五）城市综合功能更加完善。交通基础设施建设、历史城区保护更新、旧城旧村改造等城市更新建设十项攻坚深入推进。重大基础设施建设取得新成效。明董高速、青兰高速（双埠至河套段）改扩建工程建成通车，潍宿高铁至青岛连接线顺利开工，莱荣高铁开通运营。重庆高架路、辽阳快速路、跨海大桥高架路二期、福州南路改造、金家岭立交桥等重点市政道路工程建成投用，主城区"四纵五横"快速路网基本形成。地铁工程加快建设，西海岸轨道交通快线全线贯通。官路水库建设全面展开。重点区域更新改造获得新进展。历史城区11万平方米老建筑完成保护修缮，10个街区开街运营，台东步行街获评全国示范步行街。低效片区重点配套工程加快推进，中电科科技产业园、百洋医疗智造产业园等项目开工建设。入选国家低效用地再开发试点城市。人居环境得到新改善。实施14个城中村改造，张村河、盐滩等城中村连片区域征迁全面完成，66个安置房项目建设进展顺利。高标准完成473个老旧小区改造，周边街区环境提升一体推进。太平山中央公园、浮山森林公园全面开放，新建口袋公园83处、城市绿道100公里。完成100处群众身边的城市"微更新"。城市管理水平实现新提升。深化拆违治乱攻坚。依法拆除违法建设850万平方米，新增违建得到有效遏制。完成819条背街小巷改造提升、40座市区高架桥桥下空间综合整治、主城区全部农贸市场规范化创建，实现海水浴场新一轮提档升级。开展交通秩序整治专项行动，打通未贯通道路24条，新增公共停车泊位2.5万个，治理交通堵点238处，交通拥堵得到有力缓解。城市精细化管理长效机制和责任体系不断完善。

（六）乡村振兴成效更加明显。粮食和重要农产品稳产增产。粮食播种面积、总产、单产"三增加"，总产量达到318万吨。蔬菜、肉蛋奶、水产品产量分别达到678万吨、111万吨、103万吨。现代农业加快发展。58个亿元以上重点项目加快推进，益海嘉里食品产业园一期投产。7个种子品种入选国家首批农作物优良品种。新增全国名特优新农产品17个，总数达到54个。平度市获批建设国家现代农业产业园。乡村建设有力推进。新创建2个省级乡村振兴齐鲁样板示范区、33个省级美丽乡村示范村。大力开展农村人居环境整治提升攻坚，实施城乡环卫一体化。完成农村清洁取暖改造20万户，建设养护"四好农村路"1182公里。新增规模化供水村庄1469个，规模化供水率达到96.3%。农村改革持续深化。获批国家级农村综合性改革试点试验、国家第二轮土地承包到期后再延长30年试点。成功承办第二十届中国国际农产品交易会、全国现代设施农业建设推进会。

（七）美丽青岛建设更加深入。污染防治攻坚战持续推进。市区$PM_{2.5}$平均浓度29微克／立方米。高标准完成全市入河入海排污口整治。近岸海域水质优良面积比例达到99.3%。国家土壤污染防治先行区建设不断深化。"双碳"工作扎实开展。入选国家首批碳达峰试点城市。新能源发电装机占比超过50%。新培育国家级绿色工厂15家，总数达到54家。完成东岸城区清洁取暖"煤改气"工作。胶州湾海底天然气管线通气运行，有效保障了主城区用气需求。新建充电桩2万个。生态保护修复成效明显。海岸线环境损害修复全部完成。李村河入选全国美丽河湖优秀案例。完成10处历史遗留矿山转型利用。新造林7600亩。中央、省生态环保督察反馈问题整改扎实推进。

（八）民生保障体系更加健全。连续40年实施市办实事工程，年度16件实事全面完成。蝉联"中国最具幸福感城市"。基本公共服务持续优化。城镇新增就业36.8万人，扶持创业4.5万人，开发城乡公益性岗位5万余个。新建改扩建中小学和幼儿园80所。积极应对小学入学高峰，17万新生顺利入学。青岛现代职教中心学校一期、青岛幼儿师范高等专科学校三期开工建设。康复大学评估验收工作全面开展。省公共卫生临床中心青岛分中心、山大齐鲁医院二期建成交付。三级医院（院区）实现区（市）全覆盖。社会保障水平稳步提升。养老保险、医疗保险参保人数分别达到848万人、938万人。职工医保基金运行绩效评价居全国第2位。为困难群众发放救助金10.7亿元。爱老助老五项行动深入实施，新建社区（村）养老服务站600处，完成4583户失能失智老年人家庭适老化改造。婴幼儿托位数达到3.7万个。建设筹集公共租赁住房600套、保障性租赁住房3.5万套（间），发放住房租赁补贴1.4万户。解决了11万户居民房屋产权"办证难"问题。文化体育事业蓬勃发展。市科技馆新馆建成开放，市博物馆扩建工程主体完工。奥帆海洋文化旅游区成功创建国家5A级景区。成功承办首届中国网络视听精品创作峰会。新建改造体育公园等全民健身设施417处。青岛西海岸足球队晋级中超联赛。我市运动员在杭州亚运会上取得优异成绩。社会治理能力不断增强。12345热线与"青诉即办"平台联动运行，群众诉求受理渠道更加畅通、响应更加高效。常态化推进扫黑除恶斗争，入选首批全国市域社会治理现代化试点合格城市，获评首批全国社会治安防控体系建设示范城市。重大事故隐患排查整治深入开展，安全生产形势保持稳定。防灾减灾救灾和应急处置保障能力持续提高。信访积案化解成效明显。国防动员、双拥共建深入开展，军政军民团结更加巩固。民族宗教、外事、侨务、台港澳、统计、档案、史志、气象、仲裁等工作得到加强，妇女儿童、青少年、老龄、残疾人、红十字、慈善等事业取得新进步。

一年来，我们深入开展学习贯彻习近平新时代中国特色社会主义思想主题教育，一体推进理论学习、调查研究、推动发展、检视整改，形成了一批高质量调研成果，解决了一批突出问题，完善了一批制度机制，在以学铸魂、以学增智、以学正风、以学促干上取得了实实在在的成效。

一年来，我们认真执行市人大及其常委会的决议决定，自觉接受市人大法律监督、工作监督和市政协民主监督，1162件人大代表建议、政协提案全部办结。法治政府建设深入推进，向市人大常委会提交地方性法规草案5件，制定修订政府规章10件。严格落实中央八项规定及其实施细则精神和省委、市委实施办法，驰而不息纠治"四风"，政府系统党风廉政建设持续深化。

各位代表！一年来各项成绩的取得，根本在于习近平总书记领航掌舵，在于习近平新时代中国特色社会主义思想科学指引，是党中央、国务院、省委省政府和市委坚强领导的结果，是市人大、市政协和社会各界监督支持的结果，是全市人民团结奋斗的结果。在此，我代表市人民政府，向全市人民，向全体人大代表和政协委员，向各民主党派、工商联、无党派人士、各人民团体和社会各界人士，向离退休老同志，向驻青部队和武警官兵，向中央、省驻青单位，向所有关心支持青岛发展的海内外朋友们，表示崇高的敬意和衷心的感谢！

我们也清醒地看到，全市经济社会发展还存在一些困难和问题。主要是：稳定经济增长的基础还不够牢固，部分行业企业特别是中小微企业发展仍面临不少困难；发展的质量效益有待提高，科技创新的引领作用还不够强；营商环境对标一流仍有不足；城市规划建设管理还有短板；民生和社会事业发展与群众期待相比还有差距；统筹发展和安全仍存在薄弱环节；党风廉政建设还需持续用力，政府工作人员作风能力需要进一步提高。对此，我们将采取有力措施，认真加以解决。

二、2024 年工作总体要求和主要目标

2024年是中华人民共和国成立75周年，是实现"十四五"规划目标任务的关键一年。政府工作总的要求是：以习近平新时代中国特色社会主义思想为指导，全面贯彻落实党的二十大和二十届二中全会精神，深入贯彻落实习近平总书记对山东、对青岛工作的重要指示要求，锚定"走在前、开新局"，坚持稳中求进工作总基调，完整、准确、全面贯彻新发展理念，主动服务和融入新发展格局，着力推动高质量发展，统筹扩大内需和深化供给侧结构性改革，统筹新型城镇化和乡村全面振兴，统筹高质量发展和高水平安全，聚力在产业发展、改革开放、城市品质、绿色转型等十个方面提质增效，巩固和增强经济回升向好态势，持续推动经济实现质的有效提升和量的合理增长，在现代化强省建设中打头阵、当先锋，奋力谱写中国式现代化建设"青岛新篇章"。

主要预期目标是：全市生产总值增长5.5%左右，一般公共预算收入增长5%左右，固定资产投资增长5%以上，社会消费品零售总额增长5%以上，全体居民人均可支配收入增长5.5%左右，全面完成节能减排降碳和环境质量改善约束性指标。

各位代表！实现上述目标，我们面临许多困难和挑战。同时更要看到，当前，青岛战略机遇叠加，发展新动能不断积蓄，城市承载力持续增强，全市上下干事创业的氛围更加浓厚，有利条件强于不利因素。我们要把坚持高质量发展作为新时代的硬道理，坚持稳中求进、以进促稳、先立后破，坚定信心、鼓足干劲，拉高标杆、开拓进取，不断增强发展内生动力，加快提升城市能级和核心竞争力，努力在实现绿色低碳高质量发展中展现更大作为！

三、2024年重点工作安排

围绕实现全年目标，重点做好十个方面工作：

（一）**大力推进新型工业化，在以科技创新引领现代化产业体系建设上奋力争先**。坚持把发展经济的着力点放在实体经济上，以科技创新推动产业创新，加快培育新质生产力，争创国家新型工业化示范区。

增强产业创新能力。支持企业研发能力建设，实现规上工业企业研发机构全覆盖。支持国家高速列车技术创新中心、国家高端智能化家用电器创新中心、国家虚拟现实创新中心（青岛）参与标志性产业链高质量发展行动。深化创新型企业梯次培育，高新技术企业达到8500家，新增专精特新企业300家以上。新创建2家以上全国重点实验室。加快"仲华"热物理试验大科学装置、中科院高端轴承示范基地等重大科技基础设施建设。在集成电路、工业母机、钙钛矿等领域，实施十项重大科学课题研究和百项关键技术攻关示范项目。落实研发费用加计扣除等优惠政策，支持企业牵头组建创新联合体，推广应用企业创新产品100项以上。加快国家级知识产权保护中心建设。深入实施"人才强青"计划和新时代高技能人才队伍建设行动，优化行业拔尖人才布局。深入推进产业工人队伍建设改革，打造"工匠之城"。

巩固提升优势产业。推动智能家电、轨道交通装备、新能源汽车、高端化工、海洋装备、食品饮料、纺织服装等优势产业链总规模突破1万亿元，加快打造世界级产业集群和世界一流企业。推动海尔卡奥斯工业互联网生态园加快形成全系列智能家电生产能力，持续提升海信超高清电视全球市场占有率。推动国家铁路装备综合试验基地落地建设。实现新能源整车产量倍增，加快智能网联汽车项目布局，建成鹏辉储能电池项目一期。在董家口规划建设大型高端石化产业基地。推动青岛啤酒总产量突破千万千升大关。实施企业大规模设备更新，滚动推进500个以上技改项目。全面落实企业规模和效益倍增"一企一策"支持举措，加快提升龙头企业国际化经营水平。深入实施"青岛优品"工程，进一步擦亮"青岛制造"品牌。

培育壮大新兴产业。大力推进集成电路、新型显示、虚拟现实、生物医药及医疗器械等新兴产业集群发展，战略性新兴产业投资增长15%以上。推动晶圆制造项目规模化量产，加快在专用设备和第三代半导体关键材料领域布局发展。实现京东方移动显示模组制造工厂达产满产，促进新型显示和智能终端产业联动发展，加快打造更具竞争力的新型显示制造基地。推动虚拟现实产业延链补链强链，加快构建涵盖关键器件生产、内容制作等环节的全产业链。推进阿斯利康吸入气雾剂生产基地建设，实现海尔大健康医疗器械产业园一期竣工，积极打造"中国康湾"。强化产业链上下游供需对接，引导专精特新企业加快"卡位入链"。提高新兴产业专业园区建设水平，优化产业扶持政策，完善公共服务平台，营造一流产业发展生态。

加快布局未来产业。积极抢占基因与细胞、量子信息、未来网络、空天技术等产业新赛道，创建未来产业先导区。实施未来技术大科学工程，积极开展前瞻性技术研发攻关。新增20家以上场景应用实验室。规划建设未来产业加速园。支持国有企业投资未来产业。加快华大细胞中心、天启卫星物联网产业园等重大项目建设。

做优做强现代服务业。积极发展现代金融、现代物流、科技服务、商务服务等生产性服务业，促进先进制造业与现代服务业深度融合，生产性服务业增加值达到6400亿元以上。提升金融服务实体经济质效，进一步提高制造业中长期贷款比重和普惠型小微企业信用贷款占比，实施优质企业上市培育专项行动。统筹"四型"国家物流枢纽建设，加快中远海运空运山东物流总部基地、德邦快递山东总部智慧产业园等重点项目建设，增开"日韩陆海快线"线路、国际航空货运航线，大力发展智慧物流等新业态。提升现代科技服务能力，鼓励企业建设科技成果概念验证中心和中试基地，打造标杆孵化器10家。积极引进标准计量、认证认可、检验检测等专业机构，推动全球标准数据中心（青岛）、中国计量科学研究院青岛基地落地。加快发展设计产业，在青岛北客站片区建设设计产业集聚区。实施存量楼宇改造提质工程，再打造一批税收亿元以上专业特色楼宇，大力发展楼宇经济。

（二）积极扩大有效需求，在培育经济增长内生动力上奋力争先。激发有潜能的消费，扩大有效益的投资，进一步夯实稳的基础、增强进的动能。

推动消费扩容提质。深化国际消费中心城市创建，办好"青岛消费促进年"。开展家电等大宗消费品"以旧换新"消费促进活动，实施扩大新能源汽车消费系列举措。积极促进住房消费，落实落细"一城一策"调控政策，增加高品质住宅项目供给，更好满足刚性和改善性住房需求。大力培育数字消费、绿色消费、健康消费、国货"潮品"等新的消费增长点，新引进知名品牌首店、体验店等30家以上。深化商业步行街改造提升，新建50个"一刻钟便民生活圈"。深入开展放心消费创建活动。

增强投资带动效应。聚焦重大战略、重点领域，推动440个省、市重点项目提速提效。加快潍宿高铁至青岛连接线、董沂铁路建设，推动潍烟铁路建成通车。开工建设莱青高速，加快推进董梁高速、中心城区北部快速通道等公路项目。实施温州路隧道、长沙路打通等市政道路工程，加快胶州湾第二隧道、唐山路快速路建设，打通28条未贯通道路。实现地铁6号线一期、2号线一期西延段开通运营。加快官路水库和输配水工程建设，全面完成小沽河防洪排涝及水源利用工程。实施新一轮市政老旧管网改造。大力推进"三大工程"项目，建设筹集保障性住房4000套，实施110个"平急两用"项目。积极布局新型基础设施，争取加快建设国际通信业务出入口局，推进中国移动智算中心、"海之心"智算中心等算力设施建设，新开通5G基站3500个。

（三）深化改革扩大开放，在激发高质量发展动力活力上奋力争先。今年是青岛获批成为全国首批沿海开放城市40周年。新起点上，要坚持改革不停顿、开放不止步，努力在新时代改革开放中走在前列。

深化重点领域改革。制定服务和融入全国统一大市场配套政策。积极争取国家要素市场化配置综合改革试点。完成政府机构改革任务。深入实施国企改革深化提升行动,推动市属企业聚焦主责主业,提升经营效益水平和匹配城市发展战略能力。完善财政资金统筹机制。深化普惠金融示范区建设,推进数字人民币、养老金融、跨境投融资等金融试点。深入开展公共数据运营试点,推进数据资产化,增强青岛大数据交易中心和海洋数据交易平台交易服务功能。

激发民营经济活力。切实落实"两个毫不动摇",打造民营经济高质量发展示范标杆城市。实施民营领军企业培育行动。建立向民间资本推介项目制度,鼓励民间资本参与重大工程项目建设。开展市场准入、招投标、政府采购等领域突出问题专项治理,加大拖欠中小企业账款清理力度。完善涉企政策征求民营企业家意见机制,落实联系服务民营企业制度。办好"青岛企业家日",大力开展"为民营企业办实事"活动。我们要真诚真心支持民营企业发展,让广大民营企业投资兴业更有信心、生产经营更有干劲,让尊重企业家、弘扬企业家精神成为青岛的城市共识。

打造一流营商环境。实施新一轮优化提升营商环境行动,打造营商环境特色品牌。深入推进"高效办成一件事"改革,实现高频政务服务事项"一件事一次办"全覆盖。完善全市统一的涉企服务平台功能,推动政策发布兑现等事项实现"一站式"办理。持续推进服务型执法,扩大轻微免罚事项范围。加快"青岛中央法务区"建设,为企业提供更加优质高效的法律服务。落实政商交往负面清单,全面构建亲清新型政商关系。

提升开放平台能级。落实省支持上合示范区高质量发展意见,做实、做好、做美、做响上合示范区。加快推进上合国际城建设。提升上合国际枢纽港功能,积极申建中欧班列集结中心。建设

"丝路电商"服务基地。支持设立上合组织国家海关信息中心、检验检测认证公共服务平台。争取更多国家设立签证中心。深入落实自贸试验区提升战略。推动青岛片区形成30项以上先行先试制度创新成果。实现山东国际大宗商品交易市场交易额净增1000亿元以上。大力发展离岸贸易、新型易货贸易等新业态。引导各类功能区突出主导产业、实现特色发展。

巩固外贸基本盘。实施新一轮国际市场开拓计划，办好系列贸易促进活动。扩大稳外贸支持政策覆盖范围，出台更加精准的外贸企业服务举措。加强整车出口服务能力建设，培育新能源汽车出口新优势。加快提升口岸功能，扩大大宗商品进口。实施跨境电商综合试验区发展提升行动，保持跨境电商进出口稳定增长。积极争创国家服务贸易创新发展示范区。开展促进贸易便利化专项行动，进一步提高通关效能，加快恢复国际航空客运航线，提升出入境便利水平。

提高招商引资质效。坚持"走出去""请进来"，加强与世界500强、央企、行业领军企业合作，打造"投资青岛"品牌。积极争取重点央企功能性、区域性总部落户。实施制造业跨国公司招商计划，加快引进跨国公司地区总部和研发中心项目。开展外资企业利润再投资促进行动，支持企业把更多利润留在青岛、形成投资新增量。加强项目全周期管理服务，开展签约项目落地攻坚，提高招商引资实效。强化重大项目招商统筹。办好跨国公司领导人青岛峰会、"国际友人青岛行"等重点活动。

加快青岛都市圈建设。实施青岛都市圈高质量发展行动，加快总投资5351亿元的85个重点项目建设。健全青潍日同城化、青烟一体化合作机制。积极推进市域（郊）铁路项目，实施跨市域未贯通道路打通工程，加快构建"一小时通勤圈"。推进莱西—莱阳一体化发展先行区、平度—昌邑—莱州绿色化工联动区等县域合作区建设。实施好首批"跨市通办"政务服务事项。加强与济南都市圈联动，推进济青高铁"公交化"运营，协同打造济青高质量发展轴带。积极服务和融入黄河重大国家战略，深度参与沿黄陆海大通道建设。做好东西部协作和省内帮扶协作工作。

（四）加快引领型现代海洋城市建设，在经略海洋上奋力争先。强化海洋功能和特色，在海洋强国、海洋强省建设中展现更大作为。

增强海洋科技创新策源能力。支持崂山实验室更好承担重大战略任务。支持驻青涉海高校和科研院所开展协同创新，促进产学研深度融合，鼓励更多成果本地转化。推动国家深海基因库、深海标本样品馆和深海大数据中心等三大国家深海平台开工建设。加快国家气象局青岛海洋研究院建设。建成汉缆超高压电缆综合实验室。在海洋物联网、深海开发等领域实施27项重大技术攻关。积极推进海上综合试验场等重大涉海科技基础设施建设。

打造更具竞争力的海洋产业集群。做大做强海洋船舶与海工装备、海洋药物与生物制品、海洋渔业等重点产业，加快总投资2100亿元的140个海洋重点项目建设。支持北海造船绿色动力先进船型量产，加快中船七一二所大型特种电机、徐工港机装备生产基地建设，争创船舶与海工装备国家级先进制造业集群。开工建设青岛生物医药协同创新中心二期，加快抗肿瘤、抗病毒等海洋创新药物研发。巩固海洋功能食品等产业优势，推动合成生物技术应用，抢占海洋生物制造产业新赛道。加快中电建115万千瓦海上光伏项目建设，推动中船海洋新能源综合利用示范项目落地。提高养殖工船规模化养殖能力，实现"深蓝2号"大型智能网箱投用，高水平建设国家深远海绿色养殖试验区。

提升国际枢纽海港能级。推进以港兴市，争取青岛港新版总体规划获批实施，加快建设世界一流海洋港口。积极开展港口基础设施和集疏运体系建设，推进董家口港区矿石码头等重点工程，实现液体化工仓储二期竣工。一体推进智慧港口、智慧海关、智慧口岸建设，全面实施"海铁直运"新监管模式。支持青岛港加快内陆港布局建设。积极争创国家大宗商品储运基地。大力发展航运金融、航运保险、海事仲裁等高端航运服务业，打造现代航运综合服务示范区。

（五）加快建设数字青岛，在推进数字化转型上奋力争先。增强数字青岛建设的整体性、系统性、协同性，以数字赋能生产、生活和治理方式变革。

增强数字经济发展动能。深化"工赋青岛·智造强市"建设，加快数实融合发展，数字经济占生产总值比重达到49%以上。积极发展基础软件、工业软件，实现软件业务收入增长10%以上。实施人工智能大模型示范应用工程，大力推动制造业领域大模型产品开发。支持卡奥斯加快打造世界一流的工业互联网平台，新培育10家特定行业平台。完成1000家以上企业数字化改造。深入开展国家中小企业数字化转型城市试点，加快推广适配中小企业需求的解决方案。

提升数字政府服务能力。强化"一网通办"，政务服务网上办事入口全部统一至"爱山东"平台，全面实现线上线下同标准办理。加强"一网统管"，实施"城市云脑"升级工程，加快提升智慧决策能力。深化"全市一个数字机关"建设，拓展"山东通"平台应用，实现更多机关业务线上集成办理，提高机关运行效能。加快建设"无证明城市"，丰富"鲁通码"应用，推出35个"免证办"、10个"一码通城"场景。建立政务信息化项目统建统管机制，促进数据通、系统通、业务通。

提高数字社会建设水平。深化城市服务领域数字化应用。完善"青岛停车"平台功能、加快商业化应用，推动文旅资源数字化并向"一部手机游青岛"平台汇聚，依托"全市一家医院"平台实现全市公立医院检查检验结果互认共享。在教育、养老等领域推出一批数字服务场景。推进城市运行和管理数字化。高水平搭建城市信息模型，扩大市政设施感知设备布设范围，加快建设数字孪生城市。建设城市安全风险综合监测预警平台二期。打造全市统一的智慧社区综合管理服务平台。

（六）统筹城市规划建设管理，在提升城市功能品质上奋力争先。优化城市规划布局，深入实施城市更新和城市建设行动，提升城市宜居宜业宜游水平。

提高城市规划水平。推动《青岛市国土空间总体规划（2021—2035年）》落地实施。完成市辖区分区规划及镇级总体规划，优化重点片区控制性详细规划。启动编制国土空间近期建设利用、工业用地布局、停车场建设等8个专项规划。加强主要功能区块、重要节点的城市设计，彰显城市特色风貌。

深入实施城市更新。统筹推进低效片区开发建设和低效闲置土地处置。全面完成20个低效片区规划设计，完善扶持政策，加快实施139个市政设施和公共服务项目。高水平建设一批特色专业园区，促进产城融合，打造新的经济增长点。深入推进历史城区保护更新。基本完成核心区老建筑保护修缮，实现中山路等8条道路改造完工。建成邮轮港区航运金融中心、世界之眼等项目。实施新兴业态招商专项行动，持续提升历史城区人气活力。新启动20个城中村改造，建成安置房3.1万套。完成433个老旧小区改造，一体推进周边老旧街区环境提升，加快嵌入式服务设施建设，提高物业服务品质。完成5个山头公园整治，新建城市绿道100公里。实施李村河（张村河）生态修复和环境整治提升工程。加快100个停车场建设，新增公共停车泊位2万个以上。

加强城市精细化管理。深化重点领域专项整治。巩固违法建设治理成效，保持新增违建"动态清零"。持续推进市容秩序突出问题治理，深化景区景点周边、铁路公路沿线和主次干道两侧等区域环境综合整治，完成100条背街小巷整治提升，创建优秀规范化农贸市场40处以上。加快垃圾分类设施改造提升，提高分类处置和资源化利用能力。加强交通拥堵综合治理，系统化解173处交通堵点，深化交通秩序专项整治。完善群众参与机制，实施100处城市"微更新"。健全城市管理长效机制，优化基层网格设置，强化网格力量配备。

（七）扎实做好"三农"工作，在促进乡村全面振兴上奋力争先。学习运用"千万工程"经验，一体推进农业现代化和农村现代化，加快建设乡村振兴齐鲁样板先行区。

大力发展现代农业。严守耕地保护红线，实施主要粮油作物单产提升行动，确保粮食播种面积和产量稳定。深入推进种业振兴行动，加快建设青岛国际种都。支持清原种业等领军企业开展国家级重大良种攻关。推动中国农科院生物育种研究院落地。支持青岛蓝色种业研究院发展，实施"蓝色良种"工程，加快打造全国水产种质研发创新高地。深入挖掘开发地方优势种质资源，培育农作物新品种30个。支持农业龙头企业发展，建设30个标准化生产基地，实施12个精深加工产能提升项目，新培育3家省级以上农业产业化龙头企业。积极创建全国首批现代设施农业创新引领区。新增全国名特优新农产品10个以上。

增强农村发展活力。扎实做好第二轮土地承包到期延包工作。完成全国农村宅基地制度改革试点任务。推进全国农村产权流转交易规范化整市试点。积极发展新型农村集体经济，加快培育壮大强村共富公司等新型农业经营主体。深入实施乡土人才培育计划和"寻找乡村振兴合伙人"行动。巩固拓展脱贫攻坚成果。

促进城乡深度融合发展。加快以县城为重要载体的新型城镇化建设，深化莱西市省级城镇化建设试点，开展小城镇创新提升行动。扎实推进10个市级乡村振兴示范片区建设，创建2个以上省级乡村振兴齐鲁样板示范区。持续推进农村人居环境整治提升，完成260个村庄生活污水治理、15万户清洁取暖改造，建设养护"四好农村路"600公里，打造100个以上省级和美乡村。深入实施农村供水水质提升行动，新增规模化供水村庄100个。健全城乡环卫一体化长效机制，加快提升农村环境卫生水平。

（八）持续改善生态环境质量，在推动绿色低碳转型上奋力争先。实施第三轮"四减四增"行动，高标准开展碳达峰试点城市建设，擦亮美丽青岛生态底色。

深化污染防治攻坚。加强扬尘管控和重点行业挥发性有机物专项治理，推动空气质量持续改善。实施大沽河、胶莱河等11条重点河流治理，完成麦岛、团岛等12个污水处理厂提标改造。深化国家土壤污染防治先行区建设，加强源头防控和重点地块修复。推进"无废城市"建设，开展"无废园区""无废工厂"等系列创建活动。

积极稳妥推进"双碳"工作。建成岛城500千伏输变电工程，新增清洁能源装机50万千瓦以上。全面推行绿色制造、绿色建造，新增省级以上绿色制造示范企业15家以上、国家能效水效"领跑者"企业4家以上，新增绿色建筑1500万平方米。新建充电桩2.4万个。港口大宗干散货清洁运输比例达到86%以上。开展近零碳园区、社区等示范创建，让绿色低碳生活成为新时尚。

加大生态保护修复力度。加强海岛资源保护利用，推进灵山岛生态产品价值实现机制省级试点。深入实施"蓝湾整治"行动，推动崂山湾创建国家级美丽海湾。完成森林质量精准提升和新造林3.5万亩以上。加强外来物种侵害防治。扎实做好中央、省生态环保督察和国家自然资源督察反馈问题整改。

（九）推动文化繁荣发展，在提升城市文化软实力上奋力争先。坚定践行习近平文化思想，深入推进文化"两创"，大力发展文化事业和文化产业。

丰富群众精神文化生活。广泛践行社会主义核心价值观，常态化开展文明城市创建。深入实施文艺作品质量提升工程。开工建设国家海洋考古博物馆，鼓励发展民间博物馆，打造"博物馆之城"文化新名片。开工建设市美术馆新馆。持续开展"探源青岛"考古工程，加快三里河、琅琊台等考古遗址公园建设。全面推进儿童友好城市、青年发展友好型城市建设。深化"帆船之都"建设，举办国际海洋体育大会，办好"远东杯"等品牌帆船赛事。支持以市场化方式引进更多高端赛事，创建国家体育消费活力城市。完成弘诚体育场改造，加快浮山全民健身中心建设，有序开放中小学体育场馆，新建改造体育公园等健身设施220处。办好群众性体育活动，争创全国全民运动健身模范市，让体育更好融入生活、让城市展现蓬勃活力。

促进文旅产业发展。深入实施文化数字化行动和影视产业提振计划，争创国家级文化产业示范基地和国家文化与金融合作示范区。深化旅游品质提升攻坚。大力推进海上旅游整体规划开发，完成旅游客运码头整合提升、增开海上旅游航线，加快竹岔岛、小管岛旅游开发，推动邮轮旅游全面恢复，做强"海上游青岛"品牌。充分挖掘崂山文化内涵，加强啤酒元素运用，打造系列特色旅游产品。实施百家景区焕新工程，增加便利消费设施，提升服务配套水平。积极推进青岛老城5A级景区创建和世界文化遗产申报工作。支持中国海洋大学鱼山校区对外开放。推动旅游住宿业提档升级。深化旅游市场秩序整治。

（十）不断增进民生福祉，在提高群众生活品质上奋力争先。持续扩大优质公共服务供给，兜住、兜准、兜牢民生底线。今年，我们聚焦群众关切，安排了15件市办民生实事，我们将一件一件推进落实，努力把好事办好、实事办实，让民生幸福更加可感可及。

大力促进就业创业。加强高校毕业生、退役军人、农民工等重点群体就业服务保障，完善促进高质量充分就业举措，城镇新增就业35万人以上，扶持创业3万人以上。实施"社区微业"行动，新设城乡公益性岗位1.65万个。扎实推动共同富裕先行示范区（市）建设。

加快建设教育强市。深入推进基础教育优质资源倍增行动。新建改扩建中小学校和幼儿园70所，改造农村薄弱幼儿园50所。加快青岛二中东校区、青岛五十八中北校区、北京外国语大学附属青岛上合学校建设。加快青岛现代职教中心学校二期、青岛卫生健康职业学院建设。推动康复大学建校招生。支持在青高校深化产教融合示范学科建设。加强高素质教师队伍建设，切实减轻中小学教师非教学任务负担。

加快建设健康青岛。深入推进优质医疗卫生资源倍增行动。加快北大人民医院青岛医院二期建设，提升国家区域医疗中心建设水平。实施市中心医院、市立医院东院区改扩建工程，加快市公共卫生中心建设，建成市妇女儿童医院西海岸院区。新增3个国家临床重点专科。加强县域医疗服务次中心建设，提升家庭医生服务质量。深入开展国家中医药传承创新发展示范试点。强化重大疾病与传染病综合防控。完善儿科医疗资源统筹机制。深入开展爱国卫生运动，巩固国家卫生城市创建成果。

健全社会保障体系。持续推进社会保险精准扩面，新增企业职工养老保险参保12万人以上。深化职工医保门诊共济保障改革。加强新就业形态劳动者权益保障。将符合条件的进城农民工纳入住房保障范围。新建500处社区（村）养老服务站，基本实现老年助餐服务城乡全覆盖，积极发展银发经济。推动"托幼一体化"，支持有条件的幼儿园开展托育服务。提高困难群众救助保障标准。完成困难残疾人家庭无障碍设施改造700户以上。

提高社会治理水平。深化拓展"莱西经验"。坚持和发展新时代"枫桥经验"，加强"一站式"矛盾纠纷调处中心建设。深入推进信访工作法治化。支持国防和军队现代化建设，深化国防动员体制改革，加强全民国防教育。争创全国双拥模范城"十连冠"。认真开展第五次全国经济普查。做好民族宗教、外事、侨务、台港澳工作。提升统计、档案、史志、气象工作水平。支持社会组织、人道救助、公益慈善、志愿服务等事业健康发展。

筑牢安全发展底线。扎实开展安全生产治本攻坚三年行动，深化化工行业安全生产整治提升。抓好森林防灭火、防汛抗旱、防震减灾、极端天气防范应对等工作。强化应急物资保障和救援能力建设。加强食品药品全链条监管。深化社会治安防控体系现代化建设，持续打击治理电信网络诈骗，创建全国禁毒示范城市。切实防范化解房地产、地方债务、中小金融机构等风险。

各位代表！新的一年，我们将把党的全面领导贯穿政府工作全过程，持续加强自身建设，不断提高政府治理体系和治理能力现代化水平。强化政治引领。坚持不懈用习近平新时代中国特色社会主义思想凝心铸魂，巩固拓展主题教育成果，深刻领悟"两个确立"的决定性意义，增强"四个意识"、坚定"四个自信"、做到"两个维护"，不断提高政治判断力、政治领悟力、政治执行力。全面落实意识形态工作责任制。严格依法行政。巩固全国法治政府建设示范市创建成效。严格执行市人大及其常委会决议决定，依法接受市人大监督，自觉接受市政协民主监督，主动接受社会舆论监督，认真办理人大代表建议和政协提案。健全常态化府院联动、府检联动机制。实施提升行政执法质量三年行动。加强作风建设。树立和践行正确政绩观，大兴调查研究，坚持"四下基层"，不折不扣抓落实、雷厉风行抓落实、求真务实抓落实、敢作善为抓落实，当好执行者、行动派、实干家。畅通"三民"活动、12345热线和行风在线等互动渠道，积极回应群众关切。坚持廉洁从政。纵深推进全面从严治党，严格落实中央八项规定及其实施细则精神和省委、市委实施办法，力戒形式主义、官僚主义。坚持过紧日子，严控一般性支出。主动接受纪检监察监督，加强审计监督，强化重点领域廉政风险防控，一体推进不敢腐、不能腐、不想腐，营造风清气正的政治生态。

　　各位代表！使命重在担当，功成唯有实干。让我们更加紧密团结在以习近平同志为核心的党中央周围，在中共青岛市委坚强领导下，埋头苦干、勇毅前行，加快推动经济社会高质量发展，奋力开创新时代社会主义现代化国际大都市建设新局面！

宁 波 市

政府工作报告

——2024年1月17日在宁波市第十六届
人民代表大会第四次会议上

市长 汤飞帆

各位代表：

现在，我代表市人民政府向大会报告工作，请予审议，并请市政协委员和其他列席人员提出意见。

一、2023年工作回顾

2023年是全面贯彻党的二十大精神的开局之年，是"八八战略"实施20周年，也是三年新冠疫情防控转段后经济恢复发展的一年。习近平总书记亲临浙江考察，为浙江改革发展把脉定向、指路引航，为我们奋进新征程、建功新时代指明了前进方向、提供了强大动力，全市人民倍感振奋、倍受鼓舞、倍添干劲。我们始终牢记习近平总书记殷切嘱托，认真落实党中央、国务院、省委省政府的决策部署，在市委的坚强领导下，在市人大、市政协的监督支持下，感恩奋进、攻坚克难，较好完成了市十六届人大三次会议确定的目标任务，实现了争创共同富裕和中国式现代化示范引领市域样板的良好开局。

一年来，我们坚决扛起"经济大市勇挑大梁"的政治责任，积极应对严峻复杂国际形势和超预期因素影响，以超常规的力度和打法，用百分百的努力推动高质量发展、实现经济稳进回升向好。全年地区生产总值占全省比重稳定在20%；完成一般公共预算收入1785.8亿元，增长6.3%；城镇居民和农村居民人均可支配收入分别超8万元、4.8万元，倍差降至1.67以内，连续20年呈缩小态势；规上工业增加值增长6.5%以上，10家企业入围中国企业500强，20家企业入围中国民营企业500强，位居2023先进制造业百强城市第四；晋级中国外贸综合竞争力第四城。

一年来，我们坚持以三个"一号工程"为牵引，着力实施"十项重大工程"，谋划突破了一批强基础、优结构的重大改革，启动实施了一批补短板、利长远的重大项目。预计全社会研发投入强度达3.15%，甬江科创区建设加速推进，自主培养两院院士实现零的突破。通苏嘉甬铁路全面开工，沪甬跨海通道纳规工作取得重大突破，宁波枢纽前期工作加快推进。宁波舟山港货物吞吐量连续15年位居全球第一，集装箱吞吐量连续6年位居全球第三，宁波舟山国际航运中心发展指数提升至全球第九。栎社国际机场旅客吞吐量、货邮吞吐量和航班数均创历史新高。精心办好第三届中国—中东欧国家博览会等重大展会。扎实抓好122项省级以上重大改革试点，一批国家级、省级工作现场会成功召开。在"万家民营企业评营商环境"中，连续5年稳居全国各大城市第一方阵。

一年来，我们切实以主办姿态扛起协办责任，全力保障亚运盛会精彩圆满，全域推进城市三大提升行动，交出平安护航亚运高分答卷，全方位展示整体大美、平安和谐、文明有礼的城市新形象。顺利完成亚运会火炬传递，高质量承办帆船和沙滩排球两项赛事，我市培养输送的运动员获得金牌数、奖牌数和参赛人数均创历史之最。高标准推进翠屏山中央公园、三江口核心区等重大片区规划编制。获评全国市域社会治理现代化试点合格城市。公共服务质量满意度排名全国第二，连续17年荣获省"平安市"称号，第14次获评中国最具幸福感城市。

我们主要抓了八方面工作。

（一）提信心稳增长，经济运行持续回升向好

实施提信心扩需求增动能72条，精准有力打好拼经济组合拳。全面落实降本减负一揽子政策，兑付惠企政策资金1065亿元，新增减税降费及退税缓费超300亿元。加大财政金融支持力度，新增本外币贷款突破5000亿元、创历史新高，预计制造业中长期贷款增长47%，普惠小微贷款增长32%，民营企业贷款增长19%，政策性融资担保余额和增量均保持全省第一。举办首届四明保险论坛。发挥重大项目"1245"统筹推进机制作用，镇海绿色石化基地二期等项目提前开工，甬矽芯片封测二期等项目加快推进，140余个重点工程优化建设周期。完成省"千项万亿"工程项目投资规模居全省第一。争取地方政府专项债券351亿元、中央预算内资金9.9亿元，获国家重大项目建设用地指标保障8100亩，统筹保障新上项目能耗指标435.9万吨标煤。深入开展招大引强选优，引进内资突破2000亿元，实际利用外资突破50亿美元。实施"双促双旺"促消费行动，社会消费品零售总额增长6.5%，大宗商品贸易额全省占比达40%。老外滩获评国家级示范步行街，南塘河历史文化街区入选

国家级旅游休闲街区。入选全省首批新零售示范城市、新型消费试点城市。优化提升营商环境，出台支持民营经济高质量发展33条，建设企业综合服务中心，设立全省首家国际法律服务中心，成为全省唯一获批附加证明书签发权城市。实施"走企业优服务解难题""十链百场千企"等专项服务活动，新增市场经营主体19万户。

（二）强化科技创新，新发展动能加速积蓄

切实把增强科技创新能力摆在更加突出的位置，积极推进"四链"深度融合，出台科技新政15条。甬江实验室形成"十中心、五平台"科研布局，主持承担国家级项目7项。宁波东方理工大学（暂名）、宁波数字孪生研究院建设全面启动，国科大宁波材料工程学院正式启用。成为全国第二个与中国科学院签署深化战略合作协议的城市、首个独立加入国家自然科学基金联合基金的设区市，基础研究集成项目资助实现零的突破。获批省绿色石化技术创新中心，新增省级新型研发机构8家，北京大学宁波海洋药物研究院开园，中石化宁波新材料高端创新平台合作框架协议签约。新增省级高新技术产业园区2家，余姚入选国家创新型县（市）。全面启动"科创甬江2035"重点研发计划，攻克永磁伺服电机等一批关键核心技术，3项原创成果在国际顶级学术期刊《Science》发表。获省科技进步一等奖9项、省政府质量奖5项，均创历史新高。获评国家首批知识产权保护示范区，启动运营知识产权交易服务中心，有效发明专利达5.5万件，实现技术交易额超800亿元。设立标准创新贡献奖，获批筹建全省首个国家级机动车产品质检中心。新认定高新技术企业1900余家，增幅连续两年居全省首位。高校A类学科评级实现零的突破，16个学科进入ESI全球前1%。组建人才发展集

团，新入选国家级人才161人，总量跃居全省第一。引进支持全职顶尖人才11人、甬江人才工程项目400个以上，新引进大学生26.6万人，新增高技能人才5.1万人。

（三）壮大产业集群，转型升级步伐显著加快

紧盯高端化、智能化、绿色化转型，着力拉长板补短板锻新板。积极打造"361"万千亿级产业集群和"2070"工业集聚区体系，出台培育未来产业行动计划，新增国家级中小企业特色产业集群2个、创新型产业集群1个，入选省"415X"特色产业集群15个。加快打造新能源汽车之城，入围全国首批公共领域车辆全面电动化先行区试点，智能汽车产业平台创成全省首个"万亩千亿"新产业平台。获批国家首批中小企业数字化改造试点城市，规上数字经济核心产业制造业增加值增长8.3%，4家企业入选中国电子信息行业百强。12家企业入选国家智能制造示范工厂和智能制造优秀场景，7个项目入选国家5G工厂名录，数量均居全省第一。人工智能超算中心一期投用。获批设立国家级互联网骨干直联点。加快培育"大优强、绿新高"企业，新增国家级专精特新"小巨人"企业69家、上市及过会企业11家，国家级制造业单项冠军企业数量连续7年全国第一。入选国家综合型流通战略支点城市。获批首批国家文化与金融合作示范区。千亿级服务业企业实现零的突破，上榜中国服务业500强企业13家，入选国家级服务型制造示范企业（平台）4家，服务业增加值增长5%以上。新增国家级工业设计中心3个。海曙获评全国快递业与制造业融合发展试点先行区。

（四）深化改革开放，发展动力活力充分释放

坚持吃改革饭、走开放路，着力增强发展内生动力。深入推进全域国土空间综合整治试点，完成永久基本农田集中连片整治超

3万亩、低效建设用地整治盘活超1万亩。加快数字化改革，累计上线工业大脑场景应用90余个，建成公共数据授权运营平台，城市物联网平台投入运行。持续推进政务服务、公共服务向基层延伸，市本级行政权力事项基本实现"应放尽放、能放尽放"。推动市属国企战略性重组、专业化整合，入选中国企业500强实现零的突破。获批全国首批区域性股权市场"专精特新"专板试点，落地全国股权投资和创业投资份额转让试点。实施世界一流强港建设行动，推进"两场一仓"整治提升，开工建设铁路北仑支线复线，梅山6—10号集装箱码头建成投用，成为全球唯一拥有双"千万箱级"单体集装箱码头的港口。宁波港口岸开放实现全覆盖，入选全国首批智慧口岸试点。海铁联运达165.2万标箱，总量居全国第二。高分通过国家综合货运枢纽示范城市评估。深入实施宁波枢纽自贸区提升战略，启运港退税政策获批落地，成为全球第五个具备LNG加注服务能力的枢纽港。获批实施境外旅客购物离境退税政策。开通首条定期洲际客运航线和4条第五航权全货机航线。成立宁波国际商事法庭。获批全国唯一的中东欧农食产品进口先行先试口岸，3项成果列入第三届"一带一路"国际合作高峰论坛成果清单。全国首创跨境电商前置仓监管模式，跨境电商综试区综合考评蝉联全国"第一档"，成为全省首批数字贸易示范区。新增国际友城5对，北京宁波经促会成立，甬港澳各领域务实合作进一步深化。落地实施杭甬"双城记"10个标志性工程事项、12项惠民利企事项，杭绍甬城际列车开通运营。甬舟政务服务通办事项拓展至211项。高质量推进东西部协作、山海协作、对口支援、对口合作。

（五）建设现代化大都市，城市功能品质有效提升

以高标准规划引领高水平建设，大力推进城市更新和风貌管控。完成县级国土空间总体规划编制，入选全国首批"三线一单"与国土空间规划衔接试点。加速构建综合立体对外交通网，杭甬高速复线一期、甬金铁路等项目建成投用，甬舟铁路、杭甬高速复线二期等项目加快推进，杭甬高速复线三期等项目开工建设。加快打造通达一体的都市交通网，世纪大道快速路北延工程建成通车，鄞州大道快速路（机场路—鄞横线），轨道交通6、7、8号线和市域铁路象山线、慈溪线提速建设，G228余慈段、九龙大道、秋实路、四明路（锦奉大道—方欣路）快速化改造开工建设，打通"断头路"17条。高质量完成国家城市体检任务，出台城市更新办法，推进丁家湾等20个片区更新。建成未来社区65个，改造城中村1000万平方米、老旧小区100万平方米。新建"精特亮"精品线路41条、特色街区31个、亮点工程130个。实施"净空"工程，完成电力线路"上改下"135公里、综合通信落地360公里，建成姚江新区综合管廊一期（广元大道）项目。葛岙水库、杭州湾引水工程、江北下沉式再生水厂建成投用，清溪水库、柏坑水库建设提速，建成海塘安澜工程90公里。成为国家首批市级水网先导区，新建城镇污水管网164公里，改造供水管网180公里。垃圾分类整体成绩稳居全国大城市第二，分类标识上升为国家标识。

（六）推进乡村振兴，和美乡村建设走在前列

以"千万工程"为统领，一体推进农业农村现代化。坚决守住耕地保护和粮食安全红线，获省"河姆渡杯"粮食生产先进市金奖。增加耕地2.49万亩，竣工验收高标准农田9.2万亩。粮食播种面积、总产量均实现"八连增"；油菜种植面积达15.3万亩，增长20.5%。农林牧渔业总产值保持全省第一，荣获省首批乡村振兴"神农鼎"。实施农业"双强"行动，入选农业农村部首批企业重点实验室2家，"甬优1540"水稻列入国家农作物优良品种推广目录。鄞州获批国家数字种业创新应用基地。新增国家农业现代化示范区1个。深化强村富民乡村集成改革，新增盘活利用闲置农房3500多宗，北仑、余姚、象山入选全国深化农村集体经营性建设用地入市试点。建成省级和美乡村达标村435个，新增省级未来乡村37个，建成美丽乡村风景线4条。生活污水治理行政村覆盖率提升到94.5%。新改建农村公路102.5公里，余姚获评"四好农村路"全国示范县。

（七）塑造大美宁波，生态环境质量不断优化

深化践行"两山"理念，协同推进降碳、减污、扩绿、增长。制定实施生态文明建设示范区规划，省级生态文明建设示范区实现全覆盖。更高水平推进治气治水治土治废，成为全省首批四星级全域"无废城市"，空气质量优良率达93.7%，地表水市控以上断面水质优良率达96.8%。提前完成第二轮中央生态环境保护督察反馈问题整改销号。出台六大领域碳达峰实施方案，完成全国首单蓝碳拍卖交易，新增国家级绿色工厂27家。新增光伏、风电装机171万千瓦，提前实现"十四五"风光装机目标。入选国家首批绿色出行城市。新增绿地258公顷、绿道192公里、三江六岸滨江绿带8.5公顷、美丽河湖38条。建成海绵城市示范工程28.5平方公里。全国首个"两山实践"自然教育中心落户奉化。杭州湾国家湿地公园入选国家重要湿地名录，花岙岛入选国家级"和美海岛"示范创建名单。

（八）推动"七优享"工程，民生福祉进一步改善

迭代升级共同富裕示范先行工作体系，推进公共服务均衡可及、优质共享。获批全国公共就业创业服务示范城市，打造老百姓身边的零工服务体系，城镇新增就业26万人。加快"扩中提低"改革，出台8项重点群体增收激励政策。困难群众人均救助金额、孤困儿童保障标准、临时救助力度保持全省首位，县级助联体覆盖率达100%，成为"善行浙江"金名片唯一试点市。健全多层次共富型医保体系，非本市户籍人员参保条件进一步放宽，惠民型商业补充保险持续完善，异地就医直接结算医疗机构实现全覆盖。大力推进"医学高峰"建设，整合组建宁波大学附属第一医院，建成投用市疾病预防控制中心、市医疗中心李惠利医院原地改扩建项目，入围国家中医药传承创新发展试点，新增三甲医院3家。实施"一老一小"整体解决方案，新建老年食堂和助餐点400个，每千人口托位数提升至4.21个，儿童公园建成投用，入选全国婴幼儿照护服务示范城市、建设国家儿童友好城市名单。新改扩建幼儿园、中小学33所，新增公办学位3.5万个。普高定向招生名额全部均衡分配，浙江省八一学校、海曙中学、镇海中学甬江校区启动招生。举办第二届全民运动会。组织办好女排奥运资格赛、WTA宁波网球公开赛等国际顶级赛事，国家级海洋运动中心、省帆船协会落户亚帆中心。获得2026年世界举重锦标赛举办权。面向新市民、青年人加大保障性住房供给，新增保障性租赁住房超5万套，公租房在保家庭6.2万户，共有产权房开启申购。扎实开展房地产领域"保交楼、稳民生"行动。在全省率先试行居住证转户籍制度。实施史前文化和海洋文明"探源"工程，"河姆渡文化发现50周年考古成果特展"亮相国家博物馆，举办首届宁波春晚、"中国历代绘画大系·宁波特展"等重大文化活动。天一阁博物院南馆设计方案获批。新增"15分钟品质文化生活圈"455个、城市书房41家。成功申办第六届世界佛教论坛。开展全国矛盾纠纷预防和化解法治化试点，持续推进风险隐患大排查大整治，成功创建首批全国社会治安防控体系建设示范城市。宁海获评全国平安渔业示范县。

一年来，我们认真开展学习贯彻习近平新时代中国特色社会主义思想主题教育，系统开展"八八战略"实施20周年综合评估工作，坚持锻造高素质专业化政府团队。积极推进"大三农、大智造、大商贸、大文旅"四个领域产业政策整合集成，实施财政资金"拨改投"改革。高质量完成"十四五"规划中期评估，扎实推进第五次全国经济普查各项工作。深入实施法治政府建设，依法接受人大监督，自觉接受政协民主监督，办理人大代表建议486件、政协提案419件。数字政府服务能力位居全国重点城市并列第一，一体化政务服务能力总体指数连续5年位居最高等级。

同时，我们大力支持国防和军队现代化建设，推动军民融合发展，民族宗教、审计统计、哲学社会科学、史志档案、外事侨务、港澳台、信访等工作扎实推进，工会、共青团、妇女儿童、老龄、红十字、残疾人、关心下一代等事业取得了新进步。

各位代表，过去一年的成绩来之不易。这是习近平新时代中国特色社会主义思想科学指引的结果，是省委省政府和市委正确领导的结果，是全市干部群众奋力拼搏的结果！在此，我代表市人民政府，向全市人民，向人大代表、政协委员，向各民主党派、工商联、无党派人士、各人民团体，向部省属驻甬单位、驻甬人民解放军、武警部队和消防救援队伍，向"宁波帮"和帮宁波人士，向所有关心支持宁波发展的海内外朋友们，表示衷心的感谢！

同时，我们也清醒地看到，受外部环境和需求不足等因素影响，去年仍有个别经济指标完成情况不及预期，经济回升向好基础尚不牢固，部分中小微企业生产经营困难，助企纾困政策还需更加精准有力；创新策源地能级不高，科技创新短板依然突出，产业链供应链韧性和竞争力有待提升；基础设施建设还难以满足城市提能升级的要求，民生领域还有不少薄弱环节，市域统筹、城乡统筹仍需进一步加强；绿色转型任务艰巨，本质安全基础不够扎实，韧性城市建设仍需持续发力；政府服务管理效能仍需进一步提升。对此，我们一定积极采取措施，切实加以改进。

二、2024年主要目标任务

2024年是中华人民共和国成立75周年，是实施"十四五"规划的关键之年，也是宁波成为全国首批沿海开放城市40周年。今年政府工作的总体要求是：坚持以习近平新时代中国特色社会主义思想为指导，全面贯彻党的二十大和二十届二中全会精神，深入学习领悟习近平总书记考察浙江重要讲话精神，坚决落实中央决策、省委部署和市委要求，紧扣"勇当先行者、谱写新篇章"新定位新使命，持续推动"八八战略"走深走实，坚持稳中求进、以进促稳、先立后破，更加突出创新引领、改革破难、开放兴局，更加突出稳定持续、群众有感、安全韧性，推动经济运行持续回升向好，努力实现质的有效提升和量的合理增长，不断开创现代化滨海大都市建设新局面，奋力争创共同富裕和中国式现代化示范引领的市域样板。

综合考虑各方面因素，建议今年经济社会发展的主要预期目标为：地区生产总值增长6%左右；一般公共预算收入、城乡居民人均可支配收入与经济增长同步，城乡居民收入倍差继续缩小；固定资产投资增长10%左右；社会消费品零售总额增长6.5%；外贸自营进出口总额保持全国占比份额；居民消费价格涨幅3%左右；城镇新增就业20万人，城镇登记失业率3.5%以内；能源和环境指标完成省下达的计划目标。

做好今年工作，必须牢牢把握以下四方面：一是忠实践行。始终把习近平总书记对浙江、对宁波工作重要指示批示精神作为根本遵循，围绕习近平总书记精准点题的重大任务，坚决做到"总书记有号令、中央有部署、省委有要求，宁波见行动、走在前"，让习近平总书记描绘的宏伟蓝图不断在宁波变为美好现实。二是示范先行。秉持"争一流、创样板、谱新篇"的不懈追求，树牢全球一流、全国领先、全省领跑的工作标准，力争在经济总量、投资消费、外贸外资等方面接续攀新高；在推进新型工业化先行示范、打造最优营商环境、扩大高水平对外开放、加快绿色低碳发展等方面持续走在前，以宁波的"稳""进""立"服务"国之大者"、支撑"省之要事"。三是勇毅前行。围绕"落地见效、加速补短、争先进位"的工作主线，谋深抓实牵引性举措、突破性抓手、标志性成果，以更强的恒心攻坚破解短板弱项，积极应对解决"成长烦恼"，持续有效防范化解重点领域风险，始终在变化中掌握主动，努力在承压下突破新生，切实巩固提升经济回升向好的良好态势。四是倍道兼行。把习近平总书记殷切嘱托转化为干事创业的强大动力，保持"咬定青山不放松"的定力，坚定"阳光总在风雨后"的信心，拿出"拼尽全力必有机会、拼到无力方不后悔"的劲头打攻坚战、啃硬骨头，以"时不我待、只争朝夕"的紧迫感加快发展，奋力交出高质量发展的高分答卷。

重点做好十方面工作。

（一）全力争创新型工业化示范区，提升产业体系竞争力

做大做强先进制造业集群。加快培育"361"万千亿级产业集群，推动绿色石化、新型功能材料创建世界级产业集群，工业母机及关键基础件争创国家级产业集群，大力培育人形机器人、生物医药等重点细分产业，争创省级特色产业集群。加快推进镇海绿色石化基地二期、东方日升太阳能电池等在建项目，开工建设环洋碳三循环经济产业园、宁波智能制造示范性区域中心等项目。加快建设前湾新区国际汽车研发测试中心，新能源汽车产量突破40万辆。战略性新兴产业增加值增速高于规上工业2个百分点，高技术制造业增加值占规上工业增加值比重达13%。聚焦未来产业"153"赛道，全力打造未来产业先导区，培育壮大新质生产力。开展海洋经济倍增行动，海洋经济增加值达到3000亿元左右。实施重点产业基础再造项目200个以上，新增省级链主型企业5家。攻坚推进国家级开发区争先进位，优化"2070"空间布局，推动"工业上楼""退二优二"和地下空间开发利用，完成重点工业区块改造提升6000亩，规上工业企业亩均税收、亩均增加值均增长5%以上。

深入推进数实融合。推动数字经济投资倍增，持续做大"材芯端贸软"数字产业集群，核心产业增加值增长8%。加快打造以工业软件为牵引的中国软件名城，软件业务收入增长10%。大力建设数实融合标杆城市、智能网联试验区，推动规上工业企业"智改数转"全覆盖，实施中小企业数字化转型试点250家以上，推进传统产业数字化改造、绿色化诊断，创建智能制造、工业互联网等省级以上标杆示范30个以上。建成国家级互联网骨干直联点和人工智能超算中心二期。

加快两业融合发展。实施服务业"5566"发展行动，大力发展

高端生产性服务业，新增省级服务型制造示范企业（平台）10家、服务业领军企业10家。做大做强航运物流，加快推进宁波国际冷链供应链等项目建设。做好金融五篇大文章，本外币存贷款增速均达到12%，新增区域性股权市场培育企业500家、上市及过会企业10家以上。重点培育跨境交易、大宗商品交易等平台企业，平台经济交易额增长20%。

积极培育一流企业。鼓励企业"四上"发展，强化"大优强"企业培育，新增中国制造业500强企业1家、国家级制造业单项冠军20家以上、专精特新"小巨人"企业150家。开展规上工业企业研发投入全覆盖行动，新增高新技术企业1500家，新培育省科技领军企业5家、科技小巨人企业20家、科技型中小企业3000家。出台新一轮总部经济实施方案，支持壮大跨国型、民营型、央企省企型总部企业。

（二）奋力建设高水平创新型城市，助推服务科技自立自强

提升科创平台能级。深化与中国科学院、中国工程院、国家自然科学基金委员会等战略合作，以世界一流标准打造甬江科创区，高站位推进甬江实验室建设，启动建设东海海洋综合试验场，新增省部级重点实验室、新型研发机构5家，力争实现全国重点实验室、国家技术创新中心零的突破。做深做实宁波国家自主创新示范区，支持海曙、奉化创建省级高新园区，开工建设极氪、东方电缆等一批研发总部。开展"科创甬江2035"关键核心技术攻关200项以上，力争取得重大标志性成果20项。落实全社会研发投入行动，研发投入强度提升到3.3%，基础研究投入增速超过30%。

提升创新生态体系。实施科技创新"强基登峰"工程，探索新型举国体制的宁波路径。发挥股权投资促进作用，深化财政资金

"拨改投"试点，建立天使投资引导基金子基金3支。开展专利转化运用专项行动，探索科技成果"先用后转"机制，实施重大应用示范项目20个，技术经纪人达1700人、技术交易额突破900亿元。加快建设中国—中东欧国家创新合作研究中心。深入实施知识产权"领航"工程，新增授权发明专利9500件、注册商标4万件以上。

提升产教融合水平。加快宁波东方理工大学（暂名）建设，全力支持宁波大学通过"双一流"验收、入选省高水平大学建设名单。实施高校学科专业"161"提升工程，扩大在校研究生规模。打造中高本一体化发展职教共同体，创新职技融通人才培养模式，校企共建工程师学院25个。

提升人才引育质效。实施科技人才汇聚行动，引进支持全球顶尖人才10人以上。迭代升级甬江人才工程，遴选支持高层次人才团队项目400个以上，新增卓越工程师、宁波工匠各80名。深化青年友好城建设，新引进大学生25万人，新增高技能人才5万人。擦亮做实"宁波五优、人才无忧"服务品牌，优化提升宁波人才大脑。

（三）合力打造营商环境最优市，系统深化综合集成改革

全面推进政务服务增值化改革。加快建成市县两级企业综合服务中心，迭代升级企业综合服务平台，构建形成为企服务新生态。推动"一件事"向"一类事"迭代，落地应用一批"一类事"集成服务场景。全面推广应用"企业码"，实现企业办事"一码通办"。集成全链条资源要素，编制形成增值服务事项清单，为企业提供定制式服务。

持续激发民营经济发展活力。推进市场准入准营改革，严格执行公平竞争审查制度，加大面向中小微企业的政府采购力度。推进融资畅通，新增民营企业贷款占新增企业贷款比重不低于50%，制造业中长期贷款、普惠小微贷款、科技型中小微企业贷款增速均达到25%以上。落实结构性减税降费政策，加强民营企业用地用电用水用能保障，开展数字营商领跑示范、营商改革破难攻坚、中介服务效能提升等专项行动。推进重点产业预防性合规体系建设，持续营造良好法治营商环境。实施"信用+"工程，打造一批标志性应用场景。争创全国亲清政商关系创新试点城市，优化"亲清直通车·政企恳谈会"机制。推进民营企业家能力提升工程、青蓝接力工程，建设民营经济人士之家，让企业家更有归属感、获得感、成就感！

加快重点领域改革。深化土地要素市场化配置改革，创新产业用地市场配置机制，建立地下空间不动产登记制度和规范。推进电力市场化改革。探索完善海洋蓝碳交易机制，积极参与全国碳排放交易市场建设。加快数据要素市场化配置改革，推进行业数据交易中心建设，新增数据产品255个。深化"大综合一体化"行政执法改革。开展知识产权纠纷快速处理、商业秘密保护创新等国家试点，加强海外知识产权维权指导。实施国有企业改革深化提升、加快建设一流企业行动，完善国企市场化经营和科技创新机制，积极稳妥推进混改，市属国企营收超过1700亿元。

（四）倾力建设双循环枢纽，持续扩大高水平开放

加快提升城市链接功能。深化建设世界一流强港，落地实施宁波舟山港总规，持续推进梅山港口基础设施、铁路北仑支线复线等项目，开工建设梅山铁路专用线，开发新能源汽车外贸滚装航线。打造国家海铁联运高质量发展示范区，海铁联运超180万标箱。加密拓展洲际全货机航线。加速推进宁波枢纽空铁一体主体工程项目。建成六横公路大桥一期、杭甬高速复线二期、庄桥至宁波段三四线，加快建设通苏嘉甬铁路、甬舟铁路、杭甬高速复线三期、甬台温高速改扩建等项目。

加快建设更高水平开放型经济。以全力服务共建"一带一路"为引领，加快扩大制度型开放。深入实施自贸试验区提升战略，积极创建大宗商品资源配置枢纽，常态化开展国际航行船舶保税LNG加注业务。组织开展新一轮跨境贸易便利化专项行动，深入推进跨境贸易投资高水平开放等试点，稳步推进"双Q"试点扩容。深化中国—中东欧国家经贸合作示范区建设，积极筹办第四届中国—中东欧国家博览会。持续开展境外拓市场抢订单行动，举办"甬通全球"境外系列展会。加快发展中间品贸易、数字贸易、服务贸易、离岸贸易、绿色贸易等外贸新业态，建设海外仓综合服务平台，创建国家绿色贸易发展示范区，探索开展新型易货贸易试点。建立本土民营跨国公司培育机制，实施"一带一路"境外重点项目30个。办好世界"宁波帮"发展大会。

加快深化区域合作交流。深度融入长三角一体化发展，积极主动融入上海大都市圈，纵深推进前湾沪浙合作发展区建设，沪甬跨海通道正式纳入上海大都市圈国土空间总体规划。协同推进杭甬"双城记"、宁波都市圈建设，联动建设海洋中心城市。深化与对口地区的合作交流，推动更大范围合作共赢。

加快建设国际消费中心城市。推动传统商圈数字化、智能化改造，高品质打造泛三江口、东部新城两大商圈，谋划建设世界级商圈。迭代升级"双促双旺"促消费行动，建设新型消费重点项目21个，大力发展数字消费、绿色消费、健康消费，加快即时零售、首店经济、电竞酒店等新业态发展，引进和培育知名电商平台企业，直播电商渗透率提升到30%。实施内外贸一体化"领跑者"行动，新增省级产业基地3个、"领跑者"企业30家。推进内外贸产品"同线同标同质百县千品万亿"行动，新增"品字标"品牌企业50家。争创全国放心消费示范城市、国家体育消费活力城市。

（五）强力扩大有效投资，进一步增强项目支撑

强化项目攻坚。实施扩大有效投资"5210"攻坚行动，优化"1245"机制，提升项目统筹攻坚合力。发挥好政府投资的带动放大效应，持续推进交通、水利等重大基础设施项目，加大教育、医疗等补短板领域投资力度，谋划建设一批"平急两用"公共基础设施，力争完成基础设施投资1500亿元。加快政府和社会资本合作（PPP）新机制落地见效，制定实施民营企业增资扩产、技术改造享受与招引项目同等待遇政策，做好民间投资项目推介和金融支持，推动民营企业参与存量资产盘活，支持社会资本参与新型基础设施等领域建设，民间投资占比保持在52%以上。

强化招商引资。推动"双招双引"联动发力，在重大项目招引、产业链精准招商、加快项目落地转化上实现突破。组建招商基金，做大资本招商规模，高质量开展境内外"宁波周"等系列活动。引进内资2200亿元以上，实际利用外资50亿美元以上，新增世界500强项目10个以上。

强化要素保障。做好中央资金和地方政府专项债券项目储备申报。国有建设用地供应6万亩以上，加大批而未供、供而未用土地消化处置力度。统筹保障新增能耗指标供给400万吨标煤以上。积极争取更多项目纳入国家规划和省重大项目盘子。

（六）大力深化新时代"千万工程"，加快乡村全面振兴

实施乡村产业提能行动。树立大农业观、大食物观，大力实施粮油等主要作物单产提升工程，粮食播种面积和产量分别稳定在172万亩和14.3亿斤以上，油菜种植面积达到15.3万亩以上。实现蔬菜产量270万吨、生猪产能149万头、水产品产量113万吨以上。整治集中连片耕地8万亩以上，新建和改造提升高标准农田8万亩。建设年产值50亿元以上农业全产业链5条，争创国家级智慧农业引领区。培育一批种业龙头企业，种业产值达到50亿元以上。

实施强村富民提速行动。贯彻落实深化农村改革实施方案，新增闲置农房盘活利用2500宗以上，稳妥开展第二轮土地承包到期延包，推进农村产权流转交易规范化建设试点工作。探索新型农村集体经济发展机制，持续提升强村公司联村带农致富能力，集体经营性收入50万元以上行政村占比提高到70%以上。建立农民终身职业技能培训机制，成立低收入农户共富基金。

实施和美乡村提标行动。加快推进县城承载能力提升和深化"千村示范、万村整治"工程，新建"一环十线"美丽乡村风景线4条，创建一批省级和美乡村达标村、未来乡村和特色精品村。建成幸福河湖25条。创建"四好农村路"全国示范县1个。

（七）聚力推进城市更新提升，切实增强综合承载力

构筑高质量发展空间格局。优化国土空间规划管理体系，深化姚江两岸、三江口核心区等重大片区规划方案。出台翠屏山中央公园规划和建设总体方案。加快南翼地区发展，打造"三生"融合的城镇化样板。统筹推进全域国土空间综合整治试点和各类土地综合整治项目，新开工整治项目150个，推进城镇低效用地再开发8200亩。

加快市域交通畅联。构建全域直联直通的都市快速路网，建成投用鄞州大道，提速建设鄞州大道—福庆路（东钱湖段）二期、九龙大道、秋实路、兴慈大道等快速路。加快推进宁波大道、公园大道、东海大道和余慈东西连接线等项目前期。打造多层次轨道交通网，开通运营3号线二期、4号线西延，加速建设6、7、8号线和市域铁路，制定实施"轨道+公交"体系融合方案。

统筹城市更新和开发建设。一体化推进55个先行片区的城市体检和更新工作，建成和开工建设未来社区110个，改造老旧小区30个，加装电梯200台以上，实施城中村改造1000万平方米。加快姚江片区等重点区块开发，创成省级城乡风貌样板区33个以上。新建海绵城市28.5平方公里。改造城镇供水管网150公里。

推进蓝绿空间提质。打通三江六岸断点堵点，建成奉化江东岸滨江休闲带。推进公园绿地建设，建成镇海西大河公园二期等综合公园，新增口袋公园30个、绿地200公顷，新建及提质绿道100公里。

加强城市精细化管理。提升三江六岸夜景品质，打造"十地联动"灯光秀。开展设施微改造、区域微整治，实施道路照明质量提升100条，建设精细化管理高品质示范街区10个。推动生活垃圾分类提质，推进世行二期等绿色低碳项目建设。继续推进"净空"工程和综合管廊建设。

（八）致力提高城市韧性，更好统筹发展与安全

加快绿色低碳发展。开展靶向精准治气、源头系统治水、减量提标治废，打造生态环保"四零六无"标志性成果，建设美丽中国先行示范区，$PM_{2.5}$平均浓度保持在每立方米23微克以下，力争获评"大禹鼎"金鼎。推动规上工业企业绿色化改造全覆盖，加大国家级绿色工厂创建力度。建成国电象山1号海上风电场二期，加快建设海岛清洁能源、浙江LNG三期等重大项目，新投产风电、光伏装机60万千瓦以上。实施"光伏+"城乡新能源化改造，率先实现公共领域车辆全面电动化。系统推进杭州湾湿地等生态修复提升工程，实现省级森林城镇全覆盖。打响生物多样性友好城市品牌。全面加强资源节约集约循环高效利用。新增国家生态文明建设示范区1个以上。

提升城市运行安全水平。实施新一轮安全生产三年行动，持续推进重点领域安全专项整治。开工建设宁波北部综合保供基地项目，加强粮食应急保障能力，实现省食品安全示范县（市、区）全覆盖。持续建强基层应急消防管理所。加快城市安全运行在线建设，健全防汛防台联合指挥体系，强化大灾应对准备。推进国家市级水网先导区建设，实施宁波枢纽片防洪排涝工程，加快建设姚江北排二通道、下姚江堤防整治、第二工业水厂等重点工程，建成海塘安澜工程30公里。深化城镇燃气安全隐患排查整治，更新改造老旧管网30公里。强化市政设施安全运维，开展重点桥梁结构老化、城市道路防塌陷、"桥头跳车"等专项治理。

织密社会安全防护网。坚持和发展新时代"枫桥经验"，迭代升级"141"基层治理体系，深化"甬网善治"，专属网格分类治理规范化建设达标率达到90%以上。构建"631"三级矛盾纠纷化解格局，推进县、乡两级综治中心标准化建设。深化电信网络诈骗打击治理，常态化开展扫黑除恶，推进全国禁毒示范城市创建。有效防范化解房地产等重点领域风险。迭代升级境外项目安全保障和应急机制，有效维护在海外的宁波人员、企业合法权益。

（九）着力繁荣港城文化，扎实推进以文化人以文赋能

打响"在宁波，看见文明中国"品牌。深化精神文明建设改进创新，高水平推进新一轮全国文明城市创建，强化"尚德甬城"道德培塑，纵深推进"浙江有礼·宁波示范"市民文明素质养成行动，实施"我们的"系列文明培育行动和十类重点群体文明实践活动，打造"七彩惠民路"，拓展新时代文明实践点（基地）250个，推动优秀传统文化进校园，形成更多文明创建的标志性成果。

建设城市文化地标。加快天一阁博物院南馆、王阳明纪念馆、河姆渡考古遗址公园启动区建设，推动文化馆新馆、非遗馆开工建设，深化稻作博物馆、新音乐厅、河海博物馆等项目前期。推进名人故居保护和展示利用，加快秀水街、石浦渔港古城二期等历史文化街区改造提升。

丰富高品质文化供给。实施阳明文化建设三年行动，深化"甬学"研究，推进《四明文库》编纂和《阳明传》、宁波籍院士纪录片拍摄，开展宁波非遗主题年活动，完成《宁波简志》编修。实施文化新空间"十百千"工程，建成投用市少儿图书馆。启动新一轮"一人一艺"创新发展行动，争创全国首批青少年美育之都。实施文艺创作攀峰计划，打造一批原创文艺精品力作。

实施"文化+"工程。出台文旅深度融合高质量发展实施意见，培育一批文化领军企业，发展沉浸式演艺、数字文博、国潮零售等新业态，打造三江口至东钱湖水上精品航线，谋划实施全域大景区体系和实景演艺项目。建成投用三江六岸核心区夜经济示范带一期，新增2家省级以上夜间文化和旅游消费集聚区。做好"后亚运"文章，开工建设奥体中心二期，积极申办、承办高规格国际体育赛事，加快打造滨海体育赛事体系，持续扩大"奥运冠军之城"影响力。办好第六届世界佛教论坛、海丝之路文博会、亚洲海洋旅游发展大会等重大活动。

（十）协力深化"七优享"工程，推动共同富裕示范先行

深入实施"扩中提低"行动。更加突出就业优先导向，加强高校毕业生等重点群体就业帮扶，推广援企稳岗政策"直补快办"模式，保持零就业家庭动态清零。实施"政府无拖欠款、宁波无欠薪"行动，打造高质量充分就业创新城市。深化产业工人队伍改革，全域实施"一人一技"终身职业技能培训，实施工匠出彩计划，推进一流技师学院建设。迭代完善覆盖九大重点群体及细分人群的增收扶持政策，推进百万家庭奔富行动计划。健全四明山区域和南翼山区、海岛地区支持政策体系，制定"一镇一策"实施方案。

加快推动卫生健康现代化。实施"医学高峰"攀登行动，建成投用市公共卫生临床中心，加快浙江大学医学院附属第一医院和邵逸夫医院宁波院区建设，支持宁大附属第一医院打造省级区域医疗中心。启动宁波大学附属妇女儿童医院迁建工作。深化县域医共体建设，补齐常住人口千人以上村卫生室短板。创新"互联网+医疗健康"服务，建成新一代全民健康信息平台，互联网诊疗服务突破200万人次。开展新一轮健康宁波行动，实施防控重大慢病创新融合国家试点，有效遏制重大传染性疾病传播。

扎实办好人民满意教育。深化落实义务教育免试就近入学、公民同招、随迁子女义务教育入学等政策，融合型共建型教共体达75%以上。普惠性幼儿园覆盖率保持在95%以上，公办幼儿园覆盖率达70%以上。巩固"双减"成效，提升课后服务、假期托管服务质量。

悉心关怀"一老一小"。深化积极应对人口老龄化重点联系城市、老年友好城市建设，统筹推进养老服务"爱心卡"工作，开

展公办养老机构改造提升行动。全市域推进安宁疗护服务。开展母婴设施提质培优工程，每千人口托位数达到4.3个以上。推动"一老一小"融合服务场景建设，建成一批社区嵌入式服务设施。新建一批星级社区服务综合体和"居民会客厅"。

不断健全社会保障体系。构建共富型"大社保"体系，精准推进社保扩面提标，持续推进灵活就业人员、新业态从业人员参保，探索企业年金和个人养老金融合发展。全面推动职工医保门诊共济改革平稳落地，优化完善长期护理保险、惠民型商业补充医疗保险政策体系。深化分层分类大救助体系建设，城乡最低生活保障、机构孤儿集中养育年标准分别提高到1.52万元和3.87万元。完善住房保障体系，公租房在保家庭达6万户，筹建保障性租赁住房3万套（间）以上，新增配售型保障性住房4000套。加强国防动员和国防后备力量建设，扎实做好退役军人服务保障，第九次创成全国双拥模范城。

各位代表！为民造福是最大的政绩。今年我们继续按照"群众提、代表定、政府办、公众评"的理念，在市人大全过程参与下，经过多渠道征集、多方对接，筛选出18个民生实事候选项目提交审议和票决。

三、加强政府自身建设

百舸争流，奋楫者先。新的一年，我们将切实加强政府自身建设，努力打造务实高效清廉的现代服务型政府。

坚持政治建设强引领。强化理论武装，不断提高政治判断力、政治领悟力、政治执行力，持续推动习近平总书记考察浙江重要讲话精神落地见效，以实际行动坚定捍卫"两个确立"、坚决做到"两个维护"。

坚持一以贯之崇法治。加强法治政府建设，高质量办好人大议案建议和政协提案，依法接受市人大及其常委会监督，自觉接受市政协民主监督，主动接受监察监督、司法监督、审计监督、群众监督、舆论监督。加快执法规范化、数智化建设，深化政务公开，提高政府透明度和公信力。

坚持奋发有为重实干。坚守"致广大而尽精微"的成事之道，推进政府机构改革，强化政府系统谋划力和执行力，提升政府经济治理能力，唯实唯先、勤思勤力、善作善成，统筹把握时度效，雷厉风行抓落实，以更强的专业科学精神和专业技术能力支撑干的实效，在高质量发展竞技场上展身手、见成效。

坚持干净干事转作风。树立践行正确政绩观，鼓励支持干部敢闯敢为敢担当，纵深推进政府系统党风廉政建设和反腐败工作。坚持常态化过"紧日子"，努力把市民群众"吐槽点"作为优化服务"突破点"，把代表委员"关注点"作为改进工作"发力点"，用政府"勤廉指数"换取群众"幸福指数"。

各位代表！凯歌而行，不以山海为远；乘势而上，不以日月为限！让我们更加紧密地团结在以习近平同志为核心的党中央周围，在中共宁波市委的坚强领导下，激扬羽人竞渡的斗志、汇聚上下同欲的力量、秉持夙夜在公的拼劲，以高质量发展的实际行动和成效，彰显经济大市勇挑大梁的责任担当，为全国全省大局作出新的更大贡献！

厦 门 市
政府工作报告

——2024年1月11日在厦门市第十六届
人民代表大会第三次会议上

市长　黄文辉

各位代表：

现在，我代表市人民政府，向大会报告政府工作，请予审议，并请市政协委员提出意见。

一、2023年工作回顾

2023年是全面贯彻党的二十大精神的开局之年，是三年新冠疫情防控转段后经济恢复发展的一年。一年来，我们坚持以习近平新时代中国特色社会主义思想为指导，全面贯彻党的二十大和二十届二中全会精神，深入贯彻落实习近平总书记重要讲话重要指示精神特别是致厦门经济特区建设40周年贺信重要精神，认真贯彻落实党中央、国务院决策部署和省委省政府工作要求，在市委的正确领导下，深入开展学习贯彻习近平新时代中国特色社会主义思想主题教育，坚持稳中求进工作总基调，完整、准确、全面贯彻新发展理念，积极服务和融入新发展格局，着力推动高质量发展，深学争优、敢为争先、实干争效，加快实施"一二三"战略规划，坚持应急与谋远相结合，奋力抢机遇、强优势、挖潜力，经济回升向好，社会保持稳定。地区生产总值增长3.1%，规模以上工业增加值与上年持平，固定资产投资增长0.5%，社会消费品零售总额增长2.9%，居民消费价格指数增长0.2%，全体居民人均可支配收入增长4.5%，一般公共预算总收入、地方一般公共预算收入分别增长5.6%和5.5%，完成年度节能减排任务。

一年来，我们主要做了八个方面工作。

（一）着力稳住经济大盘

助企纾困力度加大。顶格落实国家、省稳增长一揽子政策，制定实施稳增长转动能、合力抓工业等系列政策，大力推广"免申即享""即申即享"，兑现助企纾困资金340亿元。打造"财政政策+金融工具"升级版，增设产业链招商、供应链协作和先进制造业基金，扩大技术创新基金、中小微企业融资增信基金规模，撬动超800亿元金融资金助企发展。

发展后劲持续增强。深化项目全生命周期管理，用好"两化三单"工作法和"项目之家"平台，全力促前期、促开工、促建设，策划生成项目1074个、总投资6930亿元，新增开工项目1042个、总投资3025.5亿元。制造业投资增长9.2%，246个亿元以上产业项目完成投资536.7亿元，厦门时代、中创新航三期等一批重大产业项目加快建设，东南智慧供应链产业园等园区建成投用。

消费潜力加速释放。大力推动住宿餐饮、文化旅游、会议展览等行业复苏，举办600多场促消费活动，网络零售额增长12.2%，限额以上住宿业、餐饮业营业额分别增长33.1%和22.5%，接待游客人次、旅游收入分别增长67.3%和83.3%，会展业参会人数、展览面积分别增长155.3%和68.2%，厦门国际博览中心投入使用，中山路入选全国示范步行街，夜间经济城市发展指数、消费者满意度均位居全国前列，城市便利店发展指数蝉联全国第一。

对外贸易平稳增长。开展"百展千企拓市场"等活动，外贸进出口总额9470.4亿元，增长2.7%，高于全国、全省水平。新能源汽车、锂电池、光伏产品"新三样"出口额增长1.7倍，跨境电商进出口额增长65%，电子信息产业入选国家外经贸提质增效示范产业，3项工作获评全国服务贸易创新发展试点最佳实践案例，获批首批全国内外贸一体化试点城市。

（二）着力推动创新发展

创新生态持续优化。健全多元化科技投入机制，组织实施181个重大技术攻关、"揭榜挂帅"、产学研合作等项目，转化高新技术成果513项。实施"群鹭兴厦"人才工程，新增国际化人才3382人，吸引近8万名高校毕业生在厦就业。厚植创新文化，完善服务体系，营造创新氛围，全社会研发投入强度达3.3%，科技集群、科技强度排名分别跃升至全球城市第80位和第81位。

企业创新活力不断增强。启动企业千亿研发投入引领计划，实施企业技术创新能力提升行动，有效发明专利拥有量增长19.4%，技术合同交易额增长29.3%，主导或参与制定修订国际、国家标准350项，获批国家级知识产权保护中心。净增国家高新技术企业超600家、国家级专精特新小巨人企业22家、中国制造"隐形冠军"企业21家，海辰储能成为我市首家独角兽企业。

创新载体提质扩容。组建厦门科学城管委会，完善建设运营管理机制，加快建设Ⅰ号孵化器，启动建设Ⅱ号孵化器，核心园区入驻企业超1600家。嘉庚创新实验室建成全球首条23.5英寸Micro-LED激光巨量转移示范线，百千瓦级PEM电解水制氢装备入选国家首台（套）重大技术装备清单，翔安创新实验室获批建设传染病疫苗研发全国重点实验室，引进建设6家新型研发机构。海洋负排放国际大科学计划加快实施。

（三）着力构建现代化产业体系

产业转型步伐加快。"4+4+6"现代化产业体系加快构建，四大支柱产业集群总规模超2万亿元；战略性新兴产业增加值占规模以上工业增加值46.6%，新能源产业产值、文旅创意产业营业收入分别增长32.5%和10%；第三代半导体、基因与生物技术等六个未来产业加快培育。做大做强"四大经济"，启动建设省级海洋高新技术产业园区，设立省级人工智能产业园，获评中国软件名城、全国中小企业数字化转型试点城市，位列全国先进制造业百强市第18位、智能制造城市二十强。

经营主体更加活跃。开展先进制造业倍增计划和供应链主体倍增计划，各类经营主体数量增长8.2%，新增规模以上工业企业349家、限额以上批发零售企业1034家，新设立外商投资企业1682家，新增境内外上市企业5家。

招商引资提质增效。坚持大招商、招大商、大员招商，开展"走出去"招商百日行动，举办第二十三届中国国际投资贸易洽谈会等重大活动，投洽会参会主宾国、国际组织、跨国公司和签约项目数、投资额均创五年来新高。新增签约项目739个、三年计划投资880.6亿元，新增招商开工项目931个、三年计划投资1672.8亿元，新增增资扩产项目311个、三年计划投资514.8亿元。

（四）着力深化改革扩大开放

综合改革试点扎实推进。获批综合改革试点，以清单批量授权方式赋予厦门在重点领域和关键环节改革上更大自主权。按照一项改革任务对应编制一份改革方案、一套操作规范、一组应用场景、一个评估体系的标准，统筹推进改革任务落地实施。开工建设翔安南部片区启动区，全力打造改革重要承载区。混合产业用地供给、不停运办证等改革取得初步成效，改革热度指数全国领先。

重点领域改革取得突破。推进系统集成式财政管理改革，开展专项资金竞争性分配30多亿元。推行城市综合开发模式，厦门科学城、海洋高新技术产业园区获政策性金融支持。获批地方政府债券等财政性资金384亿元。探索实施房票制度。获批低效用地再开发试点城市。优化国有经济布局，市属国有企业资产总额增长14%，建发、国贸、象屿位列国内供应链企业核心集团四强。

开放水平进一步提升。落实习近平总书记在金砖国家领导人第十五次会晤上的重要倡议，启动建设中国—金砖国家新时代科创孵化园，对金砖国家进出口增长14.4%。实施厦门自贸片区提升战略，新增全国首创经验16项。持续打造海上合作战略支点城市，"丝路海运"命名航线突破110条。举办第十届中国—中亚合作论坛等重大活动，与巴西福塔莱萨市、南非德班市两个金砖国家城市结为国际友城，国际友城增至23个。

两岸融合发展稳步推进。习近平总书记向第十五届海峡论坛致贺信，成功举办两岸农博会、文博会等270多场活动。设立全国首支数字人民币台企融资增信基金，新批台资项目数、实际使用台资分别增长64%和408.3%。率先实现台胞同等待遇购买保障性商品房，在厦参加基本养老保险、医疗保险台胞突破1.2万人次。厦金

"小三通"客运航线复航，累计运送旅客突破2000万人次。

（五）着力优化营商环境

法治环境更加完善。细化落实《厦门经济特区优化营商环境条例》，实施再创营商环境新优势助力企业高质量发展行动。国家发展改革委在厦门举办全国优化营商环境现场会，城市平均综合信用指数排名全国第一。海丝中央法务区集聚法务相关机构900多家，成为"海丝"核心区标志性工程。广泛开展普法宣传，完善现代公共法律服务体系，营造全社会尊法学法守法用法的良好环境。

政务环境更加高效。建成一体化政务服务平台，市行政服务中心事项进驻率提升至97.5%，综合窗口实现市区全覆盖，政务服务事项100%网上可办、84%"全程网办"、911项"免证办"，入选全国数字政府创新成果和实践案例，工程建设项目审批制度改革稳居全国前列。

市场环境更加优化。坚持对各类经营主体一视同仁、平等对待，出台促进民营经济发展壮大系列措施，深化"益企服务"专项行动，举办企业家日大会，常态化开展企业家座谈会、企业接待日等活动，全市近九成国家高新技术企业、近八成境内上市公司来自于民营企业。

（六）着力打造更加宜居韧性智慧城市

新城建设和城市更新加快推进。深入推进跨岛发展，加强片区产业导入、项目建设和配套完善，马銮湾新城、翔安新城公建设施加快完善，同安新城、同翔高新城产业集群成型成势，集美新城进一步集聚成城。深入实施城市更新行动，启动建设首批25个城中村现代化治理试点，扎实推进92个岛内大提升项目和516个城市建设品质提升项目，完成老旧小区改造9.1万户。

　　城市环境更为宜居。完成前两轮中央生态环保督察反馈问题整改，空气质量保持全国前列，集中式饮用水水源地、主要流域国省控断面水质达标率保持100%，近岸海域水质稳中向好，生活垃圾分类考评连续22个季度位列全国大城市第一。上榜中国十大"大美之城"，鼓浪屿、筼筜湖、东南部海域分别获评国家和美海岛、美丽河湖、美丽海湾，生态文明建设工作获国务院督查激励，城市宜居指数位居全国前列。

　　城市运行更具韧性。增强城市空间布局安全，制定城市体检评估标准，建立地下空间资源调查和应用体系。加强交通基础设施联通，新机场飞行区、航站区等项目加快建设，翔安大桥通车，福厦高铁开通运营，轨道交通3号线南延段和4号线、6号线建设有序推进，2号线二期工程等3个项目获鲁班奖。建设城市生命线安全工程，新建改造燃气管道80公里，新增供水能力20万吨/日，供电可靠性达到国际先进水平。完善城市防灾减灾救灾体系，有力防御"杜苏芮"等多轮台风和暴雨侵袭，构建海陆空应急救援新格局。

　　城市治理更加智慧。高水平建设城市大脑，累计建成5G基站1.4万个，在全国率先开展智慧港口、公交、医疗等5G场景应用，成为全国第三个公共交通"一码多乘"城市。加快推动城市运行管理"一网统管"，"大城管"机制落地见效，城市精细化管理经验获全国推广，文明城市测评成绩位居全国前列。

　　乡村振兴全面推进。严格落实耕地保护和粮食安全责任制、"菜篮子"责任制，新建高标准农田1.1万亩。加快建设64个现代农业项目，都市现代农业产业集群营业收入增长6.1%。推进12个乡村振兴精品村、30个试点示范村建设，翔安区入选国家乡村振兴示范县创建名单。深入推进组团式挂钩帮扶，新增46个农村集体经济收入50万元以上行政村。持续深化山海协作，闽宁产业园一期初步建成，东西部协作3项创新做法在全国推广。

（七）着力提升民生保障水平

民生短板加快补齐。47项为民办实事项目全部完成。建成中小学幼儿园项目53个，新增学位6.3万个，入选国家基础教育教师队伍建设改革试点，2项基础教育教学成果全省首次获评国家级一等奖。深化国家区域医疗中心试点建设，川大华西厦门医院、苏颂医院正式运营，新增医疗床位2000张，获批全国健康城市建设试点。建成家庭养老床位900张，入选全国居家和社区基本养老服务提升行动项目地区。市老年大学改扩建工程竣工投用。完成25个婴幼儿照护服务普惠项目，新增普惠托位超2000个，获批国家儿童友好城市试点，获评首批全国婴幼儿照护服务示范城市。

就业和社会保障稳步推进。出台稳就业促就业、促进青年就业创业等措施，城镇新增就业16.4万人。最低生活保障、特困人员、孤儿基本生活保障标准进一步提高，"惠厦保"参保覆盖面不断扩大，推出新就业形态劳动者职业伤害保险"益鹭保"。落实国家规划建设保障性住房政策，建设筹集保障性租赁住房4.2万套，配租配售保障性住房1.1万套，发放大学生"5年5折租房"补贴2.7亿元。

文化体育繁荣发展。坚持文化惠民，23家公共文化场馆错时延时开放，举办金鸡百花电影节、陈嘉庚先生创办集美学校110周年纪念活动、第二届市民文化节等活动。全民健身工作形成全国经验，新改建全民健身场地设施12.5万平方米，举办世界田联钻石联赛、第二十一届市运会等重大赛事活动，厦门马拉松荣获全球首个特别贡献奖。我市运动健儿在亚运会、亚残运会取得历史最好成绩。

社会大局和谐稳定。持续防范化解风险，保交楼、保民生、保稳定工作扎实推进，金融机构不良贷款率保持较低水平，政府债务风险安全可控。落实全国全省安全生产一盘棋响应、安全事故复盘评估等机制，实施重大隐患排查整治行动，安全生产形势保持稳定。食品药品安全形势稳中向好。深化信访问题源头治理三年攻坚行动，扎实做好根治欠薪和拖欠企业账款清理工作。通过市域社会治理现代化试点城市验收。常态化开展扫黑除恶斗争，刑事警情下降22.3%，电信网络诈骗警情下降21%，获评首批全国社会治安防控体系建设示范城市。

同时，军民融合、国防动员、退役军人、双拥共建等工作持续巩固提升，民族宗教、审计统计、港澳侨务外事、驻京驻外机构、档案方志、消防救援、防震减灾、气象水文、仲裁等工作取得新进展，工会、共青团、妇女儿童、老龄、残疾人、红十字、社科、慈善等事业实现新进步。

（八）着力加强政府自身建设

深入推进政府系统全面从严治党，严格落实中央八项规定及其实施细则精神和省实施办法、市执行办法，严防"四风"问题反弹回潮。坚持过紧日子，大力压减非急需非刚性支出。认真做好国务院督查、巡视巡察、审计反馈问题整改。自觉接受人大法律监督、工作监督和政协民主监督，加强政府内部监督。牵头办理市人大代表议案2件、建议242件和市政协提案429件，办复率和满意率均为100%。提请审议法规草案11件，制定规章1件，出台市政府规范性文件34件，法治政府建设评估进入全国前十。市政府网站绩效评估位居15个同类城市第一，12345热线蝉联全国政务热线服务质量评估最高等级。

各位代表！刚刚过去的一年，挑战前所未有，困难超出预期，成绩来之不易。成绩的取得，根本在于以习近平同志为核心的党中央的坚强领导，根本在于习近平新时代中国特色社会主义思想的科学指引，是在省委省政府和市委的正确领导下，在市人大、市政协的监督支持下，全市人民凝心聚力、埋头苦干的结果。在此，我谨代表市人民政府，向辛勤劳动的全市人民，向积极支持政府工作的人大代表、政协委员，向各民主党派、工商联、无党派人士、各人民团体、离退休老同志和社会各界人士，向中央和省驻厦单位、驻厦人民解放军、武警官兵、公安干警和消防救援队伍，向来厦的投资者和建设者，向关心支持厦门建设发展的台港澳同胞、海外侨胞和国际友人，表示衷心感谢！

各位代表！我们清醒认识到，当前外部环境的复杂性、严峻性、不确定性上升，我市发展仍面临不少困难和问题，主要是：经济过度依赖外贸，逆周期调节能力不足，地区生产总值等部分经济指标完成情况不及预期；制造业龙头企业核心竞争力不强，部分企业生产经营困难，订单转移、产能外迁问题不容忽视；项目储备不足，投资增长乏力；岛内外发展不够均衡，城市能级有待提升；生态环境、民生保障、社会治理等方面还有短板；政府自身建设仍需加强，少数干部担当意识、攻坚能力还需提升。对此，我们将坚定信心决心，坚持问题导向，用改革创新办法推动政府工作再上新台阶。

二、2024年主要工作

2024年是新中国成立75周年，是实施"十四五"规划的关键一年，也是厦门落实综合改革试点、加快城市发展转型至关重要的一年。我们要以习近平新时代中国特色社会主义思想为指导，全面贯彻落实党的二十大、二十届二中全会和中央、省委经济工作会议精神，按照市委十三届六次全会和市委经济工作会议部署要求，坚持稳中求进工作总基调，完整、准确、全面贯彻新发展理念，围绕推动高质量发展首要任务和构建新发展格局战略任务，统筹扩大内需和深化供给侧结构性改革，统筹新型城镇化和乡村全面振兴，统筹高质量发展和高水平安全，以综合改革为动力，推进科技创新引领和现代化产业体系建设，打造新发展格局节点城市，促进两岸融合发展，切实增强经济活力、防范化解风险、改善社会预期，巩固和增强经济回升向好态势，加快培育发展新动能，推动经济实现质的有效提升和量的合理增长，厚植绿色底色，增进民生福祉，保持社会稳定，加快把努力率先实现社会主义现代化的宏伟蓝图变成美好现实。

经济社会发展的主要目标是：地区生产总值增长5.5%左右，规模以上工业增加值增长8%左右，固定资产投资增长6%左右，一般公共预算总收入、地方一般公共预算收入均增长5.5%左右，社会消费品零售总额增长5.5%左右，外贸进出口总额增速高于全省，居民消费价格涨幅控制在3%左右，全体居民人均可支配收入与经济增长保持同步，完成年度节能减排目标。

重点做好九个方面的工作：

（一）深化重点领域改革，增强高质量发展动能

坚持以综合改革试点引领全面深化改革，加强改革系统集成、协同高效，塑造以制度创新为核心的城市发展竞争力，努力为全国探索新路、为厦门赢得先机。

全面落实综合改革试点任务。聚焦重点领域和关键环节，以

"四个一"承接落地标准，抓好具体改革任务落地落实，高标准建设翔安南部片区启动区。前瞻谋划后续授权清单，同步推进相关法律法规的立改废释，加大先行先试探索力度，加快在规则、规制、管理、标准上全方位突破，力争形成一批典型经验和创新成果。

加强政策研究储备。强化政策逆周期和跨周期调节，多出有利于稳预期、稳增长、稳就业的政策，增强政策取向一致性。在政策储备上打好提前量、留出冗余度；在政策实施上强化协同联动，放大组合效应；及时做好政策效果评估，注重有效性，增强获得感，提高精准度；加大政策宣传解读，营造稳定、透明、可预期的政策环境。

加快建设高标准市场体系。完善市场准入制度和管理模式，探索市场准营承诺即入制改革，开展全周期证照便利集成化改革，做好产权保护和交易、公平竞争审查等工作，提高自由化便利化水平。推动要素市场化配置改革，深化混合产业用地供给、"标准地"出让等改革，推动低效用地再开发。

深化投融资体制改革。统筹好上级补助、国债、地方债等筹资渠道，用好政策性开发性金融工具，实施政府和社会资本合作新机制。优化完善市级重大片区指挥部运行机制，落实新一轮土地出让收支财政管理体制。深化"财政+金融"理念，创新产业扶持方式，盘活存量资源资产，强化财政绩效管理和评价结果运用。

（二）强化科技创新引领，加快构建现代化产业体系

坚持以科技创新引领现代化产业体系建设，大力推进新型工业化，加快形成新质生产力，夯实高质量发展根基。

深入实施科技创新引领工程。强化企业科技创新主体地位，支持企业建设重点实验室、研发中心等创新平台，组建创新联合体，促进高等院校、研发机构、大中小企业融通创新。提升科学城能级，建设并用好Ⅰ、Ⅱ号孵化器，启动建设Ⅲ号孵化器，打造若干"创新飞地"，推动嘉庚创新实验室、翔安创新实验室取得更多原创性成果。深入推进质量强市和标准化战略，争创国家知识产权保护示范区。建设新时代人才强市，升级"群鹭兴厦"人才工程，畅通高素质技能人才成长通道。

加快制造业高端化智能化绿色化发展。深入实施先进制造业倍增计划，培育更多国家级专精特新小巨人、制造业单项冠军和独角兽企业。组建产业联盟，强化产业链上下游高效协同发展，提高产业链供应链韧性和安全水平。巩固提升电子信息、机械装备等支柱产业集群优势，改造升级水暖厨卫、健身器材、纺织服装等传统产业。开展中小企业数字化转型试点，加快产业智能化改造和数字化转型，推动大数据、工业软件等研发与应用创新。实施绿色制造工程，建设绿色工厂、绿色园区和绿色供应链。加快园区标准化建设，支持传统园区提标改造，新建一批高水平专业园区，促进园区集约发展。

推动战略性新兴产业融合集群发展。加快新能源产业链式发展，做大做强新型功能材料等优势产业，打造具有国际影响力的新能源、新材料产业集群。支持创新药品、高端医疗器械等加快上市和推广应用，发展壮大生物医药产业。加快建设国家海洋经济发展示范区和省级海洋高新技术产业园区，促进海洋装备、生物制品等产业规模化、特色化发展。实施旅游品质提升年行动，壮大文旅创意产业。抢抓新一代人工智能、新型显示等未来风口，大力发展人工智能产业，推进人工智能计算中心、数字工业计算中心等算力设施建设，推动鲲鹏超算中心升级扩容，前瞻布局未来产业新赛道。

构建优质高效的服务业新体系。统筹做好金融"五篇大文章",创建国家绿色金融改革创新试验区,推动供应链金融、航运金融等特色业务发展,加快建设区域性金融中心。推进滨北超级总部基地等总部集聚区建设,做强总部经济。坚持会展业国际化专业化品牌化发展,培育一批"生根型"展会。做强做大现代物流业,建设国际性物流枢纽城市。发展家庭服务等生活性服务业。

(三)持续打造新发展格局节点城市,增创高质量发展新优势

积极服务和融入新发展格局,扩大制度型开放,推动国内国际双循环在厦门对接联通、相互促进。

深入实施扩大内需战略。抓住中央扩大有效益的投资政策机遇,加强项目策划储备,做深做细做实项目前期工作,积极争取上级支持,让项目等资金。强化土地等要素保障,加强工程招投标环节管理,科学组织施工,严格项目工期、质量、投资管控,全生命周期推进项目建设,形成更多实物工作量。激发有潜能的消费,优化提升传统商圈,培育新兴商圈,大力提振大宗消费,发展数字消费、绿色消费、健康消费,深化商旅文体展融合,打造区域性国际消费中心城市。加大产业链关键环节和重点产业领域招商力度,提高招商项目谋划和商洽能力,加强与央企对接联动,精准招引一批大项目好项目,鼓励支持企业增资扩产。

强化开放平台建设。加快建设金砖创新基地和金砖科创孵化园,形成一批金砖及"金砖+"合作示范项目。深入实施厦门自贸片区提升战略,主动对标CPTPP、DEPA等国际高标准经贸规则,探索推出更多创新举措。持续建设海上合作战略支点城市,积极参与高质量共建"一带一路"八项行动。建强用好海丝中央法务区,打造国际商事海事纠纷解决优选之区。深化与RCEP成员国交流合作，办好第二十四届投洽会等重大活动，持续深化探索全球发展倡议地方实践。

推动外经贸创新发展。加快培育外贸新动能，打造海外投资贸易综合服务平台，拓展中间品贸易、服务贸易、数字贸易、跨境电商出口，支持鼓励企业建设海外仓，争创服务贸易创新发展示范区。支持企业开拓国内市场，推进内外贸一体化。提升完善外资企业协调服务机制，拓展外资企业利润再投资等方式，积极引进更多外资。

提升区域协作水平。加快推动厦漳泉都市圈建设，推进闽西南协同发展，积极融入长三角一体化和粤港澳大湾区发展。做深做实新时代山海协作，扎实开展闽宁协作和援藏、援疆等工作，推动闽宁产业园高质量发展。

（四）探索海峡两岸融合发展新路，建设两岸融合发展示范区

深化以通促融、以惠促融、以情促融，打造台胞台企登陆第一家园的"第一站"，更好服务祖国统一大业。

持续打造共同市场。加强厦门两岸资本市场与全国性资本市场合作联动，支持优质台企在大陆上市。拓展对台海运快件"南向通道"，建设厦台海运快件集散中心，提升多式联运服务效能，完善区域物流集散体系。

持续打造共同产业。优化提升国家级台商投资区功能，深化两岸在集成电路、软件信息、生物医药等重点领域合作，加大在厦台企科技研发、转型升级、增资扩产、融入国内大循环等服务力度，推动两岸产业链、供应链、人才链、价值链深度融合。

持续打造共同家园。拓展台胞台企同等待遇深度和广度，扩大台湾居民居住证使用场景，支持台胞同等参与职业技能等级评定，鼓励台湾人才来厦就业创业。办好海峡论坛、文博会等活动，加强两岸在基层、青年学生、民间信俗等领域交流合作。推动厦门与金门加快融合发展，打造厦金"同城生活圈"。

（五）坚持"两个毫不动摇"，激发各类经营主体发展活力

不断完善落实"两个毫不动摇"的体制机制，充分激发各类经营主体的内生动力和创新活力。

营造国际一流营商环境。聚焦企业需求和群众感受，进一步改进提升政务服务，深化"一件事"集成改革，加快工程建设项目"多测合一"改革，打通一批堵点难点问题。破除数据壁垒，推动政务数据互联互通、有序共享，提高营商环境数字化便利化水平。深化社会信用体系建设，完善企业参与涉企政策制定机制，推动政策"直达快享"。推进包容审慎柔性执法，让监管更有温度。

提高国有企业核心竞争力。深入实施国有企业改革深化提升行动，鼓励引导企业提升创新能力、前瞻布局战略性新兴产业，推动国企在改革创新中做强做优做大。支持建发、国贸、象屿加大布局，构建以厦门为枢纽、辐射全国全球的供应链网络，引导供应链资源向先进制造业拓展延伸，把供应链优势转化为产业竞争力。

优化民营企业发展环境。全面落实我市促进民营经济发展壮大若干措施，加大在市场准入、要素获取、公平执法、权益保护等方面政策落实力度，用真招实策营造公平竞争、竞相发展的良好环境，让广大民营企业安心经营、放心投资、专心创业。

（六）提升城市发展能级，拓展高质量发展空间

纵深推进跨岛发展，统筹生产、生活、生态空间，不断提高城市治理现代化水平，打造更加宜居韧性智慧城市。

拓展城市空间格局。围绕构建"岛湾一体"城市格局，严格落实国土空间规划，健全国土空间体系，优化国土空间开发保护布局。统筹推进岛内提升和岛外新城建设，推动条件成熟片区实施城市综合开发，做好产业导入和公共服务配套，实现产城人融合发展。

实施城市更新行动。贯彻落实国家加快推进"三大工程"决策部署，深化城中村现代化治理三年行动，分类改造一批城中村，改造提升一批老旧小区，转型升级老工业区，推进完整社区、美好家园建设。完善城市更新规划，划定城市更新单元，保护利用历史文化街区和历史风貌区，争创国家历史文化名城。

推动基础设施提质扩能。实施新型基础设施建设三年行动，打造新型基础设施建设示范市。加快建设新机场主体工程和通航配套项目，建设翔安港区1号—5号泊位工程，统筹推进智慧港口建设，有序推进轨道交通建设，推动嘉庚大桥开工建设，加快建设第三东通道，推动厦安铁路等规划建设。开工建设汀溪—翔安原水工程二期等水利项目，对接闽西南水资源配置工程，构建"八源四横四纵"大水网格局。

加强城市精细化管理。完善"大城管"统筹协调体系，健全文明创建常态长效机制。建成城市大脑，提升数据中台、业务中台等底座支撑能力，投用"一网协同"等核心应用。实施一批拥堵点、隐患点整治等交通改善项目，持续推进正本清源改造，提升排水防涝能力。

（七）推进乡村全面振兴，加快农业农村现代化

学习运用"千万工程"经验，建设宜居宜业和美乡村，走好具有厦门特点的农业农村现代化之路。

发展高质量农业。做大做强城郊型高附加值特色农业，实施种业振兴行动，发展设施农业、智慧农业，建设都市田园综合体。严格落实耕地保护和粮食安全责任制、"菜篮子"责任制，抓好粮食等重要农产品稳定安全供给，坚决遏制耕地"非农化"、基本农田"非粮化"。

打造高颜值农村。统筹乡村基础设施和公共服务布局，持续推进农村房前屋后"四乱"整治提升、"五美"建设，加快乡村振兴动线、试点示范村创建，争创更多全国乡村治理示范村镇，让乡村望得见山水、留得住乡愁。

培育高素质农民。实施新农人培育计划，用好新时代科技特派员制度，培养农村创业创新带头人，加强农民技能培训，促进农民就业。发展新型农村集体经济，加快农村集体预留发展用地项目建设，优化组团式挂钩帮扶机制，促进农民增收致富。

（八）建设美丽中国先行示范市，厚植高质量发展绿色底色

牢固树立和践行绿水青山就是金山银山的理念，协同推进降碳、减污、扩绿、增长，以高品质生态环境支撑高质量发展。

深入打好污染防治攻坚战。一体推进中央和省生态环保督察反馈问题整改。深化细颗粒物与臭氧协同治理，确保空气质量保持全国前列。坚持陆海统筹、河海联动，严格落实河湖长制，开展河湖专项治理和入河排放口整治，巩固近岸海域污染防治成效。优化垃圾分类模式，强化危险废物、新污染物治理，建设无废城市。

系统实施生态保护修复。加强水土保持综合治理，持续推进"绿盾"自然保护地强化监督工作，加大松材线虫病防控攻坚力度，开展互花米草除治后续生态修复，巩固海湾生态保护修复成

果，探索海洋生态修复路径，构建从山顶到海洋的保护治理大格局，提升生态系统多样性、稳定性、持续性。

加快发展方式绿色低碳转型。深化国家生态文明试验区建设，完善生态产品价值实现等机制，健全排污权、碳排放权等交易体系，积极应对欧盟碳边境调节机制等国际贸易碳壁垒，探索推进碳足迹管理工作。建设"电动厦门"，推动智能建造试点，全面投用抽水蓄能电站，创建低碳社区、低碳园区、近零碳排放示范区，让清新的蓝、怡人的绿常在。

（九）不断增进民生福祉，共享高质量发展成果

坚持在发展中保障和改善民生，尽力而为、量力而行，兜住、兜准、兜牢民生底线，营造温暖和谐的社会氛围，让群众生活更加舒心、暖心、安心。

打造现代化教育强市。加快教育补短扩容，建成38个中小学幼儿园项目、新增4.1万个学位。深入实施新时代基础教育强师计划和国家优秀中小学教师培养计划，推动学前教育普及普惠和义务教育优质均衡发展，统筹职业教育、高等教育、继续教育协同创新。

建设高水平健康之城。持续推进国家区域医疗中心试点建设，支持中医药传承创新发展，加快补齐精神卫生等短板，深入推进分级诊疗，完善公共卫生体系，提升传染病等疾病防治能力，构建全生命周期家庭健康服务体系。广泛开展全民健身运动，持续引进高水平赛事，发展运动时尚等体育产业，建设国家体育消费试点城市。

加快建设文化强市。深入贯彻习近平文化思想，广泛践行社会主义核心价值观，持续提升城市文明程度和市民文明素质。大力推动文化繁荣发展，提高鼓浪屿世界文化遗产保护能力和水平，举办纪念陈嘉庚先生诞辰150周年系列活动，深入实施文化惠民工程、文艺创作精品工程，积极培育文化龙头企业，做强动漫、影视、演艺等文化产业。

着力稳就业促增收。完善就业促进机制，开展"访企拓岗促就业"行动，优化调整稳岗扩岗政策，开发盘活政策性岗位，支持灵活就业和新就业形态发展，确保重点群体就业稳定。完善收入分配机制，增加低收入者收入，扩大中等收入群体，多渠道增加城乡居民收入。

织密扎牢社会保障网。完善多层次社会保障体系，提高城乡居民养老保险待遇水平，推进保障性住房规划建设和配租配售。健全分层分类的社会救助体系，发展社会福利、慈善、残疾人事业。完善生育支持政策体系，保障关爱妇女儿童。加快公共设施适老化适幼化改造，建设一批养老服务照料中心、托育综合服务中心，让老年人乐享幸福、孩子们茁壮成长。

筑牢安全发展防线。全面贯彻总体国家安全观，防范政治风险，切实维护政治安全。严格落实意识形态工作责任制，加强网络和数据安全管理，做好保密工作。有效防范化解房地产、金融、政府债务等重点领域风险，坚决守住不发生系统性风险底线。开展安全生产治本攻坚三年行动，健全防灾减灾救灾机制，用智慧化手段提升消防等应急救援能力，争创全国安全发展示范市。做好重要民生商品保供稳价，加强食品药品安全监管。坚持和发展新时代"枫桥经验"，创新社会治理，常态化开展扫黑除恶斗争，健全社会治安防控体系，争创全国禁毒示范城市。

三、加强自身建设，打造人民满意政府

坚持不懈用习近平新时代中国特色社会主义思想凝心铸魂，巩固拓展主题教育成果，不断提高政治判断力、政治领悟力、政治执行力，始终在思想上政治上行动上同以习近平同志为核心的党中央保持高度一致。坚定不移把党的领导落实到政府工作各领域各方面各环节，把坚持高质量发展作为新时代的硬道理，把推进中国式现代化作为最大的政治，全面推进政府系统党的建设，严格执行民主集中制和重大事项请示报告等制度，自觉把"四个抓落实"落到底、抓到位，以高质量发展的实际行动和成效坚定拥护"两个确立"、坚决做到"两个维护"。

一是深化法治政府建设。坚持把政府工作全面纳入法治轨道，完善重大行政决策机制，提高政府立法质量，加强行政规范性文件合法性审核，深化政务公开。依法接受人大法律监督、工作监督和政协民主监督，办好人大代表议案、建议和政协提案。加强府院联动，主动接受监察、司法、社会、舆论监督，发挥审计、财会和统计监督作用。强化政府带头守信践诺，恪守契约精神，以政府诚信引领社会诚信。扎实开展第五次全国经济普查。

二是深化创新政府建设。坚持系统观念、守正创新，落实好机构改革任务，加快转变政府职能，强化市区联动、部门协同，增强工作取向的一致性，确保同向发力、形成合力。坚决克服思维定势和路径依赖，不断增强推动高质量发展本领、服务群众本领、防范化解风险本领。弘扬特区精神，推出更多首创性引领性改革举措，以创新赢得发展主动。

三是深化廉洁政府建设。严格落实中央八项规定及其实施细则精神和省实施办法、市执行办法，深化纠治"四风"，坚决反对形式主义、官僚主义，切实为基层减负，增强过紧日子的自觉。纵深推进政府系统党风廉政建设和反腐败工作，强化权力集中、资金密集、资源富集领域监管，严查群众身边"微腐败"，构建亲清统一的新型政商关系。

四是深化服务型政府建设。坚持以人民为中心的发展思想，大力弘扬"马上就办、真抓实干"等优良作风，提振干事创业精气神，主动作为、紧抓快办、靠前服务，不断提升行政效能。深入践行"四下基层"，深化"益企服务"专项行动，更好发挥信访工作和12345热线作用，真正把暖民心的事办实、把惠民生的事办细、把顺民意的事办好。

各位代表，奋斗铸就辉煌，实干赢得未来。让我们更加紧密地团结在以习近平同志为核心的党中央周围，在省委省政府和市委的正确领导下，踔厉奋发、勇毅前行，坚定信心、顽强拼搏，努力率先实现社会主义现代化，为以中国式现代化全面推进强国建设、民族复兴伟业贡献厦门力量！

深 圳 市

政府工作报告

——2024年1月30日在深圳市第七届
人民代表大会第五次会议上

市长 覃伟中

各位代表：

现在，我代表深圳市人民政府，向大会报告政府工作，请予审议，并请各位政协委员和其他列席人员提出意见。

一、2023年工作回顾

2023年是全面贯彻党的二十大精神的开局之年，是三年新冠疫情防控转段后经济恢复发展的一年。一年来，我们坚持以习近平新时代中国特色社会主义思想为指导，全面贯彻落实党的二十大和二十届二中全会精神，深入学习贯彻习近平总书记对广东、深圳系列重要讲话和重要指示精神，认真贯彻落实党中央、国务院决策部署，落实省委十三届三次、四次全会精神和"1310"具体部署，落实市委七届六次、七次、八次全会精神，在市委的正确领导下，在市人大及其常委会、市政协的监督支持下，大力实施高质量发展十大计划，加快建设更具全球影响力的经济中心城市和现代化国际大都市，较好完成市七届人大四次会议确定的年度主要目标任务。

——经济持续恢复、回升向好。全市地区生产总值3.46万亿元、增长6.0%，增速居国内大中城市前列。一般公共预算收入4112.8亿元、增长2.5%。固定资产投资近万亿元、增长11.0%。社会消费品零售总额1.05万亿元、增长7.8%。进出口总额3.87万亿元、增长5.9%，其中：出口增长12.5%，总量连续31年居内地城市首位。

——现代化产业体系更具竞争力。规上工业总产值、工业增加值连续2年实现全国城市"双第一"，规上工业增加值增长6.2%。战略性新兴产业增加值增长8.8%，占地区生产总值比重提高到41.9%。现代服务业增加值增长6.2%，占服务业增加值比重76.3%。新增国家高新技术企业1615家，总量2.47万家。国家级专精特新"小巨人"企业742家，居全国城市第二。

——科技创新成果振奋人心。全社会研发投入1880.5亿元、增长11.8%，占地区生产总值比重提升至5.81%。华为高端手机重返市场，体外膜肺氧合仪、核磁共振设备实现国产化。两项创新成果入选中国十大科技进展，PCT国际专利申请量连续20年居全国城市首位。深港穗科技集群连续4年排名全球第二。

——改革开放向纵深推进。国务院出台《河套深港科技创新合作区深圳园区发展规划》，批复《前海深港现代服务业合作区总体发展规划》。深圳综合改革试点累计40条创新举措和典型经验、前海累计88项制度创新成果在全国推广。民意速办、跨境数据交易、二三产业混合用地等改革走在全国前列。广东省出台《深汕特别合作区条例》。实际利用外资626.2亿元，制造业实际利用外资增长2.0倍。

——城市功能品质不断提升。空气质量优良天数占比97.8%、提升5.7个百分点，居超大城市首位。笔架山体育公园、翠湖文体公园、盐田云海公园等30个公园建成开放。地铁8号线开通至大小梅沙，地铁运营里程达567.1公里，单日最高客流量突破1000万人次。开工建设轨道交通五期工程。有效应对"苏拉"等台风和"9·7"极端特大暴雨。加快筹建国际红树林中心。

——民生福祉再上新水平。九大类民生支出3310亿元，全面完成十大民生实事。新增就业19.7万人。新改扩建幼儿园、中小学校182所，新增基础教育学位20.7万个、托位1.6万个。建成市第二儿童医院等10个重大医疗项目，新增床位5500张。建设筹集保障性住房18.9万套（间）、供应分配10.3万套（间）。建成开放深圳美术馆新馆、图书馆北馆。

一年来，我们主要做了以下工作。

（一）全力推动经济发展稳中提质。市场主体活力持续激发。出台实施深圳民营经济"20条"、降低制造业企业成本"20条"、支持个体工商户发展"33条"等政策措施，深入开展"干部助企行""我帮企业找市场"等行动，全年新增减税降费及退税缓费808.3亿元、办理出口退税1582.6亿元。商事主体达422.6万户，新登记56.5万户、增长26.4%，其中：个体工商户增长44.0%、企业增长14.7%。新增"个转企"3582家、"小升规"1728家、境内外上市企业32家、独角兽企业6家。固定资产投资持续增长。工业投资2338.3亿元、增长43.0%，占固定资产投资比重提高到23.6%。基础设施投资2069.8亿元，新型基础设施投资1223.0亿元、增长

8.6%。重点片区投资3056.1亿元、增长18.4%。利用地方政府债券702.6亿元，发行离岸人民币地方政府债券50.0亿元，扩募基础设施不动产投资信托基金16.6亿元。盘活市区两级政府资产超100亿元。消费潜能持续释放。出台促消费"21条"，新能源汽车、通讯器材零售额分别增长45.9%、19.4%，网络零售额增长26.1%，住宿业、餐饮业营业额分别增长14.3%、14.9%。新增首店、旗舰店、新概念店1008家。建成开业前海山姆、龙华开市客等商业项目，加快国际会展中心配套商业街区建设。携手香港举办首届"港·潮流"购物节，深港融合消费成为新亮点。贸易结构持续优化。一般贸易进出口增长14.4%、占进出口总额53.6%。服务贸易进出口增长20.0%、总额1347.7亿美元。跨境电商进出口增长75.2%、总额超3000亿元。对共建"一带一路"国家进出口增长9.3%，全国首个RCEP农业贸易合作中心落户深圳。新能源汽车、锂电池、光伏产品等"新三样"出口增长33.9%。招商引资成果丰硕。新引进10亿元以上项目156个，新增总部企业50家，新设外资企业8002家、增长86.6%、占全国14.9%。新增商贸实体实现批发零售额和进出口额增量"双千亿"。深圳创投日、产业投资人大会签约基金规模超1800亿元。全球投资者更加看好深圳，更多优质企业、项目、资本选择深圳、投资深圳。

（二）加快建设全球领先的重要的先进制造业中心。加快发展新质生产力。做大做强"20+8"战略性新兴产业集群和未来产业。新能源、新材料、智能机器人等7个产业集群实现两位数增长。数字经济核心产业增加值突破1.0万亿元。智能手机、显示器、平板电脑产量分别增长10.2%、16.2%、24.2%。制定新能源汽车高质量发展"18条"，新能源汽车整车制造业产值增长85.3%，深汕比亚迪汽车工业园二期实现整车下线。出台电化学储能"20条"，电化学储能产业产值增长16.1%。打造人工智能先锋城市，发布41个"城市+AI"应用场景清单。实施低空经济"20条"，推动出台全国首部低空经济产业促进条例，新开通无人机物流航线77条，载货无人机飞行61万架次、居全国第一。新设立高端医疗器械、高端装备等7支产业引导基金。加快推进新型工业化。出台实施"四链融合"促进新型工业化意见，新增3家国家智能制造示范工厂和2个国家中小企业特色产业集群。高技术制造业投资增长64.0%，建成投产重投天科半导体、礼鼎载板及封装基地等先进制造业项目，新开工5个百亿元级、10个30亿元级重大工业项目。深圳入选全国首批中小企业数字化转型试点城市，新增"5G+工业互联网"项目76个。加快建设20个先进制造业园区，供应工业用地5.7平方公里，新开工75个"工业上楼"项目、完成投资351.0亿元。加快升级生产性服务业。规上营利性服务业收入增长12.5%，其中：软件和信息技术服务业增长21.4%，深圳在中国软件名城评估中位列第一。金融业增加值增长5.8%，深圳证券交易所股票交易额保持亚洲第一、全球前三，债券发行规模首次突破2.0万亿元，深圳企业境内IPO募资总额282.6亿元、居全国第二。新增持牌金融机构18家、风投创投机构11家，社区股份合作公司资金进入风投创投。举办高交会、文博会等系列高水平展会，展览面积1030.7万平方米、同比增长2.4倍。物流业增加值增长6.0%，深圳获批建设融合港口型、空港型、商贸服务型、生产服务型为一体的国家物流枢纽城市。

（三）统筹推进教育科技人才一体化发展。教育事业发展取得新进步。持续优化高等教育学科专业结构，21个学科新进入ESI

排名前1%，全市高校148门课程实现互选，X9高校院所联盟影响力不断扩大。建成投用中山大学·深圳校区，开工建设深圳海洋大学、香港中文大学（深圳）医学院。深圳职业技术学院获批升本。深圳技师学院纳入高等职业学校序列。深圳获评首批国家市域产教联合体，在全国第二届职业技能大赛中荣获4枚金牌。新增优质中小学教育集团25个，新增基础教育国家级教学成果奖28项、居全国第三。中小学体育赛事实现周周有活动、月月有比赛。普惠性幼儿园在园儿童占比达90.1%，开设晚托服务幼儿园占比提升至52.0%。科技创新能力得到新提升。出台强化企业科技创新主体地位实施方案，企业研发投入占全社会研发投入比重达94.9%、总量居全国第一。实施170个"深研"重点项目，开展312个技术攻关项目，深圳科研机构牵头成功绘制人体免疫系统发育图谱，EDA等软件国产化取得阶段性成果。深圳成为首批国家知识产权保护示范区建设城市，获中国专利奖97项，牵头和参与制定国际标准219项、国家和行业标准632项。建成并投入试运行合成生物、材料基因组等大科学设施，开工建设自由电子激光、特殊环境材料、国家超算深圳中心二期等大科学设施。去筹设立深圳医学科学院。获批建设国家生物制造产业创新中心，揭牌成立细胞产业关键共性技术国家工程研究中心。加快建设粤港澳大湾区（广东）量子科学中心、国际量子研究院，量子纠错、量子计算等研究实现新突破。新增全国重点实验室3家、国家企业技术中心8家、中小试基地23个。人才强市建设迈上新台阶。出台《关于实施更加积极更加开放更加有效的人才政策促进人才高质量发展的意见》。新当选两院院士4人、外籍院士2人。新增高水平创新团队31个、高层次人才超2000人、高技能人才3.2万人。研发人员全时当量达36.4万人年、增长7.1%。深圳科学家获评国际凝聚态物理领域最高奖，2人获"国家卓越工程师"称号，574名学者入选全球前2%顶尖科学家榜单。零一学院选拔195名学生开展拔尖创新人才长期培养，科创学院成功孵化3家创业企业。

（四）积极推进粤港澳大湾区建设。深港澳合作更加紧密。健全深港、深澳合作机制，新签署教育、科技、法律、青年、医疗等合作协议，新推出便利港澳居民来深旅游、消费、商务活动等28项服务措施，引进香港特区政府"智方便"服务平台。深港口岸全面恢复通关，日均通关42.0万人次、单日最高达78.4万人次，莲塘口岸启用旅检功能，开通深澳直通客运专线。出台进一步支持港澳青年就业创业政策措施，新孵化港澳创业项目243个。携手香港在东盟、欧洲、北美等地联合举办投资推介活动。前海开发开放活力迸发。国家部委支持前海实施"金融30条""海关18条""海事18条"。前海地区生产总值增长15.0%，加快建设海洋新城、前海石公园等项目，开工建设深港智汇产业园等项目。成立国际船舶登记中心（筹）。实施"前海全球服务商计划"，引进落地151家全球头部服务商。港澳专业人士在前海备案执业范围增加到22类。深圳国际仲裁院全年化解商事纠纷金额1419.9亿元、保持全球前列。河套开发建设全面提速。制定深圳园区发展规划实施方案，深入实施深港联合政策包"28条"，先行先试简化科研样本出入境等5条政策，开展便利跨境科研资金流动"科汇通"试点，新引进中国一汽大湾区研究院、香港应用科技研究院等30家高端科研机构，成立国际星闪无线短距通信联盟。新增高品质科研空间30万平方米，建成运营香港科学园深圳分园，开工建设深港合作成果转化中心等项目。区域交流合作持续强化。《深圳都市圈发展规划》出台实施。

加快建设穗莞深城际南延段、深惠城际、深汕铁路等工程。落实省"百县千镇万村高质量发展工程"部署,加强与汕头、河源、汕尾、潮州4市帮扶协作和惠州3县产业协作,累计选派480名干部参与省内对口帮扶协作和驻镇帮镇扶村工作,实施帮扶协作项目53个,建成启用省"百千万工程"信息综合平台,福田区入选全省"百千万工程"首批典型县,深汕红罗村等10个村(社区)入选典型村,乡村振兴考核连续3年获得省优秀档次。

(五)坚定不移深化改革开放。深圳综合改革试点向纵深推进。放宽市场准入24条措施取得新进展。深圳证券交易所全面实行注册制改革。稳步实施科技人才评价改革试点和外籍"高精尖缺"人才认定标准试点。国企改革三年行动考核排名全国第二,深投控公司入选"创建世界一流示范企业"全国7家地方国企名单。深圳数据交易所交易额64.9亿元、居全国第一。深交所科技成果与知识产权交易中心交易额11.5亿元。完成全国首单红树林碳汇拍卖,碳市场配额流转率居全国试点城市首位。全面实施民生诉求综合服务改革,"@深圳—民意速办"实现"一张工单跟到底",诉求服务像网购一样全过程可视可溯。营商环境改革持续深化。实施优化市场化、法治化、国际化营商环境"三个工作方案",连续4年获评全国营商环境最佳口碑城市。出台全国首个推进企业合规建设实施意见和地方标准,开展中外律师事务所联营试点。新增"秒报秒批一体化"事项30项、"免申即享"事项159项,"不见面审批"事项占比达98.6%,可通过电子证照办理事项超90%,"i深圳"上线9种外语服务版本,深圳在全国重点城市一体化政务服务能力评估中实现"五连冠"。制造业贷款增长33.6%、科技型企业贷款增长25.9%、绿色贷款增长41.3%。普惠小微贷款增长22.4%、规模居全国第一，新增小微企业首贷户3.4万户。国内国际双循环高效畅通。深圳机场货邮吞吐量增长6.2%，新开通及加密深圳至伦敦、墨西哥城等55条国际航空客运、货运航线。新增12个组合港和内陆港，深圳港货物吞吐量增长5.2%，集装箱吞吐量2988万标箱、单箱货值增长6.0%。大鹏LNG走廊累计接卸量达1.2亿吨，稳居全国第一。前海联合交易中心交易额1302.6亿元、增长64.2%，电子元器件和集成电路国际交易中心交易额549.8亿元，国际珠宝玉石综合贸易平台交易额25.9亿元。9位外国元首和政府首脑到访深圳，中欧蓝色伙伴关系论坛、中国—东盟新兴产业论坛、亚太能源监管论坛、"看中国听世界"论坛等活动成功举办。

（六）不断提升城市治理现代化水平。城市环境更加优美。深入实施山海连城绿美深圳生态建设六大行动，完善"鹏城万里"多层次户外步道体系，新建改造绿道365公里、碧道101公里，全线贯通环西丽湖碧道，新洲红树碧道等3个项目入选中国人居环境奖。累计建成远足径420公里、滨海骑行道140公里。开工建设东涌—大雁顶—七娘山生态修复等项目。莲花山、笔架山、梅林山、银湖山、中心公园实现"五园连通"。铁仔山观海台、塘朗山极目阁等首批20个城市第六立面改造提升试点项目完工并取得良好效果。枢纽功能更加完善。新设城市候机楼3座、总数达25座。机场旅客吞吐量5273万人次、增长144.5%，国内航线旅客量居全国第二，单日航班最高1235架次、往返京沪日均238架次。建成投用宝安综合港区一期，加快建设深圳机场三跑道。建成通车黄木岗下沉隧道、盐港东立交、聚龙路、深汕通港大道、东部过境高速连接线等项目，开工建设鹏坝通道、外环高速三期、107国道市政化改造等项目。打通断头路37条，新改建非机动车道432公里，新增停车位24.3万个。优化调整公交线路145条。加快建设13号线等15个地铁项目。城市运行更加安全。珠三角水资源配置工程深圳段建成通水，全面完成病险水库除险加固。建成投用坝光水厂、龙岗中心城水厂改扩建等项目，新增供水能力14万立方米/日。新改扩建22个变电站，累计建成福田中心区、环深圳湾等10个高品质供电引领区。建成投用深汕500千伏、220千伏等输变电工程。新增综合管廊35公里、海绵城市60平方公里，整治易涝点18处。出台全国首部电动自行车充换电设施建设管理地方标准。建设国家食品安全示范城市，食品及食用农产品抽检覆盖率达9.4批次/千人、居全国第一，新增"圳品"681个。城市治理更加智慧。实施极速宽带、数字孪生先锋城市建设计划。开展公共无线局域网综合品质提升行动，新增无线接入点8025个，累计服务3.0亿人次。新增5G基站1.0万个、光传送网节点1653个、物联感知终端166.0万个，率先部署5G-A网络试点，新增千兆光纤宽带家庭用户85.0万户。全市域统一时空信息平台完成既有公共建筑精细化建模超6000栋，上线运行城市动态监测指标1178项，新推出数字孪生应用场景30个。上线公共智慧停车平台，接入停车位53.3万个。

（七）全面加强生态环境保护。大气环境质量稳中有升。深圳空气质量在全国168个重点城市中位居前列，臭氧年均浓度下降10.9%，$PM_{2.5}$年均浓度17.6微克/立方米。完成公共领域车辆、作业机械清洁化替代357台，淘汰国三以下老旧车6.1万辆。全年新能源汽车渗透率达67.9%。开展挥发性有机物治理攻坚行动，完成重点工业企业深度治理117家，实行原辅料替代50家，全面加强成品油质量监督管理。持续提升水环境质量。地表水国控省控断面水质优良比例达95.2%，310条河流按河长计算水体优良比例达73.9%、提高6.3个百分点。东部海域水质长期保持一类，西部海域入海河流总氮浓度下降14.1%。开工建设4座水质净化厂，新建、修复污水管网118公里，创建污水零直排小区4080个，污水集中收集率84.7%，再生水利用率提升至76.0%。完成龙华河、福海河等49个水生态修复工程。加快构建新型能源体系。清洁能源装机比重达78.7%，加快建设光明燃机电厂、妈湾电厂升级改造等项目。建设世界一流"超充之城"，出台充电基础设施建设三年行动规划，新增新能源汽车充电桩16.1万个、累计28.7万个，建成投用超级快充站161座、车网互动站70座、综合能源补给站30座。建成运行全球首个光储充放一张网和虚拟电厂管理平台2.0，实时可调负荷达50万千瓦。面向全球发布数字能源白皮书。节能降耗成效明显。深圳入选国家首批碳达峰试点城市。新增绿色建筑2500万平方米、装配式建筑2380万平方米，建成超低能耗、近零能耗、零碳建筑68万平方米。创建国家级绿色工厂29家、绿色供应链3家，获评国家级工业产品绿色设计示范企业3家。完善垃圾分类体系，新增厨余垃圾处理能力1200吨/日、危险废物收集处理能力616吨/日，生活垃圾回收利用率提升至48.5%，建筑废弃物资源化利用率达30.9%。大鹏新区入选全国"绿水青山就是金山银山"典型案例。

（八）着力塑造现代城市文明。精神文明建设不断深化。首届文化强国建设高峰论坛在深圳举办，习近平总书记致信祝贺。培育和践行社会主义核心价值观，传承中华优秀传统文化，深入实施公民道德建设工程，党群服务中心、新时代文明实践中心（所、站）广泛覆盖，深圳入选全国城市网络文明典型案例城市。2个村（社区）入选全国红色美丽村庄建设试点。3个社区入选全国民主法治示范社区。建设志愿者之城，注册志愿者总数超381万。文化事业繁荣兴盛。新增公共文化设施面积21万平方米。开工建设深圳歌剧院。深圳"百姓书房"为市民群众阅读"点亮一盏24小时的灯"。6部深圳原创文艺精品获华表奖、荷花奖、白玉兰奖。深圳作家获评雨果奖。舞剧《咏春》广受好评。中国设计大展及公共艺术专题展、深圳设计周、"一带一路"国际音乐季等影响力不断扩大。深圳读书月、莲花山草地音乐节、"吾城吾歌"民谣歌汇、警营开放日等活动广受欢迎。首届海峡两岸交流融合月、海峡两岸港口城市论坛、深圳文化遗产月成功举办，获批设立2个海峡两岸交流基地。实现全省公共文化服务评价"三连冠"。盐田区入选全国基层公共文化服务高质量发展典型案例。体育事业蓬勃发展。深圳运动员在成都大运会、杭州亚运会、法网公开赛上取得优异成绩。成功举办国际冰联女子冰球世锦赛、中国羽毛球大师赛、中国高尔夫公开赛、国际团结杯篮球赛、国际职业公路自行车赛等顶级体育赛事，全新线路深圳马拉松尽显山海魅力、科技时尚。市体育运动学校等3所学校获评国家重点高水平体育后备人才基地。新建都市型、楼宇型体育场地205个，新增体育场地面积150万平方米。新接入"开放共享、一键预约"体育场馆345所、累计1930所，全年参与人次达1451万、增长143.1%。文旅融合亮点纷呈。开业运营10家国际品牌酒店。开工建设金沙湾国际乐园。深圳国际艺术品拍卖中心挂牌运营。推出全国首条都市潮流低空游路线，发布40条工业旅游、深港联游等精品路线，"湾区海上游"入选全国交通运输与旅游融合发展典型案例。大鹏西涌社区获评全国首个、亚洲第二个国际暗夜社区。南头古城入选国家级旅游休闲街区。龙岗数字创意产业走廊成功创建国家级文化产业示范园区。全年接待游客1.7亿人次、增长66.9%，实现旅游收入2381亿元、增长105.0%。

（九）持续提高民生事业发展质量。提升医疗卫生水平。实施新一轮基层卫生健康服务能力提升五年行动计划，新增社康机构45家。9家医院进入国家公立医院绩效考核百强、4家专科医院进入同类十强，新增2个国家临床重点专科，新引进57个高层次医学团队，与北京天坛医院开展合作办医。深圳获评全国健康城市建设样板市、国家紧密型城市医疗集团试点城市，基本公共卫生服务绩效评价连续3年位列全省第一。实施"一次挂号管三天"等6项就医便民措施，72家医院实现114项检查检验结果互认共享。推出"深圳惠民保"，理赔超3万人次、近1.2亿元，报销覆盖庞贝病等罕见病高价自费特效药。取消医保个人账户使用门槛线，全面实现医院、社康异地就医医保直接结算。住院费用医保实际报销比例达90.7%，居全国前列。开工建设市人民医院宝安医院、南方科技大学附属医院、市第二人民医院改扩建等13个项目。加快实现住有宜居。供应居住用地3.05平方公里，新开工住房面积1300万平方米。实施百万保障性住房建设计划，新开工126个保障性住房项目。扎实推进保交楼、保民生、保稳定，稳妥处置房地产企业债务风险。实施首批40个城中村统筹规划和整治提升试点项目，完成老旧小区改造230个、加装电梯388台。完成308个城中村供用电安全整治和30万套住宅电气安全改造，供电容量提升65.0%，电气火灾事故下降33.4%。新建改造市政燃气管道258公里，完成"瓶改管"120.4万户。新改造65公里老旧市政供水管网，创建758个优质饮用水达标小区。推动出台居民生活用水电燃气价格管理若干规定，依法对城中村水电燃气违规加价乱象开展全面整治。增强社会保障能力。出台优化调整稳就业政策措施"20条"。最低生活保障标准提升至1413元/月。完成市妇儿大厦升级改造，举办首届儿童友好博览会。完成1.0万户老年人家庭适老化改造，5个社区获评全国示范性老年友好型社区，罗湖区获评全国医养结合示范区。出台孤独症全程支持服务实施方案。锦绣工坊获评全国残疾人就业服务示范基地。累计建成"暖蜂驿站"806个、"司机之家"61个、职工服务中心（站）82家、工会大食堂34家，为快递小哥、外卖骑手、网约车司机等新就业群体和一线务工人员提供暖心服务。完善社会治理体系。信访矛盾一次性化解率提升至98.0%，光明区连续2年获评全国信访示范区，龙华区"多调联动、精智解纷"改革做法获评全国新时代"枫桥经验"先进典型。利用先进信息技术加强预付式消费行为监管，1462个商家开展预付式经营数字人民币应用。深圳获批全国社会治安防控体系示范城市，连续2年在平安广东建设考评中排名第一。生产安全事故起数下降17.9%、死亡人数下降15.3%，道路交通安全事故下降10.0%，刑事治安总警情下降16.1%。深入开展"关爱行动"，公益慈善蔚然成风，爱心之光闪耀鹏城。深化对口帮扶协作。扎实推进援疆援藏、东西部协作和对口合作，投入各类帮扶协作财政资金54.1亿元，深圳与喀什、林芝实现直航，在对口地区建成5个深圳精品展销中心。深圳消费帮扶经验做法在全国推广，在国家粤桂协作考核中实现"六连冠"，经济特区辐射带动作用进一步增强。

（十）持之以恒加强政府自身建设。旗帜鲜明讲政治、抓政治。深刻领悟"两个确立"的决定性意义，不断增强"四个意识"、坚定"四个自信"、做到"两个维护"，严格执行坚决落实"两个维护"十项制度机制，不断提高政治判断力、政治领悟力、政治执行力，始终在思想上政治上行动上同以习近平同志为核心的党中央保持高度一致。扎实开展主题教育。坚持不懈用习近平新时代中国特色社会主义思想凝心铸魂，牢牢把握"学思想、强党性、重实践、建新功"总要求，一体推进理论学习、调查研究、推动发展、检视整改、建章立制，开展"赓续弘扬特区精神、勇当改革开放尖兵"学习讨论，用心用情用力办好1万余件"民生微实事"，持续整治窨井盖安全隐患、道路坑洼、噪声异味等市民群众反映强烈的问题，切实做到以学铸魂、以学增智、以学正风、以学促干。深入推进依法行政。坚持依法科学民主决策，主动接受人大依法监督和政协民主监督，坚持向市人大及其常委会报告工作、向市政协通报情况，提请市人大常委会审议11件法规草案，办理841件市人大代表建议、548件市政协提案。制定12项政府规章，推出包容柔性执法减免责清单事项1932项，发布行政复议和行政应诉工作白皮书。法治广东建设考评连续3年居全省第一。持续改进政风作风。坚定不移推进全面从严治党，严格落实中央八项规定及其实施细则精神，认真抓好巡视、巡察、审计等发现问题整改，全面加强政府系统廉政风险防范，一体推进不敢腐、不能腐、不想腐，深入纠治形式主义、官僚主义，坚决惩治侵害群众利益的"微腐败"和不正之风。加强三公经费管理，严控一般性支出。完成"十四五"规划纲要中期评估。7项工作获国务院督查激励。此外，档案、民族、宗教、侨务、双拥、国防动员、气象、人防、打私等工作取得新进展。

各位代表！过去一年，深圳各项事业取得了来之不易的成绩，这是习近平新时代中国特色社会主义思想科学指引的结果，是党中央、国务院坚强领导和省委省政府、市委正确领导的结果，是在市人大及其常委会、市政协监督支持下，全市人民团结一心、奋力拼搏的结果。这里，我代表深圳市人民政府，向全市人民，向各位人大代表、政协委员,向各民主党派、各人民团体、各界人士,向中央和省驻深单位,向驻深部队官兵,向关心支持深圳改革发展的港澳台同胞、海外侨胞和国际友人,表示衷心的感谢!

我们也清醒认识到,深圳经济社会发展还面临一些困难、问题和挑战。一是外部环境仍然复杂严峻,有效需求不足,经济回升向好的基础尚不牢固,市场信心还需进一步提振。二是关键核心技术自主可控还需聚力攻坚,产业链供应链安全韧性和现代化水平有待进一步提升。三是城市国土空间规划前瞻性和统筹引领作用有待加强,土地资源节约集约利用水平还需提高。四是优质公共服务供给还需加大力度,医疗卫生、托育服务、住房保障等工作与市民群众期待和先行示范要求还有差距。五是超大城市治理科学化、精细化、智能化水平仍需进一步提升,政府服务管理效能有待提高。我们必须直面问题,采取更有力措施加以解决。

二、2024年工作安排

今年是中华人民共和国成立75周年,是实现“十四五”规划目标任务的关键一年,做好今年工作意义重大。贯彻中央、省决策部署和市委工作安排,今年政府工作的总体要求是:以习近平新时代中国特色社会主义思想为指导,全面贯彻落实党的二十大和二十届二中全会精神,认真贯彻落实中央经济工作会议精神,落实省委十三届四次全会暨省委经济工作会议和市委七届八次全会暨市委经济工作会议部署,把推进中国式现代化作为最大的政治,把高质量发展作为新时代的硬道理,聚焦经济建设这一中心工作和高质量发展这一首要任务,坚持稳中求进工作总基调,完整、准确、全面贯彻新发展理念，加快构建新发展格局，着力推动高质量发展，全面深化改革开放，更好服务国家高水平科技自立自强，切实增强经济活力、防范化解风险、改善社会预期，巩固和增强经济回升向好态势，持续推动经济实现质的有效提升和量的合理增长，增进民生福祉，保持社会稳定，加快建设更具全球影响力的经济中心城市和现代化国际大都市，坚决在推进中国式现代化建设中走在前列、勇当尖兵，为强国建设、民族复兴伟业作出深圳最大程度贡献。

面对新形势、新任务，深圳要坚定扛起习近平总书记、党中央赋予的新时代历史使命，建设好中国特色社会主义先行示范区，创建社会主义现代化强国的城市范例，率先实现社会主义现代化，必须要立足当前、着眼长远，抓主要矛盾、破瓶颈制约、重前瞻布局，着力提升科技创新"硬核力"、产业体系"竞争力"，增加全球市场"含深度"、城市发展"集约度"，在服务构建新发展格局中实现更高质量、更高能级发展。

综合考虑外部环境和深圳实际，今年经济社会发展主要预期目标是：地区生产总值增长5.5%，固定资产投资增长10.0%，社会消费品零售总额增长7.0%，规上工业增加值增长5.5%，地方一般公共预算收入增长1.0%，外贸进出口稳规模、稳份额、稳增长，居民收入与经济同步增长。

重点做好以下十个方面工作：

（一）纵深推进新阶段粤港澳大湾区建设，全面深化深层次改革、扩大高水平对外开放

推动重点领域改革取得新突破。推动出台并落实深圳综合改革试点第二批授权事项清单。深化营商环境改革，推行包容审慎监管和柔性执法，完善企业信用、公平竞争、产权保护、个人破产等领域制度。开展要素市场化配置综合改革试点，探索公共数据授权运营、数据交易规则制度创新，积极推动基础电信业务、电子处方中心等放宽市场准入事项落地落实。实施原创性引领性科技攻关项目经理人制改革。争创科创金融改革创新试验区和国家绿色金融改革创新试验区，探索开展股权投资和创业投资份额转让试点。争创国家低空经济产业综合示范区，在低空空域管理、飞行规则标准和适航审定等方面先行先试，新增无人机航线80条。深入实施国有企业改革深化提升行动，聚焦市场化、功能化，推动国有经济布局优化和结构调整。深化"四医联动"医疗卫生体制机制改革，加快"医教研产"融合发展，打造从基础研究到临床救治一体化的世界级医疗卫生高地。推进地面交通、供排水、污水处理等公共事业财政补贴机制改革。改革永远在路上，我们要赓续弘扬特区精神，坚定不移"吃改革饭、走开放路、打创新牌"，努力在新起点上闯新路、创新业、开新局。

推动重大合作平台建设取得新突破。全面深化前海改革开放，制定实施前海总体发展规划专项推进方案，提升国际金融城、国际法务区、国际人才港发展能级，加快建设"互联网+"未来科技城、深港智汇产业园、前海博物馆等项目，开工建设深港国际服务城、深港广场，打造融资租赁、供应链、国际咨询、财税服务等"6+6"集聚区，新引进全球头部服务商50家。高质量建设河套深港科技创新合作区深圳园区，推动税收优惠、"白名单"管理、分线管理等政策落地，加快建设新皇岗口岸，支持深港高校联合成立研究生院，打造国际科技人才综合服务平台，布局新一代信息技术产业中试转化等公共服务平台，规划建设粤港澳大湾区国家技术创新中心国际总部，建成深港开放创新中心，供给优质科研、产业空间30万平方米以上，引进港澳及国际优势学科科研项目10个以上，新增高端科研机构、顶尖企业研发中心、高水平科研团队20个以上。高标准规划建设沙头角深港国际消费合作区，积极推进沙头角口岸及配套商业空间改造升级。

推动湾区互联互通取得新突破。主动对接香港北部都会区发展策略、澳门"1+4"适度多元发展策略，深入实施"湾区通"工程。推进港深西部铁路、前海口岸、南澳口岸规划建设，改造提升罗湖口岸片区，在莲塘口岸探索实施合作查验新模式，加快建设智慧口岸。深化跨境人民币业务创新试验区建设，拓展消费、旅游、医疗、教育等跨境支付试点应用场景。推动大湾区保险服务中心落地。联动香港建设国际法律服务中心和国际商事争议解决中心。高水平建设港澳青年创新创业基地，持续提升港澳居民在深注册执业、商事登记、就业创业、医疗教育、交通出行等便利化水平。

推动国际贸易枢纽建设取得新突破。深入实施自由贸易试验区提升战略，对标高标准国际经贸规则，推进制度型开放试点。全面落实高质量共建"一带一路"八项行动，拓展东盟、中东、非洲、拉丁美洲等新兴市场。争创服务贸易创新发展示范区、空港综合保税区，服务贸易进出口额达1400亿美元。打造数字贸易国际枢纽港，数字贸易进出口额达600亿美元。拓展中间品贸易、市场采购，跨境电商进出口额超3000亿元，新增海外仓20万平方米。实施进口高质量发展行动计划，加大先进技术设备及关键零部件、大宗能源、农产品等重点商品进口。持续做大做强五大交易平台，全年前海联合交易中心交易额1500亿元、电子元器件和集成电路国际交易中心交易额800亿元、数据交易所交易额100亿元、国际珠宝玉石综合贸易平台交易额30亿元、深交所科技成果与知识产权交易中心交易额20亿元以上。

（二）牢牢扭住实现新型工业化这个关键任务，全力打造更具国际竞争力的现代化产业体系

打造产业智能化、绿色化、融合化发展标杆。实施数智赋能工程，全面落实"技改18条"，推广"5G+工业互联网""AI+智能制造"，打造2个以上数字化转型公共服务平台，新增5家以上无人工厂、灯塔工厂、国家智能制造示范工厂。实施绿色示范工程，加快构建绿色制造和服务体系，发展再制造产业，推动数据中心、5G基站等节能改造，开展100个园区光储超充和车网互动一体化示范应用，推进工业绿色微电网建设，新增绿色工厂、绿色供应链20家以上。实施融合增效工程，加快现代服务业与先进制造业融合发展，提升工业设计、检验检测、计量认证、会计审计、法律服务、管理咨询等生产性服务业专业化、高端化水平，加快研发服务、工程设计、知识产权等科技服务业创新集聚发展，推进服务型制造综合发展，新增5个以上产业技术基础公共服务平台。突出市场化专业化，持续办好高交会、文博会等高水平展会，以及国际数字能源展、国际消费电子博览会等具有行业风向标意义的展会，全年展览面积超1200万平方米。

增强产业体系完整性、先进性、安全性。实施战新产业集群能级提升工程，滚动完善提升"20+8"战略性新兴产业集群和未来产业体系，制定出台规划政策2.0版，战略性新兴产业增加值超1.5万亿元、增长7.0%以上，推动网络与通信、智能终端、超高清视频显示等支柱型新兴产业迭代升级，抢抓新能源、智能网联汽车、低空和空天经济等产业新风口，建设新一代世界一流汽车城，加快提升半导体与集成电路制造、生物医药、工业母机、高端精密仪器设备、工业软件等产业发展水平，培育具身智能机器人、合成生物、脑科学与脑健康、细胞与基因、量子信息等未来产业新增长点。实施工业投资提速提质工程，建成投产方正微半导体基地、华润微电子12英寸生产线、欣旺达锂离子电池智能制造产业园，加快建设比亚迪全球研发中心、德方纳米新型储能等项目，新开工建设2个以上百亿元级重大先进制造业项目，工业投资增长15.0%以上。实施产业基础能力提升工程，聚焦高端制造设备、核心基础软件、关键零部件、先进材料和生产工艺等产业基础共性技术，开展25个产业基础再造、10个重大技术装备攻关项目，积极推进国产工业软件规模化应用，打造线上工业技术研究院。实体经济是发展之本，制造业是强市之基，我们要加快建设全球领先的重要的先进制造业中心，努力在发展新质生产力上冲在前、走在先，站上全球科技产业发展之巅。

全面提升产业国际竞争力。实施制造业卓越质量工程，开展"深圳制造"品牌提升行动，打造优质高值的产品矩阵，推广先进质量管理体系标准，支持企业主导或参与制定细分产业领域国际标准，开展海外商标注册和知识产权布局。实施产业纵深拓展工程，着眼全球布局产业链供应链，打造工业出海一站式服务平台，高水平建设境外经贸合作园区，支持企业在海外布局创新中心、生产基地、仓储基地、营销网络，整合友好城市、友好港口、商会协会、经贸代表处等资源，加强信用保险、出口信贷、跨境结算、涉外法律等服务，引导企业加强合规建设和风险管理，支持企业应对不合理贸易限制和知识产权纠纷，办好一批海外精品展会，扩大深圳优势工业品、时尚消费品的全球市场占有率。我们要创造条件支持企业抱团出海、借船出海，不断开辟国际市场"新蓝海"，让更多

"深圳创造"享誉全球。

构建最优企业服务体系。实施企业服务提效工程，强化全周期、全链条、一站式服务，完善"深i企"平台功能，推动惠企服务"一网通办"，加快建设"虚拟园区"，积极帮助企业解决融资贷款、用工用能、要素保障、应用场景等需求，持续做好全要素保供稳价降成本。实施产业空间保障工程，积极推动宝安燕罗、坪山高新南等20个集中连片先进制造业园区土地整备，实施100个以上老旧工业园区更新改造，新整备工业用地3平方公里、供应2.5平方公里，新开工"工业上楼"项目1000万平方米，加快制定"工业上楼"产业专项指引。实施市场主体培育工程，完成第五次经济普查，支持龙头企业、链主企业、骨干型企业做大做强做优，加强对中小微企业和个体工商户的普惠支持，提高上市公司质量，新增"个转企"2500家、"小升规"1000家，新增150家国家级专精特新"小巨人"企业、20家国家级制造业单项冠军企业。企业兴则经济兴，我们要把企业的困难当作自己的困难，多在精准服务上做加法、在办事审批上做减法，让企业办事像"一键导航"一样高效便捷。

（三）以更大力度办教育、兴科技、育人才，加快建设具有全球重要影响力的产业科技创新中心

坚持教育优先发展。健全教育"四个体系"，优化教育经费投入机制，建设高素质师资队伍，培养引进一批名师名校长，逐步配齐配强教研员队伍，深化教育评价改革，开展区域教育高质量发展监测试点。加快建设高水平大学，支持深圳大学建设高水平综合性大学、南方科技大学建设世界一流研究型大学。围绕服务国家战略和产业发展，高标准打造西丽湖国际科教城、光明科学城、大运深港国际科教城，推动"科教研产用"协同融合发展。深化高水平合作办学，扩大研究生、留学生规模。推动深圳理工大学、香港中文大学（深圳）音乐学院、创新创意设计学院等建成招生。优化高校学科专业布局，打造人工智能、集成电路、先进制造、生命健康、新能源、新材料等前沿学科，高效统筹医学、法学等学科建设，新增14个学科进入ESI排名前1%，推动国产原创技术进教材、进课堂。支持深圳职业技术大学创建中国特色世界一流职业学校，推动深圳信息职业技术学院获批升本。加快实施基础教育百万学位建设计划，新增优质中小学教育集团15个，新改扩建幼儿园、中小学校130所，新增基础教育学位17万个，加快打造一流特色高中，建成投用深汕高中园。健全"五育并举"育人体系，巩固深化"双减"成果，完善家校社协同育人机制，促进科教、体教、艺教、卫教深度融合，全面推行"每天一节体育课"，加强心理健康教育，培养学生健康体魄、健全人格、创新思维、实践能力、劳动精神，促进学生身心健康成长。我们要下更大力气办好人民满意的教育，让家长为孩子上好学"少揪心"、为孩子读好书"少烦心"，让孩子在学校"更开心"。

完善新型举国体制深圳路径。强化战略科技力量，系统构建与科技自立自强相匹配的体系化科技创新能力。高标准建设综合性国家科学中心，建成投用脑解析与脑模拟、未来网络试验设施深圳分系统、国家超算深圳中心二期，加快建设自由电子激光等项目，开工建设鹏城云脑Ⅲ，规划建设精准医学影像等装置，建立健全重大科技基础设施运行维护、开放共享管理机制。建成投用鹏城实验室石壁龙园区、国家第三代半导体技术创新中心。加快深圳医学科学院与深圳湾实验室一体化融合发展。推动国家高性能医疗器械等制造业创新中心取得更多突破性成果。加快建设国际科技信息中心、电子科技大学（深圳）高等研究院，培育一批贯通创新链、产业链的新型研发机构，零一学院新增拔尖创新学员175名，科创学院新培养创业学员70名、孵化项目15个以上。聚焦"四个面向"，坚决打好关键核心技术攻坚战，实施任务导向、有组织、大规模的重大科技攻关，组织开展半导体与集成电路、生物医药、空间技术、光载信息等重点领域研发计划，实施150个基础研究重点项目。巩固提升"6个90%"创新优势，完善支持企业长期投入创新的政策体系，加强科技成果转化和产业化全链条服务，推动高新区新一轮扩容提质，新增国家高新技术企业1000家、概念验证中心和中小试基地20个。我们要坚定自立自强的必胜信心，甩掉"卡脖子"的手，突破"小院高墙"封锁，锻造科技创新"硬核力"，闯出高质量发展"新天地"。

实施"三个更加"人才政策。加快建设粤港澳大湾区高水平人才高地，进一步形成高端科创人才集聚效应，增强人才国际竞争的比较优势。坚持"不唯地域"引进人才，实施顶尖人才、企业人才、创业人才、青年人才等汇聚项目，完善海外引才支持体系，继续办好国际人才交流大会、深圳人才日等活动。"不问出身"培养人才，实施杰出人才、卓越工程师、高技能人才等培养专项，加快建设战略人才力量，健全拔尖创新人才培养机制，积极探索从初高中到本科的一体化教育培养模式。"不求所有"开发人才，加强国际化科研环境建设，扩大国际科技交流合作，深化国际职称视同认可改革，提升境外专业人才执业便利化水平，加快人力资源服务业高质量发展。"不拘一格"用好人才，深化人才发展体制机制改革，弘扬科学家精神，构建有利于科技人才潜心研究和创新的评价体系，研发人员全时当量稳定保持在36万人年以上。"不遗余力"服务人才，完善全周期人才服务体系，努力让人才"申办无忧、事业无忧、往来无忧、安居无忧、生活无忧"，在深圳这座创造奇迹的城市，尽享礼遇、尽情逐梦、尽展才华，竞相绽放精彩人生。

（四）深入实施扩大内需战略，积极融入和服务全国统一大市场建设

打造高质量投资高地。扩大有效益的投资，加强重大项目储备，谋划启动一批衔接"十四五"和"十五五"发展的重大投资项目。优化基础设施布局、结构、功能和系统集成，完成基础设施投资2200亿元、新型基础设施投资1400亿元。加快大空港会展城、深圳湾超级总部基地、香蜜湖新金融中心、笋岗—清水河片区、九龙山数字城、坂雪岗科技城、盐田港产城融合发展区、深圳国际生物谷（食品谷）等重点区域开发建设，完成重点片区投资3300亿元以上。以更大力度激发民间投资，建立重点产业常态化项目推送机制，落实政府和社会资本合作新机制，支持各类所有制企业参与国有资金投资工程建设、盘活国有存量资产和城市老旧资源。用足用好多元化融资工具，发行利用地方政府专项债800亿元、离岸人民币地方政府债券50亿元、基础设施领域不动产投资信托基金100亿元，盘活市区两级政府资产100亿元。提高招商引资质量，继续办好全球招商大会，加强定点招商、出海招商、链主招商、以商招商，引进更多优势产业、优质资本和标志性项目。建设深圳湾超级总部基地高科技企业、前海湾现代服务业、北站数字经济、九围国际总部、光明湖生命科技等10大类40个总部经济集聚区，培育引进跨国公司地区总部70家以上。实际利用外资600亿元以上。

建设具有全球重要影响力的消费中心。激发有潜能的消费，大力发展数字消费、绿色消费、健康消费，积极培育智能家居、文娱旅游、体育赛事、国货"潮品"等新的消费增长点，提振新能源汽车、消费电子等大宗消费，扩大教育、医疗、"一老一小"等领域高品质服务供给，发展直播电商、视频购物等消费新模式，加快时装、钟表、眼镜、家具、黄金珠宝等传统优势产业高端化、品牌化发展，办好"深圳—米兰双城时尚周"等活动，扩大时尚消费。以提高技术、能耗、排放等标准为牵引，推动大规模设备更新和消费品以旧换新。高水平建设罗湖、福田中心区、深圳湾、空港会展、前海湾等世界级商圈，加快规划建设东部地区大型商业综合体，提升东门、华强北等步行街业态发展能级，打造一批夜间经济示范区，新增首店、旗舰店、新概念店1000家。办好"深圳购物季"等各类促消费活动，提升糖酒会、食博会、茶博会、家博会等展会规模和影响力，大力支持外贸优品拓内销。用好"欧亚六国免签"、"23国互免"、144小时过境免签等政策，新增境外旅客离境退税"即买即退"商店50家。

构建优质高效的现代服务业新体系。加快建设具有全球重要影响力的物流中心，积极推进海陆空铁多式联运，加快建设平湖南国际综合物流枢纽等项目，积极发展智慧物流、地铁物流、低空物流等新型城市物流，集约建设高标仓、智慧仓等现代仓储设施，培育集聚一批渠道型、管理型现代供应链企业，物流业增加值增长6.0%以上。提升金融服务实体经济能力，做好科技金融、绿色金融、普惠金融、养老金融、数字金融五篇大文章，金融业增加值增长6.0%以上。打造香蜜湖、深圳湾、前海湾等国际风投创投集聚区，新设立低空经济等产业基金，新引进持牌金融机构10家以上，新增小微企业首贷户2.0万家以上，新增普惠小微贷款、制造业贷款、科技型企业贷款、绿色贷款超8000亿元。防范化解金融、房地产风险，严厉打击非法金融活动。推动平台经济有序竞争创新发展，培育壮大电商平台企业，新增限额以上网络零售额300亿元。积极推动批发零售与工业、外贸协同融合发展。

（五）落实"百县千镇万村高质量发展工程"，促进区域协调发展向更高水平迈进

推动全市域协调均衡一体化发展。科学优化多规合一的国土空间规划，分步骤有序实施低效用地盘整和功能布局优化，完善提升一整套适合超大城市、超高密度、超大流量特点的城市总规、片区控规和完整社区、单体建筑设计导则。立足各区资源禀赋、产业基础和特色优势，统筹基础设施、公共服务、重大产业布局，强化区域错位发展、协同融合。加大优质资源向原特区外和东部地区倾斜力度，规划建设光明中心区、龙华梅林关、龙岗东部中心区、坪山中心区、大鹏环龙岐湾等重点区域。加快推进深圳东部综合交通枢纽升级改造。推动深汕特别合作区加快提级跨越发展，深入实施《深汕特别合作区条例》，高水平建设深汕智造城、高端电子化学品产业园、深圳职业技术大学深汕校区等项目，推动比亚迪深汕汽车工业园尽快达产满产，全力推进乡村振兴和农业农村现代化，打造重大产业项目承载地、新引进重大项目目的地和区域高质量发展驱动器。

建设全球海洋中心城市。坚持陆海统筹、向海图强，向发展海洋经济要纵深。巩固提升世界级集装箱枢纽港地位，加快建设盐田港东作业区、平盐铁路电气化改造等项目，规划建设西部出海航道二期、小漠国际物流港二期及疏港铁路等项目，港口集装箱吞吐量达3050万标箱。加快提升海洋科技创新能力，统筹推进深圳海洋大学、深海科考中心、海洋博物馆一体化建设，开展高技术船舶、深海采矿、海洋生物医药等领域核心技术攻关。构建现代海洋产业体系，高水平建设海洋新城、大铲湾高端航运服务业集聚区、蛇口国际海洋城、盐田海洋产业集聚区，加快建设国家远洋渔业基地、国际金枪鱼交易平台，改造升级蛇口渔港，培育壮大海洋新能源、海洋电子信息、滨海旅游、邮轮游艇等产业。积极推动设立国际海洋发展银行。深入推进美丽海湾建设，加强海洋生态环境保护，开工建设国际红树林中心，加强海洋岸线生态修复和岸滩环境整治，让市民更好享受碧海蓝天、阳光沙滩。

服务全国全省区域协调发展。坚持政府引导、市场主导、企业运作，着眼优势互补、利益共享、长远可持续，有序构建"飞地经济"体系。开展新型省内对口帮扶协作，联合开展招商引资，培育发展特色优势产业，推动产业共兴、要素共用、服务共融。积极推进深圳都市圈建设，强化深莞惠创新协同、产业协作。加快建设深江铁路、深大城际等工程，规划建设深南高铁、广深第二高铁等项目。抢抓深中通道建成通车机遇，加强与中山、江门等产业合作，促进珠江口东西两岸融合发展，打造环珠江口黄金内湾。深入推进援疆援藏工作，认真落实与广西百色、河池、南宁、桂林东西部协作任务，做好与哈尔滨、赣州对口合作，加快深哈产业园、深赣港产城一体化合作区高质量发展，新增3个深圳精品展销中心。

（六）坚持人民城市人民建、人民城市为人民，加快转变超大城市发展方式

打造乐享生活的宜居城市。加强生物多样性保护，新增生态修复面积14.6平方公里，争创国际湿地城市、国家生态园林城市、国家植物园。完善"一脊一带二十廊"城市生态脉络，加快贯通

15个生态廊道，开展全民爱绿植绿护绿行动，打造40条特色步道、特色林荫道，新建改造绿道300公里、碧道150公里，让踏绿穿林、溯溪环湖成为市民绿色休闲新风尚。建成前海双界河、桂湾河景观桥，贯通西湾至前湾滨海骑行道。新建改造公园30个，推进尖岗山、碧海湾公园等宝安"八园连通"和东湖、洪湖公园等罗湖"八园连通"。加快实施30个城市第六立面改造提升项目。优化背街小巷环境。完成200个小区优质饮用水入户和400个小区二次供水设施提标改造项目。加大停车资源开放共享，新增停车位15.0万个以上。深入开展机场、口岸、高铁站、学校、大型医院、重点商圈、热门景点等的交通综合治理，让市民出行更畅通，路上节约一刻钟，排队少等十分钟，心情舒畅又轻松。

打造高效畅联的枢纽城市。加快建设深圳机场三跑道、龙华樟坑径直升机场等项目，新增国际及地区航空客运货运航线10条以上，机场旅客吞吐量超5800万人次，货邮吞吐量增长6.0%。加快建设机场东综合交通枢纽，开工建设西丽高铁枢纽、深汕枢纽等项目。高标准建设15号线等15个地铁项目，新开工建设19号线等5条地铁。建成通车妈湾跨海通道、春风隧道、沿江高速二期、滨海大道深超总基地段，加快推进机荷高速改扩建、侨城东路北延和龙大、盐坝高速市政化改造等项目，开工建设罗沙路改扩建、沙河东路北延等项目。新改扩建非机动车道400公里，打通断头路20条，完善新建道路移交管养机制。强化地面公交与轨道交通线路协同，提升全市公交系统运营效率。

打造基础牢固的韧性城市。加快建设罗田—铁岗水库、公明—清林径水库等连通工程，开工建设4座水厂。推进河道清淤、海堤新建及提标改造。提高极端天气精准预报预警和应急响应能力，开工建设深汕气象观测基地。建成投产妈湾电厂升级改造一期、光明燃机电厂、东部电厂二期，加快建设粤东电力送深第二通道，积极推动红海湾海上风电登陆深汕、中海油深圳电厂升级改造、藏东南清洁电送深圳等项目开工建设，完成低洼地区供配电设施达标迁改，打造毫秒级复电的高可靠性坚强局部电网。健全多气源供气渠道，建成国家管网深圳LNG应急调峰站，加快建设天然气储备与调峰库二期工程，实现平湖调压站至前湾电厂高压天然气管线降压运行，提升城市本质安全水平。新增管道天然气用户25万户。落实最严格的耕地保护制度，建成西部粮库、宝安粮库二期工程。

打造先锋示范的智慧城市。加快建设极速宽带先锋城市，开展"信号升格"专项行动，推动超大人流区域高速率、大容量、低时延宽带网络全覆盖，推广智能交通等领域5G-A应用，加快建设无线政务专网、车联网、卫星互联网等新型基础设施，新建改造5G基站8000个，新增千兆光纤宽带家庭用户100万户。加快建设人工智能先锋城市，推动国家算力总调度中心、国家级人工智能训练场落地，建设全市智能算力统筹调度平台，新增人工智能全域全时场景应用10个。加快建设数字孪生先锋城市，持续优化升级全市域统一时空信息平台，新增气象灾害影响、电梯运行监管、玻璃幕墙安全等30个数字孪生应用场景。深化"一数一源一标准"治理，建设全市一体化公共数据管理服务平台，强化数据安全和隐私保护，提升数据共享利用水平。

（七）打造人与自然和谐共生的现代化深圳样板，以高品质生态环境支撑高质量发展

提高生态环境现代化治理能力。深入实施"深圳蓝"可持续行动，推进$PM_{2.5}$和臭氧协同控制，加强建筑工地扬尘防治，完成100家工业企业挥发性有机物深度治理和原辅材料替代，全面禁用高排放非道路移动机械，$PM_{2.5}$年均浓度力争降至15微克/立方米，臭氧浓度指标稳步进入下降通道，空气质量优良天数比例保持在97.0%以上并提升达优率。加快推进污水处理"厂网一体化"，完善雨污分流管网系统，加快建设4座水质净化厂，新建、修复污水管网50公里，创建污水零直排小区2400个以上，持续提升污水集中收集率并稳定保持在85.0%以上，力争地表水质国控省控断面全部达到优良以上标准，310条河流按河长计算水体优良比例提升至75.0%以上。开展深圳湾水环境提质攻坚行动，推动西部海域水质稳步实现四类及以上。以群众实际感受和最终满意为导向，持续整治噪声、异味、光污染等问题，打造"宁静城市"。

建设全球数字能源先锋城市。构建广泛覆盖、均衡合理、安全高效的高质量充电基础设施体系，完善超充设施建设管理标准，建设统一开放、竞争有序的充电服务市场，加快推广光储超充、车网互动应用，新建充电桩5万个、综合能源补给站10座，力争超充站达1000座，实现超充站、充电枪数量超过加油站、加油枪数量，公共充电桩车桩比满足市民群众需求并逐步实现车网互动全覆盖，打造世界一流"超充之城"，"一杯咖啡、满电出发"。完善提升光储充放一张网，有序推动全市分布式能源电力设施资源全量接入，建设虚拟电厂管理平台3.0、实时可调负荷提升至75万千瓦，推进源网荷储一体化和多能互补发展，构建灵活智能的新型电力系统。打造世界一流新型储能产业中心，持续提升核心技术、关键产品和成套解决方案的全球市场"含深度"和国际竞争力。

积极稳妥推进碳达峰碳中和。积极有序开展碳达峰试点工作，推动能耗双控向碳排放双控转变。全面构建新型能源体系，提高可再生能源消纳比例和终端用能电气化水平，新增光伏发电装机20万千瓦、气电装机180万千瓦，清洁能源装机比重提升至80.0%。推动资源节约集约循环高效利用，加快建设光明、龙华、深汕能源生态园，持续提升生活垃圾回收利用率和固体废弃物处理能力。加快发展绿色交通运输体系，新推广新能源汽车12.0万辆以上，清洁化替代公共领域车辆、作业机械250台以上，加强动力电池回收利用。构建现代工程设计和建筑业高质量发展体系，推广智能建造、绿色建造、光伏建筑一体化，新增绿色建筑、装配式建筑4000万平方米。完善绿电绿证交易服务体系，健全碳足迹标识认证和碳标签制度，推动低碳零碳负碳技术创新应用，持续开展碳捕集利用与封存试点，继续办好"一带一路"绿色创新大会。绿色低碳靠大家，每人节约一张纸、一度电，多一点垃圾分类，少一点资源浪费，绿色生活就会成风化俗，双碳发展就会成势见效。

（八）持续提升城市文化软实力和影响力，积极打造展示中华民族现代文明的重要窗口

深入开展文明城市创建。深刻把握"两个结合"这个最大法宝，持续深入开展习近平新时代中国特色社会主义思想传播工程。更好担负起新时代新的文化使命，加强改革开放史迹研究保护利用，加快马峦山古村等活化利用。广泛践行社会主义核心价值观，深化群众性精神文明创建，拓展新时代文明实践示范阵地建设，争创全国文明城市"七连冠"。深入推进图书馆之城、钢琴之城、设计之都、时尚之都和关爱之城、志愿者之城建设，涵养城市科学精神、人文精神、艺术精神。

丰富高品质文化供给。建成深圳科技馆新馆、深圳书城湾区

城、深圳湾文化广场，加快建设深圳博物馆新馆、深圳自然博物馆、深圳歌剧院。持续开展"文艺攀峰计划"，围绕新中国成立75周年等主题，推出更多演绎时代精彩、镌刻特区印记的扛鼎力作。深入实施文化惠民工程，推广"订单式""菜单式""预约式"基层公共文化服务，常态化举办幸福生活节、公园音乐会、公益艺术展、非遗在社区等群众喜闻乐见的文化活动，更多植入中华优秀传统文化元素。建设书香社会，持续打造全民阅读典范城市。健全现代文化产业体系和文化市场体系，壮大数字创意产业集群，建设数字文化资源集聚区，发展艺术品交易市场。积极主动服务中国特色大国外交，加强国际交流交往，立体全面开展城市综合营销，提升国际传播效能，讲好中国故事、大湾区故事、深圳故事。我们要加快建设高质量文化强市，丰富城市"精神粮仓"，让市民身边有更多"诗和远方"，让深圳更有文化亲和力、感染力。

推动体育事业高质量发展。加快建设国际著名体育城市，精心做好全国十五运会和残特奥会深圳赛区赛事筹备工作，办好深圳十一运会。高水平举办中国杯帆船赛、全国游泳冠军赛、深圳马拉松，打造"深圳100"越野赛、国际滨海公路自行车赛等一批户外精品赛事。建成市体育中心、市青少年足球训练基地、深圳湾体育中心改造提升等项目，开工建设国羽训练基地项目。建设国家体育消费试点城市，大力推广户外运动、水上运动、冰雪运动、智力运动、电子竞技、无人机等新兴时尚项目。完善全民健身公共服务体系，新建一批便民利民运动设施，实施社区健身设施夜间"点亮工程"，基本建成"10分钟健身圈"。继续推进全市体育设施"开放共享、一键预约"扩面提质。

全面提升旅游综合竞争力。高标准编制旅游综合发展总体规划，打造世界级旅游和休闲度假目的地城市。突出文商旅产融合，高品质建设东部国际旅游度假区、环深滨海黄金旅游带，推出更多都市旅游精品线路和IP项目，构建"吃住行游购娱"为一体的旅游产业体系。建成开放小梅沙海洋世界，加快建设乐高乐园、冰雪世界、东部华侨城升级改造等项目，引进10家国际高端品牌酒店，发展度假、康养、疗愈、亲子等多种形态主题酒店和特色民宿。开发体验性、互动性强的旅游项目，培育研学、邮轮、低空观光等旅游新业态，推广运用数字人、虚拟现实等技术，推出一批智慧旅游沉浸式体验新空间，利用城市公园、草坪广场、海滨沙滩等开放空间打造创意市集、露营休闲区。我们要充分发挥深圳山海连城、科技时尚、改革开放的独特优势，提升深圳旅游美誉度，让四面八方的游客为之向往、纷至沓来。

（九）坚持在发展中保障和改善民生，打造共建共治共享共同富裕的民生幸福标杆

高水平建设健康深圳。持续推动优质医疗资源扩容和区域均衡布局，加快建设中山大学附属第七医院二期、香港中文大学（深圳）医院、南方医科大学深圳医院二期、盐田区人民医院改扩建等项目，建成市大鹏医院、质子肿瘤治疗中心、市人民医院龙华分院改扩建等项目，新增床位8000张。建设粤港澳大湾区国际临床试验中心，新增2个以上国家临床重点专科，加快建设2家国家区域医疗中心、10家研究型医院。建强基层医疗卫生服务体系，新增社康机构35家以上、全科医生500名以上。改革完善疾病预防控制体系，深入开展爱国卫生运动。深化医保支付方式和医疗服务价格改革，完善基本医疗保险、大病保险、医疗救助保障体系。健康是幸福生活的基础，我们不仅要让群众看得上病、看得好病，更要让群众不得病、少得病、更健康。

加快实施"三大工程"。统筹考虑超大城市人口发展趋势和多层次住房需求，结合产业发展布局、区域功能优化和轨道交通建设，完善住房市场和住房保障两个体系，加快构建房地产发展新模式。加大"高品质、便捷化、可负担、全智能"保障性住房建设供给，建设筹集保障性住房10万套（间）、供应分配6.5万套（间），尽最大努力帮助新市民、青年人、工薪收入群体解决住房问题。积极稳步推进城中村改造，坚持"拆、治、兴"并举，采取拆除新建、整治提升、拆整结合等多种方式，加快实施60个城中村分类改造项目，完成100个老旧小区改造，提升物业管理服务品质。加快推进"平急两用"公共基础设施建设，做好统筹规划、集约建设，补齐应急设施短板，确保平时用得着、急时用得上。

健全社会保障体系。坚持就业优先，加大市场主体纾困扩岗支持力度，做好高校毕业生、就业困难人员、灵活就业人员等群体就业服务，新增就业18万人，加强劳动者权益保障，创建新时代和谐劳动关系。打造"15分钟养老服务圈"，新增长者服务中心（站）23家，发展银发经济。加强对孤寡老人、困难儿童、残疾人、精神障碍患者等群体的关爱帮扶。大力发展公益慈善事业，加快建设市社会福利救助综合服务中心。完善以党群服务中心为基本阵地的社区综合服务设施体系，打造群众"家门口"一站式惠民综合体。健全普惠托育服务体系，新增托位2.2万个，加强未成年人关爱保护，维护妇女、儿童合法权益。儿童是社会的希望，青年是城市的未来，我们要推动人口高质量发展，加快建设生育友好型社会、儿童友好城市、青年发展型城市，让深圳永远朝气蓬勃、永葆无限活力。

提升社会治理效能。坚持和发展新时代"枫桥经验"，弘扬"四下基层"优良作风，加强和改进人民信访工作，推进信访工作法治化，完善"三调联动"工作体系，健全矛盾纠纷多元化预防调处机制。加强基层治理体系和治理能力现代化建设，完善网格化管理、精细化服务、信息化支撑的基层治理平台，健全基层群众自治和协商共治机制，建设人人有责、人人尽责、人人享有的社会治理共同体。持续开展城中村水电气违规加价问题整治。全面加强预付式消费行为监管，让市民消费放心无忧。完善社会心理健康服务体系，发挥安心驿站、"12355"热线等作用，加强重点人群心理疏导服务和危机干预，点亮一盏心灯、温暖一座城市。

筑牢城市安全底线。贯彻总体国家安全观，坚持高质量发展和高水平安全良性互动，全面落实意识形态工作责任制，完善重点领域风险防范常态长效机制，建设更高水平的平安深圳。织密社会治安防控网络，推进扫黑除恶常态化，严厉打击电信网络诈骗等违法犯罪活动。深入落实安全生产责任制，扎实推进国家安全发展示范城市创建，构建以本质安全为导向的公共安全源头治理机制，加强道路交通、燃气、消防、特种设备、建筑施工、高层建筑、自建房、危化品等重点领域安全监管和风险整治，完善应急救援体系。加强电动自行车规范化管理，完成充换电设施安全化、标准化改造。强化食品药品全链条闭环监管，让市民群众吃得安心放心、用药安全有效。深化国防动员和双拥共建，巩固军政军民团结，继续做好民族、宗教、侨务等工作。

民生是发展的根本目的，孩子的抚养教育、年轻人的就业成才、老年人的就医养老，都是市民群众牵肠挂肚的大事，我们要努力办实办细办好，让城市发展不仅有高度、更要有温度。

（十）坚持和加强党的全面领导，努力建设人民满意的法治政府、创新政府、廉洁政府和服务型政府

坚持以政治建设为统领。始终把党的全面领导贯穿政府工作全过程各方面，巩固拓展主题教育成果，持续深入用习近平新时代中国特色社会主义思想武装头脑、指导实践、推动工作，严明政治纪律和政治规矩，严肃党内政治生活，胸怀"两个大局"、牢记"国之大者"，确保政府工作始终沿着习近平总书记指引的方向奋勇前行，以实际行动坚定拥护"两个确立"、坚决做到"两个维护"。

建设一流法治政府。践行习近平法治思想，深入推进中国特色社会主义法治先行示范城市建设。落实全过程人民民主，严格执行市人大及其常委会决议决定，自觉接受人大依法监督和政协民主监督，广泛听取民主党派、工商联、无党派人士和各人民团体意见，提高人大代表建议、政协提案办理质量和效率。编制市政府规章五年规划，开展提升行政执法质量三年行动，健全公共法律服务体系，努力让法治成为社会共识和基本准则。

恪守为民服务宗旨。践行以人民为中心的发展思想，注重可感可知，健全民意速办工作机制，完善群众诉求服务圈，多为企业和市民办实事、解难题、优服务，努力做到每件诉求真办结、真满意，经得起市民日复一日的检验。强化整体政府意识，完成新一轮政府机构改革，围绕"高效办成一件事"，深化政府运行"一网协同"，推进监管服务数字化智慧化，推动更多事项"一次办""集成办""免申办""不见面办"。

深化正风肃纪反腐。严格落实中央八项规定及其实施细则精神，推动作风建设常态化长效化，坚决纠治形式主义、官僚主义，大兴调查研究。坚持过紧日子，牢固树立"大财政、大资产、大预算"和"精明财政"理念，提高财政资金效益。加强新时代廉洁文化建设，持续抓好巡视、巡察等发现问题整改，高质量推进审计监督全覆盖，完善廉政风险防控机制，以零容忍态度惩治腐败，坚定不移把政府党风廉政建设向纵深推进。

提高创造性执行效能。主动更新知识观念，加强专业能力训练，不断增强推动高质量发展本领、服务群众本领、防范化解风险本领。牢固树立和践行正确政绩观，坚持干在实处、务求实效，振奋干事创业精气神，勇当新时代"拓荒牛"，始终做到不折不扣抓落实、雷厉风行抓落实、求真务实抓落实、敢作善为抓落实，坚决当好贯彻党中央决策部署的执行者、行动派、实干家。

各位代表！团结凝聚力量，奋斗创造未来。让我们更加紧密地团结在以习近平同志为核心的党中央周围，深入学习贯彻习近平新时代中国特色社会主义思想，在市委的正确领导下，踔厉奋发、砥砺前行，真抓实干、追求卓越，奋力在推进中国式现代化建设中走在前列、勇当尖兵，为全面推进强国建设、民族复兴伟业作出深圳新的更大贡献！